渭源年鉴

WEI YUAN NIAN JIAN

(2020)

渭源县地方志编纂中心　编

图书在版编目（CIP）数据

渭源年鉴. 2020 / 渭源县地方志编纂中心编. -- 兰州 : 兰州大学出版社, 2020.9
ISBN 978-7-311-05820-3

Ⅰ. ①渭… Ⅱ. ①渭… Ⅲ. ①渭源县－2020－年鉴 Ⅳ. ①Z524.24

中国版本图书馆CIP数据核字(2020)第188835号

策划编辑　梁建萍
责任编辑　梁建萍
封面设计　汪如祥

书　　名　渭源年鉴(2020)
作　　者　渭源县地方志编纂中心　编
出版发行　兰州大学出版社　(地址:兰州市天水南路222号　730000)
电　　话　0931-8912613(总编办公室)　0931-8617156(营销中心)
　　　　　0931-8914298(读者服务部)
网　　址　http://press.lzu.edu.cn
电子信箱　press@lzu.edu.cn
印　　刷　广东虎彩云印刷有限公司
开　　本　880 mm×1230 mm　1/16
印　　张　23.5(插页20)
字　　数　591千
版　　次　2020年9月第1版
印　　次　2020年9月第1次印刷
书　　号　ISBN 978-7-311-05820-3
定　　价　98.00元

(图书若有破损、缺页、掉页可随时与本社联系)

【《渭源年鉴（2020）》编纂委员会】

顾　问：吉　秀　李新定　陈　栋
主　任：蔺红军
副主任：何晓云　林柳强　李婉玉　郭　凯　康学斌

委员单位（单位排名不分先后顺序）

纪律检查委员会监察委员会机关　县委办公室
县人大常委会办公室　县政府办公室
县政协办公室　县委组织部
县委宣传部　县委统一战线工作部
县委政法委员会　县委机构编制委员会办公室
县委巡察工作领导小组办公室　县委直属机关工作委员会
档案局　发展和改革局
教育局　科学技术局
工业和信息化局　公安局
民政局　财政局
司法局　人力资源和社会保障局
自然资源局　住房和城乡建设局
交通运输局　水务局
农业和农村局　商务局
文体广电和旅游局　卫生健康局
退役军人事务局　市场监督管理局
统计局　应急管理局
审计局　扶贫开发办公室
医疗保障局　市生态环境局渭源分局
林业和草原服务中心　畜牧兽医服务中心
地方志编纂中心

【《渭源年鉴（2020）》编纂人员】

主　　编：朱平地
副 主 编：田芳红
图片编辑：朱平地　王枝正

《渭源年鉴（2020）》编辑说明

一、《渭源年鉴（2020）》是渭源县人民政府主管、渭源县地方志编纂中心主办的系统记述全县自然、政治、经济、文化、社会、生态保护等各方面情况的大型年度资料性文献。

二、《渭源年鉴（2020）》的编辑坚持以马克思列宁主义、毛泽东思想、邓小平理论、“三个代表”重要思想、科学发展观、习近平新时代中国特色社会主义思想为指导，紧密围绕县委、县政府中心工作，突出时代特点和地方特色，全面、客观、真实、系统地记述全县各乡镇、各部门、各行业基本情况，反映全县改革发展进程，为决战脱贫攻坚、决胜全面小康，努力建设幸福美丽新渭源，奋力谱写富民兴陇渭源发展时代篇章和县内外各界了解渭源、研究渭源提供基本资料和历史借鉴。

三、《渭源年鉴（2020）》采用分类编辑法。内文采用三级结构层次，以条目为基本表现形式。全书条目标题统一用黑体加【 】表示。

四、《渭源年鉴（2020）》记述2019年度的渭源县情。设特载、大事记、县情概览、政治、民主党派人民团体、军事政法、脱贫攻坚、农林水利、工业、商贸流通、金融保险、交通运输、邮政通信、经济管理与监督、城乡建设与生态环境保护、社会事业、民生保障、乡镇概况、2019年渭源县国民经济和社会发展统计公报、先进单位与先进个人、年度人物、附录共22个类目。

五、《渭源年鉴（2020）》所载内容和数据，由县直及省市驻渭各单位和各乡镇人民政府提供，经济社会发展统计资料由县统计局提供。插页及正文照片，均由资料提供单位提供。

六、《渭源年鉴（2020）》编辑出版得到全县各级党政领导和社会各界的大力支持，王枝正、吴鲁、甘俊仁、柳维军提供了部分图片，在此一并表示感谢。

七、编者水平有限，缺漏错讹在所难免，敬请广大读者指正。

美丽的渭河源

渭源县田家河乡元古堆村新貌。2013年2月3日，习近平总书记亲临考察调研，并看望老党员

2020
渭源年鉴
WEIYUAN NIANJIAN

渭源县城全景图

2019年9月20日，渭源县纪委监委党支部与临洮县纪委监委党支部联合开展“支部联动、业务联手、干部连心”体验式主题党日活动

2019年10月，渭源县卫生健康局开展“不忘初心、牢记使命”红色革命传统教育

2019年10月13日，渭源县纪念少先队建队70周年暨清源二小少先队第二次代表大会第一次会议召开

2019年9月23日，县委常委会“不忘初心、牢记使命”主题教育读书班暨县委理论中心组学习专题讲座

2019年12月17日，渭源县五竹镇扶贫车间内工人正在捆扎鲜切蝴蝶兰，一派繁忙景象

2019年8月6日，福州市晋安区师生向渭源县贫困儿童捐赠爱心义卖款

2019年11月8日，共青团渭源县委为43名建档立卡特殊困难孩子发放资助金

2019年11月10日，渭源县地方志编纂中心会同民革渭源县支部、民革渭源画院，赴北寨镇马莲村开展脱贫攻坚质量提升“百日会战”行动暨送文化下乡活动

渭源县种质资源调查市本植物标本制作

2019年12月10日，渭源县总工会牵线搭桥，为帮扶村锹峪镇永丰村贫困户和永丰小学孩子们送去棉被和学习用品

渭源县消防救援大队组织开展重温消防救援队伍誓词活动

渭源县森林消防队伍现场防火演练

渭源县上湾镇侯家寺村东西部协作对口帮扶巾帼扶贫车间内，就近务工妇女劳作场景

渭源县上湾镇南谷新村

渭源县省级非物质文化遗产——麻家集镇路西村羌蕃鼓舞

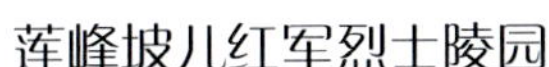
莲峰坡儿红军烈士陵园

首阳山伯夷叔齐墓碑

渭源县南部森林植被恢复项目人工造林实施现场。图为当地村民和护林员一起运苗上山栽树的场景

渭源县金鸡产业扶贫项目——蛋鸡生产车间

渭源县文化综合场馆

峡口水库

县情概览

政　治

民主党派　人民团体

目 录

特 载

大事记

军事　政法

脱贫攻坚

农林　水利

工　业

商贸流通

金融保险

交通运输

邮政通信

经济管理与监督

城乡建设与生态环境保护

社会事业

民生保障

乡镇概况

2019年渭源县国民经济和社会发展统计公报

先进单位与先进个人

年度人物

附　录

特　载

在县委十四届十三次全体会议暨县委经济工作会议上讲话

中共渭源县委书记　吉秀

（2019年1月23日）

同志们：

下面，我讲三个方面的意见。

一、在把握形势、抢抓机遇中凝聚共识，激励斗志

对2019年的经济形势，中央和省委、市委经济工作会议作出了科学判断，为我们指明了前进方向，提供了根本遵循。我们要切实增强分析研判、捕捉信息、把握机遇的敏锐性和自觉性，抢抓机遇，乘势而上，奋力推动全县经济社会健康稳定科学发展。

要全面贯彻中央和省市决策部署，把准发展方向。去年底召开的中央经济工作会议，习近平总书记发表重要讲话，指出要进一步稳就业、稳金融、稳外贸、稳外资、稳预期，提振市场信心，增强人民群众获得感、幸福感、安全感，为我们做好经济工作指明了努力方向、提供了根本遵循。省委十三届七次全会暨省委经济工作会议上，林铎书记强调要围绕“强产业”“增动能”“促开放”“挖潜力”“优环境”“保民生”六个方面抓发展。市委四届八次全会暨市委经济工作会议准确研判发展形势，对脱贫攻坚、生态建设、动能转换、基础设施、民生改善等重点任务作出了具体安排。我们一定要深入学习贯彻中央经济工作会议、省委和市委全会暨经济工作会议精神，坚定不移贯彻落实中央和省市委重大决策部署，聚焦重点，攻坚克难，全力推动2019年经济社会持续健康发展。

要深入分析政策机遇和优势潜力，坚定信心决心。党的十九大着眼解决发展不平衡不充分的问题，部署实施乡村振兴、创新驱动、区域协调发展，打好“防范化解重大风险、精准脱贫、污染防治”三大攻坚战，特别是2018年中央出台了《关于打赢脱贫攻坚战三年行动的指导意见》《关于实施乡村振兴战略的意见》等系列政策措施，省市也分别制定出台了一系列财政、产业、社会政策，政策红利将进一步释放。经过多年持续用力，我县的交通区位优势更加突出，经济发展基础更加稳固，发展后劲日益增强，发展环境明显优化。全县以义务教育、基本医疗、安全住房为核心的“三保障”问题已基本解决，以水、电、路、网为重点的基础设施短板已基本补齐，我们已具备了年内实现整县脱贫摘帽的基础条件，推进乡村振兴、决胜全面小康的基础更加稳固。特别是通过全面从严治党的纵深推进，党员干部干事创业劲头明显上升，脱贫攻坚的精气神更加充足，为今后发展注入了强劲动力。立足新的起点，必须进一步坚定信心、鼓足干劲，决战决胜脱贫摘帽，推动县域经济发展向更高质量、更高层次迈进。

要敢于直面问题和困难挑战，主动担当作为。中央经济工作会议指出：“当前我国经济运行稳中有变、变中有忧，外部环境复杂严峻，经济面临下行压力。”受全国经济大环境影响，县域经济发展的不确定因素仍然很多。我县县域经济总量偏小，经济增速缓慢，财政自给率很低，工业短腿问题十分突出；特色产业质量不高，新型经营主体培育滞后，全产业链条增值的现代农业产业体系尚在培育阶段；招商引资签约项目落地率不高，带动能力强的大项目、好项目偏少，投资拉动型经济现状仍未得到根本改变。剩余的未脱贫人口都是贫中之贫、困中之困、坚中之坚和最难啃的“硬骨头”。当前我县发展正面临脱贫攻坚和转型升级的双重压力，面临质量提升和总量扩张的双重任务，发展不平衡不充分的问题依然十分突出。另外，部分干部执行力弱化，不愿干、不会干、不愿担当、不敢担责的问题依然比较突出，思想观念、精神状态和能力水平与新时代的要求、脱贫攻坚的要求、高质量发展的需求相比仍有较大差距等等。我们必须敢于直面问题，知难不避难、遇难敢碰难，全力抓重点、补短板、强弱项，推进全县经济社会各项事业有序发展。

综合分析当前形势，在前进的道路上，机遇和挑战并存，希望与困难同在，在滚石上山、爬坡过坎的关键时刻，既要以百倍的信心顺势而为、趁势而上，更要以奋勇争先的勇气攻坚克难，决战决胜脱贫摘帽，不断开创渭源各项事业发展的新局面。

二、在把握重点、突破难题中聚焦用力，奋发作为

2019年，是新中国成立70周年，是我县决战决胜脱贫摘帽之年，是全面建成小康社会关键之年。今年全县工作的总体要求是：以习近平新时代中国特色社会主义思想为指导，全面贯彻党的十九大和十九届二中、三中全会精神，统筹推进“五位一体”总体布局，协调推进“四个全面”战略布局，深入落实习近平总书记视察甘肃重要讲话和“八个着力”重要指示精神，认真贯彻省委十三届七次全会暨省委经济工作会议和市委四届八次全会暨市委经济工作会议精神，坚持稳中求进工作总基调，坚持新发展理念，继续打好三大攻坚战，统筹推进稳增长、促改革、调结构、惠民生、防风险工作，坚定信心，排除万难，决战决胜脱贫摘帽，为全面建成小康社会、建设幸福美丽新渭源打下坚实基础，以优异成绩庆祝中华人民共和国成立70周年。

具体工作中，要突出抓好四个方面的工作，做到四个聚焦：

（一）聚焦深度贫困尽锐出战，决战决胜脱贫摘帽

2019年实现脱贫摘帽，是今年必须坚决完成的最大政治任务。我们没有任何退路，没有任何回旋余地。今天全会上审议通过了县委关于全面决战决胜脱贫攻坚实现2019年脱贫摘帽的决定，全县上下必须要按照县委决定，切实增强决战决胜脱贫摘帽的政治自觉、思想自觉、行动自觉，树立朝夕必争、分秒必夺的紧迫感和不胜不休的责任感，破釜沉舟、背水一战，坚决打赢脱贫摘帽这场绝对不能输的硬仗。

一要进一步压紧压实脱贫攻坚主体责任。切实靠实县乡脱贫攻坚领导小组（指挥部）和专责工作组职责，定期不定期分析问题，研究对策，精准落实到户到人措施。15个专责工作组要主动担责，形成“上下联动、条块结合”的责任链条。要严格落实脱贫攻坚定期调度和三级书记遍访贫困对象制度，及时掌握工作进展，分析研判形势，推进任务落实。各乡镇党委政府要履行好主体责任，书记、乡（镇）长要带头深入一线、干在一线，确保脱贫攻坚政策措施落实到位。切实靠实村级脱贫攻坚总队长职责，定期不定期调度本村脱贫攻坚工作，全面提升脱贫攻坚成效。各级帮扶干部要做好政策宣传和到户到人精准落实等工作。要严格落实《渭源县脱贫攻坚重点任务落实周督查周通报月评比制度》，建立重点工作任务柱状图通报制度，县人大、政协、民主党派也要积极开展监督性检查，及时发现问题，提出改进建议，督促脱贫攻坚各项工作落实到位。

二要进一步细化落实“一户一策”脱贫计划。要严格对标对表退出验收标准，高度聚焦“两不愁、三保障”，按照“既不降低标准，也不吊高胃口”的要求，全力抓实“一户一策”这个关键，对所有农户再次进行“过筛式”排查，将未脱贫户、新增贫困户、不稳定的回退户、兜底保障户作为重点，结合“一户一策”动态调整完善，进一步细化帮扶措施，精准对标、靶向施策，下大力气解决少数特困群众基本生活困难、饮水安全和住房安全没有保障到位、健康扶贫和兜底扶贫还有盲区等问题，确保工作不留任何死角，经得起各方面检验，以高质量的脱贫成效迎接国家及省市脱贫摘帽验收。

三要进一步巩固夯实工作基础。要围绕提高精准识别准确率、精准退出准确率和群众满意度、认可度，及时组织开展贫困人口动态管理，特别要对已脱贫户和边缘户进行全面的排查分析，制定“巩固提升”帮扶措施，严防漏评和错退问题。要围绕提高脱贫攻坚基础性数据质量，完善信息数据共享比对机制，及时更新修正，确保信息系统数据真实准确可靠。要围绕贫困群众收入稳定增长，抓住产业扶贫这个关键，因户因人落实产业扶贫和就业扶贫政策，因地制宜发展增收项目，创新贫困群众与龙头企业（合作社）的利益联结机制，真正通过发展产业带动群众稳定增收，夯实脱贫基础。

（二）聚焦转变经济发展方式，推动县域经济高质量发展

要着眼县情实际、依托资源优势，坚持不懈抓项目建设、产业提升、统筹城乡发展，着力转变经济发展方式，不断将资源优势转化为产业优势、经济优势、发展优势。

一要不遗余力推进项目建设。项目是县域经济发展的重要支撑，关系发展质量，决定发展后劲。要高标准谋划争取项目，精准把握国家、省、市产业和项目投资动向，突出项目谋划的前瞻性，不断充实重点项目五年储备库、三年滚动库、年度实施库，高质量做好项目前期工作，形成“策划、储备、申报、建设”的梯次推进格局和良性循环机制。要全方位招商引资。坚持精准的招商方向，围绕我县特色优势产业，大力开展补链、强链、延链招商，制定和更新全县招商引资项目目录，充分发挥工业集中区平台载体作用，坚持“走出去、引进来”，瞄准有实力的大企业、大集团，开展点对点、面对面洽谈招商，以商招商，切实提高招商项目履约率和落地率。要大力度推进实施。要严格落实重大项目建设包抓责任制，逐项列出责任清单，倒排工期，跟踪推进，切实扭转固定资产投资下滑的被动局面。

二要坚持不懈构建产业体系。产业发展是乡村振兴和县域发展的基础和核心。要突出抓管理、延链条，加快发展现代农业。按照“产业兴旺、生态宜居、乡风文明、治理有效、生活富裕”的总要求，研究编制乡村振兴战略规划，加快推动农业农村现代化。坚持主导提升、多元支撑、全链推动，着力在精细化管理上下功夫，积极推广新技术，促进特色优势产业由增产向增效转变。多方培育新型经营主体，抓建一批产业基地、示范园区、龙头企业、专业大户，加快发展农产品精深加工、冷链物流和电子商务，推动农业产业全环节升级、全链条增值。要突出抓园区、建集群，不断扩张工业总量。精心实施工业强县战略，全力落实体系构建、园区建设、企业培育、投资拉动、创新驱动、人才引进“六大任务”，抓好工业集中区基础设施改造提升，推动技术、资金、项目向园区聚集，力争将工业集中区升格为省级开发区。要认真落实关于支持民营经济发展的政策措施，全面实行“一业一策、一企一策、一事一议”制度，全力支持非公经济发展，加快发展新能源、新材料、信息技术、节能环保等新兴产业，培育新的经济增长点。要突出抓融合、创品牌，大力发展全域旅游。坚持把文化旅游作为加快发展的战略性支柱产业，理顺大景区管理运行体制，积极搭接精品线路，多方聚集旅游要素，着力提升景区品位。依托地域资源优势和美丽乡村建设，精心实施特色小镇和旅游名村提升工程，积极发展以合作社为载体，集创意农业、休闲农业、农事体验于一体的田园综合体，为发展全域旅游提供更多支点。

*三要统筹融合推进城乡建设。*统筹推进县城综合开发、中心城镇和美丽乡村建设，加快新型城镇化进程。要提升县城建设品位。进一步优化城镇空间布局和功能形态，有效整合分散运营的城市资源，综合运用金融、财税、投资等有效手段，吸引更多社会资本参与城市建设，精心实施棚户区改造、重点区域开发和景观建设等重点工程，统筹推进城市管网、市场体系建设，不断提升县城承载能力。要推动城乡融合发展。按照产业支撑、突出特色、机制灵活、人文气息浓厚的要求，盘活土地资源，拓宽融资渠道，加快推进重点小城镇建设，全力推动道路、供水、电力、通信等基础设施联网升级、共建共享，促进城乡之间生产要素有序流动，加快形成双向流动、优势互补、全面融合的新型城乡关系。要提升综合管理水平。深化城市管理执法体制改革，加大综合执法力度，大力整治县城交通秩序和市场秩序，着力解决影响市容市貌的突出问题。持续深化全域无垃圾专项治理行动，加强城镇、村庄、景区景点、交通沿线、河道水体等重要节点环境整治，全面改善城乡人居环境。要持续优化生态环境。牢固树立“绿水青山就是金山银山”的绿色发展理念，精心实施新一轮退耕还林、三北防护林建设、重点小流域治理等生态建设工程，持续开展大规模全民义务植树和造林绿化，全面改善环境质量。实行最严格的环境保护制度，严格落实自然资源资产产权和用途管制、生态保护红线、“河湖长制”等制度，全面落实大气、水、土壤“三个十条”，坚持全民共治、源头防治，持续强化大气、水、土壤污染防治，坚决打好污染防治攻坚战，努力创建天蓝、地绿、水清的美丽家园。

（三）聚焦增进民生福祉，不断提升群众的获得感、幸福感和安全感

坚持以人民为中心的发展思想，把保障和改善民生作为一切工作的出发点和落脚点，下功夫解决好群众最关心、最直接、最现实的利益问题。一要统筹发展社会事业。持续加大投入力度，全面改善城乡教育、卫生、文化等基础设施条件，着力解决城区和重点镇区学校“入园难”“大班额”“择校热”以及看病难、看病贵等问题。二要切实强化社会保障。全面落实就业扶持政策，持续拓宽高校毕业生、就业困难人员等重点群体的就业渠道。切实加强城乡低保、医疗救助等规范化管理，加快发展养老服务事业，健全完善农村空巢老人、留守妇女儿童、残疾人等弱势群体救助关爱体系。三要大力倡导文明新风。深入推进社会主义核心价值观创建行动，加强社会公德、职业道德、家庭美德、个人品德建设，深化拓展群众性精神文明创建活动，推进“道德讲习积美”超市建设，持续开展“渭源好人”、最美人物、道德模范评选活动，大力整治“天价彩礼”、薄养厚葬、封建迷信等陈规陋习，培育形成遵纪守法、诚信友善、文明和谐的社会新风尚。四要全力维护和谐稳定。深入推进“法治渭源”“平安渭源”建设，深入开展扫黑除恶专项斗争，及时办理各类信访突出问题，妥善处置各类突发事件，努力创造公平正义、安全稳定的发展环境。牢固树立安全发展理念，严格落实安全生产责任制，深化安全隐患排查整治，扎实开展“十大平安创建活动”，抓好重点领域安全生产工作，坚决杜绝重特大安全事故发生。

（四）聚焦改革创新，充分释放发展活力

坚持激活内力与借助外力并重，瞄准供给侧结构性改革发力点，着力补齐制度机制短板，抓好改革任务落实，以改革增活力、以开放促开发、以创新促发展。

*一要坚持改革推动，打破发展瓶颈。*按照“向中央看齐、向省市对标、向问题聚焦”的改革思路，认真完成省市安排的重点改革任务。坚持刀刃向内，聚焦阻碍发展的突出问题，推进财税、行政审批、投融资、新型城镇化和党的建设等方面的体制机制改革。要持续深化“放管服”改革，规范建立市场主体“少跑路”“不跑路”工作流程。深入推进全国农村集体产权制度改革试点，坚持和完善农村承包地“三权”分置，扎实推进农村“三变”改革，承接落实财税金融、乡村振兴、生态文明等领域改革举措，统筹推进民生领域“微改革”，让人民群众更多分享改革红利。

*二要坚持开放带动，拓展发展空间。*主动融入区域经济圈，围绕文化旅游、特色产业、商贸物流等领域，加强交流合作、区域互动和资源共享，切实提升开放开发水平。

*三要积极稳妥推进机构改革。*今天全会上将审议通过《贯彻落实〈渭源县机构改革方案〉的实施方案》，县机构改革领导小组要按照《方案》要求，发挥牵头抓总作用，统筹协调推进机构改革工作。各涉改部门和单位要按照《方案》规定，必须于2月2日前完成领导班子配备、办公用房调整、新组建部门挂牌、人员转隶等工作，3月1日前完成经费预算、资产划转和档案移交处置，3月8日前完成部门“三定”规定制定，3月15日前全面完成机构改革任务。各涉改部门和单位要严格执行市委办公室《关于切实严明纪律坚决贯彻落实中央深化党和国家机构改革重大决策部署的通知》要求，遵守政治纪律和政治规矩，严肃机构编制、干部人事、财经纪律、保密纪律，对中央、省市县委明确的改革任务要不折不扣的落实。要处理好机构改革与做好当前工作的关系，立即进入工作状态，做好工作有序衔接，切实做到两不误、两促进。要教育引导广大党员干部特别是领导干部坚持党性原则和全局观念，服从组织安排，切实做到思想不乱、队伍不散、工作不断、干劲不减。

三、在推进党的建设、强化党的全面领导中保障发展，推动落实

做好今年工作、推动改革发展，必须加强和改善党的领导。全县各级党组织和党员干部要坚决贯彻新时代党的建设总要求，始终坚持党要管党、从严治党，加强党对经济工作的领导，为完成各项目标任务提供坚强的组织保证和政治保证。

（一）加强党的政治建设，把党的全面领导落实到基层

坚持党对一切工作的领导，是解决基层难题、办好基层事情的关键。要把党的政治建设作为党的根本性建设，严明党的政治纪律和政治规矩，使各级党组织和党员牢固树立“四个意识”，坚定“四个自信”，坚决做到“两个维护”，始终在政治立场、政治方向、政治原则、政治道路上同以习近平同志为核心的党中央保持高度一致。要把思想建设作为党的基础性建设，切实强化理论武装，结合推进“两学一做”学习教育常态化制度化，扎实开展“不忘初心、牢记使命”主题教育，引导广大党员干部深入学习贯彻党的最新理论创新成果，准确把握党的十九大精神和习近平新时代中国特色社会主义思想的科学体系、精神实质、实践要求，进一步补足精神之钙，坚定信念之基，着力解决信念不坚定、宗旨不牢固、初心缺失、使命感不强、担当不力等问题，在决战决胜脱贫摘帽、加快转型发展的实践中忠实地履职尽责、担当作为。要全面落实意识形态工作责任制。牢牢把握意识形态工作主动权，加强宣传思想阵地建设，强化网络监管，抓好县融媒体中心建设，充分发挥新时代文明实践中心、所、站作用，进一步提升内外宣传的质量。要强化热点问题引导，完善监测预警机制，加强网络舆情管控，进一步弘扬主旋律，传播正能量，切实提升舆论宣传工作的传播力、引导力和公信力。

（二）加强干部队伍建设，提升领导发展的能力水平

干事靠人，打造一支过硬干部队伍，是经济社会发展的重要保障。我们要着眼新时代对干部队伍提出的新要求，进一步弘扬正确的用人导向，按照好干部五条标准，注重在实践中发现干部、培养干部、使用干部，努力做到选贤任能、用当其时，知人善任、人尽其才。坚持严管与厚爱结合，进一步落实中央和省市县委关于激励干部担当作为的意见，激励和约束并重，落实激励、容错、纠错机制，决不让那些干事的既流汗又流泪，决不让那些不干事的占位子、有市场，旗帜鲜明地为敢于担当、踏实做事、不谋私利的干部撑腰鼓劲。

（三）加强基层组织建设，筑牢坚强的战斗堡垒

要牢固树立大抓基层的鲜明导向，以提升组织力为重点，全面增强基层党组织的政治领导力、思想引领力、社会号召力。要主动适应社会条件、产业布局、行业发展的新变化，探索创新组织设置方式，不断扩大党组织覆盖面，推进党支部建设标准化，分类别具体指导，分领域统筹推进，推进基层党组织建设全面进步、全面过硬。要认真落实“三会一课”、组织生活会等党内组织生活制度，继续开展“支部主题党日”等活动，推行村级党务、村务、财务公开，提升党组织公信力，彰显党员先进性。要建立健全党建工作目标责任、典型培树、督促检查、投入保障等机制，严格落实党组织“品牌提升”和党员“星级管理”机制，积极推行“党建+”等模式，健全完善党建引领脱贫攻坚机制，以科学规范、务实管用的制度机制，推动基层党建工作高效落实、创新提升。

（四）加强党风廉政建设，实现监督执纪问责全覆盖

党风廉政建设和反腐败斗争永远在路上。我们必须以坚如磐石的决心推进反腐败斗争，坚持无禁区、全覆盖、零容忍，一体推进不敢腐、不能腐、不想腐。筑牢责任意识，落实“两个责任”，推动全面从严治党向基层延伸，构建上下贯通、层层负责的责任链条。探索有效途径和管用方法，有效运用监督执纪“四种形态”，让党员干部知敬畏、守底线。持续加大执纪问责力度，持之以恒纠正“四风”，以扶贫领域腐败和作风问题专项整治为重点，坚决查处政治腐败和经济腐败相互交织的案件。紧扣“六项纪律”“三大问题”和“三小问题”开展巡察工作，注重成果运用，及时堵塞漏洞，健全长效机制，持续保持巡察的震慑力。扎实有序推进监察体制改革，完善监督制度、厘清管辖边界、做好执纪与执法衔接，实现对所有行使公权力的公职人员的监察全覆盖，巩固发展反腐败斗争压倒性胜利。

（五）加强纪律作风建设，巩固风清气正的政治生态

干事创业要有严明的纪律和良好的作风，推动发展要有风清气正的政治生态。我们要把纪律作风建设放在更加突出的位置，下大气力解决不能为、不想为、不敢为问题，在全县上下形成奋发图强、干事创业的新风正气。要深入推进“转变作风改善发展环境年”活动，继续学习践行“马上就办、真抓实干”的工作作风，以“钉钉子”精神改作风、优环境，坚决整顿个别“窗口”单位群众办事脸难看、话难听、事难办的歪风恶习，提高办事效率，提升机关效能。盯紧“四风”新变异新动向，进一步严格执行八项规定和实施细则，聚焦形式主义和官僚主义等突出问题，抓牢主要矛盾，敢于动真碰硬，把作风建设向纵深推进，坚决防止“四风”反弹回潮。进一步强化工作推进落实，根据上级考核指标和方式的新变化，进一步完善督查考评机制，突出量化和绩效考核，发挥督查考核结果运用的导向作用，对干与不干、干好干坏、干多干少要有明确的区分，褒奖和重用埋头苦干、狠抓落实的干部，教育和调整只会空谈、不干实事的干部，问责和惩处弄虚作假、失职渎职、不担当、不作为的干部，确保各项工作落实到位。

当前，已临近春节，全县各乡镇、各部门要切实做好岁末年初的各项工作。一要抓好非洲猪瘟的防控工作。严格落实防控责任制，严防疫情发生。二要抓好大棚房整治工作。要从讲政治的高度严格落实总书记和省市主要领导的指示批示精神，全方位进行排查，确保整治工作不留死角，确保大棚房问题按法律和政策规定整治到位。三要抓好安全生产工作。落实安全生产工作责任，抓好道路交通、建筑施工、消防、危险化学品、烟花爆竹、大型群众性活动等重点行业领域安全生产专项整治，严防各类安全事故发生。四要营造和谐稳定的节日环境。要加强市场监管，确保节日期间食品质量安全，防止哄抬物价，确保市场平稳运行。要妥善处理好农民工欠薪等各类社会矛盾，加强社会面管控，严厉打击各类违法犯罪行为，全力维护社会和谐稳定。五要确保群众温暖越冬、温馨过节。要高度关注困难群众生活，继续开展送温暖救济关爱行动，确保困难群众生活不出现任何问题。六要注重节日氛围营造。各乡镇各村都要组织开展群众性节日文化活动，弘扬正能量，让全县人民欢度欢乐祥和的春节。七要切实加强值班值守。各乡镇、各部门、各单位要严格落实24小时值班带班制度，特别是涉改部门要立即进入工作状态，节日期间做好值班值守，确保节日期间各项正常运转。八要廉洁过节。全县各级党员干部要严格遵守纪律规定，严格执行中央八项规定及实施细则和省市县委各项规定，确保节日期间风清气正。

同志们，新时代催人奋进，新使命呼唤担当。让我们高举习近平新时代中国特色社会主义思想伟大旗帜，深入贯彻中央和省市各项决策部署，不忘初心、牢记使命，砥砺拼搏、团结奋进，为决战决胜脱贫摘帽、全面建成小康社会、推动高质量发展而努力奋斗！

渭源县人大常委会工作报告

——2019年12月27日在渭源县第十六届人民代表大会第五次会议上

渭源县人大常委会主任　李新定

各位代表：

受县人大常委会委托，我向大会报告工作，请予审议。

2019年工作回顾

2019年，是华夏儿女豪情满怀欢庆中华人民共和国70华诞之年，也是全县上下一鼓作气决战脱贫摘帽、决胜全面小康的关键之年。一年来，县人大常委会坚持以习近平新时代中国特色社会主义思想为指导，深入贯彻党的十九大和十九届二中、三中、四中全会精神，认真落实习近平总书记视察甘肃重要讲话和指示精神，坚持党的领导、人民当家作主和依法治国有机统一，紧紧围绕全县工作大局，认真履行宪法法律赋予的职责，不断提高新时代县乡人大工作水平，为全面打赢打好脱贫攻坚战、推进全县经济高质量发展和民主法治建设作出了新贡献。

一、坚持党的领导，确保人大工作正确政治方向

常委会旗帜鲜明讲政治，自觉把党的政治建设放在首位，增强“四个意识”，坚定“四个自信”，做到“两个维护”，始终把党的领导贯穿于人大工作的全过程、各方面，牢牢把握人大工作正确的政治方向。常委会深入学习贯彻习近平新时代中国特色社会主义思想和党的十九大以及十九届二中、三中、四中全会精神，认真学习贯彻习近平总书记关于坚持和完善人民代表大会制度的重要思想，进一步夯实了履职尽责的政治基础和思想基础。常委会严格执行请示报告制度，及时向县委报告重大事项、重要工作、重要会议、重要活动。常委会党组认真贯彻执行党章和党组工作条例，把向县委报告年度工作开展情况作为“规定动作”一以贯之。认真落实省委关于加强新时代人大工作的新要求，主动在全县工作大局中谋划和推进人大各项工作，依法行使好监督权、重大事项决定权和人事任免权，积极配合上级人大开展立法工作调研，支持和监督“一府一委两院”依法开展工作，充分发挥人大及其常委会在服务改革发展稳定中的职能作用。同时，常委会党组认真对照省委第三巡视组巡视反馈意见，主动认领问题，各班子成员自觉承担责任，做到即知即改、立行立改，巡视反馈的3条问题已全部彻底整改完成。

二、围绕发展大局，充分行使宪法法律赋予的职权

常委会紧紧围绕全县决战脱贫攻坚、经济高质量发展、生态环境保护、民生福祉改善等中心任务，坚持问题导向，着力推动县委工作安排的落地见效。一年来，听取和审议“一府两院”工作报告24项，组织代表集中视察1次，开展专题调研8次，对3部法律法规的贯彻实施情况进行了检查，对1个单位开展了工作评议，开展专题询问1次，下达审议意见书4份。

（一）立足全县中心工作，及时讨论决定重大事项

常委会始终遵循抓重点、议大事、求实效的基本要求，紧扣全县经济社会发展中的重大事项，积极开展调查研究，及时作出决议决定16项。听取和审议了2019年前7个月财政预算执行情况的专项报告、2018年全县财政预算执行情况及其他财政收支情况的审计工作报告，审查了县人民政府提出的关于转贷渭源县2019年新增地方政府债券并相应调整全县财政预算的议案和2018年全县财政决算，依法批准了2019年财政预算调整方案和2018年全县财政决算，并相应作出了决议；审议了县人民政府关于2019年前7个月国民经济和社会发展计划执行情况的报告、审查了县人民政府提出的关于调整2018年部分地方政府土地储备专项债券项目的议案，并相应作出了决议。

（二）加强任命干部监督，依法做好人事任免工作

常委会始终坚持党管干部和人大依法任免有机统一的原则，认真行使人事任免权，严格执行任前法律知识考试、任前供职发言、投票表决、颁发任命书、向宪法宣誓等法定程序，依法选举任命地方国家机关工作人员。按照机构改革的要求，常委会及时依法任免了县政府新组建部门的14名组成人员，保障了政府机构改革任务的顺利完成。一年来，依法任免地方国家机关工作人员105名，接受县人大代表辞职12名、常委会委员辞职3名。常委会先后组织15名国家机关工作人员向宪法宣誓，有力彰显和维护了宪法权威和法律尊严。常委会首次组织被任命的县民政局等3名政府工作部门主要负责人向县人大常委会报告年度履职情况，并进行满意度测评，增强了被任命人员的宪法意识、人大意识和责任意识。

（三）聚焦重点任务落实，不断增强监督工作质效

常委会牢固树立全县“一盘棋”思想，将监督工作的着力点放在脱贫攻坚“一号工程”上，聚焦脱贫验收指标，先后开展了农村生活垃圾管理、产业扶贫、住房安全保障、健康扶贫和脱贫攻坚等5个专题的调研，全力推动整县脱贫摘帽进程。常委会针对脱贫攻坚中存在的10个方面的短板问题，开展了专题询问。常委会广泛动员全县1078名省市县乡四级人大代表投身脱贫攻坚主战场，扎实开展“发挥代表作用·决战脱贫攻坚”活动，切实发挥人大代表监督促进、宣传引导、扶贫济困“三大作用”，全力助推打赢脱贫攻坚这场硬仗。常委会领导全面履行脱贫攻坚前线指挥部指挥长和副指挥长及总队长职责，定期召开指挥部会议，研究解决存在的问题。常委会机关帮扶干部坚持进村入户，开展脱贫攻坚“3+3”冲刺清零和质量提升“百日会战”行动，先后为北寨、会川等4个乡镇的8个帮扶村协调帮扶资金497.88万元、帮办实事21件。常委会高度重视生态环境保护工作，专题听取和审议了县人民政府关于2018年全县环境状况和环境保护目标完成情况的报告，针对存在的问题，提出了意见建议。常委会针对全县工业基础薄弱、营商环境不优等短板问题，依法开展了对县工业和信息化局的工作评议，有效促进了全县工业经济发展。常委会先后对《中华人民共和国旅游法》《甘肃省农村生活垃圾管理条例》《甘肃省乡镇人民代表大会工作条例》等法律法规的贯彻执行情况开展了执法检查，保证了宪法法律在我县得到有效贯彻实施。常委会按照有件必备、有备必审、有错必纠的原则，对32件规范性文件进行了备案审查，保证了规范性文件的合法合规。常委会对县人民法院解决“执行难”问题和县人民检察院关于民事诉讼和执行活动的法律监督工作情况开展了调查，在常委会会议上分别听取和审议了“两院”专项工作报告，并分别听取和审议了“一府两院”关于全县“扫黑除恶”专项斗争进展情况的报告，有力促进了“一府两院”依法行政、公正司法。常委会高度重视信访工作，热情接待群众来访，认真处理群众来信，全年共受理人民群众来信来访18人次，信访案件的办结率和答复率有了明显提升，一些群众反映强烈的突出问题得到妥善解决。

三、突出主体作用，加强和改进代表工作

常委会充分尊重代表主体地位，不断创新代表工作机制，丰富代表活动内容，积极为代表提高履职能力、发挥代表作用提供了有力支撑。

（一）强化代表培训，提升代表履职能力

常委会把代表培训作为提升代表素养和履职能力的有效抓手，通过以会代训、监督议题专题辅导、代表小组集中学习、组织常委会组成人员培训等方式，使代表熟悉人民代表大会制度理论、人大工作程序和要求。利用人大网站、短信平台、微信公众号、微信群等新媒体，发布县委工作安排、人大工作动态、政府工作进展、代表履职信息，邀请市县代表40多人次列席县人大常委会会议和参加视察调研、执法检查、工作评议、代表约见等活动，推荐代表60多人次参与“一府两院”组织的脱贫攻坚县级自验、法院庭审等活动，向代表书面通报了县人大常委会和“一府一委两院”半年工作情况，拓宽了代表知情知政渠道，代表履职能力在实践中得到加强。

（二）强化代表活动，完善代表履职服务

为有效发挥代表主体作用，常委会通过约见和走访代表、参加代表小组活动、“4+1”履职等方式，进一步密切常委会组成人员与代表、代表与选民的联系。开展县人大代表向原选区选民述职活动298人次，组织12名市人大代表向原选举单位进行现场述职，并进行了满意度测评，自觉接受原选区选民监督，让代表履职始终置于选民的监督之下，增强了代表服务选民的责任意识。常委会组织部分县人大代表，围绕城区停车难、农村电网改造后旧线路拆除不及时、部分水利灌溉渠系维修不经常、农村人居环境整治不彻底等13个问题，集中约见了县人民政府相关部门负责人，并将约见提出的问题全部转交县人民政府进行了办理。

（三）强化建议督办，激发代表履职活力

常委会十分注重代表意见建议的办理工作，进一步健全了代表建议督办机制，在坚持重点督办、跟踪督办、专项督查的基础上，实行常委会领导领办，网络公开办理进度，促进代表建议转化落实，推动解决了一批事关人民群众切身利益的民生问题。县十六届人大三次会议期间共收到代表提出的意见建议70件，在县人民政府的高度重视和承办部门的积极努力下，已经办结或基本办结的53件，正在办理4件，列入计划逐步办理的10件，因条件限制无法办理的3件，办结率75.71%，答复率100%，代表满意率92%。常委会组成人员联系县人大代表时，代表提出意见建议15件，已经办结或基本办结的14件，列入计划逐步办理的1件，办结率93.33%，答复率100%，代表满意率95%。如：第2号“关于路园镇三河口村开通公交车的建议”、第27号“关于接通庆坪镇李家窑村康家店社自来水的建议”等一批意见建议得到较好办理，政府的执行力、服务力和担当力在人大代表和人民群众中进一步得到明显提升。

四、加强自身建设，提高履职能力和服务水平

常委会按照“全面担负起宪法法律赋予的各项职责的工作机关、同人民群众保持密切联系的代表机关”的定位，不断推动人大制度和人大工作创新，全面提高依法履职、服务大局的能力和水平。

（一）加强党的建设，扎实开展主题教育

常委会始终把学习贯彻习近平新时代中国特色社会主义思想摆在突出位置，认真落实党的十九大和十九届二中、三中、四中全会精神，严格落实全面从严治党各项要求，扎实推进机关党支部建设标准化工作，着力打造“抓机关党建、促代表履职、为发展服务”党建品牌。常委会党组把开展“不忘初心、牢记使命”主题教育作为首要政治任务，围绕“守初心、担使命，找差距、抓落实”的总要求，通过抓学习教育、调查研究、检视问题、整改落实，达到了“理论学习有收获、思想政治受洗礼、干事创业敢担当、为民服务解难题、清正廉洁作表率”的效果，进一步增强了“四个意识”、坚定了“四个自信”、做到了“两个维护”。常委会党组坚持理论中心组学习制度，认真开展机关党支部“三会一课”、专题党课、主题党日、谈心谈话等活动，严肃党内政治生活，加强党性锻炼，把主题教育和机关党的建设成果转化为人大机关干部履职尽责、担当作为的实际成效。

（二）加强制度建设，全面规范履职行为

常委会在全市率先制定出台了《渭源县人大社会建设委员会工作规则（试行）》，进一步明确了县人大社会建设委员会的工作职责，规范了议事程序，不断巩固、完善和发展人民代表大会制度，加强人大的组织体系建设，推动人大工作实现制度方面的新突破。为增强常委会组成人员和县人大代表履职责任感，在坚持实践《渭源县人大常委会组成人员工作纪律守则》《渭源县人大常委会关于代表建议、批评和意见办理工作考核奖惩办法（试行）》等相关制度的基础上，先后制定了《渭源县人大常委会组成人员履职管理办法（试行）》和《渭源县人民代表大会代表履职管理办法（试行）》等6项制度，通过健全完善各项工作制度，有力提升了常委会委员和人大代表履职行权的责任意识和公仆意识。

（三）加强督促指导，提升乡镇人大工作水平

常委会高度重视乡镇人大工作，继续坚持领导班子成员分工联系乡镇人大工作制度，利用多种形式，及时了解掌握基层人大工作状况，在召开人代会、开展监督工作、组织代表活动等方面给予业务指导，在乡镇人大代表活动、“家”和“室”建设等方面给予大力支持。常委会领导带队先后2次就乡镇人代会会期较短、议程不规范和闭会期间的活动开展不经常等问题进行专项督查，着力推进乡镇人大各项工作逐步走向规范化轨道。常委会十分注重乡镇人大工作者的业务培训工作，在邀请人大主席列席常委会会议、参加常委会组织的视察调研、外出学习考察的同时，专题举办了为期两天的县乡人大工作者履职能力提升培训班，进一步提升了乡镇人大工作者的业务能力和知识水平。

各位代表！一年来，县人大常委会通过改进作风、认真履职，各项工作取得明显成效，这主要得益于习近平新时代中国特色社会主义思想的定向引航，得益于县委的正确领导，得益于人大代表的勤勉履职，得益于“一府一委两院”的密切配合，得益于县乡人大的团结协作，得益于全县人民的充分信任和社会各界的大力支持。在此，我谨代表县人大常委会向所有关心和支持人大工作的各位领导、各位代表及社会各界人士表示衷心的感谢和崇高的敬意！

面对新时代人大工作的新使命、新要求，我们清醒地认识到，常委会工作离党中央的要求和人民群众的期盼还有一定差距，主要是：在更好地服务改革发展上还有待提高，在监督方式方法上还有待创新，在增强监督实效上还有待探索，在加强常委会及机关自身建设上还有待提升。今后，我们要以改革创新精神，认真抓重点、补短板、强弱项，积极采取有效措施切实加以解决。

2020年主要工作任务

2020年，是全面建成小康社会和“十三五”规划收官之年，我们要实现第一个百年奋斗目标。县人大常委会工作的总体思路是：以习近平新时代中国特色社会主义思想为指导，全面贯彻党的十九大和十九届二中、三中、四中全会精神，认真落实习近平总书记视察甘肃时的重要讲话和指示精神，按照省委市委工作安排部署，在县委的坚强领导下，坚持稳中求进工作总基调，聚焦脱贫攻坚后续任务，着眼民生福祉持续改善，依法行使法定职权，努力推动新时代地方人大工作不断开创新局面。

一、进一步提高政治站位，把坚持党的领导贯穿始终

常委会要牢牢把握坚持党的领导的根本原则，在思想上政治上行动上同以习近平同志为核心的党中央保持高度一致。坚持党的领导、人民当家作主、依法治国的有机统一，把党的领导贯穿于人大依法履职的全过程，落实到人大工作的各方面。认真贯彻落实党中央决策部署，紧紧抓住全县改革发展稳定的重大事项，依法行使决定权，把党的主张通过法定程序变为全县人民的共同意志。坚持党管干部和人大依法任免有机统一，规范行使人事任免权，确保地方国家机关高效运转。充分发挥县人大常委会党组“把方向、管大局、保落实”的重要作用，研究建立党组“不忘初心、牢记使命”的制度，拓展主题教育成果，坚持重大问题、重要工作向县委请示报告制度，保证人大工作正确的政治方向。增强工作的主动性，保质保量完成县委安排的各项中心工作，积极服务全县改革发展稳定大局。

二、进一步增强监督实效，把推动经济高质量发展贯穿始终

常委会要牢记党的根本宗旨，坚持“民有所呼、我有所应”，突出工作重点，围绕巩固提升脱贫攻坚成果，紧扣县委中心工作和人民群众普遍关注的热点难点问题，实施科学监督、有效监督，推动解决实际问题。加强对县域经济发展、脱贫攻坚后续任务等事项的监督，推动经济转型升级、提质增效。持续加强对民生事项的监督，开展社会热点难点问题专题询问，调研义务教育均衡发展等工作推进情况，促进保障和改善民生，让人民群众有更多的获得感、幸福感、安全感。督促政府健全国有资产管理制度，提高国有资产经营收益，并完善人大预算联网监督平台，实现对预算单位网络监督的全覆盖，促进预算监督规范化、常态化。调研政府债务管理情况、部分专项资金使用绩效管理情况，促进防范化解重大金融风险。继续督促扶贫政策落实，助推脱贫攻坚各项任务完成。调研渭河流域综合治理情况，推动生态环境持续改善；开展代表约见政府部门负责人等活动，有效解决群众身边的烦心事、操心事和揪心事，促进人大监督更接地气、更有力度。

三、进一步树立法治理念，把法治渭源建设贯穿始终

常委会要牢固树立党的法治理念，带头遵法学法守法用法，确保人大工作在法治轨道上有序推进。严格落实常委会拟任人员的任前法律知识考试制度和会前学法制度，认真落实宪法宣誓制度，深入开展宪法宣传教育活动，开展被任命人员向人大常委会报告履职情况，增强被任命人员的宪法意识、法治意识和责任意识。开展“七五”普法决议实施情况的调研，推动县政府及有关部门深入开展法治宣传教育，在全社会形成良好的法治风尚。开展公检法办案质量检查、代表旁听法院庭审等活动，听取“扫黑除恶”专项斗争开展情况报告，推动司法改革，改进司法工作，规范司法行为，提高司法水平。加强对水污染防治法、中小企业促进法和人民陪审员法等法律法规贯彻实施情况的监督检查，保障法律法规在我县得到全面贯彻。妥善处理群众来信来访，引导群众依法理性表达诉求，加强信访案件的交办、转办、督办工作，推动解决群众反映强烈的信访问题。建立覆盖备案审查工作全过程的制度体系，提高规范性文件备案审查工作能力和水平，为推动法治渭源建设提供强有力的保障。

四、进一步加强代表工作，把发挥代表主体作用贯穿始终

常委会要按照“人大工作的开展靠代表，人大工作的水平看代表，人大工作的潜力在代表”的目标定位，深入开展创建“优秀人大代表”

“先进人大代表之家”“先进人大代表活动小组”“人大系统先进集体和先进个人”“人大新闻宣传工作先进个人”“人大代表意见建议办理先进工作单位”为主要内容的“六创”活动，有效激发代表履职活力，促进代表更好地履职尽责。不断丰富代表学习培训形式，全力加强代表履职服务，足额保证代表活动经费，邀请代表参加相关监督活动，不断提高代表履职能力。加快建立代表履职网络平台，积极发挥“人大代表之家”“人大代表工作室”的作用，让代表履职既有平台，更有活力。创新代表建议办理评价机制，推动代表建议办理工作从“答复型”向“落实型”转变。积极探索“民生实事项目代表票决制”，推行“请群众提、让代表定、交政府办、由人大评”的做法，让党委决策、人大决定、政府执行和人民意愿在实践中找到理想的结合点，推动群众关注的民生实事项目落实见效。

五、进一步增强履职能力，把全面加强自身建设贯穿始终

常委会要认真学习贯彻习近平总书记关于坚持和完善人民代表大会制度的重要思想，全面贯彻落实省委市委关于加强新时代人大工作的意见，及时制定出台我县贯彻实施方案，切实增强坚持和完善人民代表大会制度的政治自觉和思想自觉。健全完善县乡人大工作制度、议事程序，支持和保障乡镇人大依法行使职权，实现县乡两级人大工作整体推进、创新发展。建立上下畅通的人大网络信息平台，健全完善门户网站，加强预算监督联网、规范性文件备案审查监督和代表履职信息平台建设，充分发挥县人大法制、财经专门委员会专家咨询组的智库作用，着力加强县乡两级智慧人大建设。不断完善人大专门委员会设置，优化常委会和专门委员会组成人员结构，夯实新时代人大工作基础。严格执行中央八项规定及其实施细则精神，力戒形式主义、官僚主义，切实增强履职尽责的责任感，努力把县人大常委会建设成为政治坚定、纪律严明、作风过硬、清正廉洁的坚强领导集体。

各位代表，征程万里风正劲，重任千钧砥砺行。让我们高举习近平新时代中国特色社会主义思想伟大旗帜，在县委的坚强领导下，以时不我待的责任意识、勇于担当的为民情怀和奋发有为的精神状态，不忘初心、牢记使命，凝心聚力、锐意进取，为建设幸福美丽新渭源、谱写富民兴陇渭源发展时代篇章而不懈奋斗！

政府工作报告

——2019年12月26日在渭源县第十六届人民代表大会第五次会议上

渭源县人民政府县长　蔺红军

各位代表：

现在，我代表县人民政府，向大会报告工作，请予审议，并请各位政协委员和其他列席人员提出意见。

2019年工作回顾

即将过去的2019年，是新中国成立70周年举国欢庆之年，也是全县上下敢死拼命、奋力冲刺脱贫摘帽的决战之年。面对复杂严峻的发展形势和艰巨繁重的工作任务，在市委、市政府和县委的坚强领导下，县政府以习近平新时代中国特色社会主义思想为指导，深入贯彻党的十九大和十九届二中、三中、四中全会精神，认真落实习近平总书记视察甘肃重要讲话和指示精神，坚持稳中求进工作总基调，以脱贫攻坚为统揽，攻坚克难，狠抓落实，推动高质量发展，较好地完成了县十六届人大三次会议确定的目标任务，全县经济运行稳中向好，人民群众得到更多实惠，整县脱贫取得决定性成效。预计完成地区生产总值36.86亿元，增长6.8%；固定资产投资增长15%；规模以上工业增加值1.12亿元，增长25%；社会消费品零售总额8.68亿元，增长8.2%；一般公共预算收入1.48亿元，增长0.16%；一般公共预算支出30.95亿元，增长4.46%；城乡居民人均可支配收入25318元、8202元，分别增长8%、10%。

一年来，我们尽锐出战，补短板、强弱项，脱贫摘帽胜利在望。坚持把脱贫攻坚作为压倒一切的政治任务，紧盯“两不愁三保障”[1]目标，敢死拼命、攻坚拔寨，举全县之力向贫困“硬骨头”发起总攻，扶贫资金投入达到17.76亿元，占一般公共预算支出的61.8%，退出贫困村99个，脱贫7701户27349人，贫困发生率下降到0.43%，贫困人口人均纯收入稳定超过国家标准，各项指标达到整县退出要求。“冲刺清零”全面完成。严格落实教育扶贫政策，推行“一对一”控辍保学措施，实现义务教育阶段学生零辍学。全面落实“先诊疗、后付费”、家庭医生签约服务和医保医疗救助倾斜政策，慢特病门诊卡实现应办尽办，贫困群众健康更有保障。采取“一鉴定两改造”模式[2]，改造农村危房2722户，易地搬迁安置入住2285户，拆除危旧房2035户，农村住无危房目标全面实现。改造供水管网183.7公里、泉水（供水点）151处，自来水新入户1857户，水质检测达标率、安全饮水率均达到100%。扶贫产业带动更强。着力构建主导产业保收入、新兴产业拓渠道、就业扶贫促增收、政策保险防风险的发展格局，优化产业奖补、入股配股、资产收益模式，贫困户人均可支配收入达到6262元，其中产业收入5072元。推行“龙头企业+合作社+基地（园区）+农户”“五统一分一标三提高”[3]“养殖贷+牛羊托养”等带贫模式，培育省级农业产业化龙头企业6家，规范提升合作社330个，发展“五小产业”[4]418家，投入产业扶持资金4.3亿元。落实农业保险资金1956万元，保险实现“三个全覆盖”[5]。创新“产权到村、主体经营、集体收益、购买服务”的村级资产收益再分配带贫方式，所有村集体收入均达到3万元以上，设置公益性岗位5108个，人均年增收3000元以上。开展各类培训4150人，新建扶贫车间14个，输转劳务6.2万人，实现劳务收入12.8亿元。基础条件有效改善。实施贫困村提升工程，新建改造村级党群服务中心40个、标准化卫生室14个、幼儿园2个，提升改造通村道路205公里，建设农村电网636公里，行政村通硬化路、基本公共服务设施、宽带网络和自然村动力电实现全覆盖。帮扶协作成果丰硕。福州市及晋安区落实东西部协作帮扶资金4151万元、社会帮扶资金1867万元，实施项目19个，引进3家龙头企业在我县注册落户。国务院扶贫办落实定点扶贫帮扶资金5408万元，德青源、红日、碧桂园、禾韵花卉等知名企业在渭源投资兴业。欧美同学会、农总行、省财政厅等帮扶单位倾情帮扶，投入项目资金5600多万元，有力助推了全县脱贫摘帽步伐。压紧压实攻坚责任。继续推行县乡前线指挥部定期调度、专责小组统筹推进、县级领导联乡包村、总队长包村抓户、干部结对帮扶等推进机制，精准落实“一户一策”脱贫计划，“三精准三保障三落实”[6]责任全面压实。以整改倒逼落实，完成各类反馈问题整改364条，年度整改任务全面完成。落实“日督查周通报”明察暗访督察制度，扎实推进扶贫领域作风和腐败问题专项整治，确保高质量脱真贫、真脱贫。

一年来，我们坚持不懈，稳投资、抓招商，发展基础更加坚实。坚持把有效投资作为县域经济发展的关键引擎，实行重点指标“旬调度月推进季奖罚”措施，推动经济高质量发展。项目建设扎实推进。实施总投资78.3亿元的重点项目94个，完成投资26.3亿元，实施十大生态产业项目41项。争取中央预算内项目20个1.37亿元、各类政策性补助资金17.5亿元、政府债券3.2亿元，渭武高速、国道310线等重大项目推进顺利，金鸡产业扶贫项目投产运营，田麻路、沈峡路建成通车，城区集中供水工程、旅游道路即将扫尾，县城北环路东段棚户区改造、渭水源旅游接待中心等项目顺利推进，固定资产投资增速连续三个季度位居全市前列。招商引资成效显著。深入实施“十大生态产业招商攻坚年”行动，完善招商引资优惠政策，积极参加“海交会”“长三角”“兰洽会”等重要招商节会活动，赴外专题招商28次，新签约落地招商项目13个，到位资金27.8亿元。保障机制更加完善。推行领导包抓、清单管理、联审联批、集中开工等机制，强化要素保障，狠抓落地建设，落实城乡建设用地757亩。抢抓全省特色产业发展工程贷款机遇，紧密对接农发行、省金控、甘肃银行等金融机构，多渠道撬动金融和社会资本，完成融资11.9亿元，政府审核担保5.3亿元。全面推进一窗办理、集成服务，探索推行容缺受理、全程代办、承诺备案等改革措施，企业开办时间压缩到5个工作日、投资项目审批时间压缩到100个工作日，营商环境进一步优化。

一年来，我们千方百计，挖动能、延链条，生态产业提质增效。聚焦实体经济，深化供给侧结构性改革，构建了“1+1+10+N”生态产业体系[7]基本框架。特色优势产业持续壮大。加大马铃薯良种繁育基地建设，开展新品种对比试验32个，推广标准化种植30万亩，生产原原种5亿粒，繁育脱毒瓶苗4.8亿株，被农业部确定为马铃薯制种大县。试点开展中药材集约化育苗及追溯体系建设，建立种子种苗繁育基地3万亩，种植面积35万亩，年干药产量达到8万吨。草牧业实现关键性突破，“金鸡”百万只鸡、“陇玥”万只羊、“渭丰”千头牛等一批标准化规模养殖场相继投产，新增规模养殖户1655户，牛羊猪鸡存栏量净增64.4万头只，金鸡扶贫项目成为全省范围内标准化程度最高、规模最大的蛋鸡养殖基地。富民增收产业多点开花。农业风调雨顺、喜获丰收，粮食总产量达到17.69万吨。建设蔬菜基地12个、总面积达到7.8万亩，食用菌生产达到174万棒，新建花卉基地7个676亩，建设果蔬（马铃薯）保鲜库15座，新注册农产品商标36个。建成渭源网货供应平台，阿里巴巴、京东等知名电商企业成功落户，线上交易额达到2.1亿元。筹资2.5亿元回购光伏一期电站47个，争取光伏指标27.349兆瓦，集中建设光伏产业园2个，全县总装机规模达到60.249兆瓦，光伏产业成为县域经济新的增长极。工业经济加快转型升级。全力支持民营经济爬坡过坎，对21家企业制定“一企一策”[8]转型升级扶持计划，为工业企业减税降费941万元，化解民营企业堵点难点问题41个，清偿欠款4436万元，5家“僵尸企业”盘活重组。成立甘肃省党参产业战略研究院，培育省级高新技术（创新示范）企业2家，新培育产值5000万元以上企业3家、小微企业15家、规上企业2家，技术创新引领、饮片加工主导、包装物流跟进的工业产业链条已初步构建。省级经济开发区创建申报验收。文化旅游产业融合推进。渭河源景区环线道路投入使用，游客中心完成主体工程，罗家磨“百美村宿”规划启动，首阳山AAAA级景区、南谷新村AAA级景区分别通过省级和市级评审，创建莲峰镇老庄村等省级乡村旅游示范村6个。新增农家乐15家、旅游床位500个，开发特色旅游商品15种。成功举办重庆、西安等地专场推介会和旅游节、美食节、马拉松赛等节会赛事活动，冰雪体验季活动填补了全市冬春旅游空白，“来渭源过一个只有20℃的夏天”宣传推介深入人心，获得全国“2019避暑旅游样本城市”称号。全县接待游客148.5万人次，实现旅游综合收入7.1亿元，分别增长25.2%、40.5%。

一年来，我们全力以赴，夯基础、促融合，城乡面貌日益改观。坚持县城、城镇、乡村统筹兼顾，加快城乡一体化进程，城镇化率达到27.4%，较上年提高1.6个百分点。城建项目加快实施。启动编制国土空间规划，完成村庄规划编制62个。实施城建项目20个47.8亿元，完成投资12.5亿元，分别增长5.9%、9.2%。馆前广场投入使用，苗圃路、灞陵路、一中路建成通车，渭河北路中段、北环路东段、国道310线县城过境段等城市道路和西二路桥梁加快推进，禹河金湾及河道改造工程等项目开工建设。改造一中南侧、清源路北侧等棚户区1028套、老旧危房27栋952户，销售商品房964套11.3万平方米。完善城市配套功能。坚持改造与管理并重，铺设维修城市道路1.5万平方米，新增城市绿化面积3万平方米、城市停车位8处998个、公厕2座，市政管理有效提升。新建改造供暖换热站5座、管网5.2公里，落实供暖企业补贴1192.5万元，供热质量稳步提升。继续深化“两违”[9]综合整治，加大占道经营、乱停乱放等“城市病”整治，存量违建减少36%，市容市貌持续改善。镇村建设稳步推进。会川镇污水处理厂投入使用，莲峰镇一号路东段、麻家集镇区道路、路园镇渭河大桥建成通车，北寨镇街道给排水管网埋设完成，新建乡镇加油站5处。开展行动农村人居环境综合整治“1+9”行动[10]，创建“四好农村路”[11]示范村、清洁村庄各62个，新建改造农村户厕5763座、乡村公厕152座，配备垃圾收储设备4058套，构建了“财政补助+购买服务”的常态化垃圾收处机制。

一年来，我们持之以恒，抓整治、严监管，生态环境不断改善。牢固树立“绿水青山就是金山银山”的发展理念，打好生态文明建设系列组合拳。污染治理纵深推进。实施蓝天、碧水、净土“三大保卫战”，整治燃煤锅炉35台，建成一、二级煤供中心27家，推广使用新能源汽车185辆，空气质量优良率超过95%。渭河流域饮用水水源地保护项目全面建成，河湖长制有效落实，“携手清四乱、保护母亲河”专项行动[12]扎实开展，争取生态流量500万立方米，秦祁河实现清水长流。实施农村环境综合整治项目5个，禁养区养殖场整治实现常态化管理，回收废旧农膜730吨、处理尾菜3500吨，土壤环境质量保持稳定。生态建设持续加强。实施渭河源生态保护与综合治理规划，开展大规模国土绿化行动，完成城镇面山和生态廊道绿化7.1万亩，森林覆盖率达到15.71%。落实最严格的耕地保护制度，划定保护面积10425亩，启动实施矿山地质环境恢复和综合治理规划，治理水土流失面积40平方公里。突出问题有效解决。全面完成环保督察、生态环境责任审计、巡视巡察等反馈问题年度整改任务。实行“3+”监管模式[13]、“3456”工作法[14]，集中开展“大棚房”、违建别墅等专项整治，受理解决环境信访投诉案件25件，依法查处环境违法行为8起。

一年来，我们倾心竭力，惠民生、保和谐，群众福祉不断增进。坚持以人民为中心的发展思想，全面提升共建共治共享水平。教育事业均衡发展。调整优化学校布局15所，争取资金1.1亿元，实施校舍、周转房等项目2.9万平方米、中小学温暖工程26所，落实乡村教师生活补助1275万元，高考文化课二本上线率达到83.3%。县特殊教育学校被评为“全国教育系统先进集体”，职业教育评估为全省“优秀”等次。民生事业普惠保障。省市民生实事全面完成。引导60名毕业生到企业就业，新增城镇就业1915人。持续巩固“全国基层中医药工作先进单位”成果，推进健康渭源建设，建成县级区域医学中心5个、省级重点学科6个，创新乡村医疗机构一体化管理模式，免费开展农村妇女两癌筛查1.35万人。文化综合场馆、全民健身体育馆具备开馆条件，建成覆盖县乡村和重点自然村的应急广播体系。新建城乡社区12个，提高城乡低保标准，创新购买社会养老服务模式，扎实开展“三大一常”行动[15]，视觉贫困有效改善。社会治理不断加强。扫黑除恶专项斗争纵深推进，打掉黑恶势力犯罪团伙及“村霸”10个，治安案件发案率下降28.4%。扎实开展安全生产、食品药品等领域专项整治，县食药检测检验中心率先通过国家级资质认定。强化矛盾纠纷调处和信访事项办理，全力保障农民工工资支付，圆满完成新中国成立70周年大庆维稳安保工作，社会大局和谐稳定。

一年来，我们驰而不息，优管理、提效能，自身建设持续强化。扎实开展“不忘初心、牢记使命”主题教育，进一步增强“四个意识”，坚定“四个自信”，做到“两个维护”，确保政令畅通、令行禁止。全面完成政府机构改革，设置政府部门25个，理顺划转职能73项，运行机制更加顺畅。制定出台重大行政决策程序实施细则和县政府常务会议工作规则，决策程序更加规范。建立健全政府履责管理“五大体系”[16]，推行季考评奖惩机制，干事创业更加担当。以“放管服”改革为抓手，全面落实“五个一”政务服务模式[17]，梳理政务服务事项1029项、权责清单事项3889项，94%的事项实现网上行权，政务服务更加优化。不断深化政务公开，主动公开各类事项879项，办理电子民生平台事项5600多件，推行行政执法“三项制度”[18]，加强审计监督，权力运行更加透明。主动接受人大及其常委会的依法监督、政协民主监督和社会各界监督，人大代表意见建议和政协委员提案办结率分别达到78.8%、80%。

一年来，统计、人防、气象、兵役、地方志、退役军人、机关事务等工作扎实推进，科技、老龄、慈善、消防、民族宗教等事业取得新进展，工会、共青团、妇联、科协、残联等群团组织为全县脱贫摘帽、经济社会发展做出了积极贡献。

一年来，我们隆重举行了庆祝新中国成立70周年系列活动，高质量承办了甘肃省深度贫困地区脱贫攻坚现场推进会、国务院扶贫办定点扶贫现场推进会等重大会议，成功举办全市第二届渭水文化旅游节、国际露营大会、全国山地自行车赛等节会赛事活动，“光伏+”经验在全省推广，被列为“全国光伏扶贫试点县”。1人荣获“2019年全国脱贫攻坚奉献奖”，先进事迹在全国巡回报告，渭河源演艺公司入选全国服务农民服务基层文化建设先进单位。人民日报、新华社、中央电视台等主流媒体密集报道“渭源经验”，全面展示了渭源脱贫攻坚、经济社会发展的生动实践和精彩答卷，渭源发展收获了满满的点赞。

各位代表！成绩来之不易，过程倍感艰辛。一年来，面对脱贫摘帽的艰巨任务，我们坚定信心不动摇、咬定目标不放松、整治问题不手软、落实责任不松劲、转变作风不懈怠，义无反顾、敢死拼命，在攻坚克难中决战决胜；一年来，面对经济下行压力、防范化解重大风险、生态污染防治等重大挑战，我们坚持敢想敢干敢担当、善作善为创一流，打基础、利长远，在披荆斩棘中奋勇前行；一年来，面对中央和省市环保督查、省委政治巡视、自然资源资产审计、扶贫考核评估等政治考验，我们坚持整改具体问题与建立长效机制相结合，闻过即改、真改实改，在破题解题中补短强弱。这些成绩的取得，是习近平新时代中国特色社会主义思想科学指引的结果，是市委、市政府和县委坚强领导的结果，是县人大、县政协和社会各界鼎力支持的结果，是全县上下同心同德、艰苦奋斗的结果。特别是各级扶贫干部，大力弘扬特别能吃苦、特别能攻坚、特别能奉献的新时代担当精神，风雨无阻、披星戴月，废寝忘食、呕心沥血，践行着“脱贫路上一个都不能少”的庄严承诺，为全县脱贫摘帽付出了艰辛的努力和辛勤的汗水。在此，我代表县人民政府，向全县各行各业的广大建设者，向各级人大代表、政协委员，向各人民团体、民主党派和无党派人士，向武警官兵、公安民警和消防队伍，向中央和省市驻渭单位，向大力支持我县脱贫攻坚的国务院扶贫办、晋安区以及各级帮扶单位，向奋战在脱贫攻坚一线的广大干部群众，致以崇高的敬意和衷心的感谢！

审视渭源的发展，我们必须清醒地认识到，发展不平衡不充分仍是现阶段全县经济社会发展面临的主要矛盾，我县仍处于爬坡过坎的关键期、补齐短板的攻坚期，全县经济社会发展和政府工作依然面临一些突出困难和问题。一是脱贫成效巩固提升任务依然艰巨，市场主体辐射带动能力不强，脱贫产业还不稳定不牢固，部分脱贫人口自我发展能力较弱、存在返贫风险，农村人居环境整治任重道远。二是经济总量较小、结构不优、质量不高，三次产业融合发展不充分、产业聚集圈不完整，支撑经济增长的大项目、大企业不多，民间投资不足，实体经济融资难等问题依然存在。三是社会民生事业总体发展水平还不高，教育、医疗、文体等公共服务共建共治共享能力有限，解决关切群众利益的操心事烦心事揪心事还有差距。四是城乡发展差距较大，城乡道路、污水处理等基础设施建设滞后，城镇承载力、辐射力不强，资源环境约束趋紧，乡村振兴任务繁重。五是一些干部能力不足不会为、动力不足不想为、担当不足不敢为等问题依然存在，营商环境不优、政务服务不优、干部作风不优的问题不同程度存在，政府职能转变还有一定差距。对此，我们将坚持问题导向，采取有力措施，认真加以解决，努力把政府各项工作干得更实、干得更好。

2020年政府工作目标任务

2020年是全面建成小康社会和“十三五”规划收官之年，要实现第一个百年奋斗目标，做好全年工作意义重大。2019年8月，习近平总书记再次亲临我省视察，为甘肃改革发展把脉定向，提出了五个方面着力重点[19]和一系列重要指示要求，为我们指明了当前和长远发展的路线图、任务书。党的十九届四中全会通过的《关于坚持和完善中国特色社会主义制度推进国家治理体系和治理能力现代化若干重大问题的决定》，为我们做好各方面工作提供了更加有力的体制机制保障。国家和省委省政府加快实施新一轮西部大开发、“一带一路”、西部陆海新通道、黄河流域生态保护和高质量发展等重大战略，为我们高质量发展增添了新的动力。中央经济工作会议再次明确，继续实行稳就业、稳金融、稳外贸、稳外资、稳投资、稳预期的“六稳”措施，着力推动高质量发展，为我们今后经济工作指明了总体要求、政策取向和重点任务。我们要抢抓历史机遇，接好属于自己的新时代“接力棒”，抢占先机、扬长避短，真抓实干、加速赶超，努力在新时代发展中赢得主动、再创佳绩。

按照中国共产党渭源县第十四届委员会第十七次全体会议的总体部署，政府工作要坚持以习近平新时代中国特色社会主义思想为指导，深入学习贯彻党的十九大和十九届二中、三中、四中全会精神，以习近平总书记视察甘肃重要讲话和指示精神作为全部工作的统揽和主线，认真贯彻落实全面从严治党各项决策部署，不忘初心、牢记使命，紧紧围绕中央决策部署和省市县委工作安排，决战决胜脱贫攻坚，统筹推进“五位一体”总体布局，协调推进“四个全面”战略布局，深入贯彻新发展理念，全面落实高质量发展要求，着力做好稳增长、促改革、调结构、惠民生、防风险、保稳定各项工作，加快建设幸福美丽新渭源，奋力谱写富民兴陇渭源发展时代篇章。

基于此，确定2020年全县经济社会发展主要预期目标是：地区生产总值增长6%，达到39亿元；固定资产投资增长12%；社会消费品零售总额增长7.6%，达到9.3亿元；一般公共预算收入增长3%，达到1.5亿元；城乡居民人均可支配收入分别增长8%、10%，达到27343元、9022元。单位生产总值能耗和主要污染物排放控制在下达指标之内。

围绕上述目标，重点抓好以下六个方面的工作。

一、聚焦聚力巩固提升脱贫攻坚成果，补齐全面小康短板

坚决落实“四个不摘”[20]，继续把脱贫攻坚作为首要政治任务，以敢死拼命的精神，一鼓作气、全力攻克贫困最后堡垒，巩固拓展脱贫成果，高质量打好深度贫困歼灭战，实现同步迈入全面小康社会。

确保脱贫摘帽质量成色。紧盯“两不愁三保障”[1]目标，扎实开展脱贫攻坚“回头看”，消除风险隐患，确保脱贫不留死角、不留盲区。紧盯脱贫退出验收最后一关，全力打好脱贫攻坚质量提升“百日会战”，用心用情用力解决贫困群众困难，全面展示渭源脱贫经验和成效，做到硬件达标、软件规范，确保脱贫工作务实、过程扎实、结果真实。彻底整改各级巡视巡察、督查评估验收反馈问题，逐项清零销号，确保脱贫经得起各级评估验收、群众认可、历史检验。

切实巩固提升脱贫成果。建立“两不愁三保障”常态化监测机制，加强边缘人口、监测人口产业增收扶持，保持扶持力度只增不减、资金投入只增不减，坚决做到摘帽不摘政策。持续抓好控辍保学，加大困难学生资助力度，确保适龄儿童有学上、上得起学、不失学辍学。加大医疗设施设备投入，全覆盖配备乡村合格医务人员，提高医疗保障水平，实现基本医保、大病保险、医疗救助政策保障全覆盖，常见病慢性病及时诊疗、患大病重病基本生活有保障。加大易地扶贫搬迁后续产业培育和搬迁群众就业支持力度，确保搬迁群众搬得出、稳得住、能发展、可致富。巩固提升农村危房改造成果，开展新增危房常态化排查改造，及时消除安全隐患。健全安全饮水计量收费、投诉处理、应急抢修等运营管护长效机制，稳定提升农村饮水安全水平。

持续加强跟踪监测。坚持攻克贫困最后堡垒和防止返贫并重，加强动态监测和动态管理，坚决做到摘帽不摘监管。对369户1384名未脱贫人口继续完善“一户一策”精准脱贫计划，倾斜政策、力量、资金、项目，全力以赴保障持续增收、稳定脱贫；对646户2571名脱贫监测人口实施跟踪预警和动态监测，制定落实巩固提高计划，坚决防止返贫；对2109户6160名边缘人口跟踪监测因学因病因灾等潜在致贫风险，跟进落实保障措施，有效防止新增贫困人口。

构建产业稳定增收体系。坚持把产业扶贫作为贫困群众稳定脱贫的根本支撑和源头活水，紧扣“四个带动”[21]“五个紧密挂钩”[22]，新培育壮大农业产业化龙头企业6家、规范提升农民专业合作社50家，鼓励发展“五小产业”300家以上，推行生产托管、技术服务、订单收购、资产收益等多种模式，实现到户扶持资金效益最大化。培训输转劳动力6万人，引进建设扶贫车间6家，新增公益性岗位1500个，让贫困群众就地就近就业。以自然风险和市场风险为重点，扩大农业保险推广覆盖，发挥好“防贫保”[23]作用，完善保险保本垫底、入股分红保底、公益岗位托底、低保政策兜底的风险防范体系。

着力健全稳定脱贫机制。坚持靶心不偏、焦点不散、标准不变，持续推动县乡指挥部、专责小组、总队长责任落实，继续强化脱贫攻坚主体责任、督导责任、监督责任和考核责任，坚决做到摘帽不摘责任。完善长效帮扶协作机制，加大扶贫干部激励关怀，保持帮扶单位、驻村帮扶工作队、帮扶干部帮扶关系不变，打造东西部协作和定点扶贫升级版，坚决做到摘帽不摘帮扶。深化农村“三变”[24]改革，加强扶贫项目运行、资金绩效评价、资产资源监管，建立扶贫项目资产强监管、防流失、保增值的长效机制，长期发挥带贫作用。畅通扶贫领域信访举报渠道，全面打通群众难点痛点堵点“最后一公里”。

有机衔接乡村振兴战略。坚持把打好精准脱贫攻坚战作为实施乡村振兴战略的优先任务，统筹补齐贫困村和非贫困村基础设施短板，建养、改造提升乡村道路200公里，改造提升农村电网105公里、供水管线31公里。扎实开展人居环境综合整治“1+9”行动，下大力气集中开展“拆危治乱”“拆旧复垦”，鼓励引导群众硬化庭院、美化环境，创建“清洁村庄”60个以上，改造农村户厕6000座以上，行政村公厕实现全覆盖。持续落实文明实践中心、道德积美超市等扶贫扶志措施，发挥村民自治组织、村规民约、乡土人才作用，健全公益设施共管共享机制，开展移风易俗，推动乡村和谐有序。

二、聚焦聚力投资消费双向拉动，有效增强经济发展后劲

更好发挥投资的关键性作用和消费的基础性作用，千方百计抓项目、扩内需，为经济稳定增长提供有力支撑。

精心谋划储备重大项目。抢抓国家保持基础设施领域补短板重大机遇，准确把握国家投资导向，完成“十四五”规划编制，全力争取兰汉高铁、引洮济渭等一批重点项目列入省级项目规划。建立发改部门牵头可研论证、部门跟进落实的项目前期机制，成熟一个、转化一个、推进一个，论证储备前期重大项目60个以上，争取国家政策性资金10亿元以上、政府债券3亿元以上。

扎实推进项目建设。开展项目攻坚行动，全面落实领导包抓、清单管理、集中开工等推进机制，按照新开工项目年底前完成可研审批、3月底前完成前期工作并梯次集中开工、6月底前全部开工建设的时间节点，加快实施渭河大道（老君山隧道）、天然气管道、棚户区改造等总投资79.4亿元的99个重点项目，完成投资34.9亿元以上。

奋力推进招商引资。锲而不舍推进产业招商、以商招商、精准招商，紧盯中央定点扶贫和东西部扶贫协作机遇，以招大引强、延链补链、激活民间投资为主攻方向，实施渭源籍优秀人才回乡创业“归雁工程”，做到抓大不放小、招远不舍近，落实招商引资十条优惠政策[25]，做到外引内联、言而有信，引进签约资金35亿元以上，资金到位率超过25%，激活民间投资20亿元以上。

狠抓项目服务保障。严格落实“443”项目审批机制[26]，推行“五清单五压减五代办”服务模式[27]，试点开展企业投资承诺，加大民营企业堵点问题办理，兑现落实“19”“58”政策[28]，全力打造服务最优、成本最低、办事最快的营商环境。用好城乡建设用地增减挂钩政策，加快规划选址、用地调整、征地拆迁、土地出让进度，储备土地500亩以上，促进项目快速落地。构建“政银企”融资对接一站式服务平台，积极争取央企扶贫基金、省生态产业基金支持，探索推动聚源、正源、裕兴等平台公司实体化运行，创新“金融+产品”“保险+信贷”“保险+投资”等金融产品，新增贷款3.5亿元以上，疏通企业融资难题。

大力促进消费增长。顺应居民消费升级趋势，发展夜间消费、文旅消费、节会消费、网络消费等消费业态。编制全县夜间经济发展规划，积极谋划打造城乡综合体、商业步行街、高品质夜市，加快批零住餐组团发展，力争新培育个转企、限上企业各2家以上。推动品牌商贸流通体系向村镇延伸，不断丰富并组团参加展示展销活动，加大培育会展经济，新建乡村农贸市场1个、供销综合服务社155个。借助“好渭道”农产品销售平台，编制消费扶贫产品名录，培育本土网货品牌，发展网店突破700家，线上交易额达到2.2亿元。

三、聚焦聚力生态产业绿色发展，打造高质量发展新引擎

紧盯“四高于一超过”[29]目标，精心谋划实施十大生态产业项目，强龙头、补链条、聚集群，促进经济高质量发展。实施生态产业项目48个，产业增加值增速达到13.8%，占生产总值比重达到30%以上。

强化优势产业延链、补链、强链。加快推进马铃薯种薯、中医药、草牧业等优势产业种子种苗、基地建设、加工仓储、市场营销等四个环节标准化建设，构建“南薯北药、薯药强县”现代特色农业体系。加快推进总投资6000万元的马铃薯良种制种大县奖励项目，新增原原种1亿粒，推广种植面积40万亩以上。建设中医药质量追溯体系和种质资源库，组织企业共建中药材标准化种植基地、药源基地3万亩，种植面积达到35万亩以上，加工仓储能力达到11万吨，打造国家级中药材安全生产保障供应基地。积极推进草牧业产加销及循环利用一体化发展，实施“粮改饲”1万亩，发展规模养殖1500户，牛羊猪鸡饲养量达到500万头只，努力实现金鸡扶贫项目满负荷投产运营，建设生猪定点屠宰场并投入使用。加强非洲猪瘟防控，稳定生猪生产，保障市场供应。

强化产业形态多元、互补、聚集。积极拓展产业发展新业态，构建分工更加明确、精细的产业发展新格局。实施品牌提升计划，新增“三品一标”农产品[30]2个。发展循环农业，推广旱作农业14万亩，新发展蔬菜2000亩、花卉1200亩、食用菌254万棒，百合4000亩。全面落实粮食安全主体责任，确保粮食安全。积极谋划实施数据信息、先进制造、通道物流、清洁能源、节能环保等产业项目，补齐生态产业短板。

强化工业经济聚群、培育、转型。紧盯“六个高于”[31]目标，严格落实工业园区“双五职能”[32]，稳步壮大工业经济总量。编制完成渭源工业园区总规及详规，实施渭源工业园集中供热、会川工业园污水处理管网项目，增强承载力、吸引力。落实工业发展“333”行动[33]计划，通过招引、派生、培强等措施，引进入园企业5家，培育小微企业15家、规上企业3家，盘活困难企业3家。加快建设佛慈红日配方颗粒生产等总投资2.3亿元的工业项目，实施衡顺堂、华庆堂等企业重点技改项目4个，延长产品链、技术链、供应链。工业增加值、规上工业增加值增速分别达到6.6%、6%，主营业务收入利润率增速超过5%。

强化文体旅养全域、融合、突破。实施文化旅游产业提质增效“十大行动”[34]，积极培育生态康养、避暑度假、户外运动、研学旅行、非遗体验等新业态，打造全区域、全产业旅游格局。加快完善渭河源核心景区基础设施和服务标识建设，启动实施秀峰山、渭河东源景区开发项目，精心打造罗家磨“百美村宿”、渭河源生态游等14个全国乡村旅游扶贫重点村。充分挖掘总书记视察、陇右地下斗争等红色文化资源，打造建设元古堆、坡儿、侯家寺等红色励志景点以及长城文化、农耕文化体验基地，争创全省全域旅游示范区，首阳山景区成功创建国家AAAA级景区。规划渭河沿岸大健康产业带，继续办好渭水文化旅游节、冰雪旅游节、全国山地自行车赛等节会赛事活动，争创省级“冰雪旅游投资潜力县”，积极申报建设甘肃省山地自行车高原训练比赛基地。全县接待游客量突破180万人（次），旅游综合收入增长26%。

四、聚焦聚力保护和治理，构建生态环境安全屏障

始终将生态文明建设作为政治任务和底线任务，严守生态功能保障基线、环境质量安全底线、自然资源利用上线三大红线，建设美丽渭源。

持续加大生态治理力度。抢抓国家实施黄河流域生态保护和高质量发展战略机遇，加快渭河、洮河流域综合治理，谋划实施渭河源山水林田湖草系统治理项目，治理水土流失面积40平方公里。开展大规模国土绿化行动，编制完善生态造林10年规划，实施“蚂蚁森林”公益造林项目，完成城镇面山和廊道绿化6.36万亩，义务植树和“四旁”绿化350万株，森林覆盖率达到15.76%。严守生态保护红线、永久基本农田、城镇开发边界，巩固提升风景名胜区、森林公园等自然保护成果，恢复森林植被1000亩，完成永久基本农田划定成果核实与储备区划定工作。

坚决打好污染防治攻坚战。实施城乡冬季清洁供暖，强化扬尘、餐饮油烟、秸秆垃圾焚烧、烟花爆竹燃放等污染防治管控，整治燃煤锅炉30个以上，推动大气质量持续改善。严格落实河湖长制，持续开展河湖“清四乱”专项行动，落实好饮用水水源地保护措施，实施县城区生活污水处理厂提标改造项目，争取建设莲峰镇、上湾镇污水处理项目，切实改善水环境。全面落实土壤污染防治行动计划，强化河道采砂治理和非煤矿山整治，持续推进白色污染防治，打好净土保卫战。

实行最严格生态环境保护制度。坚决抓好中央、省市环保督查反馈问题整改和巩固提升，确保所有问题清仓见底。把生态文明建设纳入法治化、制度化轨道，构建完善全域无垃圾专项治理目标体系、考核办法、奖惩体制。严格实行以生态环境保护“党政同责、一岗双责”为核心，以责任清单、责任目标、责任督察、责任追究为主要内容的“1+4”环境责任体系，铁拳惩治生态环境违法行为，依纪依法从严从重处理生态环保问题。

五、聚焦聚力城乡一体，打造宜居宜业美丽家园

坚持强化配套与精细管理并举、丰富内涵与塑造特色并行，推动城乡融合发展，让县城更有质感、让乡村更具颜值。

着力完善城市功能。坚持规划引领，完成国土空间规划以及部门专项规划编制。实施总投资36.4亿元的城建项目28项，完成投资16.8亿元。建成国道310县城过境段、北环路等城市道路6条8.1公里，启动建设渭河大道，持续完善交通路网。城区供水工程上半年通水供水，加快实施禹河治理、生态停车场等配套工程，改造给排水及供暖管网3公里，新增车位450个，提升城市承载能力。完成城市棚户区改造884套，维修加固危旧楼房1121套，改善居民住房条件。

着力加强城市精细化管理。坚决“杜绝增量、消化存量”，以零容忍态度开展“两违”综合整治。联合开展城市管理综合大整治行动，大力解决占道经营、非法营运、乱停乱放、牛皮癣等城市病，重点整治乱泼、乱倒、乱堆、乱放“四乱”行为。继续落实“网格化管理”“门前五包”制度[35]，推行城乡生活垃圾分类制度，加快垃圾收集转运设备提升改造，推动保洁管控面向背街小巷、城乡接合部延伸。实施县城“景城一体”亮化美化、生态景观“加密”工程[36]，高品质打造首阳路步行街、君山路夜市，加快建设渭河风情线，完成绿化面积1.4万平方米，让城市成为百姓的乐园。

着力加快美丽乡村建设。加快重点城镇建设，实施城镇建设项目11个，改造乡镇棚户区192户，全面完成北寨镇街道改造、朱韩路等建设任务，实施新寨镇街道等斜坡治理项目4个，新建乡镇加油站7处，实施农村住房抗震加固工程1000户。编制实施乡村规划，改造提升村容村貌，创建美丽乡村4个、环境整洁村60个。

六、聚焦聚力共建共治共享，不断满足群众美好生活需要

牢固树立以人民为中心的发展思想，全力保障和改善民生，维护社会和谐稳定，让人民群众有更多、更直接、更实在的获得感、幸福感、安全感。

推进基本公共服务均等化可及性。加快推动城乡义务教育均衡发展，落实学前教育、特殊教育、职业教育、高中教育保障机制，统筹城乡师资配置，实施薄弱学校改造与能力提升项目和温暖工程，着力解决“择校热”“大班额”等群众关切问题。推进健康渭源建设，坚持中西医并重，推动中医药事业高质量发展，争取建设二院中医综合楼、残疾人康复中心，全面深化医药卫生体制改革，健全基本医疗卫生制度，确保群众看得了病、看得起病。实施文化惠民、文物保护工程，丰富全民健身内容和载体，积极推行文化场馆、全民健身体育馆低收费、免费开放，提供更接地气、更平民化、更大众化的文体服务。

健全完善保障体系。落实更加积极的就业创业政策，新增城镇就业1600人。加大创新驱动战略，培育引进一批紧缺人才，提升企业自主创新能力，推动大众创业、万众创新。全面落实《保障农民工工资支付条例》，下大力气根治拖欠农民工工资问题。落实城乡低保、医疗救助、特困供养、临时救助制度，加大留守儿童、困难残疾人等特殊群体关爱服务，织密社会保障兜底网。推行社会购买养老服务模式，争取新建乡镇敬老院4个，提升养老服务水平。推进殡葬改革，建设殡葬服务所，倡导移风易俗和文明祭祀。

加强和创新社会治理。持续推进平安渭源建设，创新发展新时代“枫桥经验”[37]，切实做好矛盾纠纷排查化解和信访工作，健全“六位一体”社会治安防控体系[38]，顺利通过“七五”普法考核验收。加强生产安全、道路交通、生态环境、食品药品、校园安全等重点领域隐患排查和专项整治，坚决遏制重特大安全事故发生。建立健全重大自然灾害、突发公共事件应急联动机制，提升应急处理和防灾减灾救灾能力。有效防范化解各领域重大风险和挑战，坚决守住不发生重大风险的底线。纵深推进扫黑除恶专项斗争，集中开展问题线索办理和大案要案清零等行动，形成打击、整治、管理、建设长效机制，确保取得压倒性胜利。加强意识形态和网络安全监管，巩固壮大主流舆论声势，有效应对和处置网络舆情。

建设人民满意的服务型政府

各位代表！党的十九届四中全会提出了建设人民满意服务型政府的时代新要求。我们将坚持一切行政机关为人民服务、对人民负责、受人民监督，创新服务方式、提高行政效能，着力构建职责明确、依法行政的政府治理体系。

*加强党的领导，把牢政治方向。*把政治建设放在首位，把党的领导贯彻到政府所有机构履行职责全过程，深入学习习近平新时代中国特色社会主义思想，增强“四个意识”，坚定“四个自

信”，做到“两个维护”。把“不忘初心、牢记使命”作为加强党的建设的永恒课题和全体党员、干部终身课题，锤炼政府系统党员干部忠诚干净担当的政治品格。

坚持依法行政，规范权力运行。积极推进法治政府示范创建，全面落实重大行政决策程序实施细则，严格按制度履行职责、行使权力、开展工作。接受县人大及其常委会依法监督，主动接受县政协民主监督、社会和舆论监督，认真听取各民主党派、工商联、无党派人士和人民团体意见，高质量办好人大议案、代表意见建议和政协委员提案。

强化担当作为，推动高效落实。完善政府经济调节、市场监管、社会管理、公共服务、生态环境保护等职能，全面落实深化改革各项措施，持续深化“放管服”改革[39]，建立并执行政府权责清单制度，推动政府职能优化、协同、高效。引导党员干部在严峻复杂的斗争一线、在急难险重任务中加强思想淬炼、政治历练、实践锻炼。决定的事一抓到底、承诺的事一诺千金、该干的事一马当先，打造敢于担当、敢于斗争、善于斗争的干部队伍。优化政府履责管理“五大体系”，推行一体化督考、全过程评价、全结果运用，全力以赴重落实、促落实、抓落实、保落实。

严守纪律规矩，永葆清廉本色。落实全面从严治党主体责任，严格执行六大纪律，认真落实中央八项规定精神及其实施细则，严守政治纪律和政治规矩。全面落实基层减负各项具体措施，严查深究各种隐形变异“四风”问题，集中精力整治形式主义、官僚主义。加强财政资金、公共资源、项目稽查等方面审计监督，强化各类巡视巡察、督查考核反馈问题整改，严肃查处各种违纪违法行为。深入推进扶贫领域腐败和作风问题专项治理，努力打造风清气正、干事创业的政治生态。

各位代表！目标在前，重任在肩。让我们更加紧密地团结在以习近平同志为核心的党中央周围，高举中国特色社会主义伟大旗帜，在市委、市政府和县委的坚强领导下，不忘初心、牢记使命，锐意进取、砥砺奋进，决战脱贫攻坚，决胜全面小康，在不断开创富民兴陇新局面中奋力谱写渭源发展时代篇章！

《政府工作报告》注解

1.“两不愁三保障”：是指贫困人口不愁吃不愁穿；义务教育有保障、基本医疗有保障、安全住房有保障。

2.“一鉴定两改造”模式：“一鉴定”是指主要居住用房安全性鉴定；“两改造”是指通过维修加固或拆除重建进行危房改造。

3.“五统一分一标三提高”：“五统”是指统一规划地块、统一开展培训、统一提供良种和农资、统一技术管理、统一产销对接；“一分”是指分户生产经营受益；“一标”是指品种、品质、品牌，标准化的农业产业化基地；“三提高”是指提高产业化组织程度、提高农民组织化程度、提高市场主体组织化程度。

4.“五小产业”：是指支持贫困户发展小庭院、小家禽、小手工、小买卖、小作坊等“短平快”增收小产业。

5.“三个全覆盖”：是指农业保险政策实现所有贫困户、贫困户所有种养产业、自然灾害和市场波动风险三个全覆盖。

6“三精准三保障三落实”：“三精准”是指精准识别、精准帮扶、精准退出；“三保障”是指义务教育、基本医疗、住房安全有保障；“三落实”是指责任落实、政策落实、工作落实。

7.“1+1+10+N”生态产业体系：第一个“1”是指构建生态产业体系推动绿色发展崛起的实施意见；第二个“1”是指推进绿色生态产业体系发展规划；“10”是指节能环保、清洁生产、数据信息、先进制造、军民融合、循环农业、中医中药、文化旅游、通道物流、清洁能源十个产业发展专项行动计划；“N”是指项目库和政策库，项目库指规划总项目库和十个专项行动计划分项目库；政策库指十大产业牵头部门和责任部门制定出台的产业、金融、科技、要素（人才）等方面梳理建立的行动计划政策库。

8.“一企一策”：是指针对全县规上企业、重点企业，确定每户企业由一名县级领导联系，县直部门和企业所在乡镇政府共同包抓，及时掌握企业的生产经营动态，分析存在的各类问题，指导企业制定应对困难的措施，促进企业提质增效、转型升级、实现快速发展的策略。

9.“两违”：是指未经批准占用土地擅自建设的建筑，以及在城市规划区范围内没有取得建设工程规划许可证或者违反建设工程规划许可的建筑。

10.农村人居环境综合整治“1+9”行动：“1”是指《渭源县深入学习浙江“千万工程”经验全面扎实推进农村人居环境整治工作的实施意见》；“9”是指渭源县农村“厕所革命”行动、渭源县农村“垃圾革命”行动、渭源县农村“风貌革命”行动、渭源县农村生活污水治理行动、渭源县废旧农膜回收利用与尾菜处理利用行动、渭源县畜禽养殖废弃物及秸秆资源化利用行动、村庄规划编制管理、“四好农村路”建设、农村村级公益性设施共享的9个方案。

11.“四好农村路”：是指把农村公路“建设好、管理好、维护好、运营好”，逐步消除制约农村发展的交通瓶颈。

12.“携手清四乱、保护母亲河”专项行动：是指由甘肃省人民检察院和甘肃省水利厅携手开展的一项专项行动。主要内容是：全面摸清和清理整治全省河湖流域管理范围内乱占、乱采、乱堆、乱建等“四乱”突出问题，严厉打击涉河湖“四乱”现象，旨在促进黄河流域河湖面貌明显改善，探索建立全流域河湖环境治理与司法保护协作协同新机制，不断提升黄河流域生态环境管理治理体系和治理能力现代化水平。

13.“3+”监管模式：是指“河长+警长”制度、“驻地督察员+驻厂监察员”制度、“网络+网格”制度。

14.“3456”工作法：“3”是指“三立”，即立转、立查、立办；“4”是指“四边”，即边督、边改、边公开、边追责；“5”是指“五个不放过”，即问题不查清不放过、整改不彻底不放过、处罚不到位不放过、责任不追究不放过、群众不满意不放过；“6”是指“严把六个环节”，即转办问题不拖延、不走样，查处问题不变通、不留情，督办问题不缺位、不越位，整改问题不回避、不推诿，公开结果不虚假、不遮掩，追责力度不失察、不打折，持续接受举报、持续查处整改、持续建章立制。

15.“三大一常”行动：是指对困难生活群体进行常态化环境卫生大整治、个人卫生大清洗、脏乱衣被大撤换行动。

16.政府履责管理“五大体系”：是指政府职能履责管理责任指标体系、重点工作体系、督查考核体系、结果运用体系、组织保障体系。

17.“五个一”政务服务模式：是指“只去一栋楼、只进一扇门、受理一个窗、办理一张网、群众一趟跑”的政务服务。

18.行政执法“三项制度”：是指在行政执法的过程中全面推行行政执法公示制度、执法全过程记录制度、重大执法决定法制审核制度。

19.五个方面着力重点：是指2019年8月，习近平总书记亲临我省视察指出“深化脱贫攻坚、坚决攻克最后的贫困堡垒，补齐全面建成小康社会短板、不断夯实高质量发展基础，加强生态环境保护、努力构筑国家西部生态安全屏障，保障和改善民生、维护社会和谐稳定，抓好主题教育、推动全面从严治党向纵深发展”五个方面的重点任务。

20.“四个不摘”：是指贫困县摘帽后，要继续完成剩余贫困人口脱贫任务，实现已脱贫人口的稳定脱贫。贫困县党政正职要保持稳定，做到摘帽不摘责任。脱贫攻坚主要政策要继续执行，做到摘帽不摘政策。扶贫工作队不能撤，做到摘帽不摘帮扶。要把防止返贫放在重要位置，做到摘帽不摘监管。

21.“四个带动”：是指产业扶贫带动贫困户进入产业、带动贫困户就业、带动贫困户提能、带动贫困户增收。

22.“五个紧密挂钩”：是指产业扶贫要与“一户一策”紧密挂钩、与贫困农户的自愿意愿紧密挂钩、与见钱见物紧密挂钩、与真种真养紧密挂钩、与奖勤罚懒紧密挂钩。

23.“防贫保”：是指通过保险机制解决新增贫困和返贫问题，消除贫困增量，从根本上斩断穷根，解决因病、因灾、因学致贫返贫难题，为研究、建立稳定脱贫长效机制提供途径。

24.农村“三变”：是指资源变资产、资金变股金、农民变股东。

25.招商引资十条优惠政策：是指2018年市委办、市政府办印发的《定西市招商引资十条政策》。

26.“443”项目审批机制：第一个“4”是指投资项目审批分为用地规划许可、工程建设许可、施工许可和竣工验收等四个阶段；第二个“4”，是指投资项目类型分为小型政府投资、一般政府投资、备案类企业投资和核准类企业投资等四类；“3”是指项目前期管理分为审批事项管理、公用服务管理和中介服务管理等三种类别。

27.“五清单五压减五代办”服务模式：“五清单”是指按照即收即办件、当日办结件、限时办结件、上报服务件、不见面办件五种承诺类型清单；“五压减”是指减事项、减层级、减环节、减材料、减时限；“五代办”是指项目、商事、综合、民事、部门代办帮办。

28.“19”“58”政策：“19”条优惠扶持政策是指中共甘肃省委甘肃省人民政府印发的《关于进一步支持非公有制经济发展的若干意见》，《意见》内容从着力营造公平开放的市场准入环境、持续加大政策及财税等扶持力度、重点破解融资难题、大力优化发展环境、积极提供坚强保障五个方面提出19条支持非公有制经济发展优惠扶持政策；“58”条优惠扶持政策是指中共甘肃省委办公厅甘肃省人民政府办公厅印发的《甘肃省促进中小微企业高质量发展若干措施》，《措施》内容从优化营商环境、加大财税支持、强化融资服务、降低经营成本、加大培育力度、强化人才支撑、提升公共服务能力、加强组织保障八方面提出58条支持中小微企业发展优惠扶持政策。

29.“四高于一超过”：“四高于”是指全县每年十大生态产业增加值平均增速要高于全市十大生态产业增加值平均增速、十大生态产业增加值平均增速要高于地区生产总值增速、十大生态产业投资平均增速要高于固定资产投资增速、十大生态产业招商引资到位资金平均增速要高于招商引资到位资金平均增速；“一超过”是指“2025年十大生态产业增加值占地区生产总值的比重要超过一半”。

30.“三品一标”农产品：是指无公害农产品、绿色食品、有机农产品、地理标志农产品。

31.“六个高于”：是指工业投资增速高于全社会固定资产投资增速、工业技改投资增速高于工业投资增速、工业研发投资增速高于技改投资增速、战略性新兴产业增加值增速高于传统产业增加值增速、规上工业增加值增速高于全部工业增加值增速、全部工业增加值增速高于生产总值增速。

32.工业园区“双五职能”：是指在工业经济发展中落实规划、指导、协调、考核、统计五项职能；在工业集中区建设中落实建设、管理、招商、孵化、服务五项职能。

33.工业发展“333”行动：是指利用3年时间，依托工业特色产业，改造提升传统产业30家以上，围绕“十大生态产业”，引进新动能企业30家以上。

34.文化旅游产业提质增效“十大行动”：是指实施优质景区锻造行动、精品线路培育行动、乡村旅游振兴行动、旅游融合发展行动、服务能力提升行动、基础设施改善行动、旅游精准营销行动、品牌形象塑造行动、市场主体培育行动、优惠政策支持行动计划十大行动。

35.“门前五包”制度：是指包卫生、包秩序、包绿化、包亮化、包美化。

36.生态景观“加密”工程：是指在县城及各单位各部门“见缝插针”“空白播绿”，广泛实施植树造林和绿化工作，实现县城区和各单位景观绿化全覆盖。

37.新时代“枫桥经验”：是指坚持发展与稳定并重，形成党政动手、依靠群众、源头预防、依法治理、减少矛盾、促进和谐社会治安综合治理格局。核心是坚持党的领导，发挥基层党组织引领群众、凝聚群众、组织群众的中坚作用；灵魂是依靠人民群众解决基层问题；精髓是坚持“小事不出村，大事不出镇，矛盾不上交，就地解决”；追求是实现“捕人少，治安好”，人民安居乐业。

38.“六位一体”社会治安防控体系：是指构建“情报、指挥、巡逻、视频、卡口、网络”六位一体的立体化巡逻防控工作机制，对重点部位进行全覆盖的巡逻防控。

39.“放管服”改革：“放”是指中央政府下放行政权，减少没有法律依据和法律授权的行政权，理清多个部门重复管理的行政权。“管”是指政府部门要创新和加强监管职能，利用新技术新体制加强监管体制创新。“服”是指转变政府职能减少政府对市场进行干预，将市场的事推向市场来决定，减少对市场主体过多的行政审批等行为，降低市场主体运行的行政成本，促进市场主体的活力和创新能力。

中国人民政治协商会议第九届渭源县委员会常务委员会工作报告

——2019年12月25日在政协第九届渭源县委员会第四次会议上

渭源县政协主席　陈栋

各位委员：

我代表政协第九届渭源县委员会常务委员会，向大会报告工作，请予审议，并请列席会议的同志提出意见建议。

2019年工作回顾

2019年，是新中国成立70周年和人民政协成立70周年，也是坚决打赢脱贫攻坚战、实现全县脱贫摘帽的决战决胜之年。一年来，县政协常委会以习近平新时代中国特色社会主义思想为指导，深入学习贯彻中共十九大和十九届二中、三中、四中全会精神，认真学习贯彻习近平总书记关于加强和改进人民政协工作的重要思想，坚持团结和民主两大主题，在中共渭源县委的坚强领导下，围绕中心、服务大局、凝心聚力、主动作为，认真履行政治协商、民主监督、参政议政职能，圆满完成了县政协九届三次会议确定的各项工作任务，为决战决胜全县脱贫摘帽、促进经济社会高质量发展贡献了政协智慧和力量。

一年来，县委、县政府高度重视、大力支持政协工作。县委切实加强对政协工作的领导，制定出台了《中共渭源县委关于进一步加强和改进人民政协民主监督工作的实施意见》，为县政协更好地履行职能提供了重要政治保证。县委常委会会议专门听取县政协常委会工作汇报和县政协党组工作汇报，研究政协年度重点工作和协商计划，县委、县政府领导同志出席县政协全体会议、常委会会议、调研视察等重要协商议政活动，向委员通报有关情况、听取委员发言、研究采纳委员意见建议、推进委员提案办理落实，对县政协的协商、视察、调研报告均作出批示，并以县委文件批转各乡镇、各部门，有力促进了县政协各项履职成果的转化落实，为县政协和政协委员更加积极履职尽责、推进政协各项工作增添了新的动力。

一、强化思想政治引领，始终坚持人民政协的正确政治方向

常委会坚定不移把习近平新时代中国特色社会主义思想作为统领政协工作的总纲，持续深入加强理论武装，不断强化思想政治引领，夯实团结奋斗的共同思想政治基础，确保人民政协事业沿着正确方向前进。

——*始终把深入学习贯彻习近平新时代中国特色社会主义思想作为首要政治任务。*常委会以学习贯彻习近平新时代中国特色社会主义思想和中共十九大精神为主线，提高政治站位，强化理论武装，建立完善了党组理论中心组学习、常委

会会议学习、举办委员培训班等学习制度，团结带领参加政协的各党派团体和全体政协委员自觉用习近平新时代中国特色社会主义思想武装头脑、指导实践、推动工作。扎实认真开展“不忘初心、牢记使命”主题教育，严格按照“守初心、担使命、找差距、抓落实”的总要求，把“学习教育、调查研究、检视问题、整改落实”贯穿始终，认真学习《习近平关于“不忘初心、牢记使命”重要论述选编》《习近平新时代中国特色社会主义思想学习纲要》等，深入学习贯彻习近平总书记视察甘肃时的重要讲话和指示精神，及时跟进学习习近平总书记最新重要讲话精神、署名文章和中共中央决策部署，认真学习宣传贯彻中共十九届四中全会精神，推动学习贯彻往深里走、往实里走、往心里走，进一步增强“四个意识”、坚定“四个自信”、做到“两个维护”，始终在政治立场、政治方向、政治原则、政治道路上同以习近平同志为核心的中共中央保持高度一致，进一步增强了坚定做习近平新时代中国特色社会主义思想忠诚信仰者与坚定实践者的思想自觉和行动自觉。

——*始终把学习习近平总书记关于加强和改进人民政协工作重要思想作为重要任务。*按照省政协安排部署，深入开展学习习近平总书记关于加强和改进人民政协工作重要思想“大学习、大武装、大培训、大提高”活动，认真学习习近平总书记在中央政协工作会议暨庆祝中国人民政治协商会议成立70周年大会上的讲话精神，通过参加省政协专题辅导视频会议，举办委员培训班、研讨交流等，切实在学懂弄通做实上下功夫，全体委员对新时代人民政协的性质定位有了更深入的理解，对围绕中心履职尽责有了更准确的把握，在学思践悟中不断增进对中国共产党和中国特色社会主义的政治认同、思想认同、理论认同、情感认同，更加自觉主动地以理论大学习、思想大武装夯实团结奋斗的共同思想政治基础。

——*始终把加强党对政协工作的领导贯穿于政协工作的各方面和全过程。*把坚持党的全面领导作为政协工作的政治原则和根本遵循，把党中央的决策部署和省市县委的工作安排不折不扣贯彻落实到政协全部工作之中，始终做到思想上高度统一、政治上清醒坚定、行动上坚决有力。县政协党组自觉接受县委领导，及时组织传达学习县委重要会议精神，认真贯彻落实县委各项决定，坚持重大事项及时向县委请示、重要工作及时向县委汇报、重大活动及时向县委报告，把党的主张通过民主程序转化为政协组织的决定，努力做到县委、县政府的工作推进到哪里，政协的工作就跟进到哪里，协商民主就开展到哪里，各方力量就凝聚到哪里，努力与县委、县政府在目标上同向、行动上同步。

二、紧盯脱贫摘帽目标，全力投身决战决胜脱贫攻坚

深入学习贯彻习近平总书记关于脱贫攻坚重要论述和中共中央的决策部署，认真贯彻落实《中共渭源县委关于全面决战决胜脱贫攻坚实现2019年脱贫摘帽的决定》，作出了《政协渭源县委员会常务委员会关于全体政协委员积极投身坚决打赢脱贫攻坚战实现2019年脱贫摘帽的决议》，号召全体政协委员把思想和行动统一到坚决打赢脱贫攻坚战、实现全县脱贫摘帽的目标任务和具体要求上来。主席会议成员在推进联系乡镇整体工作的同时，积极帮办实事，解决实际困难，为联系乡镇和村、户争取基础设施建设、医疗救助、教育资助等资金160多万元。机关全体干部认真落实帮扶责任，为帮扶户送去被褥、衣物150多件（套），电动喷雾器110台（套），化肥30多吨，书画作品50多幅，价值15万多元；为联系村筹措帮扶资金8.6万元，争取福州晋安区政协联系企业捐赠帮扶资金30万元。持续推进“脱贫攻坚·政协委员有作为”活动，委员们充分发挥自身优势，主动担当作为，积极投身脱贫攻坚。经济界委员通过“企业+基地+农户”模式，建立了清源镇马家窑村、秦祁乡豹子沟村等

8个中药材种植基地5000多亩，发放化肥50多吨，与2000多户农户签订了高于市场价格5-10%的种植收购协议；建立了会川镇干乍村、田家河乡元古堆村等6个马铃薯良种繁育基地3000多亩，投放马铃薯原原种800万粒，原种40多吨；在田家河、上湾等乡镇组织带动农户种植百合，开发百合系列产品，多渠道拓宽销售市场、增加群众收入。政法、文化艺术、医药卫生等界别委员积极开展法律、文化、健康下乡活动40多次；科技界委员积极推广农业新技术运用，培训群众1000多人次。工商联界委员依托各自的公司和基地，组织劳动技能培训20多期800余人次，提供务工岗位200多个。联系爱心企业捐资助学，为清源镇、庆坪镇、秦祁乡36名困难学生累计资助40多万元。委员们在脱贫攻坚一线体现了责任担当，作出了积极贡献。

三、发挥专门协商机构作用，为全县经济社会高质量发展献智出力

积极发挥社会主义协商民主重要渠道和专门协商机构作用，在协商中深化认识，寓建言、支持、监督于协商之中，更好地为全县经济社会高质量发展献良策、聚合力。

——*会议协商有序开展*。把会议协商作为政协履行职能的重要手段，充分运用全体会议、常委会会议、主席会议积极开展协商议政。九届三次全会期间委员们通过参加分组讨论、大会发言等形式，聚焦全县经济社会发展、民生改善和脱贫攻坚工作中的重大问题，深入协商讨论、积极建言献策，提交大会发言10篇，提出意见建议40多条。全年召开4次常委会会议、10次主席会议，围绕全县阶段性工作部署、政协重点工作安排等，广泛发扬民主，深入沟通协商，有序推进协商民主健康发展。

——*专题协商紧扣中心*。把专题协商作为政协协商议政的重要平台，围绕全县打赢脱贫攻坚战暨全县经济社会发展召开专题协商议政会，8名委员就“脱贫攻坚、易地搬迁、经济发展、社会建设”等方面做了会议发言，提出了一些很好的意见和建议。形成的专题协商议政报告报送县委、县政府后，县委及时作了批转，县政府对意见建议高度重视，进行了任务分解，相关部门在工作中积极采纳，促进了一些问题的有效解决。

——*对口协商重点突出*。把对口协商作为发挥政协专门委员会作用的有效形式，围绕全县金融业支持县域经济发展情况与县金融办、县人民银行及县内金融机构开展协商，委员们从“加强政府引导服务、提高银行服务水平、注重民营企业自身建设、完善信贷管理方式、进一步加大防范金融风险”5个方面提出12条意见建议，形成的协商报告县委予以批转。围绕《定西市物业管理条例》贯彻落实情况与县住房和城乡建设局、物业管理公司、业主代表开展协商，从“加大政策宣传贯彻力度、引导物业企业市场化运作、加强物业服务企业监管、健全完善物业管理机制、加大老旧楼院改造力度”5个方面提出10条意见建议，有关方面采纳后，有力地促进了物业管理的规范化水平。

——*界别协商扎实有效*。把界别协商作为发挥委员主体作用的有效载体，围绕全县中药材产业转型升级发展开展界别协商，委员们从“着力推进无公害标准化种植、确保道地中药材品质优良，着力提升加工能力和水平、实现资源优势转化为经济优势，着力完善市场配套设施、增强综合服务功能，着力强化各部门职责、形成推动产业发展合力”等方面提出意见建议15条。围绕全县农村医疗保险政策落实情况开展界别协商，从“加大宣传力度、提高政策知晓率，增强服务意识、提高政策落实率，加快办卡进度、实现全民持卡目标”等方面提出意见建议8条。2篇协商报告县委均进行了批转，提出的意见建议有关部门认真采纳并积极落实，较好地促进了相关工作。

四、坚持围绕中心服务大局，在建言资政和凝聚共识上双向发力

始终坚持围绕中心、服务大局，紧扣县委、县政府中心工作，认真开展调研视察、民主监督等履职活动，在建言资政和凝聚共识上双向发力。

——紧盯经济发展民生改善，积极建言献策。常委会围绕全县重点项目建设情况进行视察，从“统一思想、齐心协力抓项目，做精规划、抓前抓早谋项目，做好保障、优化环境促发展”等方面提出意见建议16条，形成的视察报告县委、县政府主要领导和分管领导均作出批示，并以县委文件转发，一些意见建议得到了相关部门和实施单位的重视和采纳。围绕全县民营经济发展、社会治安综合治理、农民专业合作社运行、职业教育发展、学前教育发展、招商引资等开展专题调研，提出意见建议70多条，7篇调研报告县委均进行了批转，一些意见建议为县委、县政府出台相关文件提供了参考，相关意见建议得到有关部门的采纳落实。围绕民族宗教活动场所管理、乡村旅游、“扶贫车间”建设等开展委员小组活动，委员们在肯定成绩的同时，分析存在的困难，为更好地解决问题提出了有针对性的意见建议。

——发挥民主监督职能作用，促进相关工作。认真落实县委《关于加强和改进人民政协民主监督工作的实施意见》，坚持协商监督原则，将民主监督融于协商、视察、提案、调研、大会发言等履职活动之中，进一步丰富民主监督形式、提升民主监督实效。充分运用提案开展民主监督，认真做好提案的收集、审查、交办、办理和督办工作，提案质量稳步提高，办理效果明显提升。特别是注重县委、县政府主要领导、分管领导批办难点提案和主席会议成员领衔督办重点提案的示范引领作用，一些群众关注的热点难点问题得到解决、惠及民生的建议得到落实。围绕蔬菜产业发展、义务教育均衡发展成果巩固情况等开展委员约谈，提出的意见建议通过政协通讯等形式向县委、县政府或相关部门进行了反映，促进了相关工作。推荐政协委员担任司法机关、政府部门特邀监督员和行风评议员，参与脱贫攻坚督查检查、食品药品领域联动巡察、行风政风评议、审判、征兵等工作监督，拓宽了民主监督的范围。

——牢牢把握团结民主主题，广泛凝聚共识。把凝聚共识、汇聚力量落实到政协工作的各方面，强信心、聚民心、暖人心、筑同心。加强与各民主党派、工商联、人民团体的联系，邀请各界代表参加县政协重要会议和重大活动，组织开展联合调研、联合协商，多渠道通报情况、征询意见，为各党派团体和各界人士搭建知情明政平台。一年来，各党派团体提出集体提案11件，提交大会发言4篇，党派团体履职积极性不断提升。鼓励和支持政协委员深入基层和界别群众，协助党委政府做好解疑释惑、宣传政策、理顺情绪、化解矛盾的工作。主动争取省、市政协的指导和支持，配合完成省市政协在我县的视察、调研活动15次；加强与外县政协组织的联系，接待来我县的学习考察活动12次，为宣传推介渭源发挥了积极作用。充分发挥文史工作存史、资政、团结、育人的作用，征集《渭源文史资料》（第八辑）稿件40余篇80多万字。举办了“峥嵘七十年源头谱华章”庆祝中华人民共和国成立70周年书画展，展出书画作品近200幅，并将优秀作品结集出版，得到了社会各界的一致好评。

五、紧扣履职能力提升，不断加强自身建设

坚持把加强自身建设摆在重要位置，进一步提高履职能力，夯实履职根基，增强履职效能，为推进政协事业发展提供有力保障。

——着力加强政协党的建设。按照新时代党的建设总要求，认真学习贯彻落实《中共中央关于加强新时代人民政协党的建设的若干意见》精神，以党的政治建设为统领，全面推进政协党的各项建设。切实履行政协党组在政协工作中把方向、管大局、保落实的政治责任，坚持把推进党的政治建设贯穿于政协履职的全过程和各方面，认真落实《县政协党组议事规则》，认真履行全面从严治党主体责任，坚持以上率下，层层传导压力，推动主体责任落实见效。加强政协机关党组建设，推进政协办公室党支部标准化建设，强化对政协委员中中共党员的教育管理，充分发挥他们的模范作用。坚决贯彻落实中央八项规定及其实施细则和省、市、县委相关规定精神，驰而不息加强作风建设，努力营造风清气正、干事创业的政协工作环境。

——着力加强委员队伍建设。按照“懂政协、会协商、善议政，守纪律、讲规矩、重品行”的要求，抓好委员队伍建设，健全委员学习培训长效机制，举办委员履职能力提升培训班，定期召开全体委员情况通报会，让委员更好地知情明政。优化委员服务管理，建立主席会议成员联系走访委员制度，建立委员履职档案，试行委员履职量化考核，着力提高委员的政治把握能力、调查研究能力、联系群众能力和合作共事能力。

——着力加强专门委员会建设。重视专委会工作，切实发挥专门委员会在政协工作中的基础性作用和联系界别、联系委员的桥梁作用，常委会会议定期听取各专委会工作汇报，专委会负责同志列席常委会议、主席会议；主席会议成员分工联系专委会，指导协调专委会开展工作。探索从各专委会对应的界别委员中选配了3名专委会委员和1名不驻会副主任委员，加强了专委会的工作力量。

——着力加强制度建设。结合扎实开展“不忘初心、牢记使命”主题教育，先后制定和修订了政协渭源县委员会《关于进一步提高协商议政质量的意见》《关于加强和改进调研视察工作的实施意见》《关于加强和改进反映社情民意信息工作的意见》等工作制度，强化制度的执行力度，严格以制度管人管事管工作，促进了县政协工作的制度化、规范化和程序化水平。

各位委员，同志们！县政协各项工作取得的成绩，是中共渭源县委坚强领导、高度重视的结果，是县人大、县政府和社会各界大力支持、热情帮助的结果，是全县各乡镇、各部门、各单位紧密配合、积极参与的结果，也是政协各参加单位、全体政协委员团结协作、共同努力的结果。在此，我代表县政协常委会向所有关心、支持和参与政协工作的各位领导、各位委员、各位同志和各界朋友，表示衷心的感谢和崇高的敬意！

回顾一年来的工作，我们深刻体会到：做好新时代政协工作，必须坚持以习近平新时代中国特色社会主义思想为引领，筑牢团结奋斗的共同思想政治基础；必须坚持中国共产党的全面领导，始终保持正确的政治方向；必须始终不忘初心、牢记使命，增强做好政协工作的责任感和使命感；必须大力推动政协协商民主发展，充分发挥专门协商机构作用；必须紧扣县委县政府中心任务，在建言资政和凝聚共识上双向发力。

在总结成绩的同时，我们也清醒地认识到，与新时代人民政协工作的新形势、新任务、新使命相比，与县委、县政府的工作要求和广大人民群众的期望相比，我们的工作仍然存在差距和不足，主要表现在：调查研究还不够深入，议政建言的质量需进一步提升；民主监督的机制还不够完善，监督的针对性和实效性需进一步增强；凝聚共识上还存在差距，在加强思想政治引领、汇聚力量上需进一步强化；界别特点优势体现不够明显，委员主体作用需进一步发挥；团结联谊的范围和渠道还有待进一步拓展等。对于这些问题，我们将在今后的工作中认真研究并切实加以改进。也真诚希望各位委员及与会的同志们提出宝贵意见和建议，帮助我们改进工作。

2020年工作安排

2020年是全面建成小康社会和“十三五”规划的收官之年。县政协工作的总体要求是：高举中国特色社会主义伟大旗帜，坚持以习近平新时代中国特色社会主义思想为指导，深入学习贯彻中共十九大和十九届二中、三中、四中全会精神，深入学习贯彻习近平总书记关于加强和改进人民政协工作的重要思想和中央政协工作会议精神，深入学习贯彻习近平总书记视察甘肃重要讲话和指示精神，不忘初心、牢记使命，把加强思想政治引领、广泛凝聚共识作为履职工作的中心环节，坚持团结和民主两大主题，发挥好专门协商机构作用，在中共渭源县委的坚强领导下，认真落实《中共渭源县委关于深入学习贯彻习近平总书记视察甘肃重要讲话 在不断开创富民兴陇新局面中奋力谱写渭源发展时代篇章的决定》，围绕中心、服务大局，在建言资政和凝聚共识上双向发力，努力提高政治协商、民主监督、参政议政水平，不断开创政协工作新局面，为全县经济社会高质量发展作出新的贡献。

一、加强思想政治引领，进一步筑牢团结奋斗的共同思想政治基础

把坚持和发展中国特色社会主义作为巩固共同思想政治基础的主轴，坚定不移贯彻落实“不忘初心、牢记使命”制度，引导参加人民政协的各党派团体和全体政协委员深入学习贯彻习近平新时代中国特色社会主义思想，认真学习宣传贯彻中共十九届四中全会精神，在学懂弄通做实上下功夫，进一步增强“四个意识”，坚定“四个自信”、做到“两个维护”，切实增进政治认同、思想认同、理论认同、情感认同，夯实团结奋斗的共同思想政治基础。要始终把习近平总书记关于加强和改进人民政协工作的重要思想作为指引新时代人民政协工作的强大思想武器，以理论大学习、思想大武装促进工作质量大提升，把握新方位，锚定新使命，当好人民政协制度的参与者、实践者、推动者，努力做到学思用贯通、知信行统一。要认真学习贯彻落实习近平总书记视察甘肃重要讲话和指示精神，悉心感悟总书记谆谆教导，时刻铭记总书记殷殷嘱托，砥砺前行、感恩奋进。

二、坚持党的全面领导，进一步坚定人民政协正确的政治方向

要把坚持党的全面领导作为政协工作的根本政治原则，始终在思想上、政治上、行动上同以习近平同志为核心的中共中央保持高度一致，坚决落实党对政协组织实施领导的制度规定，确保政协始终在党的领导下主动负责、协调一致地开展工作，确保中共中央决策部署不折不扣地贯彻落实到政协全部工作中。要充分发挥政协党组在政协工作中把方向、管大局、保落实的领导作用，全面贯彻落实中共中央各项决策部署和省市县委工作安排，把党的主张通过民主程序转化为政协组织的决定，引导各党派、各团体、各界别人士坚守合作初心、牢记时代使命，始终不渝地拥护中国共产党的领导，进一步坚定正确的政治方向。要自觉在中共渭源县委领导下开展工作，严格执行重大事项向县委请示报告制度，坚持每年定期向县委常委会至少汇报一次全面工作，每半年向县委专题报告履行全面从严治党主体责任落实情况，坚持向县委请示报告政协年度协商计划以及常委会议、全体会议和党组重要工作等，重大事项和重要情况及时向县委请示报告。要认真学习贯彻落实中央政协工作会议精神，协助召开县委政协工作会议，制定出台《中共渭源县委关于新时代加强和改进人民政协工作的实施意见》，为县政协更好地履行职能提供政治保证。

三、发挥专门协商机构作用，进一步推进协商民主广泛多层制度化开展

要发挥人民政协作为社会主义协商民主重要渠道和专门协商机构作用，集协商、监督、参与、合作于一体，进一步丰富协商形式、健全协商规则、落实协商制度，紧紧围绕县委、县政府重点工作任务和重要规划计划等，选准协商议题、制定协商计划，多层次开展协商活动，把协商民主落实到履行职能的全过程。要加强提案办理协商，加大提案督办力度，拓宽提案督办途径，提高提案办理质量。要重点围绕全县经济社会高质量发展、工业集中区建设与管理、渭河流域（渭源境内）生态环境保护和治理、“七五”普法规划实施、加强中小学思想政治教育等开展协商议政活动。要加强和改进民主监督工作，提高民主监督实效，围绕脱贫攻坚成果巩固和质量提升开展监督性调研，围绕政协各类协商议政报告意见建议的落实开展跟踪监督。要围绕中心、服务大局，认真开展调研视察、委员约谈和小组活动，围绕全县重点项目建设、新兴产业发展等开展专题视察，围绕“厕所革命”实施情况、乡村道路建设与管理、农村劳动力培训与转移、文旅体结合推动旅游业发展等开展专题调研，建真言、谋良策、出实招，努力做到参政参到要点上、议政议到关键处。

四、坚持以人民为中心的发展思想，进一步在脱贫攻坚成果巩固、质量提升上展现政协责任担当

要以坚定的政治担当和强烈的责任意识，全力投身脱贫攻坚工作大局，持续在抓重点、找难点、补短板、强弱项、固成果、提质量上建睿智之言、献务实之策、尽竭诚之力。要充分发挥政协优势，团结一切可以团结的力量，凝聚一切可以凝聚的智慧，集委员之智，举政协之力，为脱贫攻坚凝聚人心、凝聚力量。要认真落实主席会议成员脱贫攻坚前线指挥部总指挥和副总指挥责任、脱贫攻坚总队长包村抓户责任和县政协机关帮扶责任，全面完成县委、县政府交办的各项工作任务。要充分发挥政协委员优势，持续深入开展“脱贫攻坚·政协委员有作为”活动，凝聚政协委员合力，助力全县脱贫攻坚成果巩固和质量提升。要始终坚持把人民政协为人民作为政协工作的出发点和落脚点，树牢群众观点、站稳群众立场、践行群众路线，用人民满意作为标准检验工作成效，聚焦民生改善，多建惠民之言、多谋利民之策，增进人民福祉。

五、坚持建言资政与凝聚共识双向发力，进一步发扬民主促进团结

要在坚持做好政治协商、民主监督、参政议政工作的同时，把凝聚共识作为重要任务，摆在更加突出的位置，实现建言资政和凝聚共识双向发力。要坚持中国共产党领导的多党合作和政治协商制度，牢牢把握团结和民主两大主题，坚持一致性和多样性的统一，求同存异、聚同化异，把凝聚共识融入协商、监督、调研、视察等履职活动之中，在建言成果、思想收获上一体设计、一体落实，推动各党派团体和各族各界人士实现思想上的共同进步。要围绕县委、县政府工作目标和中心任务，既抓住关键问题建言资政，又紧扣统一思想凝聚共识。要发挥联系广泛的优势，鼓励和支持委员深入基层、深入一线，加强与群众的联系，听民意、聚民心，促进上情下达、下情上传，努力寻求最大公约数、画出最大同心圆。要准确把握政协文史工作的社会功能和时代责任，传播渭水源头优秀文化，做好《渭源文史资料》第八辑编纂发行和第九辑的征集工作。

六、从严从实加强自身建设，进一步提升工作质量和履职水平

按照新时代对政协工作的新要求，坚持不懈加强自身建设，以改革思维、创新理念、务实举措，大力推进履职能力建设，着力提高政治把握能力、调查研究能力、联系群众能力、合作共事能力，不断推动政协工作再上新台阶。

——持续加强政协党的建设。要认真贯彻落实中共中央《关于加强新时代人民政协党的建设工作的若干意见》和省委《实施意见》，汇报县委制定出台《中共渭源县委关于加强新时代人民政协党的建设工作的实施意见》，以党的政治建设为统领，推进政协党的各项建设，突出政协特色抓好党建工作。要肩负起实现党对人民政协领导的政治责任，切实发挥好县政协党组在政协工作中把方向、管大局、保落实的领导作用。要加强政协机关党组建设，进一步推进党支部标准化建设，发挥好党支部的战斗堡垒作用和政协组织中中共党员的先锋模范作用，切实增强政协党组织的凝聚力和战斗力。要探索建立政协委员中的中共政协委员参加双重组织生活制度，实现党组织对党员委员的全覆盖，党的工作对政协委员的全覆盖。要深入贯彻落实中共中央关于全面从严治党的一系列决策部署和省市县委的工作要求，持续深化党风廉政建设，认真落实全面从严治党责任，大力营造风清气正、勇于作为的干事创业环境。

——持续加强委员队伍建设。要强化政治责任，深刻认识和切实珍惜荣誉与责任，旗帜鲜明讲政治，始终在政治立场上不含糊，政治原则上不动摇。要严格落实“懂政协、会协商、善议政，守纪律、讲规矩、重品行”的要求，充分发挥委员的主体作用，准确把握政协履职方式方法，全面增强履职本领，自觉遵守宪法法律和政协章程，锤炼道德品行，严格廉洁自律，以模范行动展现新时代政协委员的风采。要加强委员服务管理，持续抓好委员学习培训，强化委员履职情况考核，完善委员履职数据库，健全委员述职制度、履职考评通报制度，切实提升委员履职尽责的能力和水平。

——持续加强政协机关建设。要巩固“不忘初心、牢记使命”主题教育成果，推进学习教育常态化制度化。要进一步优化政协专门委员会设置，努力解决专委会基础工作薄弱、人员力量薄弱的问题，切实发挥专门委员会基础性作用和联系委员、界别的桥梁作用。要加强机关信息化建设和干部队伍建设，不断提高政协机关统筹协调和服务保障能力，持续提升机关干部的素质和能力，确保政协工作务实高效有序推进。要强化制度意识，健全和完善政协工作的各项制度，形成用“制度办事”“制度管人”的长效机制，为政协履职提供制度保障。

各位委员、同志们，新时代领航新征程，新使命呼唤新作为，让我们更加紧密地团结在以习近平同志为核心的中共中央周围，不忘初心、牢记使命，在中共渭源县委的坚强领导下，凝心聚力、锐意进取，为高质量推进渭源经济社会发展献计出力，为建设幸福美丽新渭源、谱写富民兴陇渭源发展时代篇章而不懈奋斗！

大事记

一　月

2—5日　政协第九届渭源县委员会第三次会议召开。

3日　县委书记脱贫攻坚调度会议召开。

3—6日　渭源县第十六届人民代表大会第三次会议召开。

5日　省政府副省长常正国一行来渭源县调研产业扶贫及大棚房清理整治工作。

6日　渭源县人大常委会举行宪法宣誓仪式。县人大常委会主任李新定主持仪式。县十六届人大三次会议主席团成员监誓。

8日　全县决战决胜脱贫摘帽誓师动员大会（视频）召开。

9日　渭源县第十四次妇女代表大会召开。会议选举产生了县妇联第十四届执行委员会和县妇联第十四届执行委员会主席、副主席、常委。

9日　全县转变作风改善发展环境建设年领导小组会议暨作风建设年活动推进会议召开。

9日　县委副书记、县政府县长蔺红军主持召开县政府第46次常务会议。

11日　县委书记吉秀主持召开十四届县委第55次常委会会议。

18日　县委书记吉秀主持召开十四届县委第56次常委会会议。

18日　全县机构改革领导小组会议召开。

18日　渭源县2019年非公经济代表人士新春座谈会召开。

21日　市委副书记、市长戴超一行来渭河源景区调研冬季旅游工作。

22日　省人民检察院党组书记、检察长朱玉一行来渭源县调研检察工作，并看望慰问县检察院全体干警、省人大代表朱云娥及元古堆村困难群众。

22日　全县扶贫领域腐败和作风问题专项治理工作领导小组第二次会议暨2018年第四季度扶贫领域监督执纪问责联席（扩大）会议召开。

23日　中国共产党渭源县第十四届委员会第十三次全体会议暨县委经济工作会议召开。

24日　全县扫黑除恶专项斗争领导小组第六次（扩大）会议召开。

24日　全县打击整治枪支爆炸物品违法犯罪专项行动推进会暨打击治理电信网络新型违法犯罪联席会议召开。

24日　全县道路交通安全委员会第一次会议暨全县春运工作安排部署会议召开。

28日　渭源县控辍保学暨2019年教育系统安全生产工作会议召开。

29日　渭源县2018年度党委（党组）书记抓基层党建述职评议会议召开。

29日　省财政厅党组成员、副厅长周继军一行来大安乡调研慰问。

30日　全县安全生产委员会2019年第一次全体（扩大）会议召开。

30日　全县基础设施建设、就业扶贫暨农村人居环境整治专责领导小组工作推进会议召开。

31日　县委书记吉秀主持召开十四届县委第57次常委会会议。

二　月

1日　县委常委会民主生活会召开。市委书记唐晓明到会指导。

1日　市委书记唐晓明深入渭源县走访慰问了部分驻村帮扶工作队队员、道德模范、劳动模范、困难职工、困难党员、省领军人才和科技人才以及困难企业。

2日　中国共产党渭源县第十四届纪律检查委员会第四次全体会议召开。

2日　渭源县老干部工作座谈会召开。

3日　县四大班子领导慰问了县人民武装部、应急救援大队、武警中队等驻渭官兵及县公安干警。

3日　2019年春节团拜会召开。

11日　县委常委会“两学一做”学习教育集中学习暨县委理论中心组学习会议召开。

12日　吉秀、蔺红军、张振亚、刘爱君、张拴宝、潘学明专题调研全县财政和农业农村工作。

13日　市政府副市长、市公安局党委书记、局长曹明来渭源县督导检查公安重点工作。

13日　县委书记吉秀主持召开全县脱贫攻坚周调度会议。

13日　县委副书记、县政府县长蔺红军主持召开县政府第47次常务会议。

14日　2019年全县脱贫攻坚领导小组第一次会议召开。

14日　全县党管武装暨议军工作会议召开。

15日　全县一季度高质量发展分析调度会召开。

16日　积石山县委副书记、县长马尚文一行来渭源县学习考察光伏项目建设工作。

18日　全县党政领导干部学习贯彻习近平新时代中国特色社会主义思想和习近平总书记关于扶贫工作重要论述专题研讨班举行。

19日　县委书记吉秀主持召开十四届县委第58次常委会（扩大）会议。

20—22日　省人大常委会党组书记、副主任王玺玉一行来渭源县调研中央脱贫攻坚专项巡视反馈问题整改落实、扶贫资金管理使用和脱贫攻坚帮扶工作。

21日　省退役军人事务厅副厅长魏阳一行来渭源县调研退役军人事务管理工作。

22日　全县环卫会2019年第一次全体会议召开。

26日—3月2日　中央纪委国家监委驻农业农村部纪检监察组组长吴清海、副组长刘柏林、副处级干部于海，国务院扶贫办副主任欧青平、督查专员、开发指导司司长海波一行来渭源县开展脱贫攻坚调研工作。

三　月

1日　县委书记吉秀主持召开十四届县委第59次常委会会议。

1日　国务院扶贫办副主任欧青平、开发指导司司长海波一行结束脱贫攻坚专题调研之后，在渭源县上湾镇召开全县定点扶贫工作座谈会。

2日　县委副书记、县政府县长蔺红军主持召开县政府第48次常务会议。

4日　全县脱贫攻坚领导小组2019年第二次会议暨中央脱贫攻坚专项巡视反馈问题整改工作领导小组第一次会议召开。

4日　县委副书记、县政府县长蔺红军主持召开了县政府第49次常务会议。

5日 市妇联“引领服务 联系基层”巾帼脱贫渭源县集中示范活动在田家河乡元古堆村文化广场举行。

5日 全县高质量发展指标推进会议召开。

6日 市委扶贫领域第二轮专项巡察渭源县情况反馈会议召开。

6日 金鸡产业、光伏产业扶贫项目建设现场推进会召开。

7日 省金融监管局副局长于海波来渭源县调研农村金融综合服务室组建情况。

7日 市委副书记、市长戴超深入渭源县调研产业扶贫工作。

7日 2019年全县科技工作暨科技成果转化座谈会召开。

11日 县委副书记、县政府县长蔺红军主持召开县政府第50次常务会议。

11日 县委书记吉秀主持召开十四届县委第60次常委会会议。

12日 2018年市管班子和领导干部党风廉政建设考核暨政绩考核工作会议召开。

12日 漳县县委副书记杨广斐一行来渭源县考察。

13日 市委常委、市政府党组成员陈曾勇一行来渭源县调研东西部扶贫协作工作。

14日 全县产业扶贫种植业项目实施培训推进大会召开。

15日 县委农村工作暨脱贫攻坚推进大会召开。

15日 全县领导干部警示教育大会（视频）召开。

18—19日 市委常委、宣传部部长陈月芳一行来渭源县调研。

19日 全县民政工作暨城乡低保特困供养提标工作会议召开。

20日 省委巡视组巡视渭源县工作动员会召开。

21日 县委书记吉秀主持召开十四届县委第61次常委会会议。

21日 县委常委会（扩大）会议暨县委理论中心组学习会议召开。

21日 渭源县中央脱贫攻坚专项巡视反馈意见整改领导小组第二次会议召开。

22日 2019年全县工作会议召开。

21—22日 省妇联党组副书记、副主任黄爱菊一行来渭源县调研妇联工作。

22日 县委副书记、县政府县长蔺红军主持召开县政府第51次常务会议。

22日 国家“千人计划”杨旸博士团队联合甘肃省中康药业有限公司，为渭源县莲峰镇何家湾村GTF黄芪标准化种植基地的种植户发放微量元素矿物肥及优质种苗，并举行发放仪式。

22日 全县脱贫攻坚领导小组办公室第三次会议暨全县产业扶贫专责工作组第一次会议召开。

22日 省农业农村厅党组成员、畜牧兽医局局长杜永清一行来渭源县督导春耕生产工作。

25日 全县机构改革领导小组第五次会议召开。

25日 县委书记吉秀主持召开十四届县委第62次常委会会议，专题研究机构改革事宜。

27日 全县一季度“开门红”经济运行分析调度会议召开。

28日 市人大常委会副主任、县委书记吉秀主持召开十四届县委第63次常委会会议。

31日 县委常委会2019年中央脱贫攻坚专项巡视反馈意见整改专题民主生活会召开。

四 月

1日 全县造林绿化工作暨林业生态工程建设动员会议召开。

1日 县委副书记、县政府县长蔺红军主持召开县政府第52次常务会议。

1日 吉秀、李新定、蔺红军、陈栋等县四

大班子领导赴北寨镇麻地湾村参加义务植树活动。

2日　渭源县脱贫攻坚形势研判及帮扶工作推进会议召开。

2日　全国人大代表、市委书记唐晓明向渭源县基层干部宣讲全国“两会”精神。

2日　县委统一战线工作领导小组会议召开。

3日　渭源县脱贫攻坚领导小组2019年第三次会议暨中央脱贫攻坚专项巡视反馈意见整改工作领导小组第三次会议召开。

3日　全县脱贫攻坚领导小组2019年第三次会议暨中央脱贫攻坚专项巡视反馈问题整改工作领导小组第三次会议召开。

4日　市人大常委会副主任、县委书记吉秀主持召开十四届县委第64次常委会会议。

9日　全县驻村帮扶工作队队长会议召开暨驻村帮扶工作队长培训班举办。

10日　渭源县第十六届人大常委会第25次会议召开。

10日　县委副书记、县政府县长蔺红军主持召开县政府第53次常务会议。

15日　市人大常委会副主任、县委书记吉秀主持召开十四届县委第65次常委会会议。

15日　“双百四联五帮”活动助推脱贫攻坚启动会召开。

16日　省退役军人事务厅军休组组长葛培农带领相关人员来渭源检查验收双拥创建工作。

16日　省军区副政委倪永盛一行来渭源县开展全省双拥模范城（县）创建命名活动考核验收。

16日　金鸡产业扶贫项目前线建设指挥部协调推进会议在路园镇召开。

17日　市人大常委会副主任、县委书记、县脱贫攻坚前线指挥部总指挥长吉秀，县委副书记、县长、县脱贫攻坚前线指挥部副总指挥长蔺红军签发渭源县脱贫攻坚前线指挥部第2号调度令。

17日　国家人社部社保中心职工养老保险处处长王发运一行来渭源县调研督导机关事业养老保险经办及社会保险扶贫工作。

17—18日　中央电视台采访组来渭源县进行中央脱贫攻坚专项巡视反馈问题情况整改情况采访。

18日　市委副书记、市委党校校长狄生奎深入北寨镇、秦祁乡调研脱贫攻坚及基层党建等工作。

18日　市人大常委会工作评议调研组调研渭源县公安局工作开展情况。

19日　省财政厅金融债券处、市精准扶贫专项贷款督导组一行来渭源县督导精准扶贫专项贷款回收续贷情况。

19日　省人大常委会执法检查组来渭源县开展《中华人民共和国水污染防治法》执法检查。

19日　2019年产销对接以销定产签约大会暨农业扶贫产业产销协会成立大会召开。

23日　渭源县十六届人大常委会第33次主任会议召开。

24日　渭源县十六届人大常委会第26次会议召开。

25日　全县脱贫攻坚领导小组办公室2019年第四次会议召开。

25日　全县高考备考工作推进会议召开。

25日　全县脱贫攻坚固强补弱调度会召开。

26日　省人大常委会教育扶贫工作专题调研组来渭源县调研。

27日　中国扶贫基金会秘书长刘文奎一行来渭源县调研脱贫攻坚工作。

28日　渭源县金鸡产业扶贫项目青年鸡区于4月28日举行投产仪式。北京德青源公司高级副总裁袁正东等出席投产仪式。

28—29日　渭源县第十六届人民代表大会第四次会议召开。

30日　渭源县庆祝中华人民共和国成立70周年暨纪念五四运动100周年青年先进典型表彰

大会召开。

30日　全县扫黑除恶专项斗争领导小组第八次全体（扩大）会议召开。

30日　市人大常委会副主任、县委书记吉秀主持召开十四届县委第66次常委会会议。

30日　中国共产党渭源县第十四届委员会第十五次全体会议召开。

五　月

5—8日　全县科级领导干部学习习近平总书记参加十三届全国人大二次会议甘肃代表团审议时重要讲话精神及扶贫开发重要论述专题轮训班举办。市人大常委会副主任、县委书记吉秀作专题辅导报告。

5日　县委副书记、县政府县长蔺红军主持召开县政府第54次常务会议。

6日　全县脱贫攻坚领导小组2019年第四次会议暨中央脱贫攻坚专项巡视反馈问题整改工作领导小组第四次会议召开。

6日　全县防汛抗旱防灾减灾工作会议召开。

8日　省人大常委会党组书记、副主任王玺玉带领调研组深入渭源县调研脱贫攻坚工作。

9日　省财政厅党组书记、厅长张智军一行深入锹峪镇调研脱贫攻坚工作。

9日　渭源县金鸡产业扶贫配套劳务、种植、运输合作社成立大会暨包装服务合作社第一次动员大会在路园镇双轮磨村召开。

10日　全县脱贫攻坚领导小组办公室2019年第五次会议召开。

10日　国家开发银行天津分行、天津红日药业公司负责人来渭源县就红日佛慈中药材颗粒项目融资进行考察。

10日　全县扫黑除恶推进会议召开。

10日　全县2019年农业保险工作培训会议召开。

13日　市人大常委会副主任、县委书记吉秀主持召开十四届县委第67次常委会议。

13日　县政府全体会议暨廉政工作会议召开。

13日　省教育厅党组成员、总督学、省委教育工委委员陈继宗一行带队督查渭源县义务教育学校教师工资待遇落实情况。

14日　全县机构改革领导小组第七次会议召开。

15日　市委书记唐晓明深入渭源县督查调研脱贫攻坚工作。

15日　渭源县残联联合各残工委成员单位在老君山文化广场开展以“自强脱贫　助残共享”为主题的助残帮扶活动。

15日　渭源县学校安全暨意识形态工作会议召开。

16日　渭源县新派驻村帮扶工作队成员任前培训班举办。

17日　县委副书记、县政府县长蔺红军主持召开县政府第55次常务会议。

18日　县委副书记、县政府县长蔺红军主持召开县政府第56次常务会议。

19日　兰州大学党委书记袁占亭一行深入秦祁乡调研指导脱贫攻坚工作。

21日　甘肃省深度贫困地区脱贫攻坚现场推进会在渭源县召开。省委书记、省人大常委会主任林铎，水利部副部长田学斌，国务院扶贫办副主任陈志刚出席会议并讲话。省委副书记、省长唐仁健主持会议并讲话。市人大常委会副主任、县委书记吉秀就全县脱贫攻坚工作作了大会交流发言。会前，与会人员共同观摩了渭源县易地扶贫搬迁后续产业发展情况以及马铃薯、中医药、光伏食用菌等扶贫产业。

22日　省民政厅调研渭源县兜底保障冲刺清零筛查工作座谈会召开。

23日　市政协主席陈尊峰深入渭源县金鸡产业扶贫项目青年鸡区现场进行调研。

24日　市委书记唐晓明深入渭源县五竹镇、

田家河乡、峡城乡督查调研脱贫攻坚工作。

24日　全县招生工作会议召开。

24日　全县脱贫攻坚“3+3”脱贫短板冲刺清零工作推进会议召开。

27日　县委常委会“两学一做”学习教育集中学习暨县委理论中心组集中学习举行。

27日　省委第三巡视组巡视渭源县工作汇报会召开。

27日　县委副书记、县政府县长蔺红军主持召开县政府第57次常务会议。

28日　国家自然资源督察局一行5人来渭源县督察2018年城乡建设用地增减挂钩拆旧复垦工作。

31日　县委副书记、县政府县长蔺红军主持召开县政府第58次常务会议。

六　月

4日　全县脱贫攻坚领导小组第五次会议暨中央脱贫攻坚专项巡视反馈意见整改工作领导小组第五次会议第一阶段会议召开。

4日　全县脱贫攻坚领导小组2019年第五次会议暨中央脱贫攻坚专项巡视反馈问题整改工作领导小组第五次（视频）会议召开。

6日　市人大常委会副主任、县委书记吉秀主持召开十四届县委第68次常委会会议。

7日　省招生委员会派驻渭源考区巡视员、陇东学院组织部组织员胡俊辉，市招委派驻渭源考区巡视组组长、市委机要保密局副调研员赵慧民等3名巡视组成员深入渭源县各考点巡视督导2019年高考工作。

11日　全县扫黑除恶专项斗争领导小组第九次全体（扩大）会议召开。

11日　十四届县委扶贫领域第二轮专项巡察工作动员部署会议召开。

13日　市委书记唐晓明深入清源镇红岘村、大安乡红堡子村、北寨镇张家堡村、秦祁乡杨川村督查调研脱贫攻坚工作。

15—16日　2019年中国山地自行车联赛第七站赛事在渭源举行。

17日　县委常委会“两学一做”学习教育集中学习暨县委理论中心组集中学习会议召开。

19日　全县脱贫攻坚“3+3”冲刺清零筛查工作调度会议召开。

19日　市人大常委会副主任、县委书记吉秀主持召开十四届县委第69次常委会会议。

20日　中国扶贫发展中心副主任李越一行12人来渭源县开展脱贫攻坚调研工作。

20—21日　福州市罗源县支持定西市食用菌产业扶贫人才培训启动仪式暨种植技术培训班在渭源举行。

24日　全县脱贫攻坚领导小组专题会暨脱贫办第七次会议召开。

24日　省政府研究室副主任杨定涛带领调研组来渭源县调研十大生态产业重大带动项目。

25日　国家粮食和物资储备局2019年“科技列车甘肃行”农户储粮仓捐赠仪式在田家河乡元古堆村文化广场举行。

25日　全县教育扶贫、健康扶贫专责组暨教育、医疗冲刺清零推进会议召开。

25日　县委全面深化改革委员会第一次会议召开。

25日　县委国家安全委员会第一次全体会议召开。

26日　市政协主席陈尊峰、市政协副主席杨发升带领政协定西市四届十五次常委会视察组专题视察渭源脱贫攻坚工作。

28日　市人大常委会副主任、县委书记吉秀主持召开十四届县委第70次常委会会议。

28日　市人大常委会副主任、县委书记吉秀主持召开十四届县委第71次常委会会议。

七　月

1日　省政协副主席郭天康一行专题调研渭源县“不忘初心、牢记使命”主题教育工作。

3日　全县深入开展作风建设年活动集中整治形式主义官僚主义领导小组第一次会议召开。

3日　全县扫黑除恶专项斗争领导小组第十次全体（扩大）会议、平安渭源建设责任制落实推进会议、全面依法治县工作会议和禁毒工作推进会召开。

3日　全县环境保护工作领导小组暨县生态环境保护委员会2019年第二次（扩大）会议召开。

3日　县委全面依法治县委员会第一次会议召开。

4日　全县脱贫攻坚重点任务冲刺清零暨易地扶贫搬迁问题整改推进（视频）会议召开。

5日　全县脱贫攻坚领导小组办公室2019年第八次会议召开。

5日　省委机要和保密局副局长张秀丽一行到渭源县委机要和保密局调研职能履行情况。

9日　县委副书记、县政府县长蔺红军主持召开县政府第60次常务会议。

10日　团省委副书记王广庆来北寨镇、清源中学、渭源第一中学开展“不忘初心、牢记使命”主题教育调研。

10日　全县配合保障中央第二轮生态环境保护督察市级协调联络领导小组会议召开。

10日　市委副书记、市长戴超深入渭源县会川镇干乍村督导调研脱贫攻坚“3+1+2”冲刺清零及产业扶贫等工作，并主持召开座谈会。

10日　全县脱贫攻坚领导小组2019年第六次会议暨中央脱贫攻坚专项巡视反馈问题整改工作领导小组第六次会议召开。

10日　市委常委、市政府常务副市长王钧一行深入新寨镇调研易地扶贫搬迁工作进展情况。

11日　市委书记唐晓明深入渭源县麻家集镇、峡城乡看望慰问驻村帮扶工作队队员，调研脱贫攻坚工作。

12日　渭源县贫困县退出评估工作对接会召开。

12日　中央第五生态环境保护督察组督察甘肃省工作动员会（视频）召开。会后，市人大常委会副主任、县委书记吉秀，县委副书记、县长蔺红军分别就如何贯彻落实好会议精神及全县脱贫攻坚当前各项重点工作做出安排部署。

15日　全县2019年驻村帮扶工作第二次推进会议暨当前脱贫攻坚重点任务“三落实”培训（视频）会议召开。

15日　全省易地扶贫搬迁工作推进会议召开。县四大班子在家领导在分会场县统办楼七楼会议室收听收看会议。会后，全县易地扶贫搬迁工作推进会议召开。

15—18日　晋安区政协主席魏晓辉一行来渭源县举行东西部协作活动暨捐赠仪式。

17日　敦煌行·丝绸之路国际旅游节系列活动——第二届渭水文化旅游节在渭源县国家AAAA级景区渭河源大景区隆重开幕。

17日　市委副书记、市长戴超深入渭源县五竹镇实地调研易地扶贫搬迁工作。

17—19日　国务院扶贫办党组成员、副主任洪天云，国务院扶贫办开发指导司副司长吴华一行分两组深入秦祁、大安、田家河、上湾等乡镇调研指导脱贫攻坚工作。围绕“两不愁三保障”和渭源县脱贫摘帽各项工作，开展“解剖麻雀式”调研走访，并于19日晚召开座谈会议，专题听取渭源县脱贫攻坚工作汇报，反馈调研情况。市委书记唐晓明汇报定西市脱贫攻坚工作总体情况并讲话；市人大常委会副主任、县委书记吉秀汇报渭源县脱贫攻坚工作进展情况；国务院扶贫办党组成员、副主任洪天云主持会议并讲话。

19日　“精准脱贫法制大讲堂”宣讲报告会召开。

19日　福州市委常委、市委统战部陈晔一行5人到渭源县渭河东源、渭河源村开展调研东西部扶贫协作产业发展情况。

22日　市人大常委会副主任、县委书记吉秀主持召开十四届县委第72次常委会会议。

22日　市委常委、市纪委书记温卫东一行深入大安乡，对全面从严治党暨扶贫领域腐败和作风问题重点整治工作进行调研。在大安乡大涝子村部召开座谈会，温卫东听取了大安乡全面从严治党暨扶贫领域腐败和作风问题整治工作汇报。

22日　甘肃农业大学渭源中药材产业专家院和中药材产学研结合示范基地揭牌仪式在渭源县麻家集镇塄坎村举行。甘肃农业大学党委书记钟福国，市人大常委会副主任、县委书记吉秀参加仪式并致辞。县委副书记刘爱君主持揭牌仪式。

24日　省级老干部考察组一行来渭源县实地考察脱贫攻坚、产业发展、生态保护与治理、易地扶贫搬迁、基层党建助推美丽乡村建设等工作。市人大常委会副主任、县委书记吉秀介绍渭源县脱贫攻坚工作及县域经济发展整体情况。

25日　县委副书记、县政府县长蔺红军主持召开县政府第61次常务会议。

25日　县委审计委员会第一次会议召开。

25日　县委财经委员会第一次会议召开。

26日　全县脱贫攻坚领导小组2019年第七次会议暨中央脱贫攻坚专项巡视反馈问题整改工作领导小组第七次会议召开。

27日　地方政府专项债券发行及项目配套融资工作培训会议召开。

27日　福建省福州市委常委、市纪委书记、市监委主任修兴高一行赴田家河乡元古堆村调研脱贫攻坚工作。

29日　吉秀、李新定、陈栋、潘学明参加慰问驻地部队活动。

30—31日　欧美同学会（中国留学人员联谊会）服务团深入渭源县实地考察脱贫攻坚工作，现场捐赠帮扶资金和物资共计650多万元。

31—8月2日　中办调研组时良瑞处长一行到渭源县田家河乡元古堆村调研脱贫攻坚工作。

八　月

1日　市人大常委会副主任、县委书记吉秀主持召开十四届县委第73次常委会会议。

1日　县委副书记、县政府县长蔺红军主持召开县政府第62次常务会议。

2日　中国共产党渭源县第十四届委员会第十六次全体会议召开。

2日　省委第三巡视组巡视渭源县情况反馈会议召开。省委巡视办副厅级巡视专员唐福主持会议并讲话。省委第三巡视组组长李学宏代表省委巡视组反馈了巡视情况。市委副书记狄生奎出席反馈大会并代表市委作了讲话。市人大常委会副主任、县委书记吉秀就做好巡视整改工作表态发言。

5日　市人大常委会组织部分省、市人大代表，专题视察渭源县“551”产业扶贫和八个新型扶贫业态发展情况。

7日　国务院扶贫办开发指导司副司长杨栋带领国务院扶贫办、河北省扶贫办、山西省扶贫办、贵州省贵定县、山西省娄烦县、湖南省宜章县和甘肃省扶贫办相关人员，对渭源县产业发展情况进行调研。

7-8日　国务院扶贫办帮扶提升渭源县基层干部扶贫能力培训班开班仪式举行。市人大常委会副主任、县委书记吉秀主持开班仪式，国务院扶贫办开发指导司副司长杨栋出席开班仪式并讲话。

8日　全县易地扶贫搬迁问题整改专题推进会召开。

8日　县委军民融合发展委员会第一次全体会议召开。

11日　市人大常委会副主任、县委书记吉秀主持召开十四届县委第74次常委会会议。

13日　县委农村工作领导小组第一次会议暨全县农村人居环境整治工作推进会议分两个阶段召开。

13日　县委教育工作领导小组第一次全体会议召开。

13日　县委外事工作委员会第一次会议召开。

14日　县委副书记、县政府县长蔺红军主持召开县政府第63次常务会议。

15日　定西市2019年动物防疫技术培训班在渭源县举办。

16日　全县脱贫人口“回头看”暨贫困人口动态管理工作培训动员会议召开。

16日　渭源县政府全体会议暨党风廉政建设工作会议召开。

17日　中央督导组整改工作会议召开。

19日　省委第三巡视组巡视渭源县反馈意见整改工作动员部署大会召开。

19日　县委常委会“不忘初心、牢记使命”主题教育集中学习暨县委理论中心组集中学习会议召开。

19日　县委审计委员会第二次会议召开。

21日　定西日报社社长、总编辑朱常青一行来渭源县调研媒体融合、报纸发行投递及产业扶贫等工作。

21日　渭源县党外人士经济社会情况通报会在锹峪镇毛窑村召开。

21日　市人大常委会副主任、县委书记吉秀主持召开顺丰集团丰农科技考察对接座谈会。

23日　中国国际扶贫中心副主任谭卫平一行来渭源县开展对口帮扶调研工作。

26日　全县生态环境保护委员会2019年第三次会议暨市委生态环境领域专项巡察反馈问题整改推进会议召开。

26日　全县易地扶贫搬迁暨精准扶贫专项贷款回收工作推进会议召开。

26日　市人大常委会副主任、县委书记吉秀主持召开县委常委会扩大会议。

26日　县委副书记、县政府县长蔺红军主持召开县政府第64次常务会议。

27日　市人大常委会副主任、县委书记吉秀主持召开十四届县委第76次常委会会议。

28日　市委常委、市政府常务副市长王钧、市人大常委会副主任赵新文、王成文一行来渭源县现场督办市四届人大五次会议第47号、第3号代表建议。县委副书记、县政府县长蔺红军汇报了光伏扶贫项目建设进度情况。

28日　市委常委、副市长陈曾勇，市妇联主席李安花一行来渭源县督办东西部扶贫协作重点工作任务落实情况，并召开座谈会。

28日　定西共青团2019年“聚爱心·助脱贫”活动在渭源县举办。

29日　全县贯彻落实中央扫黑除恶第十九督导组反馈意见整改工作暨政法、信访工作推进会议召开。

30日　中国太平洋财产保险公司向渭源县捐赠防贫保险暨签约仪式举行。太平洋财产保险公司甘肃分公司党委书记、总经理雷大鹏和定西市人大常委会副主任、县委书记吉秀分别致辞。中国太平洋财产保险公司甘肃分公司党委书记、总经理雷大鹏与县委副书记、县政府县长蔺红军代表双方签订捐赠协议和合作协议。在签约仪式上，中国太平洋保险（集团）股份有限公司向渭源县捐赠了一年期、保费160万元的保险资金。

30—31日　国务院扶贫办定点帮扶现场推进会在渭源县召开。国务院扶贫办党组书记、主任刘永富一行先后深入五竹镇田园牧歌养殖专业合作社、甘肃田地农业科技有限公司、田家河乡元古堆村、香卜路村、上湾镇侯家寺村、金鸡产业扶贫项目区、甘肃佛慈红日药源产业发展有限公司进行了现场观摩，对全县16个乡镇脱贫攻坚工作进行全覆盖实地督导检查。

31日　国务院扶贫办调研渭源县工作反馈会召开。

九　月

1日　市政府副市长马文玫来渭源县调研职业教育工作。

2日　渭源县脱贫攻坚领导小组办公室2019年第十次会议召开。

2日　县委常委会班子省委第三巡视组巡视渭源反馈意见整改专题民主生活会征求意见座谈会召开。

2日　县委巡察工作推进会议暨医疗食药领域联动巡察动员部署会议召开。

3日　县委副书记、县政府县长蔺红军主持召开县政府第65次常务会议。

3日　全县脱贫攻坚领导小组2019年第八次会议暨中央脱贫攻坚专项巡视反馈意见整改工作领导小组第八次会议召开。

3日　渭源县县级河长会议召开。

4日　市人大常委会副主任、县委书记吉秀主持召开十四届县委第77次常委会会议。

4—5日　福州市晋安区区委书记张定锋一行赴渭源县考察东西部扶贫协作工作并召开晋渭东西部扶贫协作工作推进会。

4—5日　中国扶贫基金会副秘书长王军、百美村宿项目部主任郝德旻、西坡艳阳下设计公司总经理苏林祥一行来渭源县进行百美村宿乡村旅游扶贫项目实地选村考察。

5日　市人大常委会副主任、县委书记吉秀主持召开省委第三巡视组巡视渭源县反馈意见整改专题民主生活会。

5日　福州市晋安区宣传部副部长、文联主席卢小英携福州市晋安区爱心人士在祁家庙镇周华寨小学举行情系渭源学子助力精准扶贫捐赠仪式，为70名贫困学生捐赠资金5万元。

6日　全县教育工作暨教师节表彰大会召开。

6日　县政府党组2019年省委第三巡视组反馈意见整改专题民主生活会召开。

6日　全县生态保护红线划定工作会议召开。

8日　共青团福建省委书记肖华鑫一行来渭源县考察调研青年定制扶贫工作。

9—10日　国务院扶贫办信息中心陆春生一行来渭源县开展扶贫开发电子档案系统项目调研考察工作并召开培训会。

11日　县委“不忘初心、牢记使命”主题教育领导小组第一次会议召开。

11日　市人大常委会副主任、县委书记吉秀主持召开十四届县委第78次常委会会议。

11日　全县“不忘初心、牢记使命”主题教育动员部署大会召开。

11日　市人大常委会副主任、县委书记吉秀主持召开十四届县委第79次常委会会议。

11—12日　县人大常委会党组、县政府党组、县政协党组分别召开“不忘初心、牢记使命”主题教育动员部署会议。市委第八巡回指导组副组长孟自强到会指导。

15日　全县2019年度贫困退出县级验收认定培训会议召开。

19日　市人大常委会副主任、县委书记吉秀主持召开县委常委会“不忘初心、牢记使命”主题教育读书班开班仪式。

19日　全县政法会议召开。

19日　县委国家安全委员会第二次全体会议召开。

19日　县政府党组举行“不忘初心、牢记使命”主题教育读书班开班仪式。

19日　县委副书记、县政府县长蔺红军主持召开县政府第66次常务会议。

20日　县委常委会“不忘初心、牢记使命”主题教育读书班第一次集中学习暨主题教育交流研讨会议召开。

20日　市人大常委会副主任、县委书记吉秀主持召开十四届县委第80次常委会会议。

20日　非公有制企业甘肃行脱贫攻坚考察团来渭源县考察脱贫攻坚工作。

21日　市中级人民法院党组书记、院长李景辉一行来庆坪镇举行教育扶贫天平助学金发放活动，为150名贫困学生资助29.6万元。

23日　县委常委会“不忘初心、牢记使命”主题教育读书班暨县委理论中心组学习专题讲座举办。邀请省委党校哲学研究部副主任、教授李君才就学习习近平新时代中国特色社会主义思想进行专题讲座。

23日　县委常委会“不忘初心、牢记使命”读书班集中学习和警示教育活动举行。

24日　县委常委会“不忘初心、牢记使命”主题教育读书班暨县委理论中心组集中学习会议召开。

24日　全县高质量发展工作推进（调度）会议召开。

25日　县委常委会“不忘初心、牢记使命”主题教育读书班举行习近平总书记视察甘肃重要讲话精神报告会和先进典型教育学习会。会议邀请市委宣讲团成员、市委政法委副书记孙贵生作学习习近平总书记视察甘肃重要讲话精神专题辅导报告。省农科院马铃薯研究所名誉所长、甘肃农业大学硕士生导师、甘肃省政府参事、中国作物学会马铃薯专业委员会委员王一航作先进事迹报告。

25日　根据县委常委会“不忘初心、牢记使命”主题教育读书班的安排，市人大常委会副主任、县委书记、县委主题教育领导小组组长吉秀带领县四大班子领导及其他县级领导干部赴会宁红军会师纪念馆重温入党誓词，缅怀革命先烈，开展革命传统教育，重温党的光辉历史。

26日　渭河流域生态环境保护跨区域检察协作座谈会在渭源县召开。甘肃省定西市、天水市人民检察院和陕西省西安市、宝鸡市、咸阳市、渭南市人民检察院共同签署《渭河流域生态环境保护跨区域检察协作机制协议》。

26日　省委常委、副省长周学文一行来渭源县调研水利工程及农村饮水安全工作。

26日　县委副书记、县政府县长蔺红军主持召开县政府第67次常务会议。

26日　全县庆祝中华人民共和国成立70周年文艺演出在渭河文化广场举行。县四大班子领导及社会各界代表现场观看演出，7万多网民在线收看现场直播。

27日　县委常委会“不忘初心、牢记使命”主题教育读书班结业。

27日　全县脱贫攻坚领导小组2019年第九次会议暨中央脱贫攻坚专项巡视反馈问题整改工作领导小组第九次会议召开。

29日　县委副书记、县政府县长蔺红军主持召开县政府第68次常务会议。

30日　县四大班子领导赴莲峰坡儿红军烈士陵园开展庆祝中华人民共和国成立70周年缅怀革命先烈祭扫活动，重温入党誓词，开展革命传统教育。

十　月

1日　在县委、县政府院内举行集中“升国旗”仪式，共同庆祝中华人民共和国成立70周年。市人大常委会副主任、县委书记吉秀主持仪式并讲话。县四大班子及人武部领导，法院、检察院主要负责人，其他县级领导干部，县直及省市驻渭各单位主要负责人以及老干部、政法干警、少先队员代表，消防救援、医疗卫生、市场监管、行政执法系统干部代表参加活动。

1日　县四大班子领导、县直及省市驻渭各单位主要负责人在县统办楼七楼会议室集中观看庆祝中华人民共和国成立70周年国庆大阅兵现场直播。

8日　全县“不忘初心、牢记使命”主题教育党支部书记轮训班开班。

8日　市人大常委会副主任、县委书记吉秀主持召开十四届县委第81次常委会（扩大）会议。

9日　全县2019年第三季度驻村帮扶工作队统筹推进会议暨驻村帮扶工作队总队长调度会议召开。

11日　县委常委会“不忘初心、牢记使命”主题教育暨县委理论中心组集中学习会议召开。

12日　福州市委副秘书长、党建办主任张炜鸣带领福建省电视台摄制组，来渭源县考察拍摄党建工作专题片。

14日　县委副书记、县政府县长蔺红军主持召开县政府第69次常务会议。

14日　县委副书记、县政府县长蔺红军带领督查组先后到路园镇盛腾养殖农民专业合作社、莲峰镇龙飞养殖专业合作社，实地查看生猪养殖和非洲猪瘟疫病防控工作开展情况。

15日　申韦娟先进事迹巡回报告会召开。

16日　“不忘初心、牢记使命”主题教育专题党课报告会召开。市人大常委会副主任、县委书记吉秀主持会议。市委书记、市委“不忘初心、牢记使命”主题教育领导小组组长唐晓明作专题党课报告。

16日　省委“不忘初心、牢记使命”主题教育第五巡回指导组组长、省人大常委会财政经济委员会副主任委员廖明一行来渭源县指导调研主题教育开展情况。

17日　市人大常委会副主任、县委书记吉秀主持召开十四届县委第82次常委会会议。

17日　市委易地扶贫搬迁专项巡察第三巡察组巡察渭源县情况反馈会议召开。市委易地扶贫搬迁专项巡察第三巡察组组长牛正骞代表巡察组向渭源县进行了反馈，市委常委、市委巡察工作领导小组副组长、市纪委书记、市监委主任温卫东作了讲话。

17日　市政府副市长杨晓锋来渭源县开展“不忘初心、牢记使命”主题教育中药材产业发展情况专题调研。

17日　市政府副市长陈曾勇来渭源县开展调研集中区建设及脱贫攻坚工作。

18日　全县“不忘初心、牢记使命”主题教育暨基层党建重点工作推进会议召开。

18日　县委副书记、县政府县长蔺红军主持召开县政府第70次常务会议。

21日　县委常委会“不忘初心、牢记使命”主题教育调研成果交流会召开。

23日　县委常委会“不忘初心、牢记使命”主题教育暨县委理论中心组集中学习会议召开。

23日　市人大常委会副主任、县委书记吉秀主持召开十四届县委第83次常委会会议及全县市委易地扶贫搬迁专项巡察第三巡察组反馈意见整改工作领导小组第一次会议。

23日　全县东西部扶贫协作工作推进会召开。

23日　市人大常委会副主任、县委书记吉秀主持召开全县省委第三巡视组巡视反馈意见整改工作领导小组会议。

25日　全县扫黑除恶专项斗争推进会议召开。

25日全县扶贫领域腐败和作风问题专项治理第二次例会暨第三季度扶贫领域监督执纪问责联席（扩大）会议召开。

25日　县委副书记、县政府县长蔺红军主持召开县政府第71次常务会议。

28日　全县公安工作暨新中国成立70周年大庆维稳安保表彰工作会议召开。

28日　县委常委会“不忘初心、牢记使命”主题教育暨县委理论中心组集中学习会议召开。

29日　全县脱贫攻坚领导小组办公室2019年第十二次会议召开。

29日　县政协党组召开“不忘初心、牢记使命”主题教育对照党章党规找差距专题会议。

29日　县委副书记、县政府县长蔺红军主持召开县政府第72次常务会议。

30—31日　省人大常委会党组书记、副主任王玺玉一行调研渭源脱贫攻坚工作。

十一月

1日　全县脱贫攻坚领导小组2019年第十次会议暨中央脱贫攻坚专项巡视反馈问题整改工作领导小组第十次会议召开。

1日　县委常委会“不忘初心、牢记使命”主题教育暨县委理论中心组集中学习会议召开。

1日　县委常委会“不忘初心、牢记使命”主题教育暨县委理论中心组交流研讨会议召开。

1日　市人大常委会副主任、县委书记吉秀主持召开十四届县委第84次常委会会议。

4日　全县2019年贫困户退出市级抽验、贫困村退出市级验收及贫困县退出市级初审反馈会议召开。

6日　县委常委会“不忘初心、牢记使命”主题教育暨县委理论中心组集中学习会议召开。

6日　县委常委会“不忘初心、牢记使命”主题教育自学成果交流会议召开。

7日　县委副书记、县政府县长蔺红军主持召开县政府第73次常务会议。

11日　市人大常委会副主任、县委书记吉秀主持召开十四届县委第85次常委会会议及全县省委第三巡视组巡视反馈意见整改工作领导小组第五次会议。

11日　县委常委会“不忘初心、牢记使命”主题教育暨县委理论中心组集中学习会议召开。

11日　县委副书记、县政府县长蔺红军主持召开县政府第74次常务会议。

12日　党的十九届四中全会精神中央宣讲团报告会（视频）召开。中央宣讲团成员、中央政策研究室副主任田培炎作宣讲报告。省委书记、省人大常委会主任林铎主持并讲话。吉秀、李新定、蔺红军、陈栋等四大班子领导在县电信公司三楼会议室收听收看会议。

13日　全国扫黑办副主任、公安部党委委员、副部长杜航伟一行深入渭源调研指导工作，现场检查各警种集中宣传工作并交流指导。

13日　全县脱贫攻坚问题整改推进会议召开。

13日　碧桂园集团助理总裁、集团扶贫办常务副主任罗劲荣一行到莲峰镇老庄村优质鲜切花生产基地、上湾镇侯家寺村南谷玫瑰园产业项目、会川镇本庙村光伏食用菌扶贫产业园调研并召开座谈会。

13—14日　全县驻村帮扶工作队队长调训会议召开。

14日　全县“不忘初心、牢记使命”主题教育暨深入开展作风建设年活动集中整治形式主义官僚主义会议召开。

15日　县安全生产委员会（食品安全委员会、交通安全委员会）第四次全体会议暨全县生态环境保护委员会2019年第四次会议召开。

15日　第四季度全县经济形势分析暨高质量发展调度（十大生态产业推进）会议召开。

19日　县委常委会“不忘初心、牢记使命”主题教育暨县委理论中心组集中学习会议召开。

19日　县委常委会“不忘初心、牢记使命”主题教育暨县委理论中心组第六次交流研讨会议召开。

19日　省应急管理厅总工程师洪涛带领省森林草原防灭火指挥部办公室督察组来莲峰林场督查秋冬季森林草原防灭火工作。

21日　市人大常委会副主任、县委书记吉秀主持召开十四届县委第86次常委会会议。

25日　全县脱贫攻坚质量提升“百日会战”行动推进会议召开。

27日　兰州大学党委书记袁占亭带领帮扶干部、部分帮扶企业以及兰大二院义诊医生、兰州戏曲剧院演职人员来到秦祁乡，开展送温暖、送技术、送医疗、送文化活动，并召开秦祁乡2019年帮扶工作推进会。县委副书记、县政府县长、秦祁乡脱贫攻坚前线指挥部总指挥长蔺红军主持帮扶工作推进会。

27—28日　省财政厅充分发挥注册会计师行业帮扶优势，开展订单式精准扶贫，对渭源县农民专业合作社负责人和财务管理人员进行专题培训。

28日　县委常委会“不忘初心、牢记使命”主题教育第七次交流研讨会暨县委理论中心组集中学习会议召开。

十二月

2日　市人大常委会副主任、县委书记吉秀主持召开十四届县委第87次常委会会议。

2日　县委副书记、县政府县长蔺红军主持召开县政府第75次常务会议。

3日　惠民惠农财政补贴资金一卡通管理培训班举办。

3日　省政府为民办实事督察组来渭源县督查工作。

4日　全县脱贫攻坚领导小组2019年第十一次会议暨中央脱贫攻坚专项巡视反馈意见整改工作领导小组第十一次会议召开。

4日　全县消费扶贫、健康扶贫调研座谈会召开。

5—6日　县四大班子“不忘初心、牢记使命”专题民主生活会相继召开。市委常委、市政府副市长陈曾勇到会指导县委常委会“不忘初心、牢记使命”专题民主生活会议并讲话，市委主题教育第八巡回指导组组长孙淑芳点评。

7日　三峡集团百美村宿罗家磨村项目在会川镇罗家磨村正式签约。国务院扶贫办党组成员、副主任洪天云讲话，中国扶贫基金会副理事长兼秘书长刘文奎、定西市人大常委会副主任、县委书记吉秀、中国长江三峡集团总经理助理公益基金会副理事长王锦程、阿里巴巴集团副总裁林涛分别致辞；中国长江三峡集团有限公司、公益基金会理事长沙先华，中国扶贫基金会副秘书长王军与县委副书记、县政府县长蔺红军共同签订“百美村宿”项目三方协议，阿里巴巴集团社会公益部资深总监王威、中国扶贫基金会副秘书长王军与县委副书记、县政府县长蔺红军共同签订“蚂蚁森林造林”项目协议。

7日　市委书记、洮河定西段市级总河长唐晓明深入峡城乡开展巡河工作。市政府副市长陈学俭一同巡河。

9日　全县“不忘初心、牢记使命”主题教育测评大会召开。

9日　贯彻落实全市促进今冬明春经济平稳健康发展一揽子政策措施工作会议暨政府工作报告征求意见建议会议召开。

10日　中国共产党渭源县第十四届委员会第十七次全体会议召开。

10日　市人大常委会副主任、县委书记吉秀主持召开十四届县委第88次常委（扩大）会议。

11日　省直单位挂职干部临时党支部专题组织生活会暨驻村帮扶工作调度会议在渭源召开。

16日　县委副书记、县政府县长蔺红军主持召开县政府第76次常务会议。

16日　市委政法委考核组来渭源县检查指导平安建设工作。

17日　全县脱贫攻坚工作调度会召开。

17日　县委全面深化改革委员会第二次会议召开。

19日　市人大常委会副主任、县委书记吉秀主持召开县四大班子联席会议。

19日　县委财经委员会第二次会议召开。

19日　市人大常委会副主任、县委书记吉秀主持召开十四届县委第89次常委会会议。

19日　全县学校安全管理工作会议召开。

24日　全县扫黑除恶专项斗争领导小组第十二次全体（扩大）会议暨信访维稳工作会议召开。

24日全县脱贫攻坚领导小组办公室2019年第十四次会议召开。

24日　中国人民政治协商会议第九届渭源县

委员会第四次会议预备会议召开。

25—27日　中国人民政治协商会议第九届渭源县委员会第四次会议召开。

25日　县委常委会“不忘初心、牢记使命”主题教育暨县委理论中心组集中学习会议召开。

25日　省公安厅领导调研渭源县公安重点工作开展情况。

26日　渭源县第十六届人民代表大会第五次会议开幕。

26日　全县生态环境保护工作领导小组会议暨全县河湖长制工作推进会议召开。

27—28日　渭源县第十六届人民代表大会第五次会议召开。

27日　县委副书记、县政府县长蔺红军主持召开县政府第77次常务会议。

27日　定西市冰雪论坛暨旅游招商推介会在渭源县召开。论坛由市委常委、市政府副市长朱自浩主持。五竹镇渭河源村、锹峪镇峡口村被授予“甘肃省乡村旅游示范村”标牌。

30日　全县脱贫攻坚领导小组暨中央脱贫攻坚专项巡视反馈问题整改工作领导小组第十二次会议召开。

县情概览

渭源县是国扶贫困县、甘肃省23个深度贫困县之一，国务院扶贫办定点联系帮扶渭源县，也是东西部扶贫协作福州市晋安区对口支援县，素有“中国马铃薯良种之乡、中国党参之乡”之称，是全国马铃薯标准化种植示范县、全国生态文明示范工程试点县、国家结合新型城镇化支持农民工等人员返乡创业试点县、西部地区农民创业促进工程示范县。2013年2月3日，习近平总书记亲临视察，来到渭源县田家河乡元古堆村，看望慰问老党员和贫困群众，留下“让咱们一块努力，把日子越过越红火”的嘱托后，在各级领导的关怀下，全县上下发扬“人一能之我十之，人十能之我百之”和“三苦”精神，以脱贫攻坚、高质量发展统揽工作大局，以惠民生、增福祉、持续创造人民美好生活为出发点，以建设生态渭源、健康渭源、法治渭源、诚信渭源、和谐渭源为主线，形成了凝心聚力谋发展、真抓实干奔小康的干事创业环境。

【区域概况】渭源县——以古老渭河的发源地而得名，位于甘肃省中部，定西市西南部，是中国古丝绸南路和唐蕃古道的必经之地，介于东经103°44′～104°20′北纬34°53′～35°25′之间；最高海拔3941米，最低海拔1930米，县城海拔2080米，平均海拔2910米。县域面积2065平方公里。总人口35.5万人，其中农业人口32.96万人，共辖12镇4乡217个行政村3个社区居委会。地处陇西台地黄土高原西南边缘的洮河、渭河分水岭和西秦岭北坡区，属多回旋构造运动山地。境内有洮河、渭河两大水系，地势西南高，东北低，地形复杂，有山梁、沟谷、川台地。北靠安定、临洮，东接陇西，南连漳县，西与卓尼、临潭、康乐毗邻。境内渭河流域面积1170平方公里。

【历史文化】据《禹贡》载：天下分为九州，渭源处古雍州之地。秦始皇统一六国后，渭源为陇西郡九县之一。西魏文帝大统十七年首阳县被改为渭源县。唐高祖武德二年至宋神宗熙宁五年到元世祖至元十三年，渭源历经了从洲到堡再到县。境内融汇了仰韶文化、马家窑文化、齐家文化等三大古代文化，积淀形成了以“大禹导渭”“秦长城”等为代表的渭河源文化，是黄河上游古文化发祥地之一。独特的地理环境和悠久的历史，构成了深厚的人文景观，县内有古文化遗址49处，省级重点文物保护单位5个、国家一级文物保护单位2个，最具代表性的有孤竹国二圣伯夷、叔齐首阳山夷齐陵园，鸟鼠同穴奇迹鸟鼠山，秦长城遗址、始建于明洪武年间（公元1368—1398年）全国独一无二的悬臂式纯木拱桥——灞陵桥等。

【区位优势】渭源县是国家级城市群——“兰州—西宁城市群”重要节点城市，区位上北靠定西市安定区和临洮县，东接陇西县，南连漳县，西与甘南藏族自治州的卓尼、临潭和临夏回族自治州的康乐县接壤，距省会兰州市174公里。交通上位于陇海铁路和兰渝铁路经济带的交汇处，G30连霍高速、G75兰海高速、渭武高速和国道212、310、316线穿境而过，兰渝铁路设渭源站。

【资源和产业】渭源良好的生态环境孕育了丰富天然的绿色食品原材料，形成了马铃薯种薯、中医药、草牧业三大优势主导产业。全县马铃薯种植面积40万亩，年产种薯80万吨，脱毒瓶苗3亿株、原原种4.5亿粒、原种10万吨，是全国以县区为单位最大的马铃薯种薯生产基地，被农业部授予“全国马铃薯标准化种植示范县”。中药材种植面积40万亩，年产干药量8万吨，境内有野生中药材资源485种，种植品种主要有当归、党参、红芪、黄芪等15个品种，素有“渭水当归传两广”之说和“千年药乡”“党参故里”的美誉。年交易量达到10万吨以上，交易额达到16亿元，是“国家级出口食品农产品（中药材）质量安全示范区”，“渭源白条党参”荣获中国驰名商标称号。拥有80万亩天然草场资源，牛、羊、猪、鸡饲养量分别达到14万头、90万只、36万头、500万只，产值15.2亿元，被列为全省牛羊养殖大县。德青源金鸡扶贫项目发展势头强劲。

【工业和建筑业】渭源依托丰富的物产资源和三大产业优势，坚持绿色、生态、产业融合发展，积极构建“南薯北药、薯药强县、旅游富民”布局，大力推进生态工业、生态农业、生态旅游业建设。按照“一区三园”（渭源工业园、渭源物流园、会川工业园）的布局，规划建设总占地面积8.8平方公里的渭源县工业集中区，完成基础设施投资3.2亿元，实现了“七通一平”，开发面积达3.04平方公里，引进入驻以中药材加工为主的工业企业60家，被评定为全国中药精制饮片加工示范基地，列为甘肃省“十三五”期间重点建设的九大中医药产业园区之一。培育壮大电商物流、光伏食用菌等新业态发展，2016年被国家评为“国家电子商务进农村综合示范县”。制定《渭源县发展工业和非公有制经济优惠政策》《渭源县工业集中区企业入园优惠政策》，在项目供地、项目审批、人才引进、资金扶持、贷款贴息、贡献奖励、产品销售、政策支持等方面，实行最大限度的优惠和扶持。

【文化旅游体育】渭源县地处西秦岭末端向北部黄土高原过渡区，地形地貌复杂多样，自然风光旖旎秀美，旅游资源得天独厚。境内有林地131万亩，草场80万亩，现已开发出“渭水探源”“十里画廊”“太白云海”“双门踩浪”“灞陵听涛”等16处景点，其中渭河源景区、首阳山景区被评为国家AAAA级景区，灞陵桥—老君山公园和渭源县马铃薯种薯科技示范园区被命名为“AA级旅游景点”，首阳山、天井峡等景区被命名为“国家级森林公园”“省级地质公园”和“省级风景名胜区”。渭河源大景区被列入全省20个核心大景区之一，并入选“绚丽甘肃”最佳生态旅游景区。

政 治

中国共产党渭源县委员会

【概况】2019年是新中国成立70周年，是全县上下敢死拼命决战脱贫摘帽、决胜全面小康的关键之年，也是各项事业爬坡过坎、乘势而上、不断开创新局面的一年。在党中央和省委、市委的坚强领导下，县委常委会不忘初心、牢记使命，团结带领全县各级党组织和广大党员干部群众，坚持以习近平新时代中国特色社会主义思想为指导，统筹推进“五位一体”总体布局、协调推进“四个全面”战略布局，坚持以脱贫攻坚统揽全局，深入贯彻新发展理念，全面落实高质量发展要求，扎实做好稳增长、促改革、调结构、惠民生、防风险、保稳定各项工作，纵深推进全面从严治党，全县各项事业取得了新的成效，为加快建设幸福美丽新渭源、开创富民兴陇渭源时代篇章奠定了坚实的基础。

【理论武装】县委常委会充分发挥总揽全局、协调各方的领导核心作用，不断加强政治建设，加强党的全面领导，科学决策的水平和执政能力有了显著提升。

1. *始终把加强政治建设作为首要任务。*县委常委会班子始终把政治建设作为首要任务，扎实开展“不忘初心、牢记使命”主题教育，坚持以习近平新时代中国特色社会主义思想武装头脑、指导实践、推动工作，切实提高政治站位，增强“四个意识”，坚定“四个自信”，做到“两个维护”。严格落实《县委议事决策制度》，重大决策广泛征求各方面的意见，提高了民主决策、科学决策的水平。

2. *始终把加强党的全面领导贯穿到各个领域。*修订完善《中共渭源县委常委会工作规则》，专题听取了县人大常委会党组、县政府党组、县政协党组、县法院党组、县检察院党组工作汇报，组建县委全面深化改革委员会等10个县委常设议事协调机构，组织召开议事协调会议14次，加强了党对各项事业的全面领导。发挥政治巡察作用，部署开展医疗卫生食药领域联动巡察、扶贫领域专项巡察，共发现问题149个，线索7条，对于存在问题督促整改，线索深挖彻查，确保党中央的决策部署在我县全面落实。

3. *始终把提升执政能力摆在核心位置。*县委常委会认真落实重点工作相关领导小组协调推进和脱贫攻坚县级领导包抓责任制，班子成员经常深入基层开展调查研究，深入一线狠抓工作落实，探索推行脱贫攻坚、项目建设、全面从严治党等重点工作联动督查督办等行之有效的工作方法，全力破解全县经济社会发展中存在的难题，常委会班子领导发展、统筹协调的能力进一步提升，全县各项事业稳中向好，人民群众得到了更多的实惠。

【脱贫攻坚战】县委常委会聚焦打赢脱贫攻坚战最大政治任务，认真学习贯彻落实习近平总书记扶贫工作重要论述，紧盯“两不愁三保障”目标，全力以赴冲刺清零，补短板、强弱项、促攻坚，决战决胜脱贫摘帽，打赢脱贫攻坚战取得了决定性成效。

1.持续压实攻坚责任。继续推行县乡前线指挥部定期调度、专责小组统筹推进、县级领导联乡包村、干部结对帮扶等推进机制，建立了总队长包村抓户工作责任制，精准落实“一户一策”脱贫计划。实行“日督查周通报”明察暗访督查制度，扎实推进扶贫领域作风和腐败问题专项整治，开展“一卡通”问题专项治理，创新方式开展基层监督，着力破解县权乡情村点，织密织牢监督网。扶贫领域腐败案件减存量遏增量形势明显好转，以严密的责任体系和严格的督查考核倒逼推动了责任落实。

2.扎实开展“冲刺清零”行动。以解决“两不愁三保障”突出问题为重点，推进冲刺清零行动。严格落实教育扶贫政策，推行“一对一”控辍保学措施，实现义务教育阶段学生零辍学。全面落实“先诊疗、后付费”、家庭医生签约服务和医保医疗救助倾斜政策，慢特病门诊卡实现应办尽办，标准化村卫生室实现全覆盖，基本医疗保障能力进一步提升。农村住无危房目标全面实现。水质检测达标率、安全饮水率均达到100%。行政村通硬化路、基本公共服务设施、宽带网络和自然村动力电实现全覆盖，全面解决了“两不愁三保障”突出问题。

3.全面构建产业带贫机制。投入产业扶持资金4.3亿元，推行“龙头企业+合作社+基地（园区）+农户”“五统一分一标三提高”“养殖贷+牛羊托养”等产业发展模式和带贫增收机制。农业保险实现了“三个全覆盖”。贫困村村级光伏电站装机容量达到60.249兆瓦，村集体经济收入平均达到7.69万元，创新了村级资产收益再分配带贫方式。国务院扶贫办、欧美同学会、中国农业银行总行、福州市及晋安区、省市帮扶单位落实各类帮扶资金1.2亿元，用于发展产业、基础设施建设和社会事业。成功承办了全省深度贫困地区脱贫攻坚现场推进会议，国务院扶贫办定点扶贫现场推进会，全面展示了产业扶贫、就业扶贫成效，得到了与会领导的充分肯定。

4.着力巩固提升脱贫质量。把保证脱贫质量和成色作为实现稳定脱贫的重中之重，建立问题排查解决长效机制，先后开展了五轮问题系统排查梳理，从脱贫攻坚“三落实”入手，健全资金、项目监管、收益分配、收入增长、贫困监测等机制，围绕剩余贫困人口、脱贫监测户和边缘户，细化巩固提高措施，精准落实扶贫政策。完成中央脱贫攻坚专项巡视等各类反馈问题整改364条，问题整改实现了清零见底。扎实开展脱贫攻坚质量提升“百日会战”行动，组织各级干部到户落实“六大行动”，进一步夯实基础，巩固成效，有效保证了脱贫质量和脱贫成色。

【高质量发展】县委常委会坚持用新发展理念领航开路，用高质量发展标定方向，统筹推进各项重点工作，全县经济社会实现了高质量发展。

1.发展基础不断夯实。实施总投资78.3亿元的重点项目94个，完成投资26.3亿元，实施十大生态产业项目41项。渭武高速、国道310线等重大项目推进顺利，金鸡产业等重大扶贫项目投产运营。深入实施“十大生态产业招商攻坚年”行动，签约引进招商项目13个，到位资金27.8亿元。抢抓全省特色产业发展工程贷款机遇，多渠道撬动金融和社会资本。全面推进一窗办理、集成服务等改革措施，营商环境进一步优化。

2.生态产业提质增效。特色优势产业持续壮大，被农业部确定为马铃薯制种大县。中药材标准化种植面积达到30万亩。草牧业实现关键性突破，一批标准化规模养殖场相继投产，金鸡扶贫项目成为全省范围内标准化程度最高、规模最大的蛋鸡养殖基地。文化旅游产业融合推进，罗家磨“百美村宿”规划启动，成功创建首阳山AAAA级景区、南谷新村AAA级景区，成功举办了第二届渭水文化旅游节。被中国旅游研究院、中国气象局评为“全国二十个避暑旅游样本城市”之一。食用菌、蔬菜、花卉等新兴产业蓬勃发展。

3.工业转型升级成效明显。全力支持民营企业爬坡过坎，严格落实减税降费政策。大力实施工业技术改造项目，成立甘肃省党参产业战略研究院，积极培育省级高新技术（创新示范）企业，建设工业集中区创业创新示范平台，推进企业信息化建设，技术创新引领、饮片加工主导、包装物流跟进的工业产业链条已初步构建。

4.生态环境质量不断改善。牢固树立“绿水青山就是金山银山”的发展理念，污染治理纵深推进，空气质量优良率超过95%。渭河流域饮用水水源地保护项目全面建成，河湖长制有效落实，“携手清四乱、保护母亲河”专项行动扎实开展。禁养区养殖场整治实现常态化管理，土壤环境质量保持稳定。实施渭河源生态保护与综合治理规划，开展大规模国土绿化行动，落实最严格的耕地保护制度，启动实施矿山地质环境恢复和综合治理规划，治理水土流失面积40平方公里。加快推进生态文明体制改革，积极开展自然资源产权制度改革试点工作。全面完成环保督察、生态环境责任审计、巡视巡察等反馈问题年度整改任务。

5.民生福祉持续增强。始终坚持以人民为中心的发展思想，在保障和改善民生上聚焦聚力，大力调整优化学校布局，投资1.1亿元实施中小学温暖工程。2019年，高考文化课二本上线率达到83.3%。县特殊教育学校评为“全国教育系统先进集体”，职业教育评估为全省“优秀”等次。省市民生实事全面完成，新增城镇就业1915人。持续巩固“全国基层中医药工作先进单位”成果，持续推进健康渭源建设，创新乡村医疗机构一体化管理模式。文化综合场馆、全民健身体育馆具备开馆条件，建成覆盖县乡村和重点自然村的应急广播体系。提高城乡低保标准，创新购买社会养老服务模式，扎实开展“三大一常”行动，视觉贫困有效改善。社会保障有效提升，整合利用多种资源进行劳动力培训，全面推进社会保险工作。认真落实优抚安置政策，推动双拥工作向军地军民融合式发展迈进。人民群众的获得感、幸福感、安全感持续增强。

6.社会大局和谐稳定。不断强化“红线意识”“底线意识”“责任意识”，努力构建“党政齐抓共管、部门依法监管、企业全面负责、群众积极参与、社会广泛支持”的安全生产工作新格局，2019年全县未发生较大安全事故。违占、违建治理力度不断加大，对违法性质恶劣、群众反响强烈的“两违”建筑实施了强制拆除，完成了全县“大棚房”问题整治工作。扎实开展食品药品等领域专项整治，县食药检测检验中心率先通过国家级资质认定。强化矛盾纠纷调处和信访事项办理，全力保障农民工工资支付，深入推进扫黑除恶专项斗争，打掉黑恶势力犯罪团伙及“村霸”10个，治安案件发案率下降28.4%。圆满完成新中国成立70周年大庆维稳安保工作，社会大局呈现出和谐稳定的良好局面。

7.深化改革全面推进。紧紧围绕破解阻碍经济社会发展的体制机制障碍，持续深化重点领域和关键环节改革。扎实推进经济体制改革，提升行政审批效能，实行“并联式、联合式、现场式、一站式”办结审批服务。加强税收制度改革，全面落实减税降费政策，解决民营企业堵点难点问题41个。有序推进“三变”改革，注重先行先试和借鉴吸收并行，形成整合资金变股金、土地资源入股、农光互补扶贫、“五位一体”田园建设等可复制可推广的“三变”模式。精准推进脱贫攻坚体制改革，健全稳定脱贫、帮扶工作、乡村治理有效长效机制。深化民主法治领域改革，创新县人大常委会监督方式，着眼推进政协工作制度化、规范化、程序化建设，推进党外人士民主监督。大力推进文化体制改革，持续加强公共文化服务体系建设，推进文化遗产保护传承，着力健全完善文化市场综合执法管理体制。深入推进政法领域全面深化改革。持续推进党的人事、基层组织建设等制度改革。协同推进纪律检查体制改革，推动管党治党政治责任落实。全县九大领域153项年度改革任务取得新进展，各项改革按时间节点有序推进。

【聚力发展氛围】县委常委会面对新形势新使命，毫不动摇坚持党对一切工作的领导，坚定不移走中国特色社会主义发展道路，积极弘扬主旋律，凝聚正能量，为建设幸福美丽新渭源营造良好发展氛围。

1.落实意识形态工作责任。研究出台《落实意识形态工作责任制重点任务清单》等15项配套制度或文件；对各级党委（党组）落实意识形态工作责任制情况进行专项督查；坚持党管媒体原则不动摇，推动理论和舆论融通融合，加强和改进突发事件、热点问题舆论引导，主动回应社会关切，牢牢掌握话语权。

2.不断巩固和发展爱国统一战线。坚持与各民主党派、工商联、无党派人士协商通报制度，强化党外知识分子、新的社会阶层统战工作；积极做好外事、侨务、对台等工作，坚决贯彻党的民族宗教工作方针政策，加强民族团结进步创建，扎实治理宗教领域突出问题，切实维护了民族宗教领域的和睦和顺。

3.唱响精神扶贫主旋律。以社会主义核心价值观凝心聚力，不断深化中国特色社会主义和中国梦宣传教育。把扶志扶智作为保障脱贫摘帽的重要任务，创新推进“道德讲习积美超市”建设，推动新时代文明实践中心（所、站）建设全覆盖，扎实开展理论政策宣讲、教育服务、文化服务、科技与科普服务和健身健康服务，挖掘选树典型，用身边事教育身边人，打通宣传教育群众、关心服务群众“最后一公里”，有效激发了群众的内生动力。

【全面从严治党】县委常委会深入贯彻新时代党的建设总要求，牢固树立“抓好党建是最大政绩”的理念，不忘初心、牢记使命，全面提升党建质量，推动全面从严治党向纵深发展。

1.坚定不移加强政治建设。制定《贯彻落实〈中共中央关于加强党的政治建设的意见〉具体措施及重点任务清单》，作出《中共渭源县委关于深入学习贯彻习近平总书记视察甘肃重要讲话精神在不断开创富民兴陇新局面中奋力谱写渭源发展时代篇章的决定》。坚决贯彻落实党中央各项决策部署，推动习近平总书记视察甘肃重要讲话和指示精神在渭源落地生根。严格执行新形势下党内政治生活若干准则，营造风清气正政治生态。坚持民主集中制原则，切实做到民主和集中的有机统一。中央脱贫攻坚专项巡视、省委第三巡视组巡视、市委生态环境专项巡察、市委易地扶贫搬迁专项巡察反馈问题，全面完成年度整改任务。

2.坚持不懈加强思想建设。县委理论学习中心组带头示范，认真落实年度学习计划，组织集体学习32次。县委常委会会议组织集中学习17次。全力抓实党支部和党员理论学习教育，深入推进“两学一做”学习教育常态化制度化，集中开展党的理论教育“五个一”活动，通过举办专题辅导、读书交流，充分运用“学习强国”“甘肃党建”及微信公众号等平台，增强党的创新理论传播效果，提升学习实效。发挥县委党校教育培训主渠道作用，先后举办习近平新时代中国特色社会主义思想培训班11期、党的十九大精神培训班3期。

3.着力强化组织建设。认真贯彻落实《中国共产党支部工作条例（试行）》，深入推进党支部标准化建设，从严落实“三会一课”、组织生活会、民主评议党员、主题党日等制度，持续整顿提升软弱涣散基层党组织，深入开展“双引双带”党建扶贫工程，大力推进“三链”建设，开展村干部优化提能行动，完成130个村党组织书记和村委会主任“一肩挑”，比例达到59.9%。加强正向激励、容错纠错和关心关爱干部制度机制建设，牢固树立从脱贫攻坚一线选用干部的鲜明导向，严格落实干部监督管理各项制度。制定了县委人才工作领导小组及成员单位职责和工作规则，把人才工作纳入目标管理责任书和年终考核述职评议重要内容，促进了人才工作任务的有效落实。实施“双百四联”、农村实用人才队伍建设“十项计划”、“归雁工程”、渭源县乡村振兴人才培养项目等行动，推动各类人才工作提质增效。

4.全面从严加强纪律作风建设。一体推进不敢腐、不能腐、不想腐，深化巩固反腐败斗争压倒性胜利成果，坚持减存量、遏增量，全年共受理问题线索744件次，同比增长12%，立案审查226件274人，给予党政纪处分271人次，同比增长15%。坚持把扫黑除恶“挖伞破网”同反腐败斗争一体推进，县纪委监委共受理党员干部和公职人员涉黑涉恶问题线索159件，办结151件，组织处理56人次，给予党纪政务处分32人。深入贯彻落实中央八项规定精神，严查深究各种隐形变异“四风”问题。深化拓展“转变作风改善发展环境建设年”活动，扎实开展“四察四治”专项行动，共查处形式主义官僚主义问题2起，问责处理38人，纪律处分6人，党风政风明显好转，干部的纪律作风意识不断增强。全面落实基层减负各项措施，制定了《关于进一步精简文件会议和督查检查考核工作的实施办法》，全县文件、会议、督查较上年同期分别减少13%、17%、37.5%。

【“不忘初心、牢记使命”主题教育】

第二批“不忘初心、牢记使命”主题教育开展以来，县委常委会以“走在前、做表率”的责任担当，带领全县各级党组织以高度的政治责任感从严从实推进主题教育，全县各级党组织紧扣“守初心、担使命，找差距、抓落实”的总要求，突出“四个贯穿始终”，从严从细抓推进。全县各级党组织坚持以理论滋养初心，先后举办各类读书班、培训班、理论学习和专题辅导1184场次，开展研讨交流458场次、自学成果交流448场次，形成调研成果1002个。坚持以担当践行使命，检视发现难点、堵点、痛点问题735个，解决实际问题579个，化解矛盾纠纷258起。确定的群众最急、最忧、最盼的15件实事，已办结14件。结合脱贫攻坚“百日会战”行动，组织党员干部深入联系村、联系户和社区，开展志愿服务6009次，积极为身边群众办实事好事2466件，切实让广大群众感受到主题教育带来的新变化。全县主题教育在守初心铸忠诚中检验提升了成果，在担使命解难题中检验提升了实效，在找差距补短板中检验提升了质量，在敢担当真作为中检验提升了成效，达到了理论学习有收获、思想政治受洗礼、干事创业敢担当、为民服务解难题、清正廉洁做表率的预期目标。

县委常委会议

十四届县委第55次　2019年1月11日，县委书记吉秀主持召开十四届县委第55次常委会会议。会议传达学习了习近平总书记在中央政治局第十一次集体学习时的讲话。会议听取了全县困难群众温暖越冬工作情况的汇报。会议审议并原则通过《渭源县2019年脱贫攻坚工作要点》《渭源县光伏扶贫建设项目（一期工程）实施调整方案》《渭源县推进城镇困难职工解困脱困三年行动计划（2018—2020年）》。会议审议并原则同意《关于调整加强脱贫攻坚领导小组（前线指挥部）和各专责工作组的意见》《关于支持检察机关依法开展公益诉讼工作的意见》。会议审议了中共渭源县委常委会班子2018年度民主生活会事宜，传达学习了市纪委机关、市委组织部《关于认真开好2018年度党和国家机关党员干部民主生活会的通知》，会议审议并原则通过《中共渭源县委常委会班子2018年度民主生活会方案》。会议审议并原则同意《关于拟定表彰2018年度党管武装好书记、基层建设先进单位和先进个人的请示》、县档案局干部提前退休事宜。

十四届县委第56次 2019年1月18日，县委书记吉秀主持召开十四届县委第56次常委会会议。会议传达学习了中央政治局民主生活会精神、中国共产党第十九届中央纪律检查委员会第三次全体会议精神。会议审议了中共渭源县委常委会班子2018年度民主生活会事宜，审议并原则通过《2017年度民主生活会整改措施落实情况》《县委常委会民主生活会班子对照检查材料》。会议审议了县委十四届十三次全委（扩大）会议暨县委经济工作会议有关事宜，审议并原则通过《县委十四届十三次全委（扩大）会议暨县委经济工作会议方案》《县委常委会工作报告》《县委关于全面决战决胜脱贫攻坚实现2019年脱贫摘帽的决定》、吉秀在县委十四届十三次全委（扩大）会议暨县委经济工作会议上的讲话、蔺红军在县委十四届十三次全委（扩大）会议暨县委经济工作会议上的讲话。会议审议了渭源县机构改革相关事宜，传达学习了中共定西市委办公室、定西市人民政府办公室《关于印发〈渭源县机构改革方案〉的通知》，审议并原则同意《关于贯彻落实〈渭源县机构改革方案〉的实施意见（审议稿）》《渭源县涉改部门和单位行政编制分配方案（审议稿）》。会议审议了《渭源县涉改部门和单位机构人员转隶工作实施方案（审议稿）》。会议研究并原则同意党政机构改革县直部分单位成立（撤销）党组事宜，会议决定：在以下12个部门单位设立党组：县教育局党组、县自然资源局党组、县农业农村局党组、县文体文电和旅游局党组、县卫生健康局党组、县退役军人事务局党组、县应急管理局党组、县市场监督管理局党组、县扶贫开发办公室党组、县医疗保障局党组、市生态环境局渭源分局党组、县融媒体中心党组；撤销以下15个部门单位设立的党组：县教育体育局党组、县国土资源局党组、县农牧林业局党组、县文化广播影视局党组、县旅游局分党组、县卫生和计划生育局党组、县安全生产监督管理局党组、县食品药品监督管理局党组、县工商行政管理局党组、县质量技术监督局党组、县物价局党组、县信访局党组、县环境保护局党组、县工业集中区管委会办公室党组、县广播影视中心（台）分党组。部门单位党组的设立（撤销）由县委发文审批，分党组的撤销由县委组织部发文审批。会议研究了渭源县机构改革干部人事调整事宜。

十四届县委第57次 2019年1月31日，县委书记吉秀主持召开十四届县委第57次常委会会议。会议专题学习了2018年度民主生活会会前规定学习研读的相关内容。会议传达学习了省委办公厅《关于榆中县北入口环境整治项目有关问题的通报》。会议传达学习了全市县（区）纪委书记扫黑除恶专项斗争工作会议精神，研究部署了贯彻落实意见。会议传达学习了甘肃省第十三届纪律检查委员会第三次全体会议、定西市第四届纪律检查委员会第四次全体会议精神。会议审议通过《中共渭源县第十四届纪律检查委员会第四次全体会议筹备方案》，审议并原则通过《中共渭源县第十四届纪律检查委员会第四次全体会议工作报告》，审议并通过了县委书记吉秀在中共渭源县第十四届纪律检查委员会第四次全体会议上的讲话。会议传达学习了省扫黑除恶专项斗争领导小组第八次会议暨全省扫黑除恶专项斗争视频会议精神、全市扫黑除恶专项斗争领导小组第六次全体（扩大）会议精神，研究部署了贯彻落实意见。会议传达学习了中央脱贫攻坚专项巡视反馈问题甘肃省整改工作动员部署大会精神。会议审议并原则同意《关于成立渭源县中央脱贫攻坚专项巡视反馈意见整改工作领导小组的意见》、有关人员职级晋升事宜。

十四届县委第58次 2019年2月19日，县委书记吉秀主持召开十四届县委第58次常委会（扩大）会议，专题审议《渭源县中央脱贫攻坚专项巡视反馈问题整改工作计划》《渭源县中央脱贫攻坚专项巡视反馈问题整改工作汇总清单》，安排部署整改落实工作。

十四届县委第59次　2019年3月1日，县委书记吉秀主持召开十四届县委第59次常委会会议。会议组织学习了习近平生态文明思想。会议传达学习了习近平总书记在中央政治局第十二次集体学习时的讲话、省委办公厅省政府办公厅《关于认真贯彻落实〈防范和惩治统计造假、弄虚作假督察工作规定〉》的通知。会议传达学习了全市2018年第四季度推进高质量发展约谈会和全市一季度经济“开门红”分析调度会议精神，听取了县政府分管领导关于推进高质量发展工作经济指标的汇报，研究了贯彻落实意见。会议传达学习了全省统战部长会议、省民委委员全体会议暨全省城市民族工作会议、全省民委主任会议、全市统战民族宗教工作会议和市民族宗教事务委员会全体会议、省委政法工作会议和市委政法工作会议精神，研究了贯彻落实意见。会议审议并原则同意2019年全国两会期间县级领导接访、包案事宜。会议审议并原则同意《关于拟命名表彰县级各类文明单位和先进工作者的意见》。会议审议并原则通过《县委农村工作会议暨脱贫攻坚推进大会筹备方案》。会议传达学习了省市人才工作会议、全市组织部长会议暨老干部工作会议精神，研究了贯彻落实意见。会议审议并原则同意部分县直党（工）委调整事宜，会议决定：将“中国共产党渭源县卫生和计划生育局委员会”更名为“中国共产党渭源县卫生健康局委员会”；将“中国共产党渭源县教育和体育局委员会”更名为“中国共产党渭源县教育局委员会”；撤销“中国共产党渭源县非公有制经济组织工作委员会”和“中国共产党渭源县新社会组织工作委员会”；依托县委组织部组建设立“中国共产党渭源县非公有制经济组织和社会组织工作委员会”，为县委派出工作机构，并依托县市场监督管理局和民政局，分别成立“中国共产党渭源县非公有制经济组织委员会”和“中国共产党渭源县社会组织委员会”，隶属县非公有制经济组织和社会组织党工委管理；其他党的基层组织，由各党（工）委按照归口和隶属关系，同步指导完成新建、更名和撤并工作。会议研究并原则同意部分单位增补党组成员事宜、有关人员晋升职级事宜、有关干部推荐事宜。

十四届县委第60次　2019年3月11日，县委书记吉秀主持召开十四届县委第60次常委会会议。会议传达学习了省委办公厅《关于认真学习宣传贯彻习近平总书记在参加十三届全国人大二次会议甘肃代表团审议时的重要讲话精神的通知》及习近平总书记在参加十三届全国人大二次会议甘肃代表团审议时的重要讲话，研究了贯彻落实工作。会议传达学习了《中共中央办公厅关于印发中国共产党党内关怀帮扶办法的通知》、省委办公厅《关于对甘肃能源化工职业学院和兰州现代职业学院党组织设立工作中存在问题及相关责任人问责处理情况的通报》。会议传达学习了习近平总书记关于巡视工作的重要论述、《巡视工作条例》《被巡视党组织配合中央巡视工作规定》、省委巡视工作领导小组《关于巡视定西市所辖漳县渭源县和天水市所辖武山县的通知》，会议研究部署了省委巡视准备工作。会议传达学习了全市宣传部长会议精神，研究了贯彻落实意见。会议审议并原则通过《渭源县中央脱贫攻坚专项巡视反馈问题整改方案》《渭源县贯彻落实省级环境保护督察反馈意见整改方案》《渭源县2019年推进高质量发展责任书》《渭源县推进高质量发展工作制度》《渭源县关于加快推进大规模国土绿化实施方案（2019—2022年）》。会议审议并原则同意《渭源县2018年人口和计划生育工作考核结果及奖惩意见》。会议审议并原则通过《渭源县“十大生态产业招商攻坚年”行动方案》《2019年招商引资目标任务分解方案》《2019年提请县人大常委会讨论决定重大事项清单》。会议审议并原则同意《关于成立渭源县市委扶贫领域第二轮专项巡察反馈意见整改工作领导小组的意见》《渭源县市委扶贫领域第二轮专项巡察反馈意见整改方案》《2019年全面从严治党目标管理责任书》《2019年渭源县人民政府目标管理责任书》《2019年脱贫攻坚综合目标管理责任书》。会议审议并原则同意《关于2018年度综合目标考核结果及奖惩意见》会议审议并原则通过《强督查转作风抓落实工作办法》《关于进一步精简文件会议和督查检查考核工作实施办法》。会议审议并原则通过《2019年全县工作会议筹备方案》、县委书记吉秀在全县工作会议上的讲话、县委副书记、县政府县长蔺红军在全县工作会议上的讲话、《关于调整县委常委工作分工的意见》。

十四届县委第61次 2019年3月21日，县委书记吉秀主持召开十四届县委第61次常委会会议。会议传达学习了习近平、赵乐际在十九届中央纪律检查委员会第三次全体会议上的讲话和报告。会议传达学习了中央纪委国家监委脱贫攻坚调研督导反馈会暨全省贫困县区纪委书记工作例会会议精神，研究了贯彻落实意见。会议传达学习了林铎在省委书记专题会议听取十三届省委第三轮巡视情况汇报时的讲话精神、省巡视工作领导小组《关于十三届省委第二轮巡视整改情况专项督查的通报》。会议审议了向省委第三巡视组提供的县委工作、县纪委工作、组织工作、意识形态工作、脱贫攻坚工作汇报材料。会议审议并原则通过《关于2018年全县意识形态领域情况的通报》《中共渭源县委常委会2018年度民主生活会查摆问题整改方案》《中共渭源县委常委会中央脱贫攻坚专项巡视反馈问题整改专题民主生活会方案》《中共渭源县委常委会班子中央脱贫攻坚专项巡视反馈问题整改专题民主生活会对照检查材料》。会议审议并原则同意《关于成立渭源县生态环境保护工作领导小组的意见》。会议研究了向市委推荐干部事宜。

十四届县委第62次 2019年3月25日，县委书记吉秀主持召开十四届县委第62次常委会会议。会议审议并原则通过《渭源县承担行政职能事业单位隶属关系调整及更名实施方案》《渭源县其他事业单位隶属关系调整及更名实施方案》《渭源县深化文化市场综合行政执法改革实施方案》《渭源县深化农业综合行政执法改革实施方案》《渭源县深化市场监管综合行政执法改革实施方案》《渭源县深化生态环境保护综合行政执法改革实施方案》《渭源县深化交通运输综合行政执法改革实施方案》及相关人员转隶方案、34个涉改部门、单位“三定”规定。会议组织学习了新修订的《党政领导干部选拔任用工作条例》《干部人事档案工作条例》和《党委（党组）讨论决定干部任免事项规则》。

十四届县委第63次 2019年3月28日，市人大常委会副主任、县委书记吉秀主持召开十四届县委第63次常委会会议。会议组织学习了市委办公室《关于2018定西市党委（党组）意识形态工作责任书考核情况的通报》、国家禁毒委《关于加强新时代全民禁毒宣传教育工作的指导意见》。会议传达学习了全省禁毒工作会议、全市禁毒工作会议精神和市委书记唐晓明同志对禁毒工作的批示精神，全市维护国家政治安全、反恐怖、反邪教工作暨命案风险防范专项行动会议精神，全市扫黑除恶专项斗争领导小组第七次全体（扩大）会议精神，研究了贯彻落实工作。会议审议并原则通过《渭源县青年工作联席会议制度》《关于调整县委双拥工作领导小组成员的意见》。会议研究了有关人事任免事宜。

十四届县委第64次 2019年4月4日，市人大常委会副主任、县委书记吉秀主持召开十四届县委第64次常委会会议。会议组织学习了习近平总书记《关于狠抓落实做好督查工作论述摘编》《定西市贯彻落实地方党政领导干部安全生产责任制规定实施方案》。会议审议并原则同意《关于召开渭源县第十六届人民代表大会第四次会议的请示》，会议决定，4月29日召开渭源县第十六届人民代表大会第四次会议。会议审议并原则同意《关于成立渭源县第十六届人民代表大会第四次会议临时党委的请示》《关于设立渭源县第十六届人民代表大会社会建设委员会及组成人员的请示》。会议审议了《关于补选渭源县第十六届人民代表大会代表的请示》。会议审议并原则同意《关于成立渭源县深入开展作风建设年活动集中整治形式主义官僚主义领导小组的意见》。会议审议并原则通过渭源县“三定”规定领导职数核定情况。会议研究了有关人事任免事宜。

十四届县委第65次　2019年4月15日，市人大常委会副主任、县委书记吉秀主持召开十四届县委第65次常委会会议。会议组织学习了《习近平关于社会主义生态文明建设论述摘编》《习近平关于狠抓落实做好督查工作论述摘编》。会议传达学习了全省脱贫攻坚重点领域固强补弱视频会议精神，听取了脱贫攻坚各专责组和各乡镇工作进展情况汇报，研究部署了下一阶段工作措施。会议听取了中央脱贫攻坚专项巡视反馈问题整改工作进展情况汇报，研究部署了下一阶段整改工作。会议听取了2019年第一季度安全生产工作情况汇报，研究部署了相关工作。会议审议并原则同意《渭源县意识形态工作联席会议制度》。会议审议并原则通过《县委常委会中央脱贫攻坚专项巡视反馈意见专题民主生活会查摆问题整改方案》《中共渭源县委2019年常委会工作要点》。会议审议并原则同意中共渭源县委政法委员会《关于对峡城乡进行责任查究意见的报告》。会议审议并原则通过县管领导班子考核等次评定事宜。会议研究并原则同意县医疗保障局增补党组成员事宜。会议研究并原则同意相关人员提前退休事宜、相关人员职级职务并行事宜。

十四届县委第66次　2019年4月30日，市人大常委会副主任、县委书记吉秀主持召开十四届县委第66次常委会会议。会议组织学习了中共中央《关于加强和改进中央和国家机关党的建设的意见》《党政领导干部选拔任用工作条例》《党政领导干部考核工作条例》《中国共产党农村基层组织工作条例》、省委办公厅《关于认真学习宣传贯彻〈中国共产党党组工作条例〉的通知》《中国共产党党组工作条例》、习近平为第五批全国干部学习培训教材所作序言。会议传达学习了全省扫黑除恶专项斗争领导小组第九次（扩大）会议和全市扫黑除恶专项斗争领导小组第八次全体（扩大）会议精神，听取了全县扫黑除恶斗争工作汇报，研究部署了下一阶段工作，会议原则同意县扫黑办提出的贯彻落实意见。会议研究部署了省、市整改办暗访督查反馈问题的整改落实工作。会议传达学习了省委巡视办督导调研市县巡察工作有关精神，研究部署了贯彻落实工作，会议原则同意县委巡察办提出的贯彻落实意见。会议传达学习了市委常委、纪委书记（监委主任）温卫东关于纪检监察工作的讲话精神，研究部署了贯彻落实工作，会议原则同意县纪委（监委）提出的贯彻落实意见。会议审议并原则通过县委统战部关于《中央省委宗教工作督查反馈问题整改实施方案》。会议审议并原则通过《关于解决形式主义突出问题为基层减负的落实措施》。会议审议并原则通过《中国共产党渭源县第十四届委员会十五次全体会议筹备方案》，会议决定，4月30日召开中国共产党渭源县第十四届委员会十五次全体会议。会议审议并原则通过《关于深入贯彻落实习近平总书记重要讲话精神决战脱贫攻坚决胜全面小康加快建设幸福美好新渭源的决定（审议稿）》《中国共产党渭源县第十四届委员会十五次全体会议决议（草案）》、吉秀在中国共产党渭源县第十四届委员会十五次全体会议上的讲话材料。会议研究了有关干部提前退休事宜。

十四届县委第67次　2019年5月13日，市人大常委会副主任、县委书记吉秀主持召开十四届县委第67次常委会会议。会议组织学习了习近平总书记在重庆召开的解决“两不愁三保障”突出问题座谈会上的讲话精神、甘肃省防范化解重大风险工作领导小组政府债务风险化解专责小组办公室关于印发《贯彻落实〈中共甘肃省委甘肃省人民政府关于防范化解政府隐性债务风险的实施意见〉有关政策措施分工方案》。会议传达学习了十三届省委第110次常委会会议、省委省政府扫黑除恶专项斗争推进会议精神，省委书记林铎在兰州调研督导扫黑除恶专项斗争工作讲话精神和省委副书记、省长唐仁健在临洮县调研督导扫黑除恶专项斗争工作讲话精神，市委书记唐晓明在安定区调研督导扫黑除恶专项斗争工作座谈会上的讲话精神，全市扫黑除恶专项斗争推进会议精神，研究部署了贯彻落实工作。会议审议并原则同意《关于调整和加强渭源县扫黑除恶专项斗争领导小组的意见》。会议审议并原则通过《渭源县服务保障中央扫黑除恶督导工作协调小组工作方案》。会议传达学习了全省纪检监察机关扫黑除恶专项斗争"挖伞破网"现场会及全市纪检监察机关扫黑除恶专项斗争"挖伞破网"推进会会议精神，研究部署了贯彻落实工作。会议传达学习了中共定西市纪委《关于对4起违反中央八项规定精神典型问题的通报》。会议传达学习了2019年全市"扫黄打非"工作推进会会议精神，研究部署了贯彻落实工作。会议审议并原则同意《中共渭源县委落实意识形态工作中责任制重点任务清单》《渭源县签订意识形态工作责任书实施办法（试行）》。会议审议并原则通过《渭源县2019年部门预算编制方案》。会议传达了省委第三巡视组对县委工作汇报材料所提修改意见，审议并原则通过修改后的县委工作汇报材料。会议传达了省委第三巡视组对县纪委工作汇报材料所提修改意见，审议并原则通过修改后的县纪委工作汇报材料。会议传达了省委第三巡视组对意识形态工作汇报材料所提修改意见，审议并原则通过修改后的意识形态工作汇报材料。会议传达了省委第三巡视组对组织工作汇报材料所提修改意见，审议并原则通过修改后的组织工作汇报材料。会议审议并原则通过脱贫攻坚工作汇报材料。会议审议并原则通过全省脱贫攻坚现场推进会渭源县脱贫攻坚工作汇报材料。会议审议并原则同意《关于建立县级党员领导干部党支部建设标准化和软弱涣散基层党组织整顿提升工作联系点的意见》、2018年度县管领导干部政绩考核事宜、2018年度全县公务员（科员）考核事宜、2018年度全县驻村帮扶工作队考核事宜。

十四届县委第68次　2019年6月6日，市人大常委会副主任、县委书记吉秀主持召开十四届县委第68次常委会会议。会议组织学习了《中共中央关于在全党开展"不忘初心、牢记使命"主题教育的意见》《中共中央关于印发中国共产党党员教育管理工作条例的通知》《中共中央办公厅印发〈关于加强和改进城市基层党的建设工作的意见〉的通知》。会议传达学习了省委《关于脱贫攻坚专项巡视整改落实进展情况的通报》精神。会议审议并原则通过《渭源县2018年度国家脱贫攻坚成效考核反馈问题整改方案》。会议传达学习了省委办公厅、省政府办公厅《关于庆阳市华池县有关生态环境问题整改情况的通报》精神，听取了我县关于省、市生态环境重点问题整改情况的汇报。会议传达学习了省委巡视办《关于认真学习贯彻全国市县巡察工作推进会精神的通知》和《全国市县巡察工作推进会精神学习传达提纲》，研究部署了我县贯彻落实意见。会议传达学习了全省市州作风办负责人座谈会会议精神。会议审议并原则通过《渭源县持续深入开展作风建设年活动集中整治形式主义官僚主义工作方案》。会议审议并原则同意《关于组建深入开展作风建设年活动集中整治形式主义官僚主义领导小组办公室意见》。会议审议并原则通过《渭源县构建"亲清"新型政商关系若干规定（试行）》《渭源县乡村振兴战略实施规划（2018—2022年）（审议稿）》《关于全面深化新时代教师队伍建设改革的实施方案》。会议传达学习了全省媒体深度融合工作推进会、全市新时代文明实践中心建设暨媒体深度融合工作推进会会议精神，研究部署了贯彻落实工作。会议审议并原则通过《渭源县新时代文明实践中心建设实施方案》《关于渭源县融媒体中心建设实施方案》《关于进一步加强舆情应对处置工作的实施方案》。会议审议并原则同意《关于明确渭源县“扫黄打非”工作小组成员单位及相关职责、县“扫黄打非”工作小组办公室职责及副主任单位的意见》《县总工会关于申请召开渭源县总工会十届二次全委（扩大）会议的请示》《关于涉机构改革县委党内规范性文件和相关文件专项清理的意见》。会议审议并原则通过《县委议事协调机构组成人员及工作职责》。会议审议并原则同意县委直属机关工作委员会《关于县直机关党总支、支部进行换届的请示》。会议研究并原则同意有关机构编制事宜。会议审议并原则同意《关于按省市要求核发全县驻村帮扶工作队员待遇补助的意见》。会议审议并原则同意有关党组撤销事宜，会议决定：将中共渭源县机关事务管理局党组更名为“中共渭源县机关事务中心党组”；撤销团县委党组、县妇联党组、县科协党组、县残联党组、县工商联党组、市生态环境局渭源分局党组、县水土保持局党组、县社会事业保险管理局党组、县政府政务服务中心党组、县爱卫办党组、县给排水公司党组、县粮食局党组、县志编修委员会办公室党组、县地震局党组、县农村公路管理局分党组、县道路运输管理局分党组、县劳动就业服务中心分党组、县林业发展中心分党组、县农机服务中心分党组、县畜牧兽医服务中心分党组、县劳务办分党组、县体育运动中心分党组、县药材办分党组、县马铃薯产业办分党组、县种子管理站分党组、县农技中心分党组、县能源办分党组、渭源一中分党组、渭源二中分党组、县第三高中分党组、县第四高中分党组、县人民医院分党组、县中西医结合医院分党组、县中医院分党组；各相关党组撤销的同时，以前任命的党组成员职务自动免除。会议审议并原则同意有关人员职务职级并行事宜。

十四届县委第69次　2019年6月19日，市人大常委会副主任、县委书记吉秀主持召开十四届县委第69次常委会会议。会议研究并原则同意有关干部推荐事宜。会议审议并原则同意《关于调整部分县委常委工作分工的意见》。

十四届县委第70次　2019年6月28日，市人大常委会副主任、县委书记吉秀主持召开十四届县委第70次常委会会议。会议专题听取了县人大常委会党组、县政府党组、县政协党组、县法院党组、县检察院党组和清源镇、会川镇、五竹镇、路园镇、莲峰镇、锹峪镇、庆坪镇、祁家庙镇、麻家集镇、上湾镇、北寨镇、新寨镇、秦祁乡、大安乡、田家河乡、峡城乡党委上半年工作汇报。会议听取了全县2019年上半年意识形态工作汇报。

十四届县委第71次　2019年6月28日，市人大常委会副主任、县委书记吉秀主持召开十四届县委第71次常委会会议。会议传达学习了全省易地扶贫搬迁工作约谈会和市委常委会易地扶贫搬迁工作集中约谈会议精神，听取了全县易地扶贫搬迁工作存在问题整改进展情况的汇报，研究部署了下一阶段工作。会议传达学习了全省生态环境突出问题整改工作推进会、全省突出生态环境问题整改推进电视电话会、全市生态环境保护工作领导小组暨市生态环境保护委员会2019年第二次（扩大）会议精神，听取全县生态环境突出问题整改情况汇报，研究部署了下一阶段工作。会议听取了“3+3”冲刺清零行动进展情况的汇报，研究部署了下阶段工作。会议组织学习了《中共中央关于李平同志搞形式主义、官僚主义案件查处情况及其教训警示的通报》。会议研究并原则同意有关资金拨付事宜。会议传达学习了全省激发内生动力决胜脱贫攻坚现场推进会会议精神，研究部署了我县贯彻落实工作。会议审议并原则同意关于拟推荐申报第十四批市级各类文明单位和精神文明建设先进工作者名单。会议组织学习了《公务员职务与职级并行规定》《甘肃省公务员职务与职级并行制度实施方案》《定西市公务员职务与职级并行制度实施方案》。会议传达学习了全市推进公务员职务与职级并行制度部署及业务培训会议精神，研究部署了我县贯彻落实工作。会议审议并原则同意《渭源县公务员职务与职级并行制度实施方案（讨论稿）》。会议研究了有关人事任免事宜。

十四届县委第72次 2019年7月22日，市人大常委会副主任、县委书记吉秀主持召开十四届县委第72次常委会会议。会议组织学习了《中国共产党农村基层组织工作条例》、中共中央办公厅国务院办公厅印发《关于加强和改进乡村治理的指导意见》的通知、中共中央办公厅关于印发《干部选拔任用工作监督检查和责任追究办法》的通知、中共中央关于印发《习近平新时代中国特色社会主义思想学习纲要》的通知、省委办公厅《关于对全省脱贫攻坚领域不担当不作为问题问责处理情况的通报》。会议审议并原则同意《关于加强和改进人民政协民主监督工作的实施意见》。会议听取了全县2019年上半年安全生产工作情况汇报，研究部署下阶段工作。会议审议并原则同意《渭源县五竹镇渭河源村草滩安置区房屋及附属设施、基础设施维修改造实施方案》。会议审议并原则通过《渭源县兴陇房地产开发有限公司县城南门西侧棚户区改造项目存在问题解决方案》。会议审议并原则同意《渭源县学习浙江“千万工程”经验全面扎实推进农村人居环境整治工作的实施意见》《关于促进全域旅游发展实施意见》《关于推进文化和旅游（体育）融合发展意见》。会议审议并原则通过《渭源县加快乡村旅游发展实施方案》。会议传达学习了全市激发内生动力、决胜脱贫攻坚现场推进会会议精神，研究部署了我县贯彻落实意见。会议审议并原则同意《渭源县贯彻〈党委（党组）国家安全责任制规定〉实施细则》。会议听取了全县事业单位工作人员2018年年度考核情况汇报。会议传达学习了全市基层党建述职评议考核通报暨重点任务推进会会议精神，研究部署了我县贯彻落实意见。会议审议并原则同意《渭源县激励改革创新干事创业专责组工作方案》、有关人员提前退休事宜、县政协党组增补党组成员事宜。

十四届县委第73次 2019年8月1日，市人大常委会副主任、县委书记吉秀主持召开十四届县委第73次常委会会议。会议传达学习了《中国共产党宣传工作条例》、习近平总书记在深化党和国家机构改革总结会议上的讲话、中共甘肃省委办公厅甘肃省人民政府办公厅《关于印发焦焕成、黄润秋、林铎同志在中央第五生态环境保护督察组督察甘肃省工作动员会上讲话的通知》。会议听取了上半年全县国民经济和社会发展执行情况汇报，研究部署了下一阶段工作。会议审议并原则通过《关于防范化解政府隐性债务风险实施意见》。会议审议并原则同意《渭源县防范化解政府债务风险实施方案》。会议审议并原则通过《关于预算绩效管理工作实施意见》《2019年第二季度县政府目标管理责任书考核结果和奖惩意见》。会议传达学习了市委巡察工作领导小组办公室《关于印发四届市委生态环境领域专项巡察情况反馈意见的通知》。会议审议并原则同意《渭源县四届市委生态环境领域专项巡察组专项巡察反馈意见整改方案》《关于坚持农业农村优先发展做好全县“三农”工作的实施意见》《关于调整渭源县金鸡产业扶贫项目建设内容的报告》《关于渭源县光伏扶贫建设项目（一期）部分村级光伏电站竣工结算审核结果的请示》《关于成立中共渭源县委退役军人事务工作领导小组的请示》。会议审议并原则同意渭源县第十四届委员会第十六次全体会议筹备方案。会议决定，8月2日召开渭源县第十四届委员会第十六次全体会议。会议审议并原则同意《县委常委会工作报告》《中国共产党渭源县第十四届委员会第十六次全体会议决议（草案）》、吉秀在渭源县第十四届委员会第十六次全体会议上的讲话、蔺红军在渭源县第十四届委员会第十六次全体会议上的讲话。会议研究并原则同意全县职务与职级并行首次套转事宜。会议研究了2018年度公务员记三等功、嘉奖事宜。会议研究并原则同意推荐拟晋升一级调研员初步人选事宜。会议研究了有关人事任免事宜。

十四届县委第74次 2019年8月11日，受市人大常委会副主任、县委书记吉秀委托，县委副书记、县政府县长蔺红军主持召开十四届县委第74次常委会会议。会议传达学习了林铎在省委书记专题会议听取十三届省委第四轮巡视情况汇报时的讲话精神、省委第三巡视组巡视渭源县情况反馈会议精神。会议审议并原则同意《关于成立渭源县省委巡视组巡视反馈意见整改工作领导小组的意见》《省委第三巡视组反馈意见整改方案》。会议听取了省委第三巡视组移交信访问题办理进展情况汇报、省委第三巡视组移交问题线索办理进展情况汇报。会议研究部署了巡视巡察反馈问题整改落实工作。会议传达学习了全市巡察工作推进会暨易地扶贫搬迁专项巡察、人防医疗食药领域联动巡察动员部署会会议精神，研究了贯彻落实意见。会议审议并原则同意《关于成立中共渭源县委“不忘初心、牢记使命”主题教育领导小组的意见》。

十四届县委第75次 2019年8月26日，市人大常委会副主任、县委书记吉秀主持召开十四届县委第75次常委会（扩大）会议。会议了传达学习习近平总书记视察甘肃重要讲话和指示精神、全省领导干部大会和市委常委会扩大会议精神，安排部署全县贯彻落实工作。

十四届县委第76次 2019年8月27日，市人大常委会副主任、县委书记吉秀主持召开十四届县委第76次常委会会议。会议传达学习了《中共甘肃省委关于印发习近平总书记在甘肃省考察工作结束时的讲话的通知》《中共甘肃省委关于深入学习宣传贯彻习近平总书记视察甘肃重要讲话精神的通知》《林铎同志在全省领导干部大会上的讲话》《中国共产党机构编制工作条例》、省委巡视工作领导小组办公室《关于印发甘肃省巡察工作重要事项报告报备和约谈办法的通知》、中共甘肃省委办公厅甘肃省人民政府办公厅《关于认真贯彻落实习近平总书记重要批示精神进一步解决好民生问题的通知》。会议组织学习了林铎在全省巡视巡察工作会议暨十三届省委第五轮巡视动员部署会上的讲话、《甘肃省宗教事务条例》。会议传达学习了《中共中央办公厅关于贵州省认真贯彻习近平总书记重要指示批示精神深入开展领导干部利用茅台酒谋取私利问题专项整治情况的通报》。会议传达学习了全市纪检监察工作研讨班精神、市委统一战线（民族宗教）工作领导小组专题会议精神，研究部署了贯彻落实工作。会议审议并原则通过县教育局党组《关于召开全县教育工作暨教师节表彰大会的请示》《关于推荐表彰全县教育工作先进集体和先进个人建议的报告》。会议传达学习了全省贯彻落实中央扫黑除恶第19督导组反馈意见整改工作推进会、全省安全稳定工作视频会会议精神、全市贯彻落实中央扫黑除恶第19督导组反馈意见整改工作推进会暨全市安全稳定和信访工作会议精神，研究部署了贯彻落实工作。会议审议并原则同意《渭源县贯彻落实中央扫黑除恶第19督导组反馈意见整改方案》。会议审议并原则同意《关于建议对峡城乡“8.9”案件进行责任追究的报告》。会议审议并原则通过《中国共产党渭源历史（1921—1978年）编撰方案》。会议审议并原则通过《中共渭源县委贯彻落实〈中共中央关于加强党的政治建设的意见〉具体措施及重点任务清单》《中共渭源县委常委会工作规则》《中共渭源县委常委会班子省委第三巡视组巡视渭源反馈意见整改专题民主生活会方案》《渭源县省委选人用人巡视检查反馈问题整改落实方案》、在“不忘初心、牢记使命”主题教育中集中整顿软弱涣散党组织有关事宜。会议审议并原则通过关于撤销会川镇西关村联合党委有关事宜，会议决定，撤销会川镇西关村联合党委，联合党委撤销后，书记、副书记、纪委书记、委员等职务自动免除，西关、东关、新城、梁家坡4个村党支部由会川镇党委统一管理。会议审议并原则通过关于成立渭源县人民医院等3所县级公立医院党委有关事宜，会议决定成立中国共产党渭源县人民医院委员会、中国共产党渭源县中医医院委员会和中国共产党渭源县中西医结合医院委员会，隶属县卫生健康局党委管理，设党委书记1名，委员7名；同步成立党的纪律检查委员会，设书记1名，委员5名，纪委书记为党委班子成员。

十四届县委第77次 2019年9月4日，市人大常委会副主任、县委书记吉秀主持召开十四届县委第77次常委会会议，围绕召开省委第三巡视组巡视渭源反馈意见整改专题民主生活会进行了会前专题学习研讨。会议组织学习了《中共中央关于加强党的政治建设的意见》。会议组织学习了《中国共产党农村工作条例》、习近平总书记关于巡视巡察工作重要论述摘编。会议审议并原则同意《中共渭源县委常委会班子省委第三巡视组巡视渭源县反馈意见整改专题民主生活会对照检查材料》《渭源县信访积案化解包案清单》和有关人员纪律处分事宜。

十四届县委第78次 2019年9月11日，市人大常委会副主任、县委书记吉秀主持召开十四届县委第78次常委会会议，专题研究部署全县“不忘初心、牢记使命”主题教育有关事宜。会议传达学习了中央“不忘初心、牢记使命”主题教育第一批总结暨第二批主题教育部署会议精神、全省“不忘初心、牢记使命”主题教育第一批总结暨第二批部署会议精神、全市“不忘初心、牢记使命”主题教育动员部署会议精神，研究部署了全县贯彻落实工作；会议原则同意县委主题教育领导小组提出的贯彻落实意见。会议审议并原则同意《中共渭源县委关于开展“不忘初心、牢记使命”主题教育的实施方案》。会议审议并原则通过县委“不忘初心、牢记使命”主题教育指导组及指导单位分组建议名单。会议审议并原则通过《全县“不忘初心、牢记使命”主题教育动员部署视频会议方案》。会议审议并原则同意《中共渭源县委常委会关于开展“不忘初心、牢记使命”主题教育的实施方案》。

十四届县委第79次 2019年9月11日，市人大常委会副主任、县委书记吉秀主持召开了十四届县委常委会第79次会议。会议组织学习了《中国共产党问责条例》、省委主题教育领导小组转发中央“不忘初《心、牢记使命”主题教育领导小组《印发〈关于开展第二批“不忘初心、牢记使命”主题教育的指导意见〉的通知》的通知。会议传达学习了市委统一战线工作领导小组专题会议精神，研究部署了贯彻落实工作；会议原则同意县委统一战线工作领导小组提出的贯彻落实意见。会议审议并原则通过《关于对十三届省委第四轮巡视中渭源县委意识形态责任制落实情况专项检查反馈问题的整改方案》《关于完善促进消费体制机制进一步激发居民消费潜力的实施方案》。会议审议并原则同意有关人员纪律处分事宜、《渭源县选人用人巡视检查反馈有关问题调查处理意见》。会议听取了全县省委第三巡视组巡视渭源反馈意见整改落实情况汇报。

十四届县委第80次 2019年9月20日，市人大常委会副主任、县委书记吉秀主持召开十四届县委第80次常委会会议。会议传达学习了《习近平总书记重要批示》精神。会议审议并原则同意《关于调整县委人才工作领导小组的意见》。会议研究并原则同意公务员职务职级首次晋升事宜。会议研究并原则有关人事任免事宜。

十四届县委第81次 2019年10月8日，市人大常委会副主任、县委书记吉秀主持召开十四届县委第81次常委会（扩大）会议，专题研究部署全县在“不忘初心、牢记使命”主题教育中整顿软弱涣散基层党组织相关工作。会议传达了中组部组织二局集中整顿软弱涣散基层党组织调研推进会、全省基层党建工作调度推进会议和全市基层党建部署推进会议精神。会议审议并原则通过《在主题教育中集中整顿软弱涣散基层党组织工作调研走访工作方案》。

十四届县委第82次　2019年10月17日，市人大常委会副主任、县委书记吉秀主持召开十四届县委第82次常委会会议。会议传达学习了《中国共产党党内法规制定条例》《中国共产党党内法规和规范性文件备案审查制度》《中国共产党党内法规执行责任制规定（试行）》、习近平总书记《在黄河流域生态保护和高质量发展座谈会上的讲话精神》。会议传达学习了省委书记林铎同志、市委书记唐晓明同志对意识形态工作责任制落实情况专项检查整改工作的批示精神，研究部署了贯彻落实工作，会议原则同意县委宣传部提出的贯彻落实意见。会议传达学习了全省贫困县区纪委书记第二次工作例会以及全市深化扶贫领域腐败和作风问题专项治理第二次工作例会暨重点乡镇综合整治推进会会议精神，研究部署了贯彻落实工作。会议听取了渭源县扫黑除恶“打伞破网”工作汇报，研究部署了下一阶段工作。会议审议并原则通过《全县公职人员违规组织参与非法金融活动专项整治工作方案》。会议听取了大额资金和预算外资金拨付使用情况的汇报。会议审议并原则通过《关于推动高质量发展的实施方案》。会议传达学习了全市公安工作会议精神，研究部署了贯彻落实工作，会议原则同意县委政法委提出的贯彻落实意见。会议审议并原则同意《关于加强新时代全县公安工作的若干措施》。会议审议并原则通过新中国成立70周年大庆维稳安保工作表彰奖励单位及个人名单。会议审议并原则通过全县公安工作暨新中国成立70周年大庆维稳安保工作表彰会议筹备方案。会议传达学习了中央“不忘初心、牢记使命”主题教育第五巡回督导组临洮县调研汇报座谈会、省委第五巡回指导组指导单位主题教育工作座谈会、全市“不忘初心、牢记使命”主题教育推进会会议精神，研究部署了贯彻落实工作，会议原则同意县委主题教育领导小组办公室提出的贯彻落实意见。会议听取了全县主题教育开展情况及存在问题汇报，安排部署了下一阶段工作。会议审议并原则通过《关于在“不忘初心、牢记使命”主题教育中调研走访、集中排摸农村软弱涣散基层党组织整顿对象情况的意见》。会议审议并原则通过《关于追授王海斌同志“全县优秀共产党员”称号的意见》，以县委文件印发。会议审议并原则通过《关于成立渭源县防灾救灾减灾委员会的意见》《共青团渭源县委关于上报共青团定西市第四次代表大会代表选举结果的报告》《渭源县妇女联合会关于上报定西市第四次妇女代表大会代表选举结果的报告》。会议审议并原则同意《关于成立渭源县市委易地扶贫搬迁专项巡察第三巡察组反馈意见整改工作领导小组的意见》。会议审议并原则通过《县委常委会成员工作分工及职责清单（试行）》。

十四届县委第83次　2019年10月23日，市人大常委会副主任、县委书记吉秀主持召开十四届县委第83次常委会会议。会议专题讨论并原则通过《渭源县市委易地扶贫搬迁专项巡察第三巡视组反馈意见整改工作方案》，研究部署整改落实工作。

十四届县委第84次　2019年11月1日，市人大常委会副主任、县委书记吉秀主持召开十四届县委第84次常委会会议。会议传达学习了全省贫困地区党建引领合作社发展现场会会议精神，研究部署了贯彻落实工作。会议传达学习了全省第二批“不忘初心、牢记使命”主题教育市县座谈会会议精神，研究部署了贯彻落实工作；会议原则同意县委主题教育领导小组办公室提出的贯彻落实意见。会议听取了全县高质量发展工作情况汇报，研究部署了下阶段工作；会议原则同意县政府党组提出的下阶段工作措施。会议审议并原则通过《中共渭源县委巡察成果运用办法（试行）》《中共渭源县委常委会“不忘初心、牢记使命”主题教育检视问题整改方案》。会议研究了推荐县级干部事宜、推荐拟晋升三级调研员人选事宜、公务员职级晋升事宜、省委选人用人巡视反馈问题整改事宜。

十四届县委第85次　2019年11月11日，市人大常委会副主任、县委书记吉秀主持召开省委第三巡视组巡视反馈意见整改工作领导小组第5次会议，专题研究部署省委第三巡视组巡视反馈意见整改落实相关事宜。会议审议并原则通过《关于省委第三巡视组巡视反馈意见整改落实情况的报告》《关于省委第三巡视组移交问题线索办理情况的报告》、拟向党内通报稿和向社会公开稿及不公开整改事项的说明。

十四届县委第86次　2019年11月21日，市人大常委会副主任、县委书记吉秀主持召开十四届县委第86次常委会会议。会议组织学习了中共中央关于印发《中国共产党党校（行政学院）工作条例》的通知、中共中央办公厅关于印发《2019—2023年全国党员教育培训工作规划》的通知、习近平在中央政治局第十八次集体学习时的讲话、中共甘肃省委《关于加强新时代人大工作的意见》和省委书记林铎在省委人大工作会议上的讲话精神。会议传达学习了全省深化拓展新时代文明实践中心建设第二批试点工作电视电话会议精神，研究部署了全县贯彻落实工作。会议传达学习了市委组织部《转发省委组织部〈关于对永靖县等11个县区农村软弱涣散基层党组织集中整顿暗访督查情况的通报〉的通知》精神。会议听取并原则同意关于渭源县光伏扶贫建设项目（一期工程）实施调整情况及路园园区等20个村级光伏扶贫电站竣工结算审核结果的汇报。会议研究并原则同意关于在全县“不忘初心、牢记使命”主题教育期间着力解决15件群众最急、最忧、最盼实事事宜。会议研究并原则同意有关机构编制事宜，由县委组织部按照程序报批。

十四届县委第87次　2019年12月2日，市人大常委会副主任、县委书记吉秀主持召开十四届县委第87次常委会会议。会议组织学习了《关于新形势下党内政治生活的若干准则》。会议传达学习了省脱贫攻坚领导小组2019年第十次会议暨省中央脱贫攻坚专项巡视反馈意见整改工作领导小组第七次会议精神、省市统一战线工作领导小组会议精神和林铎、唐晓明讲话精神，研究部署了贯彻落实意见。会议审议并原则同意《关于召开渭源县第十六届人民代表大会第五次会议的请示》《关于成立渭源县第十六届人民代表大会第五次会议临时党委的请示》《关于补选渭源县第十六届人民代表大会代表的请示》《关于召开政协第九届渭源县委员会第四次会议的请示》。会议审议并原则通过《十三届省委第四轮巡视渭源县意识形态工作责任制落实情况专项检查反馈问题阶段性整改落实情况的报告》。会议审议并原则同意《中共渭源县委常委会“不忘初心、牢记使命”专题民主生活会方案》《中共渭源县委常委会“不忘初心、牢记使命”专题民主生活会对照检查材料》《中国共产党渭源县第十四届委员会第十七次全体会议筹备方案》《中共渭源县委关于深入学习贯彻习近平总书记视察甘肃重要讲话精神在不断开创富民兴陇新局面中奋力谱写渭源发展时代篇章的决定》（讨论稿）《中国共产党渭源县第十四届委员会第十七次全体会议决议》（讨论稿）。会议研究并原则同意有关人员提前退休事宜。

十四届县委第88次　2019年12月10日，市人大常委会副主任、县委书记吉秀主持召开十四届县委第88次常委会（扩大）会议。会议组织观看了央视财经频道经济半小时栏目《营商环境调查：“一地多租”何时休》《母亲河的“伤痛”报道片》，传达学习了省委、省政府主要领导批示精神和市委常委扩大会议精神，对全县当前重点工作进行了安排部署。

十四届县委第89次　2019年12月19日，市人大常委会副主任、县委书记吉秀主持召开十四届县委第89次常委会会议。会议组织学习了中央经济工作会议精神、中共定西市委办公室《关于全市意识形态工作相关情况的通报》。会议传达学习了全省抓党建促农村宗教治理工作座谈会会议精神、市委农村工作领导小组暨市实施乡村振兴战略领导小组扩大会议精神，研究部署了贯彻落实工作。会议传达学习了全省扫黑除恶专项斗争第三次推进会议、市委常委会第67次会议、市政府第74次常务会议精神和定西市扫黑除恶专项斗争领导小组第十二次全体（扩大）会议精神，研究部署了贯彻落实工作；会议原则同意县扫黑除恶专项斗争领导小组办公室提出的贯彻落实意见。会议听取了全县扫黑除恶工作情况汇报。会议审议并原则通过渭源县2020年国民经济和社会发展主要综合指标计划（草案）、《渭源县人民代表大会常务委员会工作报告（审议稿）》《渭源县人民政府工作报告（审议稿）》《渭源县人民法院工作报告（审议稿）》《渭源县人民检察院工作报告（审议稿）》《渭源县2019年国民经济和社会发展计划执行情况及2020年国民经济和社会发展计划（草案）的报告》《渭源县2019年财政预算执行情况及2020年财政预算（草案）的报告》《政协第九届渭源县委员会常务委员会工作报告（审议稿）》、渭源县2020年投资项目清单、《渭源县生态文明体制改革实施方案》《关于进一步支持全县民营企业快速发展的实施意见（审议稿）》《渭源县2019年度综合目标管理责任书考核奖惩办法（审议稿）》《渭源县2019年度综合目标管理责任书完成情况年终考核方案（审议稿）》。会议审议并原则同意《关于成立渭源县农村合作金融机构风险化解领导小组的意见》《关于建立全县大抓基层党建工作责任制实施意见》。会议研究了有关人员任免事宜。会议审议并原则同意《关于补选渭源县第十六届人民代表大会常务委员会委员的请示》。会议研究并原则同意有关补贴发放事宜。

县委办公室工作

【概况】县委办公室现有内设股室9个（秘书股、机要室、保密股、督查室、综合股、档案管理股、行政股、县委法规室、国安事务股），加挂县档案局、县委机要和保密局、县国家保密局、县国家密码管理局牌子，承担县委全面深化改革委员会、县委国家安全委员会、县委财经委员会具体工作。共核定编制36名，其中：行政编制23名，事业编制13名。办公室现有工作人员31人，其中班子成员4人，四级调研员1人，二级主任科员1人，三级主任科员2人，四级主任科员2人，一级科员7人；工勤人员2人；八级职员2人，九级职员7人。

【党的建设】始终把加强机关党的建设摆在首要位置，不断增强政治领导力、思想引领力、群众组织力、社会号召力，以政治上的全面加强，推动全面从严治党向纵深发展。

1.*在政治建设上狠下功夫。*强化政治机关意识，坚定政治信仰、强化政治领导、提高政治能力、净化政治生态，把学习贯彻习近平总书记在中办调研时提出的“五个坚持”要求作为一条红线贯穿工作始终，努力在为党委服务、为人民服务、为工作大局服务上作出新的贡献。

2.*在理论武装上狠下功夫。*深入推进“不忘初心、牢记使命”主题教育，坚持举办专题辅导、读书交流，充分利用“学习强国”“甘肃党建”APP等平台载体，分专题抓好五大发展理念学习，跟进学习习近平总书记最新重要讲话精神，不断巩固学习成果。

3.*在作风建设上狠下功夫。*注重抓好机关作风建设，以党风带政风、以党建带作风，结合“转变作风改善发展环境建设年”活动、“形式主义、官僚主义集中整治专项行动”，坚决整治作风不实、办事效率低下等不作为、慢作为行为，使服务明显提质、工作明显提效。开展评选“优秀党员”“先进工作者”等活动，充分调动全体党员干部积极性、主动性。紧贴机关职能，优化政务环境、畅通信访接访渠道、减轻基层负担、密切联系群众，机关服务满意度进一步提高。

4.*在支部建设上狠下功夫。*全面落实“三会一课”、组织生活会、民主评议、谈心谈话、主题党日、党性分析等组织生活制度，促进支部建设规范化，提升支部工作水平，增强支部战斗力。加强支部结对共建，全力帮助帮扶村实现脱贫摘帽目标任务。切实发挥党员主力军、青年生力军、女干部半边天作用。切实维护党员干部利益，关心关爱党员干部工作生活。

【政务服务】紧紧围绕县委中心工作，开拓进取，扎实工作，政务服务能力不断提升，各项工作取得显著成效。

1.综合协调周密高效。充分发挥综合协调职能，加强对重要工作、重大活动、重点领域的统筹协调。先后专题协调各类事项50余次，确保县委各项决策落到实处、各项工作顺利推进。高质量牵头承办了甘肃省深度贫困地区脱贫攻坚现场推进会、国务院扶贫办定点扶贫现场推进会、“敦煌行·丝绸之路国际旅游节·首届渭水文化旅游节”等一批重大活动，认真履行整改办职责，扎实做好中央脱贫攻坚专项巡视、省委巡视、市委巡察、各级各类督查检查的整改落实工作。

2.参谋辅政精准发力。充分发挥以文辅政作用，注重加强对重点热点难点问题的调查研究，为县委科学决策提供参考。深化政策研究，牵头制定了《关于打赢脱贫攻坚战三年行动的实施方案》《渭源县乡村振兴战略实施规划（2018—2022年）》等一系列政策文件。深化专题调研，形成了《锤炼过硬品质提升服务能力推动党委系统办公室工作再上新台阶》《全县产业扶贫调研报告》等一系列调研成果。共编发《渭源县“四聚焦四确保”决胜脱贫摘帽》《渭源县探索推行驻村攻坚总队长包村抓户责任制》等各类信息191期，被省市采用5期。创新以文辅政方式，组织开展文稿写作能力提升培训班13期，编印辅导材料4期32篇。

3.政务保障规范有序。加强对办文办会办事全流程管理，全力提高办文办会办事的效率和质量，努力当好文件会议质量“检验员”。全面梳理办文中的“短板”，健全完善县委党内规范性文件前置审核等制度，县委公文质量得到进一步提高。坚持精益求精，完善会前准备、会中服务、会后落实三大环节，确保会议组织服务工作细致周密。精简文件会议成果进一步巩固，全县规范性文件较上年同期下降22%，会议同比减少25%。健全批示件办理、印章管理等制度，共承办请示、报告300余件。完善内控管理制度，严格经费和车辆管理，认真做好公务接待工作，严格落实安全保卫、信访接待、值班、卫生等工作。

4.政务督查扎实有效。建立重点工作“清单+台账+考核”制度体系，制定年度重点工作清单，有效推动工作任务落实，牵头正常组织开展日督查周通报月评比，印发督查通报23期。加大民生实事项目督查力度，建立滞后项目清单制度和完成销号制度。承办省市级以上领导批示50余件、县委领导批示200余件。

【机要保密档案工作】

1.机要工作。强化理论学习，组织机要干部认真学习《中华人民共和国密码法》，不断提高自身素质，为机要工作高质量开展奠定坚实基础。严格工作程序，严守工作纪律，认真落实监管制度。严格执行日常交接班制度。按照文件流转程序进行文件和传真电报批阅，确保“无事故、无差错、无错情”。严格执行领导带班和24小时值班制度，规范优化批办流程，提高办报效率。严格文电管理，认真做好秘密文件清退销毁工作。

2.保密工作。不断增强保密责任感，强化保密观念、纪律观念、法治观念，为有效保守国家秘密发挥了重要作用。一是严抓管理，提高保密工作能力。建立《涉密计算机管理制度》《涉密文件清理销毁制度》《涉密工作人员管理制度》《保密工作应急预案》等制度，加强对涉密人员、涉密载体、计算机信息系统、定密等关键环节的管理。二是严抓宣传教育，强化保密工作意识。以新中国成立70周年、全民国家安全教育日等为契机，加强保密形势教育、警示教育。三是严抓督查能力，严防失泄密事件发生。制定印发《保密自查自评督查工作方案》，对各乡镇、重点涉密单位全覆盖督查检查。

【改革督查国安工作】

1.深化改革工作。全面落实中央和省市关于全面深化改革工作的安排部署，将县委全面深化改革领导小组改为县委全面深化改革委员会，作为县委议事协调机构，县委全面深化改革委员会办公室设在县委办公室，承担县委全面深化改革委员会具体工作。组建明确了县委全面深化改革委员会组成人员及工作职责，设主任1人、副主任3人、专职副主任1人、委员20人、办公室主任1人，委员会下设9个专项小组，各专项小组设组长、副组长、成员单位、办公室主任和联络员。秘书股具体承担全面深化改革委员会办公室的相关工作，现有兼职工作人员2人。制定《中共渭源县委全面深化改革委员会工作规则》《中共渭源县委全面深化改革委员会专项小组工作规则》《中共渭源县委全面深化改革委员会办公室工作细则》，并经县委深化改革委员会第一次会议审议通过，为深化改革各项工作顺利开展提供了根本遵循。制定《中共渭源县委全面深化改革委员会2019年工作要点》《中共渭源县委全面深化改革委员会2019年工作台账》。

2.督查检查工作。创新督查方式，健全督查机制，强化督查举措，建立了“日督查周通报月评比”制度，突出抓好县委、县政府重大决策、重要工作部署的贯彻落实，不断拓展督促检查的深度和广度。坚持“四不两直”工作法，县四大班子领导轮流带队，全县4个督查组充分发挥工作职能，坚持问题导向，奔着发现问题去，带着解决方案来，切实做到了真督实查、推动落实。注重正面宣传，形成了表彰先进、激励后进的良好氛围。印发《每周快报》23期，对当月脱贫攻坚各项任务完成好的10个乡镇、部门授予流动红旗；对当月脱贫攻坚各项任务完成差的10个乡镇、部门发放末尾警示黄牌；对18名工作成绩突出的干部给予个人红旗，对54名工作不负责任、敷衍塞责的干部给予个人黄牌，共编辑典型问题9篇，经验交流23篇，对400多名帮扶责任人进行了集中约谈。

3.国家安全工作。坚持总体国家安全观，统筹发展和安全，结合社会治安综合治理、扫黑除恶专项斗争、推进农村法治建设、强化宗教事务监管及反邪教宣传教育等工作，加强国家安全建设，坚决维护国家主权、安全、发展利益。

【领导名录】

县委办公室主任、县委机要局局长、兼任县委全面深化改革委员会办公室主任、县委财经委员会办公室主任、县国家保密局局长、县国家密码管理局局长：郑强（1月任）

县委办公室副主任：樊喜红、张永峰、漆世文

贾元昌（12月任）

县委党史研究中心主任：张永峰（兼，4月任）

县档案局局长：赵柄权（1月止）

郑强（兼，1月任，8月止）、漆世文（兼，8月任）

县档案局副局长：后玉芳（女，1月止）

（供稿：李亚军）

组织工作

【概况】县委组织部行政编制12名，领导职数4名，其中部长1名、副部长3名。内设县党员服务中心，科级建制，核定事业编制4名，设主任1名；县委人才服务中心，科级建制，核定事业编制2名，设主任1名；县党员电教中心，股级建制，核定事业编制2名；县老干部服务中心，科级建制，核定事业编制6名，副科级1名。

【“不忘初心、牢记使命”主题教育】

1.学习教育。各级党组织运用“学习强国”

“甘肃党建”等平台，通过“八进八学”活动，举办读书班、培训班、理论学习和专题辅导1184场次，讲授专题党课1028场次，发放教材6.8万本，研讨交流458场次、自学成果交流448场次，交流发言2885人。

2.调查研究。各参学单位选定调研课题582个，撰写调研报告1023篇，召开领导班子调研成果交流会113场次，形成调研成果1002个。

3.检视问题。各参学单位征求意见建议3721条，梳理认领1574条，自我检视查摆问题4254条。

4.整改落实。解决了全县7643户建档立卡贫困户危房改造遗留问题，3742户建档立卡贫困户实现易地搬迁安置。制定了“1+7+3”专项整治方案；排查解决“一户多卡”“一人多卡”问题475条。排摸确定群众最急、最忧、最盼的实事15件、已解决13件，改造老旧供热管网6公里，新建（改造）换热站4座，维修改造供水隐患管线17处7.2公里，在5家县级、18家乡级定点医疗机构和217个村级卫生室推行“一站式”即时结算报销政策。

5.建章立制。建立《全县大抓基层党建工作责任制》《渭源县脱贫攻坚总队长包村抓户责任制》《渭源县政务事项代办帮办制度》等制度，进一步巩固了主题教育成果，形成了一批管根本、管全局、管长远的长效机制。

【干部工作】

1.提升干部能力水平。制定《2019年全县干部教育培训工作安排意见》，举办习近平新时代中国特色社会主义思想培训班11期、培训各级领导干部1635人次，脱贫攻坚培训班6期、培训各级领导干部1302人次，基层一线干部培训班7期、培训各领域干部935人次。选派127名党政领导干部赴南京、山东等地参加脱贫攻坚能力提升培训，选派50名党政干部赴福州晋安区参加“党政干部能力提升培训班”。组织344名干部参加省市网络培训。

2.推进机构改革工作。严格遵守机构改革干部人事纪律要求，进一步落实关键岗位干部轮岗交流和领导干部“能上能下”等制度，进一步整体优化干部队伍。

3.树正鲜明用人导向。从脱贫攻坚一线调整配备干部7批次，提拔干部69名，将脱贫攻坚能力强的28名干部调整充实到乡镇领导班子。培养选拔“85后”正科级干部7名，“90后”副科级干部11名，对确需补充工作力量的县直单位通过公开选调的方式调入年轻干部94名。

4.激励干部担当作为。对160名实绩突出帮扶干部进行了表彰奖励，对连续三年考核优秀的公务员（参公人员）记三等功并发放了证章套件，对202名优秀公务员（参公人员）落实了嘉奖，乡镇干部科学发展观奖金比县直单位高出2000元。选调26名夫妻双方均在乡镇工作满5年以上的干部进入县直单位工作。制定《渭源县激励改革创新干事创业专责组工作方案》，对干部工作作风方面倾向性、苗头性问题进行及时提醒。

5.加强公务员管理工作。对全县非领导职务及享受县以下职级待遇的494名干部进行了职级套转，对全县61名保留待遇干部全部委任了职级，完成了139名符合晋升条件人员的首次晋升，登记新录用公务员13人，调任登记各级各类科级公务员15人，并在机构改革中转隶公务员档案130本，完成了1213卷干部人事档案数字化建档工作。

【基层党建】

1.抓党建与促脱贫互融共促。制定县乡村三级抓党建促脱贫攻坚三年行动计划任务责任清单、《关于落实市委组织部〈关于强化农村基层党建决战决胜脱贫攻坚的若干措施〉的实施意见》《关于从严落实“四抓两整治”举措全面加强农村基层党组织建设的具体措施》等制度，开展乡镇党委书记政治能力提升行动、“双引双带”党建扶贫工程，实施农村“三链”建设，探索“党组织+经营主体+贫困户”助推产业发展、带动农民增收模式，新成立农村产业党组织28个，引导村党组织书记、村“两委”班子成员和农民党员带头领办、创办企业、合作社等农村经济组织590个，集聚1149名致富能人党员引领贫困户持股入社、分红受益。推行“支部融合共建、党员互带共促”模式，开展“六联共建”活动，172个农村党支部与帮扶机关党支部结成帮扶共建对子，开展结对共建活动491场次。

2.提升党支部建设标准化工作水平。为县四大班子党员领导干部和副县级党员领导干部确定联系点64个，开展集中学习868场次。提出推进城市社区、事业单位、非公有制经济组织和社会组织四个领域党支部标准化建设具体要求、具体任务，培训党组织书记、党务干部1668人次。及时将党员人数超过100人的2个社区党支部升格成为党委，新成立党支部8个、划分党小组18个；在教育和卫生系统广泛开展“两争一转”“三好一满意”活动；制定《聚力“两个覆盖”推行“四引领”“四双向”“一融入”举措提升全县非公经济组织党建工作质量的实施方案》，抓好“小、个、专、园”党组织组建，推行“双报双找”“两查两管”制度，加强流动党员管理，运用行业业务和党建工作“两个平台”，实行业务和党建工作“两个考核”，创新开展社会组织党建“同心圆梦”工程，解决非公经济组织和社会组织党组织功能弱化问题。

3.整顿提升软弱涣散基层党组织。为18名县四大班子党员领导干部和3名副县级党员领导干部建立“一对一”包抓农村软弱涣散党组织整顿提升工作联系点，帮助解决突出问题53条。在主题教育中，新确定软弱涣散基层党组织19个，“一支部一策”制定整顿方案，建立整顿台账，提出整顿提升措施71条，补齐配强7个村的村干部和班子成员，确保整顿工作如期完成。

4.开展村干部优化提能行动。制定《渭源县村干部能力素质提升方案》，建立了722人的村干部信息库和939人的村级后备干部库，培训村干部475人次，各乡镇分片开展村干部能力素质提升培训班16场（次）。完成130个村党组织书记和村委会主任“一肩挑”。积极推行村干部“一选两聘”模式，选派22名县乡干部到村担任党组织书记，公开选聘16名高校毕业生和农村致富青年担任村文书，动员回聘1名退休干部到村任职。制定《关于推行村干部“小微权力”制度的实施意见》，指导乡村两级全覆盖建立村干部“小微权力清单”。

5.加强党员教育管理。深入开展“学党史、感党恩、听党话、跟党走”聚民心活动，指导基层党支部和党员注册安装“甘肃党建”信息化平台，开展线上组织生活。对功能设施不完善的组织活动场所完成改造提升。持续发展壮大村级集体经济，集体经济收入5万元以上的村达到83个。

【驻村帮扶工作队管理】

1.着力加强组织领导。制定《关于进一步加强驻村帮扶工作队管理的通知》《关于全面加强脱贫攻坚驻村帮扶工作的通知》《关于从严从实从紧加强全县脱贫攻坚帮扶工作督查的通知》，成立了全县驻村帮扶工作队督查工作领导小组。任命乡镇党委副书记担任乡镇驻村帮扶工作队总队长，履行乡镇党委驻村帮扶工作队属地管理职责。

2.着力建强攻坚队伍。增派省市县各级干部206名，对全县驻村帮扶工作队进行了调整充实。

3.着力提升干事创业劲头。及时足额拨付贫困村每年1万元、非贫困村每年5000元的驻村帮扶队工作经费，派出单位为选派干部办理了人身意外伤害保险，落实了生活补助和通信补贴。57名县乡领导干部对217个驻村帮扶工作队进行了全覆盖走访慰问，发放慰问物品195套，折合资金3.6万余元，进一步提振驻村帮扶干部工作信心。

【人才工作】

1.持续壮大人才队伍。对384名省市县乡科技人才资源整合，充实优化到109个科技特派员服务团队，对接到全县109个贫困村，建立马铃薯、中医药等八大特色产业科技特派员工作站，建成产业基地25家，指导建立电商实体26家，先后有3名优秀科技特派员获省科技厅表彰。加强与省农科院、甘肃农业大学等高等院校和科研院所合作，推行“课题+人才”的科研融资机制，邀请全国马铃薯知名专家王一航在渭源县乡村振兴人才培训中心建成马铃薯专家工作站，开展马铃薯新品种研发和人才培养，推动了产学研相结合的人才合作机制提质增效。深化“双百四联”行动，组成5个专家服务团，开展各类培训28场次，开展技术指导服务35场次，推广新品种6个，指导发展家庭养殖场130多个。建强农村实用人才队伍，着力实施农村实用人才队伍建设“十项计划”，先后举办各类实用技术培训班40期，集中培训各类人才4067人，评定新型职业农民740名，涌现出了农民发明家康玉林、产业明星李海东等一大批创新创业能人。大力实施“归雁工程”，先后吸引陆喜林、康建林、庆会军等280多名渭源籍在外优秀人才回乡创业。制定中药产业人才、中医事业人才培训方案，邀请蔡子平、米宏伟等省上中药材研究专家，采用现场一对一的培训方式，深入莲峰、会川、上湾等中药材建设基地开展培训3场次300多人。

2.*落细落实重点工作任务*。建成乡村振兴人才培训中心1处，开展各类培训25期，培训农村实用人才2300人次，辐射带动农户8000余人。制定《2019年教育卫生系统引进急需紧缺人才工作方案》，组织教育卫生单位负责人赴省中医药大学、宁夏大学、西北师大、陕师大等高等院校参加公开招聘专场会和双向洽谈会，先后签订意向性就业协议24人（卫生系统18人、教育系统6人）。晋渭两地党委政府互派党政干部5名交流挂职锻炼；举办党政干部能力提升培训班1期；选派24名党政干部参加了“双招双引、对标福州”人才培训班；选派13名农村电商人才赴晋安区参加电商培训；教师、医生专业技术人才赴晋安区跟岗学习、进修培训18人次；晋安区选派18名教育、医疗、人社、金融、农业等领域专业技术人才赴渭源挂职交流，组织专家名师团队培训渭源中小学教师850人次，引进东部重症医学科（ICU）、食用菌种植、钉钉教育、惠农资金网等技术4项。充分发挥县管人才作用，组建由167名市县专家和434名乡村医生组成的家庭医生服务团队，签约服务全县所有未脱贫贫困户，调配10名全科医生到乡镇卫生院坐诊，选派19名乡镇卫生院医师到村卫生室指导工作；选派16名城区学校优秀骨干教师到农村薄弱学校支教，选配25名支教学生到中小学支教等。

【老干部工作】

1.*持续加强政治建设*。扎实推进离退休党支部主题教育，组织引导离退休干部认真学习习近平新时代中国特色社会主义思想，组织30多名退休党员赴外开展主题党日活动，举办主题演讲比赛2次，樊新民、杨步新、张俊等老干部的演讲作品被《定西老年》登载。

2.*不断提升服务水平*。先后邀请老干部代表参加全县重要会议23人次，向老干部定期通报全县经济社会运行情况，征求意见和建议；邀请4名老干部担任干部考察工作监督员。组织83名离退休干部参加了健康查体，妥善解决个别离退休干部医疗费用。严格落实“五必访”制度，“两节”期间，对全县104名离退休干部进行走访慰问，开展了佩戴“共和国成立70周年纪念章”活动。

3.*逐步拓宽工作载体*。先后组织老干部开展参观城乡变化、“五老”队伍宣讲、助力脱贫攻坚等活动，老年大学艺术团赴基层演出11场次，为127户贫困户帮扶价值4万多元的物资。着力加强离退休干部信息化建设，完成1648名离退休干部信息采集上报工作。紧紧围绕支持和帮助青少年成长成才、团结教育广大青少年听党话、跟党走的目标要求，在全县掀起了以庆祝新中国成立70周年为主题的各项活动。

【领导名录】

部长：王世宴（县委常委）

常务副部长：石贵平（8月止）、罗世慧（8月任）

副部长：王德良、何冠兵（3月任）、罗世慧（8月止）

县非公有制经济和社会组织党工委书记：罗世慧

（供稿：魏彩云）

宣传工作

【概况】县委宣传部是县委主管意识形态方面工作的职能部门，现有编制19人，其中行政编制7人，事业编制12人，实有工作人员16名。2019年3月，机构改革后，挂县政府新闻办公室、县新闻出版局、县精神文明建设指导委员会办公室牌子。统一管理新闻出版和电影工作，将原文化广播影视出版局的新闻出版和电影管理职责划入县委宣传部。设立了下属事业单位县互联网信息管理中心。领导县融媒体中心工作。

【理论武装】持续强化理论学习，推动全县各级党委（党组）理论学习中心组把习近平新时代中国特色社会主义思想作为学习的核心课目，深入开展党的十九届四中全会精神和“不忘初心、牢记使命”主题教育宣传宣讲活动，学以致用、用以促学。今年以来，县委理论学习中心组开展集中学习37次。组织开展面向基层一线干部群众的理论宣讲、感恩教育、典型宣讲260多场次，引导广大干部群众“感党恩、听党话、跟党走”，凝聚攻坚合力。深入开展“大调研”活动，把开展主题教育与推动各项重点工作落实相结合，全县党员干部完成调研课题582个，切实增强学习实效。

【舆论引导】精心策划开展庆祝新中国成立70周年宣传，举办渭源县庆祝新中国成立70周年暨如期全面打赢脱贫攻坚战主题文艺晚会，悬挂壁挂国旗4000多面，安装国旗灯箱400多个，唱响“礼赞新中国、奋进新时代”的昂扬旋律。着力提升外宣工作水平，扎实开展脱贫攻坚、“不忘初心、牢记使命”主题教育和“扫黑除恶”等主题宣传，持续不断做好经济宣传、典型宣传和重大行动专题宣传，全年在市级以上报刊、电台、电视台和通讯社刊播宣传稿件1900多篇（条），其中人民日报、新华社、中央人民广播电台、中央电视台等中央主流媒体发稿80多篇（条），进一步壮大了主流媒体声音。16件新闻影视作品获评省市广播影视奖、4件作品获评省市新闻奖，微电影《戏里戏外》获评全省政法系统微电影评选三等奖。在“学习强国”学习平台推出优秀稿件（视频）30多篇（条）。

【精神文明建设】深入推进社会主义核心价值观建设，深化拓展“我们的节日”主题活动，深入开展“美丽乡村•文明家园”农村精神文明示范创建活动，积极推荐申报第十四批市级精神文明建设先进集体、文明家庭和先进个人。累计评选表彰各类文明单位241个，较好地发挥了示范带动作用。持续实施精神扶贫“十大工程”，狠抓中央专项巡视反馈问题整改工作，有效激发了贫困群众脱贫致富的内生动力。持续开展志愿服务、道德讲堂等活动。加快推进新时代文明实践中心建设试点工作，建成1个县级实践中心、16个乡镇实践所、179个村级实践站，组建县、乡镇志愿服务队191个，发展志愿者1万多名，制作志愿服务马甲500件、帽子500顶，累计开展各类志愿服务活动1300多场次。创新建设道德讲习积美超市96个，不断提升公民道德素质。加强和改进新时代未成年人思想道德建设。

【意识形态】坚持党管意识形态原则及属地管理、分级负责和谁主管谁负责的原则，切实靠实“四个责任”，研究出台《关于进一步加强舆情应对处置工作的实施方案》等10多项意识形态工作制度或文件，进一步健全定期督办、网络举报、预警监测、分析研判、责任追究等制度，持续织密制度机制“保障网”。认真做好十三届省委第四轮巡视意识形态工作责任制落实情况专项检查反馈问题整改工作，将反馈意见细化为4个方面12项21条具体问题，全面完成整改任务。用好督促考核“指挥棒”，推动各级党组织旗帜鲜明地站在意识形态工作第一线，切实把责任扛在肩上、把工作抓到手上、把任务落到实处。

【网信办工作】加强网络安全宣传，组织开展《网络安全法》和网络安全周主题宣传活动，进一步规范了党员干部网络行为。强化监测整治，扎实开展净化网络舆论环境专项整治工作，对县域内网站和“两微一端”特别是网站论坛、评论、博客等互动环节中有害信息进行了全面清理整治，对29家网站和单位网络安全和关键信息基础设施进行了专项检查，进一步强化备案、督查、责任追究制度落实。抓好舆情管控，严格落实网络舆情24小时值班制度，提高舆情监测能力，及时正面回应涉渭舆情。

【新闻出版（新闻中心）工作】

1. 软件正版化工作。认真落实《软件正版化工作手册》《定西市软件正版化工作考核办法》，指导党政机关、事业单位、社会团体软件正版化工作。加强市场监管，将打击软件侵权盗版行为纳入2019年打击侵权假冒工作和打击网络侵权盗版“剑网2019”专项行动。共开展专项行动10次，严厉查处垄断和不正当竞争行为，维护软件市场公平竞争秩序和消费者合法权益。

2. 新闻出版工作。全年共登记注册新闻出版类企业及用户6家，换发证照5件次，开展印刷等文化企业执法检查21次。

3. 新闻中心工作。新闻中心工作坚持服从服务于全县中心工作的大局，及时有效组织召开扫黑除恶、网络打击犯罪等各类新闻发布会8场次，及时发布了重大新闻，公布了重要信息，回应了社会关切。

【领导名录】

部长：何晓云（县委常委）

常务副部长：吴胜军

副部长：王正强、祁小平（9月止）、王惠明（9月任）

（供稿：张安军）

统一战线工作

【概况】渭源县统一战线系统现有民盟支部1个、民革支部1个。民盟渭源县支部成立于1984年5月，现有盟员38人，其中中高级专业技术人员20人。民革渭源县支部成立于2008年12月，现有民革党员20人，其中高级职称8人，中级职称10人，正科级干部2人。2019年4月，民革渭源县支部被评为“甘肃省民革组织工作先进集体”。县工商联下设6个行业商会，6个基层分会。渭源县党外知识分子联谊会成立于2010年1月，现有会员47名。2019年6月，县党外知识分子联谊会完成换届，组建了新一届知联会班子，有设会长1名，副会长3名，秘书长1名。全县新的社会阶层代表人士46人。海外联谊会1个，会员52名。全县党外干部4672名，党外知识分子2637名，无党派代表人士75名。在台同胞27人，台属59户102人，侨胞11人，侨眷11户22人。全县有政府批准开放的宗教活动场所有26处。佛教9处，道教6处，基督教8处，伊斯兰教2处，天主教1处。有爱国宗教团体4个。

【统战宣传】高度重视统战工作信息报送工作，分别在《团结网》《学习强国》《新甘肃》《甘肃统一战线》《定西统战公众号》和《定西日报》等媒体上报达100余篇。由各民主党派支部和党外代表人士撰写信息被采纳报道约30余篇。

【多党合作】

1. 拓宽知情渠道。组织民革渭源支部、民盟渭源支部和党外知识分子联谊会赴大安乡、秦祁乡开展民主监督工作。组织召开党外人士经济社会发展情况通报会，各界人士代表积极建言献策。

2.解决实际困难。协调为民盟支部核定事业编制2名。

3.加大培训、培养和选拔党外干部力度。选派1名民革渭源支部党员、2名民建会员参加有关培训；新提拔党外干部7人，交流任职4人；向县委组织部推荐优秀党外干部6名，其中正科级1名，副科级3名，一般干部2名。

4.服务于民。各民主党派和党外代表人士围绕全县中心工作先后撰写调研文章5篇，提交意见建议8项、议案12项。组织民革党员先后开展了为孤寡、空巢老人献爱心送温暖社会调研活动、送文化进乡村校园活动、为少数民族群众义写义画活动；邀请民革甘肃画院开展脱贫攻坚结对帮扶活动。组织盟员开展送医下乡活动3次。县知联会组织开展“送医、送文化、送科技、送法律”四下乡活动4次，提供咨询和接受诊疗病人500余人（次），开展健康咨询3000余人（次）。建立了党外干部“四个一”的培养、选拔和使用制度（即一年一走访、一培训、一考核、一推荐）。

【民族工作】

1.强化组织领导，靠实工作责任。县委常委会研究民族宗教工作3次。县委书记组织召开县委统一战线（民族宗教）领导小组全体会议2次，先后3次对民族宗教工作作出批示，召开县委统一战线工作领导小组专题会议3次。县委深化改革委员会审议通过了《渭源县关于全面深入持久开展民族团结进步创建工作铸牢中华民族共同体意识实施方案》。

2.深入开展民族团结进步创建活动。通过悬挂横幅、张贴标语、设置宣传栏、发放宣传资料、印制宣传纸杯等多种形式宣传党的民族政策，积极开展民族团结宣传教育活动。在路园镇三河口村建立了集美超市，在三河口回民小学建立巾帼家美积分超市。

【宗教工作】加强学习宣传《宗教事务条例》，依法加强宗教活动场所管理，充分发挥乡镇统战民族宗教工作办公室作用，进一步明确乡镇党委、政府宗教活动场所管理的主体责任。开展宗教活动场所“四进”活动，引导宗教界认真学习中华优秀传统文化，乡镇牵头组织制作专题墙报专栏和“社会主义核心价值观”宣传牌、法治宣传栏、法律知识角（图书柜），大力宣传《宪法》《宗教事务条例》。加强民间信仰活动场所管理，签订《关于加强寺庙、宫观、清真寺、教堂治安管理责任书》《山场庙宇治安管理责任书》。

【新的社会阶层人士统战工作】全县共有新社会阶层人士1833人，其中民营科技企业创业人员和技术人员26人，个体工商户1637人（大专及以上123人），私营企业出资人53人（大专及以上11人），自由职业人员117人。逐步建立同心实践示范基地，先后为莲峰镇老庄村优质花卉产业园、启想培训中心、五竹镇花卉扶贫车间等5家新的社会阶层人士“同心实践示范基地”挂牌。组织全县新的社会阶层人士开展了“凝聚统战智慧，创业奉献社会”为主题的新的社会阶层人士读书会。组织新的社会阶层人士到路园镇金鸡产业扶贫园区、莲峰镇绽坡村食用菌生产加工扶贫车间、莲峰镇老庄村优质花卉扶贫产业园开展产业扶贫观摩活动。

【非公经济领域统一战线工作】建立《渭源县县级领导干部联系商会工作制度》，确定了32名县级领导联系10个基层商会。协调为8户民营企业落实贷款1.17亿元，为18户民营企业落实贷款2.26亿元，切实解决了企业发展难题。制定“千企帮千村”活动实施方案，确定为109个村开展帮扶活动。开展民企陇上行活动，与各商会、企业积极沟通，广泛交流互动，不断加大招商引资力度累计签约近20亿元，其中，由福州超大现代农业集团投资建设的田家河乡元古堆村百合产业园建设项目，百合加工车间和体验中心完成场地平整，办公楼主体工程正在建设。

【港澳台海外统一战线工作】开展海外统战

工作，先后多次与欧美同学会对接洽谈，欧美同学会组织留学人员向渭源县共捐赠物资设备10批、资金2笔，签订帮扶意向协议12项，总价值653.5万元。欧美同学会帮扶渭源县资金和捐赠物资共计1120.88万元。

【领导名录】

部长：王嵘（县委常委）

常务副部长：杨志宏（1月止）司正鹏（1月任）

副部长：赵伟（1月止）王永林（1月止）

何荣（1月任）

县民族宗教事务局长：杨志宏（1月止）、王嵘（10月止）、司正鹏（10月任）

县民族宗教事务局专职副局长：何荣（1月止）

县民族宗教事务局副局长：司正鹏（1月任，10月止）

何荣（1月任）

县台湾事务办公室主任：张满源（4月止）、王嵘（4月任）

县台湾事务办公室副主任：张惠如（女）

（供稿：张惠如）

政法委员会工作

【概况】县委政法委员会现有行政编制7个，领导职数4任，设书记1名，由县委领导同志兼任；副书记3名。在职人员10人，书记1人，副书记3人，四级调研员1人，二级主任科员1人，四级主任科员3人，一级科员1人。2019年3月，机构改革后，不再设立县社会治安综合治理委员会及其办公室，县维护稳定工作领导小组及其办公室，有关职责交由县委政法委承担。不再设立县委防范和处理邪教问题领导小组及其办公室，有关职责交由县委政法委、县公安局分别承担。政法委下设综治维稳和反邪教股、办公室、执法督导室。2019年11月，成立县综治中心，公益一类事业单位，股级建制，隶属县委政法委，核定全额事业编制5名。

【政法工作】全县社会大局呈现出“一稳一降三提升”的良好局面。社会大局持续稳定，征地拆迁等重大项目实施推进顺利，重点人员可稳可控。治安发案持续下降。全面完成全省脱贫攻坚现场观摩会、西美国际大型演唱会、第二届渭水文化旅游节等大型活动及新中国成立70周年大庆维稳安保任务，社会面管控能力明显提升；围绕群众反映强烈的突出问题，强化治理，有效破解了一批社会治安难题，群众安全感明显提升；严厉打击黑恶势力等重大违法犯罪，及时破获群众关心关注案件，追回失物、减少损失，赢得人民群众的支持和信任，群众满意度得到有效提升。2019年群众安全感满意度测评，群众安全感达99.6%，治安明显好转度达93.4%。

【扫黑除恶专项斗争】全面开展扫黑除恶专项斗争联合会战，有效净化社会环境。结合实际，将12类打击重点细化，聚焦到重点地区、重点行业、重点人员，以“一心、两线、三镇”（县城及周边和316、212国道沿线，莲峰镇、会川镇、新寨镇）为重点，设立举报信箱、举报电话，开展滚动式排查、常态化整治。

【平安渭源建设】以全面深化司法体制改革为动力，全面推进平安创高、法治创优、治理创新、队伍创专的“四创”建设，努力做到“五个坚决防止”，全县社会大局持续稳定，社会治安形势良好。

1. 推进平安创高，全力维护社会和谐稳定。始终坚持“以人民为中心”的维稳理念，全面落实维稳工作措施，实现重要敏感节点持续稳定目标。全面开展社会稳定风险评估，共计评估重大事项38项（其中第三方评估8项）。积极开展反邪教宣传警示教育活动，拍摄的反邪教宣传微电影《戏里戏外》，获得甘肃省首届反邪教微电影微视频微动漫大赛二等奖。全面开展金融领域、命案防控、寄递物流、农民工欠薪、道路交通安全、禁种铲毒、涉法涉诉信访积案化解、校园及周边环境、小区物业管理、文化娱乐场所等十个专项整治。严格落实平安建设领导责任制，县委对发生命案的峡城乡先后做出3个月限期整改和“一票否决”责任追究决定。

2.推进法治创优，建设公平公正的法治新环境。深入开展案件评查。加大国家司法救助资金使用监管力度，全县共申请到国家司法救助资金53万元，救助20案21人。其中，省级司法救助资金13万元，救助6案7人；中央司法救助资金40万元，14案14人。深化涉法涉诉信访导入，在信访联合接待大厅增设律师服务窗口，将有条件的信访事项全部导入司法程序。全力优化营商环境，政法单位28名班子成员联系56家民营企业开展“一对一”服务，协调解决法律诉求。

3.推进治理创新，提升基层治理水平。组建了355名以村级治保会主任、交巡警等为主要成员的专职群防群治队伍，争取到省级群防群治专职队员补助经费39.5万元。建成乡镇综治中心7个，村（社区）综治工作中心建成165个，确立市级乡镇综治中心建设对象1个，县级综治中心示范建设对象19个（乡镇中心3个，村级中心16个）。进一步健全完善网格化管理，建立一级网格16个，二级网格220个，三级网格1576个，配备网格员1462名，网格化服务管理覆盖率89.97%，社区（村）级网格化覆盖率84.98%。落实综治平台信息采集每日工作群通报制度，共计开通综治E通手持终端368个，新增更新信息156094条、基础数据采集344180条。创新发展新时代“枫桥经验”，成立了渭源县人民调解员协会和“永宏调解工作室”、会川镇河里庄村成立了“鸿晏调解室”、莲峰镇杨家咀村成立了“礼仁调解室”。探索建立了《渭源县婚姻家庭矛盾纠纷引发命案防范机制》。积极组织开展铁路爱路护路宣传活动，开展集中宣传活动7次，发放学习手册1022本，宣传资料6000多份。加大对铁路两侧五公里范围内情况排摸力度，排查出彩钢房安全隐患4处，拆除3处，加固1处。

4.推进队伍创专，树立政法队伍新形象。以政治建设为统领，以习近平新时代中国特色社会主义思想为指导，引导全体政法党员干部增强“四个意识”、坚定“四个自信”、做到“两个维护”，确保政法队伍绝对忠诚、绝对纯洁、绝对可靠、绝对服从。深入开展“不忘初心、牢记使命”主题教育，全县政法系统各单位均举办为期一周的读书班，组织专题研讨32次、学习成果交流会5次，开展专题课题调研26个，班子查摆问题59条、班子成员存在问题243条，摸排公益诉讼案件线索28件，立案26件；发布民事公益诉讼公告4件，提起刑事附带民事公益诉讼2件。

【法治扶贫】政法系统全面组织开展“法治扶贫”行动，以“送法下乡入户”、培养村“法律明白人”、重点人员精准扶贫、政法干警结对帮扶等系列活动为载体，进一步优化涉贫案件办理，对建档立卡户无偿提供法律援助，对符合司法救助条件的建档立卡户落实司法救助，严惩阻碍脱贫攻坚行为，全面开展法治扶贫护航脱贫摘帽行动。县委政法委协调各政法部门联合发布了《关于严厉惩治阻碍脱贫攻坚工作行为的通告》，为扶贫政策落实提供法治保障。脱贫攻坚扶贫领域典型突出问题全部有效依法妥善解决，共计解决问题33件。依法惩处扶贫领域“乱象”2起，训诫教育15人，行政拘留4人。开展法治大讲堂260余场（次），培训“法律明白人”1220人，申报省级贫困村“民主法治示范村”1个，命名县级贫困村“民主法治示范村”14个，建成“农家法治书屋”2个，贫困村法治文化广场2个。强化法律服务，远赴天津、广东等地劝返义务教育阶段适龄儿童4名。共计办理农民工法律援助案件47件、受援农民工75人，解答咨询158人次；为解决出门不便群众办理难题，开展上门办理公证6件，对经济困难群众办理公证事项102件，减免公证费用1.7万多元，对11名建档立卡户落实司法救助资金27.8万元，为5名贫困申请执行人发放执行救助金6.7万元。政法系统累计投入帮扶资金82.92万元，帮办实事464件。

【领导名录】

书记：杨永吉（县委常委）

常务副书记：赵国玉（1月止）、陈维光（9月任）

副书记：陈忠明、陆海军（1月任）

县维稳办主任：陈忠明（1月止）

县委“610”办公室主任：陆海军（1月止）

县国家安全领导小组办公室主任：牛芳（女，1月止）

（供稿：牛芳）

机构编制委员会办公室工作

【概况】县委机构编制委员会办公室内设综合股、机关机构编制股、事业机构编制股，下属事业单位机构编制电子政务中心。核定编制10名，实有工作人员10名。2019年3月机构改革后，由县机构编制委员会办公室调整为县委机构编制委员会办公室，为县委工作机关，归口县委组织部管理；并将承担的行政审批制度改革和牵头的“四办”改革职责划归县政府办公室管理。2019年3月底，全县党政机构改革工作全面完成。机构改革后，全县设置党政机构35个，其中党委工作机关10个，政府工作部门25个。

【承担行政职能事业单位改革】全县50个承担行政职能事业单位改革同步完成，全面排查梳理事业单位行政职能1381项，将原县粮食局、县水保局、县道路运输管理局等单位承担的183项行政许可、征收、确认、处罚等行政职能全部划归行政单位，撤销承担行政职能事业单位8个，更名14个，调整优化职能28个，科级领导职数减少10名。根据中央和省市要求，全县需清理规范的事业单位61个已全部调整隶属关系、规范更名，进一步理顺政府与事业单位的关系，实现行政职能回归行政机构、强化了事业单位公益属性。严格执行《渭源县机关事业单位控编减编工作方案（2018—2022年）》，突出“五个一批”消化超编人员，加大超编人员消化力度，2019年消化超编人员180人。

【五个领域综合执法改革】按照省市有关要求，组织力量对行政执法机构进行了严格界定，对承担的行政执法职责且现仍在执法岗位的人员进行了甄别确认，锁定了人员编制。整合组建了渭源县市场监管、生态环境保护、文化市场、交通运输、农业等5个领域综合执法队伍。

【机构编制管理】优化机构编制资源配置，结合承担行政职能事业单位改革，撤并职责萎缩、规模过小和机构布局不合理的事业单位25个，对县直行政事业编制进行了重新核定，促进编制资源使用效力的最大化。严格机构编制使用核准制度，坚持“核编在先，进人在后”、“超编单位只出不进，满编单位先出后进，缺编单位按需进人”的原则，完成转隶人员调动工作和行政事业单位工作人员选调前的编制审核工作。强化机构编制实名制管理，按照党政机构改革机构设置、事业单位改革机构撤并更名及人员转隶情况，及时调整更新实名制管理系统单位、人员、编制信息情况，实行动态管理，完善了机构编制台账管理。强化机构编制管理的刚性约束，制定出台《中共渭源县委机构编制委员会工作规则》《中共渭源县委机构编制委员会办公室工作细则》，对县委编委的职责任务、会议制度、办事程序和审批权限，以及对编办机构性质、主要职责等进行了规范。

【事业单位登记管理】结合事业单位改革，清理规范法人登记事项，重新梳理录入事业单位法人宗旨和业务范围，明确登记事项，规范法定代表人履职行为。继续优化和规范日常登记管理服务，全面完成涉改党政机构和事业单位统一社会信用代码的撤销、变更、登记、初领等服务工作。2019年，办理初领统一社会信用代码5个单位、变更94个单位、注销4个单位。

【领导名录】

主任：罗世慧

副主任：裴生学、杜海燕（女）

县委编委督查室主任：刘军军

（供稿：祁晓芬）

直属机关工作委员会工作

【概况】县委直属机关工委核定行政编制3名（其中书记1名，副书记1名，非领导职务职数1名），下属事业单位1个（渭源县机关党员教育服务中心），核定事业编制3名。下属党委2个、党总支10个、党支部87个（其中直属党支部38个）；共有机关党员1297名，其中离退休党员64名、在职党员1233名，女党员357人。现有书记1名，副书记1名，二级主任科员1名。

【党支部建设标准化】牢牢把握从严治党要求，着力树立党的一切工作到支部的鲜明导向，以开展党支部建设标准化为抓手，分类推进，努力把机关党支部建设成为思想坚定、组织健全、作风优良、清正廉明、制度完善的战斗堡垒，在持续抓好机关和国有企业党支部建设标准化巩固提升的同时，重点推进36个事业单位党支部建设标准化工作。抽调42名党务干部，组成21个验收组，采取知识测试、民主测评、查阅资料等形式，对87个党支部建设标准化工作进行了交叉验收，经验收“优秀”党支部32个，“达标”党支部55个。

【机关党组织建设】

1.主动跟进调整党组织。根据全县机构改革方案，对涉改单位党支部及时调整，共撤销党总支2个、党支部13个；更名党总支2个、党支部20个，新成立党支部11个、划入党支部2个；启动印章32枚，废止印章34枚。

2.规范换届选举强班子。按照“党支部换届选举程序规范”要求，按照时间节点于9月底圆满完成了县直机关10个党总支、85个党支部换届工作。

3.凸显品牌效应抓整顿。按照“抓两头带中间”要求，打造县委办公室党支部等12个机关党建示范点；创建县粮食和物资储备中心党支部等6个事业单位党建示范点；创建县邮政分公司党支部等2个国有企业党建示范点。对县农业机械化服务中心、峡口水库运行调度工作站、黄香沟牧场3个党支部软弱涣散党组织进行整顿提升。

4.召开组织生活会抓述评。组织县直机关各党支部召开组织生活会和民主评议党员工作，3月底全面完成了87个党支部组织生活会的召开和民主评议党员工作。在县委主题教育指导组指导下，全面完成了“不忘初心、牢记使命”主题教育专题组织生活会的召开和2019年民主评议党员工作。

【党员教育管理】

1.主题教育提能力。县委直属机关工委把学习教育、检视问题、调查研究、整改落实贯穿“不忘初心、牢记使命”主题教育的始终，领导班子成员召开研讨交流会4次，每人撰写交流发言材料4篇，讲党课2次，召开自学成果交流会3次，每名党员撰写交流研讨材料1篇。形成调研报告1份。对检视问题经过梳理汇总，领导班子存在8条，班子成员存在17条，其他党员存在24条，已全部整改落实。积极组织党员参加志愿服务4次，帮办实事好事4件。县直机关各党支部开展政治理论学习调阅3次，调阅学习记录276份，调阅学习笔记816人次。

2.规范“三会一课”重实效。认真贯彻落实《中国共产党支部工作条例（试行）》，全面落实“三会一课”、组织生活会、主题党日等党内基本生活制度，强化制度刚性约束，在主题党日活动中完成6个规定动作的基础上突出创新，使支部党建工作真正动起来、活起来、强起来。通过利用“甘肃党建”APP，督促县直机关各党支部规范召开“三会一课”。

3.突出实践锻炼强党性。以开展“主题党

日+”活动为抓手，指导县直机关各党组织以“学党史、感党恩、听党话、跟党走”为主题，开展一次专题党课和理论政策宣讲，开展一次赴红色基地党性教育，开展一次表彰先进，开展一次帮扶慰问，开展一次党员志愿服务，开展一次组织关怀等“六个一”主题党性实践活动。全年表彰先进党支部10个，优秀共产党员100名，评选表彰优质党课讲稿和心得体会文章作者各50人，关心慰问困难党员7名。

4. *严格要求抓管理*。认真贯彻《中国共产党发展党员工作实施细则》，按照“控制总量、优化结构、提高质量、发挥作用”的总要求，坚持标准，严格程序，严肃纪律，严把培养、培训、预审、考察、谈话、转正“六个关口”，讨论接收预备党员28名，预备党员转为正式党员12名，讨论确定入党积极分子17名。对县直机关2个党委、10个党总支、87个党支部、1360名党员的党费缴纳标准进行审核，做到台账、票据、党员手册、党员花名册“四对口”。全年共缴纳党费44.37万元。及时完善党员信息库，转接更新了556名党员的电子信息，完成了党员年报数据统计上报。

【领导名录】

书记：张彦侠

副书记：康建国（11月止）、马淑琴（女）

（供稿：周治忠）

信访工作

【概况】县信访局现有编制7个，其中行政编5个，事业编2个，在职职工11人。2019年3月，在县政府办公室（县信访局）承担的接待和办理人民群众来信来访工作职责的基础上组建信访局，作为县委工作机关。行政编由4个增加到5个。设立了办公室、业务股2个内设机构。成立县网络信访投诉受理中心，股级事业单位，隶属县信访局，核定事业编制2个。

【信访工作】

1. *信访总体形势*。2019年，县信访局网上共登记录入群众来信来访165件271人次，同比上升5.1%。县信访局出具《程序性受理告知书》向责任单位转办的164件，出具《不予受理告知书》告知信访人向有关单位反映诉求的1件。

2. *国庆期间信访保障*。从7月1日开始，在全县启动“五项机制”和执行“零报告”制度，县信访局严格落实信访形势日研判零报告制度，县信访联席办对各乡镇、县直各有关单位信访保障工作进行督查，帮助查找问题、弥补不足。县信访局被县委、县政府授予全县新中国成立70周年大庆维稳安保工作“先进单位”称号。在2019年度全市信访工作考核工作中，取得了全市信访工作考核县区排名第一的优异成绩。

【领导名录】

局长：贾元昌

副局长：吴锋军（1月止）、段平生（1月止）、杨燚（1月任）、马晓艳（女，4月任）

（供稿：周晖）

党校（行政干部培训学校）工作

【概况】县委党校始建于1953年，与县行政干部培训学校合署办公，两块牌子，一套人员。现有教职工17人，其中行政管理人员2人，参照公务员管理7人，专职教师6人，事业工勤人员2人。中共党员15人，大学本科以上文化程度15人。

【意识形态工作】

1. *班子成员“带头学”*。坚持将学懂弄通做实习近平新时代中国特色社会主义思想和党的十九大、十九届四中全会精神作为党校队伍建设和全县干部培训的核心任务，提前谋划、及早安排，制定年度月度学习计划，明确学习内容、学习形式、主讲人、参加人员、召集人等事项，保证学习任务有效落实。

2.党员干部“普遍学”。突出党员干部每周定期集中研学制度化，为干部职工统一配发学习资料，统一制作学习笔记，定期调整完善学习计划，把理论学习与党校优势结合起来，深化学思践悟，推动理论武装走在前。

3.理论培训“深化学”。充分发挥党校主阵地、主渠道作用，及时制定培训方案，精心研究课程设置，抽调理论骨干教师，精心准备专题文稿，分工承担授课任务。通过各级各类培训，有力促进党校学习成果转化运用。

4.主动整改“拓展学”。集中优势力量进行合力攻坚，组织讲师重点备课、其他人员普遍备课，形成42个教学专题并由学术委员会分类评审和修改完善。安排党员领导干部和专职教师，进机关入乡镇走农村，集中开展理论宣讲，拓展“进头脑”的覆盖面，提升学理论的影响力。2019年，县委党校共外派党员领导干部和骨干教师68人次，开展各级各类宣讲92场次。

【“不忘初心、牢记使命”主题教育】

1.坚持把学习教育贯穿始终。积极探索多样化学习方式，登录学习“学习强国”“甘肃党建”APP覆盖率达100%，先后通读指定书目6本，精读指定书目3本，人均撰写心得体会4篇，讲专题党课3场次，开展专题研讨5次，组织的学习交流4次，开展时代楷模学习和警示教育6次，开展主题党日活动4次，提高了学习教育针对性和实效性。

2.坚持把调查研究贯穿始终。校委会坚持问题导向，围绕确定的“新时代党校改革发展重大问题研究”，精心研究制定调研方案和调研提纲，科学设计调研方式，深入开展调查研究，厘清县委党校（县行政学校）存在的深层次问题和解决问题的思路措施，六易其稿形成调研报告。

3.坚持把检视问题贯穿始终。领导班子成员广开言路、畅通渠道，先后征求到领导班子意见建议68条，领导班子成员意见建议99条，县委领导反馈的问题和提出的意见6条。开展谈心谈话，相互听取意见建议，收集到有关领导班子意见建议9条，领导班子成员意见建议54条。

4.坚持把整改落实贯穿始终。坚持实行“一把手”负总责，科学制定整改方案，对有条件整改的马上进行整改，对条件尚不具备的创造条件跟进整改，对一时解决不了的明确时限要求，对需要长期坚持的通过完善制度巩固整改。

5.坚持把组织领导贯彻始终。党校主要负责同志主动履行第一责任人职责，做到带头学习研讨、带头调查研究、带头检视问题、带头整改落实，为其他党员干部做好表率。

【党支部建设标准化】

1.严格标准“建”。逐条逐项对照党支部建设标准化要求，实现软件建设和硬件建设合理规划、共同推进、逐项落实，对党群活动室进行标准化建设。

2.创新形式“学”。党支部结合“主题党日+”活动讲党课，结合“政治生日”活动谈体会，结合“不忘初心、牢记使命”主题教育推进四项重点措施落实，积极支持党校教师走出去参加省、市党校理论研讨会，深化拓展“学”的成果。

3.突出特色“做”。研究制定开展“党性体检”活动、推进“互联网+党建”、开展党员“政治生日”及“固定党日+”等各项专题方案并具体落实，开展“如何做一名新时代党校合格党员”“推进精准脱贫、开展结对共建”“我为党校改革发展献计献策”等“主题党日”活动，有力地推动了机关党支部工作创新发展。

4.强化督查“改”。建立支部工作和党校工作定期检查调度制度，每季度对各股室、党员干部落实责任、作风建设等情况进行检查，确保党支部建设标准化各项任务全面落实。

【干部培训】

1.全面提升办学能力。2019年以来，先后选派2名教师赴福州晋安区参加骨干师资培训，2名中层岗位同志参加省委党校（省行政学院）意识形态和骨干师资培训班，3人参加市委党校举办的专题研讨会，2篇理论文章获得奖励。

2. *优化师资队伍结构*。先后邀请5名省市委党校、晋安区委党校领导到主体班次授课，县委领导定期到党校讲党课实现常态化，安排兼职讲师到党校各类主体班次授课，组建了县委党校（县行政学校）学术委员会并定期召开学术研讨会议，多管齐下探索破解党校办学力量不足的问题，有力提高了干部培训师资队伍整体水平。

3. *开发优质专题党课*。充分发挥党校教师的主导作用和培训学员的主体作用，强化问题导向和实践导向，深入进行培训需求调查研究，完善具有县域特色的教学计划生成机制，开发出《印象元古堆——从脱贫实践看新时代共产党员的"初心使命"》系列课程。

4. *探索创新培训方式*。坚持把严格规范的组织生活作为党性教育的重要内容，在主体班次培训中组织开展临时党支部"三会一课"、党性分析、组织生活会等党内生活随班体验，开展经验交流、流动党校、送课下乡等多种形式基层宣讲活动，提高干部培训的针对性和实效性。5.落实教育培训主业。2019年，县委党校（县行政学校）先后举办各级各类班次培训19期3620人次，其中主体班次培训15期2860人次，非主体班次培训4期760人次。

【领导名录】

校长：张振亚（兼）

常务副校长：漆旺俊

副校长：谢锋、单凯妮（女）

（供稿：崔耀文）

档案馆工作

【概况】渭源县档案馆是县委直属事业单位，现有事业编制5人。2019年3月，机构改革后，渭源县档案局合并入县委办公室，加挂县档案局牌子，将原属县档案局下设机构县档案馆，设置为县委直属的正科级事业单位，将县档案馆承担的对本行政区域内机关、团体、企事业单位及其他组织的档案工作实行监督和指导等2项行政监督职权，属于国家所有档案的公布等2项行政许可职权以及对损毁、丢失或者擅自销毁属于国家所有的档案的处罚等2项行政处罚职权，全部划转给县委办公室；县档案馆承担相关档案收集整理等公益服务职能。

【档案事业管理】县档案馆为国家综合档案馆。2019年底，实有馆藏各类档案52633卷（册）、22006件（张），其中文书档案39939卷21502件；科技档案1004卷，专业档案9828卷，照片504张，资料2431册。接待查档严格执行保密制度，简化查阅审批程序，提供便捷高效服务。2019年，接待查阅文书档案374人/次，专业档案192人/次，复印1230页。利用数字化DMS档案管理系统开展快捷查阅，免费提供档案复制件。以"6·9"国际档案日和国庆70周年期间宣传活动为主，开展了以"新中国的记忆"为主题的历史文化档案展览，发放《中华人民共和国档案法》及其《实施办法》《甘肃省档案条例》等宣传彩页资料1000多份。

【档案接收和信息化建设】2019年，按照纸质和数字化"双套进馆"接收档案的要求，共接收县土地确权办公室移交的民政局文书档案和五竹镇等乡镇的土地确权纸质档案共6979件；数字化处理扫描档案6979件10388幅，完成录入目录6979条。"十三五"期间，县档案馆按照"双套进馆"规定共计接收各类实体档案597卷20850件，接收全县直移送的数字化成果11562件、目录11562条；征集到图书类档案资料98册、手稿15册。持续开展馆藏档案数字化工作，在近年完成70多万幅馆藏档案数字化处理的基础上，新完成档案扫描和录入、挂接3万多幅。购置3台计算机、3台打印机，安装档案密集架28组；安装启用数字化视频监控系统1套。开展档案安全风险隐患排查2次，档案馆未出现安全事故。

【领导名录】

馆长：赵建新（1月止）、赵炳权（1月任）

副馆长：赵建新（1月任）、后玉芳（女）、韩爱萍（女）

（供稿：档案馆）

中共渭源县纪律检查委员会
渭源县监察委员会

【概况】县纪委与县监察委合署办公，实行一套工作机构，两个机关名称的体制，机构、职能和人员全面融合，履行纪检、监察两项职责。县纪委监委现有行政编制37名，事业编制3名，司勤编制2名，共有编制42名。内设机构11个，分别为：办公室（下设县纪委监委信息中心），组宣室，党风政风监督室，信访室，案件监督管理室，第一、二、三、四、五纪检监察室，案件审理室。

【中国共产党渭源县第十四届纪律检查委员会第四次全体会议】2019年2月2日，中国共产党渭源县第十四届纪律检查委员会第四次全体会议召开。县委书记吉秀出席会议并讲话。县委常委、县纪委书记、监委主任宋富荣主持会议，并代表县纪委常委会作了题为《强化政治担当　坚守职责使命　努力推进新时代纪检监察工作高质量发展》的工作报告。

【政治监督】坚持把落实“两个维护”作为纪检监察工作的首要任务，不断强化政治监督。探索建立政治监督方式方法清单，全覆盖对各乡镇、各部门、各单位开展政治生态调研，通过精准“画像”，着力查找政治偏差，共发现党内生活不严肃、党的建设缺失、干部监督“宽松软”等问题152个，督促建立台账，严肃整改。贯彻落实惩前毖后、治病救人方针，精准运用“四种形态”处理1178人次。强化对政治纪律的监督检查，全县共立案查处违反政治纪律问题4件4人，有力推动了党中央重大决策部署的深入贯彻落实，推进政治监督不断走向具体化常态化。

【监督工作】聚焦监督第一职责，积极履行协助职能，为县委主体作用发挥当好参谋助手。着力在同级监督上探索发力，向县委、县政府领导班子成员发出同级监督函5份。深化纪律监督，坚持挺纪在前、执纪必严、违纪必究，党纪处分259人次，增长9.7%；强化监察监督，规范权力运行，政务处分57人次，增长14%；深化派驻监督，强化近距离、全天候日常监督，派出纪检组列席参加监督单位“三重一大”等会议75次，发现督促整改问题96个；优化巡察监督，配齐配强巡察力量，健全完善巡察制度，将巡察利剑直插基层、直插一线，部署开展了医疗卫生食药领域联动巡察、扶贫领域专项巡察，发现问题147个，线索7条。充分发挥廉政档案监督作用，对全县1257名科级干部的廉政档案进行了更新完善。严把廉政意见回复关，回复3650人次，给予否定意见7人。紧盯“关键少数”和领导班子，做细日常监督，问责处理党员领导干部163人次，其中一把手35人次。

【专项治理】“建网”“清卡”并举，全面推进“一卡通”问题专项治理，发现问题6110个，涉及资金464.17万元，问责35人，38名党员干部主动交代问题29个，上缴资金6.38万元。结合“不忘初心、牢记使命”主题教育，点线面结合剑指群众的操心事烦心事，开展漠视群众利益问题等7个专项整治。督促县林业部门对16个乡镇涉及的128万元集体退耕还林补助资金进行了清理收缴并专款专用，从源头上杜绝了村社干部截留挪用、优亲厚友等屡禁不止的“顽疾”。受理扶贫领域问题线索184件，同比下降30.8%；组织处理178人次，同比下降69.7%；立案审查46件79人，同比下降45.9%和56.4%；党纪政务处分65人，同比下降58.9%。

【作风建设】统筹推进“四察四治”和“作风建设年”活动，持之以恒正风肃纪。查处违反中央八项规定精神问题8件22人，党纪政务处分

11人。查处形式主义官僚主义问题2个，问责处理38人，党纪政务处分6人。聚焦金融乱象背后的利益勾结和关系纽带开展专项整治，排查出参与非法集资等非法金融活动公职人员48人，组织处理4人，党纪政务处分9人。紧盯党员干部及公职人员酒驾醉驾、赌博打架等违法问题严肃执纪问责，立案157件157人，党纪政务处分157人。积极落实容错纠错机制，实施容错2件2人。分4批次对15起典型案例39名党员干部进行通报曝光，形成强大震慑。

【执纪审查】保持力度不减、节奏不变、方向不偏，着力稳高压态势、稳惩治力度、稳干部群众对持续反腐的预期。释放监察体制改革效应，深化纪法贯通，积极运用谈话、询问、讯问、调取等监察调查措施1730人次，移送审查起诉2件3人。一体推进扫黑除恶专项斗争，受理涉黑涉恶和“保护伞”问题线索160件，组织处理56人次，立案17件34人，党纪政务处分31人。

【工作创新】持续深化“三转”，在破解“县权、乡情、村点”上下功夫，围绕县里的权，以强化全程监督为重点，通过明确监督对象、重点、内容、方法，使“县权”监督更聚焦、更精准、更有力。围绕乡里的情，以开展协作监督为重点，将16个乡镇纪委划分成5个协作区，通过履行监督检查、执纪问责、纪律审查、调查研究4项职责，赋予谈话、讯问、询问、查询、调取5项调查措施，重点探索监察权在乡镇纪委的有效实现途径。协作区共发现各类问题38个，问题线索6件，立案2件2人，纪律处分2人，组织处理3人，发出整改建议函9份。围绕村里的点，以用好村务监督委员会和廉政义务监督员两支力量为重点，着力在抓培训、抓进驻、抓交叉、抓报告上发力，组织村监委会主任和廉政义务监督员对156个村开展了异村交叉监督，发现问题248个，问题线索15件，发出督办函18份，既充分发挥了“定点监督”和“流动监督”作用，也有效推动了制度优势不断转化为治理效能。

【领导名录】

县纪委书记、监委主任：宋富荣（4月止）

张灵勇（4月任）

县纪委副书记、监委副主任：梁国新、祁柏林

县纪委副书记（挂职）：师伟（4月任）

县纪委常委：许永强（9月止）、王千钧、余斌

县监委委员：刘旭东、苏晓娟（女，8月止）

（供稿：线云明）

巡察工作领导小组办公室工作

【概况】县委巡察工作领导小组办公室（简称“县委巡察办”）现有编制6个，在职职工6人，主要职责是按照县委巡察工作领导小组的决策部署，统筹、协调、指导县委巡察组开展工作，对全县各级党组织开展政治巡察。

【配合省市巡视巡察工作】3月至6月，协助县委办配合省委、市委巡视巡察组顺利完成了十三届省委巡视工作和市委联动巡察工作。8至9月，协助县委办配合市委巡察组开展了易地搬迁、人防、环保领域等3次专项巡察工作。分别于3月、9月和12月，协助县委办配合市委巡察办完成了巡察整改落实情况的相关督查工作。

【县委巡察工作】制定《渭源县巡察成果运用办法（试行）》，健全了巡察报告、反馈、移交、督办、整改、责任追究等完整链条，切实推动县委巡察工作高质量发展。6月至8月，组建两个巡察组，对锹峪、田家河2个乡镇党委和县人社局、县水务局、县医疗保障局、县林业服务中心4个县直部门（单位）党组织开展了为期两个月的扶贫领域第二轮扶贫领域专项巡察，共发现并反馈问题100个，向县纪委监委移交线索6条。9月至10月，组建两个巡察组，对全县医疗食药领域各单位开展了为期两个月的联动巡察，共发现并反馈问题49条，向县纪委监委移交线索

1条。12月，按照市委统一部署，组建县区交叉巡察第六巡察组，对漳县三岔镇三岔村、武阳镇城关村、董家庄村和城东、城西两个社区开展了巡察，并配合县区交叉巡察第五巡察组对渭源县清源镇北关村、上磨村，会川镇西关村、新城村和莲峰镇下街村开展了巡察。

【整改落实情况督查工作】5月，由县纪委监委、县委组织部、县委巡察办组成督查组，对县委第四轮常规巡察整改落实情况进行了督查，发现整改责任履行不到位、问题整改不彻底、制度机制不健全、成果运用不充分等相关问题33条，并下发督查情况通报。

【领导名录】

主任：汪世涛

副主任：张保华、赵志玺

（供稿：赵志玺）

渭源县人大常委会

【渭源县人民代表大会】渭源县第十六届人民代表大会第四次会议于2019年4月28至29日召开，会期2天。本次会议应到代表179名，实到代表164名，合于法定人数。会议审议通过了渭源县第十六届人民代表大会第四次会议选举办法；表决通过了关于设立渭源县第十六届人民代表大会社会建设委员会的决定、关于渭源县第十六届人民代表大会社会建设委员会人选表决办法；补选张灵勇为渭源县监察委员会主任；会议表决通过渭源县第十六届人民代表大会社会建设委员会组成人员名单：主任委员李婉玉（女）、副主任委员周海娟（女），委员杨建军、赵永林、黄国胜。

渭源县第十六届人民代表大会第五次会议于2019年12月26日至28日召开，出席代表165人，会期3天。会议听取和审议了政府工作报告、渭源县人民代表大会常务委员会工作报告、渭源县人民法院工作报告、渭源县人民检察院工作报告。审议了县人民政府关于县十六届人大三次会议代表意见建议办理情况的报告、渭源县2019年国民经济和社会发展计划执行情况及2020年国民经济和社会发展计划草案的报告、渭源县2019年财政预算执行情况及2020财政预算草案的报告。会议表决通过了渭源县第十六届人民代表大会第五次会议关于渭源县人民政府工作报告的决议、关于渭源县2019年国民经济和社会发展计划执行情况及2020年国民经济和社会发展计划的决议、关于渭源2019年财政预算执行情况及2020年财政预算的决议、关于渭源县人大常委会工作报告的决议、关于渭源县人民法院工作报告的决议、关于渭源县人民检察院工作报告的决议。会议审议通过了渭源县第十六届人民代表大会第五次会议选举办法。会议补选罗世慧、尉继军、康建国为渭源县第十六届人民代表大会常务委员会委员。

【渭源县人大常委会会议】

十六届人大常委会第21次 1月9日，渭源县十六届人大常委会第21次会议召开。会议通过了《关于撤销〈渭源县人大常委会关于批准县人民政府2014年易地扶贫搬迁项目政府采购服务资金及利息纳入财政预算的决议〉等5项决议的决定》《渭源县人民代表大会常务委员会公告》；补选朱自浩为渭源县出席定西市第四届人民代表大会代表，决定任命李宝林为县人民政府副县长，免去漆呈呈县人民政府副县长职务。

十六届人大常委会第22次 2019年1月26日，渭源县十六届人大常委会第22次会议召开。会议听取和审议了县人民政府关于渭源县人民政府机构改革和工作部门设置情况的报告，人事事项。

十六届人大常委会第23次 2019年1月28日，渭源县十六届人大常委会第23次会议召开。会议主要审议了人事事项。

十六届人大常委会第24次 2月28日，渭源县十六届人大常委会第24次会议召开。会议通过《关于接受王怀华辞去渭源第十六届人民代表大会代表职务的请求的决定》《渭源县人民代表大会常务委员会公告》。

十六届人大常委会第25次 4月10日，渭源县十六届人大常委会第25次会议召开。会议通过《关于召开渭源县第十六届人民代表大会第四次会议的决定》《关于接受宋富荣辞去渭源县监察委员会主任职务的请求的决定》《关于接受乔晓莉辞去渭源第十六届人民代表大会代表、渭源第十六届人民代表大会法制司法内务工作委员会委员职务的请求的决定》《渭源县人民代表大会常务委员会公告》《关于补选渭源县第十六届人民代表大会代表的决定》。任命周海娟为县人大常委会科教文卫与民族侨务工作委员会主任、马祥为县人大常委会法制司法内务工作委员会主任、尉继军为县人大常委会法制司法内务工作委员会副主任；免去周海娟的县人大常委会办公室副主任、信访室主任职务，武广建的县人大常委会法制司法内务工作委员会主任职务、赵永林的县人大常委会科教文卫与民族教务工作委员会主任职务，马祥的县人大常委会法制司法内务工作委员会副主任职务。

十六届人大常委会第26次 4月24日，渭源县十六届人大常委会第26次会议召开。会议通过《渭源县人民代表大会常务委员会公告》。

十六届人大常委会第27次 6月26日，渭源县十六届人大常委会第27次会议召开。会议通过《关于接受贾自强、薛景龙辞去渭源第十六届人民代表大会代表职务的请求的决定》《渭源县人民代表大会常务委员会公告》。

十六届人大常委会第28次 8月28日，渭源县第十六届人大常委会第28次会议召开。会议通过了《关于批准2018年全县财政决算的决议》《关于批准〈渭源县人民政府关于调整2018年部分地方政府土地储备专项债券项目的议〉的决议》《关于批准〈渭源县人民政府关于转贷渭源县2019年新增地方政府债券并相应调整全县财政预算的议案〉的决议》；通过了《渭源县人民政府关于调整渭源县金鸡产业扶贫项目建设内容的议案》的备案。会议通过了《渭源县人民代表大会常务委员会组成人员履职管理办法（试行）》《渭源县人民代表大会代表履职管理办法（试行）》。

十六届人大常委会第29次 10月29日，渭源县十六届人大常委会第29次会议召开。会议通过了《关于接受张清荣辞去渭源第十六届人民代表大会代表职务的请求的决定》《渭源县人民代表大会常务委员会公告》。

十六届人大常委会第30次 12月9日，渭源县十六届人大常委会第30次会议召开。会议通过了《关于接受赵国应等辞去渭源第十六届人民代表大会代表职务的请求的决定》《关于召开渭源县第十六届人民代表大会第五次会议的决定》《关于补选渭源县第十六届人民代表大会代表的决定》《渭源县人民代表大会常务委员会公告》；任命康建国为县人大常委会代表人事工作委员会副主任，免去赵换玲县人大常委会代表人事工作委员会副主任职务；会议首次听取县人民政府工作部门县民政局、应急管理局、市场监督管理局主要负责人2019年度履职情况汇报，并进行满意度测评。

【监督工作】 2019年，听取和审议“一府两院”工作报告24项，组织代表集中视察1次，开展专题调研8次，对3部法律法规的贯彻实施情况进行了检查，对1个单位开展了工作评议，开展专题询问1次，下达审议意见书4份。

1.立足全县中心工作，及时讨论决定重大事项。 紧扣全县经济社会发展中的重大事项，积极开展调查研究，及时作出决议决定16项。

2.加强任命干部监督，依法做好人事任免工作。 按照机构改革的要求，常委会及时依法任免了县政府新组建部门的14名组成人员。依法任免地方国家机关工作人员105名，接受县人大代表辞职12名、常委会委员辞职3名。常委会先后组织15名国家机关工作人员向宪法宣誓。首次组织被任命的县民政局等3名政府工作部门主要负责

人向县人大常委会报告年度履职情况，并进行满意度测评。

3.聚焦重点任务落实，不断增强监督工作质效。聚焦脱贫验收指标，先后开展了脱贫攻坚等5个专题调研，全力推动整县脱贫摘帽进程。针对脱贫攻坚中存在的10个方面的短板问题，开展专题询问。广泛动员全县1078名省市县乡四级人大代表投身脱贫攻坚主战场，扎实开展“发挥代表作用·决战脱贫攻坚”活动。常委会领导全面履行脱贫攻坚前线指挥部指挥长和副指挥长及总队长职责，定期召开指挥部会议，研究解决存在的问题。常委会机关帮扶干部坚持进村入户，开展脱贫攻坚“3+3”冲刺清零和质量提升“百日会战”行动，先后为北寨、会川等4个乡镇的8个帮扶村协调帮扶资金497.88万元、帮办实事21件。高度重视生态环境保护工作，专题听取和审议了县人民政府关于2018年全县环境状况和环境保护目标完成情况的报告，针对存在的问题，提出了意见建议。针对全县工业基础薄弱、营商环境不优等短板问题，依法开展了对县工业和信息化局的工作评议，有效促进了全县工业经济发展。先后对《中华人民共和国旅游法》《甘肃省农村生活垃圾管理条例》《甘肃省乡镇人民代表大会工作条例》等法律法规的贯彻执行情况开展了执法检查，保证了宪法法律在我县得到有效贯彻实施。按照有件必备、有备必审、有错必纠的原则，对32件规范性文件进行了备案审查，保证规范性文件合法合规。对县人民法院解决“执行难”问题和县人民检察院关于民事诉讼和执行活动的法律监督工作情况开展了调查，在常委会会议上分别听取和审议了“两院”专项工作报告，并分别听取和审议了“一府两院”关于全县扫黑除恶专项斗争进展情况的报告，有力促进了“一府两院”依法行政、公正司法。高度重视信访工作，热情接待群众来访，认真处理群众来信。

【代表工作】

1.强化代表培训，提升代表履职能力。通过以会代训、监督议题专题辅导、代表小组集中学习、组织常委会组成人员培训等方式，使代表熟悉人民代表大会制度理论、人大工作程序和要求。利用人大网站、短信平台、微信公众号、微信群等新媒体，发布县委工作安排、人大工作动态、政府工作进展、代表履职信息，邀请市县代表40多人次列席县人大常委会会议和参加视察调研、执法检查、工作评议、代表约见等活动，推荐代表60多人次参与“一府两院”组织的脱贫攻坚县级自验、法院庭审等活动，向代表书面通报了县人大常委会和“一府一委两院”半年工作情况，拓宽了代表知情知政渠道，代表履职能力在实践中得到加强。

2.强化代表活动，完善代表履职服务。不断深化创新“两联系”活动，通过约见和走访代表、参加代表小组活动、“4+1”履职等方式，进一步密切常委会组成人员与代表、代表与选民的联系。开展县人大代表向原选区选民述职活动298人次，组织12名市人大代表向原选举单位进行现场述职，并进行了满意度测评，自觉接受原选区选民监督。组织部分县人大代表，围绕城区停车难、农村电网改造后旧线路拆除不及时、部分水利灌溉渠系维修不经常和农村人居环境整治不彻底等13个问题，集中约见了县人民政府相关部门负责人，并将约见提出的问题全部转交县人民政府进行了办理。

3.强化建议督办，激发代表履职活力。县十六届人大三次会议期间共收到代表提出的意见建议70件，已经办结或基本办结的53件，正在办理4件、列入计划逐步办理的10件、因条件限制无法办理的3件，办结率75.71%，答复率100%，代表满意率92%。常委会组成人员联系县人大代表时，代表提出意见建议15件，已经办结或基本办结的14件，列入计划逐步办理的1件，办结率93.33%，答复率100%，代表满意率95%。

【自身建设】

1.加强党的建设，扎实开展主题教育。严格落实全面从严治党各项要求，扎实推进机关党支部建设标准化工作，着力打造“抓机关党建、促代表履职、为发展服务”党建品牌。常委会党组把开展“不忘初心、牢记使命”主题教育作为首要政治任务，围绕“守初心、担使命，找差距、抓落实”的总要求，通过抓学习教育、调查研究、检视问题、整改落实，达到了“理论学习有收获、思想政治受洗礼、干事创业敢担当、为民服务解难题、清正廉洁作表率”的效果，进一步增强了“四个意识”、坚定了“四个自信”、做到了“两个维护”。常委会党组坚持理论中心组学习制度，认真开展机关党支部“三会一课”、专题党课、主题党日、谈心谈话等活动，严肃党内政治生活，加强党性锻炼，把主题教育和机关党的建设成果转化为人大机关干部履职尽责、担当作为的实际成效。

2.加强制度建设，全面规范履职行为。常委会在全市率先制定出台了《渭源县人大社会建设委员会工作规则（试行）》，进一步明确了县人大社会建设委员会的工作职责，规范了议事程序。在坚持实践《渭源县人大常委会组成人员工作纪律守则》《渭源县人大常委会关于代表建议、批评和意见办理工作考核奖惩办法（试行）》等相关制度的基础上，先后制定了《渭源县人大常委会组成人员履职管理办法（试行）》和《渭源县人民代表大会代表履职管理办法（试行）》等6项制度。

3.加强督促指导，提升乡镇人大工作水平。高度重视乡镇人大工作，继续坚持领导班子成员分工联系乡镇人大工作制度。常委会领导带队先后2次就乡镇人代会会期较短、议程不规范和闭会期间的活动开展不经常等问题进行专项督查，着力推进乡镇人大各项工作逐步走向规范化轨道。注重乡镇人大工作者的业务培训工作，在邀请人大主席列席常委会会议、参加常委会组织的视察调研、外出学习考察的同时，专题举办了为期2天的县乡人大工作者履职能力提升培训班，进一步提升了乡镇人大工作者业务能力和知识水平。

【领导名录】

县人大常委会办公室

主任：任作鹏

副主任：周海娟（女，4月止）

县人大常委会信访室

主任：周海娟（女，4月止）

财政经济与环保工作委员会

主任：张鸿雁

副主任：杨宗卿（女）

法制司法内务工作委员会

主任：武广建（4月止）、马祥（4月任）

副主任：马祥（4月止）、尉继军（4月任）

科教文卫与民族侨务工作委员会

主任：赵永林（4月止）、周海娟（女，4月任）

副主任：杨建军

代表与人事工作委员会

主任：夏世杰

副主任：赵换玲（女，12月止）、康建国（12月任）

农业与农村工作委员会

主任：王守峰

（撰稿人：赵换玲）

渭源县人民政府

【概况】2019年，县政府在市委、市政府和县委的坚强领导下，以习近平新时代中国特色社会主义思想为指导，认真落实习近平总书记视察甘肃重要讲话和指示精神，全面贯彻落实党的十九大和十九届二中、三中、四中全会精神，以高质量发展为引领，牢牢把握脱贫攻坚总任务，坚定信心，迎难而上，较好地完成了各项目标任务，全县经济运行稳中向好，人民群众得到更多实惠，脱贫摘帽取得决定性成效。

【决战决胜脱贫摘帽】2019年，渭源县深入贯彻习近平总书记关于扶贫工作的重要论述，全面落实中央和省市各项政策举措，紧盯“两不愁三保障”脱贫标准，全力以赴补短板、强弱项、促攻坚，全县脱贫攻坚工作取得了决定性成效。经乡镇初验、县级认定和市级验收认定，全县退出贫困村99个，脱贫7701户27349人，贫困发生率下降到0.43%，贫困人口人均纯收入稳定超过国家标准，各项指标达到整县脱贫退出要求。

（一）聚焦脱贫标准，全面锁定目标任务

成立了由县级包乡镇领导牵头的县乡脱贫攻坚领导小组（前线指挥部），选派916名干部组建驻村帮扶工作队217个，组织5205名干部对全县2.51万户贫困户实行全覆盖结对帮扶。组建专责推进小组15个，实行县级领导干部联乡包村抓户和县乡主要领导干部到村攻坚总队长责任制。紧盯围绕“一超过两不愁三保障”脱贫标准，突出深度贫困乡镇、深度贫困村、深度贫困人口，细化政策措施，抓住主要矛盾、解决突出问题，保证贫困人口稳定脱贫。

（二）聚焦坚中之坚，全面提升产业水平

着力构建主导产业保收入、新兴产业拓渠道、就业扶贫促增收、政策保险防风险发展格局，优化产业奖补、入股配股、资产收益模式，贫困户人均可支配收入达到6262元，产业收入达到5072元。1.全力推进特色产业发展。投入资金3000万元，采取“龙头企业+合作社+基地+贫困户”“五统一分一标三提高”模式，建立集中连片、机械化、标准化的农业产业化基地。实施马铃薯良种繁育基地建设，开展新品种对比试验32个，推广标准化种植30万亩，生产原原种5亿粒，生产繁育脱毒瓶苗4.8亿株，被农业部确定为马铃薯制种大县。试点开展中药材集约化育苗及道地中药材追溯体系建设，建立中医药种子种苗繁育基地3万亩，种植面积35万亩，年干药产量达到8万吨。投入资金8492.4万元，扶持贫困户3191户引进良种牛2721头、羊4230只；同时，为3225户托养对象托养良种牛2692头2692户，良种羊4797只533户。新增规模养殖户1655户，牛羊猪鸡存栏量净增64.4万头（只），金鸡扶贫项目成为全省范围内标准化程度最高、规模最大的蛋鸡养殖基地。抢抓全省特色产业发展工程贷款机遇，紧密对接中国农业发展银行等金融机构平台，多渠道撬动金融和社会资本，完成融资11.9亿元，政府审核担保5.3亿元。2.积极发展新兴产业。2019年全县完成蔬菜种植面积7.8万亩，新建产地初加工果蔬保鲜库6座1000吨；新建500亩以上的高原夏菜示范基地3个、100亩以上钢架塑料大棚蔬菜示范基地1个。新建成花卉生产大棚109座8.65万平方米、智能联栋温室4608平方米，新建玫瑰、金丝皇菊、蝴蝶兰等花卉基地7个676亩，带动全县5000多名建档立卡贫困户人均年增收3500元以上。县乡村三级电子商务服务体系和农村物流配送体系不断完善，建成乡镇电商服务站16个、村级电商服务点195个，并与已有的乡村电商服务点实现对接，线上交易额达到2.1亿元。共建成村级光伏扶贫电站135个，总装机规模60.249兆瓦，实现了建档立卡贫困村村级光伏电站全覆盖，135个贫困村每年均获得发电收益40万元以上。通过大力发展农光互补产业，贫困户和贫困村实现了多渠道增收。

（三）聚焦保障服务，全面补齐短板弱项

安全饮水方面，通过实施农村安全饮水巩固提升工程，有效解决了1.2万人用水高峰期或冬季供水不正常的问题；通过供水设施改造措施，改造供水管网183.7公里、泉水（供水点）151处，自来水新入户1857户，水质检测达标率、安全饮水率均达到100%。义务教育保障方面，实现了有条件的行政村幼儿园和小学全覆盖，九年义务教育巩固率达到97.18%（建档立卡贫困户巩固率100%）；义务教育阶段“两免一补”政策和营养改善计划全面落实，免除学前保教费20255人979.9万元（其中建档立卡5183人291.4万元），免除高中学杂费5303人194.8万元（其中建档立卡4716人174.3万元）。住房安全保障方面，建立了住房安全“四个台账”，完成危房改造2722户，悬挂危房改造标识牌8924户，农村住房安全标识牌59188户，发放达标认定书28111户，发放危房鉴定报告59188户，实现了全县所有农户居无危房目标。易地搬迁安置入住2285户，拆除危旧房2035户，基本医疗保障方面，实施了县级医院和乡镇卫生院改造提升项目，完成14所村卫生室新建维修任务，实现了217个行政村标准化村卫生室全覆盖，城乡居民医疗保险参保率达到98.54%（建档立卡贫困户参保率达100%）；全面落实了参保费用资助政策和贫困人口看病就医基本医疗保险、大病保险、医疗救助倾斜政策。2019年全县城乡居民基本医疗保险基金到位18714.33万元，1至11月份基金支出16850.426万元。全县城乡居民应参加医疗保险304667人（其中，建档立卡贫困人口参保100216人，参保率为100%），参保率为98.7%，超额完成98%的责任指标。社会保障方面，全面落实低收入人口动态调整和“两项制度”衔接政策措施，全县现有农村低保对象7786户21580人，发放城市低保金506.99万元、农村低保金5685.58元、特困供养对象补助金1112.3万元。共为327位申请者发放创业担保贷款3270万元。推行政府购买社会救助服务，加强基层社会救助经办服务能力建设，投入资金110万元购买社会服务人员20名。创新社会购买养老服务模式，扎实开展“三大一常”行动，视觉贫困有效消除。基础设施方面，全面完成了总投资9497.15万元的205公里贫困村“畅返不畅”道路建设任务，累计建设通村道路874.25公里、村组道路335公里，行政村通畅率达到100%。新建农村电网636公里，实现了自然村动力电全覆盖。累计建设3G、4G基站800个，实现了217个行政村有线光纤和无线网络全覆盖。

（四）聚焦就业扶贫，全面拓宽增收渠道

1.*加强劳动力培训*。2019年全县共完成各类培训4150人，其中就业技能培训2326人，实用技术培训1824人，共组织开展职业技能鉴定1514人，获得资格鉴定证书433人。

2.*积极开展劳务输转*。建立劳务输转对接平台，组织晋渭输转773人，并按2019年定西建档贫困户劳动力到福州市稳定就业的可获得最高13500元标准发放补贴。全县累计输转劳务6.2万人，实现劳务收入12.8亿元。

3.*兴办扶贫车间*。2019年以来，全县新建扶贫车间14个，累计认定扶贫车间21个，吸纳劳动力就业人数1073人，其中建档立卡贫困劳动力385人。同时，积极落实了符合条件的16个车间132人13.2万元的培训奖补政策和3个车间6万元的就业奖补政策。

4.*开发公益岗位*。2019年在全县71个深度贫困村新开发142个乡村公益性岗位。全县共开发乡村公益性岗位5108个，人均增收3000元以上。

（五）聚焦资源整合，全面抓实帮扶协作成果

福州市及晋安区落实东西部协作帮扶资金4151万元、实施项目19个，带动98个建档立卡贫困村和3900多户建档立卡贫困户实现增收，协调引进企业3家完成投资1517.1万元。积极推进消费扶贫，晋·渭消费扶贫交易金额达到3566.439万元，带动贫困户747户2978人。重点抓好人才支援和劳务输转，为全县稳定增收和脱贫致富提供了坚实的保障。全力推进携手奔小康机制，累计完成乡镇结对16个、村村结对57个、村企结对19个、社会组织结对3个、学校结对16个、医院结对6个。晋安区爱心企业及爱心人士积极捐资捐物，全力帮扶渭源县脱贫奔小康。国务院扶贫办落实定点扶贫帮扶资金5408万元，德青源、红日、碧桂园、云南禾韵等知名企业在渭源投资兴业。国务院扶贫办领导到渭源调研指导扶贫工作，推动定点扶贫工作落细落实落地，先后组织15批次96名干部赴渭源开展定点帮扶工作。欧美同学会、农总行、省财政厅等帮扶单位倾情帮扶，投入项目资金5600多万元，有力助推了全县脱贫摘帽步伐。拓宽贫困户收入渠道，帮助销售渭源农特产品达6.3万元；实施光明扶贫工程，对23名贫困人口无偿手术。

（六）聚焦问题导向，全面落实问题整改

渭源县坚持把脱贫攻坚问题整改作为提高扶贫成效、巩固脱贫质量的重要措施，全力组织推动，全面整改落实。推行县乡前线指挥部定期调度、专责小组统筹推进、县级领导联乡包村、总队长包村抓户、干部结对帮扶等推进机制，精准落实“一户一策”脱贫计划，“三精准三保障三落实”责任全面压紧压实。以整改倒逼落实，完成各类反馈问题整改364条，年度整改任务全面完成。落实“日督查周通报”考评督查制度，扎实推进扶贫领域作风和腐败问题专项整治，确保脱真贫、真脱贫。

【经济社会高质量发展】渭源县把推动经济高质量发展贯穿全县各项工作始终，坚持把有效投资作为县域经济发展的关键引擎，实行重点指标“旬调度月推进季奖罚”措施，推动经济高质量发展。

（一）强化项目带动引领，保障县域经济稳定增长

2019年总投资78.3亿元的94项县列投资清单项目，完成投资26.3亿元（其中列入市列重点项目5项，总投资11.9亿元，完成投资7.7亿元，开工4项），已完工的56项、正在建设的34项。中央预算项目20项，总投资1.37亿元，其中下达中央预算资金8262.6万元，完工4项，其余16项正在建设。深入实施“十大生态产业招商攻坚年”行动，完善招商引资优惠政策，积极参加“海交会”“长三角”“兰洽会”等重要招商节会活动，专题招商28次，新签约落地招商项目13个，到位资金27.8亿元。

（二）强化农业调整，推动十大生态产业快速发展

全县十大生态产业完成增加值8.24亿元，同比增长8%，占地区生产总值比重的28.78%，生态产业占GDP比重达到19.57%。坚持把构建生态产业体系作为渭源发展的主攻方向，提出十大生态产业短期（2020年）和中长期（2025年）发展目标。编制《渭源县推进绿色生态产业体系发展规划》，围绕十大生态产业制定了《渭源县中医中药产业发展专项行动计划》等10个专项行动计划，建立全县生态产业项目库，形成了“1+1+10+N”的生态产业发展基本框架。建立全县生态产业项目库，储备项目87项目，2019年实施41项，总投资64.5亿元（其中重大带动性工程9项，总投资21.2亿元）。

（三）推进工业转型升级，促进经济高质量发展

全力支持民营企业爬坡过坎，对21家企业制定“一企一策”转型升级扶持计划，化解民营企业堵点难点问题41个，减税降费941万元，清偿民营企业欠款4404.8万元，5家“僵尸企业”盘活重组。成立甘肃省党参产业战略研究院，培育省级高新技术（创新示范）企业2家，省级经济开发区创建申报即将验收。实施工业技术改造项目2个，佛慈红日中药配方颗粒生产项目顺利推进，持续加快渭源县中医药集中供热工程建设进度。建设工业集中区创业创新示范平台，推进企业信息化建设，引导2家企业建设了示范性智能工厂和数字化车间。新培育产值过5000万元以上企业3家、小微企业15家、规上企业2家。按照节能减排、绿色出行发展需要，积极推广使用新能源汽车。

（四）强化培育带动，促进文体旅游融合发展

围绕建设“渭河特色文化大县”和打造“西部生态文化旅游名县”发展战略，牢固树立“全域旅游”工作理念，加快推进乡村旅游，打响“渭水源头”形象品牌。全县文化企业机构数已达到62家，从业人员达到120人；全县共接待旅游人数148.5万人次，创经济收入7.1亿元，彩票收入累计900万元，广播电视累计收入288.49万元。渭河源景区环线道路投入使用，游客中心完成主体工程，罗家磨村“百美村宿”启动建设，首阳山AAAA级、南谷新村AAA级景区通过市级评审，创建莲峰老庄等省级乡村旅游示范村6个。新增农家乐15家、旅游床位500个，开发特色旅游商品15种。成功举办重庆、西安等地专场推介会和渭水文化旅游节、全国山地自行车赛等节会赛事活动，冰雪体验季活动填补了全市冬春旅游空白，“来渭源过一个只有20℃的夏天”宣传推介深入人心，获评全国“2019避暑旅游样本城市”。

【城乡融合协调发展】

（一）强化基础设施建设

完成县城总规及全县“多规合一”城乡统筹规划编制，完善路园镇等13个乡镇控规。完成渭源县乡村规划编制工作实施方案，启动全县62个“清洁村庄”创建村的村庄规划编制工作。全面推进城市建设，实施城建项目20项，总计投资47.84亿元，续建项目全力推进、新建项目有序开展。实施一中南侧、清源路北侧等棚户区改造、G310县城过境段道路改造项目。加大供热基础设施及管网维修改造力度，完成3台20吨锅炉的维修、改造，新建换热站4座，改造换热站4座，敷设一级供热管网2.1公里。集中开展城市“两违”、物业管理、市容市貌整治行动，城市精细管理水平不断提高。持续完善交通路网，实施上泉湾至苏家坪等24条公路200.5公里的安全生命防护工程、农村公路“畅返不畅”整治项目44条、撤并建制村道路硬化工程17条65.789公里。新建渭源县金鸡产业扶贫项目路园镇渭河大桥和田家河乡二号桥。朱家山至韩家湾县乡道改造工程以及S229、S227公路渭源段工程有序推进。

（二）强化环境污染防治

大气污染防治方面，印发渭源县贯彻落实《甘肃省打赢蓝天保卫战三年行动作战方案（2018—2020年）》实施方案，完成在用1台80蒸吨锅炉脱硝设施建设任务；完成2015年以来违规新建的6台10蒸吨及以下燃煤小锅炉拆除和去功能化处理，建成一、二级煤供中心27家，推广使用新能源汽车185辆。开展建筑施工扬尘、机动车尾气、餐饮油烟、烟花爆竹、工业烟尘、秸秆和垃圾焚烧管控治理，空气质量优良率超过95%。加强煤质管控，促进全县煤炭市场健康有序发展。水污染防治方面，持续加强工业企业、城镇生活、农业农村等重点领域水污染治理，做好集中式饮用水水源地环境保护，不断巩固和改善全县水环境质量。实施渭源县渭河流域综合整治及城区集中式饮用水水源地环境保护项目、8公里的污水管网改造任务、县城区生活污水处理厂总氮、总磷在线监测设施安装项目。河湖长制有效落实，“携手清四乱、保护母亲河”专项行动扎实开展，拆除洮河非法养殖网箱407格。争取生态流量500万立方米，秦祁河实现清水长流。土壤污染防治方面，实施了34个村的农村环境综合整治项目，筛选出2家土壤污染重点行业企业，对生活垃圾进行填埋处理。实施农村环境综合整治项目5个，禁养区养殖场整治实现常态化管理，回收废旧农膜730吨、处理尾菜3500吨，土壤环境质量保持稳定。环境问题整改方面，中央省市各级督导检查反馈渭源县10个方面86项生态环境问题，完成整改57项。中央第五生态环境保护督察组进驻甘肃以来，交办14批次17件环境信访投诉问题，已办结12件，持续跟进整改5件。

（三）强化人居环境改善

积极落实生态文明建设和生态环境保护的新理念新思想新战略，全县投入各类资金2289万元，完成各类造林7.11万亩，道路绿化458.6公里，群众义务植树353.7万株。森林覆盖率达到15.76%，森林蓄积量达到178.2万立方米。积极推进“厕所革命”，2019年全县各级财政累计下达奖补资金684.06万元，新建改造农村户厕5763座、乡村公厕152座，已全部完成建成任务。

【社会事业发展】

（一）社会事业协调发展

1.促进教育优先发展。以县域内的优质学校教育资源为依托，把全县各级各类学校划分为5个教育联盟区和8个教育集团，深入开展教学视导和全面完成国培计划。2019年总投资10585万元，全面完成农村边远地区中小学温暖工程、2019年深度贫困县中小学教师周转宿舍建设工程、新建渭源县第四幼儿园和会川镇新建第二幼儿园，实现城镇义务教育阶段“大班额”控制在3%以下目标。积极落实乡村教师生活补助，乡村教师每人每月分别享受220～1150元不等的补助。2019年高考，全县文化课一本上线517人，上线率22.08%；二本上线人数达2094人，上线率83.26%，全县文化课二本以上上线率居全市第三。大力发展职业教育，县职中通过省级督导评估并被评为“优秀”等次，县特教学校荣获“全国教育系统先进集体”称号。

2.推进健康渭源建设。县人民医院综合楼建设项目进展顺利，疾控中心业务楼（二期）已完成主体建设；建成省级重点学科6个，区域医学中心5个。有序推进健康扶贫，全面落实贫困人口先诊疗后付费和“一站式”即时结算制度。全面落实家庭医生签约服务，组建签约服务团队220个，实现全县16个乡镇217个行政村3个社区全覆盖。各医疗机构按照“基层首诊、逐级转诊、急慢分治、上下联动”的原则，完善分级诊疗制度。为全县村卫生室共配发健康一体机的156台；全面落实妇幼健康项目工作和做实做细公共卫生服务工作。3.农民工工资保障力度进一步加强。严厉打击拖欠农民工工资违法行为。共接收上级交办案件16件，已全部办结，接到群众投诉举报48件，结案47件，共追回393人工资299.3万元。

（二）社会保障有效提升

1.提升就业服务水平。依托技能人才培训基地，建立了“一个中心+多个基地”的综合性培训平台，建立专业化的培训师资人才库，整合利用多种资源作为实训基地。进一步加强培训基础信息建设，认真开展劳动力培训工作台账和全省大就业系统和“一库五名单”信息数据录入更新工作，确保数据信息真实准确。

2.全面推进社会保险工作。全县城乡居民基本养老保险参保人数214262人，其中缴费人数162468人，待遇领取人数51794人，养老保险个人缴费2335.82万元，续保率97.8%。为50432名正常待遇享受人员共计发放养老金4944.2万元，其中发放高龄补贴112.6万元。为1846名死亡人员发放丧葬补助金217.1万元，发放率100%。2019年全县征缴失业保险441万元，发放失业保险金8.33万元，为领取失业保险金的参保人员缴纳医疗保险费2.25万元。全民参保信息登记、工伤保险、“两保一孤”保险等工作顺利开展。

3.健全优抚对象保障体系。稳步提高优抚对象优待标准，认真落实优抚安置政策，推动双拥工作向军地军民融合式发展迈进。全县现有重点优抚对象1939人，1—10月份共发放重点优抚资金682.14万元。筹集资金20万元，组织完成了6000余名烈士遗属、现役军人家属、退役军人家庭的光荣牌悬挂工作。筹措资金30.277万元采购了17套信息采集设备，完成军人信息采集6000名。

（三）社会安全持续稳定

1.安全生产形势持续好转。牢固树立以人民为中心的安全发展理念，不断强化“红线意识”“底线意识”“责任意识”，努力构建“党政齐抓共管、部门依法监管、企业全面负责、群众积极参与、社会广泛支持”的安全生产工作新格局。2019年全县未发生较大安全事故，安全生产形势持续好转。

2.扫黑除恶专项斗争打出实效。打掉黑恶势力犯罪团伙及“村霸”10个，治安案件发案率下降28.4%。强化矛盾纠纷调处和信访事项办理，圆满完成新中国成立70周年大庆维稳安保工作，社会大局和谐稳定。

3.违占、违建治理力度不断加大。对在宅基地内实施违法建设的行为24起2596.63平方米，下发处罚告知书24份，下发处罚决定书24份，现场查处率达到100%；现场依法制止（拆除）违法建设18起，占地面积1524.3平方米。按照“依法、持续、分批”的原则，对违法性质恶劣、群众反响强烈的4起建筑面积417平方米的典型“两违”建筑实施强制拆除。同时结合棚户区改造等项目实施，对城区内55起16592.36平方米的存量违法建筑进行拆除。完成了全县“大棚房”问题整改工作，共排查出违法违规用地4宗，已全部整改到位。

4.司法工作稳步推进。全面落实国家机关“谁执法、谁普法”普法责任制和国家工作人员学法用法制度，加大对国家工作人员初任培训、任职培训中法律知识培训考试考察力度。坚持完善多元化纠纷化解机制，8月份率先在全市建立人民调解员协会和个人调解室，各级调解组织全面排查梳理基层社会稳定中可能发生的风险挑战，共化解各类矛盾纠纷584件，调解成功514件，调解成功率88%。

【政府自身建设】认真落实全面从严治党要求，积极开展主题教育活动，守初心、担使命，牢固树立以人民为中心的发展理念，着力提升管理效能和服务水平，不断增强政府执行力和公信力，深入推进政府职能转变，为人民提供优质高效服务。

1.各项改革持续创新优化。严格落实中央及省市机构改革精神，全面深化机构改革，不断优化机构设置和职能配置，逐步调整政府机构和职能，并深化县政府直属事业单位改革和承担行政职能事业单位改革，县人民政府工作部门改革为25个，理顺划转职能73项。以“放管服”改革为抓手，全面落实“五个一”政务服务模式，梳理县乡村政务服务事项1029项、权责清单事项3889项，94%的事项实现网上行权，政务服务更加优化。不断深化政务公开，主动公开行政事项879项，取消证明事项107项，办理电子民生平台事项5600多件。认真贯彻落实中央和省市有关公务用车制度改革精神，落实公务用车制度改革交通补贴制度。

2.依法行政持续扎实推进。加快法治政府建设进程，全面实行行政执法公示、执法全过程记录、重大行政执法决定法制审核等制度，规范执法行为。坚持在政府党组理论中心组专题学法1次，在县政府常务会议前组织学习有关法律法规6次，举办领导干部法治专题讲座1次。认真落实政府法律顾问制度。严格按照法定权限和程序行使权力、履行职责，自觉接受人大的法律监督和政协的民主监督，主动接受公众和舆论监督。深化政务公开，凡涉及公共利益、公众权益和社会关注的事项，及时依法向社会公开，增强政府工作透明度。

3.风险防控有效提升。通过召开金融联席会议和约见约谈等措施，督促地方法人金融机构强化不良贷款清收措施，加大清收力度，降低信贷风险。截至11月末，农村信用联社累计化解处置不良贷款46571.86万元，其中通过核销化解5386.81万元，借新还旧化解29042.66万元，现金清收12142.39万元。建立政府债务管理和风险管控预警机制，规范政府债务管理，切实防范政府债务风险，全年有效化解债务6830万元。严格执行粮食安全、永久基本农田保护、生态保护等政策底线红线，切实防范政策风险。我县存储省级储备粮2000吨、县级储备粮5000吨、成品面粉200吨；认真落实最严格的耕地保护制度，目前全县耕地保有量86170公顷，基本农田保有量67460公顷；全力推进生态红线划定工作，配合省市红线划定技术部门开展生态环境现状调查工作。对扶贫主导产业、龙头企业带动分红等风险进行全面评估，完善模式机制，切实防范扶贫和社会风险。

4.政府自身建设成效显著。扎实开展“不忘初心、牢记使命”主题教育，进一步增强“四个意识”，坚定“四个自信”，做到“两个维护”。制定出台重大行政决策程序实施细则和县政府常务会议工作规则，决策程序更加规范。建立健全政府履责管理“五大体系”，推行季考评奖惩机制，干事创业更加担当。主动接受人大及其常委会的依法监督、政协民主监督和社会各界监督，人大代表意见建议和政协委员提案办复率均达到100%，办结率分别达到72.9%、77.8%。

县政府常务会议

县政府常务会议46次　2019年1月9日，县政府县长蔺红军主持召开县政府第46次常务会议。会议组织学习了中央农村工作会议精神。会议研究了县政府办公室关于调整县政府领导工作分工的意见。会议研究了县发改局关于渭源县光伏扶贫建设项目（一期工程）实施调整方案的报告、县住建局关于用2018年农村危房改造补助资金偿还2016年“两年任务一年完成”农村危房改造补助贷款资金的报告。会议研究了县教体局关于2019年普通高中学校改善办学条件中央专项资金用于新建渭源县第四高级中学教学综合楼项目的报告、关于2019年学前教育中央专项资金使用方案的请示、关于2019年中央长效机制及综合奖补资金使用方案的请示、关于提高全县乡村教师生活补助标准的报告、关于将2017-2018年全面改薄结余资金用于清源一小教学楼建设项目的报告。会议研究了县扶贫办关于渭源县2019年脱贫攻坚工作要点的报告、县中药材办关于渭源县落实支持陇药产业发展政策措施意见的报告、县盐业体制改革领导小组办公室关于上报渭源县盐务局人员安置方案的报告、县金融办关于上报渭源县特色产业发展工程贷款企业合作社推荐办法的报告、县法制办关于清理规范性文件工作情况的报告、县总工会关于渭源县推进城镇困难职工解困脱困三年行动计划（2018—2020年）的报告、县财政局关于调整财政代发工资机构的报告。会议研究了有关人事事宜。会议还就2019年项目工作和就业扶贫工作等重点工作进行安排。

县政府常务会议47次　2019年2月13日，县政府县长蔺红军主持召开县政府第47次常务会议。会议组织学习了中共甘肃省委办公厅关于印发《甘肃省中央脱贫攻坚专项巡视反馈意见整改工作计划》和《甘肃省中央脱贫攻坚专项巡视反馈问题整改工作汇总清单》的通知。会议研究了县政府办公室关于调整县政府领导同志工作分工的意见。会议研究了县脱贫攻坚领导小组办公室提交的关于渭源县2019年养殖业小额贷款贴息项目实施方案的报告、关于渭源县2019年养殖业到户及养殖保险项目实施方案的报告、关于渭源县2019年农村危房改造扶持项目实施方案的报告、关于渭源县2019年度雨露计划“两后生”培训项目实施方案的报告、关于渭源县2019年脱贫攻坚农村劳动力培训工作实施方案的报告、关于渭源县精准扶贫专项贷款贴息项目实施方案的报告、关于渭源县2018年易地扶贫搬迁贴息结余资金建设光伏产业扶贫项目实施方案的报告、关于2019年贫困村“畅返不畅”道路整治项目实施方案的报告、关于锹峪镇古树村村级道路建设项目实施方案的报告、关于渭源县中央脱贫攻坚专项巡视反馈意见整改方案、关于渭源县2019年农村饮水安全巩固提升工程实施方案的报告、关于渭源县2019年农村危房改造实施方案的报告、关于渭源县2019年第一批财政专项扶贫资金种植业扶贫项目实施方案的报告、关于渭源县2019年“扶贫车间”建设工作实施意见的报告。会议研究了县河长办关于定西市市级河流“一河一策”实施方案贯彻落实意见的报告、县民政局关于对谢光平等43户家庭进行临时救助的请示、县林业发展中心关于渭源县2019年林业生态建设暨造林绿化实施方案的报告、市生态环境局渭源分局关于上报渭源县贯彻落实《甘肃省打赢蓝天保卫战三年行动作战方案（2018—2020年）》实施方案的报告。会议研究了关于渭源县清洁能源产业发展专项行动计划实施方案的报告、关于渭源县节能环保产业发展专项行动计划的报告、关于渭源县中医中药产业发展专项行动计划的报告、关于渭源县循环农业产业发展专项行动计划的报告、关于渭源县数据信息产业发展专项行动计划的报告、关于渭源县先进制造产业发展专项行动计划的报告、关于渭源县清洁生产产业发展专项行动计划的报告、关于渭源县通道物流产业发展专项行动计划的报告、关于渭源县文化旅游产业发展专项行动计划的报告。会议研究了县财政局提交的关于渭源县中央财政移民搬迁补助项目资金管理办法、关于加强税源管理工作的报告、有关资金事宜。会议还研究部署了全县生态产业发展专项行动计划工作和渭源县鼎凯城乡基础设施建设有限公司办理三级资质事宜。

县政府常务会议48次　2019年3月2日，县政府县长蔺红军主持召开县政府第48次常务会议。会议组织学习了《中国共产党重大事项请示报告条例》、习近平总书记在中央政治局第十二次集体学习时的讲话、中共甘肃省委办公厅关于印发《甘肃省贯彻〈党委（党组）国家安全责任制规定〉实施细则》的通知、人民日报评论员文章《新时代生态文明建设的有力思想武器》、省委办公厅省政府办公厅《关于认真贯彻落实〈防范和惩治统计造假、弄虚作假督察工作规定〉的通知》。会议研究了县自然资源局关于储备并公开出让县一中南侧两宗国有建设用地使用权的请示、关于审批渭武高速公路路面工程临时用地的请示。会议研究了县脱贫攻坚领导小组办公室关于渭源县光伏扶贫电站资产收益监管办法（暂行）的报告、关于渭源县2019年全县定点扶贫工作要点的报告、关于2019年渭源县东西部扶贫协作工作要点的报告、关于渭源县2019年东西部扶贫协作第一批市级财政帮扶资金项目计划的报告、渭源县2019年脱贫攻坚责任书。会议安排部署了高质量发展有关工作。会议还就全县中央脱贫攻坚专项巡视反馈意见整改工作、政法部门工作津贴等相关工作、全县公务交通补贴等相关工作进行了安排部署。

县政府常务会议49次　2019年3月4日，县政府县长蔺红军主持召开县政府第49次常务会议。会议组织学习了《习近平关于社会主义生态文明建设论述摘编》（专题一）。会议研究了市生态环境局渭源分局关于上报渭源县贯彻落实省级环境保护督察反馈意见整改方案的报告、县财政局关于划转渭源县鼎凯城乡基础设施建设有限公司股权到定西市水务投资（集团）有限公司的报告。会议研究了县水务局关于申请成立渭源县水务投资有限公司的报告、关于申请上划渭源县水务投资有限公司股权的报告。

县政府常务会议50次　2019年3月11日，县政府县长蔺红军主持召开县政府第50次常务会议。会议组织学习了习近平扶贫论述摘编（专题三、四）、习近平关于社会主义生态文明建设论述摘编（专题三、四）。会议传达了全市农口重点工作推进会议精神、全市林业和草原工作会议精神、全市科技工作会议精神、全市促进中小微企业发展暨工业和信息化工作会议精神，研究贯彻落实工作。会议组织学习了市政府办公室关于印发市政府2019年度目标管理考核评价办法的通知。会议研究了县住建局关于渭源县关中路道路工程增加投资的报告、县政府督查室关于渭源县2019年推进高质量发展指标责任书、县林业发展中心关于上报渭源县加快推进大规模国土绿化的实施方案（2019—2022年）的报告。会议研究了县农业农村局提交的关于上报《渭源县乡村振兴战略实施规划（2018—2022年）》的报告、关于上报渭源县特色产业发展工程贷款工作方案的报告。会议研究了县扶贫办《渭源县中央脱贫攻坚专项巡视反馈问题整改方案》、县水务局关于仰文龙同志担任渭源县水务投资有限公司董事长兼法人代表的请示、县卫生健康局关于上报2018年全县人口和计划生育工作考核结果暨兑现奖罚意见的报告、县教育局关于报送渭源县中小学幼儿园教师培养计划发展规划（2019—2023年）的报告。会议研究了县商务局关于渭源县“十大生态产业招商攻坚年”行动方案的报告、关于2019年招商引资目标任务分解的报告。会议研究了县交运局关于变更渭源县祁家庙至峡城公路田家河至峡城段（原沈家滩至峡城）县乡道改造工程安全设施的请示、县综合目标办《2018年度综合目标考核结果及奖惩意见》。会议研究了县政府办提交的关于县政府常务会议组织服务工作制度（试行）、关于渭源县推进高质量发展工作制度、关于县政府重要事项督办工作制度、关于2019年提请县人大常委会讨论决定重大事项。会议研究了县政府督查室提交的关于进一步精简文件会议和督查检查考核工作的实施办法（审议稿）、关于强督查转作风抓落实工作办法（审议稿）、关于建立政府职能履责管理“五个体系”的意见（审议稿）、关于政府履责管理责任指标体系细则（审议稿）、关于2019年县政府目标管理责任书。会议研究了有关人事事宜。会议研究了县巡查办提交的关于《市委扶贫领域第二轮专项巡察对渭源县巡察情况反馈意见整改方案》、关于成立渭源县市委扶贫领域第二轮专项巡察反馈意见整改工作领导小组的通知。

县政府常务会议51次　2019年3月22日，县政府县长蔺红军主持召开县政府第51次常务会议。会议组织学习了习近平扶贫论述摘编（专题五、六）。会议传达学习了全市粮食清查工作相关会议精神，研究贯彻落实工作。会议研究了县公务用车制度改革领导小组办公室关于上报渭源县发放公务用车制度改革交通补贴方案的报告、县财政局关于渭源县统筹整合财政涉农资金安排项目实施方案的报告。会议研究了县人社局提交的关于政法津贴发放的报告、关于2019年第一季度科学发展业绩奖发放的报告。会议讨论了中共渭源县人民政府党组2019年中央脱贫攻坚专项巡视反馈意见整改专题民主生活会相关事宜。

县政府常务会议52次　2019年4月1日，县政府县长蔺红军主持召开县政府第52次常务会议。会议组织学习了中共中央《关于加强党的政治建设的意见》《习近平扶贫论述摘编》（专题七、八）、《习近平关于社会主义生态文明建设论述摘编》（专题五、六）。会议传达学习了国家、省、市禁毒委禁毒工作精神，安排贯彻落实工作。会议研究了县自然资源局关于上报渭源县城乡建设用地增减挂钩工作实施方案（2019—2020年）的报告。会议研究了县扶贫办提交的关于渭源县2019年东西部扶贫协作第一批区级财政帮扶资金项目计划的报告、关于2019年度县级预算安排财政专项扶贫资金项目计划的报告、关于2019年度市级预算安排财政专项扶贫资金项目计划的报告。会议还就全县易地扶贫搬迁工作进行了安排部署。

县政府常务会议53次　2019年4月12日，县政府县长蔺红军主持召开县政府第53次常务会议。会议组织学习了《习近平关于狠抓落实做好督查工作论述摘编》（专题二）。会议传达学习了省、市民族宗教工作会议工作会议精神，研究贯彻落实工作。会议研究了县发改局提交的关于莲峰镇2011年易地扶贫搬迁试点工程古迹坪、选道安置区项目部分单项工程不再实施的请示，关于上交2016年、2017年易地扶贫搬迁项目结余资金的请示，关于调整渭源县2018年易地扶贫搬迁项目的请示。会议研究了县自然资源局提交的关于调整2018年部分土地储备专项债券资金分配的报告、关于渭源县2019年度国有建设用地储备和供应计划的请示。会议研究了县金融办关于上报特色产业工程贷款拟推荐企业名单的报告。会议研究了县教体局提交的关于教育现代化推进工程2019年中央预算内投资计划建设项目的报告、关于2019年省级学前教育专项资金用于建设会川镇第二幼儿园的请示、关于2019年义务教育薄弱环节改善与能力提升省级补助资金项目计划的报告、关于2019年农村边远地区中小学温暖工程项目建设计划的报告、关于2019年农村中小学教师周转宿舍项目建设计划的报告、关于将2019年中职学校改善办学条件专项资金用于建设体育场的请示。会议研究了县民政局关于对曹学峰等23户家庭进行临时救助和救急难的请示、县司法局关于2019年渭源县人民政府常务会议学法内容安排的报告、县人民武装部关于表彰2018年度征兵工作先进单位和先进个人的报告。会议研究了县财政局提交的关于调整机构改革中涉改部门办公用房的报告、关于划转莲峰镇老庄村2018年优质鲜切花示范产业园固定资产的请示、有关资金事宜。会议研究了县人社局提交的有关人事事宜。会议还就2019年中央脱贫攻坚专项巡视反馈意见问题整改等工作进行了安排部署。

县政府常务会议54次 2019年5月5日，县政府县长蔺红军主持召开县政府第54次常务会议。会议组织学习了习近平关于狠抓落实做好督查工作论述摘编（专题四）、习近平总书记在重庆考察和主持召开解决“两不愁三保障”突出问题座谈会时的重要讲话精神。会议传达了全市义务教育控辍保学冲刺清零工作推进会议精神、全市扫黑除恶专项斗争领导小组第八次全体（扩大）会议精神，研究贯彻落实工作。会议听取了全县财政专项扶贫资金、统筹整合财政涉农资金、东西部协作资金报账支出情况汇报以及2019年第一季度高质量发展指标完成情况的汇报，研究部署下一阶段工作。会议研究了县自然资源局提交的关于渭源县金鸡项目屠宰加工厂建设项目规划用地性质变更的报告、关于渭源县第四幼儿园建设项目规划用地性质变更的报告。会议研究了县财政局《渭源县2019年部门预算编制方案》。会议研究了县脱贫攻坚领导小组办公室提交的关于渭源县2019年创业致富带头人培训项目实施方案的报告、关于渭源县2019年雨露计划“两后生”增补培训项目实施方案的报告、关于渭源县2019年东西部扶贫协作第二批市级财政帮扶资金项目计划的报告、关于2018—2019年部分财政专项扶贫资金调整使用方案的报告、关于渭源县2019年东西部扶贫协作第一批市级财政帮扶资金建设村级光伏电站实施方案的报告、关于渭源县2019年东西部扶贫协作第一批区级财政帮扶资金建设村级光伏电站实施方案的报告、关于渭源县2019年县级预算安排财政专项扶贫资金项目实施方案的报告、关于渭源县2018年定点帮扶资金项目实施方案的报告、关于渭源县“十三五”第二批13兆瓦光伏扶贫村级电站建设项目实施方案的报告、关于渭源县2019年市级财政专项扶贫资金乡村公益性岗位补贴资金项目实施方案的报告、关于渭源县2019年东西部扶贫协作第一批区级财政帮扶资金莲峰镇“农光互补”食用菌产业项目实施方案的报告、关于渭源县2019年东西部扶贫协作第一批区级财政帮扶资金麻家集镇百合加工项目实施方案的报告、关于渭源县2019年东西部扶贫协作第一批区级财政帮扶资金大安乡方家庄村级集体经济发展项目实施方案的报告、关于渭源县2019年东西部扶贫协作第一批区级财政帮扶资金秦祁乡杨川村级集体经济扶持项目实施方案的报告、关于渭源县2019年农产品产地初加工（中药材烘干设施、蔬菜组装式冷藏库、马铃薯储藏窖）补助项目实施方案的报告、关于渭源县整合涉农财政资金农民合作社示范建设项目实施方案的报告、关于渭源县2019年新型职业农民培育实施方案的报告、关于渭源县2019年东西部扶贫协作第一批区级财政帮扶资金消费扶贫项目实施方案的报告、关于渭源县产业到户良种羊托养实施方案的报告、关于渭源县产业到户良种牛托养实施方案的报告。会议研究了《渭源县人民政府武威市顶乐生态牧业有限公司肉牛产业发展合作协议书》《渭源县人民政府榆中稼鸿养殖专业合作社肉羊产业发展合作协议书》。会议研究了有关人事事宜。会议还就筹备全省深度贫困地区脱贫攻坚现场推进会等会议工作、县委县政府将5月份确定为扶贫领域各类问题整改月等重点工作进行了安排部署。

县政府常务会议55次 2019年5月17日，县政府县长蔺红军主持召开县政府第55次常务会议，专题研究了全县扫黑除恶工作。会议组织学习了省委、省政府相关会议精神；省委书记林铎在兰州调研督导扫黑除恶专项斗争工作讲话精神和省委副书记、省长唐仁健在临洮县调研督导扫黑除恶专项斗争工作讲话精神；市委书记唐晓明在安定区调研督导扫黑除恶专项斗争工作座谈会上的讲话精神。会议传达了全市扫黑除恶专项斗争推进会议精神，市人大常委会副主任、县委书记吉秀在清源镇调研督导扫黑除恶专项斗争工作讲话精神，研究贯彻落实意见。会议研究了渭源县“迎检”工作任务清单。

县政府常务会议56次　2019年5月18日，县政府县长蔺红军主持召开县政府第56次常务会议。会议组织学习了习近平关于狠抓落实做好督查工作论述摘编（专题五）。会议研究了渭河源大景区管理委员会提交的关于申请将渭河源、首阳山景区资产注入渭源县渭河源文化旅游投资开发管理有限责任公司的报告、关于申请将渭源县渭河源文化旅游投资开发管理有限责任公司首阳山景区资产注入甘肃公航旅首阳山文化旅游有限公司的报告、关于渭河源景区经营管理权整体出让的请示、关于渭河源文化旅游投资开发管理有限公司参与渭河源水镇项目开发建设的请示。会议研究了县教育局关于上报渭源县关于全面深化新时代教师队伍建设改革的实施方案的报告。会议研究了县扶贫办提交的关于渭源县脱贫攻坚固强补弱“六查六清四提升”行动方案的报告、关于渭源县2019年第二批财政专项扶贫资金项目计划的报告。会议研究了县人社局关于审定秦祁乡等8个乡镇贫困村家纺及服装加工产业增收项目实施方案的报告。会议研究了县农业农村局提交的关于2018—2019年部分财政专项扶贫资金调整使用贫困村产业扶持项目实施方案的报告、关于渭源县2019年东西部扶贫协作第二批市级财政帮扶资金项目实施方案的报告。会议研究了县发改局提交的关于渭源县2018—2019年部分财政专项扶贫资金调整使用建设村级光伏电站实施方案的报告、关于渭源县2019年东西部扶贫协作第二批市级财政帮扶资金建设村级光伏电站实施方案的报告。会议研究了县交运局关于渭源县2019年东西部扶贫协作第二批市级财政帮扶资金上湾镇杨家寺村通社道路硬化项目实施方案的报告、县残联关于渭源县2019年东西部扶贫协作第二批市级财政帮扶资金莲峰镇残疾人创业就业扶持项目实施方案的报告、县财政局关于渭源县2019年统筹整合财政涉农资金项目计划（第二批）的报告、上湾镇关于渭源县2019年东西部扶贫协作第一批区级财政帮扶资金上湾镇花卉产业扶贫项目实施方案的报告、莲峰镇关于渭源县2019年东西部扶贫协作第一批区级财政帮扶资金莲峰镇花卉产业扶贫项目实施方案的报告。会议研究了县发改局关于对渭源县“十三五”期间易地扶贫搬迁项目资金管理办法（修订）中部分条款进行修订的报告、县住建局关于上报渭源县机动停放服务收费管理办法的报告。会议研究了县交运局提交的关于渭源县农村公路路长制工作方案（试行）的报告、关于整合部分养护资金用于田麻公路田家河二号桥建设的请示。会议研究了县农业农村局关于调整渭源县裕兴农业投资有限责任公司董事长、董事的请示、县残联关于上报渭源县建立残疾儿童康复救助制度实施方案的报告、县金融办关于上报2019年到期部分专项贷款化解方案的报告、有关资金事宜。会议研究了县人社局提交的有关人事事宜。会议还研究部署了人事工作、会川镇小学修建工作。

县政府常务会议57次　2019年5月27日，县政府县长蔺红军主持召开县政府第57次常务会议。会议组织学习了《中国共产党党组工作条例》（第一章至第三章）、《中国共产党党员教育管理条例》（第一章至第五章）、中共甘肃省委关于深入开展向“时代楷模”——古浪县八步沙林场“六老汉”三代人治沙造林先进群体学习活动的决定。会议研究了县脱贫领导小组办公室关于渭源县2019年第三批财政专项扶贫资金项目计划的报告、县财政局关于渭源县2019年统筹整合财政涉农资金项目计划（第三批）的报告、县人社局关于从乡镇向县直单位选调工作人员的方案。

县政府常务会议58次 2019年5月31日，县政府县长蔺红军主持召开县政府第58次常务会议。会议组织学习了《党政领导干部考核工作条例》《中国共产党党组工作条例》（第四章至第八章）、《中华人民共和国电子商务法》。会议研究了县教育局提交的关于祁家庙中学2018年第一批全面改薄项目增加工程量的报告、关于将莲峰镇何家湾小学2019年能力提升资金用于水象金融援建项目的请示。会议研究了县脱贫攻坚领导小组办公室提交的关于渭源县产业扶贫资产收益使用监管办法（试行）的报告、关于渭源县2018年度国家脱贫攻坚成效考核反馈问题整改方案的报告、关于渭源县2019年第二批财政专项扶贫资金项目实施方案的报告、关于渭源县2019年第三批财政专项扶贫资金项目实施方案的报告、关于渭源县2019年第二批统筹整合财政涉农资金项目实施方案的报告、关于渭源县2019年第三批统筹整合财政涉农资金项目实施方案的报告。会议研究了县民政局提交的关于上报《渭源县城乡居民临时救助实施办法（修订）》的报告、关于对张生杰等10户家庭临时救助和救急难的请示。会议研究了县自然资源局提交的关于调整清源镇北环路西段土地储备项目专项债券资金分配的请示、关于储备并公开出让县城工业园区一宗国有建设用地使用权的请示、关于划拨清源镇第一小学教学楼建设用地的请示。会议研究了县融媒体中心关于上报融媒体中心建设实施方案的报告、大安乡关于申请大安乡中心敬老院维修改造设施配备项目和大安中心敬老院建设项目整合建设的报告、秦祁乡关于申请秦祁乡豹子沟村村级组织活动场所和老年人活动中心项目资金整合使用的请示。会议研究了县财政局提交的关于移交乡镇学校会计业务的请示、有关资金事宜。

县政府常务会议59次 2019年6月14日，县政府县长蔺红军同志主持召开县政府第59次常务会议。会议组织学习了《中共中央关于在全党开展“不忘初心、牢记使命”主题教育的意见》《中共甘肃省委办公厅关于印发党组讨论和决定党员处分事项工作程序实施细则（试行）的通知》《中国共产党党员教育管理工作条例》《中共甘肃省委办公厅甘肃省人民政府办公厅关于庆阳市华池县有关生态环境问题整改情况的通报》《中华人民共和国招标投标法实施条例》。会议传达学习了定西市生态环境保护工作领导小组暨市生态环境保护委员会2019年第二次（扩大）会议精神、省市“保工资”专题会议精神、全市扫黑除恶专项斗争领导小组第九次全体（扩大）会议精神、全市国有企业改革工作会议精神、全市民营企业堵点问题办理工作约谈会暨第三批堵点问题交办会议精神，研究贯彻落实工作。会议听取了全县财政专项扶贫资金、统筹整合财政涉农资金、东西部协作资金报账支出情况汇报。会议专题分析了全县经济形势，研判“双过半”工作。会议研究了县自然资源局提交的关于调整县政府北侧地块用地性质及控制指标的请示、关于调整清源镇河口村渭水源药业东侧地块用地性质及控制指标的请示、关于调整庆坪镇大安乡新寨镇加油站规划用地性质及控制指标的请示、关于调整渭源县高速出口加油站地块规划用地性质及控制指标的请示、关于调整首阳路东段火车高架桥桥墩西侧建设用地性质及控制指标的请示。会议研究了县住建局《关于申请变更渭源县城区生活垃圾收运系统项目建设内容的请示》。会议研究了县交运局提交的关于对全县2018年已开工建设自然村组道路项目未硬化部分重新设计的请示、关于田家河至麻家集县乡道改造工程增加路基排水、防护工程及解决缺口资金的请示。会议研究了县教体局提交的关于2019年支持学前教育发展专项资金使用计划的报告、关于2019年普通高中学校改善办学条件中央补助资金分解使用的报告、关于2019年义务教育薄弱环节改善与能力提升中央长效机制及综合奖补资金（第二批）使用计划的报告。会议研究了县文体广电和旅游局提交的关于促进全域旅游发展实施意见的报告、关于推进文化和旅游（体育）融合发展意见的报告、关于渭源县加快乡村旅游发展实施方案的报告。会议研究了县财政局提交的关于渭源县防范化解政府债务风险实施方案的报告、关于渭源县统筹整合使用财政涉农资金管理办法（暂行）。会议研究了县人社局提交的全县事业单位工作人员2018年年度考核工作情况、有关人事事宜。会议还安排了2019年第二季度科学发展业绩奖发放事宜。

县政府常务会议60次　2019年7月9日，县政府县长蔺红军主持召开县政府第60次常务会议。会议组织学习了习近平在“不忘初心、牢记使命”主题教育工作会议上的讲话，林铎、唐仁健在全省“不忘初心、牢记使命”主题教育动员部署会上的讲话，《中共中央国务院关于新时代推进西部大开发形成新格局的指导意见》《中共中央办公厅国务院办公厅印发关于做好地方政府专项债券发行及项目配套融资工作的通知》《国务院扶贫开发领导小组印发关于解决“两不愁三保障”突出问题的指导意见的通知》《中华人民共和国中小企业促进法》《中央生态环境保护督察工作规定》。会议传达学习了甘肃省突出生态环境问题整改推进电视电话会议、甘肃省生态环境突出问题整改工作推进会议、省市违建别墅问题清查整治专项行动工作推进会议精神，研究了贯彻落实工作。会议听取了全县2019年上半年安全生产工作情况汇报。会议研究了县工信局《渭源县解决民营企业堵点问题工作制度》、县审计局关于渭源县2019年度审计项目计划的报告。会议研究了县发改局提交的渭源县推进绿色发展生态产业体系发展规划、渭源县生态产业发展督查考核办法（试行）、渭源县生态产业发展绩效评价办法（试行）、渭源县企业投资项目承诺制改革等5个实施方案、关于渭源县五竹镇渭河源村草滩安置区房屋及附属设施、基础设施维修改造实施方案。会议研究了县自然资源局提交的关于划拨会川镇上集村村级卫生室建设用地的请示、关于调整渭源县会川镇第二幼儿园规划用地性质及控制指标的请示、关于调整渭源县会川镇西关小学分校规划用地性质及控制指标的请示、关于划拨渭源县森林公安分局业务技术用房建设用地请示、渭源县兴陇房地产开发有限公司县城南门西侧棚户区改造项目存在问题解决方案、关于储备并公开出让大安乡大涝子村等六宗国有建设用地使用权的请示。会议研究了县司法局关于上报渭源县全面推行行政执法公示制度执法全过程记录制度重大执法决定法制审核制度实施方案的报告。会议研究了县农业农村局提交的关于上报渭源县深入学习浙江“千万工程”经验全面扎实推进农村人居环境整治工作的实施意见的报告、关于上报《渭源县农村“厕所革命”行动实施方案》等9个农村人居环境整治实施方案的报告。会议研究了县水务局提交的关于渭源县农田水利设施建设项目设计变更的报告、关于渭源县北部农村饮水安全扩建工程设计变更的报告、关于渭源县北部农村饮水安全巩固提升工程设计变更的报告、渭源县农村饮水安全工程运行管理办法(审议稿)。会议研究了脱贫攻坚领导小组办公室提交的关于对世行贷款贫困片区产业扶贫试点示范项目进行调项的请示、关于农业银行2019年度帮扶资金使用计划及2018年资金使用计划进行变更的请示、关于2018—2019年种养业项目及历年两后生项目财政专项扶贫结余资金调整使用方案的报告、关于渭源县2019年统筹整合财政涉农资金项目计划（第四批）及项目实施方案、关于渭源县2019年统筹整合财政涉农资金项目计划（第五批）及项目实施方案。会议研究了县民政局提交的关于贯彻落实全市冲刺清零筛查工作专题会议实施“环境卫生大扫除、个人卫生大清洗、脏乱衣被大撤换”行动的请示、关于清源镇会川镇等乡镇设置社区的请示、关于对何有荣等24户家庭临时救助和救急难的请示。会议研究了县体育中心关于渭源县渭河源景区山地自行车赛道建设项目增加建设费用的报告、五竹镇关于调整渭源县五竹镇老年人活动中心建设项目的报告、麻家集镇关于麻家集镇土牌湾村沟门社至谷都路社道路硬化项目调项的报告。会议研究了县政府办公室提交的县政府党组“四察四治”专项行动领导班子自查自纠情况表、县政府及其工作部门向县纪委监委移送问题线索办法（试行）、有关资金事宜、县科技局《关于调整续派科技特派员的报告》、有关人事事宜。会议还就项目建设及谋划工作进行了安排部署。

县政府常务会议61次　2019年7月25日，县政府县长蔺红军主持召开县政府第61次常务会议。会议组织学习了《中共中央国务院关于新时代推进西部大开发形成新格局的指导意见》《中共中央办公厅国务院办公厅关于做好地方政府专项债券发行及项目配套融资工作的通知》《中共中央办公厅国务院办公厅关于加强和改进乡村治理的指导意见的通知》《中共甘肃省委办公厅关于对全省脱贫攻坚领域不担当不作为问题问责处理情况的通报》《中共定西市委定西市人民政府关于坚持农业农村优先发展做好全市“三农”工作的实施意见》《中华人民共和国农村土地承包法》。会议听取了渭源县禁毒工作汇报、渭源县易地扶贫搬迁项目存在问题整改情况汇报。会议传达学习了省市违建别墅问题清查整治专项行动推进会议精神，研究贯彻落实意见。会议研究了县自然资源局提交的关于上报2019年渭源县绿色矿山建设实施方案的报告、关于定西市渭源县矿山地质环境恢复和综合治理规划的报告、关于核定渭河源景区度假区建设项目分配债券资金和调整2018年部分土地储备专项债券的请示。会议研究了市生态环境局渭源分局《渭源县四届市委生态环境领域专项巡察组专项巡察反馈意见整改方案》（审议稿）、县农业农村局关于上报《关于坚持农业农村优先发展做好全县“三农”工作的实施意见》的报告、县聚源产业开发有限公司关于调整渭源县金鸡产业扶贫项目建设内容的报告、县金融办关于上报渭源县精准扶贫专项贷款风险补偿金使用管理细则的报告。会议研究了县财政局提交的关于防范化解政府隐性债务风险实施意见的报告、关于预算绩效管理工作实施意见的报告、关于申请调整渭源县党政机关出差住宿费和伙食费标准的请示。会议研究了县人社局提交的有关人事事宜。会议研究了县脱贫攻坚领导小组办公室提交的关于2019年第五批统筹整合涉农资金及财政专项扶贫结余资金调整使用项目实施方案的报告、渭源县2019年度脱贫攻坚项目库中期调整项目表、《渭源县扶贫资产管理制度（试行）》《渭源县住房安全有保障农村危房改造冲刺清零工作方案》等7个工作方案的报告。会议还就“十四五”规划编制、第六批项目集中开工工作进行了安排部署。

县政府常务会议62次　2019年8月1日，县政府县长蔺红军主持召开县政府第62次常务会议。会议组织学习了《中共中央国务院关于新时代推进西部大开发形成新格局的指导意见》《中共中央办公厅国务院办公厅关于做好地方政府专项债券发行及项目配套融资工作的通知》《关于在平凉、庆阳两市入户调研脱贫攻坚工作情况的汇报》及省委、省政府主要领导、分管领导的批示精神、《中共甘肃省委办公厅甘肃省人民政府办公厅关于印发焦焕成、黄润秋、林铎同志在中央第五生态环境保护督察组督察甘肃省工作动员会上讲话的通知》《中华人民共和国个人所得税法》及相关实施条例。会议听取了2019年上半年国民经济和社会发展计划执行情况的汇报，安排部署下一阶段工作。会议研究了县自然资源局《关于储备并公开出让县城亭西路东侧一宗国有建设用地使用权的请示》、县发改局《关于解决新寨镇、莲峰镇、田家河乡等7个乡镇易地扶贫搬迁工程维修资金的报告》、县交运局《关于开通渭源至三河口城乡公交线路的请示》、县畜牧中心《渭源县产业扶贫养殖业到户牛羊托养项目监管制度（试行）》、县正源扶贫开发有限公司《关于渭源县光伏扶贫建设项目（一期工程）部分村级光伏电站竣工结算审核结果的请示》、五竹镇《关于申请渭源县五竹镇草滩安置点维修改造项目建设资金的报告》、县政府办公室《2019年第二季度县政府目标管理考核结果及奖惩情况》。会议研究了县财政局提交的关于县委办等单位申请固定资产处置的报告、有关资金事宜。

县政府常务会议63次　2019年8月14日，受县政府县长蔺红军委托，县政府常务副县长张拴宝主持召开县政府第63次常务会议。会议组织学习了《中共中央国务院关于深化改革加强食品安全工作的意见》《中共中央办公厅国务院办公厅地方党政领导干部食品安全责任制规定》《重大行政决策程序暂行条例》《甘肃省委办公厅甘肃省人民政府办公厅关于认真贯彻落实习近平总书记重要批示精神进一步解决好民生问题的通知》《中华人民共和国就业促进法》。会议研究了县自然资源局关于2018年城乡建设用地增减挂钩节余指标交易资金使用的报告、县审计局关于2018年度全县财政预算执行和其他财政收支工作报告、县应急管理局关于渭源县飞鹏建材有限公司“4·30”一般坍塌事故调查情况的报告、县教育局关于渭源县2019年学校布局调整方案的报告、县水务局《渭源县水电站生态环境问题整治工作实施方案》、县民政局关于对张玉琴等14户家庭进行临时救助和救急难的请示。会议研究了县人社局提交的关于2018年度全县事业单位年度考核结果核查情况的报告、有关人事事宜。

县政府常务会议64次　2019年8月27日，县政府县长蔺红军同志主持召开县政府第64次常务会议。会议组织学习了习近平总书记视察甘肃重要讲话和指示精神、县委书记吉秀在县委常委会扩大会议上的讲话、《定西市委办公室定西市人民政府办公室关于印发定西市推进高质量发展考核评价办法的通知》。会议传达学习了全省领导干部大会精神、市委常委会扩大会议精神。会议研究了县教育局提交的关于兑现2018—2019学年度教学质量奖的建议报告、关于推荐表彰全县教育工作先进集体和先进个人建议的报告。会议研究了县人社局提交的有关人事事宜。

县政府常务会议65次　2019年9月3日，县政府县长蔺红军主持召开县政府第65次常务会议。会议组织学习了《中共甘肃省委关于印发总书记在甘肃考察工作结束时的讲话的通知》《中共中央办公厅关于贵州省认真贯彻习近平总书记重要指示批示精神深入开展领导干部利用茅台酒谋取私利问题专项整治的通知》《省委办公厅转发中共甘肃省委关于深入学习宣传贯彻习近平总书记视察甘肃重要讲话精神的通知》和《林铎书记在全省领导干部大会上的讲话》《中华人民共和国水污染防治法》。会议研究了县脱贫领导小组办公室提交的关于渭源县2019年第二批市级财政专项扶贫资金项目计划的报告、关于渭源县2019年定点扶贫捐赠资金项目计划的报告、关于渭源县脱贫攻坚实施方案（2018—2020年）项目库调整说明的报告、关于太平洋保险公司防贫保险合作项目资金计划的报告、关于渭源县2019年统筹整合使用财政涉农资金项目调整方案的报告、关于渭源县2019年第二批市级财政专项扶贫资金及扶贫资金变更方案建设内容的报告、关于2018—2019年部分财政专项扶贫资金调整使用秦祁乡白土坡村良种驴养殖项目实施方案的报告。会议研究了县发改局提交的关于解决莲峰镇会川镇秦祁乡等安置点房屋维修加固项目建设资金的报告、关于解决莲峰镇新寨镇安置点维修资金的报告。会议研究了县住建局关于移交渭源县城区危房审批权限的请示、县商务局关于上报完善促进消费体制机制进一步激发居民消费潜力的实施方案的报告。会议研究了县文体旅游局提交的关于渭源县文化综合场馆影剧院文化设施项目审计结果的报告、关于渭源县文化综合场馆土建工程审计结果的报告、关于渭源县文化综合场馆装饰工程审计结果的报告。会议研究了县交运局提交的关于申请田麻公路工程量变更及解决缺口资金的报告、关于变更渭源县自然村通硬化路项目法人的报告、关于接收洮河峡城交通桥及九甸峡专用公路渭源段的报告。会议研究了县农业农村局提交的关于上报2019年渭源县废旧地膜回收利用示范县建设方案的报告、关于申请拨付渭源县黄香沟牧场2015年大型沼气工程建设项目资金的报告、《渭源县农村产权交易管理办法（试行）》《渭源县村级股份经济合作社组建工作指导意见》《渭源县股份经济合作社股权设置与量化实施办法（试行）的报告》《渭源县股份经济合作社财务管理制度》。会议研究了县民政局关于上报通过政府购买服务开展分散特困供养人员照护服务的实施方案的报告。会议研究了县水务局提交的关于渭源县城区供水工程建设中重大设计变更情况的报告、关于渭源县禹河城区段河道生态综合治理工程实施的报告。会议研究了县财政局提交的关于申请核减县政府办公室部分固定资产的报告、关于拆除黄香沟牧场沼气池等资产的报告、有关资金事宜。会议研究了县人社局关于增设部分公益性岗位的报告。

县政府常务会议66次　2019年9月19日，县政府县长蔺红军主持召开县政府第66次常务会议。会议组织学习了《中共甘肃省委办公厅甘肃省人民政府办公厅印发关于加快建设全省新型应急管理体系的意见的通知》《中共甘肃省委办公厅甘肃省人民政府办公厅印发关于全面加强自然灾害防治能力建设的意见的通知》《中华人民共和国宪法》。会议研究了县住建局关于申请渭源县集中供热补助资金的报告、县自然资源局关于申请审查发布甘肃省渭河源省级地质公园总体规划修编（2019—2035）的报告、县农业农村局关于申请拨付金宁养殖专业合作社大型沼气集中供气站项目资金的报告、五竹镇关于申请渭源县五竹镇草滩安置点房屋及附属设施维修改造项目工程建设费用的报告。会议研究了县发改局提交的关于申请上缴上湾镇2016年易地扶贫搬迁项目围墙、大门等附属设施建设资金的报告、关于申请解决渭源县田家河乡2006年撒马滩易地扶贫搬迁安置区补齐短板项目资金的报告、有关资金事宜。会议还就项目工作、经济高质量发展工作、“不忘初心、牢记使命”主题教育工作进行了安排部署。

县政府常务会议67次　2019年9月26日，县政府县长蔺红军主持召开县政府第67次常务会议。会议组织学习了中央、省委、省政府领导同志对校园安全工作的批示。会议传达了全省公安机关70周年大庆安保维稳工作视频调度会议精神，研究贯彻落实工作。会议研究县脱贫攻坚领导小组办公室提交的关于2019年第二批县级预算安排财政专项扶贫资金项目计划的报告、关于2019年易地扶贫搬迁贴息结余资金重新安排项目计划的报告、关于上报渭源县上湾镇南谷玫瑰园加工车间及保鲜库建设项目实施方案的报告、关于上报渭源县2019年财政专项扶贫结余资金莲峰镇花卉产业扶贫项目实施方案的报告、关于渭源县2019年世行六期扶贫项目结余资金调整的报告、关于2019年东西部扶贫协作社会帮扶物资发放方案的报告、关于调整莲峰镇花卉产业扶贫项目（二期）和上湾镇花卉产业扶贫项目运行模式的报告。会议研究了市生态环境局渭源分局关于批准上湾镇侯家寺村农村生活污水治理试点项目实施方案的请示。会议研究了有关人事事宜。

县政府常务会议69次　2019年10月14日，县政府县长蔺红军主持召开县政府第69次常务会议。会议组织学习了《中华人民共和国消防法》。会议传达了全市保险工作会议、全市工业发展暨经济开发区（工业集中区）建设推进会议、全市公安工作会议精神，研究了贯彻落实意见。会议研究了县教育局提交的关于2019年改善教育办学条件奖补资金分配计划的报告、关于2019年中央义务教育薄弱环节改善与能力提升补助资金项目计划的报告。会议研究了县自然资源局提交的关于划拨清源镇第二小学建设用地的请示、关于划拨北环路中段生态停车场项目建设用地的请示。会议研究了县住建局关于统筹整合使用2019年危房改造剩余补助资金的请示。会议研究了县民政局提交的关于对刘喜林等41户家庭临时救助和救急难的请示、关于申请拨付2019年贫困大学生城乡居民临时救助资金的报告、关于为分散特困供养人员配发煤炭的报告。会议研究了县司法局关于上报《渭源县行政执法信息公示办法》和《渭源县行政执法全过程记录办法》的报告、县应急管理局关于申请成立渭源县防灾减灾救灾委员会的报告、县金融办关于上报特色产业发展工程贷款拟推荐企业的报告。会议研究了关于推动高质量发展的实施方案。研究县人社局提交的有关人事事宜。

县政府常务会议70次 2019年10月18日，县政府县长蔺红军主持召开县政府第70次常务会议。会议组织学习了《习近平总书记在黄河流域生态保护和高质量发展座谈会上的讲话》《中华人民共和国环境保护税法》。会议研究了县金鸡产业扶贫项目现场指挥部《关于审定渭源县金鸡产业扶贫项目分区租赁协议的请示》。会议研究了县畜牧中心提交的关于全县非洲猪瘟防控工作职责划分方案的报告、关于生猪定点屠宰场建设事宜的请示。会议还强调了高度重视高质量发展工作、严格遵守中央八项规定及实施细则，特别要遵守公务用车相关规定等重点工作。

县政府常务会议71次 2019年10月25日，县政府县长蔺红军主持召开县政府第71次常务会议。会议传达了定西市十大生态产业发展推进会、第四季度全市经济高质量发展调度会会议精神，研究贯彻落实工作。会议研究了县文体旅游局关于申请批复《渭源县天井峡景区（渭河东源）规划》的报告。会议研究了县自然资源局提交的关于储备并公开出让清源路北侧一宗国有建设用地使用权的请示、关于储备并公开出让县城火车桥墩西侧一宗国有建设用地使用权的请示。会议研究了县人社局关于从乡镇向县直单位选调工作人员方案的报告。

县政府常务会议72次 2019年10月30日，县政府县长蔺红军同志主持召开县政府第72次常务会议。会议组织学习了省委书记林铎在定西市调研指导工作时的指示精神。会议研究了县脱贫攻坚领导小组办公室提交的2019年第三批市级财政专项扶贫资金项目预安排计划、2019年扶贫车间奖补及历年劳动力培训结余资金重新安排项目计划、2019年度全县贫困人口脱贫验收和贫困村退出自验情况的报告、关于调整中国农业银行总行定点帮扶支持香卜路村新兴产业发展项目素质拓展训练基地建设项目的报告以及渭源县2019年第二批县级预算安排财政专项扶贫资金1938万元用于“十三五”第二批13兆瓦光伏扶贫项目实施方案、渭源县2019年财政专项扶贫资金调整用于“十三五”第二批13兆瓦光伏扶贫项目实施方案、渭源县2019年第三批市级财政专项扶贫资金“五小”产业项目实施方案、渭源县北部农村饮水安全工程水厂进水口改造项目实施方案。会议还就脱贫攻坚验收考核工作进行了安排。

县政府常务会议73次 2019年11月6日，县政府县长蔺红军主持召开县政府第73次常务会议。会议组织学习了中国共产党第十九届中央委员会第四次全体会议公报、中共中央办公厅关于做好党的十九届四中全会精神学习宣传工作的通知、国务院办公厅关于做好优化营商环境改革举措复制推广借鉴工作的通知、省委办公厅省政府办公厅关于进一步做好困难群众温暖安全过冬工作的通知。会议传达了2019年省安委会第五次、市安委会第三次全体（扩大）会议精神，安排部署贯彻落实工作。会议研究了县自然资源局提交的关于储备并公开出让县城北环路东段南侧一宗国有建设用地使用权的请示、关于储备并公开出让会川镇新城村一宗国有建设用地使用权的请示、关于储备并公开出让田家河乡元古堆村七宗国有建设用地使用权的请示。会议研究了县民政局提交的关于上报《通过政府购买服务开展分散特困供养人员照护服务的实施方案》的报告、关于申请2019年省级困难群众基本生活补助结余资金调剂统筹使用的报告。会议研究了县交运局关于重新许可渭源至莲峰、渭源至渭河源公交线路的报告。会议研究了市生态环境局渭源分局提交的渭源县2020年国家重点生态功能区县域生态环境质量监测评价考核工作实施方案、关于批准会川镇罗家磨村大安乡井儿山村2019年中央农村环境整治项目实施方案的请示。会议研究了县委编办《渭源县机构改革职能职责划转情况》。会议研究了县政府办提交的政务服务事项和权责清单事项划转承接事宜、2019年第三季度县政府目标管理考核结果及奖惩意见。会议研究了县财政局提交的关于精准扶贫专项贷款转商业贷款到期续贷工作的请示、有关资金事宜。会议还就脱贫攻坚验收考核工作和“6+1”行动工作进行了安排。

县政府常务会议74次 2019年11月11日，县政府县长蔺红军主持召开县政府第74次常务会议。会议组织学习了《中共中央关于坚持和完善中国特色社会主义制度推进国家治理体系和治理能力现代化若干重大问题的决定》、关于《中共中央关于坚持和完善中国特色社会主义制度推进国家治理体系和治理能力现代化若干重大问题的决定》的说明、中共甘肃省委甘肃省人民政府《贯彻落实中央关于新时代推进西部大开发形成新格局决策部署的实施意见》《优化营商环境条例》《中华人民共和国公共文化服务保障法》《中华人民共和国政府信息公开条例》。会议传达了全市政务公开领导小组会议暨政务公开培训会议精神、全市处置非法集资领导小组会议精神、市生态环境保护工作领导小组和市生态环境保护委员会2019年第三次会议精神，研究贯彻落实工作。会议听取了中央、省、市生态环境督察反馈问题整改情况汇报，安排部署下一阶段工作。会议研究了县自然资源局关于储备并公开出让县一中南侧两宗国有建设用地使用权的请示。会议研究了县正源公司提交的关于交管渭源县光伏扶贫建设项目（一期工程）村级光伏扶贫电站及设施农业发展的报告、关于渭源县光伏扶贫建设项目（一期工程）路园园区等20个村级光伏电站竣工结算的请示。会议研究了有关人事事宜。会议还就脱贫攻坚验收考核工作进行了安排。

县政府常务会议75次 2019年12月2日，县政府县长蔺红军主持召开县政府第75次常务会议。会议组织学习了习近平总书记在中央政治局第十八次集体学习时的讲话（把区块链作为核心技术自主创新重要突破口加快推动区块链技术和产业创新发展）、中共中央国务院《新时代爱国主义教育实施纲要》、关于新形势下党内政治生活的若干准则、中共甘肃省委办公厅甘肃省人民政府办公厅《关于对省人社厅任性用权制约高层次人才引进工作问责处理情况的通报》。会议研究了县自然资源局提交的关于划拨渭源县第四幼儿园建设用地的请示、关于划拨渭源县城区供水工程净水厂建设用地的请示、关于储备并公开出让原会川林场部分国有建设用地使用权的请示。会议研究了县发改局提交的关于渭源县生态文明体制改革实施方案的报告、渭源县2020年投资项目清单、渭源县2020年国民经济和社会发展主要综合指标计划（草案）、关于上缴秦祁乡镇区主街道配套工程省预算内建设资金并调整投资计划的报告、关于渭源县“十三五”第一批14.763兆瓦及第二批14.349兆瓦村级光伏扶贫电站项目竣工财务审计决算的报告。会议研究了县林业服务中心关于会川国有林场后院危旧房改造工程商铺拍卖的请示。会议研究了县脱贫领导小组办公室提交的关于2019年财政专项扶贫结余资金及历年光伏扶贫项目结余资金调整项目计划的报告、关于渭源县2019年统筹整合财政涉农资金（农业生产发展资金）项目预安排计划的报告、关于渭源县2019年东西部扶贫协作新增财政帮扶资金项目计划的报告、关于2019年中国农业银行定点帮扶资金使用计划的报告、关于国务院扶贫办2019年定点帮扶资金项目安排计划的报告、关于渭源县

2020年度县级脱贫攻坚项目库的报告、关于渭源县东西部扶贫协作2020年财政帮扶资金项目计划的报告、关于渭源县2019年财政专项扶贫结余调整资金用于“十三五”第二批13兆瓦光伏扶贫项目实施方案的报告、关于渭源县2019年东西部扶贫协作新增财政帮扶资金项目实施方案的报告。会议研究了县民政局提交的关于上报《通过政府购买服务开展留守儿童困境儿童留守老人及流浪乞讨人员救助关爱服务的实施方案》的报告、关于对文永吉等18户家庭临时救助和救急难的请示。会议研究了《渭源县人民政府重大行政决策程序实施细则（审议稿）》《渭源县2019年度综合目标管理责任书考核奖惩办法（审议稿）》、清源镇关于刘家河安置点多建住房和库房问题处置的报告。会议研究了县金融办提交的关于上报特色产业发展工程贷款拟推荐企业的报告、渭源县农村合作金融机构风险化解领导小组。会议研究了县政府办提交的渭源县人民政府常务会议工作规则（审议稿）、关于调整督查考核体系部分内容的建议。会议研究了县财政局提交的关于贯彻落实基本公共服务领域县级财政事权和支出责任划分改革方案实施意见的报告、关于拆除农技中心培训实验推广楼的报告、有关资金事宜。会议研究了县安置退役军人办关于张军刚等12名转业士官安置工作岗位的请示。会议研究了县人社局提交的有关人事事宜。

县政府常务会议76次 2019年12月16日，县政府县长蔺红军主持召开县政府第76次常务会议。会议组织学习了甘肃省人民政府《关于兰州市西固区、城关区和安宁区统计违法案件调查处理情况的通报》《中华人民共和国公共图书馆法》。会议听取全县“放管服”改革工作情况汇报、全县整治“景观亮化工程”过度化等政绩工程、面子工程问题汇报，研究部署下一阶段工作。会议研究了渭源县2019年国民经济和社会发展计划执行情况及2020年国民经济和社会发展计划（草案）、政府工作报告（审议稿）、2019年财政预算执行情况和2020年财政预算（草案）及报告、关于县十六届人大三次会议代表意见建议和县政协九届三次会议委员提案办理情况的报告（审议稿）。会议研究了《关于进一步支持全县民营企业快速发展的实施意见（审议稿）》。会议研究了县自然资源局提交的关于储备并公开出让县城亭西路东侧一宗国有建设用地使用权的请示、关于调整渭源县一中南侧一宗国有土地规划指标的报告、渭源县南门西侧棚户区改造项目工作协议。会议研究了关于拟征收渭水源供热站原西区热源厂资产的报告。会议研究了民政局关于对周民忠等23户家庭临时救助和救急难的请示。会议研究了县财政局提交的关于渭源县鑫磊药业有限责任公司申请担保贷款的请示、关于对渭源县北部马铃薯专业合作社提供贷款担保的请示、关于对财政国库暂存款项清理化解的请示、关于2019年土地指标跨省域调剂结余资金安排计划的报告、关于处置渭源县第二中学部分固定资产报告、有关资金事宜。

县政府常务会议77次 2019年12月27日，县政府县长蔺红军主持召开县政府第77次常务会议。会议组织学习了中央经济工作会议精神、习近平总书记在十九届中央政治局第十九次集体学习时的重要讲话、中共定西市委办公室关于全市意识形态工作相关情况的通报。会议传达了全市扫黑除恶专项斗争领导小组第十二次全体（扩大）会议精神，研究贯彻落实意见。会议研究了县脱贫领导小组办公室提交的渭源县2020年第一批财政专项扶贫资金项目计划、渭源县2019年东西部扶贫协作社会帮扶资金项目计划、渭源县2019年东西部扶贫协作“千人帮千户”帮扶资金困难群众过冬物资补助项目计划及实施方案、渭源县世行贷款贫困片区产业扶贫试点示范项目2020年项目实施计划、渭源县2020年脱贫攻坚工作要点、渭源县2019年东西部扶贫协作社会帮扶资金农业保险项目实施方案、国务院扶贫办2019年定点帮扶资金项目实施方案、渭源县2019年统筹整合财政涉农资金用于“十三五”第二批13兆瓦光伏扶贫项目实施方案。会议研究了关于2019—2020年度受灾群众冬春生活救助资金分配方案的报告、关于解决S227五竹段征地补偿款的请示。会议研究了县财政局提交的关于五竹镇继续使用中央财政移民搬迁补助项目产业发展扶持资金的报告、关于渭源县聚源产业开发有限公司拆借资金的报告、2020年部门预算、有关资金事宜。

县政府办公室工作

【概况】 县人民政府办公室现有内设股室8个（秘书股、文档股、行政股、审改股、综合股、党务外事股、督查室、金融股），加挂县金融办牌子。核定编制45名，其中：行政编制17名（县政府领导占5名），行政工勤编制1名，事业编制27名。办公室现有工作人员42人（行政人员15人，事业人员25人，行政工勤人员2人），其中班子成员4人（主任1人，副主任3人），四级调研员1人。

【基层组织建设】

1.加强学习，提升党员干部政治意识。办公室党支部制定全年学习计划，持续实行每周四下午为集中学习日的“固定学习日”制度，共开展集中学习38次，传达学习各类会议文件精神42件次。

2.推进党支部建设标准化，筑牢基层战斗堡垒。严格落实“三会一课”、组织生活会、谈心谈话、民主评议党员等基本组织制度，进一步规范党内政治生活。开展党史教育6次，组织生活锻炼12次，有效提升了全体党员的党性意识。党支部书记集中约谈党员7次19人次，党员领导干部与普通党员开展谈心谈话37人次。坚持开展“主题党日+”活动，开展了植树造林、参观革命圣地、党员集体过政治生日、支部融合共建等活动12次；新发展党员1人，培养入党积极分子2人。

3.认真开展主题教育，切实做到守初心、担使命。主题教育开展以来，坚持以上率下，先学一步，学深一层，带动31名干部职工开展了理论学习，共集中开展学习26次，研讨11次，集中观看了微型党课和主旋律电影9次，实地开展传统教育3次。

4.坚持问题导向，加强党员干部作风建设。深入贯彻落实《中国共产党廉洁自律准则》《关于新形势下党内政治生活的若干准则》。紧盯“四风”问题隐形变异新动向，深入查找形式主义、官僚主义新表现，切实减轻基层负担。2019年，以县政府和政府办名义下发的文件同比分别减少38.2%和32%。

【协调落实与会务文件办理】 以“高效、节俭、规范”为目标，认真搞好各类会务的统筹协调，精心做好会前准备，细致做好会间服务，认真抓好会后落实，会务工作更加规范。牵头组织制定县委、县政府重大调研活动方案50次、工作推进方案80余件，承办大型会议活动60余次，组织保障会议200余次。紧紧围绕县政府重要会议决定和领导批示，建立督办台账，采取电话催办、下发督办函和实地督查的方式，督查督办及时跟进，落实各项工作进展和成效，开展专项督查11次，下发督办（转办）通知140期，电话催办1800余次。以“零差错”为目标，不断提高办文办会的质量和运转效率，确保政令畅通有力、部署工作及时高效。出台收发文管理办法，完善办文工作机制，对重大文件实行急事急办、特事特办，文件办理更加高效快捷。以县政府和县政府办公室名义共印发各类文件267件，办理上级来文2321余件，各乡镇、部门向县政府来文2081件。

【“放管服”改革】 全面梳理政务服务事项1029项，权责清单事项3889项；清理证明事项779项，拟保留673项，拟取消106项；加快审批互联互通、全面推行电子化登记服务、推进“多证合一”改革、深入推进减税降费政策，营商环境得到进一步优化，企业群众幸福感和获得感不断增强。

【意见提案办理】 围绕人大代表、政协委员及广大人民群众反映强烈的突出问题，扎实开展意见提案办理工作，采取现场督办、和代表委员见面沟通、下发《督办通知》等方式，及时跟踪掌握承办单位的办理进展，共办理人大代表意见建议85件、政协委员提案45件，办复率均达到100%，办结率分别达到77.8%、80%。

【金融办公室工作】

1.农村“两保一孤”保险。为充分发挥保险对特困患病人群救急救紧的保障作用，有效解决特困患病人群（农村一、二类低保户，五保户，农村孤儿）医疗前期费用问题，在全县农村一、二类低保户、五保户和农村孤儿中开展了“两保一孤”特困人群团体意外伤害附加重大疾病保险工作。五保户和农村孤儿保费80元县级财政全部补贴；一类低保县级财政每人补贴30元、自缴每人50元，二类低保县级财政每人补贴20元、自缴每人60元。

2.中药材产值保险。按照“政府引导、市场运作、自主自愿、协同推进、药农受益”的原则，承保“五公开、两到户”（即：惠农政策公开、承保情况公开、理赔结果公开、服务标准公开、监管要求公开，承保到户、理赔到户）机制，解决药农种植前生产资金短缺，防范和化解中药材种植期间的自然风险和收获市场风险，努力实现药农“春来苗肥可贷款，秋后算账不亏钱”的愿望。

3.农村金融综合服务室建设。依托现有村级金融便民服务点和农村保险服务站，在行政村全覆盖建立“农村金融综合服务室”。规范运行，重点协助金融机构做好信用信息采集、小额信贷贷前调查、贷中管理、贷后催收、农业综合保险服务、推广电子支付、金融知识宣传教育等工作，实现农村金融服务不出村、金融支持政策精准落地。

4.金融风险防控。严格按照有关政策要求，切实靠实责任，严格落实贷款审批程序和抵押担保措施，加强各类贷款后续管理工作，有效降低金融风险，确保各类贷款使用高效、安全收回。

5.融资环境及政府支持金融业发展。以建设“诚信渭源”为目标，坚持“政府主导、部门联动、社会参与”的原则，共同推进银行征信系统建设，不断优化全县金融生态环境。重点抓好中小企业信用担保体系建设，多渠道增加担保公司资本金，提升担保能力，逐步解决中小企业贷款担保难的问题。不断加大金融秩序整顿力度，严厉打击金融诈骗、骗贷、恶意躲逃债务等金融违法犯罪行为，支持金融机构清收不良贷款，努力营造安全的金融环境。

【助推脱贫攻坚】 深入贯彻落实县委县政府关于全县脱贫攻坚的决策部署，帮扶会川镇王家咀村、庆坪镇龚家沟村和秦祁乡武家山村，协调解决帮扶资金、帮扶物资折价共计83万余元。派出3名干部担任帮扶村的工作队队长、队员，并每月向办公室主要领导、每季度向办公室党组汇报帮扶工作情况。严格落实驻村工作队成员的经费保障。28名干部联系未脱贫建档立卡户99户398人，到三个贫困村入户25次320余人次，为村社和群众帮办实事49件（次），其中主题教育中帮办34件（次）。全年为帮扶村协调解决资金69.3万元，发放价值约13.84万元的物资。与三个帮扶村分别联合开展“主题党日+”支部融合共建活动各1次，联合祁家庙镇川套村、县爱卫中心党支部在川套村文化广场开展了庆祝中华人民共和国成立70周年活动。

【领导名录】

主任：张建军

副主任、县经济信息中心主任：宿渭军

副主任：何书平、张泽亮、陈林（挂职）

县政务公开中心主任：柴小峰（7月任）

（供稿：贾彦鹏）

机关后勤车辆保障服务工作

【概况】 县机关事务管理局于2017年3月20日正式成立，隶属县政府管理，内设办公室、维护鉴定股、车管股、公共机构节能股、财务股。核定主任1名、副主任2名，干部4名。2019年3月3，全县机构改革后，县机关事务管理局更名为“县机关事务服务中心”，职能不变，隶属关系不变。

【后勤车辆保障服务】 2019年，平台正常运行的各类车辆53辆，共受理用车申请5870台（次），派出车辆55547台（次），公务用车出行保障率达到94.5%，基本保障了全县各参改单位的正常公务出行活动，全力保障了脱贫攻坚、省委第三巡视组、市委巡察组、扫黑除恶等正常公务用车，重点保障了全省脱贫攻坚现场推进会、高考中考学考、国务院扶贫办定点扶贫现场推进会等重大会议的会务保障用车。

【领导名录】

主任：王永安

副主任：卯雪元、陈璋

（供稿：陆生蓉）

政务公开工作

【政府信息公开】 按照“以公开为常态、不公开为例外”的原则，围绕打造服务型政府，不断加强政府信息公开力度，加深政府信息公开程度。渭源党政网共发布政府信息3233条。合理设置“领导信箱”“人大建议”“政协提案”“民意征集”等子栏目，对来信来访、人大建议、政协提案进行公开，并跟进发布进展办理情况。打造甘肃政务服务网渭源子站，在政务服务网渭源子站“阳光政务”栏目公布了全县46个单位的权责清单信息4295条，公共服务信息351条，便民服务事项131条。打造新媒体矩阵，以“渭源政务”“爱渭源”“年轻渭源人”等为主的政务新媒体公开信息6000多条。

【网上信访及民生平台办理】 建立“网民留言办理台账”，规范了网民留言办理流程，对转办单位设置办理期限，对接近办理期限还没有办结的专人负责催办，对超过期限还没有办结的下发内部通报督促办理，网民留言办理效率和质量进一步提升。收到网民留言52条，办结52条，办结率100%。其中，收到市政府办转办网民留言23件，已办结23条，办结率100%；收到“中国·渭源党政网”网民留言29条，已办结29条，办结率100%。收到市电子民生平台热线批转件5884件，办结率100%，按时办结率为97.71%，满意率64.09%，双满意率52.19%。严格落实依申请公开规范办理机制，共收到有效依申请公开3件，为信函申请，县政务公开政协积极协调相关单位进行了答复。

（供稿：刘亮亮）

政务服务中心工作

【概况】 县政务服务中心是县人民政府设立的对本级人民政府及其所属部门面向社会集中受理、办理行政审批、公共服务、招投标及其他社会服务事项的活动进行组织协调、实施监督管理，并根据有关部门委托直接办理行政审批、公共服务事项的行政机构。现有编制5个，2019年10月新增帮办代办人员3名，在职职工10名。2019年，办理各类审批服务事项网上申报10235件，办结10219件，办结率99.84%，全市排名前三。

【政务服务工作】

1.落实“放管服”改革。大厅设立了咨询引导台、帮办代办窗口、网上自助申报区、自助查询、24小时自助服务区、排队叫号、休息等候、纯净水饮用、无线网全覆盖等便民设施，为办事群众提供引导帮办、免费打印复印、信息查询、快递服务、报刊阅读等候等人性化服务，开通了政务无线网，提高了大厅办事效率。制定了《渭源县深化“放管服”改革构建政务服务“五个一”模式工作方案》。

2.完善制度建设。成立渭源县政务服务工作领导小组，修改制定《渭源县政务服务中心管理考核办法》《渭源县政务服务中心窗口工作人员管理办法》《渭源县互联网+政务服务方案》《甘肃政务服务网渭源子站建设管理暂行办法（试行）》和《首问责任制》等一系列规章制度，对窗口工作人员采取每天签到考勤、管理人员定期巡视抽查、发放评议表、回访服务对象、制作意见箱、公布投诉电话、接受核实服务对象投诉等措施，实行每周考核、每月考评、年终总评的考核办法。制定印发《源县乡（镇）村（社区）政务服务体系规范化考核方案》。

3.加快电子监察视频监控平台建设。完成10个村的电子监察视频监控平台建设项目，视频监控已落实部分平台建成。这是全县完成的第一批村级视频监控平台。

4.“网上行权”工作有序推进。加快行政审批制度建设，年底实现省市县乡互联互通，加强乡镇行政审批系统对接。网上行政审批系统整体框架初步搭建，系统测试能够稳定运行，行政审批系统已经延伸覆盖到96个部门单位，并组织各单位、各乡镇分管领导和业务骨干进行了培训，系统平台正常使用。5.梳理县级政务服务事项917项、乡（镇）村社区112项。

【领导名录】

主任：刘明星

副主任：李建新、李晓玲（女）

（供稿：姚文霞）

地方志编纂中心工作

【概况】改革开放后，编纂地方志在各地兴起。1982年11月，渭源县县志编修委员会办公室设立。1987年2月24日，县政府将县志编修委员会办公室列为科级常设机构。2008年7月7日，县志编修委员会办公室列入参照公务员法管理范围。2008年7月，成立县志编修委员会办公室党支部，归口县政府机关党总支管理。2018年4月，设立县志编修委员会办公室党组。2019年3月25日，县志编修委员会办公室更名为“渭源县地方志编纂中心”。2019年6月10日，县志编修委员会办公室党组撤销。现有职工7名，党员6名。主任1名（四级调研员），副主任1名，四级调研员3名，二级主任科员1名。

【年鉴编辑出版】认真学习领会习近平总书记关于历史研究、编修史志的新思想和新要求，坚定执行党的基本理论、基本路线、基本方略，自觉在政治立场、政治方向、政治原则、政治道路上，为党立言、为国存史，为民修志。《渭源年鉴》（2018）由陕西人民出版社公开出版。《渭源年鉴》（2019）由兰州大学出版社公开出版。省市2019年鉴入鉴资料按要求报送。积极参与全县文化旅游、非物质文化遗产申报、苏维埃政府纪念馆布展评审等工作，为社会各界人士查阅地方志资料提供服务。全力指导《渭源林业志》《会川镇志》编纂工作。省地方史志编纂委员会2019年度地方史志工作目标任务完成情况考核评分100分。

【领导名录】

主任：朱平地

副主任：田芳红（女）

（供稿：田芳红）

政协渭源县委员会

【全体委员会会议】

全体委员会会议第三次　2019年1月2—5日，中国人民政治协商会议渭源县第九届委员会第三次会议召开。会议听取并学习了县委书记吉秀在开幕大会上的重要讲话。审议批准县政协主席陈栋所作的常委会工作报告、县政协副主席庞元平所作的关于九届二次会议以来提案工作情况的报告。委员们列席第十六届县人民代表大会第三次会议，听取并讨论了县人民政府县长蔺红军所作的政府工作报告，讨论了法检“两院”报告及计划、财政报告，对上述报告均表示赞同。会议期间，共收到委员提案83件，经审查立案45件。

全体委员会会议第四次 2019年12月24—27日，中国人民政治协商会议渭源县第九届委员会第四次会议召开。会议听取并学习了市人大常委会副主任、县委书记吉秀在开幕大会上的讲话。审议批准县政协主席陈栋所作的常委会工作报告、县政协副主席庞元平所作的关于九届三次会议以来提案工作情况的报告。委员们列席第十六届县人民代表大会第五次会议，听取并讨论了县人民政府县长蔺红军所作的政府工作报告，讨论了法检“两院”报告及计划、财政报告，对上述报告均表示赞同。会议期间，共收到提案82件，审查立案51件。

【常务委员会会议】

常务委员会会议12次 2019年1月4日，政协第九届渭源县委员会常务委员会第12次会议召开。会议听取各组召集人对本组讨论县政协常委会工作报告、提案工作报告、政府工作报告、计划报告、财政报告、法检两院报告及九届三次会议各项决议（草案）的汇报。协商通过了政协渭源县委员会九届三次会议政治决议（草案）、政协渭源县委员会九届三次会议关于九届常委会工作报告的决议（草案）、政协渭源县九届三次会议关于九届二次会议以来提案工作情况报告的决议（草案）。会议审查了政协第九届渭源县委员会第三次会议委员提案，协商通过了政协渭源县第九届委员会关于政协渭源县九届三次会议提案审查情况的报告（草案）。

常务委员会会议13次 2019年3月19日，政协第九届渭源县委员会常务委员会第13次会议召开。会议组织学习了《习近平扶贫论述摘编》第四、五部分内容，《习近平总书记关于加强和改进人民政协工作的重要思想专题摘编》第七部分内容，传达学习了全国政协十三届二次会议精神、习近平总书记在看望参加政协会议文艺界、社科界委员时的重要讲话精神、习近平总书记参加十三届全国人大二次会议甘肃代表团审议时的重要讲话精神和中共甘肃省委、中共定西市委关于认真学习宣传贯彻习近平总书记在参加十三届全国人大二次会议甘肃代表团审议时的重要讲话精神的通知、甘肃省政协十二届二次会议精神、中国共产党渭源县第十四届委员会第十三次全体会议暨县委经济工作会议精神、《中共渭源县委关于全面决战决胜脱贫攻坚实现2019年脱贫摘帽的决定》。会议审议并通过了政协渭源县委员会关于全县民营经济发展情况的调研报告、关于深入开展“脱贫攻坚·政协委员有作为”活动的实施方案、关于委员积极投身坚决打赢脱贫攻坚战实现全县2019年脱贫摘帽的决议。听取了《政协第九届渭源县委员会常务委员会2019年工作要点》和关于举办“渭河源·新时代庆祝中华人民共和国成立70周年和人民政协70华诞书画展”的说明。

常务委员会会议14次 2019年4月9日，政协第九届渭源县委员会常务委员会第14次会议召开。会议研究决定，免去王志红九届县政协秘书长职务。

常务委员会会议15次 2019年6月12日，政协第九届渭源县委员会常务委员会第15次会议召开。会议组织学习了《习近平关于扶贫论述摘编》第六、七部分内容，《习近平总书记在解决“两不愁三保障”突出问题座谈会上的重要讲话精神》《习近平总书记关于加强和改进人民政协工作的重要思想专题摘编》第八部分内容和《中共中央关于在全党开展“不忘初心、牢记使命”主题教育的意见》。会议审议并原则通过了政协渭源县委员会关于全县社会治安综合治理情况的调研报告、关于全县中药材产业发展情况的协商报告、关于全县金融业支持县域经济社会发展情况的协商报告。会议听取了《关于进一步加强和改进人民政协民主监督工作的实施意见》的起草说明。

常务委员会会议16次 2019年11月19日，政协第九届渭源县委员会常务委员会第16次会议召开。会议组织学习了习近平总书记在中国共产党第十九届中央委员会第四次全体会议上的重要讲话、《中共中央关于坚持和完善中国特色社会主义制度、推进国家治理体系和治理能力现代化若干重大问题的决定》《中国共产党第十九届中央委员会第四次全体会议公报》《中共中央办公厅关于做好党的十九届四中全会精神学习宣传工作的通知》《习近平总书记在中央政协工作会议暨庆祝中国人民政治协商会议成立70周年大会上的重要讲话》，《中共中央关于新时代加强和改进人民政协工作的意见》《中共甘肃省委关于深入学习贯彻习近平总书记视察甘肃重要讲话精神努力谱写加快建设幸福美好新甘肃不断开创富民兴陇新局面时代篇章的决定》。会议审议并原则通过了政协渭源县委员会关于物业管理条例贯彻情况的协商报告、关于招商引资工作的调研报告、关于职业教育发展的调研方案、关于农民专业合作社发展的调研方案、关于全县重点项目建设的调研报告。会议书面听取了县政府关于九届三次会议以来提案办理情况的通报。会议审议通过了关于召开政协第九届渭源县委员会第四次会议的相关事项。

常务委员会会议17次 2019年12月24日，政协第九届渭源县委员会常务委员会第17次会议召开。会议听取了关于召开政协第九届渭源县委员会第四次会议时间变更的说明；会议决定，政协第九届渭源县委员会第四次会议于12月24—27日召开。

【思想政治建设】

始终坚持以学习贯彻习近平新时代中国特色社会主义思想和中共十九大精神为主线，扎实认真开展“不忘初心、牢记使命”主题教育，严格按照“守初心、担使命、找差距、抓落实”的总要求，把“学习教育、调查研究、检视问题、整改落实”贯穿始终，认真学习习近平总书记在中央政协工作会议暨庆祝中国人民政治协商会议成立70周年大会上的讲话精神，通过参加省政协专题辅导视频会议，举办委员培训班、研讨交流等，切实在学懂弄通做实上下功夫。

始终把坚持党的全面领导作为政协工作的政治原则和根本遵循。县政协党组自觉接受县委领导，及时组织传达学习县委重要会议精神，认真贯彻落实县委各项决定，坚持重大事项及时向县委请示、重要工作及时向县委汇报、重大活动及时向县委报告，把党的主张通过民主程序转化为政协组织的决定，努力做到县委、县政府的工作推进到哪里，政协的工作就跟进到哪里，协商民主就开展到哪里，各方力量就凝聚到哪里，努力与县委、县政府在目标上同向、行动上同步。

【助推脱贫攻坚】 深入学习贯彻习近平总书记关于脱贫攻坚重要论述，作出《政协渭源县委员会常务委员会关于全体政协委员积极投身坚决打赢脱贫攻坚战实现2019年脱贫摘帽的决议》。主席会议成员在推进联系乡镇整体工作的同时，积极帮办实事，解决实际困难，为联系乡镇和村、户争取基础设施建设、医疗救助、教育资助等资金160多万元。机关全体干部认真落实帮扶责任，为帮扶户送去被褥、衣物150多件（套），电动喷雾器110台套，化肥30多吨，书画作品50多幅，价值15多万元；为联系村筹措帮扶资金8.6万元，争取福州晋安区政协联系企业捐赠帮扶资金30万元。持续推进“脱贫攻坚·政协委员有作为”活动，经济界委员通过“企业+基地+农户”模式，建立了清源镇马家窑村、秦祁乡豹子沟村等8个中药材种植基地5000多亩，发放化肥50多吨，与2000多户农户签订了高于市场价格5%～10%的种植收购协议；建立了会川镇干乍村、田家河乡元古堆村等6个马铃薯良种繁育基地3000多亩，投放马铃薯原原种800万粒，原种

40多吨；在田家河、上湾等乡镇组织带动农户种植百合，开发百合系列产品，多渠道拓宽销售市场、增加群众收入。政法、文化艺术、医药卫生等界别委员积极开展法律、文化、健康下乡活动40多次；科技界委员积极推广农业新技术运用，培训群众1000多人次。工商联界委员依托各自的公司和基地，组织劳动技能培训20多期800余人次，提供务工岗位200多个。联系爱心企业捐资助学，为清源镇、庆坪镇、秦祁乡36名困难学生累计资助40多万元。

【协商民主】积极发挥社会主义协商民主重要渠道和专门协商机构作用，在协商中深化认识，寓建言、支持、监督于协商之中，更好地为全县经济社会高质量发展献良策、聚合力。

1.会议协商。九届三次全会期间，委员们通过参加分组讨论、大会发言等形式，聚焦全县经济社会发展、民生改善和脱贫攻坚工作中的重大问题，深入协商讨论、积极建言献策，提交大会发言10篇，提出意见建议40多条。全年召开4次常委会会议、10次主席会议，围绕全县阶段性工作部署、政协重点工作安排等，广泛发扬民主，深入沟通协商，有序推进协商民主健康发展。

2.专题协商。把专题协商作为政协协商议政的重要平台，围绕全县打赢脱贫攻坚战暨全县经济社会发展召开专题协商议政会，8名委员就“脱贫攻坚、易地搬迁、经济发展、社会建设”等方面作了会议发言，提出了一些很好的意见和建议。形成的专题协商议政报告报送县委、县政府后，县委及时作了批转，县政府对意见建议高度重视，进行了任务分解，相关部门在工作中积极采纳，促进了一些问题的有效解决。

3.对口协商。把对口协商作为发挥政协专门委员会作用的有效形式，围绕全县金融业支持县域经济发展情况与县金融办、县人民银行及县内金融机构开展协商，委员们从“加强政府引导服务、提高银行服务水平、注重民营企业自身建设、完善信贷管理方式、进一步加大防范金融风险”5个方面提出12条意见建议，形成的协商报告县委进行了批转。围绕《定西市物业管理条例》贯彻落实情况，与县住房和城乡建设局、物业管理公司、业主代表开展协商，从加大政策宣传贯彻力度、引导物业企业市场化运作、加强物业服务企业监管、健全完善物业管理机制、加大老旧楼院改造力度方面提出10条意见建议，有力地促进了物业管理规范化水平。

4.界别协商。把界别协商作为发挥委员主体作用的有效载体，围绕全县中药材产业转型升级发展开展界别协商，委员们提出意见建议15条。围绕全县农村医疗保险政策落实情况开展界别协商，委员们提出意见建议8条。2篇协商报告县委均批转有关部门采纳落实。

【民主监督】

1.调研视察工作。围绕全县重点项目建设情况进行视察，提出意见建议16条，形成的视察报告县委、县政府主要领导和分管领导均作出批示，并以县委文件转发相关部门和实施单位重视和采纳。围绕全县民营经济发展、社会治安综合治理、农民专业合作社运行、职业教育发展、学前教育发展、招商引资等开展专题调研，提出意见建议70多条，7篇调研报告县委均批转有关部门采纳落实。围绕民族宗教活动场所管理、乡村旅游、扶贫车间建设等开展委员小组活动，委员们在肯定成绩的同时，分析困难，提出了有针对性的意见建议。

2.民主监督工作。认真落实县委《关于加强和改进人民政协民主监督工作的实施意见》，坚持协商式监督原则，将民主监督融于协商、视察、提案、调研、大会发言等履职活动之中，进一步丰富民主监督形式、提升民主监督实效。充分运用提案开展民主监督，认真做好提案的收集、审查、交办、办理和督办工作，提案质量稳步提高，办理效果明显提升。围绕蔬菜产业发展、义务教育均衡发展成果巩固情况等开展委员约谈，提出的意见建议通过政协通讯等形式向县委、县政府或相关部门进行了反映，促进了相关工作。推荐政协委员担任司法机关、政府部门特邀监督员和行风评议员，参与脱贫攻坚督查检查、食品药品领域联动巡察、行风政风评议、审判、征兵等工作监督，拓宽了民主监督的范围。

3.凝聚共识工作。各党派团体提出集体提案11件，提交大会发言4篇，党派团体履职积极性不断提升。鼓励和支持政协委员深入基层和界别群众，协助党委政府做好解疑释惑、宣传政策、理顺情绪、化解矛盾的工作。主动争取省、市政协的指导和支持，配合完成省市政协在渭源的视察、调研活动15次；加强与外县政协组织的联系，接待来渭源学习考察活动12次，为宣传推介渭源发挥了积极作用。充分发挥文史工作存史、资政、团结、育人的作用，征集《渭源文史资料》（第八辑）稿件40余篇80多万字。举办了“峥嵘七十年·源头谱华章”庆祝中华人民共和国成立70周年书画展，展出书画作品近200幅，并将优秀作品结集出版。

【提案工作】县政协提案法制委员会完成了政协九届三次会议提案征集、审查、立案、交办和集中督办工作。4月23—24日，深入峡城、上湾等乡镇及村、社区和教育、公安等部门单位，通过走访调研、召开座谈会等形式，就全县社会治安综合治理工作进行了专题调研。6月25—27日，深入麻家集镇麻家集村、袁家河村和会川镇沈家滩村、莲峰镇下街村、何家湾村等5个村卫生室，以及县人民医院、县中西医结合医院、县医保局、县财险公司等单位和部分建档立卡贫困户，围绕全县农村医疗保险政策落实情况进行了调研，并召开界别协商座谈会。8月13日—14日，深入县城区、会川镇部分住宅小区和老旧楼院，就《定西市物业管理条例》（以下简称《条例》）贯彻落实情况进行了调研，并召开协对口商座谈会。10月中旬，组织部分政协常委、委员就全县安全生产工作情况开展了委员约谈活动，委员们先后深入田家河乡安监所、高石崖村安监站、会川永安驾校、甘肃田地白家食品有限责任公司等乡、村、企业进行了专题调研，通过听取汇报、查看资料、现场走访、座谈交流等形式，全面了解安全生产工作开展情况。在随后召开的座谈会上，县应急管理局负责人就全县安全生产工作情况做了汇报。5月28日，配合市政协调研组深入路园镇三河口村完成少数民族地区精准脱贫工作专题调研。

【经济委员会工作】县政协经济委员会充分发挥专委会的职能作用和委员的界别优势，通过组织开展专题调研、对口协商等活动，积极为全县经济发展反映社情民意，建言献策。2月20–21日，组织部分常委和委员，深入会川工业园亳春堂、衡顺堂药业公司和渭源工业园弘润药业、白家食品公司及兴陇建筑公司、大润发超市等企业，通过实地走访、听取汇报、召开座谈会等方式，对全县民营经济发展情况进行了调研。6月上旬，组织经济界、工商界委员和县政府金融办及有关金融机构负责人，深入甘肃陇源红生物科技有限公司、甘肃中亚高原饮料公司、亳春堂药业公司、德园堂药业公司等企业和相关金融单位，进行对口协商调研。结合“不忘初心、牢记使命”主题教育要求，10月中旬，组织部分工商界、经济界委员，深入金鸡产业项目园区、渭水天华商品综合区、五竹镇马铃薯种薯产业园，就全县招商引资工作情况进行调研。

【领导名录】

县政协秘书长：王志红（4月止）

县政协办公室主任：陈德

县政协办公室副主任：刘江伟

县政协提案法制委员会主任：刘小明

县政协农业与环境资源委员会主任：王旭红

县政协文卫教体委员会主任：李世荣

县政协文史资料委员会主任：何全文

县政协经济委员会主任：蒲汉忠

（供稿：徐国民）

民主党派　人民团体

民革渭源县支部

【概况】民革渭源县支部成立于2008年12月。现有民革党员20人。其中高级职称8人，中级职称10人，副科级干部2人。

【“党员之家”建设】主动争取县委统战部的支持，把支部活动经费纳入县财政预算，解决了民革支部办公室1间，民革渭源画院活动室1间，会议室1间，使用面积140平方米，配备了电脑、打印机，接通了电信网络，安装了多媒体电视等，完善了各项规章制度并装框上墙。

【组织建设】严格按照民革党员发展要求，坚持数量和质量并重，成熟一个发展一个，保证支部的整体实力和社会形象力。2019年，发展民革党员3名。重视关怀慰问，深入到各民革党员所在工作单位、家庭开展“党员看望座谈周”活动，被《团结报》《团结网》报道。民革渭源县支部获得“全省民革组织工作先进集体”称号，2名民革党员被评为“甘肃省民革优秀党员”，1名民革党员被民革定西市委会评为“全市优秀民革党员”。

【思想建设】订阅学习《团结报》《中国统一战线》等，重视学习民革章程和历史，树立“爱国、革命和不断追求进步”的民革宗旨，深入学习贯彻落实中共十九大精神和习近平新时代中国特色社会主义思想，不忘合作初心，继续携手前行，不断提高民革党员政治思想水平，不断提高支部组织的凝聚力。

【参政议政】民革党员中的3名县政协委员，积极发挥参政议政作用。2019年，提交定西市政协四届三次会议的“关于加快发展我市康养旅游产业”的提案，被列为定西市政协四届三次会议重点提案。积极参与对口联系单位的民主监督和调研活动，先后深入清源镇、莲峰镇、锹峪镇、会川镇、大安乡、秦祁乡等地开展了5次民主监督和专题调研活动，完成《关于打造华夏文明渭河源生态文化旅游业的建议——渭源县旅游产业发展调研报告》《关于渭源县北部农村安全饮水工程调研报告》《关于民革渭源县支部为孤寡留守老人献爱心送温暖及社会调研报告》《民革渭源县支部到省级深度贫困乡镇大安乡和秦祁乡进行脱贫攻坚民主监督和社会调研报告》。积极投身脱贫攻坚工作，及时总结民革党员参与扶贫的意见建议，提出把扶贫与扶智、扶志相结合，提出的《关于学校教育在扶贫中落实扶智扶志相结合建议》，得到了有关部门的重视。

【服务社会】成立民革渭源画院，创办渭河源美术写生基地，在会川镇罗家磨村和渭河源建立接待中心。年内接待全国各地艺术家和大学生3000多人写生创作。倡议民革党员捐款1600多元，赴清源镇蛟龙村、秦王村开展为孤寡空巢老人献爱心送温暖活动。组织民革渭源画院参加麻家集中学第八届校园艺术节、民族团结进步宣传月启动仪式。联系省市民革组织到锹峪镇峡口村与26户扶贫户结对帮扶。会同县地方志编纂中心赴北寨镇马莲村开展送文化活动，助推脱贫攻坚质量提升百日会战行动。

【宣传工作】上报《民革渭源县支部信息》20期，其中14期信息分别被《学习强国》《团结网》《新甘肃》《定西统战公众号》《定西日报》、县电视台等新闻媒体宣传报道。民革支部获得县委统战部颁发“全县统战信息工作一等奖”。石小林、焦仁分别获得全县统战信息工作个人一等奖、二等奖。

【领导名录】

支部主委：石小林

支部副主委：罗莹

支部委员：邓全明、张世杰、蒋仲良

（供稿：石小林）

民盟渭源县支部

【概况】民盟渭源县支部成立于1984年5月。现有民盟盟员38人，其中行政行业8人，教育行业22人，卫生行业4人，文广行业4人；退休老盟员7人，在职盟员31人。在职盟员中，有市人大代表1人，市政协委员2人（其中常委1人）；县人大代表2人（其中县人大常委会副主任1人），县政协委员3人（其中常委2人）；副科级以上干部8人（其中副县级1人，正科级4人，副科级3人）；中高级专业技术人员20人（其中正高级职称1人，副高级职称9人，中级职称10人）。民盟支部核定事业编制2名。

【民主监督】不断创新调研模式，进一步发挥民主党派民主监督作用，把脱贫攻坚民主监督作为政治任务，先后赴大安乡、秦祁乡就基础设施建设、产业扶贫发展、美丽乡村建设等脱贫攻坚重点工作开展民主监督。

【推荐干部】2019年，民盟盟员交流任职1人。县委统战部向县委组织部推荐优秀民盟盟员5名。

【服务社会】民盟盟员在各自工作岗位上做好本职工作的同时，立足渭源实际，积极发挥自身优势，深入开展调查研究，提出意见建议8条，组织盟员开展送医下乡活动3次，免费义诊800余人次，发放药品总价值10000元，发放宣传资料2000余份。

【领导名录】

主任委员：漆生权

副主任委员：李岩

（供稿：董彬）

民主建国会渭源会员

【概况】民建甘肃省定西市基层委员会有渭源会员5名，其中副县级1名、高级畜牧师1名、科级干部1名、事业干部2名。县政协副主席、民建会员康学斌于2019年3月挂职任福州市晋安区人民政府副区长，积极参与招商引资、消费扶贫、劳务就业等东西协作扶贫工作。

（供稿：康学斌）

渭源县工商业联合会

【概况】渭源县工商业联合会第七届执行委员会有常务副主席1人，兼职副主席6人，秘书长1人，常委11人，执委34人，全县共有基层商会12个，会员481人，其中直属会员11人，基层和行业商会会员470人。会员企业56家。现有干部6人。

【优化营商环境】引导非公经济人士践行“亲”“清”政商关系，建立工商联民营企业座谈机制，完成了《加强基层商会建设，服务县域经济发展》的调研报告。充分发挥工商联职能作用，依法保障和促进非公有制经济健康发展。

【理想信念教育】以“守法诚信、坚定信心”为重点，加强理想信念教育实践活动，不断增强非公有制经济人士对党和政府的信任、对企业发展的信心，进一步凝聚广大非公经济人士智慧力量，保护、激发和弘扬企业家精神、优秀建设者精神，引导企业家自我学习、自我教育、自我提升。加强与会员企业的联系与沟通，广泛了解、及时反映非公企业提出的意见、建议和诉求。

【“四好”商会建设】充分发挥商会在非公经济领域统战工作的主阵地作用，按照“班子建设好、团结教育好、服务发展好、自律规范好”的要求，成立了6家基层商会和6家行业商会。不断加强基层商会和行业商会规范化建设，逐步设立独立办公场所，健全内部管理制度，在县民政部门进行注册登记。县工商联登记在册会员481个，直属会员11个。

【创新服务】针对会员企业普遍面临的经营难、融资难、招工难等问题，整合会员资源，加强信息交流，搭建银企合作平台，先后与中国农业银行渭源支行、甘肃银行渭源支行、渭源县农村信用社等金融部门对接，为会员企业提供融资贷款4.3亿元。协调工信、商务、市场监管、工会等部门，搭建工商联服务会员企业发展平台。

【参政议政】加强会员中人大代表、政协委员的教育培训，通过视察、提案、议案、社情民意等形式积极参政议政。充分发挥工商联界别作用，工商联会员中担任市人大代表2人、政协委员4人，县人大代表2人、政协委员18人。引导非公经济人士积极承担社会责任，热心公益事业，投身光彩事业，当好中国特色社会主义事业建者。认真组织开展“民企陇上行”“东西部扶贫协作”行动，扩大对外交流合作。

【领导名录】

常务副主席：杨志宏

兼职副主席：张鹏举、薛泽民、李晓梅（女）、王怀玉、许龙、张金平

秘书长：李延福

（供稿：谢新荣）

渭源县总工会

【概况】渭源县总工会现有干部9名，其中领导干部4名，主任科员1名，一般干部3名，聘用人员1名。主席由县人大常委会副主任兼任，日常工作由常务副主席主持，兼职副主席3名，挂职副主席1名。党员4名。单位办公楼总建筑面积4055.34平方米。现有全国五一劳动奖章获得者1名，省级劳模11名，市级劳模22名，县级劳模4名。2019年，渭源县第一中学被授予定西市五一劳动奖状，单永平、李保权被授予定西市五一劳动奖章。

【基层工会组织建设】全县有基层工会组织273个，独立基层工会232个，联合基层工会41个，职工总数31446人，会员31275人（农民工20898人），女会员10299人，入会率99.45%。其中清源镇总工会、会川镇总工会、北寨镇总工会、路园镇总工会、麻家集镇总工会、五竹镇总工会、锹峪镇总工会、上湾镇总工会、祁家庙镇总工会、田家河乡总工会、峡城乡总工会等11个乡镇总工会被命名为“甘肃省规范化乡镇工会”。

【技能提升行动和班组创新行动】制定下发《渭源县总工会2019年职工职业技能素质提升活动工作方案》，各乡镇、各单位工会结合各自实际，开展形式多样的庆“五·一”职工体育健身和比赛活动；各基层工会积极举办劳动技能大赛，企业职工积极开展技术革新，引领职工积极投身大众创业、万众创新的时代洪流。制定下发《关于开展“创新型班组创建行动”实施方案》，以“工人先锋号”为引领，以技术创新、工艺创新、质量（服务）创新、管理创新、文化创新为重点，提升班组建设水平，促进企业健康发展。渭源县第二中学生化教研组被命名为“定西市创新型班组”，渭源高速公路收费管理所被授予“定西市工人先锋号”荣誉称号。

【帮扶救助和送温暖活动】发放劳模生活救助金37800元。筹措资金51.9万元对纳入全县帮扶档案的92户困难下岗职工开展帮扶救助；在“夏送清凉”活动中，为195名快递员和困难职工发放价值16575元的茶叶；在“金秋助学”活动

中，为5名困难职工子女发放助学金10000元。“六一”儿童节期间，为实验小学、特教学校、锹峪镇永丰小学21名困难留守儿童、单亲女职工子女送去价值2500元的学习用品。在“送温暖”活动中，对166名快递员、保安、货车司机送去16600元的甘青面粉。投入资金3万元在县总工会办公楼一楼建立了困难职工帮扶中心，配备了电脑、打印机、桌椅、电话，安装了电子显示屏、净饮机，制作制度板面，修订完善《渭源县困难职工帮扶救助办法》《渭源县困难职工帮扶中心工作制度》等制度，在帮扶中心开设了帮扶救助、技能培训、法律援助、信访接待等窗口，帮扶中心实行“窗口式”服务，达到了全省工会困难职工帮扶中心规范化水平。

【维护职工合法权益】积极推行职代会和厂务公开制度，确保职工合法权益不受侵犯。积极推行平等协商集体合同制度，签订工资专项集体合同12份，女职工权益保护专项集体合同12份。充分发挥困难职工服务中心作用，积极开展了“春风行动·就业援助月”行动，结合国际禁毒日、全国助残日、第二十三个民族团结进步宣传月活动、全县普法宣传等活动，积极宣传《宪法》《工会法》《劳动合同法》等法律法规，提高了职工依法维护自身合法权益的意识和能力。

【领导名录】

主席：黄晓清（县人大常委会副主任）

党组书记、常务副主席：马国权

党组成员、副主席：王睿

党组成员、经审委主任兼女工委主任：周改莲（女）

挂职副主席：邓哲童

（供稿：江海桃）

共青团渭源县委员会

【概况】共青团渭源县委现有行政编制人员2名，领导职数2名，其中书记1名、副书记1名；内设县青少年新媒体中心，核定事业编制2名。

【加强思想政治引领】

1. 持续加强学习教育。扎实开展“青年大学习”行动，持续用好用活“学习强国”“甘肃党建”两个APP，不断完善并严格落实“1+2+5”学习制度和定期调阅点评学习笔记制度。举办2019年渭源县共青团干部暨少先队辅导员培训班，依托“青年之家”举办青年读书分享会8场次。

2. 不断发挥新媒体优势。“年轻渭源人”微信公众号全年发布信息300条，关注人数1.2万人，阅读总数33.7万次27.1万人次。充分发挥微信公众号、微博、今日头条等新媒体宣传作用，在微信公众号“年轻渭源人”上开设“青年之家”“不忘初心、牢记使命”主题教育微课堂等栏目。积极向甘肃共青团、定西日报、渭源党政网、渭源电视台等新闻媒体报送信息，有80条信息被各级媒体采用。

3. 加大先进典型选树。“五四”前夕，举办“青春心向党建功新时代”庆祝新中国成立70周年、纪念五四运动100周年青年先进典型表彰大会，共表彰各类先进个人262人、集体23个。举办定西市“庆祝新中国成立70周年·我与祖国共奋进”青年讲师团宣讲报告会渭源专场宣讲，并向省市推选省级五四红旗团委1个，优秀共青团员1人；市级青年五四奖章1人，五四红旗团委、团支部等先进集体4个，优秀共青团干部、团员6人；市级少先队集体6个，优秀少先队辅导员6人，优秀少先队员5人。

4. 积极开展各类特色活动。采用线上献花留言结合线下祭扫讲述的方式，开展清明祭英烈主题团日活动。开展志愿服务活动，支持清华大学五道口学院、山东理工大学等高校暑期实践团开展助力脱贫攻坚实践调研活动，面向全国高校选拔了46名渭源籍全日制在读大学生返乡参加社会实践活动。举办全县“庆祝新中国成立70周年·源头清风助脱贫”廉政文化进校园手抄报比赛暨廉洁漫画征集评选活动、青年干部党风廉政电视知识竞赛和“我眼中的脱贫攻坚·我眼中的家乡变化”少年儿童手抄报比赛活动，示范带动更多青少年爱党爱国、向上向善。

【围绕中心服务大局】

1. 助力教育扶贫。擦亮“希望工程”品牌，争取各类奖助学金260.2万元，直接惠及贫困学子666人。发放爱心助学助困物资82.08万元。

2. 助力生态扶贫。开展“保护母亲河·美丽中国梦——2019年度渭源青少年植树护绿行动”和“美丽家园·青年先行”全域无垃圾专项治理主题活动，组织广大青少年参与植树造林和全域无垃圾环境卫生综合整治。

3. 助力就业扶贫。积极组织青年劳动力参加省市招聘会促进输转，采用“群众点菜、部门端菜、政府买单”的“订单式”培训方式，举办农村青壮年劳动力电焊工培训班2期，培训建档立卡群众194人。

4. 助力社会扶贫。与晋安团委、教育局通力协作，联合开展“晋渭携手·让爱传递”关爱渭源县儿童爱心义卖活动，为渭源县43名建档立卡特殊困难孩子发放资助金4.3万元，衔接兰州中和社工服务中心为帮扶村捐赠2.83万元的爱心物资。与利安人寿保险公司保持长期合作，认捐留守儿童483名，资助48.3万元；联合定西市红叶社会工作服务中心为麻家集宗丹小学等3所学校130名贫困家庭学子发放上海吴孟超医学科技基金会助学金3.9万元。积极动员各帮扶单位和社会组织筹集爱心资金3.03万元，为农村贫困儿童争取到温暖包251个；衔接争取到兰州大学中国社会福利基金会暖流计划公益基金项目，为37所小学捐赠海澜之家羽绒服608件，大小文体包8套。争取价值18万元的共青团关爱留守儿童志愿服务行动“七彩小屋”第四批示范项目建设（9个），继续申报第五批项目17个。

5. 助力定制扶贫。联合团市委举办“市县携手聚合力·真情帮扶促脱贫”定西共青团助力脱贫攻坚青年定制扶贫订单签约会，为253户建档立卡贫困户捐赠了总价值3万元的定制扶贫订单帮扶化肥19.9吨。与利安人寿保险股份有限公司联合开展聚力定制扶贫“联渠道·汇爱心·接力行”渭源县爱心活动，向定西市发放定制扶贫采购金93.6万元，签订2020年定制扶贫合作意向书。

6. 助力精神扶贫。组织青年志愿者开展“青年志愿行·奉献新时代”服务春运暖冬行动、高考志愿服务，开展“扶贫不是养懒汉·脱贫主要靠勤劳”和“新时代新青年新风尚——抵制高价彩礼·倡树时代新风”主题宣传。联合县委组织部开展“人才暖冬行动·提振脱贫信心”志智双扶主题活动，并开展“我给乡亲们照张相”志愿服务，邀请县畜牧中心的高级兽医师对本村肉牛养殖户进行现场技术培训。

7. 做到真帮实扶。围绕“支部融合共建·党群互带共促”主题，与帮扶村麻家集镇乔家滩村党支部深入开展主题党日活动2次，组织党员志愿者开展“五个一”（佩戴一次党徽、送一批学习资料、宣讲一次主题教育、帮办一件实事、发放一张联系卡）志愿服务活动，发放学习资料50本，并为建档立卡未脱贫户发放价值0.71万元的温暖过冬物资，为14户困难群众捐赠价值2576元的农用工具（电动喷雾器）14台；中秋节期间慰问48户困境儿童，捐赠价值0.48万元的月饼48盒；为朱仲旺同学捐赠光彩会爱心助学金0.1万元；筹措资金0.35万元对帮扶村周边环境进行绿化建设，改善人居环境。

8. 预防青少年违法犯罪。充分发挥县预青办职能作用，常态化组织开展宪法晨读、“反对校园欺凌”主题团队日、法治副校长“送法进校园”、宪法知识竞赛、法院开放日、模拟法庭进校园等各类普法宣传教育活动千余场次。挂牌成立“渭源县青少年禁毒教育基地”，拍摄禁毒公益歌曲《为爱出发》，组织青年志愿者参加全县宪法集中宣传活动。在“国家宪法日”，举办定西市十八岁成人仪式渭源县示范活动，有效增强中学生的法治意识和责任意识。

【全面从严治党治团】

1. 规范组织生活。在团县委机关，严格召开“不忘初心、牢记使命”专题民主生活会、专题组织生活会、全面从严治党专题会议等，过好每月的主题党日活动，规范机关党内政治生活，遵守政治规矩和政治纪律。在基层团组织，以基层团支部为单位，广泛组织召开“学习‘7·2’重要讲话、争做新时代好青年”主题组织生活会。在帮扶联系村，开展支部共建“学党史、感党恩、听党话、跟党走”聚民心主题党日活动，严格按照“6+X”模式，推进村党支部建设标准化工作。

2. 加强作风建设。组织党团员干部参观坡儿烈士陵园、警示教育基地，观看《黄文秀》《张富清》《柴生芳》等先进典型宣传片，观看《迷失的初心》警示教育片。结合政治生态建设专项检查和“不忘初心、牢记使命”主题教育全面检视，对存在的问题全面梳理，建立整改台账，部署整改任务，明确整改要求，树立服务型机关和服务型团干部的良好形象。以党支部建设标准化、深入整治形式主义官僚主义为契机，制定团县委班子成员和干部直接联系基层团支部制度和直接联系服务青年“1+100”制度，分行业、分领域包抓指导基层工作。

3. 严格项目监管。堵塞漏洞防范风险，在评优选先、希望小学、“七彩小屋”项目建设、奖助学金发放等方面，通过完善申报程序、资金发放拨付手续，杜绝资金截留、挪用等方面的问题，让有限的资金发挥出最大的社会效益。

4. 推进改革落地。制定出台《渭源县青年工作联席会议制度》，更好地为青年事业发展提供必要的条件。树立大抓基层鲜明导向，开展“强基础抓规范促提升”强基固本建设年活动。在乡镇巩固“党建办主任兼任团委书记”的渭源经验作用发挥，落实党建带团建“五带六同步”机制，不断调整充实团干部，不断优化团干部队伍；在行业持续规范教育和卫健行业团（工）委，逐步规范机关及省市驻渭单位团支部或青年工作委员会（小组）建设；在中小学大力推进中学共青团和少先队规范化标准化建设，持续深化学校共青团、少先队改革。举办全县共青团干部和少先队辅导员集中培训班1期和基层少先队标志礼仪规范化延伸培训39期；在镇、村、电商服务站点、青少年服务机构等整合建立“青年之家”48家，方便青年找到团组织，参与团的活动，享受贴心服务。以“智慧团建”系统为抓手，联合县教育局召开全县学校系统加强团的基层建设暨“智慧团建”培训推进会议，坚持问题导向，逐校逐项梳理出“智慧团建”系统和发展团员存在的突出问题，统筹推进好毕业学生团组织关系接转工作，主动与学生团员对接，确保真正把毕业学生团员“接住”，发挥兜底作用。坚持信息化、项目化、扁平化的工作方式，大力推进“智慧团建”“青年之声”“年轻渭源人”、微信公众号、“青春渭源”、今日头条号等团属新媒体平台建设，实现团员青年与团组织的无障碍沟通。围绕青少年需求，规范设置青年文明号创建、评优选先、志愿服务、青年创业就业、青少年权益维护、关爱留守儿童、希望工程、新媒体宣传等工作项目，真正把工作精力和力量集中到服务大局、服务青少年上。

【领导名录】

书记：沈琰（女）

副书记：任书军、余丽君（女，挂职，6月止）

（供稿：陈恩武）

渭源县妇女联合会

【概况】2019年末，县妇联核定编制7人，参照公务员法管理，其中行政编制3人，事业编制3人，事业后勤编制1人。实有在职干部7人，其中公务员3人，事业管理人员3人，事业后勤人员1人。中共党员6名。

【巾帼脱贫行动】

1.宣传脱贫行动。开展“姐妹手拉手·巾帼脱贫快步走”活动，县乡村各级妇联执委与贫困妇女开展结对帮扶，把脱贫攻坚政策措施、乡村振兴战略部署、惠民政策传播到妇女群众中去，帮助妇女群众明确发展方向，找好致富门路，坚定脱贫信心。

2.产业脱贫行动。争取省妇联巾帼扶贫车间创建培训资金20万元，用于大安乡、清源镇、上湾镇扶贫车间创建。争取东西部扶贫协作贫困妇女扶贫项目资金50万元，建设渭源县“陇原巧手”巾帼扶贫车间，助推陇原巧手培训成果转化，打造具有渭源特色的手工刺绣、手工编织、农副等旅游产品及其他快消品，带动全县尤其是县城周边以及县城陪读贫困妇女就业。投入资金10万元扶持莲峰镇下寨村种养产业发展，建设6座蔬菜大棚带动建档立卡贫困妇女就近务工。基层妇联积极引导贫困妇女到县内2家巾帼扶贫车间务工。会同县民政部门联合下发《关于切实做好分散供养特困人员监护照料服务的通知》，争取将妇女干部、留守妇女吸纳为社会组织服务人员，增加劳务收入。

3.巧手脱贫行动。以农村贫困妇女和居家妇女为重点，有序开展全县巾帼扶贫车间培训152名、家政服务就业技能培训138名、陇原巧手技能培训128名。争取省级贫困妇女技能培训项目资金29万元，培训劳务品牌200名，陇原巧手300名。

4.健康脱贫行动。组织开展农村妇女“两癌”检查工作，2019年检查适龄妇女13454人，提前超额完成了年度目标任务。通过全国妇联“两癌”救助系统救助患病贫困妇女33名，发放救助金33万元；争取省妇女儿童基金会实施“把爱带回家”——关爱中国女性生殖健康保险保障计划项目，为10名贫困患病妇女争取“两癌”救助金5万元。

5.爱心脱贫行动。通过摸底入户，确定50名6-16岁在读贫困儿童为“焕新家园”项目实施对象，为其粉刷儿童房墙面，配备床、衣柜、学习桌椅、灯饰等，改善居住和学习条件。组织开展“巾帼暖人心”走访慰问关爱活动，为60名贫困儿童发放棉衣60套，为56名贫困留守儿童发放慰问品56套；开展“圆梦助学”行动，争取社会爱心人士为22名贫困儿童捐助生活救助金3.2万元，为14名2018学年新入学贫困大学生捐助助学金7万元。实施“春蕾计划”助学项目，为5所中小学108名贫困女童发放春蕾助学金16.32万元。实施“小手拉大手、讲好普通话”推普脱贫项目，为15所学校100个班级发放“智能机器人”100台。争取江西赣州经济技术开发区“情牵渭源困境儿童助力脱贫攻坚”食品套盒1672件。5月30日，市县妇儿工委成员单位，对峡城乡脱甲山小学学生和贫困儿童进行慰问，发放慰问金和节日礼物，把党和政府对少年儿童的关心和温暖送到孩子们的身边。

6.东西部扶贫协作帮扶。与福州市晋安区妇联加强衔接，争取各类援助对口帮扶资金85.5万元。

【妇女维权】

1.普法宣传。组织开展以“建设法治渭源·巾帼在行动”为主题的“三八维权周”法律宣传咨询活动，发放“反家庭暴力法”“妇女权益保障法”等各类宣传资料3000余份，提供法律咨询服务13人次。举办“庆三八”幸福密码反家暴法主题读书会。

2.反家暴工作协作联动机制。成立反家暴工作领导小组，建立联席会议、联络员、安全督办、信息共享、法制宣传等工作制度，为推进反家暴法的实施提供有力的保障。

3.畅通妇女信访渠道。“12338妇女维权热线”运转通畅，接待妇女群众来电来访案件6件，办结率100%，满意率100%。

【家庭工作】

1.“巾帼家美积分超市”示范点创建。筹集各类资金26万元，建成运行“巾帼家美积分超市”52家，覆盖全县16个乡镇51个行政村。

2.寻找“最美家庭”。重点围绕脱贫攻坚、乡村振兴，开展寻找带领群众勤劳致富、移风易俗等“最美家庭”活动，发动全县广大家庭互荐互评、互评互议，推荐省级“最美家庭”10户，市级15户，县级192户。

3.“美丽庭院”创建。创建美丽庭院示范村16个，示范户127户。结合农村卫生环境整治，各乡镇、村妇联组织妇女群众打扫村庄道路、庄前屋后、自家院落卫生，向“美丽庭院”示范户学习，激发妇女群众参与创建“美丽庭院”的自觉性和主动性。

4.家庭教育宣讲。县妇联牵头成立了渭源县家庭教育指导中心，在微信开设“家庭教育微课堂”，分享家庭教育知识。5月份，省妇联“情系幸福家庭·共创平安甘肃”宣讲活动走进大安乡、秦祁乡，200多名妇女群众聆听家庭生活、亲子教育、礼仪修炼、心理健康等方面的讲解。以“焕新乐园”项目为载体，开展线上线下家庭教育指导服务活动12次，帮助60户建档立卡户、低保户家庭树立正确家庭教育观念。创建市级亲子阅读基地2个、亲子阅读之家3个，推荐亲子阅读达人5名，营造全社会热爱文化、热爱读书的良好氛围。

【巾帼志愿服务】

1.开展关爱留守儿童巾帼志愿服务活动。在全县招募巾帼志愿者95名，组织巾帼志愿者与留守儿童开展结对帮扶活动，为他们捐赠书包、图书、衣服等学习生活用品，开展巾帼志愿者陪伴成长活动12次。

2.开展宣传教育巾帼志愿服务活动。组织巾帼志愿者开展“三八”维权周、“5·15”国际家庭日、“12·4”宪法宣传日宣传活动，向广大妇女、家长和学生宣传反家庭暴力法、妇女保健、禁毒、扫黑除恶、反邪教等知识，参与巾帼志愿者35人次。

3.开展巾帼共建美丽家园清洁行动。组织巾帼志愿者全身心投入全县脱贫攻坚质量提升百日会战行动，以开展“巾帼共建美丽家园清洁行动”为重点，全面彻底改善村容村貌，提升群众精神面貌，整治村庄环境卫生。

【妇联组织建设】

1.加强思想政治引领。在全县各级妇联组织中深入开展习近平新时代中国特色社会主义思想大学习、大宣讲活动，深化“百千万巾帼大宣讲”“陇原妇女面对面”“巾帼故事会”活动，联深入村、社区宣讲40场次。县乡村妇联组织同频共振开展“指尖上的宣讲”，发布信息230余条，阅读转发5万余次。

2.加强干部教育培训。与县委组织部联合举办“全县优秀妇女人才能力素质提升培训班”，来自全县16个乡镇、71个深度贫困村的妇联主席，扶贫车间及行业优秀妇女人才119人参加培训；组织22名全县“巾帼扶贫车间”负责人或车间妇女组织业务骨干和深度贫困乡镇妇联主席参加全省“巾帼扶贫车间”骨干培训班；组织2名深度贫困乡镇妇联主席参加漳县基层妇联主席培训班，提高妇联干部工作能力。

3.加强基层组织建设。1月，渭源县第十四次妇女代表大会召开，选举县妇联主席1名，副主席1名，挂职副主席1名，兼职副主席2名，执行委员会委员35人，常务委员会委员15人。10月，渭源县第十四届执行委员会第二次会议召开，选举出席定西市第四次妇女代表大会代表28名，推荐市妇联第四届执行委员会委员候选人4名。巩固村“会改联”和乡镇妇联组织区域化建设成果，新建妇联组织8个。

4.加强网上妇女之家建设。积极发挥三级妇联新媒体矩阵优势，按照市妇联提出的“一月一调度，了解进展，解决问题；一月一联动，形成合力，推动工作”的要求，健全完善县、乡、村“妇女工作群”和“一键直通”妇女联心群，上下联动，有效融合，实现“零距离”沟通服务；县妇联微信公众平台“渭源半边天”关注阅读量不断增加。

【受表彰情况】

2019年省级表彰

1.甘肃省百名优秀村（社区）妇联主席：

渭源县上湾镇侯家寺村妇联主席段榕彦

2.2019年度甘肃省“最美家庭”名单：

渭源县扶贫开发办公室严玮梅家庭，五竹镇渭河源小学杨海兰家庭，县妇幼站王爱国家庭，县农技中心陈娟家庭，县人民医院汤亚兰家庭、陆雪燕家庭、杨芳雄家庭、陈朋家庭、刘娟家庭、赵文武家庭，县中医医院康富文家庭、冯淑芳家庭、柳生泰家庭，县中西医结合医院常佩英家庭，县教育局龚兵兵家庭、侯会兰家庭，县疾控中心杜文弟家庭、黄海峰家庭。

2019年市级表彰

1.2019年度定西市“最美家庭”名单：

渭源县干部保健中心魏小花家庭，县中医医院张喜春家庭、马伟花家庭、李生海家庭、冯淑芳家庭，县中西医结合医院年梅菊家庭，上湾卫生院苏海红家庭，大安卫生院王旭家庭，路园卫生院闵宝欲家庭，庆坪卫生院郭美作家庭，县特殊教育学校刘月辉家庭，清源镇第一小学任小红家庭，庆坪中学李维花家庭，县幼儿园包霞英家庭，甘肃维佳农业科技有限公司武慧敏家庭，县人民医院党慧忠家庭、赵文武家庭，县妇幼保健站辛玉红家庭，县融媒体中心甘俊仁家庭、漆曼莉家庭，上湾镇侯家寺村段榕彦家庭，县疾控中心黄海峰家庭。

2.2019年度定西市“美丽庭院”示范户名单：

渭源县北寨镇前进村中街社王波家庭、盐滩村下盐滩社魏忠琴家庭、张家堡村冯川社杨枝明家庭、郑家川村上场子社郑永红家庭，大安乡邱家川村张家湾社东金花家庭、杜家铺村杜家铺社善锦屏家庭、红堡子村阳山社杨淑梅家庭、井儿山村颉家湾社张七月家庭，路园镇峪岭村一社蔺宗文家庭、大路村三社王录琴家庭、锹甲铺村二社曹婷婷家庭、胜利村贾希祥家庭，麻家集镇袁家河村前庄社杨生堂家庭、宗丹村米家山社王永生家庭、乔家滩村乔家滩社袁九成家庭、毗达村毗东社漆仲红家庭，锹峪镇锹峪村王桂萍家庭、裕丰村阳山社王东荷家庭、裕丰村下庄社刘贤忠家庭、永丰村上山庄社付邦霞家庭，秦祁乡杨川村杨川社石莉莉家庭、铜钱村铜钱社孟科家庭、秦祁村下秦祁社马淑英家庭、中坪村罗儿坪社陈芳霞家庭，五竹镇渭河源村烂泥沟社贾志新家庭、渭河源村小庄社杨应红家庭、五竹村五社杨平安家庭、五竹村六社王爱军家庭，祁家庙镇边家堡村边家堡社龙凤彦家庭、官路村杨家坪社赵彦成家庭、金家坪村周华寨社周永河家庭、石家营村大庄社蒲亚林家庭，上湾镇上湾村漆家坡社赵秀英家庭、上湾村漆家坡社漆贺家庭、上湾村漆家坡社王耀武家庭、朱堤村郭家庄社郭调兰家庭，田家河乡元古堆村下上社王调香家庭、香卜路村香卜路社牛凤桃家庭、汤尕沟村阳坡社何雪成家庭、韦家河村漆家庄社赵满春家庭，新寨镇剪子岔村吴家坪社陈尚军家庭、廖家寨村廖家寨社王学武家庭、田家岔村蔡家庄社包成军家庭、姚集村阳山社王成宏家庭，峡城乡杨家大庄村杨庄社朱正云家庭、峡城村五社赵海贵家庭、康家村瓦乍社马彦梅家庭、祁家寨村祁家寨社马淑红家庭，清源镇七圣村唐家河社符小玲家庭、上磨村张秀红家庭、聂家山村邵家山社田育萍家庭、马家窑村宋丽霞家庭、河口村康海红家庭、张家湾村高旭昭家庭，会川镇新城村阴山社张玉兰家庭、哈地窝村康家庄社冯海红家庭、东关村二社牛君桃家庭、常家湾村常家湾社高会琴家庭、半阴坡村上东社后红梅家庭，莲峰镇岔口村王家庄社龚琼家庭、蒲河村一社张小英家庭、上街村五社潘巧玲家庭、下街村七社尉海兰家庭、下街村五社史芳云家庭、绽坡村五社徐玉兰家庭，庆坪镇庆坪村老庄社李新荣家庭、李家窑村柴家坪社刘万龙家庭、老王沟村老王沟社吕君霞家庭、清泉村三社王应登家庭。

3.2019年度定西市“三八红旗手”名单：

渭源县人民政府副县长郭凯，上湾镇侯家寺村妇联主席段榕彦，县妇幼保健站党支部书记张富莲，会川镇哈地窝村党支部书记、村委会主任侯小燕，县青少年学生校外活动中心主任史亚莉，县人民医院五官科主任张映春。

4.2019年度定西市“三八红旗集体”名单：

渭源县上湾镇妇联，渭源县疾病预防控制中心。

5.2019年度定西市“巾帼共建美丽家园清洁行动”示范村名单：

渭源县麻家集镇袁家河村。

6.2019年度定西市“巾帼家美积分超市”示范村名单：

渭源县大安乡井儿山村，渭源县秦祁乡杨川村，渭源县上湾镇侯家寺村，渭源县田家河乡香卜路村。

7.2019年市级“陇原脱贫攻坚女带头人”名单：

会川镇哈地窝村党支部书记、主任侯小燕，祁家庙镇郭家山村郭家山社女能人常雪琴，锹峪镇妇联主席赵响霞，上湾镇巾帼扶贫车间副总经理高彩霞，上湾镇妇联主席周彩琴，五竹镇五竹村监委会主任、妇联执委谢会珍。

8.2019年市级“陇原脱贫攻坚巾帼先进集体”名单：

定西市陇原新丝路文创科技有限公司，甘肃圣源中药材有限公司。

【领导名录】

主席：郑文博（女）

副主席：贾玉红（女）

（供稿：梁婷婷）

渭源县科学技术协会

【概况】2019年末，县科协核定编制4人，参照公务员法管理。在职职工8人。主席1名，副主席1名。

【信息化建设】争取省科协项目经费10万元，购置科普信息化交互平板1台，改造无尘化业务用房45平方米。依托甘肃省新航程电子商务公司开发县科普信息化管理系统1套，实现科普资源、科普数据实时共享。

【协会学会发展】2019年成立渭源县医学会（会员47人、单位会员1个）、社会心理学会（会员62人、单位会员1个）、牡丹芍药种植繁育技术协会（会员29人、单位会员1个）。

【科协改革】不断夯实基层基组织建设，组建乡镇科协，配齐16个乡镇的科协主席、副主席、工作人员。

【科普宣传】开展科普“六进”活动12次，受益人数达15000多人次，发放宣传资料20000多份。“科普中国”APP推广下载安装334人，全市县区注册排名第二，分享文章总次数达17539次，在“科普中国”推选渭源科普动态6条，其中精选动态2条。在五竹镇渭河源科普示范基地，成功举办以“体验科学”为主题的中国流动科技馆渭源县巡展活动，主要包括电磁探秘、数字生活、机械旋律、VR体验、机器人展示、球幕影院等10大类，共计50多件展品；活动参展人数达9912人，其中学生4291人。在县职业中等专业学校举行以“礼赞共和国·智慧生活”为主题的渭源县2019年全国科普日集中宣传活动，活动参加人数达13597人，其中学生11093人。渭源县科协科普大篷车流动科技馆先后走进上湾镇、祁家庙镇、庆坪镇、清源镇等4个乡镇的4所中学、4所中心小学开展巡展活动，科普受益师生达3000多人次。

【基层科普行动计划】成功申报渭源县渭河源农村专业技术协会联合会“基层科普行动计划”项目，下达资金15万元，项目于10月底全面完成建设任务。11—12月，推荐渭源县牡丹芍药种植繁育技术协会和渭源县荣辉中药材科普示范基地为2020年基层科普行动计划申报单位，已通过省科协专家评审，进入公示名单。组织各农技协开展智慧农技协建设，在省科协智慧农技协网络平台成功填写上传申报渭源县农技协7家，申报定西市农技协联合会会员单位11家。

【青少年科技创新】组织开展了全县第35届青少年科技创新大赛活动。参赛师生达10500多人，征集优秀作品459项，学生科学竞赛项目30项，DV作品5项，科技实践活动15项，科幻画389幅，科技辅导员创新项目15项，科技创意竞赛项目5项。通过评审，选出59项优秀作品参加全市大赛，其中，学生科学竞赛项目8项，科幻画33幅，科技辅导员创新项目4项，DV作品3项，实践活动3项，优秀辅导员方案5项，科技创意3项。

【反邪教协会】县科协、县反邪教协会结合科普“六进”活动，开展各类反邪教警示教育宣传活动6次，下发《积极参与·防范邪教》宣传单700余份，《农村反邪教警示教育宣讲提纲》1800余册，展出《警示教育挂图》160张/次，宣传教育受益群众6500多人（次）。

【领导名录】

主席：张福平

副主席：赵晓明

（供稿：柴福林）

渭源县残疾人联合会

【概况】县残疾人联合会现有干部职工12人，其中理事长1名，副理事长2名（其中1名为兼职，现在省残联挂职）。办公楼总建筑面积312.6平方米，设有就业、康复、维权、办公室等股室。

【助力脱贫攻坚】全县有各类残疾人2.8万人，占总人口的8.05%，其中持证残疾人10187人（男5973人，女4214人；重度残疾6209人，一级残疾2728人，二级残疾3481人）。建档立卡贫困户残疾人3440户3811人，2019年脱贫1673户1955人，未脱贫89户105人。有建档立卡残疾贫困户3440户3811人，2019年脱贫1673户1955人，未脱贫89户105人。紧盯“两不愁三保障”脱贫攻坚标准，为帮扶村清源镇上磨村投入资金13500元，发放物资325件，慰问贫困户15户，发放慰问品折合资金4500元。

【残疾人扶贫项目建设】扶持建立莲峰镇石门村残疾人种植扶贫基地、秦祁乡杨川村残疾人创业就业产业基地，补助资金30万元，为30户建档立卡残困户按时进行收益分配。晋安区慈善机构捐赠10万元，对渭源县青山科技养殖有限责任公司残疾人就业创业扶贫基地进行扶持，带动10户建档立卡贫困残疾人实现增收。晋安区文明办发动社会力量通过“社会扶贫网”，捐赠社会帮扶户用太阳能照明灯201套，每套195元，总价值39195元。实施无障碍改造项目资金17.15万元，在五竹镇、新寨镇、路园镇对49户未脱贫的建档立卡贫困残疾人家庭进行无障碍改造工作，每户补贴3500元。为2019年考入大中专院校的10名建档立卡贫困残疾学生，按每名学生2000元的标准进行了资助。对100户未脱贫的建档立卡残疾人家庭发展中药材和马铃薯种植在2.5亩以上家庭给予补助，每户补助1000元，共计补贴资金10万元。对清源镇、会川镇、新寨镇20户未脱贫的建档立卡贫困残疾人家庭，每户采购了5只价值5000元的基础母羊发放到残疾人户中，同时购买了保险，共计补贴资金10万元。在莲峰镇下寨村为残疾人投入财政扶贫资金50万元，购置四轮拖拉机1台、打包机1台，购进基础母牛33头。阳光家园计划项目投入资金10万元，为服务对象实施寄宿制托养、日间照料和居家托养。落实完成残疾儿童康复救助项目，对0～16周岁残疾儿童发放辅具89件；对符合条件的206名残疾人采取“一折通”的形式，发放补贴资金16.97万元。对在渭源县康复中心接受训练的15名建档立卡家庭的贫困残疾儿童进行康复救助，每人补助3000元，共计4.5万元。福州市2019“走进定西•光明行动”为30名建档立卡白内障患者免费实施手术。对252名建档立卡贫困残疾人适配了轮椅、拐杖等基本辅具252件，对就业年龄段建档立卡贫困残疾人适配助听器125台，价值总计达15.268万元。

【助残宣传培训】利用全国残疾预防日、全国助残日、送文化下乡等活动，开展各类帮残助残宣传活动30余场次，悬挂横幅28条，发放各类残疾预防、残疾人救助等书籍、折页、彩页13000本。邀请省残疾人农业科技指导中心举办了全省第三十期残疾人农业科技培训班，参训残疾人108名。投入资金11万元，对清源镇、大安乡、秦祁乡、麻家集镇、峡城乡等五个乡镇的220户建档立卡贫困残疾人进行了种植养殖实用技术培训，有效提高了残疾人脱贫致富的能力。组织3名盲人残疾人参加了省市培训，全面完成培训任务。

【文化教育】联合县教育局对不同类型的169名残疾儿童进行随班就读，38名送教上门，67名特殊教育。2019年，参加高考残疾人19人，被录取的17人，每人享受2000元的助学补助。特殊教育学校的4名残疾学生在市残联举办的定西市残疾儿童运动会上，有3名学生在分项比赛上取得了第一、二、三名的好成绩。组织40名残疾人通过进园参观、读书学习、召开座谈会、接受红色教育、观看电影等活动，激发残疾人参与社会，拓展视野，增强残疾人融入社会的信心和决心。

【精准康复和证件办理】发放各种辅具1601辆（件），其中轮椅589辆、拐杖236副、钉鞋机68台、助行器49副、坐便器40个、助听器509个、盲表15块、盲杖26个、手杖69个；对符合条件的33名残疾人免费了安装假肢。办理残疾人证1694人（入户上门办证507人）。

【领导名录】

理事长：赵永军（1月止）、苟焕平（1月任）

副理事长：汪丽（女，11月任）

（供稿：汪丽）

渭源县文学艺术界联合会

【概况】渭源县文学艺术界联合会归口县委宣传部管理，核定事业编制2名，正科级建制，设主席1名（由县委宣传部一名副部长兼任）、副主席1名（副科级），实有在册人数1人。

【文艺创作】组织开展了“华夏文明渭河源——中国作家看渭源”采风活动。出版《渭源文学作品集》《渭源民间故事集》《大渭河》《无助的孤独》《故园记忆》《音画记忆·行摄渭源》等。《黄土地》出版渭源专刊。创拍《渭水医魂》《禹河春》《公民张三》秦腔剧目，其中《渭水医魂》晋京演出。《渭水医魂》获敦煌文艺奖。《公民张三》获全省优秀普法剧目奖。县融媒体中心推出《大美渭源》纪录片。举办“不忘初心、牢记使命”主题教育演讲比赛及渭源县庆祝中华人民共和国成立70周年大型书画艺术展。举办东西部协作晋渭书画交流、庆祝中华人民共和国成立70周年文艺演出活动。完成上湾镇南谷新村县文联写生基地考察申报。

【领导名录】

主席：祁小平

副主席：吴鲁

（供稿：张安军）

渭源县哲学和社会科学界联合会

【工作情况】向市社科联推荐报送社科作品8件，报送参评作品21件。组织开展集中调研2次，撰写调研报告8篇。加强社科界意识形态工作责任制建设。

【领导名录】

主席：吴胜军（兼）

副主席：谢学森

（供稿：张安军）

军事 政法

人民武装部

【思想政治建设】坚持把学习贯彻党的十九大和十九届四中全会精神作为首要任务，每月组织一次党委理论学习中心组学习，干部和职工思想理论水平不断提升。扎实开展“不忘初心、牢记使命”“传承红色基因·担当强军重任”主题教育，认真落实经常性学习教育，铸牢强军信念，听党指挥、维护核心的思想基础更加牢固。

【双拥共建】按照县上脱贫攻坚统一部署行动，全人员、多批次组织干部职工及民兵到联系扶贫点北寨镇麻地湾村、清源镇聂家山村、五竹镇五竹村等困难家庭进行常帮、常带、常解决实际问题，为贫困户慰问大米、面粉、食用油等。为确保帮扶村北寨镇麻地湾全村建档立卡未脱贫户持续增收，加快脱贫步伐。积极争取帮扶资金7.08万元，助力全县产业扶贫养殖业到户项目以奖代补实施方案在麻地湾村的落地见效和有效实施。近年来，人武部从地方多方筹集资金7.08万元为北寨镇麻地湾村添置农业实用技术类图书200册、桌子2张、椅子10把，对麻地湾村便民服务中心进行修缮，维修围墙并内外粉刷，制作富民政策和国防知识宣传墙，为144户贫困户每户帮扶化肥1袋。参加地方义务植树1200余棵，栽植云杉、刺槐15余亩。2019年12月，被市委、市政府、市军分区表彰为全市拥政爱民先进单位。

（供稿：县人民武装部）

退役军人事务

【概况】县退役军人事务局于2019年1月30日正式挂牌成立，核定行政编制6名，设局长1名，副局长2名，内设办公室、权益保障和拥军优抚股、移交安置和就业创业股等3个股室。2019年5月18日，县退役军人服务中心、双拥工作服务中心和16个乡（镇）、220个村（社区）退役军人服务站同时挂牌成立。县退役军人服务中心核定事业编制6名，为副科级建制。双拥工作服务中心核定事业编制3名，为股级建制。

【双拥工作】2019年5月，完成全省新一轮双拥模范县考核验收工作。制定下发《渭源县创建全省双拥模范县实施方案》《渭源县创建新一轮全省双拥模范城届中检查评估工作要点》，学习宣传《甘肃省双拥模范城（县）届中评估办法》《定西市双拥工作领导小组办公室关于开展双拥模范城（县）创建届中检查评估的通知》，组织动员广大军民积极参与双拥创建活动，加大落实优抚安置政策力度，实施优抚“四项”保障工程，维护优抚对象合法权益。筹集资金20万元，为10000余名烈军属和退役军人家庭悬挂光荣牌。在中华人民共和国成立70周年之际，为陈良等中华人民共和国成立前入伍的退役士兵发放“中华人民共和国成立70周年纪念章”。在“八一”建军节、春节期间，对困难优抚对象、退现役军人军属进行慰问。2019年，为荣获三等功以上的12名现役军人发放奖励金1.3万元，为60名应征入伍的大学生发放奖励金33万元，为1名进藏兵发放奖励金1万元。

【权益维护】开展“退役军人矛盾问题攻坚化解年”活动，成立领导小组，研究制定实施方案，对上级交办重点信访事项和本级接待受理信访事项，全部逐人逐事进行化解。关心关爱军人，在越冬期间，筹资30万元对500名困难重点优抚对象进行了救助。

【优抚保障政策落实】健全优抚对象保障体系，严格落实抚恤补助标准自然增长机制，并全面实行专户管理、封闭运行，通过社会化方式于每月10日前按时发放到位，月发放抚恤金约75万元。为2018年度自主就业的69名退役士兵发放兵役优待金400.9万元。推进退役士兵移交安置和就业创业工作，共接收退役士兵79人，接收符合政府安置条件的转业士官共12人。自主就业退役士兵报到67人，其中6人考取公务员。完成技能及学历提升培训45人（汽车驾驶32人、挖掘机4人、大型车辆1人、职业教育学历提升8人）。协调县人力资源和社会保障局举办退役士兵专场招聘会，衔接东西协作对口帮扶重点企业为退役士兵提供定向岗位，帮助退役士兵就业创业。集中受理退役士兵社保接续申请74人（其中最低生活保障及特困人员认定12人）。

【信息采集】全面开展退役军人和其他优抚对象信息采集工作，筹措资金30.28万元，采购17套信息采集设备。县乡确定专人对9800多名退役军人、1000名现役军人家属进行了信息采集录入工作。

【党组织关系转接】设置退役军人党员组织关系转接窗口，对全县2001年以来接收的872名退役军人档案进行核查，排摸出党员462人，党组织关系正常结转451人。

【军休服务管理】落实《军队离退休干部服务管理办法》，对符合接收条件的2名军队退休工人按时发放工资，每年春节期间，走访慰问一次，全面落实政治待遇和生活待遇。

【烈士纪念设施保护管理】衔接省财政厅、省退役军人事务厅为莲峰坡儿烈士陵园争取维修改造资金30万元。完成渭源县坡儿革命纪念馆建设前期工作。编制完成2020年烈士纪念设施维修改造资金预算。

【领导名录】

党组书记、局长：李林

党组成员、副局长：卜有珊

党组成员：郭晓霞（女）

副局长：段平生

（供稿：赵云）

人民防空

【概况】2019年3月，机构改革后，县人民防空办公室加挂到县住房和城乡建设局，主任由住建局局长兼任，不再单设专职主任、副主任职务。现有工作人员4人。

【组织指挥及信息化建设】加强组织指挥和通信警报设施建设。完成人防地面应急指挥系统省市县三级指挥中心互联互通。进一步加强通信警报建设，做好通信联络和节假日战备值班任务，确保联系通畅报送及时。

【工程建设和管理】加快人防工程建设步伐，防护能力得到提高。认真抓好结建工程建设，严格执行“以建为主、以收促建”的原则，全面加强人防工程建设管理。抓好结建工程审查关口，确保应建（交）率达到100%。加强人防工程的执法检查。每年开展一次人防综合执法检查，以人防易地建设费收缴、人防工程质量、防护设备及安装等问题为重点，进行系统查看，对存在问题现场提出，立即整改。

【宣传教育】在中小学生安全教育日、“5·12”防灾减灾日、国防教育日、“9·18”警报试鸣日、“12·4”全国法制宣传日，积极开展人防知识宣传教育活动。更新清源路人防文化宣传长廊灯箱内容。会川社区开展了人防、消防、医疗救护、应急疏散联合演练。举行了渭源县“9·18”防空警报试鸣活动。开展人防知识“五进”活动，在龙亭中学、会川中学、清源中学设立渭源县人防教育基地，将人防教育与学校安全教育结合起来，着力提高学生应对突发事件的自救、互救能力。

（供稿：陈剑萍）

公　安

【维护社会政治稳定】坚持总体国家安全观，始终把捍卫以政权安全、制度安全为核心的政治安全作为工作的着眼点和着力点，紧紧围绕新中国成立70周年大庆安保维稳这条主线，增强“四个意识”、坚定“四个自信”、坚决做到“两个维护”。深入开展反恐怖、反邪教工作。加大反邪教宣传力度，增强广大群众自觉抵御邪教侵蚀的意识和能力。

【扫黑除恶专项斗争】扫黑除恶专项斗争开展以来，受理各类线索共235条（重复线索54条），查结208条，正在核查27条，查实35条，其中中央督导组交办线索20条，已全部查结。打掉恶势力集团1个，恶势力团伙7个，“村霸”2个，破获刑事案件41起，打击处理违法人员119人，查扣涉案资金21万元，移送起诉62人，治安处罚54人；构成一般刑事案件9起；治安处罚4起。

【社会治安防控体系建设】受理各类行政治安案件1032起，同比2018年同期受理行政治安案件下降25.5%。办结拒不支付劳动报酬案1起，移送起诉犯罪嫌疑人1名，追回拖欠农民工工资50万元。清理排查各类矛盾纠纷124起，化解70起。治安专项行动进展顺利。

【强化公共安全管理】加强源头防范，强化管理，以“降事故、除隐患、保安全”为目标，全面强化公共安全管理。加大路面巡逻管控密度，加强交通秩序管控，把警力装备最大限度地摆到路面，通过执勤巡逻、路检路查等方式，加强对7座以上客运车辆的检查，强化重点时段、重点路段和重点区域的管理。道路交通事故692起，与去年同期相比，事故起数减少9起，同比下降52.94%，辖区道路交通安全形势基本平稳。

【禁毒工作稳步推进】继续强化禁种铲毒工作，实现零产量的工作目标。积极开展全国禁毒示范城市创建工作，加大禁毒宣传教育工作，深入推进禁毒一堂课活动。对易制毒化学品使用单位全面进行专项检查。对高风险吸毒人员全部纳入管控，保持了辖区无脱失吸毒人员的良好局面。

【领导名录】

党委书记、局长：李宝林（县政府副县长）

党委副书记、政委：包敏（7月止）

党委委员、副局长：何小彪、朱思玉、蔺渭钟、张俊峰、袁琦、马鸿

党委委员、纪委书记：王占军

党委委员、城关派出所所长：朱卫文

党委委员、刑警大队大队长：李永江

党委委员、交警大队大队长：李维强

（供稿：刘常昭）

检　察

【概况】县人民检察院成立于1950年5月1日，始名为“渭源县人民检察署”。1958年底，随着县制撤销并入陇西县；1968年1月，县人民检察院被实行军管，1975年正式被撤销；1978年8月，县委决定重新建立县人民检察院，并完善了组织机构。2003年，内设机构增加为9个，

2008年内设机构增加为11个（均为正科级建制）；2013年内设机构增加为15个（均为正科级建制）。监察体制改革转隶后，现有内设机构13个、派驻机构4个，均为正科级建制。现有工作人员38人，其中公务员23名、工勤人员2名、聘用制书记员13名，党员22名，设党小组2个。

【刑事检察】 2019年，全年共受理提请批准逮捕案件73件104人；受理审查起诉案件194件241人。针对2019年刑事发案危险驾驶犯罪案件占比较高、集资诈骗非法吸收公众存款等金融犯罪案件数量增速较快、扰乱社会主义市场经济秩序损害营商环境的犯罪时有发生、诈骗犯罪金额明显增大的四个特点，采取三个措施切实强化法律监督。一是扎实推进“捕诉一体”办案机制。建立捕诉合一办案规程和分案机制，根据类案办理、专业优先和谁办案谁负责的原则，整合审查逮捕、审查起诉两项审查职能，实行繁简分流，实现简案快办、繁案精办，确保了案件质量。对涉嫌犯罪但无逮捕必要的8人决定不批准逮捕，对犯罪情节轻微、依法不需要判处刑罚的35人决定不起诉。全年无判无罪案件和被上级院改变处理决定的案件。二是全面落实认罪认罚从宽制度。准确把握适用范围，积极推进认罪认罚从宽制度落实，实现罪名适用全覆盖、程序适用全覆盖。受理的审查起诉案件中，适用认罪认罚从宽制度案件128件134人，适用率达到65.97%，平均办案期限10日，有效提升了诉讼效率。三是强化刑事诉讼监督。加强对刑事立案、侦查、审判、执行活动的监督。紧盯有案不立、有罪未究和不当立案、越权管辖等问题，监督公安机关立案2件2人，监督撤案3件3人，对侦查机关违法取证、侦查程序不当等提出书面纠正意见5件次。落实检察长列席审委会制度，加大对审判活动的监督，检察长、副检察长列席县法院审委会6次。办理羁押必要性审查案件14件14人，审查建议被办案单位采纳7件。加大对社区服刑人员监管措施落实监督力度，纠正脱管漏管社区服刑人员2人；依法保障监管场所在押人员合法权益，与在押人员开展座谈57人次。

【民事行政检察】 2019年，积极做强民事检察工作。加大对民事审判活动的监督。围绕关系人民群众切身利益的热点问题，充分运用提请抗诉和再审检察建议等方式，监督纠正确有错误的生效判决、裁定。共办理当事人不服人民法院生效的民事判决、裁定案件4件；办理监督申请民事审判活动中违法行为案件1件，审查后认为法院审判程序合法、审判人员无违法行为，对监督申请不予支持，维护了司法的权威。加大对民事执行活动的监督，在积极配合法院解决“执行难”问题的同时，加大检察监督力度，办理当事人不服法院民事执行监督案件7件，审查后提出检察建议7件，法院全部采纳。

【行政检察】 认真学习贯彻新修订的《人民检察院组织法》，依法履行对行政诉讼活动的监督职责。共办理国土资源领域行政非诉执行监督案件4件。在履行职责中，发现有关行政执法部门怠于履行县人民法院生效行政裁定，未按期组织拆除违法建筑物和其他设施，侵害了社会公共利益，损害了司法的严肃性；针对此案，成立专案组调阅案卷、现场调查核实后向被监督部门发出检察建议书4份，督促其依法履行职责。

【公益诉讼检察】 认真践行习近平总书记“检察官作为公共利益代表，肩负着重要责任”的指示，围绕建设平安、公正、和谐的法治社会，牢固树立双赢多赢共赢的理念，充分发挥公益诉讼检察职能，按照全国人大常委会授权的生态环境和资源保护、食品药品安全、国有财产保护、国有土地使用权出让等四个领域开展公益诉讼。按照高检院部署开展了“携手清四乱·保护母亲河”“保障千家万户舌尖上的安全”专项公益诉讼检察监督工作，结合渭源实际，制定方案开展“护河”“护耕”“护绿”“护康”四大专项行动。办理生态环境领域、食品药品安全领域损害国家利益和社会公共利益的案件。借助社会力量，促进公益诉讼检察工作，聘请公益观察员9名，搭建检察机关与人民群众联系、沟通的桥梁。共立案刑事附带民事公益诉讼案件4件，审查后提起诉讼2件；办理行政公益诉讼案件22件，发出检察建议22份。

【未成年人检察】坚持以全面综合司法保护为导向，落实未成年人特殊检察制度。严厉打击侵害未成年人犯罪，对侵害未成年人的8名犯罪嫌疑人批准逮捕并依法提起公诉。贯彻教育感化挽救方针，坚持以教育为主，惩罚为辅的原则，办理未成年人犯罪案件，均根据其犯罪情节、悔罪表现和社会调查结果提出从轻处罚意见。促进“法治进校园”活动制度化常态化，推进检察官担任法治副校长，开展法治讲座26场次。开展“携手关爱·共护明天”检察开放日活动，邀请中小学生、教师代表走进检察机关，零距离感受未成年人检察工作。落实最高人民检察院“一号检察建议”，深入分析未成年人犯罪趋势、特点，提出预防建议并向县政府提交专题分析报告。关爱未成年被害人，对1名未成年被害人发放司法救助资金2.2万元，聘请专业心理咨询师对1名未成年被害人进行了心理疏导。

【控告申诉】2019年，县检察院用情做好控告申诉工作。以12309检察服务中心为便民服务窗口，畅通人民群众诉求渠道，全年办理群众来信来访50件。加强对司法活动的监督，办理不服法院判决刑事申诉案件2件；加强对自身执法活动的监督，办理不服本院决定的刑事申诉案件2件。充分发扬新时代“枫桥经验”，坚决落实高检院“七日内程序性回复、三个月内办理过程或结果答复”要求，信访案件和申诉案件全部向当事人进行回复和答复，积极开展释法说理工作，有效化解社会矛盾。加大检务公开力度，按要求公开案件信息343件，公开法律文书164份。“检察开放日”活动常态化，主动邀请人大代表、政协委员及社会各界人士走进检察院，了解和监督检察工作。

【助力脱贫攻坚】紧紧围绕县委关于脱贫攻坚工作部署要求，牢牢把握工作重点，为脱贫攻坚大局提供有力的法治保障，制定了《服务和保障全县脱贫攻坚工作方案》，切实找准检察机关服务和保障精准扶贫精准脱贫工作的立足点、切入点和着力点，充分发挥惩治、监督、教育、保护等职能作用，着力为精准扶贫精准脱贫工作营造和谐稳定的社会环境和公平正义的法治环境。充分发挥检察职能，严厉打击侵害农民利益影响脱贫攻坚的犯罪，办理盗窃、诈骗、拒不支付劳动报酬犯罪案件25件28人。对认罪认罚、犯罪情节轻微、符合不批准逮捕、不起诉条件的，依法不批准逮捕、不起诉，落实脱贫攻坚司法保障措施。把开展司法救助作为助力脱贫攻坚的有效举措，全年办理司法救助案件3件，发放救助资金8万元，有效缓解了刑事被害人的生活困难，彰显了司法温情。选派3名年轻优秀干部担任三个村的第一书记和帮扶队长，机关18名干警联系帮扶贫困户97户，紧盯“两不愁三保障”走访调研入户摸底，制订“一户一策”脱贫计划，坚持扶志和扶智相结合，助推脱贫措施落实落地，实现如期脱贫摘帽的目标。加强与帮扶村的结对共建工作，为三个帮扶村解决党建阵地建设费9万元，捐赠党建电子读物各1套，并经常性开展党支部共建“主题党日”活动，助力三个村的基层组织建设。

【生态环保】深入学习贯彻习近平生态文明思想，牢固树立“绿水青山就是金山银山”的理念，贯彻落实习近平总书记两次视察甘肃时关于生态环境保护和黄河治理的指示精神，切实担负起服务生态环境保护的政治责任。坚决打击生态环境领域违法犯罪，对造成防护林过火面积379.5亩，直接经济损失达111.8万元的闫某以失火罪提起公诉，县法院判处其有期徒刑二年，缓刑三年；对曹某某等恶势力犯罪团伙破坏河道、造成经济损失40余万元的非法采矿犯罪依法提起公诉。履行公益诉讼检察职能，办理非法占用农用地堆积砂石、破坏生态环境资源、失火毁林等案件4件；办理非法围堰、河道乱建等案件17件，分别向6个乡镇及有关行政机关发出诉前检察建议17份，完成整治清理污染和非法占用河道0.46公里，整改拆除违法建筑568平方米。对2件破坏林地的案件提起刑事附带民事公益诉讼，诉讼请求得到法院支持。围绕建设甘肃生态文化旅游名县，设立渭河源检察联络室，承办由甘陕两省6市28县（区）检察机关参加的渭河流域生态环境保护跨区域检察协作座谈会，签订《渭河流域生态环境保护跨区域检察协作机制》，为渭河流域特别是渭河源生态环境司法保护和综合治理进行了有益的探索。

【扫黑除恶】完善工作机制，制定涉黑涉恶案件办理制度、涉黑涉恶线索研判管理制度。完善协作配合机制，牵头召开公检法联席会议3次，联合县法院、县公安局制定《扫黑除恶专项斗争中侦捕诉审工作衔接办法》，促进检警、检法协作常态化、规范化。坚决落实省检察院“十个必须”的办案要求，处理好依法与从严、数量与质量的关系，坚持实体审查和程序审查同步推进。共起诉涉恶犯罪案件9件33人，其中8件32人被县法院判处一年以上二十年以下不等有期徒刑，1件1人正在审理，一批恶势力犯罪分子受到严惩，推动了扫黑除恶专项斗争的深入开展。强化立案监督和侦查监督，建议公安机关提请批准逮捕涉恶犯罪嫌疑人4人；对认为有犯罪事实、侦查机关没有移送审查起诉的3件5人要求侦查机关补充移送；向有关部门移送线索4条。积极主动提前介入引导侦查取证涉恶案件4件，提出侦查取证意见8件次。

【领导名录】

党组书记、检察长：赵金铸

党组副书记、副检察长：张晓军

党组成员、副检察长：苏渭军、姚复兴（7月任）

党组成员、纪检组长：王福荣

党组成员、政治部主任：石琛福

（供稿：石琛福、姚建军）

法 院

【概况】渭源县人民法院核定中央政法编制为66人，在职干警中，员额法官26人，法警及其他司法辅助人员37人，另有聘用制书记员24人。内设党支部1个，有党员43人。2019年退休1人。

【刑事审判】受理刑事案件171件272人，审结154件247人，结案率90%。严格贯彻罪行法定、疑罪从无，准确区分罪与非罪的界限，加强对证据的合法性审查，落实证人、鉴定人出庭作证制度。积极参与整顿和规范市场经济秩序，依法惩治破坏金融管理秩序和金融诈骗犯罪案件。深入开展扫黑除恶专项斗争，全年共受理涉恶涉霸犯罪案件13件44人，全部判处一年六个月至二十年不等的有期徒刑，着力“打财断血”“打伞破网”，摧毁黑恶势力的经济基础，涉恶案件判处罚金86万元，生效86万元，均已执行到位。依法审结充当“保护伞”犯罪案件1件1人，判处有期徒刑一年，罚金10万元。

【民商事审判】受理各类民商事案件3267件，审结3001件，涉案标的额3.3亿元。探索形成了“1114”家事审判新模式，组建了专门的家事审判团队，设立了专门的家事法庭，创设了离婚冷静期制度、人身安全保护令制度和离婚证明书制度，力促婚姻家庭关系和谐稳定。积极防范化解金融风险，在经济下行、违约现象加剧的形势下，大力加强涉金融审判工作，充分发挥司法职能作用，尽力防范和化解金融风险，推动诚信体系建设。审结金融借款、小额信贷等案件199件，标的1.1亿元。努力创造良好的营商环境，注重保护民营企业和其他市场主体的生产经营自主权和财产权益，及时明确产权归属，强化产权司法保护，促进创业创新。

【行政审判】按照省高院关于全省法院行政案件集中交叉管辖的决定，集中受理安定、陇西、岷县、漳县四县区乡科级行政机关为被告的第一审行政案件，全年共受理各类行政案件125件，审结120件。积极推进行政机关负责人出庭应诉机制，全年共有32名行政机关负责人出庭应诉，助推实质性化解行政争议。积极推进“裁执分离”改革，裁定准予实施强制执行案件14件，交由行政机关具体实施；坚持实质性化解行政争议，将协调工作贯穿始终，协调化解行政争议后当事人主动撤诉11件。

【执行工作】全年共受理各类执行案件2034件，同比上升23.5%，执结1650件，执行法官人均结案183件，平均执结天数66.13天，到位标的6880万元。强化执行管理工作，充分运用已建成的执行指挥中心，实现了案件的随机分配、人员的统一调度、工作的统一协调，提高了工作质量和效率；实行院财务统一管理案款，实现执行款物“一案一账号”管理；加大执行威慑力度，积极推进联合惩戒体系建设，让失信被执行人“一处失信、处处受限”。发布纳入失信被执行人黑名单593人，与电信、移动、联通三大运营商共同携手，为148名“老赖”定制督促履行义务彩铃，133人主动履行法律义务。加大拒执打击力度，以拒不执行法院判决、裁定罪移送公安机关侦查2案2人，检察机关公诉1案1人，判处拒不执行法院判决、裁定罪1案1人。加大司法惩戒，采取拘留、拘传措施104案104人，对逃避执行的被执行人作出司法拘留决定移送公安机关协助查控159案147人，协查到28案17人。加大司法救助力度，全年司法救助结案18案，救助金额43.65万元，全部发放到位。

【司法改革】完成内设机构改革任务，实现扁平化管理。完成了内设机构改革，内设机构从14个减少到8个，优化了审判资源配置，使80%的人员充实到审判和执行工作一线，促进了审判体系和审判能力的现代化。完善法官员额制度，强化员额动态管理，建立了竞争择优入额及员额退出机制，年内法官助理入额5人，退出员额1人，实现了员额的动态管理。完成了员额法官等级晋升工作并按单独职务序列落实了待遇，分类制定了员额法官、审判辅助人员、行政人员绩效考核办法，建立了工作业绩激励机制。完善审委会和专业法官会议制度，统一司法标准。建立了专业法官会议例会制度，定期通报分析发回改判案件中的问题，统一类案裁判尺度，年内召开法官会议11次，有效防止了“同案不同判”现象。

【司法为民】深化司法公开，加强智慧法院建设，利用最高人民法院建成的审判流程、执行信息、裁判文书、庭审公开四大司法公开平台对相关审判执行信息予以公开，年内公开上网裁判文书3147份，互联网直播案件庭审1399件，公开审判流程信息3749件，公开执行信息2034件。继承和发扬新时代“枫桥经验”，大力推进矛盾多元化解，与县司法局衔接，共同制定了关于开展律师调解试点工作的实施方案，与7个人民调解组织签订诉调对接协议，县司法局指派律师驻庭调解，特邀13名人民调解员接受委托调解，并统一使用“人民调解”平台进行调解，初步建立非诉程序对接渠道。全年诉前调解案件190件，司法确认23件。落实两个“一站式”和跨域立案工作。扎实推进两个“一站式”建设工作，按上级法院要求扩建诉讼服务中心，实现了诉服大厅、诉讼服务网、12368热线“三位一体”的诉讼服务新格局。开通诉讼服务网，当事人可以通过诉讼服务网、手机移动微法院APP实现网上立案、就近立案。

【助力脱贫攻坚】全力推进脱贫攻坚，确保如期打赢打好脱贫攻坚战。发挥职能优势，依法快速审理、执行精准扶贫政策性金融借款及农村互助担保基金借款纠纷案件。年内审理涉精准扶贫贷款案件182件，标的1736万元，诉前化解62件。立执行案件57件，标的584万元，执结27件，部分执行16件，执行到位标的315万元，确保了国家扶贫资金安全。县法院在选派5名工作人员担任驻村帮扶队队长和队员的基础上，院机关40多名干警每人帮扶4～6户建档立卡贫困户，积极组织干警深入帮扶村开展精准帮扶；出资12万元为帮扶村配备电脑、打印机等办公用品，为村上修补道路和解决群众实际生活困难。

【领导名录】

党组书记、院长：范趣

党组副书记、副院长：赵平

党组成员、副院长：徐彦平、李文林

党组成员、纪检组长：魏中

党组成员：高和平（3月任）

（供稿：侯建清）

司法行政

【概况】渭源县司法局设有办公室、法制股、普法与依法治理股、社区矫正管理股、基层股、公共法律服务管理股（县司法鉴定工作委员会办公室）等内设机构，16个乡镇司法所全部为正科级建制。

【依法执政】

1.推进依法执政制度化。深入推进依法治县工作，不断完善党委工作规则、政府常务会议事规则等议事决策制度，进一步健全党委（党组）科学民主依法决策机制，定期不定期听取工作汇报，协调解决突出问题。严格依法决策，建立健全党政机关法律顾问制度，聘请专业律师担任法律顾问，为党委重大决策提供法律意见，促进依法办事，防范法律风险。加强对党委文件、重大决策的合法合规性审查，提高党内规范性文件的报备率、及时率、合法合规率。

2.推进依法执政规范化。始终坚持党对政法工作的绝对领导，加快法治政府建设，积极支持本级人大、政府、政协、法院、检察院依法依章程履行职能、开展工作，督促领导班子其他成员和下级党政主要负责人依法办事，不违规干预司法活动，不插手具体案件处理。教育和引导全县各级干部增强法治观念和法治为民的意识，提高依法办事能力。

3.推进依法执政常态化。充分发挥党委在推进法治建设中的领导核心作用，将法治建设摆在全局工作的重要位置，纳入本地本部门发展总体规划和工作计划，不折不扣把党的领导贯彻落实到依法治县全过程，切实把党领导立法、保证执法、支持司法、带头守法落到实处。

4.推进依法行政优质化。加强党内法规、重大决策执行情况的监督检查，切实提高党内法规制度的执行力，依法加强对法治工作的调研、评议和督导检查，积极推动全县依法治县重大决策部署的贯彻落实。严格执行约谈、函询、诫勉谈话等党内监督各项制度，有效防止腐败。坚持全面从严治党，严明政治纪律和政治规矩，强化监督执纪问责，坚决遏制腐败蔓延。

【法治政府建设】

1.规范性文件审查。贯彻落实《甘肃省人民政府重大行政决策程序规定》《甘肃省行政规范性文件管理办法》，严格执行重大行政决策合法性审查制度，加强公平竞争审查，确保决策权限合法、程序合法、内容合法。全县规范性文件报备率、报备及时率、报备规范率、审查合格率均达到100%。

2.行政监督。严格落实法治政府建设报告制度，主动接受人大和政协监督。认真落实行政执法“三项制度”，规范行政执法主体资格和行政执法人员管理，申请办理行政执法主体资格66个，办理行政执法证586人，行政执法监督证件9人。坚持“以人为本，复议为民”原则，受理行政复议案件14件，办结14件，经审查维持9件，撤销5件。公开各类政务事项256次。部门行政负责人出庭应诉比例100%。

【推进司法体制改革】落实司法人员分类管理。全县入额法官26人，入额检察官11人。对民商事案件一律实行调解前置。速裁民商事案件

32件，当庭宣判32件。认真执行防止领导干部干预司法活动，加强产权司法保护，优化营商环境；聘请人民监督员5名，扫黑除恶专项斗争人民监督员35名。落实立案登记制，做到有案必立、有诉必理。县法院登记立案5532件，当场登记立案率为99%。深入推进司法公开工作。司法公开覆盖执行司法的各领域、各环节，通过中国庭审公开网直播庭审1302次，在中国裁判文书网公开法律文书2548份。落实案件评查制度。全年评查案件762件，督导检查30余次，检查单位126个。持续开展扫黑除恶专项斗争，持续保持强大攻势，共打掉恶势力集团1个，涉恶团伙7个，“村霸”2人。

【项目建设】向省司法厅申报基层司法所建设项目7个，每个司法所建筑面积180平方米，每个司法所投资36万元，11月份完成了招标工作。

【人民调解】成立渭源县人民调解员协会和个人调解工作室。调解简易纠纷65件，复杂疑难纠纷24件，制作人民调解卷宗24份，司法确认案件10件，待确认案件6件。

【社区矫正】为了加强社区矫正和监禁矫正的相互贯通、相互衔接，切实提高教育矫正效果，推进刑罚执行一体化建设，组织60名社区矫正对象到定西监狱开展进监集中警示教育活动。认真贯彻落实全国人大常委会《关于在中华人民共和国成立七十周年之际对部分服刑罪犯予以特赦的决定》，依法做好特赦工作。

【公共法律服务】升级改造县级公共法律服务中心，优化窗口设置，聘用3名具有法律职业资格的工作人员值班，对大厅法律服务查询机软件进行升级改造，安装了公共法律服务查询一体机等办公设备，配备了接待室和档案室。继续加大法律扶贫力度，全面落实“一村一法律顾问”全覆盖和微信服务群全建立，全县16个乡镇建成公共法律服务工作站，220个村（社区）建立了法律服务工作室，开通“12348”法律服务热线，引导群众依法办事。全县村（居）法律顾问解答咨询1218人次，化解矛盾纠纷658起。开展刑事案件律师辩护全覆盖、值班律师和律师调解、律师参与信访工作，认罪认罚具结书值班律师签字18件。继续开展民营企业“法治体检”，不断优化营商环境；共办理法律援助案件116件，其中刑事52件，民事64件，亲子鉴定法律援助1件。在县人民法院建立了法律援助工作站，派专职律师值班，为农民工当事人提供更加便捷的服务。办理农民工法律援助案件47件，受援人数75人，解答咨询158人次。加强司法鉴定规范化质量管理体系建设。提请县人大常委会任命人民陪审员67名，并举行任职培训。

【普法宣传】召开全县“七五”普法中期督查推进会，开展自查自评，完善“七五”普法相关台账资料。在全县16个乡镇开展宪法宣讲120场次，受教育人数达1万余人。开展宪法知识有奖竞答活动6期。成功开通全县干部职工网上考试系统，9000多名公职人员参加考试。宪法巡回宣讲120场次。县委理论中心组学法5次，县政府常务会会前学法13次，举办培训班17期，培训2300人次，各乡镇、各部门培训260余场次，参训人员13000余人次。原创普法秦腔剧《公民张三》入选由文化和旅游部主办的全国优秀现实题材舞台艺术作品展演活动，争取省市司法行政部门演出补助25万元。在上湾镇、锹峪镇建成普法文化阵地。申报省级贫困村“民主法治示范村”1个，命名县级贫困村“民主法治示范村”14个。

【领导名录】

党组书记、局长：董建军

党组成员、政治协理员：杨俊义

党组成员、副局长：杜树红、张小宏、陆增奎

（供稿人：王惠君）

脱贫攻坚

【概况】2019年，县委、县政府深入贯彻习近平总书记关于扶贫工作的重要论述，全面落实党中央国务院、省委省政府和市委、市政府关于脱贫攻坚的各项政策举措，紧盯“两不愁三保障”脱贫标准，坚持目标不变、靶心不散，进一步聚焦深度贫困和特殊困难群体，以全县2019年实现整体脱贫摘帽为目标，强化责任落实、政策落实和工作落实，全力以赴补短板、强弱项、促攻坚，全县脱贫攻坚工作取得了决定性成效。建档立卡贫困人口由2013年底的2.5万户10.23万人减少至2018年底的0.81万户2.89万人，贫困发生率由31.66%下降至9.05%；2014—2018年，全县累计减贫1.69万户7.32万人，共脱贫退出贫困村31个。2019年计划退出贫困村95个、脱贫2.6万人，贫困发生率降至0.92%，实现整县脱贫摘帽目标。经乡镇初验、县级认定和初审，预计2019年退出贫困村99个、脱贫2.74万人，贫困发生率降至0.43%，贫困村退出比例达到96.3%，能够按期实现脱贫摘帽目标。

【产业发展基础】始终将产业扶贫作为实现脱贫的治本之策，按照贫困村村有主导产业、户有增收项目、人有一技之长的扶贫思路，大力发展马铃薯种薯、中医药、畜草、蔬菜、食用菌、花卉、光伏、电商等扶贫产业，推动形成了主导产业保收入、新兴产业拓渠道、就业扶贫促增收的产业发展格局。

1.全力推进特色产业发展。种植业方面，全县筛选确定70家种植业农民专业合作社，建设农业产业化基地4.3万亩，共带动全县农户1.3万户（其中贫困户7466户）。养殖业方面，扶持贫困户3191户引进良种牛2721头、羊4230只。依托渭源鑫顶渭丰牧业有限公司和甘肃陇玥牧业有限公司，采用“企业+合作社+农户”的方式为3225户托养对象托养良种牛2692头2692户，良种羊4797只533户。

2.全力提升经营主体带动能力。全面开展“空壳社”清理。通过合作社规范提升整改，运营规范的907家、运营较规范的342家、运行一般的183家、未运行的561家，吊销注销的35家，注销公示422家。2019年，引进龙头企业1家（甘肃陇玥牧业有限公司），培育9家，省农业农村厅现场考察拟申报省级农业产业化龙头企业8家。

3.积极发展新兴产业。

（1）蔬菜产业。完成蔬菜种植面积6.02万亩，其中：日光温室蔬菜1070亩、塑料大棚蔬菜14400亩、高原夏菜44730亩；完成食用菌种植香菇142.8万棒，滑子菇20万棒，羊肚菌20亩，平菇16万棒；新建成塑料大棚292.3亩。新建产地初加工果蔬保鲜库6座1000吨。在秦祁乡、路园镇、会川镇各建立500亩以上的高原夏菜示范基地1个，路园镇建立100亩以上钢架塑料大棚蔬菜示范基地1个。

（2）花卉产业。完成莲峰镇、上湾镇两个花卉基地建设项目，全县花卉种植面积达到1000多亩，可生产鲜切花500万枝以上，带动全县5000多名建档立卡贫困户人均年增收3500元以上。

（3）电商产业。县级电商公共服务中心通过改造提升，已投入运营，建成乡镇电商服务站16个、村级电商服务点195个，农村物流配送中心1个，农村物流分拨中心1个，仓储中心1个，区域分拨中心3个，乡镇物流服务站16个，村级物流点183个，并与已有的乡村电商服务点实现对接。发展网销企业51家，引进、组建实力较强电商公司4家；建成县级行业协会1个，完成10家渭源重点网货品牌打造工作，建成网货供应平台、渭源县农特产品网货质量追溯二维码公众查询系统，29家已经完成“质量安全追溯二维码体系”；建立渭源县农产品数据库及数字化管理分析系统，形成了渭源电商资源数据库；建成渭源电商品牌营销中心，成功申请注册了“渭货出山”“田家醋坊”“奥康牧场”“渭甄品”“御品甄”和“渭道”等系列商标。累计开展电商精准培训13098人次（贫困户培训6869人次），农村电商从业人员累计达到400多人。电子商务公共服务站点作用有效发挥，通过对接电商公共服务中心，采购销售贫困户党参3000斤、黄芪3000斤、蜂蜜5000斤，实现销售收入93.6万元；同时，积极开展网上销售、网上代购、网上缴费、物流配送等业务，电子商务公共服务站点代购金额总计283.3211万元、代销金额为242.5791万元、生活缴费为301.4250万元、服务群众（查询天气预报、查询火车票、网上挂号、学习资料下载等）总计9.4216万人次。大力推进电商精准扶贫战略，成功举办了阿里巴巴集团渭源县人民政府县域电商项目签约仪式暨天猫优品招商会，阿里巴巴、京东、苏宁等知名电商企业成功落户渭源，带动发展电商主体700多家。加大与福州等东部发达城市的对接，着力促进“消费扶贫”，在福州市晋安区成立鑫晋渭贸易有限公司，实现线上网商与线下实体商资源共享，积极组织渭源农产品进机关、进市场、进超市、进网店、进食堂。2019年3月，福州晋安区在区机关食堂建立了第一个渭源农特馆，该馆消费对象主要面向区直机关和乡镇干部。5月19日，第二个渭源农特馆在福州市利嘉国际商业城开馆，农特馆占地100多平方米，主要销售我县农特产品近百种。突出渭源网货品牌效应，引导企业或个人在中国社会扶贫网或其他权威性网上公益扶贫平台开设网店、发布扶贫信息，扩大渭源农产品的影响力，成功注册“渭货出山”商标品牌，帮助建档立卡贫困户销售农产品，带动建档立卡贫困户增加收入，发挥电子商务在脱贫攻坚中的重要作用。田地公司在517新鲜网开设网店，向福州等东部发达城市线上销售额达75.58万元；渭源衡顺堂药业有限公司向福州市销售中药材732万元；渭源中小商贸流通企业服务中心向福州销售97.3254万元。通过农产品供货消费推进脱贫攻坚，带动贫困户717户，人均增收2000元以上。

（4）光伏产业。全县共建成村级光伏扶贫电站135个，总装机规模60.249兆瓦，实现了建档立卡贫困村村级光伏电站全覆盖。109个电站已全部实现并网发电，新增扩容的26个电站目前正在协调并网事宜。通过大力发展农光互补产业，贫困户和贫困村实现了多渠道增收，1042户农户（其中建档立卡户486户）通过土地流转户均收益2600元；1280户贫困户通过承租光伏食用菌大棚，年均收入1.5万元以上；830人通过就近务工人均每年实现劳务收入6000元以上；135个贫困村每年村均获得发电收益40万元以上。

4.完善产业风险防范体系。制定《渭源县2019年农业保险工作实施方案》，完成承保中央险种3个，其中：马铃薯16.95万亩；玉米8.8万亩；能繁母猪1423头；省级险种8个，其中：中药材（当归、党参、黄芪）7.79万亩；高原夏菜4438.58亩；设施蔬菜61亩；育肥猪1250头；肉牛2555头；肉羊3670只。完成一县一（多）品险种13个，其中：柴胡1084.37亩，蚕豆22822.88亩，胡麻1000.37亩，燕麦3649.12亩，油菜3451.78亩，百合827亩，赤芍129亩，花卉150.57亩，黄芩5.7亩，藜麦95.5亩。承保引进中华蜂3761箱。承保引进基础母牛5413头、引进基础母羊9006只。参保建档立卡贫困户22790户，实现实际有种养产业的建档立卡贫困户全覆盖。

5.发展壮大村级集体经济。通过光伏产业项目、金鸡产业项目、省委党费补助项目等提高资产收益，2018年135个贫困村村集体经济收入全部达到2万元以上；2019年135个贫困村村集体经济收入均达到2万元以上，收入在10万元以上的有42个村，介于5万元至10万元中间的有43个村，小于5万元的有50个村。

6.创新资产收益带贫机制。全县217个行政村根据实际需求，设置了农村垃圾清洁员、农村公共设施维护员、农村治安管理员、农村交通安全协管员、农村绿化员等公益劳动岗位，贫困户一人一岗，岗位可由村集体适时进行动态调整。已开发公益性岗位5815个，其中：省市县财政补助开发1853个，村集体经济开发3962个。每个公益性岗位带动贫困户每年增收2000～6000元，实现了贫困户持续增收。坚持资产收益归村级集体经济的原则，根本上杜绝了简单发钱发物“养懒汉”“一股了之”等现象。

【就业扶贫】

1.加强劳动力培训。2019年，共完成各类培训4040人，占任务的98.8%，其中完成就业技能培训2279人，实用技术培训1761人。职业技能鉴定1514人，获得资格鉴定证书433人。

2.开展劳务输转。全县累计输转5.99万人，实现劳务收入11.1877亿元，其中建档立卡贫困劳动力输转4023人，实现劳务收入4593万元。不断深化与福建等地劳务合作，组织晋渭输转614人，其中建档立卡463人。

3.兴办扶贫车间。新认定扶贫车间14个，累计认定扶贫车间21个，吸纳劳动力就业人数1073人，其中建档立卡贫困劳动力385人。积极落实符合条件的16个车间132人13.2万元的培训奖补政策和3个车间6万元的就业奖补政策，累计发放奖补资金19.2万元。

4.开发公益岗位。在2018年开发安排1567人的基础上，2019年在全县71个深度贫困村新开发142个乡村公益性岗位。全县共开发乡村公益性岗位1709个，其中省级284人，市级867人，县级558人。

【“两不愁三保障”突出问题解决】

1.安全饮水方面。通过实施农村安全饮水巩固提升工程和冲刺清零“补短板”工程，有效解决2.5万人用水高峰期及冬季供水不正常的问题。集中供水完成建档立卡贫困户自来水入户626户，供水隐患点改造65个，埋设各类管线33.297公里，新建护管505米，更换减压阀2套，新建闸阀井5座，建成蓄水池（减压池）12座，新建沉淀池1座；拦水墙22米；新建截引4处70米，新建集中供水点3处。分散式供水完成自来水入户1231户（其中建档立卡贫困户124户，一般户1107户）；泉水改造149处，修水井3座，维修集中供水点2处，安装水窖净化设备30台，提升1529户群众用水方便程度。完成新增冻管管线17处7.202公里（其中村级管线6.252公里，入户管线0.95公里），组织完成水质全覆盖检测，全县自来水普及率达到97.6%，安全饮水率达到100%。

2.义务教育保障方面。实现了有条件的行政村幼儿园和小学全覆盖，九年义务教育巩固率达到97.18%（建档立卡贫困户巩固率100%）；义务教育阶段“两免一补”政策和营养改善计划全面落实，免除学前保教费20255人979.9万元（其中建档立卡5183人291.4万元），免除高中学杂费5303人194.8万元（其中建档立卡4716人174.3万元）。2018年1–10月，全县累计劝返复学学生

80名（建档立卡家庭子女34人），其中已毕业67人（2018年完成九年义务教育毕业46名，2019年完成九年义务教育毕业21名）；2019年春季开学对全县失辍学学生底数再次进行核实核对，3名未按时报到的学生，全部进行了劝返；劝返未毕业的15名学生现全部在校就读（建档立卡家庭子女4人）。落实“以随班就读为主体、特教学校为骨干，送教上门为辅助”的残疾儿童就学安置方式，根据适龄儿童残疾程度，对于轻度残疾的安排到了普通学校随班就读，对于中度残疾的安置在特教学校就读，对于重度残疾且具备一定学习能力的进行送教上门服务，有效保障了残疾儿童接收教育权利。全县有6～16周岁义务教育阶段适龄残疾儿童338人（建档立卡家庭子女137人），164人安排到了普通学校随班就读（其中县内学校随班就读151人，建档立卡家庭子女62人；县外学校随班就读13人，建档立卡家庭子女1人）；65人安置在特教学校就读（其中本县特教学校就读51人，建档立卡家庭子女23人；外县特教学校就读14人，建档立卡家庭子女5人）；38人进行送教上门服务（其中特教学校送教25人，建档立卡家庭子女7人；普通学校送教13人，建档立卡家庭子女9人）；对重度残疾、多重残疾、无学习能力的组织医疗机构专家组进行了鉴定，经鉴定有31名适龄儿童无就学能力（建档立卡家庭子女11人）；适龄长期在外地居住且无就学能力的有3人（建档立卡家庭子女1人）；延缓入学7人（4人在幼儿园就读、3人进行康复训练）；虽适龄但实际已完成义务教育，初中已毕业8人（建档立卡家庭子女5人），升入高中阶段22人（建档立卡户10人）。

3.基本医疗保障方面。实施了县级医院和乡镇卫生院改造提升项目，完成14所村卫生室新建维修任务，实现了217个行政村标准化村卫生室全覆盖，城乡居民基本医疗保险参保率达到98.54%（建档立卡贫困户参保率达100%）；全面落实了参保费用资助政策和贫困人口看病就医基本医疗保险、大病保险、医疗救助倾斜政策；累计办理慢特病门诊卡2.17万人（其中建档立卡贫困户9983人），实现了应办尽办。

4.住房安全保障方面。建立了住房安全“四个台账”，完成危房改造2953户，悬挂危房改造标识牌8924户，农村住房安全标识牌59188户，按照“五类危房”喷绘标识要求完成3191户“易地搬迁、长期闲置、四有人员、废弃危房户、杂物房”的喷绘工作，发放达标认定书28111户，发放危房鉴定报告59188户，全面完成了农村住房鉴定、危房改造任务等各项工作任务，实现了全县所有农户居无危房目标。

5.易地搬迁方面。“十三五”期间，共搬迁建档立卡贫困户2267户9755人，已全部搬迁入住。旧房拆除1721户，拆除率76%，其中2016年实施的516户旧房拆除474户，旧房拆除率91.86%；2017年实施的145户，旧房拆除145户，旧房拆除率100%；2018年实施的1606户旧房拆除1102户，旧房拆除率68.61%。

【基础设施短板补齐】实施贫困村提升工程，加快推进道路建设、电网改造等重点项目建设。全面完成了总投资9497.15万元的111.001公里贫困村“畅返不畅”道路建设任务，累计建设通村道路874.25公里、村组道路335公里，行政村通畅率达到100%。新建农村电网1684.17公里，实现了自然村动力电全覆盖。建设3G、4G基站800个，实现了217个行政村有线光纤和无线网络全覆盖。

【农村人居环境整治】制定出台《深入学习浙江“千村示范、万村整治”工程经验全面扎实推进农村人居环境整治工作的实施意见》，并印发农村“厕所革命”“垃圾革命”“风貌革命”和农村生活污水治理、废旧农膜回收利用与尾菜处理利用、畜禽养殖废弃物及秸秆资源化利用、村庄规划编制、“四好农村路”高质量发展、村级公益性设施共管共享等9个配套《行动方案》，全面建立了农村人居环境整治政策和制度体系。借鉴陇南市成县“拆违治乱”典型做法，制定出台了《全县改善农村人居环境村庄清洁集中整治专项行动方案》。清理农村生活垃圾5600余吨，畜禽养殖粪污等农业生产废弃物898.6吨，村内沟渠970.3公里；依法拆除烂房烂墙烂圈、废弃厂房棚舍等590处；创建清洁村庄62个；全面完成农村户用卫生厕所改建任务5763户。

【东西部扶贫协作和中央单位定点扶贫】

1. 东西协作方面。按照福州定西“456”扶贫协作模式，强化工作措施，切实推进协作任务高质量落实。

（1）强化政府推动，互访对接有序开展。完成互访交流3次，召开联席会议2次，对接座谈会议3次，县委常委会、县政府常务会议、县脱贫攻坚领导小组会议专题研究东西部扶贫协作工作7次，有力推进东西部扶贫协作任务的落地见效。

（2）强化资金支持，带贫增收效果明显。福州市及晋安区已经投入财政帮扶资金3963万元（其中市级财政帮扶资金1310万元、区级财政帮扶资金2653万元），主要用于发展村级光伏电站、食用菌种植、花卉产业等13个扶贫带动项目，带动98个建档立卡贫困村集体经济和3900多户建档立卡贫困户增收。晋安区已拨付到位社会帮扶资金775万元，捐款捐物折价194万元；财政帮扶资金已报账3503.3万元，报账率为88.4%。帮扶资金主要用于贫困村、贫困户增收产业，严格执行东西部扶贫协作帮扶资金管理使用办法，重点聚焦深度贫困村脱贫攻坚工作任务。

（3）强化人才交流，攻坚能力进一步提升。晋安区选派1名副县级干部挂任渭源县委常委、县政府副县长，2名科级干部分别挂任渭源县政府办公室、扶贫办副主任，主要分管脱贫攻坚和东西部扶贫协作工作；渭源县选派1名副县级干部和1名副科级干部赴晋安区挂职交流，主要负责东西部扶贫协作对接协调工作。渭源县已选派34名优秀干部赴福州大学参加2019年定西市“双招双引、对标福州”东西部扶贫协作网络人才培训班；选派卫健系统7名管理人员赴福州市晋安区观摩学习，选派13名医务人员赴福州医院开展3—6个月的进修培训；选派50名教师赴晋安区交流学习，选派5名优秀教师赴晋安区开展三个月的跟岗培训。晋安区已选派13名医疗专家、9名教师赴渭源开展3-6个月的挂职交流，选派3名金融、人力资源和园艺专业技术人才赴渭源挂职1年；晋安区名师专家团队赴渭源开展专题教育讲座13场次，培训中小学、幼儿园教师850人次。

（4）强化劳务协作，稳岗就业增收明显。组织开展了“腊月行动”“春风行动”等东西部扶贫劳务协作招聘会，大力宣传福州市就业扶贫特惠政策，极大地调动了渭源县建档立卡贫困户劳务输转的积极性。组织输转劳务773人（其中建档立卡463人），其中建档立卡贫困人口稳岗就业362人。积极推进扶贫车间建设，有效增加贫困群众收入。建成甘肃绿色禾韵园艺产业有限公司花卉种植、会川镇鸿裕达中药材种植加工、上湾镇顺盈家纺加工、路园镇鑫大地春农业发展科技有限公司蔬菜种植、衡顺堂药业中药材加工等扶贫车间5个，吸纳184人就近务工增收；祁家庙镇食用菌种植、麻家集镇百合加工、渭源县消费扶贫农特产品包装车间、莲峰镇食用菌种植、大安乡榨油厂等5个扶贫车间已投入使用；上湾花卉种植、秦祁乡杨川村蔬菜种植、大安乡方家庄村饲料加工等项目建成投入使用，并积极按照扶贫车间标准进行建设申报。

（5）强化产业合作，拓宽贫困群众增收渠道。积极培育光伏、食用菌、蔬菜种植等富民产业，聚力拓宽贫困群众增收渠道。投入东西部扶贫协作资金100万元，倾斜支持深度贫困乡镇大安乡、秦祁乡两个贫困村发展村集体经济；投入东西部扶贫协作帮扶资金1850万元扶持建设98个贫困村村级光伏电站；投入500万元扶持发展莲峰镇、上湾镇花卉产业；投入1008万元，建设莲峰镇、祁家庙镇食用菌种植基地。协调引进福建闽中有机食品公司、福建美亚国际旅行社、派生特（福州）生物科技有限公司、福建民生医药有限公司等4家福州市及晋安区企业在渭源注册成立公司，累计投资额达1517.1万元。投入东西部扶贫协作帮扶资金50万元建设消费扶贫农特产品包装车间，提升渭源农特产品向外推介水平，晋安区成立福州鑫晋渭贸易有限公司，设立了两处渭源农特馆，主要销售当归、黄芪、甘草等中药材和牛羊肉、胡麻油、百合等农特产品。农特产品销售额达1550万元，其中晋安区农特馆销售额160.5万元。

（6）强化社会帮扶，多元参与手奔小康。持续深化携手奔小康行动，形成多元参与、携手共进的扶贫协作格局。晋安区9个乡镇（街道）与渭源县16个乡镇实现乡镇结对帮扶全覆盖；新增村村帮扶对子10个、村企帮扶对子10个，实现“千村帮千村、万人帮万户”行动，实现对67个未出列贫困村结对帮扶全覆盖，积极组织动员晋安各级干部对1200户未脱贫户开展结对帮扶；福州石狮商会、福建早教协会、福建寿山石文化艺术研究会等3个社会组织分别与秦祁乡杨川村、上湾镇元树村、大安乡大涝子村开展结对帮扶；新增学校结对6对，医院结对5对，持续开展合作交流；与晋安区农业农村局合作，培训贫困村创业致富带头人92人；协调晋安区企业捐赠课桌椅、书包文具教学设备、医疗设备等价值194万元，福州东南眼科医院与免费为渭源县30例白内障进行手术治疗。

（7）强化工作创新，提高东西协作扶贫成效。投入东西部财政帮扶资金70万元，建设残疾人创业就业基地，扶持建档立卡贫困残疾人户发展养殖、种植产业增收；为深度贫困乡镇大安乡和秦祁乡的513户一、二级残疾人建档立卡户发放户用太阳能照明灯513套，价值10万元。动员社会力量积极参与结对帮扶，晋安区文明办、妇联通过社会扶贫网，组织动员社会各界捐资12.58万元资助残疾贫困户513户、捐赠书包文具400套；晋安区文联组织书画义卖活动认捐帮扶资金12万元，资助贫困学生80名；晋安区团委、教育局组织爱心义卖活动筹集4.4万元，资助贫困学生44名；晋安区协调捐赠医疗设备70万元，帮助渭源县人民医院建设重症医学科。积极推进城乡建设用地增减挂钩工作，2018跨省交易指标80.056亩，验收41.03亩；2019年下达我县跨省域交易指标300亩，审批实施面积489亩，涉及农户850户，已拆除620户，复垦达到验收标准的420户面积240亩。

2. 定点扶贫方面。进一步调整充实定点扶贫专责工作组力量，加强与国务院扶贫办的沟通衔接，狠抓帮扶项目落地见效，强化对脱贫攻坚突出问题整改的督促指导。

（1）坚持统揽全局，精心组织谋划，高位推动定点扶贫工作。国务院扶贫办统筹谋划定点扶贫工作，先后组织15批次96名干部赴渭源开展定点帮扶工作，特别是国务院扶贫办党组书记、主任刘永富到渭源调研指导扶贫工作，亲自主持召开定点扶贫渭源现场推进会，带头落实帮扶责任，推动定点扶贫工作落细落实落地。

（2）坚持靠前指导，强化人才培训，牢牢把握政策落实方向。先后选派2名干部担任县委副书记，县委常委、副县长，选派2名干部担任村第一书记、驻村帮扶工作队长，组成了帮扶渭源前线工作组。采用“走出去”与“请进来”相结合的办法，开展扶贫电子档案、创业致富带头人和扶贫干部能力培训4期787多人，农业实用技术培训建档立卡户1006人。

（3）坚持内源扶贫，大力培育产业，注入脱贫攻坚强大动力。直接投入资金594万元，协调引进帮扶资金1482.5万元，积极发展教育、医疗事业，培育扶贫产业，提升贫困劳动力素质，持续增强农村发展后劲。特别是协调引进北京德青源公司、天津红日集团和云南禾韵花卉公司在渭源建设重大产业项目，直接或间接带动7000多名建档立卡人口增收脱贫。将渭源农特产品纳入到中国联通京东扶贫、农行掌上银行扶贫商城、电信天虎云商，京东网、苏宁易购、天猫、陇原巾帼扶贫展馆等，帮助销售渭源农特产品达6.3万元。

【主要工作举措】

1.强化政治担当，准确把握政策要求。县委、县政府在深入调查摸底，广泛征求各方面意见的基础上，做出了《关于全面决战决胜脱贫攻坚实现2019年脱贫摘帽的决定》，对全县脱贫退出时序做出了科学调整，全县上下达成了2019年决战决胜脱贫攻坚，实现脱贫摘帽的思想共识，提振了背水一战、不获全胜、绝不收兵的信心和决心，为决胜脱贫攻坚注入了强大精神动力。全县各级党政组织和干部认真学习习近平总书记关于扶贫工作的重要论述、中共中央国务院《关于打赢脱贫攻坚战的决定》，准确把握“两不愁三保障”脱贫标准，坚持底线思维和底线目标，做到既不拔高标准、吊高胃口，也不降低标准、影响成色。始终坚持问题导向，对中央脱贫攻坚专项巡视、国家和省上脱贫攻坚成效考核、第三方评估反馈的问题，主动认领，举一反三，全面排查工作中的薄弱环节，有针对性地整改落实，确保了脱贫攻坚正确的工作方向。

2.围绕精准识别退出，加强精准管理。全面落实建档立卡贫困人口动态管理制度，推行大数据平台建设分析研判联席会议、责任追究管理办法和县级联合审计核查制度，有效保证了建档立卡贫困识别准确率。2019年，新识别纳入4户17人，清退2户6人。制定《渭源县脱贫攻坚数据质量提升工作方案》，全面提升脱贫攻坚基础数据质量，不断夯实精准扶贫、精准脱贫基础，为政策制定落实提供有力支撑。截至目前，已开展数据质量比对分析8次，组织数据问题集中核查修改工作8场次，开展业务培训工作5次，召开数据质量提升工作联席会议2次，下发数据质量通报7期。

3.坚持分类管理施策，强化措施保障。按照“五个一批”脱贫路径，对2018年底剩余的0.81万户2.89万未脱贫人口，紧盯致贫原因，因户因人确定帮扶措施，落实“一户一策”，明确了“五个一批”脱贫路径（通过发展产业和就业脱贫2872户14870人，易地搬迁脱贫1606户6643人，生态扶贫脱贫399人，发展教育脱贫462人，社会保障政策兜底脱贫2761户6526人）。同时，按照贫困程度和贫困户自身发展能力，精准确定了分类帮扶措施。对贫困程度较深、劳动能力弱的3644户15307人贫困人口，实行产业扶贫和就业扶贫双扶持措施，通过落实生态护林员、村级公益性岗位，扶持在扶贫车间就近就业的方式，户均年增收6000元以上；对贫困程度一般、劳动力充足的18957户81210人贫困人口，采取以奖代补重点扶持发展种养产业，户均年增收8000元以上。

4.坚持目标标准，全力推进重点任务落实。紧盯围绕“一超过两不愁三保障”脱贫标准，突出深度贫困乡镇、深度贫困村、深度贫困人口，坚持既不吊高胃口，也不降低标准的原则，细化政策措施，抓住主要矛盾、解决突出问题，做到目标不变、靶心不散，确保贫困人口户有增收产业、人有一技之长，安全饮水、义务教育、基本医疗、住房安全有保障。

5.聚焦深度贫困，着力攻克坚中之坚。县委、县政府认真贯彻落实国务院研究室《关于深度贫困地区脱贫攻坚中存在的问题及建议》，着眼于“两不愁三保障”问题解决，坚持精准到村到户，制定了“两不愁三保障”固强补弱工作方案。把深度贫困乡镇、村作为脱贫攻坚工作的重中之重，将最强的领导力量、最优的帮扶资源和财政扶贫资金向5个深度贫困乡镇和71个深度贫困村倾斜。增派113名县直单位干部到贫困村担任驻村工作队队员，帮助落实冲刺清零工作任务。全面落实低收入人口动态调整和“两项制度”衔接政策措施。全县现有农村低保对象8669户23770人，其中兜底保障人口5372户12825人，特困供养对象2173户2173人，纳入建档立卡低保人口4685户13394人（其中一二类低保户3295户8357人），特困供养人口165人，实现了“两项制度”有效衔接。

6.强化资金支撑，提供脱贫攻坚强大财力保障。加大脱贫攻坚财政资金投入力度，统筹整合各类扶贫项目资金、涉农资金、金融信贷资金，实现扶贫资金的精准化配置、到村到户到人的精准化扶持。全县统筹整合财政涉农资金56959.13万元，较上年38479.98万元增长48.02%；投入农村基础设施建设13460.13万元，占统筹整合资金的23.63%；投入农业生产发展43499万元，占统筹整合资金的76.37%%；全县拨付财政专项扶贫资金40359.2万元，报账支付35996.89万元。全县统筹整合财政涉农资金56959.13万元，较上年38479.98万元增长48.02%；投入农村基础设施建设13460.13万元，占统筹整合资金的23.63%；投入农业生产发展43499万元，占统筹整合资金的76.37%%；全县拨付财政专项扶贫资金40359.2万元，报账支付35996.89万元，支出率90%。

7.强化责任落实，敢死拼命合力攻坚。始终把脱贫攻坚作为全县发展的最大政治任务，主动扛起脱贫攻坚主体责任，构建了纵向到底、横向到边的责任落实体系。成立了由县委书记、县长和县级包乡镇领导牵头的县乡脱贫攻坚领导小组（前线指挥部），选派916名干部组建驻村帮扶工作队217个，组织5205名干部对全县2.51万户贫困户实行全覆盖结对帮扶。组建专责推进小组15个，制定了承担“五个一批”及危房改造、安全饮水等重点任务部门责任清单。实行县级领导干部联乡包村抓户和县乡主要领导干部到村攻坚总队长责任制，严格落实县委书记周调度和县乡村“三级书记”遍访贫困对象制度，推行脱贫攻坚调度令和日督查周通报月评比制度，形成了一线指挥督战、各级协调联动、督查考核倒逼推进工作机制。

8.强化党建支撑，推动抓党建与促脱贫深度融合。坚持党的建设与脱贫攻坚深度融合，全面助力脱贫攻坚。严格落实《渭源县关于进一步激励广大干部新时代新担当新作为的实施意见》，不断激励扶贫干部担当作为，先后开展干部调整配备6批次，提拔干部66名，均为脱贫攻坚一线干部。在保持乡镇党政正职基本稳定的基础上，将脱贫攻坚业务能力强的34名干部调整充实到乡镇领导班子。对40名驻村帮扶工作队成员和120名帮扶干部进行了表彰奖励，将脱贫攻坚一线干部的年度考核优秀比例整体提高到20%。加强各级干部培训，培训科级干部2800多人次，培训驻村帮扶工作队队长515人次，培训县乡村扶贫干部8600多人次，贫困村党组织书记355人次，各乡镇分片组织开展村干部能力素质提升培训班16场（次），培训村干部、村级后备干部和党员致富能人1500多人次；44个村党组织书记和村委会主任“一肩挑”，“一肩挑”比例达到20.28%。积极推行村干部“一选两聘”模式，选派22名县乡干部到村担任党组织书记，公开招聘16名高校毕业生和农村致富青年担任村文书，动员回聘1名退休干部到村任职，全面建强村级带头人队伍。整顿软弱涣散村级党组织21个。研究制定县乡村三级抓党建促脱贫攻坚三年行动计划任务责任清单，细化分解32项重点任务和104项具体措施。制定下发《关于强化农村基层党建决战决胜脱贫攻坚的若干措施的实施意见》，对重点工作任务进行部署调度推进，提醒约谈抓党建促脱贫攻坚重点任务落实不力的党组织负责人34人（次），确保各项工作抓实见效。深入开展“双引双带”（党建引领、典型引领、党组织带动、党员带头）党建扶贫工程，大力实施农村“三链”建设，探索“党组织+经营主体+贫困户”助推产业发展、带动农民增收模式，新成立农村产业党组织28个，集聚1149名致富能人党员引领贫困户持股入社、分红受益。充分发挥农村党组织在推进脱贫攻坚和乡村振兴中的领导核心作用，引导村党组织书记、村“两委”班子成员和农民党员带头领办、创办企业、合作社等农村经济组织590个。结合全市“三引四领一融合”党建引领促脱贫攻坚行动，大力推行“支部融合共建、党员互带共促”模式，深入开展机关和农村党组织“六联共建”（组织联络、阵地联建、党员联动、活动联谊、发展联促、实事联办）活动，172个农村党支部与帮扶机关党支部结成帮扶共建对子，开展形式多样的结对共建活动491场次，参与党员人数达到7129人。

9.加强作风保障，持续开展扶贫领域腐败和作风问题治理。按照中央及省市深化扶贫领域腐败和作风问题专项治理的总体部署，成立了以县委书记、县政府县长为“双组长”的县深入开展作风建设年活动集中整治形式主义官僚主义领导小组，聚焦解决脱贫攻坚责任落实不力、扶贫项目资金管理“微腐败”、形式主义官僚主义等工作作风及公职人员涉黑、充当黑恶势力“保护伞”等问题，扎实推进“一折通”、对口帮扶资金监管等专项整治，牢固树立“专”起来抓的意识，始终坚持“严”起来抓的要求，紧盯县直的“权”、乡镇的“情”、村社的“利”，抓住重点、抓好关键、抓出成效。扶贫领域立案审查23件60人，纪律处分47人；查处形式主义官僚主义问题典型案例1起，给予党内警告处分3人。

10.坚持内联外引，凝聚攻坚强大合力。充分发挥政府和社会两方面作用，积极引导市场、社会组织协同发力，构建形成了专项扶贫、行业扶贫、社会扶贫为一体的大扶贫格局。坚持以产业培育、内源扶贫、社会公益扶贫和政策指导为重点深入推进中央定点单位帮扶工作，协调项目、落实资金，为我县脱贫攻坚工作提供了强有力的帮助和支持。按照福州定西“456”扶贫协作模式，把“中央要求、渭源所需、晋安所能”紧密结合起来，深入推进东西协作，实现优势互补合作共赢。充分发挥各自优势和合作基础，推动全方位、多层次、多领域协作取得了明显成效。社会帮扶深入推进，欧美同学会充分依托留学归国人员的技术和物流优势，从科技、投资、医疗、教育、农业等多个领域，加大支持力度。结合帮扶乡镇实际，因地制宜制定扶贫举措，在教育、医疗方面实现重点帮扶，引导做强种养殖业。同时，省市领导多次调研、指导渭源脱贫攻坚帮扶工作，各级帮扶单位有计划地组织干部开展经常性的帮扶工作，为渭源脱贫攻坚注入了强大活力。

11.强化问题整改，推动工作落实。今年以来，我们坚持把脱贫攻坚问题整改作为提高扶贫成效、巩固脱贫质量的重要措施，全力组织推动，全面整改落实。目前，中央脱贫攻坚专项巡视反馈的50条问题，已全部整改到位；国家及省上扶贫成效考核反馈的47条问题，整改到位46条，占比97.9%；省政府办公厅反馈的20条问题，已全部整改到位；省整改办督导反馈的5条问题，已全部整改到位；市整改办4至6月份暗访反馈的29条问题，已全部整改到位。

12.加强内源扶贫，激发贫困群众内生动力。采取提高认识、扎实推进、全面落实的三项举措，不断调动贫困群众在脱贫攻坚中的积极性、主动性、创造性，确保全面激发贫困群众内生动力。一是提升思想认识。认真贯彻落实国务院扶贫办、中央组织部等13个部门联合印发的《关于开展扶贫扶志行动的意见》，继续推进精神扶贫“十大工程”，把扶贫和扶智、扶志相结合，把救危济困和内生脱贫相结合，注重强化政策宣传、教育引导、移风易俗、示范引领等工作，用贫困群众身边脱贫致富的先进事迹、先进人物教育群众，调动全县贫困群众、帮扶村、帮扶户的积极性、主动性，营造勤劳致富、脱贫光荣的良好氛围，激发贫困群众依靠自身努力实现脱贫的内生动力。二是扎实推进精神扶贫。坚持教育立志，突出宣传脱贫政策，加强感恩教育，激发贫困群众主动脱贫的决心和斗志。坚持技能强志，加强农村劳动力培训力度，提高转移就业能力，让贫困群众拥有自我脱贫的一技之长。坚持文化兴志，深入开展送文化下乡活动，通过群众喜闻乐见的艺术形式调动贫困群众锐意进取、主动脱贫、勤劳致富的积极性和主动性，满足群众精神文化生活需求。坚持文明润志，全面推广“道德讲习积美超市”，实现所有行政村全覆盖，制定实施《渭源县治理高价彩礼推动移风易俗工作实施方案》，不断提升贫困农村文明程度。坚持环境养志，深入开展全域无垃圾环境治理行动，组织开展“清洁村、卫生社、洁净院、文明户”评选活动，全面建设美丽乡村美好家园。坚持典型壮志，开展“致富光荣户”“脱贫能人”“五星级文明户”“脱贫示范户”等典型评选活动，激励引导群众主动脱贫，过上幸福美好新生活。三是全面落实帮扶责任。坚持做到攻坚力量向一线下沉，引导各级帮扶单位、帮扶干部把时间和精力投入到帮扶工作中，帮助贫困群众挖穷根、摘穷帽。充分利用新时代文明实践中心（所、站），组织开展感恩教育、法纪教育、习惯教育、风气教育和脱贫光荣自尊教育五大专题教育，努力提振帮扶村贫困户脱贫致富的信心，增强“想脱贫、能脱贫”的底气。在县城区制作大型脱贫攻坚宣传牌136块，刷写墙体标语1232条，悬挂横幅标语539条，制作宣传牌348块。开展各类文化惠民活动355场次，演出各类文艺节目3026个，受益群众47万多人次。

扶贫开发办公室

【概况】县扶贫开发办公室成立于1986年，是扶贫开发领导小组的常设办事机构。2015年9月，与县委农村工作部合署办公，两块牌子，一套人马。2019年3月，全县机构改革后，撤销县委农村工作部，将农工部帮扶工作相关职责整合并入新组建渭源县扶贫开发办公室，为县政府组成部门，设立行政编制8个。下属渭源县扶贫信息中心和外资项目管服务中心2个事业单位。现有职工36人，其中中共党员27人（女党员7人），民盟盟员1人。内设办公室、精准扶贫办公室、帮扶联络办公室、计划项目股。

【建档立卡工作】贫困人口动态管理方面，对2014年以来国家及省上出台建档立卡方面政策文件进行梳理装订。组织各乡镇对2016年以来所有贫困户识别纳入时的基本情况、纳入政策依据、合规性进行再次审查核实，新识别贫困人口4户17人，清退2户6人，全县建档立卡贫困户识别不精准、退出不精准的问题得到彻底解决。贫困户、贫困村脱贫退出验收方面，经贫困人口乡村初验、数据比对、县级验收、市级抽验，贫困村乡村自评、县级自验、审核公示、市级验收的程序，2019年全县拟退出贫困人口7704户27370人，申请上报拟退出贫困村99个，贫困发生率降至0.43%、贫困村退出比例达96.3%，稳定超出年初与市委市政府签订计划脱贫2.4万人，退出95个村的目标任务。初步完成边缘户、脱贫监测户摸底工作和年度扶贫对象动态管理工作。建档立卡数据质量提升方面，通过业务培训、数据比对、定期核查通报等方式，有效推动脱贫攻坚业务数据不实不准、部门数据口径不一致问题的解决。开展数据质量比对分析8次，组织数据问题集中核查修改工作8场次，开展业务培训工作5次，召开数据质量提升工作联席会议2次，下发数据质量通报7期。

【扶贫项目】2019年，专项扶贫资金共计投入35696.16万元，主要用于贫困劳动力技能提升培训、产业扶贫、“两不愁三保障”、贫困村整体提升等项目。紧盯贫困户、贫困村脱贫退出标准，以补短板为突破口，以农民增收为核心，谋划总投资23.7738亿元的9大类53个扶贫项目，着力修改完善县级脱贫攻坚实施方案。编制完成项目总投资12.87亿元432个项目的脱贫攻坚项目库并完成项目库中期调整工作。严格落实扶贫项目公示公告制度，对专项扶贫资金计划的审定过程和计划下达做到及时公示公开。

【世行六期扶贫项目】世行六期扶贫项目总

投资414.54万元（其中世行贷款232.14万元，国内配套资金182.4万元），项目建设涉及会川镇、五竹镇的6个村，覆盖贫困户639户2574人。2019年，新组建合作社1个，种植马铃薯原种2178.2亩、一级种554.29亩，新建马铃薯储藏库1座500平方米，采购马铃薯收获机1台。全面完成项目建设任务，累计向贫困户社员分209.81万元。

【国家、省市脱贫攻坚反馈问题整改】 扎实开展国家、省市脱贫攻坚反馈问题整改，切实提高脱贫攻坚工作质量。作为脱贫攻坚工作的专责单位，始终按照县委、县政府要求，将各级脱贫攻坚反馈问题整改工作作为提高扶贫质量、巩固脱贫成效的重要举措来抓，认真履行整改责任，细化整改措施，全力以赴做好整改落实。2019年，共自查认领中央脱贫攻坚专项巡视、国家省市扶贫成效考核反馈、市委第二轮专项巡查及省市明察暗访和调研反馈问题26条并全部完成整改。

【助力脱贫攻坚】 持续加大帮扶力度，认真履行帮扶职责。协调解决资金30万元，由渭源县顺盈家纺公司在锹峪镇古树村建设扶贫车间，吸收建档立卡贫困户20人，户均增收2000元；协调社会爱心企业为五竹镇黑鹰沟村捐助危房建设款3万元；为锹峪镇第一小学协调帮扶价值1.1万元的学习用品158套；为帮扶村65户贫困户发放价值1.35万元的慰问品；帮扶解决黑鹰沟村宣传办公经费1万元，捐赠价值0.2万元的打印机1台。将单位2018年全县脱贫攻坚工作考核1万元的县级奖金全部用于2个帮扶村2户特困户危房改造。发挥单位职能优势，先后4次组织单位业务骨干赴帮扶村帮助指导整理村、户脱贫攻坚档案资料工作，有力提升了帮扶村脱贫攻坚工作质量。

【信访办理】 高度重视“12317”扶贫领域信访办理，共受理扶贫领域投诉举报事项29件，较2018年下降52%。省扶贫办转办事项较2018年下降71.4%；市扶贫办转办事项较2018年下降62%；县扶贫受理事项较2018年下降42%。

【领导名录】

县委农村工作部

部长：闫国琳（1月止）

副部长：刘志强（1月止）、赵作玉（1月止）任会军（1月止）

县扶贫开发办公室

党组书记、主任：闫国琳

党组成员、副主任：刘志强、赵作玉、任会军、田芳龙

副主任：李岩、施福滨（福州市晋安区挂职）

（供稿：邓承轩）

农林　水利

农业农村经济

【概况】2010年，撤销县农业局、畜牧兽医局、农业机械管理局，设立县农牧局；2015年，撤销县农牧局、林业局，设立县农牧林业局。2019年3月，全县机构改革后，将县农牧林业局的农业、畜牧业工作职责，以及县委农村工作部的有关“三农”工作职责、县发展和改革局的农业投资项目、县财政局和县农业综合开发办公室的农业综合开发项目、县国土资源局的农田整治项目、县水务局的农田水利建设项目等管理职责整合，组建县农业农村局，作为县政府工作部门。同时，将县农牧林业局的渔船检验和监督管理职责划入县交通运输局。不再保留县委农村工作部、县农牧林业局、县农业综合开发办公室。县委农村工作领导小组办公室设在县农业农村局。县农业农村局是主管全县农业农村经济的县政府工作部门，为正科级，核定行政编制12名，设局长1名、副局长2名。内设办公室、科技教育股、行政审批服务股（法规股、农产品质量安全监管股）、农村经济管理股、乡村建设管理股、产业发展与市场信息股、农业股（农业投入品管理股）、农田基建管理股8个股室；下属县畜牧兽医服务中心、县农业技术推广中心、县农业机械化服务中心、县中医药产业发展中心、县马铃薯产业发展中心、县农村能源开发服务中心、县减轻农民负担咨询服务中心、县农业农村项目中心、县种业发展中心、县园艺站、县农村集体经济和专业合作社经营指导站、县农产品质量安全监测中心、县农业广播电视学校、县农业综合行政执法队、新农村建设服务中心、县光伏产业服务中心16个事业单位。县农业农村局现有职工20人，其中：局长1名、副局长3名、四级调研员9名、二级主任科员4名、三级主任科员1名、机关工勤人员2名。

【产业扶贫】2019年，全县产业脱贫2.14万户8.57人，占脱贫总人数的86%。

1.落实产业扶持资金。全县累计落实产业扶持资金6.11亿元，其中：入股配股资金1844万元、以奖代补资金1.87亿元、资产收益扶贫产业项目资金4.06亿元。其中生产奖补和折股量化到户资金2.06亿元，覆盖2017年底未脱贫的13457户51032人；重大产业项目资产收益资金4.06亿元，通过公益性岗位带动9330户贫困户年享受收益2000元。2018—2019年，全县累计落实产业到户扶持资金3.15亿元，其中产业到户奖补资金1.87亿元，入股配股资金1.28亿元。

2.全力推进优势特色产业培育。按照发展特色产业脱贫一批的要求，积极引导新型经营主体建立特色产业扶贫基地，做大做强特色种养产业。采取“龙头企业+合作社+基地+贫困户”模式，按照“五统一分一标三提高”要求，积极引导新型经营主体建立特色产业扶贫基地，做大做强特色种养产业。投资金2888.8582万元，筛选确定了75家种植业农民专业合作社，建立农业产业化基地4.3万亩，带动全县农户12868户（其中贫困户7323户）；投资8492.4万元，引进投放良种牛2721户2721头、良种羊470户4230只，托养牛2692户2692头、托养羊533户4797只，并且按照供种企业50%、财政40%、农户10%的比例为所有引进牛羊办理了养殖保险。

3.做实做强农民专业合作社。全县135个贫困村共有1090家合作社。通过规范提升整改，现有运营规范的599家、运营较规范的228家、运行一般的21家、未运行的156家、吊销注销的86家，规范提升率达到了75.87%，使合作社逐步走向规范化良性化发展轨道。

4.着力培育引进农业龙头企业。2019年，引进龙头企业1家（甘肃陇玥牧业有限公司），培育9家，省农业农村厅现场考察并公示省级农业产业化龙头企业5家。

5.推进落实特色产业发展工程贷款。审核推荐32家企业（合作社）申报渭源县特色产业工程贷款，落实贷款9笔，贷款14900万元。

6.切实加大农产品产销对接。4月19日，召开了渭源县2019年产销对接以销定产签约大会暨农业扶贫产业产销协会成立大会，18家龙头企业与68家专业合作社达成产销合作协议，签约鲜货51994.79吨，签约收益1.7亿元。组织六家企业参加了定西农产品产销联盟筹备会议，9家企业参加2019年甘肃特色农产品贸易洽谈会，积极销售我县农特产品。

7.培育壮大村级集体经济发展。进一步强化村级集体资产财务规范管理工作，结合“三变”改革，通过土地政策、免收村集体行政事业性收费、清产核资、土地流转与整理出租、光伏扶贫、乡村旅游扶贫等多种措施，切实巩固贫困村集体经济“空壳村”消除成果。2019年，全县217个行政村均有村集体经济收入，总收入达到1669.11万元，村均收入7.69万元。

8.着力推进农业保险工作。全县农业保险计划签单保费1756.58万元，实际签单保费2424.23万元，完成率为138%，参保建档立卡贫困户22790户。全县累计支付赔款2187.11万元，直接受益农户67559户次。9.强化农民培训。完成建档立卡户种养技术培训16期1767人。完成一户一个“科技明白人”全覆盖培训任务5890人。

【县委农村工作领导小组办公室重点工作】 制定《关于深入学习浙江“千村示范、万村整治”工程经验全面扎实推进农村人居环境整治工作的实施意见》和渭源县农村“厕所革命”9个配套方案，推动农村人居环境整治在全县全面推开，打好乡村振兴第一场硬仗。农村“厕所革命”方面，完成农村户厕改造5763座（新建4009座、改建1754座），其中：无害化5105座；新建改建行政村公厕57座。同步实施粪污处理，16个乡镇共购置吸粪车22辆。农村“垃圾革命”方面，累计清理农村生活垃圾2200余吨，清理陈年垃圾350余吨，清理牛皮癣、小广告444余处，整治秸秆、柴草、农机具等生产生活资料271处；取缔主次干道旁露天垃圾池7处；广泛开展农村环保宣传工作，先后召开群众会议148次，发放宣传资料数量9510份，张贴宣传标语289条；垃圾无害化处理2800余吨。农村“风貌革命”方面，完成62个清洁村庄创建任务，每村奖补4万元并拨付到位。农村生活污水治理，推进农村黑臭水体治理，以房前屋后河塘沟渠为重点，采取综合措施恢复水生态，逐步消除农村黑臭水体。废旧农膜回收利用和尾菜处理利用方面，废旧农膜回收率达到80%。尾菜处理利用率40%。畜禽养殖废弃物及秸秆资源化利用方面，新建10个养殖场粪污堆积发酵场、集污池等粪污处理设施。粪污资源化利用量达到75%以上。“四好农村路”建设方面，养护农村公路222条1284.66公里，列养率达到100%。全县217个行政村全部建立共管共享理事会并正常发挥作用，共管共享规章制度实现全覆盖。217个村管护基金已全部拨付到位并正常运转，将公益性设施共管共享工作纳入村规民约。开发乡村公益性岗位142个，各乡镇已按照聘用程序完成聘用并安排上岗工作。

【领导名录】

党组书记、局长：段永军

党组成员、副局长：赵俊斌、刘东海、李霞（女）

党组成员、农业综合行政执法队队长：王益国（4月任）

党组成员：高鹰（4月任，挂职）

县委农村工作领导小组办公室主任：段永军（1月任）

（供稿：县农业农村局）

中医药产业发展

【概况】1998年，县中药材产业发展办公室成立；2000年8月，更名为“渭源县中药材产业发展局”。2004年12月，更名为“渭源县中药材产业办公室”。2019年3月，全县机构改革后，更名为“渭源县中医药产业发展中心”，公益一类事业单位，隶属县农业农村局。现有编制7名，工作人员9名。

【中医药产业现状】渭源种植中药材历史悠久、品种优良、产量宏丰，素有“渭水当归传两广”之说和“千年药乡”“党参故里”的美誉。渭源县是中国党参之乡。全县中药材种植35万亩，干药产量达到8万吨；中药类加工企业达到73家，其中通过GMP认证的企业30家。中药材种植农户7万户27.97万人。完成无公害中药材（党参）产地和白条党参原产地地理标记认证，“渭源白条党参”被认定为中国驰名商标，渭源被国家质检总局评为“国家级出口农产品（党参、黄芪、当归）质量安全示范区”。荣获“首届国家电子商务进农村综合示范县农产品对接采购大会”最具吸引力TOP农产品第一名。按照“一区三园”布局，规划建设了总占地面积8.8平方公里的渭源工业集中区，由渭源工业园、渭源物流园和会川工业园组成。渭源工业集中区已被省市认定为“省级农民工返乡创业示范基地”、“市级创业就业孵化示范基地”及“十三五”期间甘肃省重点建设的六大中医药产业园区。

【产业种植体系建设】提升中药材种子种苗繁育水平，编制《渭源县中药材种子种苗繁育三年工作方案》，完成中药材种子集约化育苗483亩，其中渭党1号、渭党2号原种田50亩，育苗田313亩，当归熟地育苗100亩，秦艽育苗20亩，分散完成种子种苗繁育3万亩。加快标准化种植基地和药源基地建设，南部高寒阴湿区以当归为主，中部川区以黄芪为主，北部半干旱山区以党参为主，形成“南归北参川芪”的种植格局。全县中药材种植党参12万亩，当归8万亩，黄芪11万亩，其他药材4万亩。采用“公司+合作社+基地+贫困户”的模式，按照“五统一分一标三提高”的做法，建设标准化生产基地30万亩。扩大中药材产值保险试点，贯彻落实《定西市中药材产值保险试点工作方案》，2019年投保面积7.79万亩，超额完成1.79万亩。

【产业加工体系建设】

1.提升中药材精深加工能力。委托兰州大学编制《渭源县国家中药精致饮片加工示范基地发展规划》，成立甘肃党参产业技术创新战略联盟，引进兰州佛慈、天津红日、甘肃弘润药业、亳春堂药业等16家中医药加工企业，建设中药材精深加工项目，开发中药小包装饮片、破壁饮片等现代中药饮片，提高产品科技含量。

2.全力突破中药配方颗粒生产。引进天津红日药业股份有限公司投资1.5亿元，建设配方颗粒生产线，延伸产业链条，提高产品附加值。

3.加快企业认证进度。取得《药品GMP证书》企业30家，成为北京同仁堂、康美药业、成都新荷花、湖南九芝堂、宛西制药、步长制药、云南白药等国内知名企业的原料供应合作企业。华庆堂、德园堂两家药业企业取得了进出口许可资格，德园堂药业公司向韩国出口党参、黄芪、柴胡等饮片400多万元。

4.提升中医药产业园区建设水平。从严落实科学规划、不断加大招商力度、完善园区要素保障，工业集中区入驻中药加工企业达46家，占入园企业的80%以上，形成中药饮片5万吨、中药提取物2万吨的生产能力。引进浙江康华制药机械设备加工企业，实现了在生产设备、工艺优化方面协同发展的目标。

5.推动中医药产业品牌化发展。相继注册颜裕、官堡、陇原四宝、玄菊八珍、渭水得林、宏育天天养生坊、伟菊、伟盛源等中医药商标，颜裕和伟盛源商标被认定为甘肃省著名商标。“渭水得林”牌“归芪扶正胶囊”被国家列为保健食品保护品种。

【产业流通体系建设】加快中药材交易市场建设，会川江能中药材交易市场投入运营，全县形成了以渭水源中药材市场为中心，会川江能、莲峰、新寨三个中药材市场为产地市场的中药材营销网络体系。发展中药材产业合作社604家，网络会员3900多人，年交易量10万吨以上，交易额16亿元。改造提升仓储设施，引导仓储企业推广使用真空储存和充氮储存等先进贮藏技术，鼓励开展GSP认证，改造升级现有仓储设施，增强规范化、标准化贮藏能力。探索无硫保鲜仓储方法，发展适合加工贩运大户和药农需求的中小型安全仓储设施，全县中药材仓储静态能力达到4万吨。

【产业监管体系建设】加强中药材产品质量监管，成立县级农产品质量安全监督管理站，落实工作经费，对各类产品实行常态化检验。支持中医药加工企业配备中药材质量检验仪器设备，依托药品检验机构，帮助培养检验人才，提升检测人员能力水平。建立完善产品质量安全追溯制度，积极探索建立中医药全产业链质量安全追溯机制，为全县各乡镇和重点中药材加工企业采购电脑、条码打印机、中药材硫磺速测仪、路由器、扫描枪、农残速测仪等设备，努力形成中药材来源可追溯、去向可查证、责任可追究的质量安全追溯链条。

【产业融合发展能力建设】推进中医药与餐饮业融合，培育发展一批饮食保健餐饮企业，大力发展药膳餐饮业及养生保健产品、大健康食品。建成莲峰、五竹等8个中医药养生堂；锹峪乡峡口村建成中医药养生文化村；莲峰莲雅聚农家山庄、会川微笑生态庄园、锹峪乡野香山庄建成中医药养生休闲食疗农家庄园。推进中医药与文化旅游业融合，开发多样化中医药文化及旅游产品，打造中医药文化体验旅游，积极开展中医药文化传承，编排了大型历史秦腔剧《渭水医魂》，在省内外巡演500场次。

【产业人才队伍建设】强化宣传引导，通过企业QQ群、微信公众号和网络平台大量发布企业人才信息，实现未就业大学生和企业之间零距离对接。搭建双向选择信息平台，人社部门组织中药企业用人专场招聘会，为58家企业安排大学生就业131人。健全科技特派员选派长效机制，按照企业需求、单位推荐、专业对口、双向选择的原则，建立了科技特派员中医药产业服务工作站，选派12名专业技术人员到9家中医药企业服务。

【领导名录】

主任：田芳龙（3月止）、陈鹏（4月任）

副主任：陈鹏（3月止）、陈慧（女，2月任）、高志龙（9月任）

（供稿：邓胜霞）

马铃薯产业发展

【概况】1998年成立县洋芋产业发展办公室，后更名为“渭源县洋芋产业发展局”“渭源县马铃薯产业办公室”。2019年3月，机构改革后，更名为“渭源县马铃薯产业发展中心”。现有编制8名，在岗工作人员20人。下设办公室、财务室、信息股、技术股。

【马铃薯产业发展现状】渭源县是“中国马铃薯良种之乡”“全国马铃薯农业标准化示范县”。从1965年省农科院在会川设立马铃薯试验站开始，县委、县政府举全县之力发展马铃薯种薯产业，建立了马铃薯“种薯扩繁、质量监管、科研服务、贮藏销售、品牌宣传”五大产业体系和“茎尖组织培育脱毒瓶苗—日光温室（连栋温室）繁育原原种—高山隔离繁育原种—大田繁育一级良种”的马铃薯种薯梯级扩繁体系。马铃薯种植面积稳定在40万亩，其中原种田5万亩，一级种田35万亩，年产脱毒瓶苗4.8亿株、原原种5亿粒，原种、一级种80万吨，产值达4亿元，贮藏能力达到60万吨以上，年外销种薯达50万吨以上。全县建成PC中空板组培温室1.33万平方米原原种生产日光温室1046座，D级洁净组培室800平方米、雾培系统3000平方米、改造高架苗床15万平方米，千吨种薯贮藏窖63座。全县人均从马铃薯产业中获得收入1021元，占当年农民人均可支配收入的13.6%。

【规范产销主体】培育马铃薯（种薯）企业6家，合作社336家（其中种薯合作社134家）、联合社1家、联合会2家。采取全面清理不规范合作社和向合作组织派驻辅导员的办法，在全面排摸基础上关闭不规范“空壳社”32家，派驻合作社辅导员82名，指导合作社提升管理运行水平。不断完善利益联结机制和实现方式，提升产销组织带动农户发展产业致富能力。

【渭源种薯竞争能力】加大支持扶持力度，提高渭源种薯竞争能力。2015年，与国际马铃薯中心亚太中心合作建成国际马铃薯中心渭源工作站，建成马铃薯种质资源库，并引进优质种质资源160个，试验种植品种达48个，青薯9号、冀张薯8号、冀张薯12号等品种已经试验种植成功。2018年，与甘肃农业大学合作建成甘肃农业大学马铃薯产业专家院和实践教学基地，引进优质种质资源160个，年开展品比试验品种达40个以上，青薯9号、冀张薯8号、冀张薯12号等品种已成功繁育供种。建成4家扶贫车间带动农户发展马铃薯种薯繁育增收致富；选派22名农技骨干联系指导马铃薯种薯产业基地，实现一对一帮扶。40多名科技特派员驻企业合作社帮助企业合作社做大做强；86名农业技术人员常年在一线指导群众开展马铃薯种薯繁育，实现农技服务的普及化。

【渭源种薯品牌效应】坚持从地域品牌、企业品牌、产品品牌三个层面，推进马铃薯品牌建设，提高马铃薯（种薯）知名度，推进马铃薯（种薯）产销平衡发展。培育注册马铃薯种薯、商品薯商标品牌5个（“五竹”“渭河源”“田地农业”种薯商标，“秀珠”马铃薯产品商标“秦祁河”商品薯商标），马铃薯淀粉和方便食品商标3个（“渭北雪”、“清源雪”淀粉商标，“来点土豆”牌系列方便食品商标），“渭河源”牌种薯商标获得“甘肃省著名商标”称号，“田地农业”牌马铃薯种薯获得“甘肃名牌产品”称号。五竹协会获得“全国百强农村专业技术协会”，五竹合作社、田源泽合作社先后获得“全国农民专业合作社示范社”称号。

【渭源种薯产业链条】积极引导和全力服务马铃薯种薯企业（合作社）实施延链、补链、强链工程，紧盯国家马铃薯主食化战略，采取外引内联等措施挖掘地方特色饮食文化，研发生产马铃薯主食产品，延长马铃薯产业链条，推进马铃薯种薯产业全产业链发展。发展马铃薯加工企业3家，其中淀粉生产企业2家、主食加工企业1家，年淀粉生产能力达到4万吨。甘肃田地白家食品有限责任公司投入运行富硒马铃薯食品生产线一条，主要生产加工方便粉丝和面皮，年产富硒马铃薯方便粉丝260吨、富硒马铃薯水晶粉丝1200吨、马铃薯方便面皮1000吨。

【种薯产业助推脱贫】在推动马铃薯种薯产业发展的过程中，紧紧把握“助农增收”这个核心，坚持推进脱贫攻坚与转变农业发展方式相结合，紧盯重点贫困村，培育马铃薯种薯产业，进一步完善利益联结机制，采取多种有效模式，对贫困户加大产业扶持力度，助力贫困村按期实现稳定脱贫。

1.建设基地，帮带互惠增收。按照“五统一分一标三提高”“公司+合作社+基地+农户”模式和保底收购协议，建设马铃薯标准化种薯基地3589亩，涉及农户1079户（其中建档立卡贫困户793户），基地种植户户均将获得收入4540多元（其中建档立卡贫困户户均将获得收入3540多元）。

2.加强培训，提升能力增收。县上安排培训资金88.64万元，邀请省农科院专家深入村社、田间地头，采取集中和分散培训的方式，对1477名贫困劳动力进行了集中培训，对2万多建档立卡贫困人口进行了分散培训，使贫困户掌握马铃薯高产栽培及病虫害防治技能，增加收入。

3.吸纳劳力，促进就业增收。培育销售主体8家（其中种薯企业6家，淀粉加工企业1家，食品加工企业1家），合作社336家（其中种薯专业合作社134家），年吸纳劳动力32578人（次），其中贫困劳动力18875人（次），贫困劳动力人均劳务收入达5500元。

4.科学贮藏，均衡上市增收。建成千吨马铃薯种薯标准化贮藏窖63座，年贮藏能力达到60万吨，贮藏损耗降到8%以下，增加马铃薯种薯供应能力，年实现贮藏增收300万元以上；延长供种期限，实现均衡上市，比直接供种增收1000多万元。

5.加大农业保险投保力度，提高农户抗风险能力。完成马铃薯保险17万亩（其中贫困户投保全覆盖）。

【领导名录】

主任：徐景赟

副主任：何惠珍（女）、张国平（5月止）、张宏（9月任）

（供稿：冀巧玲）

农村能源开发服务

【概况】1970年，成立县沼气办公室。1990年，更名为“渭源县农村能源开发办公室”。2006年4月，县农村能源开发办公室和县农业区划委员会办公室合署办公。2000年，在县农村能源开发办公室加挂县农业生态环境保护管理站牌子。2019年3月，机构改革后，更名为“渭源县农村能源开发服务中心”，隶属县农业农村局，监督指导农业面源污染治理职责划转市生态环境局渭源分局。现有编制5名，工作人员11名。

【农村能源建设】建成渭源国英特色畜牧有限责任公司大型沼气工程、渭源永红现代农业开发专业合作社大型沼气工程、神农养殖专业合作社大型沼气工程、绿茵家禽养殖有限公司蛋鸡养殖场大型沼气工程。黄香沟牧场大型沼气工程、金宁养殖专业合作社大型沼气集中供气站项目完成项目终结审计及拆除工作。强化农村沼气用户安全技术培训及开展农村沼气安全生产大检查活动。完成16000多户户用沼气安全生产建设摸底工作。切实抓好沼气安全生产检查和隐患排查治理，组织开展农村沼气技术工人持证施工、设立施工标志和安全标识等沼气源头管理工作，从源头上杜绝沼气安全事故的发生。对村级网管员、沼气工程（业主）管理人员、沼气工程物管员、沼气项目用户、乡镇能源业务人员进行培训，提高农村沼气管理使用水平。

【农业面源污染治理】2019年，地膜覆膜面积约16.1万亩，地膜用量约913吨。编制《渭源县2019年废旧地膜回收利用示范县建设项目实施方案》，签订《废旧农膜回收处理利用协议》。加强对废旧农膜利用的宣传教育。及时清理田间地头、道路沟渠边的废旧农膜。开展农产品产地土壤环境质量监测，完成20个废旧农膜检测点和16个国控点采样工作。对全县16个乡镇的秸秆综合利用情况专门调研，并完成15个点的检测工作，全面提高秸秆综合利用率，逐步提高农作物秸秆肥料化、饲料化、基料化、原料化、燃料化等综合利用技术。

【领导名录】

主任：马国林

副主任：王学军、仰旭峰

（供稿人：李碧艳）

减轻农民负担咨询服务

【概况】2000年，县减轻农民负担工作办公室与县农村合作经济经营管理站分设，设主任1名、副主任1名。

【咨询服务】落实完善减轻农民负担“五项制度”。严格执行涉及农民负担收费文件“审核制”、涉农价格和收费“公示制”、报刊征订“限额制”、完善农民负担“监督卡制”、农民负担案（事）件“责任追究制”。积极推行“一册明、一折统”的财政惠农资金支付方式改革，保证了各项强农惠农政策资金落到实处。高度重视新型农业经营主体的发展，将其作为深化农村改革、强化农村社会化服务体系、推动农村经济健康发展和增加农民收入重要工作，切实加强引导，积极扶持，为合作社的发展营造良好的发展环境。严格审核把关，规范村民“一事一议”筹资筹劳项目。加大监测力度，确保农民负担监测体系正常运转。

【领导名录】

主任：王文平

副主任：李占武

（供稿：李占武）

农业综合行政执法

【概况】2019年4月，根据《渭源县深化农业综合执法改革实施方案》，成立县农业综合行政执法队。核定编制11名，设队长1名，副队长3名。现有实有工作人员17人。内设办公室、案件审理股、农业投入品及农业生态环境执法股、农产品质量及植物检疫执法股、农村集体产权执法股、农业机械安全生产执法股、畜牧兽医综合行政执法股。主要履行全县农业农村领域及与之相关的行政处罚、行政检查、行政强制职责，共169项行政处罚权和14项行政强制权。

【行政执法】2019年共向农资经营单位和农民群众发放有关农资法律知识和如何购买放心农资等宣传资料3000多份，共接访群众来信来访20人次。协调解决农资、兽药事故案件7起，挽回群众经济损失5.36万元，立案查处违法经营农资案件3件（其中：农药2件、兽药1件），扣押没收过期兽药和禁用农药270盒/包，收缴罚款22092元。

【领导名录】

农业农村局党组成员、队长：王益国（4月任）

副队长：王宝贵（4月任）、王永（4月任）、牛记（4月任）

（供稿：马军）

农村集体经济和专业合作社经营指导站

【概况】1968年6月，成立县农村合作经济经营管理站，副科级事业建制，隶属于县农业局。2019年3月，更名为“渭源县农村集体经济和专业合作社经营指导站”，隶属县农业农村局。现有编制3名，工作人员7名，其中副科级领导职数1名，干部4名，工人3名。

【土地承包管理】继续完善土地承包管理，全县农村土地承包经营权流转面积6.3万亩，占耕地总面积的7.8%，涉及1.7万户农户，占总农户的2.3%。完成土地确权“回头看”工作，共处理遗留问题184件，解决土地纠纷3件。

【农村集体产权制度改革】深入推进农村集体产权制度改革。完成成员身份确认297739人。在锹峪镇峡口村、五竹镇渭河源村、田家河乡元古堆村、庆坪镇庆坪村、莲峰镇菜子坡村、清源镇城关村东关社成立了6个股份经济合作社，参与股份经济合作社的农户共计2276户8770人，量化资产总额为1260万元。向农户发放《致广大农民朋友的一封信》77281份、《渭源县农村集体产权制度改革辅导手册》500本。举办全县农村集体产权制度改革暨合作社辅导员培训班。

【合作社规范化】依法登记农民专业合作社1919家；其中种植业1075家，养殖业652家，渔业合作社2家，林业合作社53家，服务业合作社100家，其他合作社37家。创建有国家级示范社7家，省级示范社50家，市级示范社104家。完成中央巡视反馈问题整改和全省贫困村合作社反馈问题整改工作，运营规范和较规范的合作社达到75.8%。

【村级集体经济】培育壮大村级集体经济，全县217个行政村总收入1669.11万元，村均收入7.69万元。135个贫困村村集体经济总收入1323.48万元，村均收入9.8万元。

【项目建设】完成中央财政专项资金转移支付扶持合作社项目330万元，涉及合作社33家，项目完成验收报账。完成2019年中央财政支持农民合作社示范社项目资金240万元，对全县22家农民合作社示范社进行扶持，完成验收报账。完成土地流转以奖代补扶持项目8万元。为清源镇、祁家庙镇土地流转服务站配发电脑4台、打印机2台、LED显示屏2套、摄像机2套、数码相机2套。完成农村集体资产清产核资项目19万元。完成全县农村集体产权制度改革培训。

【领导名录】

站长：李蕊（女）

（供稿：满琪霞）

农产品质量安全监测

【概况】2014年，成立县农产品质量安全监督管理站，加挂县农产品质量安全监督检验检测站、县中药材质量检测站牌子。2019年3月，更名为“渭源县农产品质量安全监测中心”，股级建制，核定事业编制3名，隶属于县农业农村局管理。现有人员3名，其中硕士研究生2名。全县规划建设农业产业基地77个。

【实验室建设和仪器设备配置】县农产品质量安全监测中心建筑面积460平方米，分设了色谱仪室、原子吸收仪室等14个工作室；配备液相色谱仪、气相色谱仪、原子吸收光谱仪等检测设备80多台（套）。可以开展蔬菜速测和农药残留定量检测，本地大宗中药材有效成分、重金属和农残定量检测，马铃薯病毒检测等检测项目。依托省上统一建立的全省农产品质量安全追溯体系，加强乡镇农产品质量安全监管机构能力建设项目建设和管理。在各乡镇农产品监管机构配备种植业数据采集终端、农残速测仪、二氧化硫速测仪、打印机、摄像装置等设备，建立健全农产品质量安全相关制度，积极参加对乡镇农产品质量安全监管检测人员的培训，不断提升监管服务能力和水平。

【农产品质量安全执法监管】深入开展蔬菜农药残留检测专项行动及农药专项整治行动，以绿色食品为重点，开展“三品一标”农产品专项整治行动。做好元旦、春节期间农产品质量安全监督检查和隐患排查工作，确保两节期间不发生重大农产品质量安全事件。深入开展重点时段农产品质量安全专项检查，为莘莘学子梦圆中、高考保驾护航。

【例行监测】按照“就近、及时、准确、有效”的原则，全年例行检测方面共抽样检测市场12处，蔬菜基地3处，抽检蔬菜水果经营门店超市180余家，抽检蔬菜10大类，取样2249个（其中省级例行监测蔬菜水果样品65个，自检2184个）已完成蔬菜农残检测13次，检测结果显示合格率为99.99%。

【两个“三品一标”】积极推进“品种、品质、品牌、标准化生产”和“无公害农产品、绿色食品、有机农产品、地理标志农产品”两个“三品一标”农产品认证和农业品牌创建工作。深入挖掘特色农产品资源，把产品特征明显、地理区域清晰、知识产权明确的特色农产品青豆（蚕豆）、胡麻油、香菇、羊肚菌、百合、羊肉以及金鳟、鲟鱼、三文鱼等水产品认证为绿色食品，确保“三品一标”年增长率稳定保持在8%以上，确保“三品一标”农产品占食用农产品生产总量或面积的比重稳定保持在50%以上。“三品一标”农产品认证面积41000公顷。有效使用绿色标志的产品5个，登记保护地理标志农产品2个，完成7家企业10个无公害农产品的复查换证工作，已经获得颁发证书的有5家企业7个无公害农产品。

【“两证一标识”追溯管理】推行农产品“两证一标识”（质量合格证、产地证明和电子信息标识）追溯管理工作。以当归、党参、黄芪等道地中药材以及高原夏菜、食用菌等特色品牌农产品为追溯品种，依托省上统一建立的全省农产品质量安全追溯体系，确定已经纳入甘肃省农产品质量安全追溯体系的6家生产经营主体为应用示范主体，逐步健全并实施“从农田到餐桌”全过程质量控制措施和管理制度，强化全过程管控。在实行合格证和产地证的基础上，推行电子信息追溯，通过追溯管理信息平台自动生成产品追溯标识码、产品条形码、二维码等查询标识，向下传递追溯信息，建立完整的追溯链条。

【领导名录】

主任：虎有生

（供稿人：虎有生）

农业机械化服务

【概况】县农业机械化服务中心内设农机推广站、农机管理站、农机安全服务中心、农业机械化学校。在职职工16名，管理人员5人，技术职称7人，工勤人员4人。

【机械化综合水平】全县农机总动力16.02万千瓦，其中：各类拖拉机13765台，各种配套农机具27493台，农副产品加工机械1056台，畜牧机械1419台，玉米收获机4台，机具配套比为1∶2。全县机耕98万亩，机播33.66万亩，机收45.7万亩，机械化铺膜面积31.2万亩。机械深施化肥33.66万亩。农业机械化作业综合水平达56.2%。现有从事农机服务经营的农机户达18845户，从业人员18845名；农机专业合作社104个，从业人员520人。

【农机化科技推广】加强农机化新技术新机具示范推广，建立马铃薯机械化生产、中药材机械化收获及机械深松整地示范点5个，示范面积0.35万亩。在莲峰镇何家湾村、会川镇本庙村分别建立500亩、1000亩中药材机械化收获示范基地；在五竹镇鹿鸣村建立500亩马铃薯机械化生产示范基地；在大安乡杜家铺村、北寨镇张家堡村建立1000亩、500亩机械深松整地示范基地。引进推广新技术作业机具22台。

【农机购置补贴】2019年，完成农机具购置补贴资金177.594万元，全县范围内受益农户172户，补贴机具数量246台（套），共补贴拖拉机40台，深松机3台，旋耕机42台，犁14台，田园管理机42台，中耕机40台，饲料混合机10台，饲料粉碎机12台，揉丝机1台，简易保鲜储藏设备4台，起垄铺膜播种机5台，马铃薯收获机5台，磨粉机8台，杂粮色选机1台，铺膜机13台，联合整地机1台，残膜回收机4台，压捆机1台。拉动农民投资447.11万元。完成农机经营总收入6980万元，农机经营利润总额3170万元。

【农机安全监督管理】全县在册驾驶员11673人，报户建档拖拉机11345台。新增大中型拖拉机驾驶员142人，手扶拖拉机驾驶员241人；新增大中型拖拉机12台，手扶拖拉机2888台。应检拖拉机11104台，检验10215台，检验率92%。拖拉机到期换证120人，占任务120人的100%。县乡村农机户“农机安全生产责任书”“承诺书”签订率达100%；创建“省级平安农机乡镇”15个，农机安全示范村达到195个。

【农机教育培训】完成各类农机人员培训4020人（其中建档立卡户850人），其中新型职业农民培训200人、建档立卡户一户一个“科技明白人”培训800人、农机作业服务人员培训3020人。

【领导名录】

主任：李满军（4月任）

副主任：乔为楠

（供稿：吕亚琴）

农业技术推广

【概况】渭源县农业技术推广中心成立于1978年，现有编制24名。下设办公室、财务室、植保植检站、农技站、土肥站等5个站室。现有工作人员32人，研究生学历5人，本科12人，大专15人。管理人员5人，工勤人员3人。专业技术人员24人。专业技术人员中推广研究员2人，高级农艺师11人，农艺师11人。

【旱作农业技术示范推广】

1.全膜双垄沟播栽培技术。以春季顶凌覆膜为主，充分利用秋冬降水，最大限度保蓄土壤水分，积极示范一膜两年用技术。全膜双垄沟播玉米的推广，海拔在1900～2000米的区域重点推广豫玉22号、金穗4号、正德306、先玉335、沈单16号、酒单4号、先正达408等中晚熟品种；海拔在2000～2200米的区域推广金穗3号、酒单3号、正德305等粮饲兼用型品种；海拔在2200～2300米区域推广金顿302、金源早247、龙源3号、垦玉10号等早熟品种。黑膜马铃薯的主推品种为陇薯3号、5号、7号、10号和青薯9号等良种。

2.推广机械深松耕。打破犁底层，达到疏松土壤，降低土壤容重，增加土壤蓄水能力，促进作物根系发育。

3.推广一膜两用技术。玉米收获后保护好地膜，翌年在旧地膜上种植马铃薯、蚕豆、胡麻、油葵等适宜作物。

4.推广病虫害综合防治技术。根据各地病虫害发生情况制定防治预案，对玉米瘤黑粉病、玉米大小斑病、玉米螟、茎腐病；马铃薯早、晚疫病等重大病虫害采取统防统治与群防群治相结合的方法，以点带面，确保无重大病虫害的大面积流行危害。

5.推广玉米秸秆青贮氨化技术。发展饲舍养殖，提高秸秆综合利用率，促进旱作区草牧林业发展。

【测土配方施肥技术示范推广】按照集成推广耕地质量提升和化肥减量增效技术，提高耕地质量，减少化肥投入，实现有机肥资源综合利用、增强农业综合生产能力的总体目标。全面贯彻落实《甘肃省耕地质量管理办法》，推广测土配方施肥技术面积88万亩，按照1万亩1个调查采集样点的原则进行土样采集130个，开展大田试验5项。推广垄膜沟灌1万亩，推广积雨补灌0.2万亩，推广地膜减量增效1万亩。旱作区休耕轮作技术推广项目推广中药材轮作休耕技术1万亩。马铃薯轮作休耕技术1万亩。道地中药材高产高效栽培集成技术研究与示范推广中药材高产高效栽培技术0.11万亩。

【植保植检】指导落实药剂拌种和土壤处理，落实两项技术措施30.9万亩，其中土壤处理19.6万亩，药剂拌种11.3万亩。对重点病虫早调查、早防治，有效控制其发生与流行。重点对小麦条锈病适时监控调查。加大病虫害统防统治力度，提高防治效果。开展农作物及种子检疫工作，进行调运检疫和产地检疫。深入开展苹果蠹蛾、草地贪夜蛾等有害生物入侵情况调查，防止有害生物的传播。

【助力脱贫攻坚】承担脱贫攻坚农村劳动力培训任务402人，重点开展中药材、林果业、果木蔬菜种植技术、全膜双垄沟播玉米、田间杂草防控技术等培训工作。培训建档立卡贫困户劳动力405人。

【领导名录】

主任：王益国（4月止）、马虹霞（女，4月任）

副主任：徐福祥（1月止）、刘小军、王玉华、毛晓军（1月任）

（供稿：王亚瀑）

种业发展

【概况】2019年3月，全县机构改革后，县种子管理站更名为“渭源县种业发展中心”，内设4个股室，核定事业编制14名，隶属县农业农村局管理。现有职工13人，其中站长1名，副站长1名。

【种业质量】依托良种补贴项目支撑，调整产业结构。全县小麦良种推广面积2万亩（冬小麦1.3万亩，春小麦0.7万亩），玉米杂交种种植面积10万亩，马铃薯种薯推广种植面积40.0万亩，豆类种植面积1万亩，油料推广种植面积1.2万亩（其中春油菜0.9万亩，胡麻0.3万亩）。加强种子质量监管，检查种子市场16处，出动执法人员93人（次），出动执法车辆34台（次），共检查种薯生产经营企业7个、种子经营户32户，取缔不符合经营条件经营门店5家，流动摊贩4处，受理农民投诉举报种子案件1件，调处种子质量纠纷案件1起。抽取检验样品18份。对32户种子经营门店登记备案，提供备案资料48份。

【新品种引进试验示范】引进冬、春小麦、玉米、油菜、蚕豆、藜麦、马铃薯等作物新品种（系）160个，落实种植省、市列冬小麦、春小麦、玉米、油菜、马铃薯、蚕豆等作物区域试验、预备试验、生产试验13项。通过试验示范，初步筛选出适宜我县示范种植的品种（系）有：小麦新品系定丰20号、小麦新品系宁麦13号；春油菜新品系科油1号、春油菜新品系华油杂62号、春油菜新品系南海油3号；玉米早熟品种陇单339，玉米中晚熟品种豪威568；马铃薯新品系川引2号、马铃薯新品系苏兰1号，同时建立农作物新品种展示示范基地5000亩。

【领导名录】

站长：赵义（4月止）

主任：漆刚（8月任）

副主任：丁治强

（供稿：李晓斌）

光伏产业服务

【概况】2017年12月，成立县产业扶贫办公室，隶属县农业农村局管理，核定事业编制3名。2019年3月，机构改革后，更名为“渭源县光伏产业服务中心”。

【光伏产业服务】共建设村级光伏扶贫电站61个，其中集中在光伏扶贫产业园区建设村光伏电站共35个，分别为田家河园区、会川园区、路园园区；分布到村建设电站26个。主要协调指导渭源县正源扶贫开发有限公司推进实施的渭源县光伏扶贫建设项目（一期工程）。项目全部并网发电收益。结转收益资金3304万元，其中分配到村到户资金2397万元。

【领导名录】

主任：乔为楠

（供稿：邓宇龙）

园艺站

【概况】1990年，渭源县园艺站成立，县隶属县农业农村局管理，为公益一类事业单位。现有编制8名，工作人员7名，其中高级农艺师1名，农艺师4名，助理农艺师2名。

【蔬菜产业现状】全县蔬菜种植面积达到7.8万亩，其中设施蔬菜面积1.5145万亩（日光温室面积0.1038万亩，塑料大棚1.4107万亩），高原夏菜6.2855万亩，蔬菜总产量达到29.9万吨；食用菌香菇138.2万棒、滑子菇20万棒，平菇8亩16万棒、羊肚菌45亩。百合种植面积达到0.3万亩，产量达到1080吨；金丝皇菊种植面积357.15亩，产量达到28吨。

【产业种植体系建设】建成钢架塑料大棚366.6亩。以农民增收为目标，依托渭河灌区、洮河灌区、引洮灌区、石门灌区、漫坝河灌区五大灌区优势，规划产业基地25个，其中蔬菜示范基地12个，食用菌产业基地6个，百合产业基地2个，皇菊产业基地2个亩，青豆种植基地3个。建成贫困村果蔬保鲜库3座2614吨。新建果蔬保鲜库8座1200吨。引导龙头企业、合作社、种植大户使用冷藏库预冷包装和冷藏车运输等先进贮藏技术。新建的保鲜库安装制冷设施，增强贮藏能力。

【领导名录】

站长：毛晓军

（供稿：毛晓军）

畜牧兽医服务

【概况】县畜牧兽医服务中心隶属农业农村局管理，承担指导基层推广畜牧业实用技术等公益服务职能。下设畜牧技术推广站、种草饲料站、动物疫病预防控制中心、渔业技术推广站，16个乡镇畜牧兽医站。现有事业管理岗位5人，事业专业技术134人（其中：高级职称28人，中级职称39人，助理职称41人，技术员26人），工勤技能岗位人员7人。2019年3月，全县机构改革后，将《种畜禽生产经营许可证》核发等7项行政许可职权、畜牧业监督管理等3项行政监督职权、水生野生动物保护先进单位和个人表彰奖励等1项行政奖励职权、渔业资源增值保护费征收等2项行政征收职权、制定渔业资源增值保护措施等5项其他行政职权划转给县农业农村局；将依法处理违反有关种畜禽生产经营管理法律法规的行为等14项行政处罚职权和查封、扣押假劣兽药等4项行政强制职权纳入综合行政执法体制改革统筹推进；将未经农业部批准、违规从国外引进或者向国外提供菌（毒）种或者样本的处罚等6项行政处罚职权暂时保留，纳入综合行政执法体制改革统筹推进；将临时占用草原审批等6项其他行政职权和征用或者使用草原交纳草原植被恢复费等2项行政征收职权划转给县自然资源局；将无证采集、未按采集证规定采集或者未经审批收购、出售重点保护草原野生植物的处罚等4项行政处罚职权暂时保留，纳入综合行政执法体制改革统筹推进。撤销县草原站牌子。承担种草饲料培育等公益服务职能。

【规模养殖】现有省（部）级示范场2个，市级龙头企业3个，省级种畜禽繁育场3个，省级示范专业合作社16个。建设规模养殖场10个，培育规范养殖专业合作社10个，新发展规模养殖示范户1655户。畜禽养殖废弃物综合利用率达到75%。

【畜禽改良】完成黄牛冻配改良1.01万头，肉羊杂交改良10万只，引进肉牛0.37万头，引进良种母羊0.8493万只，引进蜜蜂0.2661万箱，推广良种鸡蛋鸡45万只。

【特色养殖】中国扶贫基金会捐助资金90万元，在田家河乡元古堆村、西沟村各发展中蜂养殖示范户15户，在五竹镇黑鹰沟村、鹿鸣村、莲峰镇菜籽坡村、古迹坪村各发展中蜂养殖示范户10户，在五竹镇建成蜂产品加工销售车间1个。甘肃省龙麒公司在秦祁乡麋川村发展肉驴养殖60余匹。

【草业发展】全县建成牧草良种（红豆草）基地304亩，建成青贮玉米种植基地10.02万亩，建成多年生优质牧草基地5.05万亩（其中紫花苜蓿4.03万亩、红豆草1.02万亩），建成一年生牧草基地2.01万亩（其中燕麦1.45万亩、甜高粱0.56万亩），建设巨菌草标准化种植基地1300亩。巨菌草裹包青贮2000多吨，推广青贮微贮54.02万吨，草产品加工2.05万吨，秸秆饲料化利用率达到64.12%。

【草原保护建设】根据第三次全国国土调查数据，全县2019年草地面积总计324.69平方公里。其中，高覆盖度草地44.03平方公里，中覆盖度草地74.37平方公里，低覆盖度草地205.93平方公里。草地植被覆盖率达到86.06%。

【非洲猪瘟防控】开展“地毯式排查”，对全县236家存栏10头以上的生猪养殖场（户）进行“一对一”监管，各乡镇对辖区内生猪交易市场、养殖场、养殖大户、无害化处理场等场所开展消毒灭源。集中开展禁止“餐厨垃圾饲喂生猪”专项整治行动，切实做好餐厨垃圾的监管工作。规范猪肉产品经营行为，严防不合格产品流入市场，确保上市肉品质量安全。紧盯流通环节，对生猪贩运车辆进行备案登记。加强生猪运输车辆监管，为符合条件的19辆运输车辆备案录入全国动物检疫电子出证系统。

【动物检疫监督及畜产品安全】制定《渭源县2019年畜产品质量安全专项整治工作方案》，加强养殖场动物防疫条件监管，建立完善养殖档案。规模养殖场出栏动物健康保证288批次，填写产地检疫记录单288份，A证出证92张，检疫畜禽合格数量14279头（只）；动物B证196张，检疫畜禽合格数量25052头（只）。

【渔业】2019年11月，对洮河峡城段6家渔业养殖户27.9亩（407口）网箱进行了拆除。县工会发出倡议书，鼓励全县广大职工买鱼。

【助力脱贫攻坚】

1.养殖业产业到户项目。制定《渭源县2019年产业扶贫养殖业到户及养殖保险项目实施方案》《渭源县2019年养殖业小额贷款贴息项目实施方案》，为2721户贫困户引进投放良种牛2721头（户均1头），为470户贫困户引进投放良种羊4230只（户均9只），在贫困村新建规模养殖场5个，贫困村新发展规模养殖户500户，贫困村培育规范养殖专业合作社5家，贫困村新培育草牧专业村5个，完成黄牛改良1.01万只、肉羊改良10万只。

2.牛羊托养。针对无养殖能力残疾人户和一、二类低保贫困户及进城安置、易地搬迁等无养殖条件的贫困户，与武威顶乐生态牧业有限公司、榆中稼鸿养殖专业合作社签订合作协议，良种牛由武威顶乐生态牧业有限公司在北寨镇投资建设的渭源县鑫顶渭丰牧业有限公司托养，良种羊由榆中稼鸿养殖专业合作社在大安投资建设的甘肃陇玥农牧业有限公司托养，贫困户获得养殖收益。2019年，落实3225户贫困户牛羊进行托养，托养牛2692户2692头，养羊533户4797只。

【金鸡产业项目】金鸡产业扶贫项目是国务院扶贫办落实中央定点帮扶责任、全力助推渭源脱贫攻坚，由国务院扶贫办与省委、省政府精心帮扶引进的一项大型产业扶贫项目，项目采取“政府投资办厂，企业租赁经营”的新型模式投资建设。该项目按照“政府（政策支持）+农业产业园（提供土地）+国投公司（融资建厂）+金融机构（提供资金）+龙头企业（租赁经营）+合作社（产业带动）+贫困户（全年参与、获取薪酬）”七位一体扶贫模式建设运营，带动全县产业发展，村级集体增收，贫困群众脱贫致富。青年鸡二区工程全部建成投产，并完成首批青年鸡养殖；一区土建工程完成，设备安装基本完成；污水处理站集污池建成，设备安装正在协调。蛋鸡区一区建成投产；蛋鸡区二区土建工程建成，设备正在安装；三、四区综合用房、包装车间主体完成，三区钢结构正在施工，四区土建钢构基本完成，具备设备安装条件；五、六区土建基础完成，综合用房、包装车间框架完成；DC库工程，土建工程基本完成，等待设备安装；观摩大厅工程全部完成，待室内装潢；饲料厂工程：办公用房完成主体框架，料仓、生产车间、锅炉房等基础完成，围墙建设完成；废弃物处理中心工程，污水处理池建成，综合用房基本建成，主厂房钢构框架完成，围墙建设完成。

【领导名录】

主任：田建民

副主任：姜国铭、漆刚（8月止）、王军军（8月任）

（供稿：王春亮）

黄香沟牧场

【概况】黄香沟牧场是隶属于县畜牧兽医服务中心的科级事业单位，实行自收自支管理。主要职责任务是管护使用辖区内天然草原、核定草原载畜量，发展畜禽养殖、饲草料种植、畜禽产品及牧草生产加工销售。现有职工20人，其中在册职工10人，临时工10人。事业管理岗位2人，工勤技能岗位8人。

【规模养殖】2019年底存栏牦牛888头，种公牛20头，公牛181头，其中骟割公牛30头，未骟割120头；能繁基础母牛447头，后备母牛260头；梅花鹿58只。2019年引进良种牦牛41头，繁活犊牛170头，繁活率达到76%。

【草原保护建设】核定经营基本草原17.89万亩，其中禁牧草原面积4.88万亩，草畜平衡草原13万亩。

【动物疫病防控】完成春秋两季动物疫病防控工作任务，完成牦牛口蹄疫、牛出败免疫1800头（次）、驱虫牦牛1800头（次）、狗包虫病防治32只，年内无动物重大传染疫病发生。

【畜产品安全及监督】完成“秀峰牌”南山放养虫草鸡绿色食品、无公害畜产品牦牛肉、鲜鸡蛋复核换证工作。

【领导名录】

党支部书记：梁辉

场长：李世龙（11月任）

副场长：李世龙（11月止）、张瑜辉

（供稿：黄香沟牧场）

林业和草原服务

【概况】县林业局成立于1978年9月。2015年2月，县林业局更名为“渭源县林业发展中心”，隶属县农牧林业局管理。2019年3月，全县机构改革后，更名为“渭源县林业服务中心”，隶属县自然资源局。2019年11月，县林业服务中心更名为“渭源县林业和草原服务中心”，机构建制不变。中心内设人秘股、财务股、林政股、退耕办；下属事业单位森防站、种苗站、技术站、苗圃、会川林场、莲峰林场、五竹林场。全系统职工128人。

【造林绿化】2019年共完成各类造林7.11万亩，道路绿化458.6公里，群众义务植树353.7万株。森林覆盖率达到15.76%，森林蓄积量达到178.12万立方米，实现森林资源“双增长”目标。在定渭公路北寨段和城区面山、临渭高速公路沿线造林0.4万亩。乡镇村完成义务植树和景区绿化3.62万亩，共投入云杉、油松、刺槐、榆树等各类苗木31.4万株。完成林业重点项目造林2.49万亩。完成2017年、2018年续建项目造林1.69万亩。实施2019年新建项目0.8万亩。实施林下养殖项目2个，投入资金30万元。

【资源管护】

1.森林防火。投入森林防火经费5万元，注重预防、扑救、保障三大体系建设，对全县16个乡镇及所有学区、中小学校和广大林区群众开展全方位宣传；建立20支5000多人半专业扑火队伍；储备防火工具、风力灭火机等防灭火物资。

2.林业有害生物的防治和检疫。投入资金5万元，购买2.6吨敌敌畏烟剂、0.5吨苦参碱烟剂和80吨碳铵，分别对落叶松鞘蛾和大粟鳃金龟子进行防治，有效防治面积达到2万多亩。产地检疫各类苗木2000亩以上，调运检疫各类苗木1570.23万株，开具省内林业植物检疫证197份、出省检疫证90份。

3.林政执法。加强林木经营加工企业监督管理，强化对野生动物驯养繁殖场所日常监管，在重点水域开展对迁徙候鸟的保护、疫源疫病监测，组织开展“绿卫”2019森林执法专项行动，核发办理《林木采伐许可证》14份，年审《木材加工经营许可证》3套，审核办理林地使用同意书1份。查处移交涉林案件16起，其中查处行政案件2起，移送县综合执法局14起。

【林业产业】紧密结合脱贫攻坚，通过工程造林带贫、苗木合作社带贫、花卉产业带贫等方式，16家带贫专业合作社积极投身社会扶贫事业，为帮扶村捐赠资金10.64万元，承接造林带动贫困人口400多人，人均增加收入3000元左右。发展现代特色林木种苗产业，种苗木合作社32家，绿化公司28家，育苗面积7300多亩。建成上湾、莲峰两个优质花卉产业园，总投资1481万元（其中东西部协作扶贫资金500万元），建成花卉生产大棚109座、智能联栋温室4608平方米，种植生产玫瑰、满天星等鲜切花300万株以上，并通过在五竹、清源等乡镇扶持发展蝴蝶兰、金丝皇菊等花卉生产企业和合作社8家，带动6000多名建档立卡贫困户人均年增收5000元以上。

【生态扶贫】在生态扶贫中做到扶贫先扶智，选派林业科技人员20人，完成森林效益补偿、林木种苗培育、经济林果栽培、果树整形修剪等技术技能培训4000余人次，惠农政策宣讲5000余人次。联系2个林木种苗基地，培养乡土技术专家60名。完成2018年建档立卡生态护林员管护工作和省市业务部检查反馈问题整改任务，累计发放管护报酬530.4万元。完成2019年建档立卡生态护林员选聘822人，管护面积47.44万亩，涉及管护资金657.6万元。落实退耕还林补助政策，2019年发放退耕还林补助资金653.5万元，其中涉及建档立卡962户96.8492万元。落实公益林补偿政策，规范资金使用，选聘373名天保公益林护林员，79.29万亩天保公益林管护任务落实到位，兑付天保公益林补偿资金1058万元，其中涉及建档立卡2.99万户103.24万元。

【领导名录】

主任：姬平

副主任：任习榕、邓晓君

县退耕还林办公室主任：孙涛

（供稿：县林业和草原服务中心）

森林公安分局

【概况】2010年8月17日，成立了定西市森林公安局渭源县森林公安分局，并加挂渭源县公安局森林警察大队牌子，为正科级建制，实行林业和公安部门双重领导的管理体制。分局下设会川森林派出所、莲峰森林派出所，为副科级建制。政法专项编制16名，实有13名。

【森林执法】利用开展“昆仑行动”“绿卫2019森林执法专项行动”“集中清查收缴强暴物品百日行动”等专项行动，严厉打击涉林违法犯罪行为。组织民警深入林区、林缘区开展宣传教育活动11次。查处移交破坏森林资源各类涉林案件19起，其中移送县综合执法部门林业行政案件15起，涉林治安调解案件2起，涉林刑事案件2起。刑事处罚2人，行政处罚15人。

【禁种踏查】深入林区、林缘区农户家中进行宣传、走访、摸排，开展禁种铲毒宣传工作。采用“无人机扫描+人工踏查”方式，在林区实现由点、线的踏查升级为整个面的踏查。成立打击非法种植毒品原植物违法犯罪专案组，对各自管辖区域历年涉种林区明察暗访，切实加大对非法种植毒品原植物违法犯罪行为的打击破案力度。

【森林防火】配合县森林防火办公室向全县林区群众、学生发放林区禁毒和森林防火年画、一次性口杯、宣传手册、手提袋，张贴宣传标语，悬挂森林防火横幅，并刷新、更新林区主要路口、站、点、卡的固定宣传牌。及时制止和查处林区随意焚烧地埂等野外违规用火行为。向县综合执法部门移送查处在森林防火期森林防火区内擅自野外用火案13起。

【领导名录】

局长：赵海鸿

副局长：王培刚

会川林业派出所所长：张旭

莲峰林业派出所所长：张亚宏

（供稿：森林公安分局）

五竹林场

【概况】 五竹林场场部位于五竹镇五竹村二社96号，成立于1978年12月，科级建制。现有编制12人，实有人员14人。下设6个护林站、3个苗圃，临时护林员34人。总经营面积10.6047万亩。

【面山绿化】 在半阴坡苗圃、五竹站苗圃、大线沟造林点进行樟子松苗木的起挖、定植和秋季植树造林工作。秋季完成栽植任务200亩，栽植樟子松40000余株。

【林区防火】 发放《森林防火宣传手册》、防火围裙和防火宣传纸杯子共5000余份，刷写标语、横幅和固定宣传版面20多处。加强防火设施及防火队伍，现有森林防火器材储备库2个、灭火工具150把、油锯3台、望远镜4架。半专业森林消防队6支，消防人员180人。

【禁种铲毒】 刷写固定禁毒标语15条，散发禁毒宣传单1000余张，共出动189多人次，出动车辆30多台次，共踏查地块132块，实现毒品原植物“零种植”。

【林区有害生物防治】 对辖区内红沟、鹿鸣和半阴坡等林区的落叶松鞘蛾进行重点防治。出动人员100余人次，出动各类运输车辆10余次，悬挂三角性诱芯粘板200套，燃放敌敌畏、苦参碱生物烟剂500余箱，防治效果显著。

【领导名录】

副场长：赵惠斌（主持工作）

（供稿：五竹林场）

会川林场

【概况】 会川林场场部位于会川镇青年路，成立于1956年4月，科级建制。现有编制15人，实有人员9人。下设9个护林站、1个苗圃。临时护林员51人，其中天保护林员34人，公益林护林员17人。经营总面积23.9978万亩。

【人工造林】 在黄香沟林区双石门节疙瘩沟栽植云杉、油松混交林500亩，成活率达到95%。

【林区防火】 组织防火演练，在林区制定防火警示牌4副，宣传标语200多条，散发防火传单6000余份、防火年画2000余张。

【禁种铲毒】 在杨庄、黄香沟林区进行全面禁种铲毒踏查。从5月开始，历时90天，累计踏查地块2801块，面积5000平方米，出动人员4200余人次，车辆200多台次。

【林区有害生物防治】 对辖区内索爷林林区、黄香沟林区落叶松鞘蛾进行重点防治。抓住成虫产卵前有利时机，燃放敌马烟剂200箱，防治面积1万多亩。对南屏山、八戒沟、关山管护区金龟子幼虫用碳铵辛硫磷进行综合防治，效果显著。

【领导名录】

场长：党革平

（供稿：会川林场）

莲峰林场

【概况】 莲峰林场场部位于莲峰镇，成立于1958年，科级建制。现有编制12人，实有人员16人。下设6个护林站、1个苗圃，临时护林员30人。总经营面积11.8757万亩。

【人工造林】 在连霍高速公路延伸渭源段北侧红山实施2018年度森林植被恢复项目，完成人工造林261亩，栽植侧柏、云杉2.349万株；在天保工程区内实施2018年度第二期森林抚育项目，完成森林抚育作业面积5000亩，共栽植落叶松9.86万株、云杉1.35万株。

【林区防火】 购置防火宣传刷牙杯3000个、防火宣传保温壶300个、灭火弹2000发、夜间防火照明矿灯50个、防火阻燃棉服30套。在六个管护站安装森林防火宣传扩音喇叭12个、功放6个，衔接县融媒体中心制作防火宣传音频1份。发布森林防火信息8期。在6个林缘村进行全覆盖森林防火宣传，开展森林防火知识讲座进校园活动。在漳莲路口、首阳山景区、天井峡景区、学校等显要位置制作大型防火宣传碑8面。

【禁种铲毒】 5月至6月，组建一支40人组成的禁种铲毒工作专业队伍，对所辖林区逐山、逐沟、逐地块进行细致踏查，未发现毒品原植物种植。

【林区有害生物防治】 6月中旬，对山庄、马鹿山、南岔林站管护辖区进行落叶松病虫害防治，燃放敌敌畏烟剂80箱，出动车辆50车次，人员150人次，防治面积3000亩，有效遏制森林病虫害蔓延，达到预期防治效果。

【领导名录】

副场长：刘万锋（主持工作）、司国俊

（供稿：莲峰林场）

水　务

【概况】 2019年3月，全县机构改革后，将县防汛抗旱指挥部防汛抗旱预警预报和汛期水利工程调度职责、县水政监察大队相关行政职能划入水务局，撤销县水政监察大队。将水旱灾害防治职责、县防汛抗旱指挥部职责划转到县应急管理局，将水资源调查和确权登记管理职责划转到县自然资源局，将编制水功能区划、入河排污口设置管理、流域水环境保护职责划转到市生态环境局渭源分局，将农田水利建设项目等管理职责划转到县农业农村局，将自然保护区、风景名胜区、自然遗产、地质公园管理职责划转到县自然资源局。县水务局下属27个事业单位，其中科级事业单位4个：引洮工程建设服务中心、抗旱防汛服务队、水利工程质量监督与安全中心、水利工程建设工作站；基层派驻单位23个：西南部农村供水中心、北部农村供水中心、峡口水库运行调度工作站、石门水库运行调度工作站、上湾水利站、会川水利站、清源水利站、路园水利站、莲峰水利站、北干渠水利站、北寨水利站、新寨水利站、田家河水利站、峡城水利站、庆坪水利站、大安水利站、祁家庙水利站、秦祁水利站、五竹水利站、锹峪水利站、河湖事务中心、农村饮水安全工程服务总站、农村饮水安全工程水质监测中心。局属企业1个：县水利工程公司。县水务局内设4个股室，核定行政编制7名，全系统共有职工158人，离退休人员60人。局长1名，副局长3名，引洮工程服务中心副主任1名。

【助力脱贫攻坚】

1. 加快推进项目建设。共实施饮水安全项目2项（2019年农村饮水安全巩固提升工程、脱贫攻坚农村饮水安全“补短板”工程），累计完成投资1034.67万元，提升了受益区2.5万人（其中巩固提升1.2万人，“补短板”1.3万人）的供水保证率和方便程度。累计完成自来水入户1857户（其中建档立卡户750户，非建档立卡户1107户）。

2. 全力落实农村饮水安全清零任务。累计完成集中供水隐患点改造65处，埋设各类管线33.648公里，更换减压阀2套，新建护管505米，闸阀井6座，蓄水池（减压池）12座，沉淀池1座，拦水墙22米，截引4处70米，集中供水点3处。完成自来水入户1231户（其中建档立卡贫困户124户，一般户1107户）；泉水改造工程149处，修水井3座，维修集中供水点2处，安装水窖净化设备30台，提升了1529户群众用水方便程度。全面完成冲刺清零筛查工作，对筛查发现的17处7.202公里冬季冻管隐患点进行了全面改造。

3. 强化措施提升水质。持续加强饮用水水源地保护和管理，在3个饮用水水源地保护区内设立了明显警示标志，建设防护围栏和隔离网，设立了界标、交通警示牌、宣传牌、界桩和排污栅，编制了饮用水源地突发环境事件应急预案。成立了农村供水工程水质检测中心，并落实检测人员，为北部、东南部、五竹水厂配备了3台便携式水质监测仪。落实农村饮水安全工程水质监测中心运行经费30万元，对全县集中式供水工程、分散式供水进行全覆盖检测，共计完成16个乡镇2175个分散式供水及69个集中供水检测点水质检测工作，覆盖3311户分散式供水户，2901户自建小型集中供水工程用水户和7.24万户集中供水工程用户，确保了农户用水安全。

4.*强化运行管理*。全面贯彻落实《甘肃省农村饮用水供水管理条例》，印发《渭源县农村饮水安全工程运行管理办法》，成立了农村饮水安全工程服务总站，217个行政村全覆盖落实公益性岗位水管员，靠实县乡村管理主体和责任，建立县、乡、村、水管员、农户五级管理体系。

5.*改革创新突出管护*。按照乡镇、村社划分管网巡查区域，在乡镇水利站确定专人负责管网巡查，村社建立用水监管小组协助管护。完成县、乡、村三级管理员的微信绑定工作，印制省水利厅编制的脱贫攻坚宣传漫画2000套，农村饮水安全用水户明白卡114000张，做到政策宣传到村到社到户。全县基本形成以北部农村饮水安全工程、引洮一期西南部农村供水工程、引洮一期东峪沟农村供水工程、东南部农村饮水安全工程、岷县漳县"6·6"级地震灾后恢复重建五竹镇区供水工程5处集中供水工程为重点，小型提水工程和人饮解困工程为辅助的供水保障体系。217个行政村自来水覆盖率100%，1560个自然村已覆盖1559个（未覆盖的田家河乡西沟村草坡社，计划进行易地搬迁），覆盖率99.94%，累计解决31.52万农村人口的饮水问题，集中供水工程通水率96%，自来水入户率95.1%，自来水普及率达97.6%。

【水利工程建设】2019年，争取项目资金7152.2万元。实施水利项目6项，总投资1.84亿元，完工4项，未完工2项，完成投资1.164亿元。续建项目3项：县城区供水工程批复总投资15577.83万元，完成投资9700万元；峡城乡秋池湾休闲观光农业示范基地建设项目批复总投资1132.55万元，下达资金410万元，完成投资410万元；金鸡产业扶贫项目青年鸡场排洪渠工程批复总投资121.3万元，完成竣工验收，完成投资115.61万元。新建项目3项：2019年农村饮水安全巩固提升工程批复总投资679.78万元，完成竣工验收，完成投资633.36元；现代农业产业园路园养殖区供水工程批复总投资676.47万元，完成竣工验收，完成投资556.46万元；莲峰镇下寨村堤防工程批复总投资240.18万元，完成竣工验收，完成投资226.65万元。

【水资源管理】实行最严格水资源管理制度控制指标，2019年实际用水总量控制在0.31亿立方米以内，万元工业增加值用水量在70立方米以内，农田灌溉水有效利用系数达到0.5以上，重要水功能区水质达标率控制在80%以上。全面推进全县节水型社会达标建设，创建节水型社会建设示范园区2个、节水型社会建设示范企业5家、节水型社会建设示范单位13个、节水型社会建设示范学校7所，完成县域节水型社会达标建设县级自验和软件资料整理汇编等工作。完成辖区内4个水电站引泄水流量监测设施安装，引泄水流量监测数据已正常上传到省水利厅监测平台，生态流量下泄均符合电站最小下泄生态流量值，保障了水生态环境健康发展。

【河湖监管】

1.*全面履行河湖长职责*。以县级河湖长为重点，严格落实河湖长包河治水责任，县乡村三级河湖长积极开展巡河湖工作，全面履行职责。县级河长12名、县级湖长2名，乡镇级河长100名、乡镇级湖长2名，村级河长394名、村级湖长3名。2019年度县级河长巡河38人次，乡镇级河长巡河648人次。

2.*巡查检查常态化推进*。县河长办对全县辖区内重点河道、沟道适时进行巡查检查，共下发河长制工作通知书5份、河长办函17份、督办函24份、巡河提醒函（通知）4次。

3.专项治理深入推进。深入推进河湖“清四乱”专项行动，共排摸“四乱”突出问题67条，已全部整改。河湖“清四乱”专项行动中，共清理河道建筑垃圾（渣土）369立方米，清理生活垃圾991立方米，清理河道内堆放砂料、渣土和建材堆料等8974立方米，疏浚河道20.4公里，清退非法围垦河道6.27亩，拆除违法建设的阻水道路、桥梁0.11公里，平整沙坑等恢复河道原貌2亩，恢复水域面积25.79亩。

4.强化舆论引导。全方位、多角度、多形式开展河长制宣传，利用“世界水日”“中国水周”进行专题宣传，广泛调动群众爱河护河参与意识，形成了人人爱护河道、自觉维护河道水生态环境良好氛围。2019年，各乡镇级河长办共报送信息65篇，县级河长办共报送信息13期。

【水旱灾害防御】

1.2019年水旱灾害情况。2019年1—9月累计降水量404.7毫米，较历年同期平均值456.3毫米偏少11%。6月、7月降水日数多，但雨量分布不均，未出现伏旱。秋季降水时空分布不均匀，有干旱少雨时段，无明显秋旱。2019年8月2日、9月19日，发生的洪涝灾害造成13个乡镇22116人受灾，农作物受灾面积1231.89公顷，直接经济损失1392.03万元，其中农业经济损失1051.13万元，基础设施损失338.9万元，家庭财产损失2万元。

2.开展汛前准备。及时组织人员对全县违法侵占山洪沟道及防汛隐患、山洪灾害防治非工程措施设备、水库水电站等重点防汛部位进行全面的检查。

3.落实防汛责任。签订石门水库、峡口水库、峡城电站水库市级防汛安全责任书，与22个基层单位签订水旱灾害防御责任书，公示责任人778人。

4.确保水库安全度汛。全面落实水库安全度汛“三个责任人”和“三项重点措施”，强化水库汛前安全检查、维护和汛期水库运行调度，确保了峡口、石门两座水库的安全运行。

5.加强水旱灾害防御物资储备。对全县水旱灾害防御物资储备情况进行清查整理，并制定物资管理和调运制度，为做好水旱灾害防御工作提供了物资保障。

6.做好水旱灾害监测预警。与县水文站、县气象局建立信息资源共享机制，全面落实设施设备管护责任人、乡村社山洪防御责任人、预警信息员，全年共发送水雨情预警信息59次5.8万条。

7.加强水旱灾害防御宣传。积极开展山洪灾害防御常识的宣传，悬挂横幅8条，制作宣传展板4个，印发宣传手册6000本、宣传材料6000份，利用手机短信、QQ、微推送宣传信息40条3.2万人次，进一步提高了广大群众防洪意识和防御能力。

【引洮工程服务】引洮一期配套工程主要有引洮一期西南部农村供水工程，该工程解决田家河乡、上湾镇、峡城乡、会川镇、麻家集镇等5个乡镇45个行政村415个社2.03万户和临洮县南屏镇12个行政村100个社0.12万户的饮水问题。引洮一期总干二支渠北寨田间配套工程涉及秦祁乡的白土坡村、杨川村和北寨镇的张家堡村、前进村、盐滩村、郑家川村，灌溉面积0.66万亩。深入开展引洮供水一期工程“清四乱”专项整治，主要围绕引洮供水一期工程主体及配套工程管理范围乱搭乱建、乱堆乱放、乱倒乱排、乱偷乱挖现象进行全面摸排整治，集中整治突出问题4起。完成引洮供水一期渭源县配套工程省级验收延伸财务决算及工程造价结算工作，以及引洮供水一期渭源县配套工程建设征地补偿专项验收和引洮供水一期渭源县配套工程建设档案专项验收。争取生态流量500万立方米，实现秦祁河清水长流。

【水利工程质量监督】实施“水利工程质量提升年”行动，全面提升水利工程质量。严格执行质量监督程序，对新开工的项目，要求及时办理质量监督手续与安全备案资料，工程开工后及时办理项目质量评定报批手续，新开工3个项目已全部完成备案手续。对在建工程随时深入施工现场进行工程质量和安全检查，共下发整改通知书6份，完成整改6处。严格执行第三方检测制度。深入开展大排查大整治，对全县在建的水利工程建设项目进行大排查大整治行动，共计排查整治问题12条。

【石门水库运行调度】石门水库位于莲峰镇石门村境内，坝址位于县城以南渭河二级支流蒲川河上游的风崖口，距县城约25公里。水库于1975年9月建成并投入使用。主要有大坝、溢洪道、输水洞三大建筑物组成。水库流域内多年平均降雨量760毫米，多年平均径流深160毫米，多年平均径流总量971.4万方以上。水库现有职工6名，严格执行调度运用方案，严禁擅自超汛限水位运行，严格分阶段蓄水，并且未发生过超蓄现象。水库安全运行四十多年以来，收到了良好经济效益和社会效益。2019年调度灌溉用水87.35万立方米，东南部供水142.9万立方米，生态补水85.25万立方米，合计315.5万立方米。

【峡口水库运行调度】峡口水库以加强水库安全运行调度为重点，大力发展民生水利，创建库区生态安全水利和网络信息水利，落实水资源"三条红线"，创建节水型社会，水库各项管理工作步入制度化、规范化，调度管理能力进一步提升，防汛安全调度科学有序，各项工程及设施运行完好，每年向县城及五竹镇区安全供水390万立方米。水库大坝连续19年安全度汛，为下游农业经济发展、防洪抢险、城市供水起到了重要水资源保障。

【北部农村供水】北部农村饮水安全工程始建于2005年6月，该工程建成后解决渭源县12个乡镇132个行政村862个社，设计日供水量为8565方，16.25万人的饮水不安全问题。2015年8月，北部农村饮水安全改扩建工程开工建设。2017年10月，水处理间工程完成建设任务并进行投入运行。工程建成后，增加日供水量为4700立方米，有效缓解北部乡镇供水量严重不足的问题。2019年供水总量约354.88万立方米。

【西南部农村供水】引洮一期定西市西南部农村供水工程共覆盖渭源、临洮2个县区，受益区域属洮河流域，涉及渭源县西南部山区的上湾、麻家集、田家河、峡城、会川5个乡镇和临洮县的南屏镇，受益区区域面积约470平方公里，承担西南部农村供水工程中会川、上湾、田家河、麻家集镇和临洮县的南屏镇5个乡镇10.6万人生产生活用水。2019年共计供水240万方。

【东南部农村供水】东南部农村供水中心位于莲峰镇蒲河村，工程自2013年6月开工，2015年1月完成建设并投入运行，完成了莲峰、路园、锹峪3个乡镇38个行政村1.36万户5.68万人的供水工作。供水中心设计供水规模为3921方/天。现有职工6人，其中水质检测人员2人。

【领导名录】

党组书记、局长：张平

党组成员、副局长：侯雁安、董斌、梁锁娥（女）

党组成员、引洮工程服务中心副主任：章效平

（供稿：殷源远）

水土保持

【概况】2019年3月，机构改革后，渭源县水土保持局更名为"渭源县水土保持站"，设置3个内设股室及北寨、新寨、庆坪水保站。核定公务员7名，事业编制18名。全系统现有干部职工45人。中共党员9人。管理人员1人，工勤人员13人，专业技术人员24人。

【水土流失综合治理】2019年完成市上下达的流域治理任务40平方公里，其中营造水保林27.8平方公里，种植优质牧草12.2平方公里，全

县累计治理水土流失面积990.1平方公里，治理程度57.6%。

【淤地坝防汛】按照分级负责、分级管理原则，确定全县54座淤地坝防汛责任人，并予以公示，接受社会监督。修订完善安全生产防汛应急预案，签订淤地坝安全度汛责任书，明确防汛行政责任主体为工程所在乡镇人民政府，防汛技术责任主体为县水保站，管护责任主体为村委会。加强隐患排查，研判安全运行趋势。

【淤地坝除险加固工程】邱家川1号、姚集1号、豆家岔骨干坝除险加固工程于2018年3月开工，2018年6月完工。经过一个汛期的试运行后，于2019年12月6日通过省水利厅组织的竣工验收。工程建设内容为：新修涵洞式溢洪道、处理坝体裂缝、加固坝体、增设坝坡排水渠。

【杨家寺小流域水土保持综合治理工程】该项目位于上湾镇，项目区总面积54.32平方公里，涉及上湾镇园树村、上湾村、水家窑村、侯家寺村、尖山村、大庄村、杨家寺村。工程于2018年4月4日开工，11月5日完工，2019年12月3日通过验收。完成营造经济林（啤特果）55公顷，乔灌混交林51.8公顷，乔木林8.2公顷（油松）；封禁治理面积1341公顷，新修梯田166.7公顷，新（扩）建田间道路4公里。完成总投资714.99万元。项目实施后，每年可减少土壤流失量4.51万吨，拦泥效益达到27.7%；年拦蓄径流量39.23万立方米，蓄水效益达到25.1%。流域治理程度由38.0%提高到75.6%，林草覆盖率由18.5%提高到53.2%。

【莲峰镇簸箕湾小流域水土保持综合治理工程】该项目总投资30万元，资金来源为甘肃省水利厅下达的水土保持补偿费建设资金。工程于2019年8月8日开工，2019年10月20日完工，12月9日通过验收。建设内容为：在莲峰镇簸箕湾村部场院硬化面积650平方米，砖围墙15米，跨渠桥涵5处，清理垃圾6178立方米，道路渗水处理1处，配套梯形渠115米、消力池1处、钢筋砼涵管2处，造林292株。

【领导名录】

站长：李有明

副站长：王建平

（供稿：张荷琴）

工　业

工业经济

【概况】渭源县工业和信息化局内设办公室（行政审批服务股）、经济运行股、技术信息与循环经济股、中小企业股。现有行政编制7名，实有在编人员13人，其中工勤人员2人。2018年8月，与渭源县工业集中区管理委员会办公室合署办公，核定编制10名，现有在职事业人员11名。2019年3月，全县机构改革后，将原县盐务局（县盐业公司）承担的行业行政管理职能划转县工信局负责，食盐质量安全监管和食盐专营行政管理职能划转县食药监局负责；按照《渭源县盐务局人员安置方案》，将原县盐务局4名执法和检测人员划转至县食品药品监督管理局。

【工业经济运行】围绕高质量发展指标任务落实，进一步强化对全县主导产业和重点企业市场环境、发展走势、原料供应、产销动态、经济效益的分析研判，做实生产经营监测工作。制定《渭源县清洁生产产业发展专项行动计划》，谋划甘肃康华制药机械设备有限公司投资6000万元的中药材及农副产品加工机械制造项目和甘肃中亚高原饮料有限公司投资6000万元的沙棘生态产业园循环经济建设项目为清洁生产产业发展专项行动计划动态项目。制定《渭源县数据信息产业发展专项行动计划》，进一步明确全县网络信息以及两化融合发展要求和具体工作措施目标。制定《渭源县先进制造业产业发展专项行动计划》，实施甘肃康华制药机械和渭源县太子农业先进制造产业项目3项。制定《渭源县中医药产业发展专项行动计划》，引进甘肃佛慈红日药业有限公司投资1.5亿元的中药精制饮片与配方颗粒项目，以补齐延伸产业链条，全面提升中医药产业核心竞争力。

【助力脱贫攻坚帮扶】结合部门职能，开展脱贫攻坚数据比对分析，针对工信部门涉及的3项基础信息，及时与电信、移动公司进行认真核实比对，及时反馈乡镇进行修改，切实提升脱贫攻坚数据质量。结合贫困村现状和企业实际建设药源基地，联系19家中药材企业建立了药源基地，并为基地贫困户提供有机肥等物资供应，围绕中药材基地种植及收购关键环节，引导培训新型农民，建立“企业+合作社十农户”的利益链接机制，签订协议书对基地贫困户农产品收购价按照高出市场价5%进行收购，力争产业提质增效，确保群众增产增收。鼓励引导县内40家中药材、马铃薯等特色农产品生产加工企业与40个深度贫困村开展“一对一”结对帮扶。

【工业项目建设】全面落实工业强市“1+5”政策措施，积极衔接推进渭源县中医药产业园集中供热工程项目和甘肃佛慈红日中药配方颗粒生产项目的前期工作，力争尽快启动建设。组织申报甘肃弘润药业中药材精制饮片两化融合及技术改造项目、甘肃盛源益养药业3500吨中药饮片技术升级改造建设项目。积极推进工业转型升级项目建设，甘肃盛源益养药业年产3500吨精致中药饮片生产线升级改造建设项目、德园堂药业地产中药材+扶贫车间项目、五竹农产品电子商务平台项目全部完成建设任务。引导亳春堂药业、田源农业科技有限公司争取2019年产业扶贫项目资金100万元，完成阶段性验收。

【招商引资】招商引进渭源浩宏缘肉制品公司建设的生猪定点屠宰项目，签约资金2500万元，已落地投资330万元。抢抓“十大生态产业”招商攻坚年机遇，谋划总投资19.87亿元的工业基础配套项目和产业精深加工高科技项目5项，列入全县招商项目清单积极与晋安区关联企业对接招商。通过合作共建方式，引进甘肃康恩惠中药材有限公司盘活甘肃东方本草药业有限公司，引进甘肃渭禹兴印务包装有限责任公司盘活甘肃灵玉轩药业有限公司，均已正常生产经营。通过股权改造方式，盘活仁泽、衡顺堂2家企业，衡顺堂转为规模以上企业，切实推动企业改造升级，产业转型增效。

【营商环境改善】

1.领导干部“蹲点包抓”工作机制建立健全。严格贯彻落实甘肃省中小微企业高质量发展58条政策措施和定西市工业强市“1+5”配套政策，印发《2019年渭源县促进中小微企业高质量发展工作要点》，调整《渭源县工业转型升级“一企一策”行动方案》。深入企业实地蹲点调研企业21户，瞄准目标靶向，积极协调解决。

2.企业堵点难点交办问题及时解决。2019年，市政府移交民营企业发展第一、二、三批堵点问题41条。建立《渭源县解决民营企业堵点问题工作制度》，涉及渭源的41条堵点问题全部办结。

3.民营企业中小企业账款拖欠清偿工作督促有序。2019年，共拖欠68家民营企业中小企业账款共计8476.14万元，已偿还4443.67万元，偿还占比52.43%。

4.煤质管控专项整治成效明显。制定印发《渭源县煤炭销售市场专项整治工作实施方案》《关于开展煤炭市场专项整治的通告》，组织相关执法部门开展联合执法35场次，设立煤炭物流运输管控检查点2个，检查往来煤炭运输车辆200余辆，对监测出煤质不合格的10辆运输车辆依法进行拦截劝返。对2个县级一级煤供中心和16个乡镇级二级煤供网点的防尘措施落实情况、煤质管控工作台账建立情况、合法经营证件是否齐全等情况进行重点检查，针对存在问题及时明确整改时限进行整改。

5.健全企业激励机制，开创人才服务新局面。5月，举办全县企业经营管理人才培训班。6月，组织2家企业参加福州市2019年对口支持西部地区人才培训班（第二期）。8月，引导企业参加定西市高校毕业生到企业就业双向对接人力资源现场招聘会。11月，县职专培训中药材检验员30名、切片炮制工60名。

【领导班子】

党组书记、局长：赵效勇

党组成员、副局长：王元贵、周栓红（11月止）、蒲汉峰（11月任）

（供稿：县工信局）

渭源县工业集中区

【概况】渭源县工业集中区，于2010年底由省开发区建设发展领导小组批复，规划面积8.8平方公里，按照“一区三园”布局，由渭源工业园、渭源物流园和会川工业园组成。其中：渭源工业园占地5平方公里，主导产业为中医药精深加工及特色农产品加工业。渭源物流园占地1.2平方公里，依托兰渝铁路渭源火车站，建设兰渝铁路经济带物流仓储、商贸交易及物流中心。会川工业园占地2.6平方公里，重点发展中药饮片及农产品的初级加工业。渭源工业集中区被认定为“省级农民工返乡创业示范基地”“市级创业就业孵化示范基地”及“十三五”期间甘肃省重点建设的六大中医药产业园区。

【规划编制及工业集中区发展】县委、县政府把工业集中区建设作为优化经济结构、实现转型跨越和承接产业转移、招商引资的战略平台来抓。规划方面，先后编制完成《总体规划》和三个园区的《控制性规划》《修建性详细规划》《渭源县工业集中区规划环评》《会川工业园区规划环评》。渭源工业集中区已开发3.04平方公里，占规划面积8.8平方公里的34.5%。筹措资金3.6亿元实施河锹西线、河锹东线道路及支线道路工程、锹峪河两岸堤防工程、35千伏送变电站工程、道路绿化工程和会川工业园一期基础工程，实现了“七通一平”，发展要素保障到位。通过依托产业招商、小分队招商、以商招商，引进安徽亳州、河北安国、四川成都等地客商投资中医药加工项目，重点发展中医药加工业。工业集中区招商入驻企业累计达到64家，项目总投资26亿元，其中中医药加工类企业46家，马铃薯加工类企业1家，制药机械加工企业1家，其他类企业12家。在46家中医药加工类企业中，通过GMP认证企业28家。工业集中区年均产值突破4亿元，工业增加值达到1.2亿元以上，企业上缴税金1600万元左右，稳定就业达到4500多人。工业集中区46个中医药加工企业建成投产后，可形成中药饮片6万吨、中药提取物2万吨的生产能力，届时就业人数将达到6500人。

【基础设施建设】紧盯市县目标任务，全力协调园区集中供热项目建设，积极申报污水处理项目，主动衔接省市各部门，积极落实工业集中区配套设施项目招商工作，切实提升工业集中区建设发展水平和服务能力。规划建设渭源县中医药产业园集中供热工程项目，完成选址、可研以及初设和施工图设计的变更。谋划建设会川园区集中供热项目，不断补齐工业经济发展短板，完善工业发展基础配套功能。制定渭源工业集中区升级为省级经济开发区创建方案。

部分工业企业及项目简介

【甘肃佛慈红日药业中药配方颗粒与精制饮片生产项目简介】2018年，国务院扶贫办积极落实定点扶贫工作责任，结合渭源中药材资源优势，引进天津红日药业与渭源县签订投资合作协议，同时携手兰州佛慈制药在渭源县共同建设配方颗粒及精制饮片项目。该项目总占地面积130亩，按照二期规划建设。一期工程投资1.76亿元建设万吨中药精制饮片生产基地项目，主要建设鲜活药材加工、全自动饮片、熟地黄等精制饮片生产线，综合性库房以及第三方检测中心，年生产10000吨中药精制饮片。二期工程投资1.5亿元建设年产6000吨的中药配方颗粒项目，主要建设中药配方颗粒生产车间、成品及原料库房等设施。项目建成投产后，预计年实现产值4亿元，实现销售收入3.5亿元，实现利税4000多万元，新增就业岗位300多个。

该项目主要采用“5依托5带动”扶贫模式全力助推脱贫攻坚工作。一是依托万亩药源基地，与30家合作社建立产销对接机制，年加工消纳中药材2万吨，带动7000多户贫困户年均增收3000元以上。有效调节中药材市场供需关系，稳定药材价格，保障贫困户收益。二是依托企业用工需求，县人力资源和社会保障部门提前介入，开展就业培训，贫困户实现稳定就业。直接带动就业300多人，吸纳100人以上建档立卡贫困劳动力稳定就业，实现户均增收20000元左右。三是依托生产前处理环节中的中药材物流、储藏、分拣、清洗等，间接带动务工人员200多人，实现人均年收入6000多元。四是依托产品优势带动产业转型升级，提升产品附加值。配方颗粒生产线的建设填补了我县中药材精深加工产品的空白，配方颗粒品种达到500种以上。五是依托企业贡献带动地方经济发展，项目建成达产后，年可实现工业增加值7200万元，实现利税4000多万元。

【渭源县德园堂药业有限公司简介】渭源县德园堂药业有限公司位于会川工业园区，公司成立于2014年11月，注册资金1068万元，占地面积9718.6平方米，现有员工85人，其中管理人员23人。公司主要以中药饮片生产、加工、销售和道地中药材种植、储藏、购销、中药材研发及信息咨询服务为主营业务，是一家以中药精制饮片为主产业的现代化中药企业。公司于2014年11月取得《药品生产许可证》，2015年2月取得国家GMP认证证书，2016年3月取得进出口许可证，公司中药产品已经远销韩国、日本以及东南亚各国。2017年“牛加宝”商标注册成功。公司与云南白药、河北乐仁堂、武汉健民、随州叶开泰、广州采芝林、陕西派昂、青海力泰、上海宝龙、甘肃佛慈、甘肃雷氏、兰州华城、南昌济生等30多家药业公司长期合作。公司与甘肃农业大学农学院建立长期合作关系，成立了涵盖中药材种植、农学、种子科学与工程、药学等多个专业队伍，建立了万亩中药材种植基地。公司于2016年成功研究出高原富硒中药材产品，并被市科技局评定为富硒当归工程技术研究中心。公司拥有国家知识产权局认定的实用新型专利三项。公司已与淘宝商城、善融商城、阿里巴巴商城合作。公司建立完善的电商扶贫模式，累计带动贫困户就业3万多人次，实现建档立卡贫困户户均增收461元。公司通过精准扶贫建档立卡户融资分红方式和电商扶贫模式，带动会川镇精准扶贫建档立卡户100户，实现户均分红1000元。对精准扶贫建档立卡户种植的中药材按高于市场5%的价格回收，实现户均增收1600元以上。

【甘肃弘润药业有限公司简介】甘肃弘润药业有限公司成立于2014年10月，注册资金1000万元，公司占地面积27亩，建筑面积10277平方米，公司主要开展中药精制饮片生产销售、中药材提取等业务。甘肃弘裕药业有限公司为弘润药业全资子公司，于2016年1月通过了GSP认证，主要开展中药材购销业务。弘润药业中药饮片加工项目总投资6000万元，建成1000吨中药饮片生产线一条，建成GMP饮片生产车间1570.8平方米，仓库6370.8平方米，办公用房1666平方米，道地药材前处理区3231.7平方米。公司拥有核心技术团队人员21人，其中本科、大专学历14人，执业药师3人，有长期合同工100多人。

公司已建立市场连公司带基地的生产发展模式，已与山东东阿阿胶、湖南九芝堂、山东步长、上海上药华宇、陕西地道药业等50多家全国知名中药生产企业、药品经营企业以及药店、医院建立良好的长期合作伙伴关系。

（供稿：县工信局）

商贸流通

商　务

【概况】县商务局现有编制10个（行政编制6人，事业编制4人），在职职工16人，履行对外贸易、招商引资、商贸流通、电子商务等职能。2019年3月，机构改革后，县商务局为县政府工作部门，设置3个内设机构和1个股级事业单位（渭源县电商服务中心）。

【招商引资】持续推进“大招商、招大商”活动，参加“兰洽会”“中医药博览会”“海交会”、广州招商推介活动、福州招商推介会，优化招商引资环境，不断强化项目协调服务，精准招商对接。积极实施“走出去、请进来”战略，多次赴北京、天津、福州、浙江等地就中医药加工、现代物流园区建设等项目进行洽谈。实施招商引资项目33个，其中省外项目19个，落实到位资金26.38亿元。新引进招商引资项目13个，签约资金45.99亿元，开工13个，开工率100%，签约项目落实到位资金11.65亿元，资金到位率25.33%。制定《渭源县关于深入推进招商引资工作实施方案》。筛选储备了57项（其中有项目前期的5项）涉及生物医药、现代农业、电力能源、文化旅游、现代物流、基础设施等招商项目。县委、县政府主要领导带队外出招商16次，其他县级领导带队外出招商13次。长江三角洲招商推介活动签约项目2个，签约资金6.30亿元，到位资金4.15亿元，资金到位率65.87%。第二十五届兰洽会签约项目3个，签约资金19.05亿元，到位资金4.45亿元，资金到位率23.42%。第二届中国（甘肃）中医药产业博览会签约项目3个，签约资金10.3亿元，到位资金1.9亿元，资金到位率18.45%。非节会签约项目5个，签约资金10.34亿元，到位资金1.15亿元，资金到位率11.17%。

【外贸进出口】实现外贸进出口贸易总额1017万元，完成全年任务359万元的353%，同比增长211.96%。德园堂药业外贸出口基地项目建成。

【社会消费品零售总额】全县限额以上批、零、住、餐企业累计达到3家，限下抽样统计企业39家。完成社会消费品零售总额85682.2万元，同比增长6.8%。其中，批发业销售额132361万元，同比增长7.0%；零售业销售额179946.8万元，同比增长8.8%；住宿业营业额4898.2万元，同比增长9.8%；餐饮业营业额16916.0万元，同比增长14.3%。

【电子商务】2019年，甘肃天奇网络科技有限公司渭源分公司被省商务厅评为“全省优秀企业”，渭水源善融旗舰店和三个甘肃人电商网店被评为“全省优秀网店”。全县网络零售总额8576万元，网络零售主营产品为马铃薯、粉条、中药材及蜂蜜等农特产品。

1.打造“站点带贫”模式。依托国家电子商务进农村综合示范项目及省级电商扶贫专项资金项目的实施，大部分贫困村建成了村级电商服务点，实现“五位一体”（购物代办、物流快递、网络技术、金融支付、网货包装）服务保障功能，电商服务站点通过电商平台帮助农民在卖出中“挣钱”，在买入中“省钱”，使农民双重受益。建成的村级电商服务点开展网上销售、网上代购、网上缴费、物流配送等业务。2019年9月，通过对接电商公共服务中心收购当地218户农户党参3000斤、黄芪3000斤，蜂蜜5000斤，主要销往江苏、安徽、湖南、河南、上海、河北等地，共计销售额为93.6万元。

2.打造“企业带动”模式。协调天津红日集团与甘肃佛慈集团在渭源县投资3.26亿元建设中药精制饮片和配方颗粒生产线，通过建立药源基地，增加就业可带动500户贫困户年增收3000元。

3.打造“社会扶贫”模式。协调中国农业银行为定点帮扶村田家河乡香卜路村捐赠资金80万元发展电商等产业，带动香卜路村91户贫困户每户可增收300元以上。向福州市输送13人参加晋安区商务局组织的电商人才培训。

4.打造“消费扶贫”新模式。在福州市晋安区建立渭源农特馆2个，扩大了渭源农产品的宣传推介范围。通过农特产品供货消费推进脱贫攻坚，带动贫困户747户，人均增收2000元以上。充分利用省级电子商务专项扶持资金，完成2个乡镇电商服务站点和13个乡镇物流站点的提升改造，新建4个深度贫困村村级电商服务点，6家企业及合作社成功申请注册“渭货出山”“田家醋坊”“奥康牧场”“渭甄品”“御品甄”、“渭道”等系列商标20个，建立渭源县网货供应中心1处，建立渭源县农产品网货分销平台1个，开展主题营销活动3次。完成电商培训207人，其中建档立卡人口176人。

【市场体系建设】实施渭源国英特色畜牧业有限责任公司农贸（畜草）市场项目、大安乡畜禽交易市场建设项目。完成首阳路商业步行街和君山路高品质夜市的提升改造。对渭水源中药材交易市场、会川江能中药材交易市场、新街蔬菜市场、莲峰镇农贸市场等四个小城镇综合消费市场进行了升级改造。鸿力商贸有限公司煤供中心、鑫昇煤供中心建成运营，对乡镇二级配送网点配送煤炭。全县共备案54家煤炭销售点。积极申报中药材追溯体系建设项目，渭水源药业科技有限公司已申报省商务厅2019年支持中药材流通追溯节点企业，已下达扶持资金20万元。新办酒类零售备案登记110户。积极开展商业步行街、高品质夜市和小城镇综合性消费市场建设，共招商入驻企业9家，其中大型超市1家，大型餐饮企业3家，高档服装旗舰店3家，其他高品质店铺2家。

【领导名录】

党组书记、局长：李海军

党组成员、副局长：蒲亚宁、蒲永亮（11月止）、乔海霞（女，11月任）

（供稿：杨蕾蕾）

供销合作

【概况】县供销合作社联合社（简称县供销合作联社）于2008年完成下属企业改制后，2009年9月列入县政府直属事业单位，核定事业编制6人。2016年转为参公事业单位，设领导职数3人，其中主任1人，副主任2人。内设综合办公室、合作指导股、产业开发股。下设社有资产管理中心，基层供销合作社16个，农民专业合作社34个，专业经济协会4个，农民综合服务社25个，社属企业4个。

【生产资料供应】确保生产资料供应，满足农业生产需求，净化农资流通渠道，为农民提供“放心农资”，严厉打击制售假冒伪劣农资商品的行为，严把进货质量关，严格执行国家价格政策，坚决杜绝擅自提高购销价格行为。2019年，全系统共销售各种化肥34200吨，农药41吨，农膜230吨，上缴税13万元，实现利润14万元。

【生活消费品销售】2019年全县供销系统生活消费品销售达37895万元，新建日用消费品销售经营网点（村级综合服务社）26个，形成了以县城超市为骨干、村级综合服务店为依托的营销网络。莲峰万佳购物广场等企业在农村广泛发展加盟连锁店，大力实施便民、利民营销措施，在方便农民群众购物消费方面起到了积极作用。

【领导名录】

主任：孙培林

副主任：强发录、张娟（女，6月止）、尉漾（女，8月任）

（供稿：刘长军）

烟草专卖

【概况】渭源县烟草专卖局隶属定西市烟草专卖局（公司），现有在岗职工23人。设局长（主任）1名、副局长1名、副主任1名。内设综合办公室、专卖监督管理科（内部管理监督科、稽查大队）、客户服务中心。

【烟草销售】2019年，累计销售卷烟9987箱，同比增长1.62%；地产烟销售7607箱，同比增长4.18%，占比76%。单箱销售额1.91万元，同比下降1.04%。户均上柜32.25个，同比增加2.36个；创新品类销售193箱，同比下降4%；新品卷烟销售31.71箱。年末社会库存458箱，存销比0.54，其中城区124箱、存销比0.56，农村334箱、存销比0.55。条价、盒价指数均保持100。

【营销网建】全年应用新商通客户350户，超出目标（310户）40户；微商盟订货客户1411户，占总客户数的98.53%。陇之情消费者服务平台注册会员9851个。建成加盟终端4户。建成自律互助小组109个，客户覆盖率89.8%。与县政务服务中心、汽车站等单位联系沟通，建成吸烟点42个、吸烟室1个、吸烟亭1个。以专业化分工为核心，设置终端经理2名，品牌专员、客服专员、督察专员、综合专员各1名。目前营销人员持证率100%，其中中级以上持证率62.5%。

【专卖管理】加强烟草专卖管理，查获各类卷烟违法经营案件124起。受理新办申请105户，准予许可54户，延续24户，变更24户，停业43户，恢复营业14户，歇业26户，收回23户。专卖人员中高级持证率提升到77.78%，提升22个百分点。

【领导名录】

局长（主任）：韦育顺（3月止）、蒲启新（3月任）

副局长：高家瑞

副主任：居文芳、牛丽峰（7月任）

（供稿：张潇）

国网供电

【概况】国网渭源县供电公司前身为渭源县电力公司，2015年整体上划，为国网甘肃省电力公司下属全资分公司。现有员工145人，其中中共党员52人，高级职称1人，中级职称3人，初级职称66人。内设5个职能部：综合管理部、财务资产部、发展建设部、安全监察质量部、电力调度控制分中心，3个实施机构：运维检修部、营销部、综合服务中心，6个供电所，1个集体企业。

渭源电网是一个以110千伏渭源变为中心，35千伏电网为骨架，10千伏配网辐射各乡村社的小型电网。110千伏线路为主电源，辖35千伏变电站8座，主变总容量83.35兆伏安。35千伏线路7条，线路总长度89.55千米；10千伏线路33条，线路总长度1459.08千米。电网内配电变压器共计2403台（其中公变1594台、专变809台），总容量32.48万千伏安。2007年底实现户户通电。2016年6月底，全县精准扶贫贫困村动力电覆盖率达到100%，全县自然村动力电覆盖率达到100%。服务各类用电客户10.31万户。人均运维10千伏线路58.36公里、运维0.4千伏线路101.2公里，服务各类用电客户1431户。

【助力脱贫攻坚】助力打赢脱贫攻坚战，深度贫困县配电网工程按期完成建设任务。渭源县114渭五线线路改造工程荣获省公司“优质工程”称号。2019年涉及电网建设改造项目共8个批次359个单体工程，总投资1.331亿元（其中脱贫攻坚改造项目6个批次308个单体工程，总投资1.28亿元），全部竣工投运，项目涵盖16个乡镇97个行政村347个自然村。主动服务光伏扶贫项目，坚持电站同步接网、电量全额消纳、收益及时支付原则，积极跟进并参与项目前期工作，大力压降光伏用户投资风险和建设成本费用。“十三五”第二批光伏扶贫项目配套电网工程总投资494万元，光伏扶贫项目全额并网，县域电网内77座光伏电站（总容量45.486兆瓦），全年累计发电量3869.42万千瓦时，结算补助资金1064.10万元。省公司下达23.52万元产业扶贫购羊项目全额落地见效，帮扶会川镇河里庄村33户贫困户。助力打赢污染防治攻坚战，响应“煤改电”工作部署，投资498.7万元对县内31处学校教育点、9处乡镇卫生院进行煤改电配套电网10千伏及以下建设改造。服务清洁能源发展，推广地热膜、空气源热泵等新型节能产品的普及应用，完成电能替代电量1890.19万千瓦时（完成年度目标任务的171.84%）。完成村级扶贫光伏接入电网配套工程建设，县内77座光伏扶贫电站全面并网。全面落实降低一般工商业电价等优惠政策，让利企业用能成本646.79万元。

【安全生产】贯彻《安全生产法》，严格落实安全责任，排查整改各类违章2696条，现场安全督查63次，检查现场171个。巡检治理各类缺陷507项，清理树障3466处4673棵，完成3511渭新线、3512渭北线、3523渭莲线“三跨”线路整治。提升电网智能化水平，基本实现配网故障定位系统全覆盖，通过阶梯更换方式，完成网内56台重过载配变整治工作。供电服务投诉同比减少61.02%。建立常态化应急抢修队伍和物资保障队伍，圆满完成全省脱贫攻坚推进会、渭河源大禹祭祀大典、全国自行车越野赛、高考等重要保电任务。2018—2019年春节期间，连续两年实现电网设备零故障、运检责任零投诉、配变零烧毁的“三个零”目标。

【服务发展】2019年一般工商业降价2次，共降价8.77分/千瓦时，压减客户办电时间，创新服务方式、简化报装流程、实行“一证受理”“一站服务”，高、低压客户平均接电时间分别压减至51.84天、2.61天，同比分别减少7.56天、0.52天。落实优化营商环境举措，加大电网投资和延伸电力投资界面，城市160千瓦、农村100千瓦及以下的小微企业采取低压方式接入电网，实现了供电接入“零投资”。业扩配套电网投资134.33万元，大、中型客户延伸投资界面至客户红线外，最大限度降低客户投资成本。落实“两保户”免费电量兑付要求，2015—2019年上半年完成退费636.55万元。共受理人大议案11件，办理4件，正在办理2件，列入计划5件。

【优质服务】修订公司发展规划（2019—2020年），编制完成县域内城区网格化规划。完成2019年电网建设改造项目共8个批次485个单体工程，总投资1.3亿元的施工任务（其中深度贫困县脱贫攻坚农网改造升级工程建设4个批次307个单体工程，总投资1.21亿元）。完成农网改造升级储备项目485项，概算总投资2.52亿元。深化“互联网+”技术应用，达到复杂业务“最多跑一次”，简单业务“一次都不跑”，互联网线上申请办理率达99.27%，线上缴费率达到

90.2%。开展同期线损系统基础数据、计量差错、未达标线路和台区治理，实现线损管理的全过程可控和在控。10千伏分线同期线损达标率95.36%，同比上升10.03个百分点；台区线损达标率96.99%，同比上升8.23个百分点。主动了解客户用电情况，线上缴费率由年初的63.23%提升至89.4%。深化计量资产管理，通信模块升级改造11689只，老旧电能计量箱更换6450只，采集成功率由年初的99.49%提升至99.96%。深入贯彻“放管服”改革，简化报装流程，营销属实投诉同比减少62.5%。深入开展“转变作风改善发展环境建设年”活动，提高办电效率和服务质量，助推政府营商环境建设，客户“获得电力”满意度和获得感持续提升。

【领导名录】

经理：崔同武

副经理：张聪、杜旭东（3月止）、闫志雄（3月任）、于文高（9月任）

（供稿：马书田）

金融　保险

金　融

中国人民银行渭源县支行

【概况】中国人民银行渭源县支行（以下简称渭源县人行）现有内设股室4个，在册职工16名，下设党组1个、党支部1个，党员11名，占员工总数的68.75%。班子成员4人，行级干部2人，股级干部6人。

【信贷合理增长】引导金融机构不断创新金融服务，合理配置信贷资源，推动落实金融支持脱贫攻坚、风险防控、普惠金融等工程，提升金融管理和服务水平。年末，全县银行业金融机构人民币各项存款余额73.38亿元，比上年末增长9.12%；人民币各项贷款余额54.46亿元，比上年末增长10.15%。

【金融精准扶贫】

1.紧盯主导产业，鼓励金融机构将长期、稳定、低息的信贷资金投入到产业扶贫领域。截至2019年11月末，全县马铃薯产业贷款余额15173万元、中医药产业贷款余额195679万元、草牧产业贷款21033万元、扶贫贴息贷款37566万元、下岗失业人员创业贷款8130万元，促进了实体经济的有效长足发展。

2.建立金融固脱贫防返贫机制。配合县政府金融办出台《精准扶贫小额信贷示范县创建工作实施方案》《精准扶贫小额贷款管理细则》，将贫困村已脱贫人口作为小额信用贷款的重要支持对象，按照“应贷尽贷”原则，发放农户小额信用贷款13063户82803万元。

3.加大对新兴产业支持力度。各金融机构以农村“三变”改革为契机，创新推出“养殖贷”“富陇产业贷”“兴陇合作贷”“脱贫助力贷”等信贷产品，对县域生态农业、设施农业、体验农业等领域大力支持。

【金融风险化解】

推动并完善金融稳定协调和信息共享机制，与辖内银行业、保险业机构签订维护金融稳定工作责任书，落实维稳责任。开展县域法人银行业金融机构流动性风险压力测试，认真排查公司治理、内部控制等方面的风险隐患，有效防范了系统性、流动性风险。开展地方法人金融机构不良资产真实性核查工作。按季对渭源县农村信用合作联社不良资产真实性进行核查。截至2019年11月末，全县银行业金融机构五级分类不良贷款余额102495万元，总体占比19.44%；较年初（8.56%）上升10.88个百分点。通过召开金融联席会议和约见约谈等措施，督促地方法人金融机构强化不良贷款清收措施，加大清收力度，降低信贷风险。截至2019年11月末，农村信用联社累计化解处置不良贷款12014.37万元，其中借新还旧化解10095.7万元，现金清收1918.67万元。配合做好精准扶贫专项贷款相关工作。全县精准扶贫专项贷款累计发放86000万元。截至2019年11月末，精准扶贫专项贷款余额37538万元，已收回83166万元，续贷53071万元，其中个人类8601户34702万元。

【优化国库服务】精简减税降费退库资料，指定专人受理审查、勾对；加强协调进行信息补充300多条。优先受理减税降费退税，办理减税降费及小微企业退库2543笔，金额806.24万元。

【支付结算环境建设】督促引导县域银行机构以支付机具全覆盖为先导，积极实施农村便民点建设，推广银行卡助农取款服务；创新支付服务方式，把支付结算环境建设与支持信贷、补贴发放、农村青年创业等民生工程结合起来，持续优化县域支付结算环境。渭源县设立便民服务点373个，覆盖216个行政村（金融服务空白村1个，为峡城乡祁家寨村）；安装自助存取款机73台，POS机476台，发展网银客户6.84万个，发放各类银行卡99.43万张，农村信用合作联社发展扫码户0.4万个，县域支付结算环境得到改善。

【征信管理】提升社会信用意识，打造“诚信渭源”。落实征信制度，加强征信管理。截至2019年末，查询个人信用报告4411人次，查询企业信用报告129笔（其中司法查询个人信用报告2次、司法查询企业信用报告6笔）；全县成功创建信用村105个，占全县217各行政村总数的48.39%；信用乡镇7个，占乡镇总数的43.75%；已建立农户信用档案80475户，已评定信用户农户64078户，占农户总数80649户的79.45%。县域社会公众信用意识显著提高，“诚信渭源”建设成效初步显现。

【领导名录】

党组副书记、副行长：魏旭峰（主持工作）

党组成员、副行长：蔺建雄、乩会生

党组成员、纪检组长：王军

（供稿：姬红玉）

中国农业银行渭源县支行

【概况】中国农业银行渭源县支行下设支行营业室、首阳路支行、新街支行、会川支行和莲峰分理处5个网点，机关内部设立综合管理部、财会运营部、客户部、风险管理部4个部室。全行正式职工79名，其中党员30名。2016年、2017年全市综合绩效考评均居第2名；2018年综合绩效考核位居第三，连续三年被县委、县政府评为“支持地方经济发展先进单位”。

【助力脱贫攻坚】加大金融扶贫力度，做实定点帮扶工作，积极推动消费扶贫。完成930.1万元“养殖贷”产业扶贫专项贷款投放。重点推广新型惠农贷款品种，累计向个体工商户投放陇原农担贷23笔2755万元，小微企业贷款5笔2020万元。帮扶路园镇盛家坪村40户建档立卡户，贫困人口由438户1830人减少至1户6人，贫困发生率由13.3%降至0.3%，2019年底整村脱贫。

【存款】截至2019年12月底，各项存款余额19.88亿元，较年初减少1535万元。个人存款余额13.57亿元，较年初增加9214万元；对公存款余额6.3亿元，较年初减少1.07亿元。

【零售业务】截至2019年12月底，累计新增个人掌银客户3506户、掌银缴费场景建设5户，微信绑定信用卡年绑定客户数474户，微信银行本年户数5468户，当年新增信用卡有效客户数1717户，ETC安装量1975户，收单小微商户新增321户，收单对公商户新增20户，分期交易总额4073万元，个人贵宾客户新增190户，个人加权贵宾客户新增140户，Ⅰ类个人账户数新增4785户，Ⅱ、Ⅲ个人账户数新增15298户，他行客户开立我行Ⅱ、Ⅲ类个人账户新增1569户，私人银行客户新增2户，私人银行客户金融资产余额818万元。

【信贷投放】累计发放法人贷款共计5笔5000万元。个人贷款方面，共营销投放经营性房抵贷56户3072万元；个人助业贷款119户6290.5万元；农民安家贷及一手房贷42户974万元；随薪贷637户4231.96万元。成功发放烟商贷10户92.5万元。截至2019年12月底，全行各项贷款余额9.76亿元，较年初增长1.84亿元。

【风险防控】截至2019年12月底，不良贷款余额1987.46万元，较年初净增加1065.46万元，不良贷款占比为2.04%，占比较年初增加0.88个百分点。累计清收不良贷款1377.38万元，其中，现金清收不良贷款1259.2万元。

【领导名录】

党总支书记、行长：于占海

党总支副书记、纪检委员：雷志雄

党总支委员、副行长：王国玉

党总支委员、副行长：田小莉（女）

党总支委员、行长助理：左晓东

（供稿：王娜）

中国工商银行渭源支行

【概况】中国工商银行股份有限公司渭源支行现有员工10人，均具有专业技术职称。现有营业室1个、离行自助网点2个，智能机4台、ATM机4台。2019年度，支行获得甘肃省分行工银成就奖（核心竞争力提升）10强支行。

【业务发展】利息收入1674万元，同比增加213万元。实现拨备后利润684万元，同比增加89万元。各项贷款余额为36943万元，较年初增加5531万元，完成任务3000万元的184%。存贷比103.9%。发放公积金委托贷款5104万元。各项存款余额35540万元，较年初增加14105万元。实现中间业务收入207万元，完成全年任务188万元的110%。

【领导名录】

行长：刘伟

副行长：康小平、辛翔辉（8月任）

（供稿：兰天航）

中国邮政储蓄银行渭源县支行

【概况】中国邮政储蓄银行渭源县支行成立于2012年7月26日。现有员工18人。经营业务种类主要有：各类贷款（小额贷款、消费贷款、商务贷款、小企业贷款、房屋按揭贷款等20多个贷款产品）、存款、理财、银行卡、信用卡、电子银行、第三方存管（CTS）、POS收单、ETC、基金、保险、贵金属、烟草代收等银行业务。

【业务发展】各项存款余额9326.5万元，各项贷款结余27622.7万元，信用卡本年结存卡片4031张，保险销售37万元，基金销售75.47万元，理财保有量356.66万元，贵金属本年销量5.24万元，公司余额9186万元，烟草签约结存户数158户，ETC结存1241户。

【领导名录】

行长：汪静（女）

副行长：石岩（8月任）

（供稿：石岩）

甘肃银行股份有限公司渭源支行

【概况】甘肃银行股份有限公司渭源支行有营业网点1处，24小时自助服务厅2处，内设综合管理、会计运营、信贷业务、个人业务等4个管理条线。现有职工16名，其中党员5名。支行自2014年成立以来，连续6年荣获定西分行“先进集体”称号，连续5年荣获“支持地方经济建设贡献奖”。

【助力脱贫攻坚】累计为8609户建档立卡贫困户续贷精准扶贫专项贷款3.47亿元。加强贷款管理，及早处理风险资产；加大信贷支持力度，多措并举为企业缓解资金压力，争取发展时间。投入帮扶资金4万余元，帮扶20户贫困户。

【业务发展】各项存款余额117580万元，较年初净增8656万元。其中对公存款余额29025万元，较年初减少15038万元；储蓄存款余额88554万元，较年初净增23694万元。各项贷款余额96571万元，较年初净增13453万元。其中公司贷款余额54503万元，较年初减少10348万元；个人贷款余额42068万元，较年初净增23801万元。新增个人账户7027户，新增代发工资21户，新增ETC388户，新增聚合支付418户。

【领导名录】

党支部书记、行长：陆汉

副行长：丁强

会计主管：常晶（女）

（供稿：孙彦锋）

中国建设银行渭源支行

【概况】中国建设银行渭源支行成立于2019年1月，有1个网点。现有职工4名，其中党员3名。

【业务发展】各项存款余额1604万元。当年信用卡客户净新增682户。当年信用卡消费交易额682万元，市分行排名第一。个人手机银行活跃客户新增956户。善融商务有效买家新增1户。龙支付客户新增466户。聚合付活跃商户54户。办理ETC卡272张。新发展裕农通普惠金融服务点59个。累计发放个人信用卡类贷款1004万元。争取到县市场监督管理局、应急管理局基本账户开立，争取当地一些小企业开户。开立各类对公结算账户29户。

【领导名录】

行长：赵渭清

（供稿：赵渭清）

渭源县农村信用合作联社

【概况】县农村信用合作联社（以下简称县联社）内设部门9个，辖属营业网点23个，其中营业部1个，信用社18个，直属分社4个，设立便民金融服务点160个，其中三农服务终端45个，惠民服务终端115个。共有在册职工216名，下设党支部5个，党员80名。

【业务发展】资产总额35.93亿元，较年初增加2.24亿元；负债总额32.74亿元，较年初增加2.27亿元；所有者权益3.19亿元，各项存款31.65亿元，较年初增加3.19亿元；各项贷款28.69亿元，较年初增加0.99亿元，存贷比90.65%；农户贷款23.81亿元，较年初减少3600万元；上缴所得税491万元；实现拨备前利润6240万元；电子银行业务替代率84.73%；固定资本比率22.77%；拨备覆盖率34.73%；贷款损失准备充足率51.22%。

【支农工作】与县政府金融办共同制定印发《精准扶贫小额贷款管理细则》和精准扶贫小额贷款办理流程，对全县13457户建档立卡贫困户开展评级授信，累计发放精准扶贫小额信用贷款1285户5960万元。为5874户贫困户发放农户小额信用贷款3.92亿元。对经营良好的13家农民专业合作社完成评级授信3650万元，发放贷款3650万元。借助全县“政银企社”产销大会签约仪式平台，与新成立的三个县级合作社签订《银企战略合作协议》，现场授信4000万元。对符合“富陇产业贷”准入条件的18家县域龙头和优质企业完成授信0.9亿元，发放贷款0.9亿元。在实现乡镇营业网点全覆盖的基础上，全面实施“村村通”金融工程建设，累计建立农村便民金融服务点45个，布放惠农服务终端等自助服务设备115台，布放自动取款机、存取款一体机等自助设备33台，有效满足全县217个行政村、32万名农牧民的全时限金融服务需求，实现了“零售业务不出村，综合业务不出镇”的普惠金融要求。进一步完善网上银行、手机银行、微信银行、电话银行四位一体的线上渠道。新增手机银行20257户，新增微信银行11922户，累计签约POS

特约商户61户，签约飞天e码通商户2000户，新增飞天系列银行卡发卡4743张，累计发行社保卡34.5万张，银行业务替代率达到了75%以上。“银医通”智慧医疗项目、“智慧公交”项目建设等移动金融便民示范工程建设完成项目立项和前期设计工作。积极克服利差缩窄、经营成本大幅增加等多种不利因素，多次下调贷款利率，累计让利于民560万元，有效降低企业和农户融资成本。

【领导名录】

党委书记、理事长：马学义（6月止）、赵贵堂（6月任，8月止）、张俊峰（8月任）

党委副书记、主任：赵贵堂（6月止）、苏敬国（11月任）

党委委员、纪委书记、监事长：李文奎（10月止）

党委委员、副主任：马俊中、郭晓明

（供稿：郭睿）

保　险

中国人寿渭源县支公司

【概况】中国人寿渭源县支公司下辖银保部、城市营销分部、收展服务部和田家河、会川、北寨、莲峰、路园、新寨、庆坪7个农村营销服务部，柜面服务窗口1个。营销员总数达426人，100%持证上岗。

【业务经营】实现总保费收入7202万元，同比增长18.86%，其中首年期交保费1396.35万元，较上年有所下降；十年期以上保费达948.85万元；保障型产品保费达到656万元，同比增长21，74%；短期险业务达到729.24万元；在全市系统2019年度综合绩效考核中，排名全市第一位。

【理赔情况】理赔支出421.21万元，其中短期意外险给付53.49万元；短期健康险给付188.25万元；信贷保险支出10万元；学平险支出64.06万元；员福险支出49.26万元；计生险支出5.97万元；建工险支出10.48万元。“两保一孤”业务赔付72件48.4万元；城镇职工团体意外伤害保险赔付70件37.04万元。

【社会业务】加强保险服务“三农”建设，为全县22所学校，22001名学生提供了人身意外保障；为会川、路园、五竹等乡镇1622户提供了计划生育保险。全县“两保一孤”保费收入111万元，赔付87人73万元，赔付率90%。

【领导名录】

经理：张星旭（8月止）、张轲（8月任）

机构业务部经理：石晓明（8月任，9月止）、张立军（9月任）

（供稿：张文涛）

中国人民财产保险股份有限公司渭源支公司

【概况】中国人民财产保险股份有限公司渭源支公司（简称“人保财险渭源支公司”或“PICC”）内设综合部、车商部、农险部、商业非车险部、社保分部、理赔分部，下辖会川三农服务部。

【业务发展】全年完成保费收入4553.56万元，同比增长2.89%，完成农业保险保费1900万元，车险保费2077.74万元，同比负增长0.61%，商业非车险520.51万元。农业保险、大病保险实现承保范围内建档立卡贫困户基本全覆盖。全年支付赔款2660.26万元，商业保险赔款1180.11万元。

【理赔情况】严格落实“25+15”理赔服务承诺，积极推动理赔服务升级，推出电子查勘员、道路救援、一小时赔付、理赔无忧、异地出险就地理赔等个性化服务项目，推广应用互碰速赔、微信理赔、极速理赔。持续推进柜面服务标准化建设，定期开展服务技能竞赛，加大客户回访力度，提高投诉处理响应速度，将万元保费投诉量和客户满意度等关键指标纳入绩效考核管理，客户服务满意度测评始终名列全县保险行业前列。

【社会服务】筹建莲峰、北寨营销服务部稳步推进。成立217个金融服务所、17个金融服务站。警保合作，改建1所劝导站，新建4所劝导站，合作推动农村道路交通安全，安装交管12123APP、农交安APP，满足“一站多能”“一人多岗”工作模式，打造集农村道路管理、农村保险服务于一体的综合服务队伍。派出驻村帮扶队员1名，结对帮扶10户。筹资5539元为路园镇王家山村便民服务中心购买电脑1台、打印复印一体机1台；筹措5400元，开展春节慰问送温暖。

【城乡居民大病保险】城乡居民大病保险参保人数共计29.5万人，总筹资金额为2656.29万元。累计大病保险补偿7580人次，金额2572.95万元。10元85%兜底补偿8796人，金额233.25万元。共计赔付1.58万人，赔付金额2806.20万元，赔付率105.64%。

【领导名录】

经理：何自强

副经理：赵勇、祁琴（女）

经理助理：赵倩妮（女）

（供稿：杨江涛）

中国平安人寿保险股份有限公司渭源支公司

【概况】中国平安人寿保险股份有限公司渭源支公司为定西中心支公司下辖四级营业网点。经理1名，内勤员工2人，销售人员30人。

【业务经营】2019年，保费收入791.1万元，较上年同期增长21.3%，其中新契约保费收入158.7万元，续期收入632.4万元。理赔290件，理赔金额67.9万元，其中医疗险赔付48.7万元，重疾及身故赔付19.07万元，获赔率98.9%。“财富金瑞”上年12月上市，为分红两全险，是公司2019年“开门红”主推产品。“平安福”2013年10月上市，为终身寿险，是公司2013—2019年主推保障型产品。“福满分”2018年6月上市，是一款成人两全保险产品。

【领导名录】

经理：王寿宾

（供稿：王寿宾）

中国大地财产保险股份有限公司渭源支公司

【概况】中国大地财产保险股份有限公司渭源支公司现有员工7人，保险营销人员12人，员工及保险营销人员基本为下岗职工再就业人员，其中6人为大中专院校普通毕业生。

【保险服务】2019年，完成保费774.29万元。公司以客户为中心，从礼尊客户的角度，用客户体验重新定义大地新“礼”（理）赔。5月20日，在县城北环路参与“5·20”健康跑活动，设立咨询展台，为客户提供客户增值服务咨询和公司流量业务投保指导服务，线上参与“大地之星”服务明星评选活动、“幸运大地”客户抽奖活动、“惠享大地”在保客户回馈活动、“厉害了·我的乡村”保险明星推广活动。

【获奖情况】2019年度，兰卫东被县委、县政府评为“2019年度全县脱贫攻坚帮扶工作先进个人”。

【领导名录】

经理：兰卫东

（供稿：兰卫东）

交通运输

交 通

【概况】2019年3月，全县机构改革后，县交通运输局设办公室、综合股（地方海事处）、建设管理股、行政审批服务股，下属机构县道路运输和公路水运服务中心、县农村道路建设服务中心、县交通运输综合行政执法队。现有行政人员9名，事业人员8名，机关行政工人3名。

【项目建设】2019年共实施新续建项目5类12项，累计完成投资5.02亿元。S229榆中至陇西公路蒲滩至何家沟（渭陇界）段公路改造工程项目完成渭源段建设任务。S227渭源至渭河源景区旅游公路工程项目完成年度建设任务。祁家庙至峡城公路田家河至峡城段（原沈家滩至峡城）县乡道改造工程、田家河至麻家集县乡道改造工程项目全面完成建设任务。朱家山至韩家湾县乡道改造工程完成年度建设任务。2019年农村公路“畅返不畅”道路整治项目、2019年贫困村农村公路“畅返不畅”整治项目、2018年撤并建制村道路硬化工程全面完成建设任务。渭源县现代农业产业园路园养殖区道路工程项目、金鸡产业扶贫项目路园镇渭河大桥工程项目全面完成建设任务。上泉湾至苏家坪等24条公路安全生命防护工程项目、田麻公路田家河二号桥建设工程项目全面完成建设任务。

【规范行业管理】

1.全面推进路长责任制。制定并下发渭源县农村公路路长制工作方案，完成了县乡两级总路长和路长的设置。

2.路权保障持续加力。开展集中整治行动16次，共计巡查公路3000公里，制止、查处公路建控区违法建修4起，清理占道堆放26处，清除砂石、红砖、水泥等影响公路安全畅通的障碍物150方。

3.运输市场持续好转。结合体制机构改革，建立道路运输和公路水运服务中心，持续加强市场监管。完成1路、5路公交车营运改革，新开设渭源至三河口、渭源至莲峰、渭源至渭河源景区公交线路3条，投放新能源公交车24辆。加强公交车日常运营巡查，免费办理公交车乘车卡3800余张。依法查处参与非法营运车辆160余起，严厉打击出租车行业乱收费、不打表计费等违法行为60余件，批评教育200人次。

4.安全管理水平全面提升。压实安全管理责任，开展安全教育培训，开展安全检查40余次，发放整改通知书28份，处罚5家。进一步完善应急预案，开展应急演练，强化特殊时段安全监管；组织开展“打非治违”80余次，打击各种客货运输违法行为53起，彻底维护市场运营安全。

【交通产业发展】

1.实施交通运输+旅游产业。实施生态交通建设，开工建设县城至渭河源景区旅游公路和渭河源景区二期环线公路工程，规划建设首阳山旅游道路，持续提升景区综合实力；栽植行道树1200公里，建成公路景观节点15处，实现县域公路绿化美化全覆盖，形成了干线公路一路多景，农村公路一村一景的美丽乡村示范带。

2. 实施交通运输+特色产业。通过实施撤并建制村通硬化路工程、自然村通硬化路工程、农村公路提升改造工程等等多类项目实施，有效带动全县马铃薯、中药材、畜产品、蔬菜等传统优势特色产业快速发展。

3. 实施交通运输+乡村客运。制定《渭源县城乡公交一体化实施方案》，积极推动农村客运公司化、公交化、区域化、网络化改造。

4. 实施交通运输+电商物流。建成县有服务中心、乡有服务网络、村有服务站点的县乡村三级电商服务体系，12家大型寄递企业在渭设立分支机构，乡镇寄递邮政网点、物流服务站实现了全覆盖，村级物流网络节点覆盖率达75%，有效畅通物流动脉，促进了农民增收，带产业、连基地、促增收的交通运输效益日益凸显。

【助力脱贫攻坚】2019年，分两批实施“畅返不畅”维修整治项目184.993公里，总投资8000万元，项目建设于8月完成建设任务。全县农村客运建设积极推进，优化乡村客运线路8条，采取预约响应的方式，开通28个建制村客运车辆。

【领导名录】

党组书记、局长：文鹏祥

党组成员、副局长：陈骞、汪洋、柏景春

党组成员、交通运输综合行政执法队队长：张亚军

（供稿：朱会林）

交通运输综合行政执法队

【概况】2019年3月组建成立县交通运输综合行政执法队，正科级事业单位，隶属于县交通运输局管理。核定编制24人，实有干部职工22人，党员15人。实有干部职工中管理干部7人，专业技术人员4人，工勤人员11人。

【路政执法管理】加强法律法规宣传力度，提高公路沿线群众爱路护路意识，加强与公路养护单位的互动协作，建立信息互通机制，早发现、早调查处理各类公路违法案件，把大部分违章行为消灭在萌芽期。巡查公路18000公里，上路巡查180天。

【运政执法管理】深入推进交通运输领域扫黑除恶专项斗争，进一步净化交通运输市场环境，于10月15日—12月31日开展了交通运输综合执法专项整治行动。检查车辆460台，查处道路运输经营业户违法违规行为案件32起，共计罚款10多万元。非法从事旅客运输经营案件30起，货物运输车辆未采取措施防止货物脱落案件6起，非法改装超限超载货物运输案件6起，巡游出租汽车无从业资格证案件10起。加快推进交通运输综合行政执法队伍建设，成立4个稽查队及政策法律法规股室；购买执法记录仪、违法查询仪等执法设备。

【领导名录】

队长：张亚军

副队长：常勇、罗顺平

（供稿：陈为平）

农村道路建设服务中心

【概况】县乡公路管理站成立于1984年4月，2009年7月更名为“渭源县农村公路管理局”。2019年3月，全县机构改革后，更名为“渭源县农村道路建设服务中心”，正科级事业单位，隶属于县交通运输局管理；将县农村公路管理局承担的公路赔偿补偿费征收等3项行政征收和农村公路监督检查等12项其他行政职权划转给县交通运输局；将其承担的对公路路面损坏、污染或者影响公路畅通的处罚等11项行政处罚职权和扣留破坏公路、公路附属设施工具等4项行政强制职权纳

入综合行政执法体制改革统筹推进。承担公路养护、设置公路标志牌等公益服务职能。现有职工18人，党员7人。全县16个乡镇均成立了农村公路养护管理所。

【农村公路养护】

1.落实县、乡、村道三级养护责任。2019年共养护农村公路222条1284.66公里。县农路局养护县道1条46.97公里，乡道12条长211.92公里，16个乡镇养护村道209条1025.77公里，列养率100%。

2.积极开展安全生产月活动。建立农村公路安全隐患排查整治台账。共排查安全隐患69起，其中西五公里25起，罗莲公路3起，阳殊公路10起，庆周公路20起，梁锹公路11起，全部得到整治。根据冬春季节农村公路养护特点，集中力量、集中时间对县道西五公路，乡道罗莲、梁锹、瓦漫、沈峡、田麻、路河、朱韩等公路进行安全隐患全面排查，清理疏通边沟108公里，整修路肩110公里，整修保洁路面130公里，整治路域环境清除杂草垃圾103公里。

3.严格执行桥梁养护管理制度和落实桥梁养护工程师制度。对农村公路桥梁进行经常性检查和定期检查，对全县农村公路桥涵进行安全检查1次。共有桥梁57座，其中：县道16座，乡道27座，村道14座。经检查评定共有：一类桥梁43座；二类桥梁9座；三类桥梁2座；四类桥梁1座；五类桥梁2座。

【养护工程管理】田麻公路田家河二号桥改造工程于3月25日开工，8月底完工，完成投资141.997万元，占总工作量的100%。2019年农村公路安全生命防护工程共计建设24条200.492公里，项目于3月25日开工，9月底完工，完成投资1446.038万元。2019年养护维修工程为莲峰镇芦家嘴至首阳山路段工程项目于9月开工，10月底完成建设任务。

【水毁抢修工程】路河公路水毁抢修工程于6月底完成抢修任务，完成投资22.58143万元。西二十铺至五竹公路水毁工程于8月完工，完成挡墙34.27立方米/59米。

【领导名录】

农村公路管理局

党组书记、局长：麻天荣（3月止）

党组成员、副局长：柏景春（1月止）、张东生（4月止）

副局长：张一炜（1月任，4月止）

农村道路建设服务中心

主任：张国平（4月任）

副主任：张东生（4月任）、张一炜（4月任）

（供稿：赵国庆）

定西公路局渭源公路段

【概况】定西公路局渭源公路段的前身是渭源公路管理段，成立于1973年12月。2019年3月，更名为“定西公路局渭源公路段”，下属会川、清源、北寨3个养管站，一个专业化路面养护队，一个桥涵养护队，承担着G212线、S227线、X083线共计155.851公里的养护任务。现有职工82人，退休职工41人，党员16人；各类专业技术人员18人，管理人员7人。技术工人57人。拥有各种养护、施工机械设备及车辆50台（辆）。

【公路养护】完成路基换填1804.995立方米/5283.82平方米。油路修补6915.26平方米。完成勾缝抹面529.14平方米，圬工体维修689.99立方米，新增车行涵69米。全年累计清扫桥面14790平方米，及时清理疏通桥梁泄水孔和伸缩缝。在S227线K2774+090处新增顶推涵洞1道。坚持对公路安全防护设施和警示标志标牌进行经常性检查，更换维修波形护栏44米、警示柱83根，更换维修里程碑8块、百米桩34根，粘贴警示柱反光膜152平方米，交安设施刷新2826.72平方米，刷新里程碑56块、百米桩496根，更换维修道口桩6根，校正标志标牌13块，校正防撞墩13块/

26米，校正波形护栏88米/22块。整修标准路252.8公里，S227线土路肩整修铺砂21559平方米。G212线砂浆封堵路肩与路面裂缝2656米。进一步规范平交道口管理，减少路面扬尘污染，共硬化平交道口13666平方米/68处。采用贴封带贴缝16808.1米，有效防止路面病害扩大，提高路面使用功能和寿命。修复G212线K125+800处急流槽13米，开挖土方95立方米，换填土方144立方米。自救车道安装太阳能路灯9个，换填制动床填料751立方米/9655平方米，增加废旧轮胎80条，轮廓标22个，防撞桶6个，施划热熔标线52.5平方米，防撞墙植筋浇筑混凝土16.8立方米。

【道路保畅】

1.应急抢险演练。6月19日，联合甘肃威远路业（集团）有限公司、路政、交警等部门在临渭高速开展了防汛抢险应急演练活动；开展消防应急疏散演练和火灾灭火演练2次。

2.应对公路突发事件。持续强降雨导致S227线K2769+500—K2769+600处一辆拉运加气块的板车发生交通事故，公路段采取人工配合机械的方式对发生事故的路段进行清障，确保道路通行畅通。

3.冬季防滑保畅。撒铺融雪剂85.7吨，撒铺防滑料500立方米，打冰除雪830立方米。储备防滑料350立方米，储备融雪剂100吨，储备冷补料8吨。在防滑保畅工作中，联合交警、路政部门在G212线、S227线重点路段设置劝导站疏导交通，并提供方便面、矿泉水、热水等物资，尽最大力度减少安全事故的发生。

【路域环境整治】

1.创建示范路段。持续创建G212线公路全域无垃圾示范路，以示范路带动S227线。在路域环境治理工作中，累计出动740人次，清理垃圾843.8立方米，清理涵洞71道/387立方米，清理桥梁14座/125立方米，G212线设置全域无垃圾警示牌2块，更换损坏垃圾箱2个，补充垃圾箱内筒20个。黄香沟至分水岭填埋清理工程垃圾约2000平方米。

2.发挥协同联动作用。与路政部门、当地政府协作配合，对乱堆乱放、乱填乱挖、占道经营等行为进行整治。与路政部门联合开展整治和宣传活动5次，清理乱堆乱放建筑垃圾353立方米，清理废旧轮胎105个。依法开挖边沟24米7处。

【安全隐患排查治理】

1.安全生产责任明确。进一步细化安全管理目标，与各养管站、路面养护队签订安全生产目标责任书，与重要岗位、机驾人员签订了安全生产责任书，与一线职工签订了安全生产承诺书，把安全责任明确到每个职工身上，建立全员管理、全员防范的管理体系。

2.安全生产资金投入到位。全年安全投资共16.15万元，为职工购置夏秋季安全标志服160套、帽子80顶；为应急库房添置雨衣30套；购置防撞桶10个、安全锥桶套100个、锥形桶100个、布控球1套；养护车辆安装移动作业标志牌7块、车顶警示灯5套；为胶轮压路机和双钢轮压路机安装倒车影像装置2套；为车辆配备12具灭火器；为临时用工人员购买雇主责任险；为职工购买意外伤害险；为所有机动车辆购买车辆保险。

3.安全生产活动开展扎实。组织开展安全生产大排查大整治大提升专项行动、安全生产月和安全生产陇原行活动、安全生产风险防控和隐患排查治理百日行动暨防风险查隐患保安全专项整治行动、“防风险保平安迎大庆”消防安全检查专项行动等系列活动，并将安全生产教育培训工作作为重点工作来抓，开展教育培训15次。

4.隐患排查全面彻底。联合路政部门对S227线及G212线行道树进行详细排查，砍伐枯死行道树104棵；对存在脱落、不完整、污染等情况的标线进行了重新补划，共计2081.5平方米。对S227线半阴坡路段新增连续下坡温馨提示牌1块，K2784+530增设波形护栏340米。排查出清源站通勤车排放标准不符合国家标准，对其停审停用。

【领导名录】

党支部书记：杜明昕

段长：刘春晖

工会主席：王虎强

副段长：高魁

（供稿：梁小云）

邮政通信

邮 政

【概况】中国邮政集团公司渭源县分公司现辖17个农村邮政分支机构、4个综合营业网点、4个邮政储蓄联网网点。全县有44条农村邮路，邮路总长1760公里；8条城市邮路，邮路总长240公里。现有职工33人。

【业务经营】2019年，邮政业务收入完成1042.01万元，比上年同期增长10.06%，其中邮务类业务收入完成151.89万元，增长3.39%，其中报刊发行业务收入完成66.43万元，增长8.02%，分销业务收入完成57.78万元，增长4.53%；寄递业务收入完成153.01万元，增长8.09%；普包收入完成21.34万元，负增长48.68%；代理金融业务收入完成626.77万元，增长9.3%；电子商务业务收入完成35.21万元，增长20.21%；其他业务收入完成41.51万元，增长5.43%；其他商品销售收入完成12.08万元，增长26.44%；机要收入完成0.2万元，负增长19.26%。

【领导名录】

总经理：李晓雄

副总经理：刘建林

（供稿：朱秀琴）

电 信

【概况】中国电信渭源分公司现设综合办公室、客户销售部、渠道运营中心、政企客户中心、综合维护中心等5个部门，下设会川支局、莲峰支局、北寨支局、田家河支局4个支局和首阳路营业厅；现有合同制员工34人，其中中级以上职称4人，初级职称15人。现有电话用户0.96万户，移动用户12.9万户，互联网用户近4.9万户，ITV电视用户4.3万户，移动电话及宽带已通的行政村达到100%。

【网络工程建设】建设完成光端口73840个，光端口占用42362个，端占用率达到57.32%。行政村光网完成覆盖196个，行政村光网覆盖率90.32%；自然村光网完成覆盖1269个，自然村光网覆盖率80.93%。无线网络共计建设完成1X基站194个，4G基站264个（其中1.8G、2.1G、800M基站分别为64个、15个、185个）。行政村覆盖216个，覆盖率达到99.5%；自然村覆盖1459个，覆盖率达到93%。

【领导名录】

总经理：王祥（12月止）

副总经理：袁文慧（12月任，主持工作）

（供稿：张志武）

移 动

【概况】中国移动通信集团甘肃有限公司渭源县分公司于1999年9月成立。公司设有3个部门1个中心，下设11个网格、1个自办营业厅和53个核心渠道。现有员工50人。移动通信4G网络全县乡镇行政村覆盖率达100%，自然村覆盖率达95%。

【经营情况】2019年新增4G客户数12.83万户，用户总数达到17万户，通信客户普及率51%。数字化服务收入1300万元，行业应用信息化收入完成800万元。

【基础设施建设】2019年，新建17个FDD1800基站、开通25个FDD900站点，形成了FDD网络连续覆盖的能力，4G基站总数达到462个，无线基础网络覆盖优势不断提升，自然村4G网络覆盖率达到99%；新建4个汇聚机房，乡镇汇聚机房覆盖率达到87.5%；新建市到县100GOTN、县到乡OTN环网，网络出口带宽达到200G。

【领导名录】

总经理：卢国强（5月任）

副总经理：杨冬花（女）、吴世贵

（供稿：马玉萍）

联 通

【概况】中国联合网络通信有限公司渭源县分公司（以下简称：联通渭源县分公司）是中国联合网络通信有限公司定西市分公司在渭源县的分支机构，成立于2001年，现有员工20人。2019年，综合业务出帐收入完成率在全市8个经营单位中排名第一，利润累计完成107.5%。

【业务经营】建成移动基站218个，光缆线路长达1400多公里，宽带覆盖小区端口数达700个。全力推进“沃4G+”品牌战略，打造网络覆盖更加完善、上网速度加倍提升、通话体验更加出色的4G精品网络。2019年，新增4G基站80多个，4G基站已达163个。

【领导名录】

总经理：张生平

副总经理：张泰

（供稿：马碧萍）

经济管理与监督

发展和改革

【概况】县发展和改革局现有编制27个，在职职工28人。2019年3月，机构改革后，加挂渭源县粮食和物资储备局牌子，划入工信局固定资产投资项目审批、节能审查、相关物资储备、油气运输管道保护职责和民政局相关物资储备职责；加挂经济装备动员和军民融合发展股牌子。将组织编制主体功能区规划职责划给县自然资源局，应对气候变化和减排职责划给市生态环境局渭源县分局，农业投资项目管理职责划给县农业农村局，项目稽查职责划给县审计局。

【项目建设进展情况】

1.中央预算项目。2019年，下达朱韩路、渭河源景区基础设施、县职专实训楼、县森林公安局业务用房等中央预算项目20项，总投资1.36亿元，其中下达中央预算资金8262.6万元，截至9月底，13项开工建设，会川、北寨、清源等7个司法所项目正在开展前期工作。

2.市列项目。列入市列重点项目5项，总投资11.9亿元，当年完成投资7.7亿元，其中渭水源旅游接待中心项目、县城区供水工程、金鸡产业扶贫项目（省列）、县城北环路东段棚户区改造工程（新建）等4个项目开（复）工建设，完成投资5.08亿元，占年度计划完成投资的66%；甘肃佛慈红日中药饮片与配方颗粒生产项目正在进行项目设计。

3.县属项目。2019年，总投资76.4亿元的86项县列投资清单项目，截至9月底，共开工建设项目83项（其中1亿元以上22项、5000万元以上1亿元以下8项、500万元以上5000万元以下56项），完成投资20.67亿元。

4.项目前期谋划。认真研究西部大开发新格局意见、地方专项债发行使用意见等支持政策，立足县情和推动高质量发展要求，谋划中医中药、马铃薯、畜草、文旅、节能环保等“十大产业”项目89项，总投资143.3亿元。谋划2020年实施项目81项，总投资62.5亿元。

【项目申报及项目审批完成情况】

1.项目申报进展情况。共申报2019年中央预算内各类项目10个，总投资7465万元。4月，补报申请各类项目13项，总投资3009万元。

2.专项债券项目申报方面。分三批申报专项债券项目56项，总投资57.9亿元，申请专项债券25.7亿元。共申报农发行贷款项目8项，总投资4.7亿元，申请农发行贷款3.3亿元。

3.在线审批监管方面。从2018年开始，全县所有投资项目一律通过审批平台办理。累计通过平台申报项目141项，总投资127.45亿元，其中：审批类110项，总投资14.86亿元；备案类31项，总投资112.59亿元。在申报的项目中，已办结项目115项，办结率为90.55%。

4.项目审批方面。共审批各类项目74项。其中：立项批复40项，可行性研究报告批复24项，初步设计批复8项，备案类项目2项。

【物价服务】全面落实降低一般工商业电价改革政策，2019年4月降价金额为每千瓦时3.68～4分，7月份降价金额为每千瓦时5.09分。督促供电部门及时落实扶贫车间、龙头企业的电价优惠政策。进一步规范价费管理，对辖区内21家物业公司（32个小区）的物业服务收费项目进行了规范，对百花经典幼儿园、高家堡幼儿园等7所民办幼儿园的收费标准进行了备案。对辖区生猪市场价格实时监测，对价格上涨原因进行分析，确定大润发超市为渭源县应急猪肉投放点。协调督促民政、人社、退役军人事务局等部门，向困难群众发放价格临时补贴137728人，发放金额181.27万元。

【助力脱贫攻坚】“十三五”期间搬迁的2267户9755人建档立卡贫困群众均纳入全省易地扶贫搬迁“十三五”规划，并在国务院扶贫办系统的“五个一批”里进行关联标注，全部为易地扶贫搬迁项目受益户。截至2019年底，全县“十三五”期间实施的易地搬迁项目有2212户9540人脱贫退出，还未脱贫55户215人。争取实施光伏扶贫项目60.249兆瓦，实现135个贫困村光伏电站全覆盖，对2016年光伏试点项目完成了市县验收。“十三五”第一批14.763兆瓦和“十三五”第二批中的14.349兆瓦光伏项目，完成审计和第三方检测。“十三五”第二批中的13兆瓦于11月底完成并网发电。

【领导名录】

党组书记、局长：陈维光（9月止）、王彦斌（9月任）

党组成员、副局长：鄂寿海、张海荣、王东

县项目办副主任：王斌、陈元兵

（供稿：王鹏）

粮食和物资储备中心

【概况】2019年3月，县粮食局更名为“渭源县粮食和物资储备中心”，隶属县发展和改革局管理，承担粮食收购、销售、储存、加工和政策性咨询等公益服务职能；将原县粮食局承担的从事粮食收购活动许可1项行政许可职权划转县发展和改革局；将其承担的对陈粮出库未按规定进行质量鉴定的处罚等6项行政处罚职权暂时保留，纳入综合行政执法体制改革统筹推进。2019年6月，县粮食局党组撤销。全县粮食系统有事业单位1个，国有独资企业1个，基层粮管所（站）8个。县粮食和物资储备中心内设办公室、财务股，核定编制4名。全县国有粮食部门共有职工24人，其中行政人员8人、事业人员1人，企业职工24人。

【粮食安全】充实调整县粮食安全领导小组，签订粮食安全目标责任书，细化完善考核细则。按照《政策性粮食库存大清查重点工作指引》要求，存储省级储备粮2000吨、县级储备粮5000吨、成品面粉200吨。市上下达“十三五”期间新增县级储备粮计划2019年完成500吨，与渭源县信用联社协商贷款200万元，与省景家店粮库签约调粮合同510吨。新进河南省许昌小麦质量等级达到一等粮，全面完成市上下达“十三五”县级储备粮任务。

【优质粮食工程】实施“优质粮食工程”子项目3个。投资126万元粮库智能化升级改造项目，由市粮食和物资储备局统一招标，粮食和物资储备中心监管，县粮油收储公司组织实施，工程进入收尾工作。投资20万元危仓老库改造项目，由县粮油收储公司莲峰库点实施，完成库面院落硬化803平方米，维修职工宿舍80平方米，于9月份交付使用。投资400万元粮食质检站项目，由县粮油收储公司实施，项目进入招标阶段。

【依法管粮】强化依法管粮，维护粮食流通秩序。加大宣传力度，营造粮油安全消费环境。举办粮食科技活动周、世界粮食日暨粮食安全宣传周活动。实施了“中国好粮油”行动。组建“放心粮店”18家、“主食厨房”3家，开展粮油市场常态化执法检查和日常监管，有效维护粮油市场秩序稳定。认真落实行业《一规定两守则》，积极开展安全生产、科学保粮、推广使用保粮新技术。粮情监测实现常态化，粮食出入库实现机械化，仓储管理实现智能化。经省市部门检查验收，县仓储规范管理工作持续保持“省级二类仓储先进单位”称号。

【领导名录】

主任：王伟峰

副主任：郭淑萍（女）、杨叶艳（女）

（供稿：陈西媛）

国家税务

【概况】国家税务总局渭源县税务局坐落于清源镇首阳路西段，内设办公室、纪检组、人事教育股、法制股、纳税服务股、收入核算股、征收管理股、税政一股、税政二股、社保费和非税收入股、财务管理股、风险管理股等；事业单位1个，即信息中心；派出机构5个，即第一税务分局、第二税务分局、清源税务分局、会川税务分局和莲峰税务分局。现有在职干部90人。管辖纳税人5647户。

【组织收入】坚持税费同征同管，及时跟进分析税收进度，解决征管疑点难点问题，完成非税职责划转及系统上线征缴工作。2019年，组织各项税费收入53690万元，其中税收收入完成19178万元，同比增长3.19%，增收593万元；组织社保费收入33336万元；非税收入完成1020万元，同比增长28.32%，增收226万元；代收工会经费156万元，同比增收40万元。

【减税降费】坚持早谋划、早推动，推出了“包户式”“幸福账单”“明白卡”具体落实机制。2019年，培训纳税人623人次，入户开展全流程、个性化政策辅导930余次，党委成员带队走访重点企业54户，解决办税难题171件，处理应享未享疑点信息2073条。2019年1—11月，实现新增减税降费2067万元，共核实办理各类退税2030笔，退税730.74万元。

【助力脱贫攻坚】打造“党建+脱贫攻坚”强力引擎，实施“1234”支部共建法，提升帮扶村支部核心功能，主导建立“公司+合作社+基地+农户”产业帮扶模式，共奖补中药材种植农户资金19.5万元，向2户企业输转帮扶村劳动力23人。投入扶贫资金5万多元，开展慰问、产业扶贫、打造集美超市、推动支部阵地建设、“金秋助学”等活动。

【税收营商环境】坚持推行电子税务局办税，开通县级发票“税邮专递”业务，扩大“不来即享”业务范围；加强纳税服务，做优“项目管家”，建立党委班子成员联系企业（含“十大产业”企业）走访工作机制；深化“最多跑一次”改革，认真落实“首问责任”“延时服务”等制度，持续开展“便民办税春风”行动，落实“三项制度”改革。2019年，优化税收营商环境工作在省局第三方评比中名列第一，纳税人满意度位列全省第六。

【领导名录】

党委书记、局长：董彦明

党委副书记、副局长：杨小强（6月止）

党委委员、纪检组长：曹雨天

党委委员、副局长：马克义、姜红、李雁彬、尤文彬、赵文东（6月止）、赵兴宏、王维军（6月止）

（供稿：曲园）

财政预算与管理

【概况】县财政局现有国资中心、非税中心、会计核算中心3个二级单位，下设人秘股、预算股、国库股、监督股、经建股、行财股、农财股、社保股、综合股、会计股、采购中心、帮扶办、信息中心等13个股室。现有职工96人，科级18人，一般干部78人；党员35名；乡镇财政人员76人。

【预算执行】

1.财政收入预算执行情况。2019年全县大口径财政收入完成26407万元，占调整预算26881万元的98.24%，同比增收1047万元，增长4.13%。地方一般公共预算收入完成15335万元，占调整预算15368万元的99.79%，同比增收558万元，增长3.78%。

2.财政支出预算执行情况。2019年全县一般公共预算支出完成312133万元，同比增支15839万元，增长5.35%，占变动预算313483万元的99.57%。分科目支出为：一般公共服务支出26055万元，公共安全支出5715万元，教育支出58553万元，科学技术支出385万元，文化旅游体育与传媒支出6272万元，社会保障和就业支出48010万元，卫生健康支出36059万元，节能环保支出20566万元，城乡社区支出3056万元，农林水支出73493万元，交通运输支出12621万元，资源勘探信息等支出350万元，商业服务业等支出282万元，自然资源海洋气象等支出1562万元，住房保障支出14099万元，粮油物资储备支出246万元，灾害防治及应急管理支出2506万元，其他支出166万元，债务付息支出2116万元，债务发行费用21万元。

3.政府性基金收支完成情况。2019年政府性基金支出达到25534万元，同比减支31845万元，下降55.50%。其中：农业土地开发资金收入27万元，国有土地使用权出让收入9320万元，城市基础设施配套费收入399万元。政府性占变动预算25870万元的98.70%。分科目支出为：文化旅游体育与传媒支出33万元，社会保障和就业支出250万元，城乡社区支出18083万元，其他支出5309万元，债务付息支出1845万元，债务发行费用支出14万元。

4.社会保险基金收支完成情况。2019年社会保险基金收入完成41455万元，占调整预算37878万元的109.44%。其中：企业职工基本养老保险基金收入3927万元，机关事业单位基本养老保险基金收入20939万元，城乡居民基本养老保险基金收入10179万元，城镇职工基本医疗保险基金收入5624万元，工伤保险基金收入208万元，生育保险基金收入578万元。社会保险基金支出29840万元，占调整预算27632万元的107.99%。其中：企业职工基本养老保险基金支出4827万元，机关事业单位基本养老保险基金支出11807万元，城乡居民基本养老保险基金支出9944万元，城镇职工基本医疗保险基金支出3041万元，工伤保险基金支出73万元，生育保险基金支出148万元。

【资金争取】2019全年共争取到各类上级补助收入281178万元，同比增长8.23%，增加21245万元。其中：一般性转移支付242787万元，同比增长23.72%、增加37968万元；同比增长51.76%、增加82715万元。

【非税收入】2019全县全口径非税收入累计完成16642万元，其中：一般公共预算非税收入完成6896万元，比去年同期增收229万元，增长3.4%，占全口径非税收入的41.4%；政府性基金预算收入完成9746万元，比上年同期减收7753万元，下降44.3%，占全口径非税收入的58.6%。

【助力脱贫攻坚与民生投入】财政社会保障事业工作以民生工作为主线，以脱贫攻坚为重点，2019年共整合资金56959万元，同比增长48.02%，重点用于产业扶贫、农村安全饮水、发展壮大村集体经济等方面。调整优化支出结构，财力向脱贫攻坚、社会民生、重点项目等方面倾斜，民生支出275204万元，占一般公共预算支出的88%。支持教育优先发展，拨付义务教育阶段公用经费资金2791万元、义务教育阶段家庭经济困难寄宿生活补助622万元、农村义务教育学生营养改善计划补助资金2084万元、乡村教师生活补助资金638万元、学前教育免保教费880万元，对建档立卡贫困家庭进入省属高职院校学生免学费和书本费877万元、助学金599万元；拨付义务教育薄弱环节改善与能力提升资金2212万元，改善普通高中办学条件补助资金592万元，现代职业教育质量提升资金487万元，学前教育发展资金1471万元，农村中小学教师周转宿舍建设资金350万元，农村边远地区中小学温暖工程资金1900万元。基本补齐乡镇寄宿制学校和乡村小规模学校短板，办学条件达到基本办学标准，稳步推进农村学校信息化。拨付资金40596万元，全力保障群众住房安全。拨付资金866万元，持续加大力度支持农村饮水安全巩固提升工程，加强农村饮水工程修护养护，重点解决农户饮水安全问题。拨付资金27924万元，充分发挥医疗保障和医疗救助作用；拨付资金300万元，支持6个贫困村医疗卫生机构服务能力提升；拨付资金115万元，集中解决14个村医卫生室基础设施维修和重建。拨付就业扶持资金60万元，激励企业自主创新，培育引进一批科研人才和创新团队，持续深化大众创业、万众创新，进一步提升企业和产品核心竞争力。发放创业担保贷款377笔共3770万元，落实贴息资金516万元，着力破解自主创业者融资难问题，实现以创业带动就业。拨付资金2349万元，推动中医药事业传承创新发展；拨付资金78万元，均衡配置优质医疗资源，加大特岗医生培养和卫生健康信息化建设力度，全面提升基层公共卫生服务、医疗服务、医疗保障、药品供应保障水平；拨付资金35971万元，实现基本养老、基本医疗、失业、工伤和生育等制度全覆盖，切实保障基本民生。

【政府采购】2019年，县政府采购工作将50万元（含50万元）以上政府采购项目上划市级公共资源交易中心平台统一交易。始终遵循“公开、公平、公正、透明”的原则实施采购。全县共组织政府集中采购126批次，采购预算20056.13万元，采购金额19599.5万元，节约资金456.63万元，节约率达1.05%。

【国有资产管理】按照“单位申请、部门审核、财政审批”的办理程序，共审批处置资产事项52件，报废处理36件，无偿调拨14件，暂借1件，拍卖1件（渭河源景区经营管理权）。按照政府非税收入“收支两条线”相关规定，2019年各单位上缴县非税局国有资产处置收入450万元。依据《市教育局、市财政局关于做好农村中小学闲置资产处置管理的通知》精神，配合县教育局共清查盘点出闲置农村中小学69所，校园面积17.22万平方米，旧校舍面积2.93万平方米。制定《渭源县部分涉改部门和单位办公地点及办公用房调配方案》《渭源县涉改部门单位经费预算和资产划转方案》，印发《渭源县关于机构改革中涉改单位国有资产登记移交或合并的函》，各涉改部门按照《渭源县行政事业单位资产处置管理办法》相关规定，对流动资产、无形资产、房屋、土地、车辆、办公设备、家具、文物陈列品和低值易耗品等资产进行清查、登记，移交，并报财政局备案。全县党政机关办公用房信息统计工作共涉及办公场所61处，党政机关和参公事业单位92个，其中：县直单位76个，乡（镇）政府16个，人员编制数2779（实有人数3398人），总建筑面积约为13.96万平方米，基本办公用房使用面积约为5.95万平方米。按照“政府主导、资源整合、市场运作”的原则，盘活水利资产，由县水务局申请，县政府批准，县国资中心代表县政府出资，将县水务局清查盘点的资源资产账面价值41201.56万元作为资本，成立了渭源县水务投资有限公司。3月，将渭源县水务投资有限公司和渭源县鼎凯城乡基础设施建设有限公司股权划转到定西市水务投资（集团）有限公司，由市水投公司牵头向农发行办理相关融资手续。根据《关于印发渭源县公务用车制度改革实施方案的通知》精神，党政机关公务用车制度改革保留车辆方面：共保留车辆107辆，其中保留一般公务用车59辆，保留执法执勤用车48辆，完成保留车辆的定位安装、资产划转和车牌号的更换工作。共取消车辆100辆，衔接县车改领导小组成员单位完成车辆封存。按照定西市财政局招标入围的评估机构对取消车辆的评估，符合报废条件的车辆67辆；符合拍卖条件的车辆有33辆。

【强农惠农政策落实】按照“专户管理、封闭运行、存折发放”的要求，不断完善各项惠农资金的管理、使用和监督机制。2019年共发放强农惠农补贴资金33项30648.22万元，其中：助残扶贫康复项目“万户托养残疾人”补贴16.97万元，农村危房改造6988.11万元，大中型水库移民后期扶持补助9.78万元，农村部门计划生育家庭奖励扶助324.48万元，计划生育家庭特别扶助55.62万元，失独家庭一次性补助4万元，农村独生子女父母奖励7.46万元，计划生育特困家庭补助4.2万元，天然林资源保护工程二期集体和个人所有公益林管护补助189万元，完善退耕还林政策补助资金135万元，新一轮退耕还林还草补助342.96万元，森林生态效益补偿资金（集体和个人所有公益林部分）440万元，建档立卡贫困户选聘生态护林员资金657.6万元，自然灾害生活救助资金995万元，优抚对象抚恤补助资金650.97万元，农村居民最低生活保障4745.59万元，特困人员救助供养1477.92万元，临时救助3736.86万元，孤儿基本生活保障补助67.19万元，医疗救助1309.28万元，残疾人两项补贴504.27万元，乡村公益性岗位补贴881.45万元，新一轮草原生态补助奖励政策资金309万元，耕地地力保护补贴2600万元，农机具购置补贴268.34元，农机深松整地作业补贴28.76万元，城乡义务教育阶段家庭经济困难寄宿生生活补助622万元，甘肃省高职（专科）建档立卡贫困家庭学生免除（补助）学费和书本费546.5万元，甘肃省普通高中国家助学金468.89万元，甘肃省中等职业教育学校国家助学金129.06万元，草原管护员补助资金43.6万元，精准扶贫专项贷款1733万元，两后生职业技能培训355.65万元。

【领导名录】

党组书记、局长、非税局局长：潘继平

党组成员、副局长、财政监督检查办公室主任：祁永胜

党组成员、副局长：常洁（女）、杜军

国资局局长：张建华

国资局副局长：杜清

会计核算中心主任：陈彦虎

非税局副局长：宋世华

财政监督检查办公室副主任：李雁玲（女）

（供稿：石博）

审计监督

【概况】渭源县审计局内设办公室、综合管理股、法规审理监督股、行政事业企业审计股、固定资产投资审计股、电子数据审计股6个股室。下设经济责任审计中心、三农资金审计中心2个事业单位。核定行政编制11名、事业编制18名，实有人员28人。设置领导职数6人，实有4人。

【审计委员会办公室工作】2019年6月17日，组建县委审计委员会，作为县委议事协调机构。县委审计委员会办公室设在县审计局。7月25日，县委审计委员会第一次会议召开，会议传达学习了中央和省委、市委审计委员会第一次会议精神，审议通过《中共渭源县委审计委员会工作规则》《中共渭源县委审计委员会办公室工作细则》《渭源县2019年度审计项目计划》，安排部署了审计委员会工作。8月19日，县委审计委员会第二次会议召开，会议传达学习中共中央办公厅、国务院办公厅印发的《党政主要领导干部和国有企事业单位主要领导人员经济责任审计规定》，审议通过了《2018年度县级财政预算执行和其他财政收支的审计工作报告》，安排部署了县委审计委员会工作。

【审计工作】

1.围绕政府预算管理，加强财政资金审计。以深化财政改革，完善财政制度，促进财政增收，优化支出结构，提高财政资金使用效益为目标，把涉及地方经济发展的重点行业、重点部门作为审计的主攻方向。对县财政局、税务局等2个预算执行单位进行预算收支情况审计，对县住建局、教体局、民政局、农牧林业局等部门预算执行单位及路园镇财政决算情况进行审计。查处违规和管理不规范资金29134.65万元，已整改11833.89万元。

2.围绕惠民政策落实，加强民生资金和项目审计。积极与财政、住建、不动产管理、国税、工商、交警等部门衔接，对全县精准扶贫大数据平台进行比对审计，对审计发现对象不准、数据不实等问题反馈各乡镇进行了进一步核实。对财政扶贫资金、财政发展资金、国债资金、以工代赈资金、一事一议等28个项目资金管理使用情况进行审计，对审计发现的问题已移交项目主管部门处理。通过审计，促进了专项资金的规范管理和相关惠民政策的落实。

3.围绕权力运行制约，加强领导干部经济责任审计。按照“积极稳妥、量力而行、提高质量、防范风险”的原则，在全面审查领导干部经济责任履行情况的基础上，把领导干部贯彻执行经济法律法规、党和国家方针政策和决策部署情况，落实中央八项规定、厉行节约和“三公”经费等作为重要内容纳入审计内容。

4.围绕城乡统筹发展，加强政府投资项目审计。以完善投资项目管理，提高财政资金使用效益，督促被审计单位依法履职为目标，以揭示存在的问题为抓手，以加强自身建设为重点，着力防范审计风险，拓展投资审计思路，创新投资审计方法，不断加大审计力度，在加强建设项目管理、节约政府投资、促进廉政建设等方面较好地发挥审计监督作用，有力促进政府投资项目有序、规范建设，为政府节约大量财政资金，取得较好的经济和社会效益。通过审计，对审计中发现的部分项目建设程序不规范、项目资料不完整、会计核算不健全、虚报结算和超概算等问题进行规范，审计成果较为明显。

【获奖情况】2019年度，在定西市审计局2019年度县区审计机关目标责任管理评价中荣获全市第一名。

【领导名录】

党组书记、局长：杨天如

党组成员、副局长：杨国忠、马晓军

（供稿：段少杰）

统计调查

【概况】国家统计局渭源调查队于2007年8月挂牌成立。核定事业编制8名，领导职数3名，其中队长1名，副队长1名，纪检员1名。2019年12月底，国家统计局渭源调查队在册在编人员8名，地方编人员1名，临聘人员2名。

【统计调查】主要承担甘肃调查总队布置的城乡住户调查、贫困监测、农民工监测、农产量、畜禽监测、劳动力、农产品中间消耗及价格、小微企业、农村固定资产投资等各项统计调查任务。参与组织实施国家有关普查项目。完成地方政府委托的有关统计调查任务。授权管理和公布有关统计调查数据。依法查处本地区调查对象的统计违法案件。

【数据质量管理】建立健全业务制度14项，积极推行一体化住户调查电子记账，推进农作物播种面积和粮食产量调查无人机遥感测量新技术应用，进一步强化对农民工监测调查、月度劳动力调查、畜禽监测调查、小微企业调查、中间消耗调查、生产价格调查等专业的规范化管理。

1.2019年城镇居民人均可支配收入25225元，同比增加1782元，增长7.6%。一是工资性收入较快增长。城镇居民人均工资性收入22979元，同比增加1668元，增长7.8%，工资性收入占可支配收入比重的91.1%，工资性收入仍然是城镇居民收入的主体，对可支配收入增长的贡献率为93.6%，拉动农村居民可支配收入增长7.1个百分点，是促进城镇居民收入稳定增长的重要支撑因素。二是经营净收入稳步增长。人均经营净收入625元，同比增加30元，增长5.1%，经营净收入占可支配收入比重的2.5%，对可支配收入增长的贡献率为1.7%，拉动农村居民可支配收入增长0.1个百分点。三是财产净收入平稳增长。人均财产净收入747元，同比增加45元，增长6.5%，财产净收入占可支配收入比重的2.9%，对可支配收入增长的贡献率为2.6%，拉动农村居民可支配收入增长0.2个百分点。四是转移净收入平缓增长。人均转移净收入874元，同比增加38元，增长4.6%，转移性收入占可支配收入比重的3.5%，对可支配收入增长的贡献率为2.1%，拉动农村居民可支配收入增长0.2个百分点。

2.2019年农村居民人均可支配收入8208元，同比增加752元，增长10.1%，增速排全市第一。一是工资性收入稳步增长。农村居民人均工资性收入1184元，同比增加105元，增长9.7%，占可支配收入的14.4%，对可支配收入增长的贡献率为14.0%，拉动农村居民可支配收入增长1.4个百分点。二是经营净收入快速增长。农民人均经营净收入4587元，同比增加556元，增长13.8%，占可支配收入的55.9%，对可支配收入增长的贡献率为73.8%，拉动农村居民可支配收入增长7.5个百分点，成为促进农民收入稳定增长的重要因素。三是财产净收入继续增加。农民人均财产净收入423元，同比增加18元，增长4.4%，占可支配收入的5.2%，对可支配收入增长的贡献率为2.6%，拉动农村居民可支配收入增长0.2个百分点。四是转移净收入稳中有增。农民人均转移净收入2014元，同比增加72元，增长3.7%，占可支配收入的24.5%，对可支配收入增长的贡献率为9.6%，拉动农村居民可支配收入增长1个百分点。

3.2019年粮食总产量17.69万吨。其中：小麦种植面积20.06万亩，亩产175.97公斤，总产3.53万吨；玉米种植面积13.23万亩，亩产366.03公斤，总产4.84万吨；马铃薯种植面积30.11万亩，亩产269.01公斤，总产8.10万吨。

【调研分析】2019年，渭源队被总队内网采编工作动态59篇，纪检动态15篇，党建工作动态21篇，法治工作动态3篇；调查信息98篇，调查分析33篇。向当地两办报送信息70篇，采用信息36篇，县直领导批示2篇。

【领导名录】

队长：牟国炜（9月止）、白随义（10月任）

副队长：杨国珍

纪检员：张科

（供稿：王小强）

统计监督

【概况】县统计局内设办公室、综合股、农业统计股、普查中心、服务业调查队，核定行政编制6名，事业编制9名；现有职工16人，其中党员15人。

【主要经济指标监测】强化月度、季度经济运行监测预警。及时与发改、财政、工信、商务、住建、人行和农业农村局等部门、单位沟通衔接，对GDP、固定资产投资、规模以上工业增加值、建筑业增加值、服务业等主要指标进行严密跟踪和监测，分析问题，提出对策，当好参谋。严格执行国家统计标准，开展综合核算、工业、商贸业、建筑业、房地产业、固定资产投资、重点服务业、农村、能源、劳动工资、人口、科技等专业的定、季、年报工作，切实做到数出有据，应统尽统。按照国家和省市统计部门要求，规下工业、规下服务业统计调查由国家统计局渭源调查队移交县统计局，从一季度开始，开展移交对接工作。

【高质量发展指标统计】聚焦高质量发展指

标，加强对数据变动趋势的分析，积极提供对策建议，努力把握高质量发展考核的主动权。加强固定资产投资、农业、工业、服务业等行业专题调研，与县农业农村局对接对农业增加值相关指标进行调研核实；按照省工业核查反馈意见要求，巡查部分工业企业，加强了数据匹配性审查；服务业方面，将月主营业务收入达到1000万元以上的3家医院和5个中学纳入统计库，向国家统计数据库上报数据。

【统计执法检查】根据全市开展“双随机”检查工作要求，及时组建检查组，对全县工业、投资、商贸等网上直报企业和单位进行核查，重点查处虚报瞒报、拒报迟报等违反《统计法》的行为，对发现的问题及时要求企业整改。解决了部分企业主要指标统计台账不规范、原始资料不齐全、数据不一致、报表填写不完整等突出问题。

【统计服务】及时发布渭源县2018年国民经济和社会发展统计公报，编印《渭源县2018年国民经济和社会发展统计资料》500本，增印2011—2015年《渭源县国民经济和社会发展统计资料》500本。定期编发《渭源统计月报》《渭源统计季报》。共编发《渭源统计月报》8期960册、《渭源统计季报》3期360册。每月定期整理统计月报，通过渭源县人民政府网向社会公布。重点加强对行业主管部门、项目实施单位，以及规上工业法人单位、有资质的建筑业和有开发经营活动的全部房地产开发经营业法人单位、限额以上批发零售和住宿餐饮业法人单位统计人员的业务培训工作。严格落实第四次经济普查方案，经统计，普查阶段正常填表单位1679个，在市场、民政、税务等部门领取了证照但未开展实际业务活动的单位244个，关闭（破产）、注（吊）销单位53个，地址搬迁单位5个，找不到且无法联系单位39个，底册重复单位17个，单位类型界定实际为个体户的2个，核查其他情况单位81个，属于一产不属于普查对象单位1128个。

【助力脱贫攻坚】先后组织培训验收人员800多人次；从各乡镇抽调40名干部，参与县级验收和贫困县退出自评；从农村农业局抽调16名干部，参与全县产业收入的核查验收工作；从统计局抽调5名干部，分片包乡镇对全县贫困人口退出验收人均纯收入县级审核认定进行业务指导。严格按照甘肃省贫困人口退出验收人均纯收入核查验收工作实施方案和县上贫困户脱贫验收工作规定的程序，严格对照验收人均纯收入达标退出标准，对7913户拟脱贫户验收人均纯收入逐户进行审核认定工作。对照市统计局在核查验收中发现的突出问题、省统计局抽查我县时反馈的3条问题和《甘肃省统计局关于2019年度贫困人口脱贫收入省级抽查发现的问题及整改措施》中的5个方面20条问题，积极组织推动贫困人口退出验收人均纯收入核查验收“回头看”工作，对排查出的5个方面问题进行了全面整改。

【领导名录】

党组书记、局长：冯香娥（女）

党组成员、副局长：赵克俭、王海军

（供稿：朱增贵）

市场监督管理

【概况】2019年1月29日，渭源县市场监督管理局举行揭牌仪式。渭源县市场监督管理局（渭源县食品安全委员会办公室、渭源县知识产权局）配备党组成员8名，内设15个股室，核定行政编制33名。成立渭源县市场监管综合行政执法队，将渭源县食品药品检验检测中心、质量技术监督检测所、消费者权益协会、个体私营企业协会全部转隶为渭源县市场监督管理局直属事业单位。16个乡镇市场监督管理所全部挂牌，核定编制数62人。全系统现有职工133人，其中局机关47人。县市场监管综合行政执法队21人，县食品药品检验检测中心10人，县质量技术监督检测所3人，县消费者权益协会1人，县个体私营企业协会1人，16个乡镇市场监督管理所52人。全县共有私营企业1560户，内资企业173户，个体工商户13341户，农民专业合作社1918户；食品生产企业12家，食品销售经营单位2263家，餐饮单位583家；药品生产企业30家，药品批发企业8家，药品零售企业79家；各类医疗机构338家；化妆品经营使用单位265家；特种设备使用单位94家，其中在用特种设备446台，在用压力管道530米，渭源驻点电梯维保单位9家。

【优化营商环境】聚焦商事制度改革，进一步优化营商环境。持续推进“多证合一、证照分离”改革，进一步简化许可程序，放宽市场准入门槛，激发市场活力。累计办理总量2560件，解决了“准入不准营”的问题。持续深化“五个一”工作机制，不断压缩企业开办时间。企业登记注册实现2日内办结，全面推进无纸全程电子化登记和“电子营业执照”应用进程。2019年新登记市场主体1943户，市场主体总数年度增速为6.57%，全县“个转企”62户。全县公示年报个体户年报98.63%；企业年报率97.41%；农民专业合作社年报率98.28%。

【食品药品安全】聚焦市场风险，坚决守住食品药品安全底线。环保、农业、畜牧等部门扎实开展专项整治，检查超市16家次、农贸市场24家次、经营门店156家、规模养殖场286家；完成牛、羊布病监测8024份；“三品一标”农产品认证面积61.5万亩。有效使用绿色标志的产品5个，登记保护地理标志农产品2个，已经获得颁发证书的有5家企业、7个无公害农产品。2019年11月，渭源县食品药品检验检测中心顺利通过食品药品检验检测机构CMA计量资质认定。成功举办“渭水好味道”美食节，开展重大会议食品安全保障活动16次。强力推进食品安全监管工作，全年共完成抽检1135批次，完成率101.34%，不合格24批次，合格率为97.9%。完成快检4222批次，完成率168.88%。农业农村部门完成抽检蔬菜水果2249批次。电子追溯平台加入1858家，记分管理2049次，网上巡查44473次，日常监管核查44473次，食品生产日常监督检查87家次，电子一票通6437次；上报食品生产领域示范引领企业3家，食品流通领域示范引领企业25家，餐饮示范引领企业25家；清洁能源改造571家，改造率为97.94%；安装油烟净化设施569家，安装率为97.60%。为22个学校食堂购买了食品安全责任险，保额6600万元，保费2万元。全面实施“陇上食安”智慧监管，已对接成功10家大型餐饮店、30家学校食堂、3家大型超市。突出风险控制，确保药品安全。检查药品生产经营企业128家次，下发责令改正14家次。立案查处案件8起，罚没款2.75万元；移交公安机关1起。开展过期药械大清理行动，回收过期药械数量1206盒（支、片、粒等），查处案件2件，罚没款805元。开展药品批发、零售企业执业药师“挂证”、药品质量安全飞行检查、跟踪检查和精麻药品“五专管理”专项检查，下发责令改正30家，排查整治医疗器械安全风险隐患12条。完成药品抽验34批次，医疗器械抽验3批次，完成率100%。上报药品不良反应429例，其中药品严重不良反应77例，有效医疗器械不良事件60例，其中严重事件9例，化妆品不良反应12例。

【质量提升行动】聚焦主体责任，深入开展质量提升行动。加强产品质量监管，全年共抽检煤炭、眼镜、建材等92批次，合格率96.7%，取缔无照煤炭经营户6户，立案查处1起，处罚款12200元。加强环境质量监管，县城区可吸入颗粒物（PM10）、细颗粒物（PM2.5）浓度、二氧化硫、氮氧化物浓度均值均控制在71微克/立方米、51微克/立方米、28微克/立方米、19微克/立方米，优良天数比率达到90%以上。3个饮用水水源地水质均达到了《地表水环境质量标准》；县城区生活污水处理厂自动监控数据传输有效率、监测结果公布率和监督性监测达标率均为100%。实施“建筑能效提升工程”，建筑节能执行率达到100%；全县各类房屋建筑工程和市政工程共计138项，工程一次验收合格率100%。水利项目6项，竣工项目验收合格率达到100%。持续加强知识产权保护，共查处制售假冒伪劣商品和侵权案件4件，案值6080元，罚没款共计19980元；向公安机关移交涉嫌商标侵权案1件；全县商标有效注册量共452件（其中中国驰名商标1件，甘肃省著名商标5件，地理标志证明1件）；2019年，每万人口发明专利拥有量0.32%，专利申请数170件，专利授权数52件。持续夯实计量基础，全县共有社会公用计量标准3项，对用于医疗卫生、环境监测、安全防护、贸易结算等方面的2160台（件）计量器具进行了强制免费检定，检定覆盖率、合格率分别达到96%、98%；集贸市场和大型超市设置公平秤28台。加强标准化体系建设，不断推动中医药产业健康发展，全县有5个品种29种规格93种等级的异形片加工技术规范写入《甘肃省中药材产地生产加工标准》。全县工业产品标准覆盖率达到100%，共有5家企业的12种产品进行了产品标准自我声明，其中公开国家标准7个，行业标准1个，企业标准1个。

【改善消费环境】聚焦事中事后监管，进一步改善消费环境。深入推进“双随机、一公开”监管，积极开展定向抽查，检查各类市场主体1837户，下发责令改正11份，给予警告120家，立案查处8起，抽查结果100%录入协同监管平台，做到了两个100%；完成了监管事项目录清单的认领和梳理工作，认领744条，梳理585条；录入行政检查行为信息13446条、行政处罚行为信息137条、其他信息9条，共计13592条。重点加强特种设备监管，建立完善特种设备网格化监管新模式，检查在用特种设备459台件，特种设备增长率17.4%，设备登记率99.01%，设备检验率99.35%，设备信息完整率97%，隐患率在0.22%以下，电梯投保率82%。不断加强价格监管和公平竞争性审查，紧密围绕节日消费特点和群众投诉举报热点，开展相关商品和服务市场价格检查，检查单位127户，个体运营户316户，查处物业违规收费案件1起，罚款0.21万元。审查文件13265份，进入公平竞争审查目录文件55份，审查率100%，未发现有违反公平竞争审查制度的文件。严格执法，建立完善重大执法决定法制审核制度，统筹推进打传规直、网络交易、广告监督等综合执法，持续净化市场竞争秩序。共查办各类违法案件198起，已结案185件，其中简易程序147件，一般程序38件，收缴罚没款合计20.278万元，移交公安机关6起，其中公安机关受理1起。不断加强消费维权工作，全年承办12345热线89件，12315投诉举报件143件，12331投诉举报件52件，12358投诉举报件6件，调解率均达到98%以上，为消费者挽回经济损失10.6万元。

【获奖情况】2019年12月，党组书记、局长曹登铭被人力资源和社会保障部、国家市场监管总局授予“全国市场监管系统先进工作者”称号。

【领导名录】

党组书记、局长：曹登铭

党组成员、副局长：赵旭红、乔海霞（女，11月止）、姚希贤、陈维民、何艳屏（女）

党组成员、纪检组长：卢淑霞（女）

党组成员、县综合行政执法队队长：杨效义

（供稿：白渭萍）

应急管理

【概况】2019年1月29日，举行渭源县应急管理局挂牌仪式。3月，全县机构改革后，将原县安全生产监督管理局的安全生产管理职责、县政府办公室的应急管理职责、县公安局的消防管理职责、县民政局的救灾职责、原县国土资源局的地质灾害防治、县水务局的水旱灾害防治、县地震局的震灾应急救援、原县林业服务中心的草原森林防火、县畜牧中心的防火职责以及县安全生产委员会办公室、防汛抗旱指挥部办公室、县减灾委员会办公室、县抗震救灾指挥部办公室、县森林防火指挥部办公室等9部门、5个协调机构的职能整合后成立了县应急管理局。将原县安全生产监督管理局承担的职业健康管理职责划入县卫生健康局。县应急管理局现有编制33名，其中行政编制8名，事业编制25名。现有工作人员38名，其中公务员10名，事业人员28名。下属职业安全健康监督队、综合性应急救援中队、应急救援指挥服务中心、安全生产监察执法大队等4个事业单位。主要承担安全生产、防灾减灾救灾、应急管理等工作。

【安全生产】

1.安全生产事故情况。2019年，发生安全生产事故4起，死亡4人，受伤3人，直接经济损失56.25万元。事故起数、死亡人数分别同比上升100%；直接经济损失下降12.18%。其中：道路运输业事故3起，死亡3人，受伤3人，直接经济损失0.25万元。制造业事故1起，死亡1人，直接经济损失56万元，无受伤人员。

2.标准化和“双体系”建设情况。确定佛慈红日药业有限公司、泽宏新型建材有限公司等5家企业作为示范创建企业，确定专人进行指导创建。

3.安全生产大排查大整治大提升专项行动开展情况。结合全县实际制定下发了《渭源县关于开展安全生产大排查大整治大提升专项行动方案》，在危险化学品、建筑施工、非煤矿山等20多个行业领域和各类大型活动中开展专项行动。

4.开展隐患排查治理情况。开展危险化学品和烟花爆竹专项整治，共计检查64家，发现隐患192条，限期整改172条，现场整改20条，存在问题全部整改。开展非煤矿山专项检查，共计检查20家，检查发现隐患136条，限期整改122条，已整改129条，整改率95%。开展道路交通专项整治，共查处各类违法行为39641起，其中现场查处12728起，非现场26913起；排查出隐患点段7处，已全部完成治理。消防安全检查有序开展，检查单位1990家次，发现并督促整改火灾隐患2980处，依法临时查封单位11家、责令“三停”单位11家，对火灾隐患的排查整治持续处于高压态势，确保全县消防工作的安全平稳发展。开展特种设备检查，对全县人员密集场所酒店、商场使用的电梯进行全覆盖安全检查。在甘肃省深度贫困地区脱贫攻坚现场推进会和中国山地自行车联赛渭源站比赛期间开展安全检查，共计检查企业36家次。在国庆节期间开展各类安全生产检查，检查企业26家次，消除隐患93条。

【防灾减灾救灾】

1.防灾减灾体制机制建设情况。正确处理防灾、减灾、救灾和经济社会发展的关系，努力实现从注重灾后救助向注重灾前预防转变，2019年先后遭受六次较为严重的自然灾害，共造成16个乡镇144178人（次）受灾，经济损失2782.47万元。为保障冬春期间受灾群众基本生活，12月25日，省财政厅、省应急管理厅下达我县2019—2020年度冬春生活困难救助补助资金1007万元，907户3368人享受822.608万元冬春生活救助资金，7880户31525人享受184.392万元物资救助(米面油)。

2.地质灾害隐患点排查监控及治理情况。地质灾害隐患点45个（其中滑坡32处、泥石流5处、崩塌4处、不稳定斜坡4处）。威胁农户1158户7843人。共确定了45名监测人员，每个隐患点设立栽放了地质灾害隐患点警示牌。寺沟门泥石流治理项目、大安乡大涝子村不稳定斜坡治理工程完成建设任务。

【应急管理】

1.重点改革事项落实情况。加强“三位一体”应急管理体制机制建设，积极构建以防为主、“防”“抗”“救”相结合的应急管理机制，16个乡镇应急管理所已全部更名并挂牌办公。编制全县《公共突发事件应急预案（预审稿）》。

各乡镇各行业广泛开展应急救援演练，县政府在路园镇移民新村组织开展了人员密集区油品管道泄漏事件应急救援演练活动。

2.应急保障情况。对全县范围内所有社会力量和大型救援设备进行调查统计，登记造册，纳入管理，以备不时之需。

3.应急值守工作。建立健全值班制度，严格落实领导带班和24小时在岗在班制度。严格执行紧急突发事件信息报送时限要求，对突发事件，在事发2小时以内要向县委、县政府报告。

【“放管服”改革】应急管理行政审批设立AB岗进驻政务大厅。行政许可事项10清单已完成，做到“同一事项、同一标准”。推行互联网助推应急管理工作模式，优化简化办事流程，缩短办理时限，降低企业和群众办事成本，最大程度利企便民，让企业和群众少跑腿、好办事、不添堵。“双随机、一公开”工作由县市场管理局牵头，已完成事项梳理更新，在烟花爆竹检查中采取这种形式，杜绝了选择性执法，受到社会好评。

【领导名录】

党组书记、局长：王鹏宇（1月任）

党组成员、副局长：陈维军（1月任）、白建军（1月任）

党组成员、县地震局局长：贾军凯（3月任）

党组成员、县消防救援大队副大队长：常宪德（3月任）

（供稿：刘宏斌）

消防救援大队

【队伍概况】县消防救援大队原名为“渭源县公安消防大队”。2018年10月9日，公安消防部队官兵集体退出现役，成建制由公安部划归应急管理部，组建国家综合性消防救援队伍。2018年10月10日起，县公安消防大队单位名称暂用为“渭源县消防救援大队”，对外使用名称为“渭源县消防大队”（2018年10月10日至2020年1月8日）。2019年3月，机构改革后，将大队建筑工程消防设计审核、建筑工程消防验收、建筑工程消防设计备案、建筑工程消防竣工验收备案职责工作移交县住房和城乡建设局。受县应急管理局委托，县消防救援大队代管县综合性应急救援中队。现有执勤水罐消防车2台，各类器材装备386件（套）。

【消防救援】共接警出动89起（其中火灾类73起，抢险救援类16起），出动消防车95台（次），消防人员450人（次），抢救被困人员16人。全年未发生人员伤亡及较大以上火灾。

【消防安全】

1.推动消防安全责任制落实。与县消安委成员单位签订2019年度消防工作目标责任书，通报分析火灾形势及存在问题4次，组织学习消防法律法规2次，县政府主要领导专题听取消防工作情况汇报4次，通报乡镇消防安全“网格化”管理工作开展情况5次，提请县公安局发文通报派出所消防监督工作开展情况2次。

2.全力排查整治消防安全隐患。累计检查单位2059家（次），督促整改火灾隐患3014处，依法临时查封单位11家、责令“三停”单位11家、拘留2人，对火灾隐患的排查整治持续处于高压态势。

3.全力督促提升防范措施。抓好消防安全重点单位户籍化管理，消防控制室管理平台值班人员注册数达到141人（持证上岗28人），推动安装联网型独立感烟探测器681个，高层建筑接入物联网监控平台33幢、签订维保合同33份，推动高层建筑、居民住宅楼配齐消防安全职业经理人、楼长17人。

4.加强消防宣传培训。组织开展消防安全进校园活动9次，联合部门行业开展各类宣传培训60余次，参与联合宣传活动5次；累计培训师生、社会单位人员6000余人，发放宣传资料7000余份。大队微信公众号关注人数达7277人，全力营造良好的“人人关注、人人参与”的消防安全环境。

【领导名录】

副大队长：常宪德

副政治教导员：李旭琰

（供稿：陈林）

自然资源管理

【概况】2019年3月。全县机构改革后，县自然资源局加挂渭源县林业和草原局、不动产登记管理局、绿化委员会办公室牌子。现设局长1名，副局长3名，纪检员1名，局机关内设办公室（行政审批服务股）、耕地保护与国土空间综合股、生态修复与矿产地质综合股、林业和草原股；下属土地执法监察大队、土地储备中心、土地交易中心、不动产登记中心、国土空间规划中心，清源国土资源中心所、会川国土资源中心所、莲峰国土资源中心所、北寨国土资源中心所、田家河国土资源中心所10个事业单位。

【土地资源】渭源县行政区域总面积205349.04公顷，其中，耕地86171.48公顷，园地28.12公顷，林地53588.12公顷，草地40048.24公顷，城镇村及工矿用地8330.38公顷，交通运输用地3060.25公顷，水域及水利设施用地2482.68公顷，其他土地11639.77公顷。

【矿产资源】现有非煤矿山持证企业28家，全部为县级发证企业，其中黏土矿18家，石料厂3家，采砂7家。完成矿产资源储量报告备案23份，完成并公示矿业权价款评估报告5份。完成全县统一的矿产资源规划数据库建设，制定《渭源县矿山地质环境恢复和综合治理规划》，严格实施《渭源县绿色矿山建设实施方案》。优化矿业权审批管理，全面实现矿业权报件网上申报、网上审批。全年共办理矿业权报件6宗，其中变更1宗，延续5宗。矿业权出让收益（价款）及使用费共入库55.8万元。

【生态环境保护】制定下发《渭源县绿色矿山建设实施方案》，确定6家企业为2019年绿色矿山建设企业，并制定企业绿色矿山建设方案。积极开展非煤矿山不规范开采专项整治，制定《渭源县非煤矿山不规范开采专项整治活动实施方案》，邀请省第二地质勘察院专业技术人员对所有持证矿山企业进行测量评估，核准矿区范围坐标。

【测绘与地理信息】

1.依法行政，健全测绘管理机构，强化测绘地理信息市场监管。加强测绘单位实施测绘地理信息项目的监管及备案工作，督促辖区内测绘单位完成信用信息征集、录入及上报工作。完成测绘资质年度报告公示工作、区域内测绘资质巡查工作。加强对辖区内行业单位质量监管，开展行业质量监管检查，确保测绘地理信息成果质量。开展了测绘地理信息成果的保密监督检查，维护了国家安全。

2.加强测绘地理信息成果应用，推动地理信息产业发展。积极推动测绘地理信息成果为政府决策、经济建设服务及应用等；推广应用天地图形成的成果；开展地理信息市场专项整治和“问题地图”专项整治行动及国家版图意识教育活动；加强互联网地图登载、互联网地图服务资质监管；对我县连续运行基准站（CORS站）进行了维护，保障设施的正常运行。

3.加强基础测绘管理与实施。联合县发展和改革局编制完成年度基础测绘计划，并对完成情况进行了评估。4.开展了地理国情普查、地理国情监测宣传工作和“8.29”测绘宣传日活动。

【不动产登记】2014年，成立渭源县不动产登记工作领导小组。2016年7月30日，举行渭源县不动产登记管理局和不动产登记事务中心挂牌暨首批不动产产权证书颁发仪式，向县粮油收储公司、龙亭中学及清源镇星光村仰雪琴等11户农户颁发了首批不动产产权证书。2018年11月，渭源县不动产登记事务中心整体进驻县政府政务服务中心。累计颁发各类不动产登记8574件，其中颁发不动产产权证书3695本、不动产登记证明4280件、注销登记790件、查封登记128件，累计查询211人次。实现各类登记5个工作日内办结，抵押登记3个工作日内办结，注销登记和查封登记即时办结。

【领导名录】

党组书记、局长：董麒

党组成员、副局长：韩胜前、边小军、马世虎

党组成员、纪检员：王原平

党组成员、县林业和草原服务中心主任：姬平

党组成员、县土地交易中心主任：程俊林

（供稿：县自然资源局）

城乡建设与生态环境保护

住房和城乡建设

【概况】县住房和城乡建设局现有编制42个，在职职工55人，局属事业单位7个。2019年3月，机构改革后，将县建筑工程安全质量监督站职责、县工业和信息化局指导新型墙体材料革新职责划入县住房和城乡建设局，将城乡规划管理和风景名胜区、自然遗产管理职责，划给县自然资源局（县林业草原局）。县住房和城乡建设局设内设办公室、财务股、城市建设股、住房保障和房地产管理股、村镇管理股、行政审批服务股（法制股）。

【项目建设管理】2019年，谋划实施城建项目20项，总计投资47.84亿元，当年计划完成投资14.61亿元，其中续建项目10项，2019年计划投资4.9亿元；新建项目10项，2019年计划投资9.7亿元。

1. 续建项目。县城北环路东段棚户区改造工程总投资8.6亿元，新建安置房6至13号楼8栋，18层住宅楼8栋，当年完成投资9600万元。县一中南侧棚户区改造暨西美国际城项目总投资12亿元，建设商住楼66栋，用地面积192266.76平方米，总建筑面积431662.43平方米，当年完成投资1亿元。清源路北侧渭水润园棚户区改造（渭水润园A区三期）工程总投资1.7亿元，共建设8栋商住楼，7栋楼完成交工，当年完成投资1803万元。县城南门西侧棚户区改造工程总投资3.6亿元，将县城南门西侧棚户区进行拆迁改造，1#楼主体建设完成，当年完成投资690万元。昕陇家园住宅小区建设工程总投资5200万元，新建11层住宅2栋，6层住宅1栋，当年完成投资3500万元。兰渝铁路渭源火车站站前广场商业工程总投资5000万元，新建火车站站前广场3层商业楼2栋，一、二期道路及广场建设完工，一号楼、二号楼主体完工，完成投资1050万元。渭水源旅游接待中心建设工程项目投资20240万元，建设旅游接待大楼一栋，完成主体工程（22层封顶），当年完成投资5200万元。北环路东段道路工程投资2235万元，完成二期工程拆迁、管网埋设，完成投资560万元。全域无垃圾城乡一体化设施建设项目总投资2364万元，垃圾车、不锈钢果皮箱采购完成并发放到位，13个垃圾低温磁化热解处理站全部建成并投入使用，当年完成投资420万元。县城棚户区改造配套供热基础设施改造工程总投资为6815万元，完成3台20吨锅炉的维修、改造，建成换热站4座，完成综合调度中心主体施工，完成投资2000万元。

2. 新建项目。县城北环路东段棚户区改造工程总投资2.85亿元，规划新建18层住宅楼6栋，S1区14至17号楼住宅及地下车库正在进行地下负一层施工，完成投资1亿元。县一中南侧棚户区改造暨西美国际城项目总投资2.6亿元，B2、B3区总建筑规模91137.68平方米，完成拆迁、施工图审查，正在进行基础施工，完成投资4000万元。县城清源路北侧棚户区改造（润园华府）建设项目总投资5.6亿元，房屋征收和征地均完成95%，完成方案审查及可研初设编制，当年完成投资3550万元。县一中西侧棚户区改造项目总投资2.5亿元，新建商住楼58000平方米，地下室约10000平方米，计划投资6100万元，项目未开工建设。渭水华府及河道改造工程投资6.1亿元，总建筑规模15.47万平方米，完成禹河改造初步设计编制、施工图设计，开工建设，渭水华府项目完成土地出让，当年完成投资1000万元。县城棚户区改造配套基础设施建设工程，总投资8151万元，完成年度建设任务，共改造道路2118米，建设大桥1座，建设风情线520米。苗圃路与灞陵路中段完工，渭河北路中段道路、西二路正在施工。G310线渭源县城过境段道路改造工程总投资17575万元，对城市规划区G310道路长5337.722米进行改造建设，配套给水、排水、消防、通信、绿化、亮化工程，完成项目前期，亭西路路基工程、桥梁梁板正在施工，当年完成投资2000万元。县城南门西侧棚户区周边老旧供热管网及热力站改造工程总投资为2600万元，县城区老旧供热管网改造，新建热力站2座。城市危房改造工程总投资为3800万元，对鉴定为C级的城市危旧楼房进行主体结构加固952套，完成建设任务，当年完成投资930万元。农村危房改造工程总投资为1.2亿元，新建农村危旧房1983户，全部竣工入住，完成投资1.2亿元。

【农村危房改造】制定下发《渭源县农村危房改造“过筛子”冲刺清零行动方案》，全县16个乡镇住房安全等4个台账全部建立，并进行查漏补缺，严格实行销号管理。危房改造建新拆旧方面，需拆除453户，已拆除453户。危房改造标志牌悬挂方面，应悬挂8924户，完成8924户。按照“五类危房”喷绘标识要求，应喷绘3191户，完成3191户“易地搬迁、长期闲置、四有人员、废弃危房户、杂物房”的喷绘工作。达标认定书发放方面，应发放28111户，已发放28111户。农村住房安全标志牌悬挂方面，应悬挂59188户，已悬挂59188户。危房鉴定报告发放方面，应发放59188户，已发放59188户。督促第三方鉴定机构甘肃省建材科研设计院对已鉴定的32187户“四类对象”住房安全等级鉴定报告进行全面核查。危房改造搬迁入住方面，应搬迁入住2953户，已搬迁入住2953户。

【市政服务管理】道路清扫保洁实行班组制管理，清扫保洁组共计156人，清扫保洁总面积52.95万平方米，人均清扫保洁面积3394平方米。各清扫保洁组每月开展一次环境卫生大扫除，彻底清除区域内垃圾死角，保持城区大小街道路面干净整洁。餐厨垃圾分类收集，与城区160余家饭馆、酒店等餐饮业业主签订餐厨垃圾收运协议。完成城区新增道路绿化工程，在县城区关中路、北环路东段、文馆路、金源路栽植西湖垂柳、香花槐、红叶李等绿化树木464棵，三馆门前栽植绿篱苗木金叶榆、水蜡、紫叶矮樱700平方米。完成城区干道、公园广场补植乔木125棵，大平桥中间绿篱改造370平方米，城区绿化苗木补植补造各类绿篱苗木770平方米。加强对城区垃圾处理场运行管理工作，对渗滤液调节池污泥及场区周边防洪渠进行清理，维修污水回喷设施，确保渗滤液能及时回喷场区。所有垃圾进入场区将立即开展规范填埋及覆土压实作业，安排专门工作人员对垃圾场进行日常维护，确保垃圾处理场规范运行。

【房屋征收管理】切实加大棚改工作力度，强化组织领导、宣传发动群众、完善征收程序、规范现场管理，全力以赴推进棚户区改造房屋征收工作。完成县一中南侧棚户区改造暨西美国际城建设项目三期C区、县城北环路东段棚户区改造S2区三期、清源路北侧棚户区改造（润园华府）建设项目、一中东侧棚户区改造暨渭锦佳苑建设项目、会川镇青年路西侧中段棚户区改造及配套基础设施建设项目一期、会川镇三岔路棚户区改造（永安嘉园三期）项目以及G310线陇西至临洮公路（渭源段）建设项目602户房屋征收任务，房屋安置919套，货币化安置1.79亿元，完成计划任务97.3%。

【全域无垃圾综合治理】结合省建设厅反馈我县第三批非正规垃圾堆放点数据信息，县全域办工作人员迅速行动，对会川、清源、五竹3个乡镇存在的9个非正规垃圾堆放点进行了排查摸底、现场督办，先后动用机械车辆6辆，清除建筑、生活垃圾30余吨。会川、清源、五竹3个乡镇都建立整改台账。严格实行“月督查、季排名、年考核”制度。对16个乡镇环境卫生治理情况和设施设备运行情况进行集中督查11次，明察暗访12次，下发督查通报10次，督办通知43份。

【供热管理】2018—2019年度供热工作结束后，供热单位对热源厂、换热站的运行设备进行安全检修和保养。2019—2020年度供暖前，再次督促各供热单位查漏补缺，加强对司炉工、管道工、换热站值守人员岗前安全培训。县供热中心在原微信及支付宝支付的基础上，新增微信公众号缴费方式，共收取2019—2020年度取暖费950万元（其中含县直财政拨付取暖费270.15万元）。加大供热基础设施及管网维修改造力度，对县供热中心供热范围内的秦剧团换热站进行改建；对渭水源供热站热源厂水处理设备进行更换，烟囱防腐，完善场地硬化，新建渣棚一座，并对4座换热站改造；对萬宝供热有限公司热源厂现状锅炉房及附属设施进行维修，新建渭源二中热力站，配套敷设一级供热管网2.1公里。结合城市老旧楼房改造项目，共对55栋老旧家属楼1929户供热用户进行分户供暖改造，有效增强了供热管理，改善了供热质量。

【建筑工程安全质量监督管理】制定下发《渭源县2019年建筑领域安全生产要点》《渭源县建设工程安全质量整治方案》，按照《渭源县安全生产大检查工作实施方案》要求，先后对西美国际等14家建筑工地、兴泰液化气站等3家燃气经营场所开展专项检查21次，查出各类安全生产隐患98余处，累计下发整改通知书45份。查出问题已全部整改完毕，整改率达100%。全面加强扬尘污染治理工作，严格落实六个100%防控措施，做到了扬尘污染治理全覆盖。强化质量监管，加大对预拌混凝土供应企业安全质量的检查力度，共进行安全质量督查5次。

【房地产市场管理】紧抓房地产销售面积、从业人员及劳动报酬指标。督促21家房地产开发企业做好房地产销售面积上报工作。完成房地产销售面积83884.8平方米。房地产从业人员数186人。收缴专项维修基金412.5万元，办理商品房预售证4份，套数480套，面积84236.70平方米。

【领导名录】

党组书记、局长：李德麟

党组成员、副局长：段耀武（兼）、贾卫勇、魏兴奎、谢峥勇、黎刚（兼）

（供稿：康金旭）

给排水公司

【概况】县给排水公司始建于1989年，隶属县住房和城乡建设局管理。现有职工45人（包括污水处理厂10人）。公司下设污水处理厂、五竹净水厂、办公室、水费收缴稽查股、财务室、工程安装维修队6个股室。

【供水规范化管理】县城区供水水源为峡口水库库水，总库容745万立方米。水处理设施及输配水设施包括五竹净水厂1座、县城区西侧的高位水池1座、输配水管网48公里，县城区供水普及率为97.5%，服务用户约11600户。制定完善水质管理制度和水质信息报送制度，并由县卫生健康局每季度对城区水源水、出厂水及用户末梢水进行分析监测，确保供水水质达到饮用水卫生标准。建立水厂质量控制体系，建立健全巡回检查制度、安全防护制度和事故报告制度等相关制度，安装在线监控系统。加强管网运行管理，改造城区供水管网，对原有的铸铁管、镀锌管、塑料管进行更换改造，安装新型聚乙烯PE管材，降低漏损。建立健全供水服务与投诉监管制度。充分利用电视、微信、网站等媒介加大供水政策宣传。

【领导名录】

经理：段耀武

支部书记：陈金柱

副经理：辛廷贵、李军锋、王新荣

（供稿：贾渭红）

住房公积金管理

【概况】县住房公积金管理部成立于2003年1月，科级建制，隶属定西市住房公积金管理中心，现有职工7人，其中党员2人。内部岗位按归集、信贷、提取业务要求设立。

【住房公积金归集】现有正常汇缴单位194个、正常汇缴职工10509人。归集住房公积金16004.90万元（含6月30日为广大住房公积金缴存人结息818.65万元）。累计归集住房公积金102852.97万元，当前公积金余额62461.17万元。

【住房公积金提取】全年办理各类公积金提取业务1511人次9524.36万元，占全年归集额的59.51%。全年转入本县45人，转入公积金227.32万元。全年本县转出87人，转出公积金347.24万元。累计为12927人办理住房公积金提取业务，累计提取41775.24万元。

【住房公积金贷款】全年发放贷款366人，发放金额10754万元。当年收回贷款6515.10万元。累计发放贷款5249人次80493.61万元，累计收回贷款46440.69万元，住房公积金累计贷款余额34052.93万元。公积金个贷率达到54.52%，全年贷款无逾期。

【住房公积金改革管理】管理部支取窗口已进驻政务服务大厅，将提取、贷款、贷款担保等集中在服务大厅，让缴存职工办事“只进一扇门”“最多跑一次”。

【领导名录】

副主任：马振国、杨建平

（供稿：孙亮）

综合执法

【概况】县综合执法局前身为县城市管理行政执法局，组建于2007年12月。2008年7月，经市政府批复正式成立。2015年11月，更名为“渭源县综合执法局”。2019年6月，撤销农林牧执法大队、农村公路路政执法大队，划转出执法人员9人，11月划转出执法权210项。保留除农业、畜牧、农机、交通之外的执法权279项。现有执法人员52人，内设办公室、法制股、监督股、宣教股4个股室，下属市容市貌执法大队、城市建设执法大队、户外广告综合执法大队。

【“两违”查处】2019年，对巡查发现在宅基地内实施违法建设的行为27起3458.96平方米，下发处罚告知书27份，下发处罚决定书27份，现场查处率达到100%；对巡查发现的未取得土地使用许可手续实施的违法建设行为，教育劝导制止39起占地面积12626.06平方米，现场依法制止（拆除）64起占地面积4481.04平方米。按照“依法、持续、分批”的原则，对违法性质恶劣、群众反响强烈的8起建筑面积1324.57平方米的典型“两违”建筑，依法实施强制拆除。结合棚户区改造项目实施，对清源镇圆角38起14127.06平方米、下集45起15869.66平方米、北关22起6645.08平方米的存量违法建筑进行消化。全年查处非法占地采砂行为7起，收缴罚款4.008万元，督促恢复土地8042平方米；查处非法占地修建房屋行为37起，收缴罚款12.78万元；查处破坏耕地行为4起，收缴罚款1.85万元；查处自然资源部门移交“卫片”执法案件16起，收缴罚款

6.45万元。

【市容工作】依法查处酒店、餐厅、理发店等沿街商铺向道路两侧雨水管网内倾倒餐厨垃圾、生活污水行为16起；依法依规取缔乱堆、乱放、超店外、占道经营行为564起，处罚104起，取缔火车站广场周边占道经营摊点14家次。对所辖区域内产生油烟污染和噪声污染的各类店铺进行教育纠正，下发责令限期整改通知书58份，联合相关职能部门共同查处整改4家。对查实的7起抛洒遗漏行为和9起带泥上路行为全部从严从重从高进行了处罚，收缴罚款2.4万元。硬化观景桥西北角600平方米斜坡土路。动员店铺拆除更换破损户外广告牌及门头牌匾38块，对清源路、首阳路西段、首阳路东段门头牌匾，严格按照“一楼一标准、伸出一个面，上下一条线、距地一样高，底色一致，白天美化，晚上亮化”的设置原则，统一规格、材质和底色。针对城市“牛皮癣”顽疾，采取一手抓清理，一手抓巡查的措施，组织集中清理9次，清理各类小广告3.6万余条，处罚非法张贴、散发、涂写小广告18人次。查处涉河非法采砂行为1起，收缴罚款6万元，恢复河道面积13515平方米。11月，联合水务、农牧、公安、峡城乡政府等单位对洮河峡城段6家网箱现场拆除。查处农林牧领域违法行为8起，其中野外用火失火行为4起，毁坏林地行为4起。

【领导名录】

党组书记、局长：李盛

党组成员、副局长：张雯娟（女）、李满军（4月止）、周小华

市容市貌管理执法大队大队长：张龙

城乡建设执法大队大队长：袁高彦

水利水保执法大队大队长：彭永斌

环境卫生执法大队大队长：李新平

（供稿：张凤生）

生态环境保护

【概况】2019年3月，全县机构改革后，县环境保护局不再保留，组建为定西市生态环境局渭源分局，隶属市生态环境局和县委县政府双重管理，承担全县生态环境保护职能；将原县国土资源局的监督防止地下水污染职责、县发展和改革局的应对气候变化和减排职责、县水务局的编制水功能区划、排污口设置管理、流域水环境保护职责、县农牧林业局的监督指导农业面源污染治理等4项职责划转给定西市生态环境局渭源分局。现有编制27个，在职职工32人。

【生态环境保护】

1. 水环境质量。2019年度，峡口水库、漫坝河、石门水库3个饮用水水源地水质达到《地表水环境质量标准》（GB3838-2002）Ⅲ类水质标准；生态功能区渭河进出口监测断面水质稳定达到《地表水环境质量标准》（GB3838-2002）Ⅲ类标准。县城区生活污水处理厂自动监控数据传输有效率、监测结果公布率和监督性监测达标率均为100%。

2. 大气环境质量。根据空气自动监测站监测数据显示，可吸入颗粒物（PM10）、细颗粒物（PM2.5）浓度、二氧化硫、氮氧化物浓度均值均控制在71微克/立方米、51微克/立方米、28微克/立方米、19微克/立方米，优良天数比率达到95%以上，均控制在市政府下达的年度目标要求之内。

3. 土壤环境质量。委托第三方机构完成上湾镇尖山村、田家河乡元古堆村、会川镇梁家坡村农村环境质量监测试点工作，土壤环境质量保持稳定，符合《土壤环境质量》（GB15618-1995）二级标准。

4. 污染减排指标。通过实施清源镇学东农林牧循环经济专业合作社畜禽养殖污染治理项目、上湾镇杨家寺惠民种养殖专业合作社规模化畜禽

养殖污染治理项目、渭源县农家畜禽养殖专业合作社年产5万吨畜禽粪便秸秆生产有机肥扩建项目等3个规模化畜禽养殖污染治理项目及其他减排项目，完成年度污染物排放量总控目标任务。

【污染治理】

1.大气污染防治。制定《渭源县贯彻落实甘肃省打赢蓝天保卫战三年行动作战方案（2018—2020年）实施方案》，完成县供热中心在用1台80蒸吨锅炉脱硝设施建设任务，完成全县2015年以来违规新建的6台10蒸吨及以下燃煤小锅炉的拆除和去功能化处理，完成全县14家砖瓦建材企业完成环保竣工验收；组织相关部门对全县二级煤供网点开展大排查、大检查，督促不合规煤炭经营企业限期完成整改。

2.水污染防治。制定并印发《渭源县2019年水污染防治工作计划》，完成渭河流域综合整治及城区集中式饮用水水源地环境保护项目、会川镇污水处理工程建设项目建设任务。3.土壤污染防治。完成重点行业企业用地土壤污染状况调查，确认土壤污染重点行业企业2家，分别是县城区生活垃圾填埋场和莲峰镇生活垃圾填埋场。完成2018年下达资金的5个农村环境综合整治项目建设任务。

【生态环境保护综合行政执法】

1.环境监管方面。组织开展采砂及石料开采企业环境保护专项整治行动、重点环境问题排查整治行动等环境专项执法检查工作，共计检查企事业单位72厂次，发责令限期整改通知书70份。对市县确定的72家重点及一般污染源开展现场执法监察，对渭源县金蛋蛋马铃薯产业有限公司环境问题进行切实整改，督促该企业安装蛋白提取机、马铃薯废渣烘干机，锅炉配套安装布袋除尘设施，安装在线监测设施。督促3家集中供热企业在提标改造工作中，严格落实环评制度，组织开展并完成环保验收工作，安装燃煤锅炉烟气在线自动监控设施，监测数据与市监控中心联网，完成验收备案；开展污染源自动监控设施检查。现有4家企业的7套污染源自动监控设施正常运行。

2.环境违法行为查处方面。对全县在建项目、采砂企业、砖瓦黏土企业、县城区污水处理厂及洮河水面养殖企业等排污企业开展专项清查整治工作。对涉及生态环境违法的6家企业，按照环保法律法规进行查处。对存在其他影响生态环境风险隐患的企业，下发责令整改通知，要求限期整改。对存在环境隐患的洮河水面网箱养殖6家企业配合县水务局、执法局进行网箱拆除。

【领导名录】

分党组书记、局长：陈强

分党组成员、副局长：张彬、刘宝

（供稿：马晶）

社会事业

教　育

【概况】2019年，全县共有各级各类学校343所，其中高级中学4所，独立初中16所，九年一贯制学校8所，小学65所，教学点89个，幼儿园158所（公办幼儿园135所、民办幼儿园23所），职业中等专业学校、教师进修学校、特殊教育学校各1所。在校（园）学生46454人，其中高中7176人，职专1289人，初中9338人，小学18410人，幼儿园（含学前班）10148人、特教学校93人。教职工4209人，其中专任教师3972人，专任教师中高中774人，职专133人，初中1094人，小学及教学点1525个，特教学校22人，进修学校17人，幼儿园407人。县教育局党委现设党总支18个，下设66个党支部，直属党支部35个。现有党员1238人，2019年新发展党员24人。

【助力脱贫攻坚】围绕“发展教育脱贫一批”任务，聚焦义务教育有保障的脱贫目标，健全工作推进机制，坚决做到“三落实”“三精准”。加大控辍保学力度，确保除身体原因不具备学习条件外的贫困家庭适龄儿童无一人失学辍学，全县九年义务教育巩固率达到99.39%；加大办学条件投入力度，着力保障有学上；补充乡村紧缺教师，推进教育信息化，提升乡村教育质量，确保适龄儿童上好学；突出精准资助，全面落实各项资助政策，着力保障贫困学生上得起学；加强东西部帮扶协作，大力提升帮扶成效；扎实开展中央脱贫攻坚专项巡视、脱贫攻坚“回头看”等反馈问题整改，全面推进教育脱贫攻坚取得实效。

【学前教育】2019年，选址新建公办幼儿园2所，规划投资1300万元在县城区新建第四幼儿园，新增学位360个；规划投资800万元在会川镇新建第二幼儿园，新增学位270个。严格执行幼儿园教师准入制度，配齐幼儿教师，加大行政村幼儿园园长及教师培训力度。现有省级示范性幼儿园1所，省一类幼儿园6所，学前教育普及水平显著提高，学前三年毛入园率达到96.56%。

【义务教育】强化控辍保学工作，切实靠实各乡镇、各部门和学校的责任，城区学校按规定接收进城务工人员随迁子女入学，健全完善农村留守儿童关爱保护和困境儿童保障工作体系，保障适龄儿童少年全部就近入学。推行集团化办学模式改革，优质资源学校带动农村中小学和教学点规范发展，小学学龄儿童净入学率100%，小学毕业生升学率100%，九年义务教育巩固率99.39%。

【特殊教育】全面落实《渭源县三类残疾儿童确认登记和组织入学工作制度》《渭源县随班就读资源中心工作实施方案》，切实保障残疾儿童少年接受义务教育的权利。构建以随班就读为主体、特殊教育学校为骨干、送教上门为补充的办学体系。适龄残疾儿童少年随班就读178人，特教学校就读61人，送教上门32人，除医学鉴定无就读能力的残疾儿童，全县适龄残疾儿童入学率达到100%。

【普通高中教育】坚持立德树人，遵循人才成长规律，强化教育教学管理，推动改革创新，完善高中集团化办学机制，坚持资源共享，全力提高教学质量。积极推进高中招生政策改革，普通高中招生1780人，高中阶段毛入学率95.69%。参加高考3465人，二本上线1950人，上线率为83.26%，本专科共录取2859人，录取率82.51%。

【中等职业教育】招生670人，毕业生260人，246人升入高一级学校，升学率94.6%。

【成人教育】结合精准扶贫和全县产业结构调整，调整专业设置，大力开展“两后生”培训和精准扶贫脱贫人口技能培训，培训贫困家庭“两后生”670人。

【民办教育】全县共有民办幼儿园23所，在校学生3185人，教职工217人。加强对民办幼儿园的指导和管理，落实年检制度，定期对民办幼儿园园长和教师进行培训，切实规范办园行为，促进民办幼儿教育健康发展。有民办校外培训机构21所，培训学生2725人，教职工120人。认真贯彻落实国家减轻中小学生课外负担精神，积极衔接相关部门加强对校外培训机构的监管和指导，不断规范校外培训机构的办学行为。

【教师队伍】全县共有教职工4209名，其中新录用85名，其中招录特岗教师59名、“三支一扶”人员1名、代课教师转正25名，小学专任教师学历合格率100%，大专以上学历占88.26%；初中专任教师学历合格率100%，本科以上学历占85.1%；普通高中专任教师学历合格率97.55%，研究生学历占2.7%；中职学校专任教师学历合格率96.24%，双师型教师占31.58%。师生比小学1：11.2，初中1：8.49，普通高中1：8.98，中职学校1：9.62。从县城区学校选派29名教师到贫困农村学校支教，福州市晋安区选派9名优秀教师来渭源进行为期3至6个月的支教，定西师范高等专科学校选派25名学生进行为期半年的实习支教，选派5名青年教师到福州市晋安区中小学、幼儿园跟岗学习。通过各类项目，累计培训校长、教师8791人次。及时发放乡村教师生活补助，全年为2556名乡村教师发放生活补助1330万元，人均每月达到402元。

【教学研究】以办学集团（联盟）总校为主导，采取分片联校集中研讨的方式，全年共开展教学视导活动10多次。在9所学校，分两个阶段，开展“送培进校”活动，全县初中、小学、幼儿园共有1000多名教师参加培训。组织全县教师参加全国“一师一优课、一课一名师”网上晒课活动，5节课获省级优课，64节课获市级优课，104节节获县级优课。开展“中小学优质课竞赛•观摩•评价•研讨•培训活动”3次14科（小学4科，初中5科，高中4科5科），190多人次获优质课竞赛奖。鼓励教师积极参与教育科研，2019年结题省级课题9项，结题市级课题24项。通过“走出去、请进来”和远程网络培训方式，省市县三级共培训教师7369人次。

【办学条件】基本建设投资10697万元。新建和维修加固校（园）舍总面积2.4万平方米，安装采暖设备26套，改造取暖79789.83平方米。硬化校园和运动场地17457平方米，以及附属工程建设。校舍总建筑面积57.23万平方米，生均建筑面积小学9.77平方米，初中19.17平方米，普通高中15.76平方米，职业中学23.81平方米。生机比小学为5.75：1、初中为4.99：1、普通高中为4.52：1。

【特色学校建设】以阳光体育运动和体育艺术“2+1”活动为载体，在全县中小学全面开展了以“发展特点项目，培养特长学生，创建特色学校”为主题的区域特色办学工作，组织开展以体音美活动为主的大课间活动和学生社团活动，定期举办田径运动会、越野赛、球类比赛、文艺演出、书画展览等活动，活跃校园文化，促进学生全面发展。通过设立文化墙、张贴师生作品、呈现师生风采等形式，让富有渭源地域特色的传统文化渗透到校园的每一个角落，做到文化育人、环境育人。2019年，创建全国青少年校园足球特色学校1所、全国校园足球特色幼儿园2所、甘肃省语言文字规范化示范学校6所。

【教育管理】召开了两次全县教育业务工作会议，全面安排部署了教育业务工作，与各中学、学区、县直学校签订了《教育教学工作目标管理责任书》，细化分解各项工作任务。对全县中小学、幼儿园进行了4次教学常规检查，有效规范了基层学校教学常规管理工作。完成全县中小学一年两次的教学质量检测。县上筹资70万元，表彰高考工作先进集体5个、教育工作先进集体10个，表彰先进个人200名。渭源县特殊教育学校被评为“全国教育系统先进集体”。

【领导名录】

市教育局驻渭源县督学：王建生（7月任）

党组（委）书记、局长：王建生

纪委书记：何雄

副局长：李军、王秋荷（女）、余伯荣（4月任）

（供稿：龚兵兵）

渭源县第一中学

【概况】甘肃省渭源县第一中学始建于1943年，属省级示范性普通高中、省级文明校园。现有58个教学班，在校学生2754人；教职工260人，其中党员66人，专任教师250人。研究生学历13人，本科学历236人，大专学历1人；正高级教师2人，高级教师112人，中级教师85人，初级教师46人。全国优秀教师1名，陇原名师1名，特级教师2名，获省“园丁奖”教师3名，省级学科带头人2名，省级骨干教师11名，省级青年教学能手7名。当年出国培训1人。

【一训四风】学校秉承“勤奋严谨、求实创新”的校训，大力倡导“厚德博学、爱生敬业”的教风、“勤学慎思、刻苦向上”的学风、“民主协作、与时俱进”的领导作风，创建“睿智笃学、团结奉献”的校风，坚持“以人为本、全面发展，使每个学生在一中都受到良好教育”的办学理念，把“争创陇上一流名校”作为学校的办学目标。

【学校管理】学校围绕办学目标，致力于科学化、人文化、规范化、精细化管理。学校完善管理制度、健全竞争机制，完善岗位职责、强化内部督导，完善监督机制、实行校务公开，完善教学考核制度、加强常规检查，完善安全管理制度、保障师生平安，管理工作人性化、提升职业幸福感，齐心协力立德树人，稳步推进以提升人才培养质量为核心的内涵发展，在日常管理、教育质量、社会声誉等方面实现稳步提升，实现教育效益、社会效益双赢。看望慰问55位离退休教师、困难职工、有病教工及家属，向112位教职工发放困难职工生活补助金。

【教育教学】学校积极谋划拓展“一对一”结对办学外延建设，强师德、铸师魂，全力打造新时代“四有”教师队伍，通过开展“新老教师结对帮扶”“班主任经验交流”“党员教师示范”“新课程探究公开课”、同课异构等活动，促进教师专业水平发展。2019年，学校组织学生参加化学竞赛初赛、复赛和科技创新大赛活动，2人获省级二等奖，2人获市级一等奖，5人获市级二等奖，4人获市级三等奖；组织召开教研组长会议6次，举行全校公开课10节，抽查听课95节，参加“一师一优课”活动19人获奖；组织市级课题结题4项，组织申报课题省级立项2项、市级立项2项；组织教师积极参与教研科研活动，发表论文65篇，各级获奖论文8篇，市县竞赛获奖10项。2019年毕业生毕业率为100%。高考成绩连年上升，2019年高考文化课二本以上上线1035人，上线率达92.55%；一本上线337人，上线率达30.25%。

【特色校园建设】学校努力打造德育教育、地方文化、科技创新、国防教育、心理咨询、团学工作等“六项特色”，不断提高校园文化品位；按照“校园建设营造整体美、绿色植物营造环境美、师生佳作营造艺术美、人际和谐营造文明美”的思路，从设施建设、环境建设、文化建设、活动建设和制度建设五个方面入手，重点实施校园文化建设提升工程，对教学区、办公区、生活区、活动区分类进行布置，设计文化墙、新校标、主题橱窗等，对校园进行硬化、绿化、美化。以规范师生行为为切入口，加强学校行为文化建设。以建设优良的校风、教风、学风为核心，举行形式多样的学校文化活动和礼仪教育，让学生学会守法，学会担当，学会感恩。

【合作交流】学校以“抓基础、抓落实、抓实效”为主题，组织渭源一中教育联盟同课异构及高考备考研讨活动3次，上示范课30节。与兰州外国语高级中学联合举办2020届高考备考“同课异构”暨研讨会活动，全县279位老师参加相关活动。组织教师参加统编教材培训、新课标学习，组织全校教师全员参加网络专技集中研修，组织教师参加省市县培训359人次。4月中旬至7月中旬，福州十中历史教师卢文晶来校支教，挂职政教处副主任，承担教育教学工作任务。5月中旬，与兰州外国语高级中学两次互派20多名师生开展对口研学活动，增进合作交流，促进教师专业成长，开阔学生学习视野。6月27日，中国地质博物馆专家组一行在渭源一中开展科普讲座、科普展览、观看科普电影玩科普游戏等丰富多彩的科普活动。7月，英文版舞台剧《大禹导渭》在第二届全省“用英语讲好中国故事”系列展演活动中荣获高中组集体二等奖，2名教师、3名学生获得个人奖，学校荣获优秀组织奖。

【助力脱贫攻坚】学校狠抓支部结对共建，助力推进清源镇河口村党支部建设标准化工作；坚持定期入户走访，及时宣传扶贫政策，增强贫困户主动脱贫的信心和意志；安排教师与河口村学生结对帮扶，进行学业、心理辅导。依托国家春秋季高中生助学金、免学费补助、香港培苗助学金等资助金，按照国家助学政策要求，对帮扶村品学兼优、生活困难的学生予以照顾。2019年，为清源镇河口村在校就读的38名学生累计发放各类各批助学金4.43万元，有效缓解减轻了困难家庭的经济负担。

【获奖情况】2019年，学校被教育部命名为“全国青少年校园足球特色学校”，被定西市教育局命名为“定西市名学校”“定西市智慧教育标杆校”，被县委、县政府评为“全县教育工作先进集体”“高考工作先进单位”。杨勇被评为“定西市名教师”；虎梅芳被评为全县“优秀教育工作者”；辛丽静、户娟娟、卜登平、谢旭东、赵兴华被评为全县“优秀教师”；寇龙锋、漆平、张强、包新泰、何拥军被评为全县“优秀班主任”；常靖、王子贤、白进忠被评为全县“优秀德育工作者”；后晓霞、谢亚娟、许亚萍、祁改琴、姜莹、魏建霞、马凯芮、周宏武、王源正洁、王慧霞、邬霞萍、郭红霞获得全县“教学质量优胜奖”；李文斌获得全县“教学质量进步奖”。

【领导名录】

校长：张兆明

党支部书记：何永康（5月止）、张学恩（7月任）

党支部副书记、副校长：张晓军

副校长：赵明珍（7月止）、杜永成、杨彦辉、虎梅芳（4月任）

总务处主任：龚士周

政教处主任：高庆国

教研室主任：谢启红

工会主席：张禄荣（女）

办公室主任：张晓龙（4月任）

总务处副主任：吴学文

教研室副主任：陈亮

工会副主席：张正华

教务处副主任：毛雄（4月任）

政教处副主任：李勇（4月任）

办公室副主任：李永红、龚兵兵（4月任）

（供稿：张晓龙）

渭源县第二中学

【概况】渭源县第二中学始建于1945年，前身是会川县立初级中学，1958年设立高中部，1962年6月改名为“甘肃省渭源县第二中学”，1980年被确定为“定西地区重点中学”，2008年12月被命名为市级示范性普通高中。学校占地面积80.68亩，建筑面积20232平方米。教学楼三栋，办公楼两栋，教师、学生公寓楼各一栋，师生食堂一栋。操场3个，面积33300平方米。多功能报告厅1个，计算机教室2个，一体机教室42个，实验室9个，仪器室5个，学生实验台252台。图书室图书49772册，阅览室图书12680册，共62452册，生均27.56册。学校设有党总支、办公室、教务处、政教处、教研室、总务处、工会、团委、学生会等机构，学校党总支下设2个党支部，党员60人。35个教学班，学生1562人，教职工203人（其中职员2人，专任教师195人，工勤人员6人）。专任教师中研究生4人，大学学历186人，教师学历达标率为95.4%。高级职称54人，中级职称69人，初级职称71人，未定级1人。省园丁奖获得者3人，省级骨干教师9人，省级农村骨干教师25人，省级青年教学能手4人；市级优秀教师11人，市级青年教学能手4人，市级骨干教师21人，市优秀教育工作者2人；县优秀教师49人，县优秀教育工作者9人，县青年教学能手17人，县优秀德育工作者19人，县优秀班主任18人，县级领军人才1人，县管拔尖人才1人。

【教育教学】严格按照国家课程计划开齐课程、开足课时，科学安排作息时间，精讲精练，向课堂要质量，促进学生全面健康发展。指派专人检查每天每节的教师上课情况和早、晚自习的辅导出勤情况，对缺课和辅导缺勤情况及时反馈；在月考、期中考试期间，使用手机屏蔽器和金属探测仪，加强考务管理，并对全校任课教师的教案、听课记录、学生作业、各教研组的活动记录、学生通家书、班会记录、各班点名册等进行统查。组织开展理、化、生“实验能力”竞赛和“核心素养下教师教学能力”竞赛，并对竞赛优胜者进行表彰奖励。

【教师队伍建设】先后利用教工大会、教研活动和假期新课改培训等对教师进行培训，多次组织教师到杭州、福州、嘉峪关、天水、定西等地参加观摩学习、学科培训和高考研讨活动。2019年，有2名教师晋升正高级教师职称，有12名教师晋升高级教师职称，16名教师晋升一级教师职称，2名教师晋升二级教师职称。

【教研教改】重视教研工作，学校教研氛围浓厚。在坚持教研组活动正常开展的同时，积极参加教师培训、校际交流和课题研究。教师教育教学论文有100多篇在省市级以上报纸杂志发表。2019年有2项省级课题结题，有1项市级、1项省级课题立项。8月份，在渭源县高中优质课竞赛中，1人获特等奖，3人获一等奖，4人获二等奖。

【高考备考】2019年，高考二本以上上线447人，文化课上线率为84.42%；一本上线93人，上线率18.34%。应届生二本以上上线289人，上线率81.41%；一本上线65人，上线率18.31%，超额完成市县下达指标。为力争2020高考再创佳绩，尽早制定管理计划和教学计划。各备课组统一计划、统一进度、统一资料、统一测试。大胆起用青年教师，齐抓共管加强班级管理，发挥备课组群体优势，集思广益优化教学进程，从严治考完成从复习到考试的衔接，想方设法激发教师积极性，狠抓落实明确备考目标，捕捉新高考信息做到有的放矢，积极创设备考情景，营造浓厚氛围，重视心理辅导和体育锻炼，确保学生良好备考状态。

【学生资助】2019年，为2019级高一新生共申请到102个香港培苗助学金培苗助学名额，高一级获得每年共计人民币25.5万元的香港培苗助学金；先后为2019届高三优秀毕业生争取到2名周俊昌奖学金，2名施连君奖学金，1名培苗行动奖学金，奖学金金额每人5000元，共计人民币3万元；协同香港培苗行动探访团完成对培苗生本学期的探访活动，共为354名培苗生发放44.18万元的培苗助学金；为87名高二、高三级同学申请到顺丰莲花公益助学金，共计每年发放助学金27.84万元；为高三优秀毕业生争取到5名国境助学金，共计发放2万元。4名金徽酒正能量助学金，共计发放8000元，16名大学新生路费资助，共计发放1万元。落实教育扶贫政策，为481名建档立卡户、低保、残疾、孤儿学生发放了每人每学期1000元的国家助学金，共计发放人民币96.2万元。

【安全教育】学校成立安全工作领导小组，推行一岗双责。学校不仅通过主题班会对学生进行安全教育，每学期还安排法制副校长举办1次法制、安全教育专题讲座，增强学生法制意识和安全意识。安排地震应急演练、校外寄宿生安全隐患排查活动，加强对学校食堂、危险化学药品管理，加大对校园电路、各种教学设备隐患排查。配合开展校园欺凌、扫黑除恶等专项整治活动，积极构建平安校园，给学生提供一个安全学习环境。

【办学条件改善】学校根据自身发展需要，科学规划，多渠道筹集资金，先后对学校办公楼进行粉刷；对学校每一栋办公楼、教学楼、公寓楼都进行命名，进一步提升校园文化品位；对学校的旧沙发、旧办公椅进行维修，改善办公条件。完成投资51万元的2019年普通高中改善办学条件中央专项资金渭源县第二中学教学设备采购项目，改善教学条件。

【学校获奖】2019年3月，学校被县委、县政府评为“渭源县文明校园”。4月，获得定西市教育局、定西市文体广电和旅游局颁发的“定西市中小学生育运动会篮球（高中组）比赛优秀组织奖”。9月，获得县委政法委、县教育局颁发的“渭源县预防邪教知识竞赛优秀组织奖”。

【教职工获奖】徐正玉被评为省“骨干教师”，常莹、孙杏芳、祁春静、郝亚东被评为“甘肃省农村骨干教师”。赵瑞忠、任玉慧、辛海军被评为“渭源县优秀教师”，董伟军、赵世瑜、郝亚东被评为“渭源县优秀班主任”，魏书军、马晓燕、刘海军、王宏、聂伟伟、何彦荣、肖玉、王鹏红、刘海滨、祁彦佐、孙丽蓉获得县“教学质量优胜奖”，汤宝林获得县“教学质量进步奖”。王鹏红被评为2018年度“渭源县巾帼建功标兵”，肖玉被评为2018年度渭源县“最美爱岗敬业家庭”，祁春静被评为2018年度渭源县“三八红旗手”，蔡霁萍被评为2018年度“定西市优秀团干部”。

【领导名录】

校长：张学恩（7月止）、赵明珍（7月任）

党支部书记：赵黎明（7月止）、石贵平（7月任）

党支部副书记：胡富存（4月任）

副校长：祁彦佐、王国清、徐正玉

工会主席：张效良

教务处主任：郭世峰

总务处主任：张永福

政教处主任：麻建基

教务处副主任：周宇峰（4月任）

总务处副主任：杜向兵（4月任）

办公室副主任：蔡霁萍（女，4月任）

（供稿：杨世春）

渭源县第三高级中学

【概况】渭源县第三高级中学是建于2011年的一所普通高中。现有35个教学班，其中高一级10个班、高二级10个班、高三级15个班；学生1513人，其中男生695人，女生818人。教职工196人，其中党员64人；省园丁奖教师2人，省级骨干教师4人，市级青年教学能手4人，县级领军人才1人。高级教师44人，中级教师55人，初级教师91人，工勤人员6人。专任教师学历均在本科以上，合格率100%，研究生学历占3%，师生比为1∶7.72。

【一训三风】学校以“立德树人”为办学宗旨，秉承“立德树人、立志超越”的校训，坚持“彰显特色、全面发展”的办学理念，逐渐形成“勤教乐学、尊师爱生”的校风，“爱生、务实、奉献”的教风和“守纪、刻苦、向上”的学风，把“走特色化发展之路、争创陇上名校”作为学校的办学目标。

【学校管理】学校围绕办学目标，结合实际，致力于科学化、人文化、规范化、精细化的级部制管理。学校完善管理制度，健全竞争机制和监督机制，强化内部督导，加强常规检查，实行校务公开，保障师生平安，提升职业幸福感。2019年，表彰教职工89人次，看望伤病职工及职工家属35人次，组织越野赛、“庆元旦·迎新春”晚会等庆祝建国70周年系列活动，切实增强了教职工致力于教育教学的凝聚力。

【办学条件】学校严格执行财务管理制度，开源节流，合理安排资金，完成了校园文化建设，实现了明厨亮灶，加强校园绿化管护和财产管理，保证学校正常工作开展。

【教学教研】学校严格落实适合学校学情的“低起点、严要求，低坡度、高密度，精讲多练、练中提高”的课堂教学基本要求，初步形成讲练结合的有效课堂模式，通过教研组长备课组长会议、阶段考试后各级教师联席会，及时安排部署学期工作，落实教学常规，细化教学管控，研判教学效果，有效提高教育教学质量。

【学校特色】组织参加第四届甘肃省中学生运动会，取得优异成绩，被市教育局授予优秀组织奖；参加定西市中小学生运动会，获得高中组第五名；创新大课间活动，推广曳步舞，展现当代中学生的阳光与活力；参加甘肃省首届学生合唱艺术节暨庆祝新中国成立70周年合唱展演活动，获得中学组二等奖；成功举办三次师生书画展，邀请县美术馆和渭源书画界人士进行艺术交流。助力脱贫攻坚，美术教师创作的20多幅书画作品走进农家小院；依托国家春秋季高中生助学金、免学费补助等措施，落实好国家惠农政策，为1309名同学减免学杂费37.56万元，为品学兼优的1164名贫困学生每人发放1000元的助学金。

【办学效益】2019年，高考二本以上上线229人，比上年净增132人。2019年11月底，学校顺利通过市级文明校园评估验收。

【领导名录】

校长：袁爱忠

党总支书记：翟斌

副校长：彭东红、马龙、漆建平

（供稿：周光远）

渭源县第四高级中学

【概况】渭源县第四高级中学位于渭源县莲峰镇，其前身为莲峰农中、莲峰中学。2013年8月，原莲峰中学高初中分离，设立渭源县第四高级中学。学校占地面积43333平方米，建筑面积13096平方米。现有多媒体、电子白板等现代化教学设备35套；装备微机室1个、录播室1个。装备物理实验室2个，化学实验室1个，生物实验室1个，图书室藏书3.5万册，操场面积16800平方米。教职工135人（女教工44人），其中高级教师29人，一级教师58人；本科学历124人；党员教师36人；省级骨干教师3人，省级农村乡镇骨干教师9人，市级骨干教师及青年教学能手3人，县级青年教学能手3人。教学班26个，在校学生1222人，校外寄宿生959人。办学目标是创办具有艺术特色的市级示范性普通高中。

【一训三风】学校形成“格物、尚仁、弘毅”的校训，“明理、修身、笃行”的校风、“崇德、创新、博学”的教风、“勤苦、慎思、进取”的学风，凝结成“团结、实干、进取、奉献”精神。

【学校管理】学校围绕办学目标，致力于科学化、人文化、规范化、精细化管理。完善管理制度、健全竞争机制，完善岗位职责、强化内部督导，完善监督机制、实行校务公开，完善教学考核制度、加强常规检查，完善安全管理制度、保障师生平安，管理工作人性化。弘扬“五苦精神”，坚持“合格+特长”的办学思路，构建文明、和谐校园。学习衡水经验，推进教学改革，构建有效、高效课堂教学。加强体育艺术专业训练，积极开展社团活动，坚持大课间和课外兴趣小组活动，切实提高学生体质健康水平，提升艺术素养。教师公寓楼、艺体综合楼建成投入使用。玻璃钢化粪池安装使用；教师公寓楼完成窗帘安装；完成校门口侧墙伯夷叔齐砖雕；完成润泽楼楼道内监控更新；完成教师公寓楼前道路硬化及部分校墙维修；完成艺体综合楼四楼舞台建造。全面提升后勤管理服务水平，保障教育教学质量提高。

【教育教学】积极开展学科听课、说课、评课、优质课展示等活动。2019年10月16-17日，组织青年教师授课评优活动，韦伟、陈文彧获得一等奖，范彩霞、史小环、贾霞琴、魏鑫获得二等奖。2019年高考中，汪琪、汪宏分别以622分、617分成绩居全县理科第一名和第二名。文化课一本上线80人，比2018年增加22人，一本以上共计153人。应届生文化课一本上线58人，上线率22.66%，较2018年提高9.77个百分点。

【特色校园建设】丰富课外活动，增强学生身体素质，充分落实阳光体育“2+1”要求。利用课余时间在校园播放经典名曲，缓解学习压力，陶冶学生情操。每周星期二、四，高一、高二年级利用课外活动时间进行体育社团活动，让所有学生真正做到了出汗运动。街舞、架子鼓、吉他、播音主持、剪纸等社团活动效果良好。

【获奖情况】2019年9月，学校被县委、县政府评为全县“高考工作先进单位”，谭长伟、赵淑琴被评为“甘肃省农村中小学骨干教师”；寇晓锋、闫斌杰被评为“定西市名教师”；何文强被评为“定西市名班主任”；谭长伟被评为全县“优秀教育工作者”；曾宝林、管仲英、张建军等被评为全县“优秀教师”；侯保军、王斌斌被评为全县“优秀班主任”；陈芳芳被评为全县“优秀德育工作者”；张正梅、汪伟东、刘周全、李红梅、左红明、韦伟、苏靖平获得全县“教学质量优胜奖”；杨彪获得全县“教学质量进步奖”。

【领导名录】

校长：张耀军

党支部书记、副校长：寇晓锋

副校长、教务处主任：谭长伟

政教处主任：袁旺林

教研室主任：汪建军

办公室主任：何文斌

总务处主任：孟繁星

总务处副主任：王国军

教务处副主任：何文强

政教处副主任：苏靖平

工会主席：刘仪

团委书记：陈文彧

（供稿：第四高级中学）

渭源县职业中等专业学校

【概况】 渭源县职业中等专业学校始建于1986年，是一所市级重点职业学校，其前身是渭源县职业技术学校。2009年11月，更名为“渭源县职业中等专业学校”。学校占地75亩，建筑面积29753平方米。教职工134人，其中专任教师133人，专业课教师68人，占专任教师的51.1%；“双师型”教师42人，占专任教师的31.6%；高级教师30人，中级教师49人，高、中级专业技术人员占专任教师总数的59.4%。研究生学历教师4人，本科学历教师128人，教师学历合格率100%。现有教学班38个，在校学生1289人。建成数控车床、数控铣床、气体焊接、现代电工技术、PLC、楼宇智能化工程技术、护理技能等48个实训室。电子备课室、阅览室、多媒体教室各1间，计算机300多台。

【一训三风】 学校秉承“严谨、勤学、敬业、育人”的校训，大力倡导“奋发向上、学艺求知、勇于实践、全面发展”的学风，创建“朴实、文明、团结、创新”的校风，遵守“以服务为宗旨，以就业为导向”的职业教育理念，把“诚信办校、质量立校、特色强校、科研兴校”作为学校的办学方向，把“学会做人、学会求知、学会生存、学会创新”作为育人目标。

【教育教学】 学校始终把课堂教学和实训作为核心工作，紧紧围绕“实施有效教学，打造高效课堂”，要求各教研组从备、讲、辅、改、考、研、训等方面进行课堂改革。围绕打造高效课堂，组织钢笔字、粉笔字、简笔画、普通话、说课等教师基本功大赛。学校高度重视教学科研工作，第二课堂活动有声有色，数学教研组开展空间几何模型制作，英语教研组开展手抄报和职业英语技能模拟技能大赛，计算机教研组开展学生素质拓展训练和教师课件制作培训等活动。学校大力推行“整理、整顿、清扫、清洁、素养、安全”6S管理模式，编写下发班级“6S”精细化管理指南，对全体班主任进行“6S”管理专题培训，良好的班风、整洁的环境、有序的生活、文明的礼仪等逐渐形成。

【校企合作·产教融合】 学校与甘肃康华制药机械设备有限公司、渭源县友谊汽车维修服务有限责任公司、渭源怡龙谷数字科技有限公司、渭源县中医医院、渭源县第二幼儿园、清源镇渭水润园幼儿园、清源镇百花经典幼儿园、清源镇小苹果幼儿园等8个单位进行合作办学并建立校外实习实训基地。与浙江吉利汽车有限公司、九易汽车服务连锁集团合作，开设吉利班和九易班等订单班。与北京幼儿园、苏州方正融合通信服务有限公司进行合作，开展学生顶岗实习工作。

【社会服务】 学校开展为期15天的中药材炮制工培训和为期30天的中药材检验员培训，培训结束后，参加培训的35名中药材检验员中，有21名与华庆堂药业等县内七家企业签约就业，签约率达60%。参加培训的15名中药材炮制学员中，有13名与佛慈红日药业等县域内四家企业签约，签约率达86.7%。

【专业建设】 学校开设电子技术应用、机电技术应用、汽车运用与维修、计算机应用、电子商务、学前教育、文秘、护理、美术绘画、音乐、运动训练等六大类11个专业。2019年，根据“一校一品”专业建设要求，新开设农林牧渔类中草药种植专业，招生20人，并制定和完善了专业人才培养方案和课程开设计划。

【获奖情况】 2019年，学校获得第三十四届定西市青少年科技创新大赛优秀科技实践活动二等奖；获得“农行杯”2019年定西市中小学生运动会田径比赛中职组第三名。在参加省级技能大赛12名学生中有8名学生获奖；在参加市级技能大赛的198名学生中有130名学生获奖。有2名教师获得省级学生技能大赛优秀指导教师奖，有12名教师获得市级学生技能大赛优秀指导教师奖，有5名教师在全省的教师技能大赛中分别获得二等奖和三等奖。

【领导名录】

校长：杨国军

党支部书记：张天斌

副校长：张学文、冯爱平

（撰稿：郇复）

渭源县教师发展中心

【概况】2019年11月28日，县教师进修学校更名为“渭源县教师发展中心”。现位于清源镇下集144号，占地面积1600平方米，建筑面积1283平方米。设立教务处、电大办公室、总务处、党支部。教职员工20人，其中专业技术教师17人，公益岗位1人，临时聘用人员2人；高级职称8人，中级职称8人，初级职称1人。微机室2个，多媒体室及双向视频会议室1个，会议室1个，图书室1个，档案室1个，普通话测试室1个，教室4个。2019年，远程高等学历教育招生169人，在读学员437人，8个管理班，专业涵盖师范教育、法学、农林、畜牧兽医、工程、金融会计、行政管理等各领域。

【中小学教师培训】邀请福州晋安区16位专家举办2019年东西部协作晋安区教育专家渭源支教培训，全县250名中小学幼儿园校（园）长、227名中小学教研组长、202名中小学思想政治课教师、154名民办及行政村幼儿园新任教师和转岗教师、教育局职成办、教研室、教师进修学校相关人员共计850余人参加培训。组织幼儿园园长、中小学校长、中小学班主任等参加清华伟新远程专题培训。先后选送幼儿园园长、小学校长及体育、美术、音乐、英语教师20人赴清华大学参加面授培训。组织194名高三教师参加高考学科培训，2750名学生参加高考心理辅导培训。

【远程学历教育】2019年，远程学历教育授权高校有国家开放大学、西南大学、华中师范大学等，开设专业基本满足全县各行各业学历发展需求。全年新招生169人，在读学员437人，200人取得了高一级学历。

【基础教育研究】发挥传统特色优势，立足中小学幼儿园教师培训工作实际，坚持教研兴校，激励教师投身教育教学研究。2019年，由戚海鹏、高卫军参与申报的省级课题《农村小规模学校“四小建设”实践研究》正式立项。由黄春秀负责、侯艳玲等参与的省级课题《“微课”在中小学课堂教学中的应用研究》正在研究中。《渭源基础教育》出刊一期。

【获奖情况】单位被清华大学继续教育学院授予“2018年清华大学教育扶贫工作优秀教学站”荣誉称号；雍谋被清华大学继续教育学院授予“2018年清华大学教育扶贫远程教学站优秀工作者”荣誉称号；雍谋被甘肃广播电视大学授予“2018年优秀教育工作者”荣誉称号；姚军被县委、县政府授予“2018—2019学年度优秀教师”荣誉称号。

【领导名录】

主任：雍谋

党支部书记：白随来

副主任：曹化清、张星晔、姚军

（供稿：教师发展中心）

渭源县龙亭学校

【概况】渭源县龙亭学校系原渭源一中初中部，成立于1943年。2006年与高中部分离，更名为“渭源县龙亭中学”。2012年8月完成整体搬迁。2019年8月，改为九年一贯制学校，更名为“渭源县龙亭学校”。学校占地面积47048平方米，建筑面积24425平方米。现有学生1632人，教师143人，研究生学历1人，本科学历133人，大专学历9人。高级教师29人，一级教师53人，二级教师61人。学校秉承“和韵”文化的核心理念，坚持“和谐向上、和衷共济”的龙亭精神，围绕“书香和韵”“墨香和韵”“课堂和韵”“社团和韵”“人际和韵”“德育和韵”，立德树人谋发展，智慧执教创特色。

【教育联盟】在落实常规教学的同时，2019年11月8日，在盟区总校龙亭学校召开2018—2019学年度盟区工作总结会议，完善2019—2020盟区活动计划，制定盟区教育教学工作计划、盟区中考备考研讨会方案、盟区思想政治课工作方案。12月3日，盟区六所学校校长、业务副校长、教务主任、九年级语文教师在龙亭学校召开龙亭学校联盟语文中考研讨活动，活动分为中考语文展示课、评课议课、中考语文备考经验交流三个阶段进行。10月份，开展龙亭学校盟区、清源中学盟区“国培计划2019”及送教下乡活动。

【教育教学】语文、英语、数学组全体成员参与优质课竞赛活动，政史地组进行研讨课活动，理化生、综合技能组进行研训活动，强化教师理论学习，规范教案书写，促进听课、评课、集体备课等教学常规，提高教师业务能力，明确学科教学思路。学校每年都组织刚进校七年级新生进行为期一个月的“入学常规教育”活动，联合县退役军人事务管理局组织2019级新生近460人参加自建校以来的首次军训活动，培养学生的吃苦耐劳的精神、严格要求的意识，形成敢于面对困难、克服困难的优秀品质。

【教师培训】选派18位教师赴北京、重庆、福建、杭州、兰州、定西、陇西等地参加培训学习，不断促进教师专业化成长。“走出去、请进来”观摩学习活动，进一步促进教师专业化成长和课堂教学水平提高。

【办学条件改善】完成建筑面积2888平方米小学部教学楼的建设工程，投入使用。联系福州市晋安区教育局为学校捐赠智慧教室设备5套，价值21万元。联系县教育局配套桌椅1200套，一体机24台。购置摄像机1个，打印机5台，速印机2台，多媒体教室一体机7套。为国旗班学生购买服装48套。布置书画展室一间，张贴教师、学生各类作品546件。改制学校食堂，维修校园广播，清理化粪池，冲洗地下管道，硬化学校后门道路，为校园花园换土，移栽花木3452株。

【中考成绩】在全县普高招生总人数减少340人、渭源一中招生人数减少110人的情况下，学校被省级示范性高中录取262人（其中西北师大附中1人，定西一中19人，渭源县第一中学242人），省市示范高中录取率为52.2%。普通高中录取学生394人（其中渭源县第二中学7人，渭源县第三高级中学120人，渭源县第四高级中学5人），录取率为78.8%。全县前十名有8人，前二十名有17人，前五十名有30人。

【师生获奖】九年级10班马莺芸被评为定西市“新时代好少年”，九年级9班李若愚被评为渭源县“创新创意好少年”。罗宏文等3位荣获渭源县“爱路护路、从我做起”知识大赛优秀指导教师奖，胡国梁、温亚玲等25位荣获2018—2019学年度教学质量优胜奖，史亚红、甘永军等5位荣获2018—2019学年度教学质量进步奖，金海鹏、杜建琴荣获县级优秀教师，代云丽、张治文荣获县级优秀班主任，王小峰、陈涛荣获县级优秀德育工作者，李小龙荣获县级优秀教育工作者，石晶、周彦东、于鹏指导的节目《使命》在定西市教育系统庆祝中华人民共和国成立70周年文艺演出中获得优秀节目奖，李吉祥、刘瑞平荣获渭源县“珍爱生命、远离毒品”知识大赛优秀指导教师奖，邹步仁被清源镇评为“2018—2019学年度脱贫攻坚控辍保学先进个人”。潘伟泰被评为“定西市名班主任”，张爱霞、赵小龙被评为“定西市名教师”。后小红、王昌鹏、马惠萍、邓会春、潘伟泰、赵小龙荣获“国培计划（2019）”渭源县中小学送教下乡培训中荣获示范课一等奖。

【学校获奖】2019年8月，学校被评为“新时代好少年”主题教育读书活动“我为祖国点赞”示范学校。9月，学校被县委、县政府评为“全县教育工作先进集体”。

【领导名录】

党支部书记、校长：周彦东

党支部副书记、副校长：姜维新

副校长：张建平

教务主任：李小龙

政教主任：张立军

总务主任：何武

教务副主任：胡国梁

政教副主任：陈名、邹步仁

（撰稿：胡国梁）

渭源县清源中学

【概况】 1976年9月命名为“渭源县第三中学”；1981年更名为“城关中学”。1988年更名为“清源中学”。2014年，县职业中专旧址13亩划归清源中学。学校现为市级示范性独立初中，占地26467平方米，建筑面积6959.5平方米。现有3个年级22个教学班，在校学生930名，教职工98人，其中专任教师96人，高级教师18人，一级教师44人，二级教师34人。党员31人。学校秉承“学会做人、学会求知、学会健体、学会共处”的校训，唱响“以德立校、质量兴校、科研优校、特色强校”的核心口号，以“团结、求实、创新、进取”为校风，以“正本清源”为办学思想，努力构建“平安校园、质量校园、书香校园、文化校园、特色校园”。

【教育教学】“兴贤育德，贵在师儒”。始终坚持“厚德、博学、慎思、笃行”的教风和“勤学、善思、诚实、刻苦”的学风。课堂教学继承4133教学理念，积极构建“学生为本、合作为本、能力为本、高效为本”的“正本课堂”。通过师生互动、生生互动、小组合作、探究学习，把课堂还给学生，让学生动起来，让课堂活起来，让效率高起来。先后选派30位教师赴北京、福建、杭州、兰州、定西、陇西等地参加专业培训学习，不断促进教师专业化成长。

【学校管理】 学校建立健全后勤管理各项规章制度，加强财务管理，严格执行经费管理制度、收费政策和标准，及时公开公示有关经费开支和收费项目、标准，主动接受职工、学生、家长及社会监督。大力改善办学条件，规范食堂管理、宿舍管理、安全管理、卫生管理，为师生营造一个舒心、安心、安全、和谐、稳定的工作、学习和生活氛围。

【中考成绩】 2019年，在全县普通高中招收1780人，招生数量大幅减少，录取率仅为53.15%的严峻形势下，清源中学第一批省级重点高中录取92人，其中定西一中录取7人，渭源县第一中学录取85人。省级重点高中录取率为29.72%。渭源县第二中学录取7人（含2个特长生），渭源县第三高级中学录取63人（含12个特长生），渭源县第四高级中学录取9人。全校共录取171人，录取率为59.79%，高出县均6.6个百分点。全科均分、录取率、合格率、优秀率均居全县19所独立初中第四名。

【学校特色】 学校以甘肃省体育传统项目学校、甘肃省音乐教学改革研究基地、定西市毒品预防教育示范学校为契机，成立美术、舞蹈、体育、音乐、书法、校园之声广播站等19个社团，经常性开展书法、演讲、征文、歌咏等活动，发展学生兴趣，施展学生才华。举办第十二届校园文化艺术节，庆祝新中国成立70周年大合唱比赛。参加渭源县“风华电器杯”中小学生暨成人武术比赛、中小学生“童心向党·阳光下成长”艺术展演活动，均取得佳绩。

【师生获奖】 汪娟彬、虎海霞、逯晓燕、杨桃被县委、县政府授予“教学质量进步奖”。汪娟彬、汪祎被县委、县政府评为全县“优秀教师”。邹新军、蒙建军被县委、县政府评为全县“优秀班主任”。马海林被县委、县政府评为全县

"优秀教育工作者"。虎珺被共青团定西市委、定西市教育局、定西市少工委评为"2018年度定西市优秀少先队辅导员"。陈永玲被甘肃省教育厅评为"学校体育先进个人"。虎珺在2018年甘肃省中小学"学科德育精品课程"(优质课)征集评选活动中荣获三等奖。尹强在2019年定西市"巧手杯DIY"活动中荣获辅导教师二等奖。王甲龙在2019年定西市"巧手杯DIY"活动中荣获辅导教师三等奖。

【学校获奖】学校荣获全县教育工作先进集体、平安渭源反邪教知识竞赛优秀组织奖、全市交通安全先进学校、定西市参加甘肃省第四届中学生运动会优秀组织单位、渭源县铁路爱路护路知识竞赛优秀组织奖。

【领导名录】

党支部书记、校长:李耀权

副校长:杨杰、陈建军

教务主任:汪祎

办公室主任:魏军

政教主任:尹强

总务主任:王跃峰

教务副主任:马海林

政教副主任:虎珺

总务副主任:王甲龙

(供稿:魏军)

渭源县会川中学

【概况】会川中学建于1986年3月,当年秋季开始招收165名新生,设3个教学班,先后调入9名教职工。2019年秋季在校生1747人,教职工141人,其中职工1人。专任教师中,本科119人,大专20人,中师1人。现有中小学高级教师24人,一级教师55人,二级教师61人。2019年6月,校刊《川曦》创刊。2019年7月,渭源县"贫三"项目会川中学教学楼拆除,会川中学教学综合楼建设项目开工建设。学校先后被命名为"定西市示范性初中""甘肃省绿色学校创建活动先进学校""甘肃省义务教育学校课程建设示范学校""甘肃省中小学德育示范学校""甘肃省快乐校园示范校""定西市语言文字规范化示范校""省级语言文字规范化示范校""定西市平安校园",先后2次被评为"定西市教育系统先进集体",7次被评为"渭源县教育系统先进集体"。2015年通过义务教育学校标准化验收,2017年通过义务教育均衡化验收。建校以来,先后有2人获省园丁奖,1人获甘肃省"两基先进个人",1人获省级骨干教师,12人获"省级农村中小学骨干教师"称号。学校一贯遵循"依法治校、以德立校、以质兴校"的办学宗旨,"科研兴校、依法治校、特色立校"的办学理念,"德育为首、教学为主、育人为本"的办学思路,"立做人之德、明做事之理"的校训,"明礼、诚信、求实、创新"的校风,"严谨、博学、善教、爱生"的教风,"诚实、刻苦、守纪、尊师"的学风。

【教学改革】

1.推行"四案思路"备课制度。为了确保集体备课质量,集体备课按照"个人初备,形成个案;集体研讨,形成初案;完善整理,形成定案;教后反思,形成补案"的思路进行。个案要求主备人做到"六说":说目标、说重点和难点、说前置自学内容、说展示交流内容、说合作探究内容、说达标拓展题目的设计。初案要求大家对个进行讨论补充。定案要求用作课堂实际教学导学案,即根据本班学生实际,对初案进行再修改、再完善,不仅有问题答案,还要有教学预设。补案要求教师上课结束后要写出教后反思,对教学中存在的问题及课堂生成进行记录。

2.落实"两听两反馈"制度。为了有效督促教师不仅备好每一节课,而且上好每一节课,学校积极倡导落实抓级副校长一线听课、抓科领导一线听课制度,将听课情况在校务会上作第一次反馈、在教职工大会上作第二次反馈,实现以"两听两反馈"促使备课上课环节持续改进的目的，为教学质量提升提供了有力保障。2019年中考，学校均分成绩排在全县第8名，较上年上升5个名次，307名学生考入高中。

【获奖情况】2019年1月，赵向红被确定为定西市中小学骨干教师。2019年9月，杜宏、赵向红、赵志龙被确定为甘肃省中小学农村骨干教师。

【教学研究】2019年12月，赵志龙主持的2019年定西市教育科学规划课题“七年级学生计算题易错点策略研究”，通过市级鉴定，鉴定结果为优秀。

【领导名录】

校长：杜宏

副校长：王尚英、李翔、高晴

办公室主任：张万青

教务处主任：贾春荣

政教处主任：李永红

总务处主任兼工会主席：魏宝瑛

办公室副主任：杨茜、马志刚

教务处副主任：赵志龙

政教处副主任：冯亚林

团委书记：祁小丽

（供稿：会川中学）

渭源县清源镇第一小学

【概况】清源镇第一小学创办于1903年，是全县创办最早的公立学校。2019年，学校占地面积26699平方米，建筑面积10238.62平方米。现有6个年级，31个教学班，在校学生1555名。教职工95人，其中专任教师93人，专任教师中高级教师15人，一级教师28人，二级教师50人；本科学历64人，大专27人，中师2人。学校承袭110多年的办学经验，秉承“厚德、博学、健康、尚美、求实、创新、自强、卓越”校训，坚持“文化树人、特色立校、全面发展、和谐快乐”的办学理念，以国家课程为核心，深入推进课程建设，以礼仪教育、书文教育、地方文化教育、健体教育、艺术教育和科学教育为主要内容，形成了明礼、崇文、知乡、尚美、砺身、探索的“新六艺”课程体系。狠抓师德师风建设和教育科研工作，不断提升教师队伍整体素质，逐步形成“自强不息，追求卓越”校风，教学质量稳步提高，社会影响不断扩大。

【教师发展】学校强化师德师风建设，深化教师管理与教师教育改革，教师队伍建设成效显著。健全和强化学校教研制度和机构，加强教研队伍建设，大力加强教师继续教育，开展“青蓝”工程，发挥教学名师和优秀教师的示范引领作用。选派教师87人次先后赴外地培训。培训前，学校制定前置学习计划开展专题研修；返校后，组织参训教师进行“做一个专题汇报，交一份学习心得，上一节汇报课，开展一次专题研讨”的“四个一”校本培训，先后开展全员参与教师核心素养主题校本培训10次，开公开课102节，教师教育教学水平有效提升。

【学生发展】学校拉高标杆，彰显特色，提高基础教育质量，促进学生身心健康。开展第一届数学文化展示评比、第二届课本剧展演、第二届英语情景剧展演、第二届学生英语口语大赛、数学计算能力抽检、数学竞赛、数学手抄报展评、书写能力抽检、材料作文竞赛、英语手抄报展评、科普竞赛、春季田径运动会、秋季球类运动会、庆“六·一”书画展和文艺演出、庆祝新中国成立70周年合唱比赛、迎新年师生书画手工作品展等各类活动，22个社团评级工作有序推进。组织700多名学生先后走进县气象局、县检察院、县法院、县禁毒教育基地、县粮食储备库开展研学实践活动，将君山渭水、人文生态环境与学校教育紧密结合，引领学生开拓知识视野，提高合作能力和实践能力，培育良好品格，学生综合素养得到全面提升。

【家风教育】学校创新机制，做足成色，强化家庭教育，大力加强劳动教育，积极探索和实践学校教育与校外教育联合育人模式。举行“弘扬家国情·礼赞新时代”家庭家风主题教育宣传活动月启动仪式，开展好家庭好家风宣讲活动、“书香飘万家”家庭读书活动、家庭绿色环保暨垃圾分类实践活动、家长开放日和亲子活动，大力弘扬中华传统家庭美德，推进社会主义核心价值进家庭，提高家庭教育质量。

【集团办学】 清源一小教育集团对新寨小学开展集团内成员校一日视导工作。举行第四届集团教职工男子篮球赛，举办“语文数学教师教学技能大赛暨竞赛•观摩•研讨•评价•培训”五位一体综合教研活动。

【校际交流】 承办全县小学语文、音乐、体育和美术优质课竞赛•观摩•研讨•评价•培训活动、东西部协作晋安区名优教师渭源支教培训活动、国培计划（2019）中西部项目渭源县中小学送教下乡数学培训活动。接待安定区内官学区37名教师来校交流参观。接待教育系统“不忘初心、牢记使命”主题教育党支部书记轮训暨支部建设标准化集中培训班来校观摩党建工作。

【办学条件改善】 学校扩展校园面积6536.75平方米，新建2746.09平方米的三层双面框架结构教学楼1栋，硬化地面2612平方米，新配备学生桌椅950套。购置希沃双屏85英寸交互式教学一体机1套，配备学生用平板45套，建成智慧教室1个；购置编程机器人1套、盖茨机器人10个、3D打印机1台，安装配备65英寸希沃交互式教学一体机19套，逐步推进信息技术与教育教学深度融合。

【获奖情况】 学校被市委、市政府授予全市“科普工作先进集体”，1人被评为“省级学科带头人”，2人被评为“省级骨干教师”，1人被评为“市级名班主任”，2人被评为“市级名教师”，7人在全国第七届小学群文阅读教学成果征集活动中获奖，21人获得市、县级表彰奖励。

【领导班子】

党支部书记、校长：边雪燕（女）

副校长：权淑兰（女）、刘万兴

教导主任：时旭宾

教导副主任：张艳霞（女）

（供稿：刘万兴）

渭源县清源镇第二小学

【概况】 清源镇第二小学始建于1920年，系甘肃省教育系统先进集体、定西市首批市级示范性小学。2016年2月，原清源镇书院小学改办为清源镇第二小学书院校区。2019年，县政府划拨2351.05平方米土地供教育教学使用。现有占地面积16208.05平方米，校舍建筑面积6282.5平方米。校本部设一至四年级，书院校区设五至六年级，两校区共有36个教学班，学生1704人，教师113人，党员37人，其中本科学历85人，大专学历27人，中专学历1人。教师平均年龄37.42岁。高级教师12人，一级教师39人，二级教师65人。学校围绕“温暖校园”文化，努力构建“温暖”环境文化、课程文化、活动文化、人际关系文化的立体框架，建设“温暖”校园。

【学校管理】 学校领导班子配备合理，设有校长1名，党支部书记1名，副校长3名，教导副主任2名，总务主任1名，工会主席、少先队大队辅导员各1名。学校设有党支部、办公室、德育处、教导处、总务处、财务处、工会、妇委会、少队部、安保处。树立“以人为本，关注健康，掌握公平，明晰目标”的管理理念，师生管理以《渭源县清源镇第二小学学校章程》为核心，以《学校五年发展规划》为目标，以落实《清源二小管理制度及岗位职责》为切入点，加强制度建设，体现人文关怀，打造发展平台，形成“校长以教师专业发展为本，教师以学生健康成长为本，学生以热爱学习生活为本”的管理机制。

【办公条件改善】 新建400平方米二层水冲式厕所1栋，主体竣工；完成新划拨场地2351.05平方米的硬化，并安装120米的栏杆；新建化粪池1座；铺设新建厕所暖气管道240米。新安装电动校门1座。购置教学一体机6台，笔记本电脑11台，台式电脑3台；钢琴1架，小号、中音萨克斯、单簧管各4支；校园广播电视设备1套。购置办公桌3张，演讲桌1张。

【安全工作】学校把创建“平安校园”放在重中之重，建立健全各类安全工作制度。利用“开学第一课”“国旗下讲话”、安全专题讲座以及各类安全应急演练、校报、校刊、班队会、校园广播、安全征文与知识竞赛、手抄报、橱窗、学习园地、学校微信公众号、《致家长的一封信》等方式，对学生进行安全知识和技能教育，提升师生安全防护意识。

【教师队伍建设】强化师德师风建设，健全师德师风教育、管理、考核长效机制，把师德作为教师考核、聘任和评价的首要内容，着力规范教师从教行为。不断加强教师业务能力建设，开展“一帮一带、多帮一带”教师结对帮扶活动、教学技能大赛、微课竞赛等活动。打造名师工程，以培训促提高。通过外派学习、二次培训、自我培训，促进教师专业发展。2019年，庞亚东、王建军赴杭州参加课改转型骨干教师培训；陆暎、王振华参加兰州城市学院培黎校区“国培计划（2019）”定西市教育信息化示范学校项目团队人员集中培训；刘春龙、张霞娥、史会军、羊喜林赴西安参加“丝路之秋”当代名师大讲堂聚焦学科变革教师培训；李强赴西安参加“丝路之秋（2019）”省级骨干教师能力提升培训；陆暎、吕凡秀、何爱军、汪富强参加在昆明举行的全国群文阅读、整本书阅读培训；翟晓华赴重庆参加市级名班主任培训；虎婧、胡云霞在2019年度甘肃省少先队活动展示中获三等奖；谢丽参加清华班主任培训；张秀梅赴北京、江苏参加音乐培训；牛龙、张秀梅、陆丽寰、赵霞、毛彦忠、孟龙龙参加清华伟新音乐教师培训。

【教学工作】在教育教学工作中，着力打造“三实”“三度”有效本色课堂，努力用课堂撬动核心素养落地生根，初步形成集体备课、课堂研究的“四步教研法”，不断完善“五环四点本色”语文、数学、英语有效课堂教学思路。2019年春季学期举办科学、道德与法治、音美体与书法学科教学技能大赛。努力探索建立音体美、书法小学科教学质量监测机制，加强对教师的教学工作、学生的学习情况的跟踪、诊断、评价，引导教师树立正确的质量观，有力促进各学科均衡发展和学生的全面发展。秋季学期开展语数英学科教学技能竞赛。学科竞赛和小学科质量抽检的开展，促进教师专业成长，提升教师执教水平。

【教研工作】增强校际合作交流，缩小教育差距，提升青年教师提高课堂教学水平，实现优势互补，促进学校共同发展。5月24日，与实验小学开展语文教学联合教研活动；9月，与龙亭学校一年级语文组联合教研。8月29日至9月2日，举行“清源二小2019年新进教师岗前培训之岗前试讲”活动。11月8日，举行清源二小教育集团工作会议暨赴杭州培训二次培训会，集团总校全体教师及各分校（学区）校长、所属学校校长、教导主任、骨干教师代表130多人参加本次活动。1项省级课题和1项市级课题通过结题鉴定，1项市级课题立项在研。定西市教育局命名成立“张霞娥小学数学工作室”。

【学生发展】学校不断建立学生发展平台，积极开展学科竞赛。先后举办语文组“百词过关”测试、学生读书推荐卡评比、硬笔书法展评，书画组“翰墨书香”百人现场书法大赛，体育组“迎国庆”秋季球类趣味运动会，音乐组庆祝新中国成立七十周年歌咏比赛，科学组“我们爱科学”趣味实验竞赛，数学组速算测试，英语组绘本演讲比赛等一系列竞赛活动，培养少先队员的创新精神和实践能力。学校安排专业教师常性地开展篮球、足球、合唱、书法、绘画及管乐队等社团活动训练。

【教学质量】在2019年小升初全县统测中，六年级语文、数学、英语三科及格率100%，语文均分88.85分，数学均分83.73分，英语均分79.86分，均居全县前列。胡培锋、王福琴、王秀琴、谢丽、陈娟、张霞娥6位获全县教学质量优胜奖，李荣获全县教学质量进步奖。

【师生获奖】谢丽、王秀琴被县委、县政府评为“县级优秀班主任”，魏亚莉、崔海军被县委、县政府评为“县级优秀进教师”，吕凡秀被县委、县政府评为“县级优秀德育工作者”；陆暎被定西市教育局、团市委、定西市少工委授予“定西市星星火炬奖章”；翟晓华被定西市教育局评为“定西名班主任”，张霞娥、李洁琼被“定西市教育局评为定西名教师”，翟晓华被市教育局评为“定西名班主任”；虎婧被授予“定西市优秀少先队辅导员”；吕凡秀被授予“渭源县优秀少先队辅导员”；卢雨馨被评为“渭源县新时代好队员”；胡云霞获“2019年度甘肃省少先队活动展示”三等奖。在渭源县教学技能大赛及定西市中小学“小学科”质量提升年教学评比活动中，赵霞获音乐学科一等奖，张世华获体育二等奖，孙学林获美术二等奖；王福琴获县级语文教学技能大赛二等奖。在甘肃省2019年教育教学优秀论文评比中，梁亚梅、张海萍、张秀梅获一等奖，张志军、李洁琼、汪琼、魏亚莉、范菊英、吴小林、贾娟娟、李佩芝、王福琴获二等奖，张霞娥、苟淑莲、李艳、王文宏获三等奖。在2019年定西市“一师一优课、一课一名师”评比中，孙学林、贾娟娟获一等奖，翟晓华、李佩芝获二等奖；史会军实验课在定西市2019年技能竞赛荣获市级二等奖。在2019年渭源县“一师一优课、一课一名师”评比中，李志斌获一等奖。徐麟、张霞娥、李洁琼荣获“国培计划（2019）”渭源县中小学送教下乡培训中荣获示范课一等奖。在第34届定西市青少年科技创新大赛中，王宝才、尤文丽、陆娟获优秀辅导教师奖，指导的学生朱哲逸、尹思慧、吴青璇、蔚鑫、张雅卓分获二、三等奖。

【学校获奖】学校被定西市妇女联合会、定西市文体广电和旅游局授予“定西市亲子阅读体验基地”；学校被中共定西市委宣传部评为市级文明校园；2019年在渭源县“庆祝新中国成立70周年·源头清风助脱贫”廉政文化进校园手抄报比赛暨廉洁漫画评选活动中获优秀组织奖。

【领导名录】

校长：陆暎（女）

党支部书记、副校长：李强

副校长：刘春龙、庞亚东

教导副主任：汪富强、王福琴（女）

工会主席：翟晓华

（供稿：清源镇第二小学）

渭源县中心实验小学

【概况】渭源县中心实验小学占地面积为9477.5平方米，建筑总面积为6144.56平方米。2019年，共有20个教学班，学生855人，其中女生394人。现有教师58人，其中本科学历46人，大专学历12人，学历合格率100%，其中高级教师4名，一级教师15名，二级教师39名，平均年龄38岁。获省园丁奖1人，省市骨干教师5人，省市青年教学能手3人，师生比为1：15。

【学校特色】学校确立以“实雅教育”为核心、以“实雅超市”为载体的育人模式，将立德树人落到实处。自正式挂牌成立“渭源县少年军校”以来，就将国防教育纳入到日常教育教学工作中，同时开展“特色教育进课堂”社团活动，按孩子们的兴趣分成书法、摄影、象棋、乒乓球、舞蹈、绘画、摄影、手工、科普等17个社团，让每一个孩子的个性得到充分的发展。利用晨读、午读等指导学生诵读经典和课外阅读，定期举行师生诗歌朗诵、演讲、钢笔字毛笔字竞赛等活动，书香校园逐步形成。

【教研教改】学校通过“师徒结对、同课异

构”活动，以“师”带“徒”，互帮互助，共同提高借助集团高效课堂研讨观摩活动，促进集团内各学区、学校教师的专业成长，实现集团内均衡发展，加大教师培训力度，积极参加各类优质课竞赛观摩活动及论文竞赛评比活动，促进教师专业发展，加强校际间交流，与县内外同仁一起交流研讨发展之道。

【教学质量】大力打造“实雅教育”，以实践“五实”课堂来要求每位教师向40分钟要质量。在7月份全县统一测试中，一年级语文、数学，三年级数学、英语，四年级语文、数学、英语，五年级数学，六年级语文、数学、英语均分均为全县第一名。

【师生获奖】牟凤英、王海燕被甘肃省教育厅评为“甘肃省中小学骨干教师”。何元庆、杨淑珍分别被定西市教育局评为定西市“名教师”和“名班主任”。赵彩芸、吴军平、李春燕分别被县委、县政府评为“优秀教育工作者”“优秀德育工作者”和“优秀教师”，贾利红、李春燕、李萍、刘晓娟、马俊斌、苏红霞、苏瑛、孙小兵、杨淑珍、吴军平获“教学质量优胜奖”，梁亚娟获“进步奖”。任永良、杨瑾获市级“优质课竞赛”二等奖，梁亚娟获县级“优质课竞赛”特等奖，徐百成、岳红霞获县级“优质课竞赛”二等奖，有20余名教师在“一师一优课，一课一名师”晒课活动获县级以上奖励。杨淑珍、任百荷等10名教师的论文在论文评比中获市级以上奖励。王慧武在2019年定西市传统武术比赛中获一等奖，同时又被评为“市级优秀裁判员”。马瑞在“全国禁毒示范城市”青少年优秀书画征文中获市级二等奖，马筱在“保险杯·平安定西建设”征文中获市级优秀奖，邵思源被评为“渭源县新时代好队员”，白新婷等42名同学在各级各类征文、绘画、手抄报等比赛中获奖。

【学校获奖】学校被定西市道路交通安全委员会办公室评为“定西市安全学校”；分别被县委、县政府评为“全县文明校园”“全县教育工作先进集体”；被县教育局评为“2018年度县级精神文明建设先进集体”。

【领导名录】

党支部书记、校长：牟凤英（女）

副校长：田英（女）、何元庆

教务主任：赵彩芸（女）

教务副主任：陈岚（女）

（供稿：赵彩芸）

渭源县幼儿园

【概况】县幼儿园始建于1983年，是一所全日制公办幼儿园。2013年10月，整体搬迁至渭源县清源镇党校路14号。新园占地面积13.8亩，建筑面积5143.21平方米。2017年8月，晋升为甘肃省示范性幼儿园。共有教学班17个，幼儿500余名。教职工66人，其中高级教师8名，一级教师21名，二级教师36名（其中保健医生1名），专职保安1名，大专以上学历66人，专任教师合格率为100%。

【教育联盟】充分发挥省级示范性幼儿园示范作用，带动全县幼儿教育健康发展，3月，召开2019年春季集团（联盟）办学推进会；4月，集团分园教师观摩学习县幼儿园区域游戏及室外传统游戏；5月，邀请各分园部分教师参加学前教育宣传月启动仪式，开展集团教育业务知识培训活动；6月，开展县幼儿园教育集团送教活动、集团民办园公办园优质课竞赛活动，组织园领导班子成员和教师前往合作办园渭水润园幼儿园，对其申请省级二类幼儿园评估过程中的档案整理及规范办园行为进行指导帮扶；7月，开展县幼儿园教育集团知识竞赛、工作汇报、文艺演出活动；8月，召开2019年秋季集团办学推进会；9月，开展集团视导活动；10月，结合实际开展庆祝新中国成立70周年系列活动，邀请集团分园部分教师参加2019乡村教师保教能力提升培训；11月，开展环境创设、区域活动、间操观摩学习，党员教师深入各分园进行送教下乡活动。12月，开展第二次送教下乡活动，保证集团分园所在乡镇送教活动全覆盖。

【教师培训】 2019年，先后选派2名教师参加县级专业培训，选派34名教师参加市级专业培训和国培计划项目培训，选派3名教师参加省级国培项目培训。4月，选派1名教师赴福州市晋安区教师进修学校附属幼儿园上挂学习三个月；选派6名教师赴福州市晋安区教师进修学校附属幼儿园观摩学习一周。分批选派教师先后赴定西市幼儿园、定西市安定区友谊幼儿园、岷县幼儿园、陇西幼儿园观摩学习，教师外出学习实现全覆盖，不断促进教师专业化成长。

【园所特色】 县幼儿园以"快乐永驻童年"为办园宗旨，以"精心呵护幼儿身心，营造快乐空间，服务家长，服务幼儿"为办园理念，遵循"团结、求实、创新、奉献"的园风和"微笑面对家长，精心呵护孩子，宽容对待同事，善于挑战自我"的园训，以"爱心、善诱、严谨、活泼"的教风，提出"健康活泼有毅力，探索求知好动脑，热情友爱善交往，心灵手巧会表现"的幼儿发展目标。在30多年的发展历程中，逐步形成了以"快乐教育"为内涵的园所发展理念，通过"快乐生活活动、快乐集体活动、快乐户外活动、快乐区域活动"四大模块，科学合理安排幼儿一日活动，促进每个幼儿富有个性的成长。其中室外"创新游戏""传统游戏"已形成了独具特色的园本游戏模式，为幼儿每天1小时的体育游戏活动提供了保障。

【学校获奖】 2019年8月，被教育部认定为"全国足球特色幼儿园"。9月，县幼儿园被县委、县政府表彰为全县教育工作先进集体。

【教师获奖】 白晓芸被定西市教育局评为定西名园长，在国培计划（2019）——定西市乡村幼儿园教师保教能力提升送教下乡培训中被评为"优秀指导教师"。董亚玲被定西市教育局评为"市级骨干教师""名班主任""优秀辅导教师"。杨文晶被县委、县政府表彰为"优秀教育工作者"。宋灵桂被县委、县政府表彰为"优秀教师"。葛慧琴被县委、县政府表彰为"优秀班主任"。李莉在国培计划（2019）——定西市乡村幼儿园教师保教能力提升送教下乡培训中被评为"优秀指导教师"。李莉、刘玉凤、李晓莉在"国培计划"（2019）—定西市乡村幼儿园教师保教能力提升送教下乡培训中执教的活动被评为"优质课"。李莉负责的课题《在户外体育游戏中巧用自制器械的探索与实践》被立项为省级课题。

【领导名录】

园长：白晓芸（女）

副园长：杨文晶（女）、周婧（女）、包霞英（女）

（供稿：李莉）

渭源县第二幼儿园

【概况】 县第二幼儿园始建于2014年6月，2015年8月正式投入使用，位于清源镇首阳路23号，占地面积6680平方米，建筑面积3222.45平方米。2016年1月晋升为省级二类幼儿园，2018年11月晋升为省级一类幼儿园。设有17个教学班，幼儿662名，教师54人，其中高级教师3人，一级教师7人，二级教师44人，"省园丁"1人，市、县级优秀教师16人，教师合格率达100%。幼儿园以"和谐、敬业、务实、超越"为园训，以"培养健康、乐群、自信、个性、活泼的孩子"为办园目标，以"用爱教育、潜能培养、全面发展、服务幼儿、服务家长"为办园宗旨，坚持走本土化教学的特色办园之路。

【教育教学】 2019年，推行集体教学活动改革，实现模块式教学时间安排，减少集体教学增加自主活动，加大一日活动时间安排的弹性，提升教师自主分配时间的水平；持续推进"拥抱渭源"本土区域活动，围绕省级课题《本土文化背景下的幼儿园特色活动研究》，开展秦腔、皮影、草编、木工房等极具渭源本土特色的活动，在传承本土文化的同时，极大提高孩子们动手操作能力，孩子们由原来的表演式游戏走向自主操作的真游戏；主题区域活动与集体教学活动互相渗透融合，区域活动围绕集体教学活动延伸部分开展。

【教研培训】 教研活动扎实开展，共进行48节赛课评课活动、12节展示课活动。选派9名教师分别赴福州、北京、陇南、张掖培训学习；组织全体教师分批赴定西、安定、陇西姊妹园所进行观摩学习，培训学习实现全覆盖。2019年10月，承担为期一周的“国培计划（2019）”—定西市乡村幼儿园教师保教能力提升“送教下乡活动”，导师团队成员黄艳萍、赵凤兰和骨干教师郭文静、党雪梅通过现场诊断示范、研课磨课等多种形式，帮助参培的25名乡村幼儿教师提升课堂活动组织能力。

【示范引领】 作为渭源县第二幼儿园集团总园，在集团化办园过程中，充分发挥优质园带头作用，通过开展师德培训、送教下乡、赛课说课、教研交流、才艺比赛等活动，强化引领，加强指导，实现资源共享、互学同研、共同提升的目标，帮助下属北寨、新寨、大安、黎家湾、秦祁五个学区辖区内的乡镇中心、行政村及民办幼儿园提高保教质量及教师专业水平，缩小下属幼儿园与集团总园之间的差距，集团化办园成效显著。2019年，开展送教下乡2次，开展集团内教师师德师风学习1次，赛课说课活动1次，才艺大赛1次。

【特色活动】 2019年，承办全县学前教育宣传月启动仪式，成功举办渭源县第二幼儿园集团教师赛课说课及才艺大赛、“喜迎华诞七十年·同心共筑中国梦”文艺演出暨第三届童话剧展演、“童心向党·逐梦远航庆七一暨大班级毕业汇演”、“不忘初心、牢记使命”主题教育文艺演出暨党风廉政进家庭亲子运动会、“庆元旦·迎新年”亲子联欢会、家长开放日、游园等活动，并隆重举行了庆祝中华人民共和国成立70周年系列活动，全面展示了第二幼儿园教师和幼儿风采。

【获奖情况】 2019年3月，县第二幼儿园被县委、县政府命名为“文明校园”；11月，被定西市安全生产委员会办公室评为“2019年全国危险化学品暨安全生产知识竞赛网络答题先进单位”。9月，黄艳萍被市委、市政府评为“优秀教师”、荣获“全国危化品及全民安全应急知识网络有奖竞答活动优秀个人”；张爱玲被县委、县政府评为“优秀班主任”；汪雅虹被县委、县政府评为“优秀教师”；师彦军获县委、县政府“教学质量优胜奖”；南碧霞、张晓玲在2019年定西市“巧手杯”DIY大赛中获辅导教师三等奖。

【领导名录】

党支部书记、园长：黄艳萍（女）

副园长：郭文静（女）

副园长：李芳（女）

（供稿：郭文静）

渭源县第三幼儿园

【概况】 县第三幼儿园位于清源镇上磨村，毗邻清源镇第一小学，占地面积6593.27平方米，建筑面积3047.15平方米。2018年4月开工建设，2019年3月31日建成，现为三年制公办二类幼儿园。现设教学班11个，其中小班5个班、中班3个班、大班3个班，幼儿382名。办园宗旨：“以自然为本，启探索之门，创童梦乐园”。办园目标：“办一所高品质的幼儿园，给孩子一个美丽的起点”。办园理念：“启智成长，快乐相伴”。

【教师队伍】 在原有19名教师的基础上，2019年5月，调入副园长2名，8月份招考教师9名，调入教师2名，现有教师32名，其中本科学历29人，大专学历3人，教师平均年龄32岁，教师学历合格率100%；高级教师2名，一级教师2

名，二级教师28名，幼教专业17人，艺术专业6人。

【教育教学】依据《幼儿园教育指导纲要》《幼儿园工作规程》，结合实际，以“热爱祖国、热爱家乡”为主题，根据不同的年级组形成了系列园本课程，并贯穿于保教活动始终。把“五大领域”教学目标落实到各类计划中去，再把计划分解到主题教育活动中。做好教研工作，发挥团队作用。每个教研组每月一次集中备课，每周一次针对性教研，互相探讨、相互指导，改变教学策略。

【教研培训】先后选派44人次赴临洮、岷县、兰州、定西、张掖、通渭、陇西、湖南长沙等地参加业务提升培训。邀请骨干教师分享教学经验以及外出学习教师二次分享培训。

【改善办园条件】2019年4月，用人造草坪对2256平方米的场地进行了软化，在县教育局集中采购教学设备的基础上，新购置彩色打印机1台、会议桌椅10套、对党建室进行了装修改造。对教学楼东面空场地进行合理规划利用，地面画上五环和九宫格及迷宫图案。墙壁创设中利用废旧轮胎进行墙面装饰，既美化环境，又为幼儿创造了具有浓郁童趣的游戏区。

【特色活动】

1.加快师资队伍建设，促进教师专业成长。9月初，进行“新进教师”汇报课活动；9月底，开展以“没有共产党就没有新中国”为主题的“庆国庆·颂党恩”教师诵读活动；10月，骨干教师排练的舞蹈《红色忠诚》参加了全县庆祝“中华人民共和国成立70周年”活动，开展了全园教师自制玩具评比活动；11月，进行全园听评课活动；12月，开展了全园教师基本功帮带活动和“师德师才之我见”主题辩论赛。

2.成功组织比赛活动，让幼儿在活动中获得更大发展。6月，举行了开园以来第一次庆六一亲子运动会；9月，进行了小班级以《孝心到永远》为主题、中班级以《中华孝道》为主题、大班级以《百善孝为先》为主题的全园徒手操比赛活动和共度中秋佳节主题活动；10月，进行了小班级以呼啦圈为主、中班级以足球为主、大班级以跳绳为主的全园幼儿器械操展评活动；11月，开展了“童心画语”幼儿绘画比赛；12月，分年级组进行了“金话筒”幼儿故事演讲比赛和“迎新年”亲子联欢会。

【获奖情况】吴睿被县委、县政府评为“优秀教师”；王小斐在省教科院组织的“2019年甘肃省幼儿园、高中教师教学技能大赛暨观摩研讨活动”中获得“幼儿语言组”二等奖；张素萍在省教科院组织的2019年甘肃省幼儿园、高中教师教学技能大赛暨观摩研讨活动中获得“优秀指导教师奖”。

【领导名录】

党支部书记、园长：张素萍（女）

副园长：王小斐（女）、佟燕君（女）

（供稿：剡文海）

会川镇西关中心小学

【概况】会川镇西关中心小学位于会川镇青年路121号，学校始建于1921年，1935年改称“渭源县官堡小学”，1944年与文峰小学合并，更名为“会川县官堡镇中心国民小学”。中华人民共和国成立后，改称“会川县第一完全小学”；1958年后改称“会川镇西关中心小学”。学校占地16220平方米，建筑面积10000平方米。学校现为甘肃省德育示范学校、甘肃省快乐校园示范学校、定西市示范性小学、定西市文明校园、绿色学校、平安校园、定西市教育工作先进集体，2011年度全省少年宫项目学校。学校现设6个年级31个教学班，在校学生1434名。专任教师71人。教师省级骨干教师2人，省级农村骨干教师5人，市优秀教师2人，市优秀班主任1人，县级优秀教师12人，县级优秀班主任10人。学校坚持“育人为本、成才为志、以人为本、和谐发展”办学理念，注重“一训三风”建设，紧紧围绕“团结勤奋、务实创新”的校训，始终做到“三个精心”，精心打造“严谨求学、敬业奉献”的教师团队，精心培养“勤奋善思、合作创造”的合格学生，精心创建“快乐同行、和谐发展”的美丽校园。

【教育教学】学校坚持以质量为生命线，狠抓教学常规工作，强化过程管理，积极探索教研教改新思路，推行“1+1”教师成长体系、“321”评课模式和“思维导图”下的高效课堂，语文、英语、数学教研组开展校本培训、骨干教师观摩课、青年教师成长课、推门听课等活动，强化教师理论学习，规范教案书写，促进听课、研课、磨课、评课、集体备课等教学常规，提高教师业务能力，明确学科教学思路，多年来学校教学质量一直位居全县前列。

【教育联盟】充分发挥西关小学教育集团示范带动作用，制定集团教学计划，每月安排一次学习交流活动。2019年4月，组织集团内语文优质课大赛、“金钥匙”导师团队送教下乡活动。9月，组织集团内7名会川学区下属学校骨干教师集中培训低年级识字写字教学研讨、媒体白板技术运用指导。11月，开展“国培计划2019”英语学科送教下乡活动。12月，赴麻家集小学开展教育集团教学视导活动。

【教学特色】本着“年度有主线，月月有主题，天天是活动，处处受教育”的原则，以体育艺术“2+1”项目活动为重点，以乡村少年宫建设为依托，以少先队活动为主线，以大型活动、班队会活动为载体，定期开展少年宫兴趣小组、阳光大课间、校园艺术节、读书节、科技节、运动节、重大节日庆祝、科技创新、经典诵读、诗词大会、千人书法等活动，特别是学校机器人小组近年来连续参加全国全省青少年机器人大赛，取得优异成绩。校管乐队演绎娴熟，已成为校园一道亮丽的风景线。

【教师培训】先后选派26位教师赴成都、杭州、苏州、兰州、定西、渭源等地参加专业培训学习，培训教师回校后将自己的收获与广大教师积极进行分享，给教师带来了新的角度、新的思想、新的动力，使广大教师受益匪浅，取得了良好的学习带动效果，不断促进教师专业化成长。

【获奖情况】

1.教师。辛小丽获被县委、县政府评为“优秀教师”；金得祥被县委、县政府评为“优秀班主任”；康雅莉被县委、县政府评为优秀教育工作者，被市委、市政府评为“第十四批精神文明先进工作者”；牛彩红、陈慧娟、张亚丽、孟雪云、王心平被县委、县政府评为“2018—2019学年度教学质量优胜奖”。范海旺指导学生在34届甘肃省青少年科技创新大赛中获得“少年儿童科幻画”一等奖。李勇指导学生在第二十二届全国中小学电脑制作（甘肃赛区）活动超级轨迹赛中获优秀奖。李勇、曹丽丽、梁振宇在第34届定西市青少年科技创新大赛中荣获优秀科技实践活动一、二等奖。张思兰、李勇被评为“定西市骨干教师”；侯瑞军获“一师一优市级优课”。李军林在2019年度中小学校消防安全教育“优质课案”评选活动中获小学组三等奖。张亚丽在定西市2019年书香定西全民朗读比赛活动中获成人组二等奖。

2.学生。常松岩在第34届定西市青少年科技创新大赛中获少儿科学幻想绘画一等奖；仰国东在第二十届全国中小学电脑制作活动（甘肃赛区）机器人竞赛超级轨迹赛中获优秀奖；刘永昌、王沅、路翔宇、赵佳玉、徐怡婷荣获“建国70周年”第九届定西市少儿书画大赛小学组三等奖和优秀奖；常松岩在第34届全国青少年科技创新大赛少年儿童科幻画比赛三等奖；刘家合在定西市“巧手杯”DIY学生作品大赛中获得一等奖。

3.学校。学校被甘肃省教育厅、甘肃省少工委评为“甘肃省优秀少先队大队”；被定西市委宣传部、定西市教育局评为“定西市文明校园”；学校报送的《关爱单亲留守儿童携手创建和谐校园》在定西市科学技术协会、定西市教育局等单位组织的科技实践活动中获一等奖。

【领导名录】

党支部书记、校长：康雅莉（女）

党支部副书记、副校长：田玉娟（女）

教导主任：陆月平

教导副主任：浪富清

教导副主任：辛小丽

（供稿：田玉娟）

会川镇文峰中心小学

【概况】会川镇文峰中心小学始建于1934年，原名渭源县官南乡民众学校。由地方乡贤联名创办，因地处文峰山下，故取名渭源县官南乡文峰小学。学校占地面积9836平方米，校舍建筑面积5997平方米。学校设有26个教学班，在校学生1162人，女568人，校外寄宿生747人，留守儿童40人。现有教师54人，党员14人。高级教师6人，一级教师15人，二级教师32人，未定级1人；本科学历39人，大专学历14人，中师学历1人。学校设有图书室、仪器室、多媒体教室、美术室、音乐室。新课桌凳配齐率100%，图书20000册，生均17.2册。微机室2个，计算机115台。每个教室均配备电子白板。

【发展思路】学校全面贯彻党的教育方针，坚持以“厚德尚贤、求实发展”为校训，以“文明、和谐、活泼、进取”为校风，以“爱生、敬业、善导、创新”为教风，以“乐学、善思、勤奋、互助”为学风，确立了让每一位学生都全面发展、充分发展、健康发展的办学宗旨，实施“依法治校、民主理校”的治校方略。学校确定“当名师、办名校、争一流”的长远发展思路，以“美化校园、提升质量”为基本，以“提高课堂教学水平”为抓手，逐步实现高效课堂教学，教学质量逐年提高。学校环境不断改善，学校功能室齐全，教学设施完备，校园文化氛围浓厚，办学特色不断凸显。

【校园文化建设】校园文化围绕“美德”建设，充分体现立德树人的教育思想。2019年3月，布置了以宣传弟子规等经典文化为主题的南文化墙和以宣传党史为主题的西文化墙。学校对明德楼以美德为主题，从恩德、师德、报德三个方面进行设计和布置。对弘德楼以学习科学、健康成长为主题，对博艺楼以艺术为主题，每层楼分不同的主题进行布置。学校注重校园活动文化建设，以经典朗诵、歌咏比赛、知识竞赛、体操表演、大课间、兴趣小组等为主题的校园活动文化已初步形成。各种校园文化使校园内时时处处突出环境育人的氛围，达到了让“每面墙壁说话、每个角落育人”的效果。校园墙壁图文并茂，文化底蕴深厚，对全体师生起到了潜移默化的熏陶和感染。

【教研工作】学校牢固树立“有教无类”“人人皆可成才”的观念，突出学生主体，深入开展“自主、合作、有效”课堂探索研究，着力构建符合本校实际、师生自主、生生合作、教有效益的课堂新格局。向课堂教学要质量是文峰小学教师追求和奋斗的目标。学校积极开展推门听课、同课异构、教学竞赛、磨课、研课等教学活动，有效推广高效课堂教学模式。加大教师培训力度，2019学年学校有31人次参加了各种培训，参训教师回校后在全校、教研组内展开二次培训，使最新的教学理念、最先进的教学方法让大家及时掌握，力争受益最大化。2019年春季，学校对教研活动进行细化、量化管理，教师教学水有了较大的提升。

【学生发展】学校狠抓基础教育，提升素质教育，促进学生身心健康。学校开展了经典诵读、英语情景剧展演、英语口语大赛、数学知识竞赛、数学手抄报展评、硬笔书法竞赛、作文竞赛、英语手抄报展评等，第二届春季师生趣味田径运动会、秋季球类运动会、庆“六·一”书画展和文艺演出、庆祝新中国成立70周年文艺演出，20多个社团活动开展有序进行。

【家风教育】学校创新机制，做足成色，强化家庭教育，大力加强劳动教育，积极探索和实践学校教育与校外教育联合育人模式。学校举行“家长说教育”家风教育主题家长会，开展了好家风宣讲活动，亲子家庭读书活动，“我为孩子做表率”实践活动，家长进校园配合班级布置教室、排练节目等，大力弘扬中华传统家庭美德，提高家庭教育质量。

【获奖情况】

1.学校。学校被县委评为“渭源县文明校园”；获得“会川学区作业展评和教案展评先进集体”；被共青团定西市委、市教育局、市少工委评为“定西市优秀少先大队集体”；被会川学区评为“教育工作先进集体”。

2.教师。赵晓丹被团县委评为“渭源县向上向善好青年”。瓦建华在全县小学美术优质课竞赛中获得特等奖，在全市中小学“小学科”质量提升活动中获得二等奖，在渭源县“庆祝新中国成立70周年”廉洁漫画评选活动中《廉洁从教》作品荣获成人组三等奖。王会兵在渭源县小学体育课优质课竞赛中获得一等奖，同时获得第四届甘肃省中学生运动会组委会颁发的“优秀教学案例报告人”二等奖。赵淑霞、张文胜、段晓玲被评为“2019年甘肃省农村骨干教师”。

3.学生。唐雪丽在县禁毒中心、县教育局组织的“珍爱生命、远离毒品”知识大赛中荣获征文组二等奖；张靓、田文琴在县委政法委、县教育局组织的“爱路护路、从我做起”知识大赛中分别荣获漫画组优秀奖、手抄报组优秀奖。张靓在定西市教育局、定西市禁毒委员会办公室组织的全市创建“全国禁毒示范城市”青少年优秀书画征文评选活动中获得小学组一等奖。虎子楠被团县委、县教育局评为渭源县“新时代好队员”。

【领导名录】

党支部书记、校长：樊培田

副校长：陆建平、常志敏

教导主任：张晓莉

副教导主任：赵晓丹

少数大队辅导员：段晓玲

（供稿：段晓玲）

渭源县学生资助中心

【概况】渭源县学生资助中心前身为渭源县学生资助管理中心，成立于2007年12月5日。2019年3月，更名为“渭源县学生资助中心”，股级事业单位，编制3人，现有工作人员5人。

【学前教育资助】减免省内公办幼儿园和普惠性民办幼儿园中具有甘肃户籍的在园幼儿保教费，按学期核算，春秋两学期共免除（补助）学前保教费20255人次979.9万元，其中建档立卡幼儿5183人次291.4万元。

【普通高中教育资助】对具有正式注册学籍普通高中家庭经济困难学生（含建档立卡家庭经济困难学生、非建档立卡家庭经济困难残疾学生、农村低保家庭学生、农村特困救助供养学生），按照物价部门批准的收费标准免学杂费；优先为建档立卡等家庭经济困难在校学生发放高中国家助学金（每生2000元/学年）。按学期核算，春秋两学期共计免除高中学杂费5304人次194.9万元，其中建档立卡4717人次174.3万元；发放高中国家助学金4738人次473.8万元，其中建档立卡4641人次464.1万元。

【中等职业教育资助】为县职专全日制学历教育正式学籍一、二、三年级在校生免除学费（每生2000元/学年），为一、二年级在校涉农专业学生和非涉农专业家庭经济困难学生发放国家助学金（每生2000元/学年）。按月核算（全年10个月），共计拨付免学费10484人次167.744万元，发放国家助学金4867人次97.34万元。为县职专2名优秀在校学生发放中职国家奖学金12000元（每生6000元/学年）。

【高等教育资助】免除省内高职建档立卡学生学杂费和书本费1144人572万元（每生5000元/学年），为家庭经济困难学生办理国家生源地信用助学贷款5063人3224.3万元。配合团县委及各社会团体积极做好全学段各类爱心资助，实现贫困家庭学生资助政策全覆盖。

【领导名录】

主任：李盛

副主任：王亚阵

（供稿：王亚阵）

科学技术

科　技

【概况】县科学技术局（以下简称“县科技局”）对外加挂县外国专家局牌子。2019年3月，机构改革后，县科技局设综合服务股、科技业务股。机关行政编制4名，事业编制2名。现有行政人员6名，事业人员2名，机关行政工人1名。下属二级机构为科技信息咨询服务中心。

【重点目标任务】全县规模以上工业企业和社会投入研发经费2950万元（其中规模以上工业企业1896万元），全社会科技研究与试验发展经费占全县生产总值的比重为0.8%。县本级财政预算列支科技经费5880万元，占本级财政一般预算经费支出30.95亿元的1.9%。其中拨付科技三项费5860万元，科技特派员专项经费20万元。围绕马铃薯、中医药、畜草、生态旅游、高原夏菜、食用菌、村级光伏电站、花卉等特色产业的转型升级，不断加大科技成果转化和示范推广力度，提高科技支撑能力，科技对经济增长的贡献率为49%。认定登记渭源县五竹马铃薯良种繁育专业合作社、甘肃田地农业科技有限公司、渭源县德园堂药业有限公司等企业（合作社）技术服务合同26份。

【科技创新】

1.建立健全科技创新工作机制。着力完善科技创新的体制机制，制定出台《关于深化项目评审、人才评价、机构评估改革的实施方案（草案）》《渭源县科技特派员考核管理办法》《渭源县科技计划专项资金管理办法》等政策文件11份。组建了“渭源县科技工作交流”微信群、QQ群，“渭源科技”公众号，并明确责任人，加强动态管理。

2.加强科技宣传。配合省科技厅开展《把论文写在陇原大地上——甘肃省科技特派员风采录》宣传工作。报送市、县网站各类科技信息60余条，先后举办科技特派员、科技创新能力提升培训班4期，邀请省市专家进行了授课，培训人数达到了260多人（次）。

3.助推产业转型升级。围绕中医药、制药机械设备制造、生态林种植技术及应用推广等特色优势产业，推荐申报省级科技计划项目13项，定西市源顺生物科技有限公司申报的“食用菌新品种引进与示范种植东西部扶贫合作项目”、县农技中心申报的“渭源道地中药材（当归、党参、黄芪）高产高效栽培技术集成研究与示范项目”已获省科技厅立项，下达项目资金35万元。推荐申报市级科技计划项目2项，已下达1项到位资金10万元。

【科技成果转化】

强化资金引导，激发企业加快科技成果转化的内在动力。落实《甘肃省支持科技创新若干措施》，对渭源县圣源中药材有限公司、甘肃盛源益养药业有限公司、甘肃田地农业科技有限公司等6家企业拨付奖补资金60万元，鼓励高新技术和科技创新型企业等创新主体开展新品种引进、设备更新和科技研发，推动科技成果和新旧动能转化工作持续深入开展，提高企业自主创新能力。转化工业、农业科技成果各2项，转化应用与示范推广工作进展良好。依托科技型企业在贫困村实施科技成果转化示范基地建设，建成中药农药“世创植丰宁”、羊肚菌设施防野生环境高产栽培技术、保健菊花、大果沙棘、党参根腐病防治等科技成果转化应用示范基地8个，推广示范效益明显。努力构建科技成果转化新机制，县内4家高新技术企业与高校、科研院所建立了稳定的技术合作关系，企业创新能力显著增强。12月3日—4日，在陇西县召开的全省科技成果转移转化工作现场会上，17家高新技术企业、科技型企业参加会议，8家企业围绕中医药、马铃薯、有机专用肥、巨菌草、沙棘饮料展出科技成果26项；4家企业与兰州大学、甘肃化工研究院签订了科技成果转移转化意向性协议，10家企业为定西市科技转移转化创新和科技扶贫基金捐资10万元。

【创新平台建设】

1.积极培育高新技术企业。渭水源药业科技有限公司、渭源县德园堂药业有限公司、甘肃盛源益养药业有限公司、甘肃圣源中药材有限公司4家企业先后通过高新技术企业认定。指导渭源县亳春堂药业有限公司、甘肃中亚高原饮料有限公司完成了高新技术企业的申报，甘肃中亚高原饮料有限公司通过省级认定。

2.强化创新创业服务平台建设。现有市级工程技术研究中心14家，省级众创空间2家。充分发挥科技人才优势，在马铃薯、中药材、蔬菜、光伏、食用菌、畜草、乡村旅游、电商八大特色产业上建立8个科技特派员产业服务工作站，开展产业规划、成果转化、技术推广、培训指导、产品营销、人才培养、创业咨询等服务，促进科技成果转化，推动特色产业转型升级。“渭源县科技创新研究中心”于1月9日揭牌成立，标志着全县科技创新资源和服务平台共享机制基本形成。

【助力脱贫攻坚】着力发挥科技特派员技术优势，决战决胜脱贫摘帽攻坚行动深入推进。全县有109个科技服务团队、46名科技特派员服务于脱贫攻坚、乡村振兴一线。

1.落实政策。认真贯彻落实《定西市深入推进科技特派员创新创业实施方案》，对科技特派员离岗创业全面实行“三保留四优先”优惠政策（保留编制、工资、职务或职称，优先提拔使用、评定职称、评优选先、项目支持），先后有3人提拔为科级领导、2人评为高级职称，12人受到省、市表彰，极大地调动了创新创业积极性。创新科技特派员社会化服务模式，积极倡导科技特派员有偿服务工作。

2.合力助推脱贫攻坚。县委组织部、县科技局、县扶贫办联合下发《关于进一步调整充实力量加强管理充分发挥科技特派员服务团科技帮扶作用的通知》，对全县109个建档立卡贫困村已组建的科技特派员服务团组成人员进行动态调整，并整合省市下派“三区”人才、驻村工作队及乡镇涉农专业干部充实优化了科技服务团力量，共计组成人员384人，实现建档立卡贫困村科技特派员服务团全覆盖。服务企业科技特派员46名，基本达到数量管够、质量管用、结构合理的目标要求，在全县重点龙头企业和特色优势产业培育发展方面，起到了较好的助力和推动作用。

【领导名录】

党组书记、局长：杨有平

党组成员：高胜平、汪占峰

（供稿：张彩虹）

地　震

【概况】县地震局前身为县地震办公室，成立于1992年5月，与县科委合署办公。2000年4月，更名为“渭源县地震局”，保留原有编制2名，另核增事业编制1名。2019年3月，全县机构改革后，将震灾应急救援职责、县抗震救灾指挥部、地震预报意见书面报告审核等2项行政职权划转给县应急管理局，将危害地震监测设施和地震观测环境的处罚等2项行政处罚职权暂时保留，纳入综合行政执法体制改革统筹推进。现有职工7名，工勤人员3名。党员3名。

【震情监测】2019年，渭源县周边发生M1.5级～5.7级地震9次，其中2019年10月28日01时56分，甘南州夏河县发生5.7级地震，震源深度10公里，我县有明显震感。在莲峰镇、会川镇、锹峪镇、庆坪镇、麻家集镇各有1个地震宏观监测点，主要监测井水的水位、水温等变化，每天9点前将监测数据及情况上报汇总、分析研判。在五竹镇、会川镇各有1个地震监测台，监测数据直传省地震局。各地震监测台、地震宏观监测点运转正常。

【科普宣传】县地震局与县教育局联合印发《关于在全县中小学校组织开展应急避险疏散演练活动的通知》，与县委宣传部联合印发《渭源县2019年防震减灾宣传教育工作方案》。5月10日，由县应急管理局牵头，协同县地震局等21个部门在君山文化广场开展防震减灾集中宣传活动，制作拱门1个，热气球2个，横幅20多条，散发宣传材料1.5万册（页）、宣传手提袋、围裙2000多个，受教育群众3000多人次。各单位及170辆出租车电子屏滚动播出宣传标语180条。渭源电视台制作“5·12”集中宣传新闻1期，制作防震减灾宣传片1期，累计收看2万人次。县水务局及移动、电信、联通免费发送防震减灾信息5000多条。全县中小学校组织开展应急避险疏散演练活动310场次。县地震局被省地震局评为“2019年度防震减灾科普宣传工作先进单位”“防震减灾新闻宣传工作先进单位”。

【项目建设】由县地震局牵头，组织县自然资源局、市生态环境局渭源分局、县林业和草原服务中心、县文体广电和旅游局、秦祁乡政府，依据省地震局提供的《国家地震烈度速报与预警工程项目》中涉及我县的秦祁乡麋川村新建基准站站址信息，进行了现场勘查；完成了《国家地震烈度速报与预警工程项目》秦祁乡麋川村基准站站址征地预审审核及甘肃子项目Ⅱ型预警信息发布终端站点（会川中学、新寨中学、清源一小）复核工作。

【应急准备】2月28日，中国地震局组织专家组一行13人到渭源县开展地震危险区调研和预评估工作，专家组收集了城乡建设概况、中小学信息、医院信息、地震地质灾害隐患点信息、水库信息等资料，实地调研县救灾物资储备库和五竹镇五竹村八社、上湾镇尖山村侯家湾社农村民居房屋面积、结构、抗震性能等。

【保障服务】县地震局成立领导小组，对做好2019年全国“两会”和国庆70周年期间地震安全保障服务工作做出具体安排部署。加强值班值守，确定带班领导和工作人员，确保24小时信息畅通；每天11点前将保障服务情况和《定西市地震部门业务系统运行状态零报告表》上报市地震局电子邮箱，上报《全国“两会”地震安全保障服务专报》13期。

【抗震设防】结合2019年机构改革职能划转和全县防震减灾工作实际，从9月9日开始，对承担的政务服务事项进行自查。通过梳理，县地震局实施的政务服务事项有地震监测设施和地震观测环境保护范围内新建扩建改建建设工程审批、地震监测设施和地震观测环境保护情况检查等9项。强化地震行政执法，深入开展第五代抗震设防烈度区划图的宣传工作，不断加强和规范建设工程抗震设防登记备案工作，实现政务服务中心地震局窗口办理，全年共办理登记备案手续66件，其中不予受理9件，受理57件；受理件与去年同期18件相比，增加39件。

【领导名录】

局长：贾军凯

副局长：赵会新

（供稿：贾军凯）

气　象

【概况】县气象局成立于1956年11月1日，是县政府管理气象工作的主管部门，行使同级人民政府管理气象工作的行政职能。县气象局内设政策法规科、应急减灾科、办公室；2个直属单位：气象台、气象服务中心；2个地方机构：县人工影响天气办公室、县气象灾害防御指挥部办公室。现有职工16人，聘用1人。具有中级专业技术职称5人，副高级职称1人。

【公共气象服务】实现部门资源共享，建立协作机制，在农业种植、病虫害监测、森林防火、天然林保护、植被恢复、河道防洪、灾情调查、环境保护等方面开展气象预警信息发布和专题气象服务。全县16个乡镇全部建立气象工作站，乡镇气象信息员实现全覆盖，完善地质灾害气象风险预警流程和气象短临预警平台。针对农业生产需求，建成及时、高效的气象为农服务产品制作与发布平台，及时提供针对性较强的气象为农服务产品，与农民专业合作社及乡镇政府、村委会建立“直通式”联系，实现了针对性、快捷性的气象服务。

【气象为农服务】不断完善农业气象服务能力和农村气象灾害防御体系建设，建成农田小气候观测站1套，便携式自动气象站1套，可触摸式交互终端大屏3台。服务产品有《短期气候预测》《重大气象信息专报》《专题气象服务》《重大气象信息服务专报》《灾害性天气预警信号》《农业气象服务》《雨情快报》等。建成气象卫星接收地面站，特别是自动站资料实时显示处理系统、MICAPS预报产品应用系统、SWAN、中小河流洪水和山洪地质灾害气象风险预警服务平台、甘肃省县级预报预警业务平台的投入使用，有效加强了监控、预报预警等技术手段，提高了预报预警准确率和及时性。天气预报发布渠道不断顺畅，通过电视、广播、网络、手机短信、传真、“村村响”大喇叭、服务材料专送等形式，使天气预报信息覆盖面更广，服务更及时。完成30个区域站和1个自动土壤水分站采集器4G升级工作。日照计等自动化设备正式投入运行，极大地提升了气象观测自动化水平。

【气象灾害防御体系建设】完成“村村响”大喇叭建设项目和基层防灾减灾标准化建设项目建设。建立可视天气预报会商系统，完善公共气象服务网站。制作包含气象监测点、人影作业点、地质灾害隐患点、山洪沟、加油站、学校、水库等7个易灾点以及防御责任人联系方式等信息的气象防灾减灾地图，增强指挥调度决策在防灾减灾工作中的针对性、精准性。配合定西市气象局农试站编制渭源县干旱、暴雨、冰雹等主要气象灾害风险区划和精细化农业气候区划，最大限度减轻气象灾害风险。

【人工影响天气】全县布设标准化人工防雹炮点5个，并在每个炮点建成灾害性天气实景监控系统1套，移动式火箭作业1台，区域自动站30个，乡镇气象工作站16个、信息员217人。全年共开展高炮消雹作业11次，耗弹215发。

【气象科普宣传】积极开展“3.23”气象日、“防灾减灾日”“安全生产日”等宣传活动。采用设置展位，展示展板、向市民发放传单、接受现场咨询、发送科普短信等形式，对气象法律法规、防雷减灾知识、探测环境保护、气象科技服务等内容进行系统宣传。完成省局门户网站27篇，甘肃天气资讯网10篇，其中1篇被中国天网高清图集采纳。

【领导名录】

党组书记、局长：齐晓声

副局长：张涛

副主任：刘金星

纪检组长：黎彩霞（女）

（供稿：齐晓声）

文体广电和旅游

【概况】县文体广电和旅游局于2019年1月29日挂牌成立，属县政府工作部门，核定行政编制7名，内设机构办公室、法制和行政审批服务股、公共文化服务股、资源规划与产业发展股4

个股室。下属管理文化市场综合行政执法队、体育运动中心、图书馆、博物馆、美术馆、文化馆。现有职工62名，其中局机关14名，文化综合行政执法队9名，体育运动中心12名，图书馆9名，博物馆6名，美术馆5名，文化馆7名。

【项目建设】文化综合场馆建设项目投入资金9950万元，2019年完成消防验收。文化综合场馆馆前广场建设项目完成投资1665万，建成馆前广场、后侧背景绿化、停车场区域市政配套工程、建筑室外管网配套及设备用房、广场道路绿化工程。影剧院项目完成投资3200万元，完成设备安装调试，具备演艺条件。全民健身体育馆附属工程项目总投资1391万元，完成投资450万元，建成体育馆四周硬化、体育广场、停车场铺装和绿化。足球场建设项目总投资420万元，完成竣工验收。渭河源风景区山地自行车赛道建设项目总投资229万元，建成专业赛道1条4.7公里，淘汰赛道1条960米。渭水源头——渭源历史文物陈列展项目总投资522万元，主要装修新馆博物陈列展厅，建设文物库房等建设内容，完成90%的建设任务。渭河源景区旅游基础设施建设项目总投资3800万元，游客中心完成主体工程，停车场完成80%铺装任务，累计完成固定资产投资1000万元。渭河源大景区秀峰山景区开发建设项目（一期）完成项目备案、可研编制、67亩土地预审及94亩土地征收，环评通过评审。

【乡村旅游建设】制定《渭源县加快乡村旅游发展的实施意见》，对已列入省级乡村旅游示范村的五竹镇渭河源村和锹峪镇峡口村进行全面提升。渭河源村投入资金100万元，主要增设指示牌、标识牌、门头牌匾、墙面宣传标识牌，安置成品磨盘、树池坐凳等。峡口村投入40万元，完善基础配套设施，增设标识标牌，建设1000米的实木围栏，完成30米休息长亭一座、四角亭2座。市级示范村田家河乡元古堆村、峡城乡秋池湾村、上湾镇侯家寺村（南谷新村）正在积极创建省级示范村，元古堆村增设景区导览图、景点介绍牌，改造民宿7户；秋池湾村增设景区导览图、景点介绍牌、硬化1000平方米的停车场一处，公共厕所1处；侯家寺村（南谷新村）按照国家AAA级景区标准，增设景区导览图、景点介绍牌、指示牌、警示牌，完善游客中心等基础设施，于7月中旬通过市级质量等级评定委员会初评。全年乡村旅游接待人数82.85万人次，同比增长16.2%，创经济收入1.29亿元。

【宣传推介】邀请中央电视台《发现之旅》栏目组拍摄并在中央台《美丽家园》栏目播出《文化做媒·造梦渭源》30分钟纪录片。在庆祝新中国成立70周年之际，邀请《小说选刊》杂志社组织赵本夫、刘兆林、龙一等国内著名作家来渭源采风。3月29—31日，借助西安丝绸之路国际旅游博览会举办渭源生态文化旅游资源和线路舞台专场推介会；5月中旬，借助第六届中国西部旅游产业博览会，在重庆举办渭源文化旅游资源专场推介会；6月26—27日，在西安举办“到甘肃定西过一个只有20℃的夏天暨第二届渭水文化旅游节新闻发布会”。借助参加西北五省文旅厅和新疆生产建设兵团旅游局联合主办的2019西安丝绸之路国际旅游博览会、2019中国西北旅游营销大会暨首届丝绸之路文旅产业交易会、第十五届海峡旅游博览会、凤县旅游节等活动，大力宣传渭源生态旅游资源，增加全国各地游客对我县旅游的关注度。依托“渭源文化旅游”公众号，开发“游美渭河源”小程序和渭源旅游微官网，并链接“一部手机游甘肃”公众号，渭河源国家AAAA级景区、峡口村省级旅游示范村、元古堆市级旅游示范村列入“一部手机游甘肃”中，游客可以通过关注“渭源文化旅游”公众号进行查询，为游客提供信息实时咨询导览服务。渭河源大景区管委会通过“渭河源文旅投公司”公众号和景区大屏对所辖景区信息及时宣传，对重大活动演出进行预告。对接《定西市2019年节庆会展工作方案》，面向全国打造具有渭源特色的节会品牌，切实提升渭源旅游资源的吸引力和影响力，筹划开展敦煌行·丝绸之路国际旅游节暨第二届渭水文化旅游节、中国山地自行车联赛、穿越渭河源头山地越野跑、开幕式演出、民俗（非遗）展演、文创展示、美食荟萃、国际露营、资源推介、高端论坛、“当归定西”花儿原上半程活动、“渭水冰河·旷世雪源”2019定西渭水冰雪和温泉旅游体验季启动仪式，极大地宣传了渭河源大景区自然风光和人文底蕴，扩大了“渭水源头”旅游品牌的影响力。

【“旅游厕所革命”】继续推进“旅游厕所革命”，已累计完成旅游厕所54座，推动“旅游厕所革命”由景区向农家乐延伸建设。2019年市上下达改（新）建旅游厕所14座，上湾镇侯家寺村村部、党建广场、培训中心、南谷新村，石门雪山景区，渭河园生态农庄，田家河乡元古堆村、香卜楞村，五竹镇渭河源村、会川镇罗家磨村厕所建设全部竣工验收。

【助力脱贫攻坚】精准扶贫文化旅游劳动力培训，对全县有拟从事旅游业、旅馆业（景区）、餐饮业（农家乐）、皮影、泥塑、剪纸等培训愿望的建档立卡贫困户以及农家乐业主共计59人进行了为期15天的乡村旅游就业技能和区域性专项培训。

【公共文化服务体系建设】为五竹镇渭河源村、路麻滩村、苏家口村，锹峪镇贯子口村、曹家庄村、乔阳村，路园镇峪岭村、东湾村配备价值28.294万元的平板电脑、摄像机、数字文化一体机、终端盒、终端计算机、电脑桌椅、打字复印机等设备，提升乡村两级公共文化服务体系建设。投资432万元的深度贫困县应急广播体系建设项目并开工建设。制定《渭源县图书馆文化馆总分馆制建设工作实施方案》，通过公开招标方式实施。依托县图书馆、文化馆为总馆，试点莲峰镇、路园镇、清源镇、锹峪镇、上湾镇、会川镇综合文化站为分馆。

【文化旅游体育节庆赛事活动】组织全县篮球运动协会和广场舞爱好者，参加全市篮球比赛和广场舞大赛活动，分别取得了第一名、第二名的优异成绩。渭河源演艺公司被评为“第八届全国服务基层院团先进集体”，创排秦腔历史剧《渭水医魂》荣获甘肃省第九届敦煌文艺奖。结合全市“双百千万”文化惠民，利用“三区”文化人才资源，开展文艺展演达120多场次。投资48万元购买“戏曲进乡村”，在全县16个乡镇开展专场演出96场次。开展“助脱贫·迎新春”第三届书画人才临摹写生创作、“共筑中国梦”庆祝新中国成立70周年书画展览6次。举办“庆元旦·迎新春”全县象棋比赛、踏雪寻源渭水徒步穿越体验游、2019年全国山地自行车联赛第七站（渭源站）、第三届中国国际露营大会（渭源站）等赛事活动，吸引更多游客来渭源旅游，加深文化、体育、旅游扶贫融合发展。在全民体育馆举办全市武术比赛、全省第二届民族广场舞大赛，实现全民体育馆免费开放。

【文艺创作】创排舞台剧《大禹导渭》、歌伴舞《采薇歌》《首阳山怀吟》、舞蹈《渭河吉祥鼓》、快板《脱贫攻坚颂》等10个节目，在第二届渭水文化旅游节开幕式和全县庆祝中华人民共和国成立70周年大型文艺演出中展演；渭河源演艺公司创排现代秦腔剧《公民张三》《禹河春》被文化和旅游部确定为全国巡演剧目。

【获奖情况】《渭水医魂》被评为“国家敦煌文艺奖”。县文化市场综合行政执法队荣获全市“扫黄打非”工作先进集体，邹虎华荣获全市“扫黄打非”工作先进个人。中国旅游研究院、中国气象局公共气象服务中心将渭源县评为“2019年避暑旅游样本城市”。中国作家协会《小说选刊》杂志社将渭源确定为“实践创作基地”。渭河源演艺公司被评为“第八届全国服务基层院团”。首阳山景区评为“国家AAAA级景区”。

【领导名录】

党组书记、局长：田学忠（4月止）

党组成员、副局长：刘科（4月主持工作）、姜平（1月任）

党组成员、文化市场综合行政执法队队长：何佐平

（供稿：张丽英）

文化市场综合行政执法队

【概况】县文化市场综合行政执法队于2019年4月挂牌成立，转隶原县文化旅游市场综合行政执法大队5名编制，现有职工9名。

【行政执法】加大全县文化旅游行业的日常监管和安全生产巡查力度，对全县网吧、歌舞娱乐场所、印刷厂、电影院、书店、农家书屋、旅行社、景区及涉旅单位进行定期不定时拉网式检查，强化文化娱乐场所消防通道畅通、健康文明服务、安全设施配备，加大检查印刷厂印制非法出版物、书店经营非法出版物的力度；督促文化旅游经营单位严格落实安全责任，加强安全防护措施，保障文化旅游市场安全平稳发展。共检查文化旅游单位276家次；处罚网吧5家，处罚书店1家，处罚KTV1家，整治各类经营单位15家。

【领导名录】

队长：何佐平（4月任）

副队长：邹虎华（4月任）、朱永升（4月任）、贾红亮（4月任）

（供稿：邹虎华）

文化馆

【概况】县文化馆创建于1935年，命名为“民众教育馆”，1951年10月成立县人民文化教育馆，1953年改称文化馆，1997年为县文教体育局直属事业单位，现隶属于县文体广电和旅游局。现有职工7人，其中管理岗位1人，专业技术岗位4人（中级职称3人，初级职称1人），工勤岗位2人。

【承办活动】承办组织“助脱贫迎新春”渭源县第三届书画人才临摹写生创作展、“矢志传承·不忘初心”庆祝新中国成立70周年张建国花鸟画展、“翰墨新时代·共筑中国梦”庆祝新中国成立70周年全县书画大展、“庆祝新中国成立70周年”第九届定西市少儿书画大赛、渭源县第五届百姓舞台秦腔大赛、《渭水源》发售、会川镇“庆七一”文艺晚会和书画展览交流、北苑艺术文艺演出系列文化活动。

【培训交流】聘请文化志愿者先后举办舞蹈、音乐、美术、书法等辅导培训班；组织成立“渭水之春”老年艺术合唱团。9月，开展“福州市晋安区·渭源县宣传文化工作者书画交流笔会”活动。

【文化下乡】结合民俗文化、节庆赛事活动，组织文化志愿者先后赴祁家庙镇祁家沟村、金家坪村、瓦楼村，新寨镇廖家寨村，莲峰镇，锹峪乡古树村，会川镇大庄村、河里庄村、沈家滩村，峡城乡峡城村，北寨镇前进村，秦祁乡等地开展服务基层送文化下乡活动，为当地群众送春联、送书画、文艺演出，宣传党的脱贫攻坚方针政策，激发群众内生动力，丰富活跃农村群众文化生活，让基层百姓共享文化成果。

【文化遗产保护】梳理各级非物质文化遗产项目名录，完成渭源非遗展陈馆展陈大纲，完成展馆设计效果图。梳理出各级非遗项目资源中文字、图片、视频资料不全的项目，重点对渭河八面鼓、渭源泥塑、渭源刺绣、渭源小曲、渭源风味小吃等进行普查、搜集和整理。开展非遗普查、搜集、整理和非遗项目申报。庆坪二郎庙九曲黄河灯会入列第六批市级非物质文化遗产项目，王耀林、赵志兰、马录祥、乔宏被列为第四批市级非物质文化遗产代表性项目代表性传承人。完成“羌蕃鼓舞”非遗项目高清视频拍摄和送审样片制作，补充完善申报资料，为“羌蕃鼓舞”申报国家级非遗项目作了前期准备工作。开展春节“非遗过大年·文化进万家”渭源分场活动、农历“四月八”省级非遗项目首阳山伯夷叔齐祭祀、“文化和自然遗产日”渭源非遗图片展、

渭源皮影进校园、农历“六月六”渭源县第三届花儿歌手大赛等活动。在敦煌“2019年丝路记忆西北五省非遗展”、“敦煌行•丝绸之路国际旅游节渭水第二届文化旅游节”、陇西“陇中文体旅博览会”渭源非遗文创精品展上，渭源皮影、彩塑、面塑、渭源玉器、渭源刺绣、渭源剪纸精彩亮相。在“定西冬春季冰雪温泉游”活动开幕式上，麻家集“羌蕃鼓舞”团队表演羌蕃鼓舞，展示渭水源头特色地域文化。成功申报审批郭云山渭河泥人工坊、王万章渭源玉器工坊、王安萍渭源地毯工坊为市级非遗扶贫就业工坊，渭源地毯工坊被省文旅厅认定为省级非遗扶贫就业工坊。3月，对全县19名市级非遗项目代表性传承人和3名省级非遗项目代表性传承人的进行考核培训。组织郭云山等20名市级代表性传承人和王万章等3名非遗工坊业主参加全市非遗保护工作大会和“文化和自然遗产日”定西市非物质文化遗产宣传展示启动仪式。

【领导名录】

副馆长：朱元林

（供稿：文化馆）

美术馆

【概况】县美术馆成立于2014年12月，为县文体广电和旅游局下属公益一类事业单位，核定编制3名。现有职工5人，其中管理人员1人，专业技术人员4人。

【美术作品交流展览】开展展览交流及研讨座谈会，举办书画进校园展、第三届全县油画展、渭源籍在外画家展及馆藏作品展及各类展览和各类美术讲座2次。开展写生活动2次，笔会2次。全面做好美术馆免费开放工作。

【领导名录】

副馆长：杨宏宇（2月任）

（供稿：美术馆）

博物馆

【概况】渭源县博物馆成立于1997年6月，隶属于县文体广电和旅游局管理，核定编制3名。现有职工6人，其中管理人员2人，专业技术4人。

【文物现状】第三次全国不可移动文物普查共发现登记不可移动文物111处，其中全国重点文物保护单位2处（灞陵桥、战国秦长城遗址），省级文物保护单位8处，市级文物保护单位3处，县级文物保护单位36处，未定级文物点65处。国有博物馆1家，馆藏各类历史文物1431件，其中三级以上珍贵文物150件（其中二级文物15件，三级文物135件）。

【陈列展览】在原有陈列“璀璨渭源——历史文物图片展”的基础上，制作《金猪拱福——猪年文物图片展》展板60块、《渭水源头—渭源历史文物图片展》展板60块，作为流动展览走进校园、社区、企业和乡村。新开设“学思乐园”社会教育活动，制作课件12件，累计讲课13次。累计免费接待参观人数10.78万人（次），其中未成年人数7.66万人（次）。

【馆际交流学习】联合陇西县、榆中县、永登县、靖远县等10个博物馆开展馆际交流活动，举办“绵亘文华”文物联展，完成阿克塞哈萨克族自治县博物馆、天祝藏族自治县博物馆的展览，展出佛造像、铜镜、密码锁、手炉等馆藏文物，累计参观人数达2万多人（次）。

【国际博物馆日】在“5·18”国际博物馆日来临之际，联合定西市博物馆、安定区博物馆、陇西县博物馆、通渭县博物馆、临洮县博物馆开展为期10天的巡回展览，《渭水源头——渭源历史文物图片展》累计参观人数2.6万多人（次），发放宣传资料5000多份。

【世界遗产日】在第三个自然和遗产日来临之际，结合馆藏文物，开展“熟悉家乡非遗·弘扬传统文化”进校园、进课堂活动，先后在庆坪镇龚家沟小学、麻家集镇宗丹小学开展“学思乐园”活动、《渭水源头——渭源历史文物图片展》宣传活动，累计参观学生3400多人次。

【传统节日】在中秋节和国庆节来临之际，制作PPT课件，在清源镇第二小学、会川镇西关小学、麻家集镇毗达小学开展“坚定文化自信、讲好家乡故事”等“学思乐园”社教活动进校园、进课堂及有奖征文活动，累计参加学生4000多人次。完成庆祝中秋佳节和中华人民共和国成立70周年系列宣传活动。

【项目建设】《渭水源头—渭源历史文物陈列展》布展项目总投资422万元，主要装修新馆前厅、基本陈列展厅、2个临时展厅、多功能厅、珍贵文物库房、一般文物库房、文创室、监控室及6间办公室等。省文物局投资55万元的馆藏文物保存设施提升项目（文物囊匣）已于5月完成。省级文物保护专项资金69万元的博物馆新馆安全技术防范系统工程项目完成招投标工作。省文物局投资150万元的渭源县水磨群保护修缮工程项目张新荣水磨、乔建珍水磨完工，乔立军水磨、张芳水磨完成招投标工作。省文物局投资38万元的《灞陵桥保护规划》于9月25日通过省文物局专家组评审。委托甘肃省文博中心编制馆藏纸质文物保护修复方案，于9月11日通过省文物局评审批复。博物馆信息化建设项目正在联系方案编制单位。

【文物安全】开展全县16个乡镇111处各级各类不可移动文物和县博物馆等文物收藏单位的安全排查工作，建立了县乡村三级保护网络，文物保护员200多人，其中长城保护员51人。举办文物保护员培训班，进一步增强文物保护意识，提高专职人员管护能力。配合渭武高速、临渭高速、定渭公路改造等项目建设，积极开展沿线文物调查。

【领导名录】

馆长：牟召勇（1月任）

（供稿：博物馆）

图书馆

【概况】县图书馆隶属县文体广电和旅游局管理，现有管理人员2人，专业技术人员7人。内设图书借阅室、报纸杂志阅览室、少儿阅览室、资料文献室、特藏室、采编室、电子阅览室、文化信息资源编辑室、多媒体活动室。

【借阅阅览】2019年共计接待读者近2万人次，其中阅览室接待读者1.2万多人次，借阅室接待读者0.8万多人次，电子阅览室、资料咨询室共计接待读者200人次。

【重点工作】联合县文联、县妇联开展“庆三八‘幸福密码’反家暴主题读书会”。在“4·23”世界阅读日、“5·4”青年节、5月“图书馆服务宣传周”，积极开展“全民阅读”宣传推广活动。开展“流动图书车进校园”活动，共计接待读者500多人次，借阅图书700多册次。“六·一”儿童节期间，走进县第三幼儿园开展“爱心进校园·关爱助腾飞”慰问活动，捐赠儿童平衡车20辆。完成全县图书馆文化馆总分馆建设项目及试点乡镇分馆建设工作。多渠道争取资金为图书馆购置图书，增加馆藏量。

【领导名录】

馆长：刘科

副馆长：欧阳艳（女）

（供稿：图书馆）

体育运动中心

【概况】县体育运动中心位于首阳路西段北侧，占地面积600平方米，建筑面积2085.52平方米。体育运动中心下设业余体校、办公室、业务股，现有干部12人。

【项目建设】县全民健身体育馆项目主体土建、钢结构、安装、土建装饰装修已达到竣工预验收标准，电气、消防设备调试合格。附属工程项目完成B区礼仪广场、停车场、铺装工程。县足球场建设项目完成足球场混凝土施工。渭河源风景区山地自行车赛道建设项目建成。

【承办赛事活动】承办国家级赛事2019年中国山地自行车联赛第七站（渭源站）、省级赛事2019首届穿越渭河源头越野跑，市级赛事2019“当归定西”花儿原上半程马拉松比赛和喜迎新中国成立70周年定西市“庆五一”中国象棋大赛。7月16日，举办“我和我的祖国‘渭水天华杯’”2019丝绸之路国际露营大会。按照“县有品牌、乡（镇）有特色”思路，举办全民健身赛事、群众体育活动12次。

【竞技体育和体育产业】为挑选优秀苗子，体育运动中心教练员下乡招生10余次，发现体育苗子20余人，给省体工队、省自行车训练管理中心、市体育运动学校输送优秀体育后备人才5人次。完成体彩销售额900万元，其中电脑型彩销售760万元，即开型彩票销售140元。新增1个体育彩票终端机布点任务。

【领导名录】

主任：杨立强

副主任：张亚南、刘渭军

（供稿：张学峰）

苏维埃政府纪念馆

【概况】县苏维埃政府纪念馆成立于2012年4月，在清源一小租用教室4间480平方米，布展后于7月底向社会免费开放。2013年8月，县委、县政府根据文化旅游产业发展整体规划，在县城渭河公园西侧规划建设永久展馆，已招标布展。现有职工6名，馆长1名（副县级），副馆长1名（正科级），工作人员4名。借用原种子公司两间办公室开展工作。

【布展大纲】深入县爱国主义教育基地、陇右地下印刷所，积极走访县内党史专家、遗址管理人员、烈士家属，并与县文体广电和旅游局、民政局、党史研究中心、地方志编纂中心和有关乡镇负责人座谈，征求意见充实完善布展大纲，组织召开苏维埃政府纪念馆布展大纲评审会议。征集到满鸿遇烈士遗物、来往信件、读书笔记等文物7件。

【红色文化宣传】结合庆祝中华人民共和国成立70周年，创新开展“红色文化进校园”“红色文化进机关、进企业”宣讲活动，为人民讲好红色故事，弘扬革命优良传统。开展“流动的纪念馆”活动4次、“红色文化进校园”活动10余次、“红色文化进机关、进企业”宣讲活动4次。

【领导名录】

馆长：艾国荣（6月止）、张会平（6月任，兼）

副馆长：侯定东

（供稿：刘晶）

渭河源大景区管理委员会

【概况】定西市渭河源大景区管理委员会于2018年1月成立，为县级事业单位，隶属渭源县人民政府管理，业务上接受县文体广电和旅游局协调指导，单位地址在清源镇首阳路43号。景管委下设办公室、规划建设部、资源环保部，均为正科级建制。核定事业编制17名，设主任1名、副主任2名，内设机构核正科级职数3名，副科级职数3名，其他工作人员编制8名。

【管辖范围】渭河源大景区北至316国道会川镇半阴坡村路口，南至会川镇与漳县接壤处，西至会川镇与田家河乡交界大娃鱼沟，东至莲峰镇何家湾村张家庄。涉及莲峰镇、五竹镇、会川镇、锹峪镇4个乡镇的9个行政村，总人口1.491万人，总面积约187平方公里，其中：农用地154.3平方公里，建设用地4.7平方公里，未利用地27.53平方公里。涉及莲峰林场、五竹林场、会川林场共117.14平方公里、批准开放的宗教活动场所7处。涉及文物保护场所6处，其中：省级文物保护场所1处，为《首阳山辩》碑；市级文物保护场所2处，为马鹿山石窟群和夷齐陵园。

【管理体制】按照“统一规划、统一开发”的原则，大景区范围内的土地、林业、草山、水利、宗教等资源的所有权、管理权权属不变，由定西市渭河源大景区管理委员会协助各资源管理部门做好资源保护，做好辖区内相关资源的开发利用，对各行业在大景区范围内实施的项目由景管委进行同期规划审批。渭河源大景区内9个村行政区划不变，其行政管理、社会管理、公共服务等职能由原管辖乡镇负责。大景区内行政村居民户口管理、社会治安综合治理、道路交通安全等工作由相应所属辖区公安机关负责。按照政企分开、高效管理的原则，设立渭河源文化旅游投资开发管理有限责任公司，负责景区旅游资源的开发、经营与管理等工作。定西市渭河源大景区管理委员会负责辖区内的规划建设以及景区运营和管理。辖区以外旅游资源管理开发以及旅游市场综合行政执法工作由县文体广电和旅游局负责。

【景区项目建设】渭河源景区二期环线道路亭台及相关配套服务建设项目于2018年8月基本完成建设内容，2019年进行景观提升改造。渭河源景区旅游基础设施建设项目于2019年5月31日开工建设，完成游客中心主体工程，正在进行停车场地基处理及平整碾压及铺装安装工程，完成固定资产投资625万元。渭河源大景区秀峰山景区开发建设项目（一期）通过招商引资由甘肃渭河源生态疗养有限公司实施，2019年计划实施一期项目，完成项目备案、可研编制，67亩土地预审及94亩的土地征收等。渭河东源景区旅游基础设施建设项目完成地质勘察、编制初步设计和施工图。渭河源景区实行“景区管委会+旅游开发公司”管理模式，完成景区经营权出让协议的签订和业务及资产使用权的移交，完成景区停车场建设和道路维修。渭河源水镇建设项目完成合作协议签订和合资公司注册。首阳山景区成功晋升国家AAAA级景区。

【旅游宣传推介】

1.积极开展冬春季特色旅游活动。承办定西首届冬春季冰雪体验季活动，共接待游客人数5.217万人（次），门票收入112.971万元，真正实现了冬春季旅游“淡季不淡”的目标，填补了渭源冬春季旅游市场的空白，丰富了旅游产品内容。

2.强化导游培训。对四大核心景区导游词进行修改完善，通过实地讲解与室内演练等方式，切实加强导游接待服务能力，配合相关单位完成随车导游抽调及讲解服务工作。

3.借助节会宣传。打造渭河源大景区旅游品牌，策划举办“敦煌行·丝绸之路国际旅游节”第二届渭水文化旅游节、己亥年大禹祭祀大典、露营大会等活动，参加西安丝绸之路国际旅游博览会、中国旅游日、海峡旅游博览会等大型营销推介活动。通过节庆活动和旅游平台，巩固了兰州、天水、西安等客源市场，西安、天水寻根溯源自驾游游客逐年增多，兰州等周边城市游客激增，重点景区游客接待量增长明显。借助第六届中国西部旅游产业博览会，在重庆召开渭源文化旅游资源专场推介会，对渭河源大景区旅游资源进行重点推介，开拓西南市场，提高大景区知名度与美誉度。

4.设计制作大景区宣传资料。包括渭河源大景区成套折页、渭河源景区手绘地图等，并借助参加大型节会活动对外发放宣传；重新设计制作大景区对外宣传版面。

5.整合资源宣传推介。按照客源市场重新制作大景区推介宣传PPT、编写推介词，并融入知识问答与文艺节目等环节，创新推介模式，在西安、川渝等推介专场进行宣传推介。

6.组织开展旅游人才素质提升培训班。邀请省内院校的教授专家就景区规范化运营、景区从业人员职业道德与提升、旅游法律法规、讲解员讲解技巧等方面对景区从业人员、委机关人员进行了培训。

7.完成首阳山景区创建AAAA级景区汇报。完成材料PPT的制作、宣传片的拍摄制作、语音导览系统购买安装及标识牌的设计。

8.成功申报省级标准化示范点。渭河源景区成功申报2019年省级标准化示范试点项目，提升了景区服务运营发展水平和区域竞争力。

【甘肃渭河源生态疗养有限公司简介】甘肃渭河源生态疗养有限公司成立于2016年3月，注册资金1000元，是渭源县首家集商贸旅游、医疗养老、文化演艺、酒店餐饮服务为主营业务的综合性生态疗养有限公司。公司下设运营部、项目部、财务部、办公室、法务部等5个部门。在职人员36名，拥有各类技术人员7名，其中金融分析师2名，会计师1名，土木高级工程师1名，助理工程师3名，其他专业技术人员5名，高级营销人才2名。公司秉持“创新、绿色、协调、开放、共享”发展理念，坚持差异化、品质化、整体规划、整体投资、整体开发、整体运营的“六位一体”全产业链服务模式，聚集打造“吃、住、行、旅、购、娱、赏、拜、学、疗”十大元素的全年龄层度假体验旅游，紧跟“旅游+”战略，融和新能源、文化教育、体育、科技、医疗、康养观光农业、智慧旅游等多要素产业，形成以核心旅游产品为主、以多样化旅游产品与相关业态为支撑的发展格局，最终打造具有核心竞争力的高端产品，逐步完善全年全景全要素式旅游项目。公司主要投资开发渭河源大景区秀峰山景区项目，将“生态养老”和“休闲度假”合二为一，将渭河与秀峰山自然景观相融合，形成独特的山林水域景观群，打造以“生态养身和休闲度假”为特色的旅游综合体。主要建设内容有：游客服务中心、秀峰民俗客栈、五竹演艺广场、特色美食民俗一条街、儿童乐园、书画写生基地、钟楼、明镜湖、3栋养老公寓楼、1栋综合活动中心、五竹寺悬空寺庙修缮和维护、五百亩百药园种植、太空舱体验房、玻璃栈道、徒步（远足）栈道、户外越野、攀爬、山地极限运动区。2019年5月，公司通过竞拍取得渭河源AAAA级景区的经营管理权，与省内多家旅行社及上海“驴妈妈”、西安九五环球、携程等旅商达成战略合作伙伴。7月8日，己亥年公祭华夏文明先祖大禹祭祀大典举行，通过甘肃广电、腾讯网等多家新媒体网络直播。2019“敦煌行·丝绸之路国际旅游节”第二届渭水文化旅游节在渭水源头举办，进一步提升了“华夏文明渭河源”旅游品牌的影响力和知名度。

【领导名录】

党组书记、主任：魏长缨

副主任：包进忠、何俊

办公室主任：张启华

规划建设部部长：刘青达（女）

规划建设部副部长：姜妍莉（女）

资源环保部副部长：王洁（女）

办公室副主任：赵雷

（供稿：杨国亮）

融媒体中心

【概况】县融媒体中心组建于2019年1月，归口县委宣传部领导。现有编制为38名，人员37人。管理县广播电台、县电视台，广播电视覆盖率均在97%以上。新媒体有“大美渭源”APP、“爱渭源”微信公众号、“渭源广播电视台”今日头条号、“渭源融媒”新浪微博号和抖音号，所有新媒体关注近3万多人。

【新闻宣传】县广播电视台共播出各类新闻1359条，专题236部。播出各类外宣稿件256条，专题58部，其中在新华日报、人民日报、学习强国等国家报刊媒体、网络平台播发稿件15篇，专题1部；在省电视台播出12条，在甘肃日报、甘肃学习强国、甘肃新媒体、丝路明珠网、《中国梦·亲历》甘肃省纪录片制播联盟等省级媒体报刊、网络平台刊播稿件96条，专题23部；市台播出93条，专题16部，活力定西播发11期，人文定西播发7部，定西日报刊发稿件40篇，积极构建上推下联的纵横外宣网格，外宣通联工作明显提升。16件新闻影视作品获评省市广播影视奖，4件作品获评省市新闻奖。紧紧围绕脱贫攻坚，加大主题宣传报道力度，播发稿件400多件，专题19部。以“牢记总书记的嘱托，把日子越过越红火”为脱贫攻坚宣传主题，创新开办渭源新闻《脱贫故事》专栏，让老百姓自己讲述脱贫致富的故事。

【融媒体建设】加强从业人员培训教育，认真梳理问题，制定整改措施办法，确保广播电视安全播出。完成对中央无线覆盖一期2台1000瓦发射机运行维护工作，对7个乡镇补点站进行6次集中巡查检修，保证设备正常运行和节目正常转播。对市县地面电视无线覆盖网1个主站、15个辅站、45个补点站进行7次集中检修维护，出动车辆200多台次，确保市县节目正常转播。衔接争取投资432万元的深度贫困县应急广播体系建设项目，7月份完成公开招标，12月上旬完成工程建设任务。争取到中央无线覆盖项目工程一二期运行维护经费116.9万元，争取到融媒体中心建设搬迁项目资金400万元，于2019年底开工建设。

【领导名录】

党组书记、主任：王纲

党组成员、副主任：王宏、漆国华、崔志强

（供稿：融媒体中心）

广播电视网络

【概况】甘肃省广播电视网络股份有限公司渭源县分公司于2012年5月24日挂牌成立，为省属国有大型文化企业驻渭机构。现有在职职工18名，其中女职工7名。党员3名。内设综合办公室、城网运维部、农网运维部、网建运维部等4个部室。拥有有线电视用户8000余户。

【业务经营】2019年，公司完成年度目标任务560万元，发展新用户1280户。被省公司评为“先进集体”。完善公共文化服务体系，在会川镇、北寨镇设有营业网点，承担辖区内有线电视网络的经营、维护、发展，依托广电网络开展数据宽带、高清互动、广播电视村村通、户户通、长效运维服务、智慧城市建设、视频监控、安防工程、EPC广告发布等业务，销售各类海信、海尔家电产品和各类化肥农药农资产品。建成拥有市到县光缆杆线523.8公里，县到乡两级主干杆路209公里，覆盖50个行政村。

【安全维稳】公司制定并逐步完善《广播电视安全播出和安全传输应急预案》《安全维稳应急预案》，严格值班制度，重要播出节点实行领导带班和双岗值守，落实零报告制度，确保运行安全。

【领导名录】

经理：王福（10月止）、张黎晖（10月任）

副经理：剡丽霞（女）、蒋小军

（供稿：剡丽霞）

新华书店

【概况】渭源县新华书店是国有图书发行企业，成立于1953年5月。2010年，公司改制成甘肃新华书店飞天传媒股份有限公司渭源县分公司。现有职工15人，高级图书发行人员2人，中级图书发行员8人，初级图书发行员2人。中共党员6人。营业部实现了POS系统管理，拥有图书品种一万多种，图书近3万册。

【经营指标】完成销售净收入859.32万元，占计划的101.10%。利润总额7.58万元，占计划的126.33%，比上年同期增长6.56万元，增长635.92%。

【图书发行】2019年，教材教辅完成免费教材294万元，非免教材教辅全年销售798万元。一般图书销售60.4万元，其中重点图书销售

37.65万元。小学教辅配套练习征订率100%，初中配套练习征订率70%。幼儿园教材征订4个品种，配套率100%。

【领导名录】

副经理：陆勇（主持工作，7月止）、张红兵（7月止）、马海霖（主持工作，8月任）、王军（8月任）

副督导专员：张红兵（8月任）

（供稿：张红兵）

卫生健康

【概况】 2019年1月31日，县卫生健康局举行揭牌仪式。县卫生健康局配备党组成员7名，内设办公室、医政医管药政股、规划信息和体制改革股、中医股、行政审批服务和卫生法制监督股、疾病预防控制和妇幼保健股、基层卫生健康股、科教和老龄健康股、人口和家庭发展股，核定行政编制12名。全县共有医疗卫生单位28个，即县人民医院、县中西医结合医院、县中医院、县疾控中心、县妇幼保健站、卫生计生监督所和计划生育服务中心各1个，乡镇卫生院18个（中心卫生院4个，一般卫生院11个，分院3个），清源社区卫生服务中心1个，民营医院2个。核定编制床位1586张（县级1250张，乡级336张），每千人口拥有病床4.79张。一体化管理村卫生室217个，标准化村卫生室217个，村医220人，其中：执业医师4人，执业助理医师12人，乡村全科执业助理医师20人，乡村医生177人。全县现有卫生人员850人（县级人员478名，乡级人员372名）。其中：专业技术人员789人，占92.82%；管理人员6人，占0.71%；工勤人员55人，占6.47%。专业技术人员中，本科以上学历596人，占75.54%；专科学历162人，占20.53%；中专及以下31人，占3.93%。正高职称11人，占1.39%；副高职称105人，占13.31%；中级职称117人，占14.83%；初级职称556人，占70.47%。执业医师（含执业助理医师）344人，每千人口拥有执业医师（含执业助理医师）1.04人。注册护士221人，每千人口拥有注册护士0.67人。

【助力脱贫攻坚】 紧紧围绕贫困人口基本医疗有保障（医疗部分）工作，按照“既不脱离实际、拔高标准、吊高胃口，也不虚假脱贫、降低标准、影响成色”的原则，全力加强县乡村医疗卫生机构建设，配备合格医务人员，消除乡、村两级机构人员“空白点”，确保贫困人口看病有地方、有医生。按照医疗机构“三个一”、医疗卫生人员“三合格”、医疗服务能力“三条线”的标准，开展基本医疗有保障冲刺清零。组织排摸出问题2个，于9月底全面完成清零。基本医疗有保障（医疗部分）突出问题得到有效解决，全县217个村卫生室全部完成标准化建设，基本医疗器械、设施、药品全部配齐，能满足村民基本诊疗需要；配备乡村医生219名（6个村为派驻医生），全面解决村卫生室无合格村医的问题。16个乡镇设有卫生院18个（含分院），每个卫生院均设置相关科室，配备相应医疗设备；配备助理以上执业医师238名，全科医生75名，达到每个乡镇有1所政府办卫生院的标准，每个卫生院拥有1名合格医生和1名全科医生要求，能承担常见病、慢性病、地方病诊治、急重症病人初步现场急救、转诊等基本医疗和基本公共卫生服务。县级综合医院设置临床专业科室18个，达到每个科室有1名执业医师的要求，按照《医疗机构管理条例》和《甘肃省二级综合医院评审标准实施细则（2018年版）》，达到了二级甲等医院标准。县卫生健康局帮扶莲峰镇蒲河村和田家河乡西沟村，累计帮扶资金和物资等价值81680元。

【医疗卫生工作】

1.积极推进医改重点工作。三家公立医院完善医院管理制度，制定医院章程。落实分级诊疗制度，县人民医院分级诊疗病种252种，县中西医结合医院分级诊疗病种201种，县中医院分级诊疗病种为192种。三家县级医院先后与省级医院建立专科联盟，全县所有医疗单位开通甘肃省远程会诊平台，积极开展会诊和远程教育。

2.全面提升医疗服务质量。三家县级医院完成了二甲等级评审工作，两所民营医院完成了2018版县级综合医院二乙等级评审工作。三所县级公立医院创建了普外科、骨科、脾胃病科、针灸科、内分泌科等6个县级重点学科。依托县人民医院建成检验、心电、病理、消毒供应、影像五个县级区域医学中心，推进了县级区域中心与乡镇卫生院信息互联互通，提升了基层医疗卫生机构诊断水平和医疗质量。县人民医院胸痛中心和脑卒中防治中心认证验收。县卫健局及5家医疗机构与晋安区签订帮扶协作协议；选派7名管理人员和14名医护人员赴福州市进修学习；晋安区人民医院选派8名医务人员来渭源开展东西部协作对口帮扶工作；晋安区积极筹措资金120万元，为渭源县人民医院购置呼吸机2台，纤支镜1台，救护车2辆。市人民医院先后选派8名专家到县人民医院和县中医院开展帮扶工作。

3.加快实施“互联网+医疗健康”工程。完善全民健康信息平台，三家县级医院结算窗口均实现基本医保、城乡居民大病保险、医疗救助“一站式”即时结报服务；全县县、乡、村三级医疗机构全面启用居民电子健康卡，取消传统就诊卡；乡镇卫生院和村卫生室全部启用医院信息管理系统。

【中医药工作】

1.中医药工作机制不断健全。县委、县政府高度重视中医药工作，先后出台《渭源县中医事业发展规划》《关于加快中医事业发展的意见》《渭源县中医事业人才培养三年行动计划实施方案》等一系列政策文件，提出中医药工作的目标任务，制定了落实规划的具体措施，健全了中医药工作制度体系。

2.中医药服务网络建设不断完善。加强中医医院基础设施建设，开放病床400张，配备较为先进中医诊疗设备60余台（件）。县中医医院和县中西医结合医院二级甲等医院复审通过，县中医医院引进省中医院的三黄散、杜仲腰疼丸等院内制剂投入临床使用，受到患者一致好评。加强基层医疗机构中医药工作，18个乡镇卫生院及分院均设置了中医科室，配备了常用的中医诊疗设备。大安卫生院和田家河中医馆建成运行。全县共建成中医馆12个，大大提升了基层中医药的综合服务能力。

3.中医药人才力量逐步增强。推广路园、上湾等卫生院聘用当地中医专长人员成功经验，解决部分乡镇卫生院和村卫生室中医药人才不足的问题。全县第三批师承教育9名指导老师和18名继承人带教工作全面完成了第二年度的教学任务，有4名同志经省卫健委考核合格将取得中医医术确有专长人员医师资格。在市卫生健康委组织的全市《黄帝内经》知识大赛中，县代表队获得团体三等奖，县中医医院程军军获得个人三等奖。

4.中医药服务能力建设不断加强。制定全县中医专科建设发展规划，县中西医结合医院针灸科作为省级第7批中医重点专科复审通过，县中医院糖尿病专科和中医康复科被列为省级重点专科建设单位，针灸理疗科被命名为“甘肃省农村重点中医药专科”。

【疾病预防控制】

1.免疫规划。实行专人负责冷链管理，全年进行12次冷链运转。2019年，全县新生儿童2660人，建卡率100%，报告接种率100%，积极开展麻疹防控及AFP防控，急性弛缓性麻痹主动搜索，搜索病例476960例，未监测搜索出急性弛缓性麻痹（AP）病例。

2.检验检测。全年检测水样1103份，共设监测点72个，覆盖100%的乡镇，完成全县26个饮水工程点的饮用水水源类型、水处理方式、供水能力、覆盖人口等基本信息的调查和网络上报工作，检测结果显示：合格水样911份，合格率82.59%；完成209份消毒效果检测；采集500份犬粪进行犬细粒棘球绦虫抗原检测；乙肝抗体筛查项目，对全县25所学校的9500余名学生做乙肝抗体筛查，对筛查抗体阴性的3500余名学生注射了乙肝疫苗；完成全县5个乡镇的1000名群众免费进行土源性线虫检测。

3.职业病及学校卫生防控。年内组织专业人员对全县22所医疗机构进行辐射安全与防护状况评估调查，对辖区56所重点职业病危害企业进行摸底调查和数据录入；对辖区内436名儿童进行口腔健康筛查，窝沟封闭1500颗牙齿；食源性疾病监测医疗卫生单位22家，村卫生室217家，报告食源性疾病病例2248例，无食物中毒事件及食品安全事件。

4.慢性非传染病防控。全县65岁以上老年人39403人，健康管理26638人，健康管理率67.60%。高血压管理29320人，规范管理25065人，规范管理率85.49%。Ⅱ型糖尿病患者健康管理3557人，规范管理3060人，规范管理率86.03%。严重精神障碍患者管理人数1582人，报告患病率4.25‰。规范管理1328人，规范管理率92.93%，面访率91.13%，对全县贫困重度精神病患者免费提供药物免费治疗321名人，长期提供免费抗精神药物治疗。农村癫痫患者管理总人数405人，苯巴比妥组131例，正在接受治疗随访的128例；社会心理体系建设项目组织开展健康大讲堂10余次，参加2000余人。

【地方病防治】地方病防治工作以“综合协调、科学防治”为指导思想，围绕“政府领导、部门配合、社会参与”的原则，坚持以规划为引领，以项目为抓手，以问题为导向，认真落实各项防治措施。组织开展了碘缺乏病、大骨节病、饮水型地方性氟中毒等重点地方病的防治和日常监测工作。成立专家组，诊断界定全县管理现症重点地方病患者331例（建档立卡178例），其中Ⅱ度及以上甲肿病人157例（建档立卡70例），地方性克汀病16例（建档立卡5例），大骨节病113例（建档立卡79例），地方性氟中毒病45例（建档立卡24例）。包虫病4例。积极落实麻风病项目工作，开展麻风病的防治监测工作、健康教育宣传、慰问活动。开展包虫病防治项目工作。完成地方病防治专项三年攻坚行动2019年度自查评估工作。开展碘缺乏病宣传日、世界防治麻风病日等宣传活动。协调广电部门播出公益广告宣传视频《碘贝贝》、碘缺乏病、包虫病、氟中毒等宣传标语，进一步提高群众对地方病防治知识的知晓率，增强了对地方病防治的自觉性和主动性。

【妇幼保健】

1.加强管理、完善制度。修订完善《渭源县妇幼保健站27项工作制度》，制定《渭源县妇幼健康服务年度考核评估实施方案》，成立妇幼健康工作相关领导小组，积极开展各项工作。

2.全面加强母婴安全保障工作。各助产机构认真履行母婴安全保障的工作责任，认真落实“五项核心制度”，密切监测母婴安全形势，严格产科安全质量管理，及时发现问题解决问题，有效保障母婴安全。全面落实妊娠风险筛查评估与高危专案管理。各助产机构设立产科安全管理办公室，建立危重症孕产妇急救预案、危重症转诊制度，开通孕产妇、新生儿急救“绿色通道”，加强高危及危急重症孕产妇的转诊和管理。开展妊娠风险筛查，全面实施孕产妇分级分类管理制度。对所有高危孕产妇纳入高危孕产妇专案管理。举办县乡村三级《孕产期保健工作规范实施办法》《孕产妇妊娠风险评估与管理工作规范》《新生儿复苏项目》培训班，县级助产机构每两个月开展一次专项技能培训和快速反应团队的孕产妇和新生儿急救演练，提高快速反应和处置能力，全面落实同质化管理。按规范要求逐级开展孕产妇、新生儿死亡评审和孕产妇危急重症病例评审工作，总结分析危重孕产妇管理救治经验与教训，全面提升高危识别能力和处理能力，最大限度的保障母婴安全。

3.完善妇幼健康服务体系，着力提升妇幼站服务能力。加强儿童保健部和妇女保健部的能力建设，儿童抚触中心、产后康复业务、催乳、儿童健康服务等业务正常开展，妇幼特色服务逐步显现。选派2名儿保人员到福州、省妇幼保健院进修学习，县级医院选派5名产儿科人员到省级医院进行学习。

【爱国卫生运动】县爱国卫生运动委员会办公室（简称县爱卫办）成立于1974年，与县卫生局合署办公。2002年6月，从县卫生局分设出来，独立编制，独立办公。2019年3月29日，全县机构改革后，县爱卫办更名为“渭源县爱国卫生运动事务中心”，是县爱国卫生运动委员会的办事机构。现有职工8人。

【干部保健】

1.干部职工健康体检。开展了2018—2019年度干部职工体检工作。全县参加干部职工健康检查181个单位，应体检9192人，实际体检8757人，参检率95.27%。体检中发现，化验项目异常指数较多有5项，分别为谷丙转氨酶、总胆红素、直接胆红素、尿酸、甘油三酯。疾病谱排在前十位的疾病及占比情况是：幽门螺杆菌感染3313人，占体检总人数的36.1%；胆道疾病1411人，占体检总人数的15.37%；脂肪肝1373人人，占体检总人数的14.96%；尿常规异常1272人，占体检总人数的13.86%；结膜结石/结膜炎967人，占体检总人数的10.54%；高血压657人，占体检总人数的7.16%；鼻咽炎623人，占体检总人数的6.79%；尿酸高450人，占体检总人数的4.9%；肝功能异常445人，占体检总人数的4.85%。此外男性的前列腺增生、肥大，女性的乳腺增生、妇科疾病也占了一定比例。体检中发现重大疾病潜在隐患异常项目3人，异常指标是：甲胎蛋白（AFP）升高、癌胚抗原（CEA）升高。

2.干部职工健康知识讲座。5月30日，甘肃省健康教育副主任医师、国家“相约健康社区行”健康巡讲专家安平女士来渭源县给干部职工开展了题为“健康管理，从我做起，从心开始”的健康知识讲座。8月13日，“2019年健康中国行——全省健康扶贫政策宣传培训及健康科普巡讲”走进渭源，省肿瘤医院心理咨询师、健康管理师迟婷作了题为“心理健康与健康管理”的讲座。结合社会心理服务体系建设试点项目，邀请西北师范大学心理学教授康廷虎、心理健康咨询师薛莹分别于6月21日、7月11日举办了两期干部职工心理健康培训。邀请心理健康咨询师薛莹，分批对财政局、公安局等8个县直单位、渭源一中等5所学校、清源镇等4个乡镇的干部职工进行了面对面的心理调适与干预。

【项目建设】积极深化全县公立医院体制改革，对3所县级医院严格按照二级甲等医院标准建设实施。县人民医院总建筑面积51000平方米，总投资2.4亿元，占地面积100亩，设置床位350张，于2011年8月份顺利完成整体搬迁。总投资6780万元、总建筑面积18464平方米的县人民医院综合楼项目完成建设任务，现设置床位500张。县中西医结合医院总建筑面积14450平方米，总投资0.82亿元，占地面积58亩，设置床位400张，于2012年8月份顺利完成整体搬迁。县中医医院总建筑面积30830平方米，总投资1.01亿元，占地面积70亩，设置床位350张，于2014年12月顺利完成整体搬迁。

【红十字会事业】县红十字会大力弘扬红十字会的“人道、博爱、奉献”精神，积极开展“三救”“三献”工作。各医疗单位组织医护人员分期分批进行培训应急救护培训，传播“人人学急救，急救为人人”理念。组织开展无偿献血活动。2019年组织无偿献血3次453人，献血量497u99400 ml。开展先心病患儿摸底和救治工作。开展献爱心送温暖活动，慰问帮扶村田家河乡西沟村贫困户5户，发放慰问品价值1600元；发放宣传挂历、日用品等共计34520元。加强红十字基层组织队伍建设，发展红十字志愿者40人，红十字会基层组织2个。落实福州市红十字会捐赠资金，为五竹卫生院购置应急救护车1辆。发挥红十字会人道救助职能，助力基层医疗服务工作。与深圳市安仕浦科技有限公司沟通衔接，为全县23家医疗卫生单位捐赠净水器23台，价值52440元。对2018年81名造血干细胞捐献者进行了回访。落实博爱家园项目生计资金回收运转工作，2018年为会川镇西关村4户农户发放了生计资金，资金正在回收中。

【2019年度先进单位与先进个人】2019年2月，渭源县卫计局被甘肃省脱贫攻坚领导小组授予“全省脱贫攻坚先进集体”称号。3月，渭源县被国家中医药管理局授予“全国县级基层中医药先进单位”称号。

【领导名录】

县卫生健康局

党委书记、党组书记、局长：李国伟

党组成员、党委专职副书记：尉德

党组成员、副局长：宋永平、张建雄、常效生

党组成员、纪委书记：袁见喜

党组成员、人口和计划生育服务中心主任：史万兵

县疾病预防控制中心

主任：苏亚平

副主任：李玉柏、王永军

县妇幼保健站

站长：李红霞（女）

副站长：王爱国

县爱国卫生运动事务中心

主任：景莉君（女）

副主任：谢全平、蒲小兰（女）

县卫生计生局综合监督执法所

所长：常凯

副所长：常雪云

县人口和计划生育服务中心

主任：史万兵

副主任：周福祥

（供稿：谢亚红）

渭源县人民医院

【概况】渭源县人民医院始建于1947年7月，初期为只有7名医药护等工作人员的渭源县卫生院，地址在下北关“岳王庙”。1949年迁址城内南城门外。1956年迁址清源镇首阳路5号，2011年8月完成整体搬迁。医院占地面积91亩，建筑面积3万平方米。拥有资产2.4亿元，编制床位500张，职工530人（卫生专业技术人员426人，占比80%，正高职称6人，副高职称37人，中级职称54人），是集医疗、预防、急救、康复、教学为一体的综合性二级甲等医院，2018年4月加挂定西市人民医院渭源分院牌子，为全县120急救中心、感染性疾病定点收治医院，市级文明单位。医院设院务部、医务部、护理部3个职能部门，党办、院办、医务、药械、财务、信息、后勤保障等职能科室；设内、外、妇、儿、急救等12个临床科室；设药械科、检验科、放射科等8个医技科室。拥有东软1.5T超导核磁共振、64排螺旋CT、DR、西门子LuminosFusion数字胃肠机、意大利ModuloEasy30数字化移动摄影X射线机、飞利浦高端四维彩超、数字胃肠机、电子胃镜、超高清电子宫腔镜、阴道镜、全自动生化分析仪、病理图像诊断系统、德国贝郎血液透析、8座高压氧舱、奥林巴斯电子腹腔镜、等离子气化电切镜、体外震波碎石机、强生超声高频外科集成系统GEN11、关节镜等较为先进的医疗设备50多台件。2019年7月，渭源县人民医院被评定为二级甲等医院。

【业务情况】2019年门急诊140834人次，较上年增长22.5%；住院16420人次，较上年增长10.2%；手术2994例，较上年增长22%；住院分娩1404人次，较去年减少10%。门诊次均费用155.2元，住院次均费用3665.6元，与2018年持

平。病床使用率76%，出院者平均住院天数8.3天，住院病人药占比23.9%，住院门诊平均药占比28.9%。年末资产规模达到1.8亿元。实现业务收入8206.5万元，较2018年增长963.5万元，增幅13.3%；医疗服务收入占业务收入比重为37.2%，增幅0.7%。

【医疗质量安全】落实医疗质量安全院、科两级责任制，建立全员参与、覆盖临床诊疗服务全过程的医疗质量管理与控制工作制度。根据国家卫计委《电子病历书写规范》，补充部分知情同意书；按照《病案首页填写规范》规范了首页中操作、手术的填写。认真落实《医院感染管理办法》等有关法律法规，完善三级管理体系，加强手术室、消供中心、血液透析室、口腔科、内镜室、NICU、产房、换药室等医院感染重点科室的感染监测，及时发现感染隐患，减少院感事件发生。认真落实《医疗废物管理条例》《医疗废物分类目录》及医疗废物管理标准，完善规章制度，明确职责，医疗废物专人管理。

【人才队伍建设】公开招聘护士20名。竞聘护士长3名。先后赴甘肃中医药大学、宁夏医科大学引进紧缺人才11名。选派26人前往福州、天津及省内兰大二院、省人民医院、省妇幼保健院进修眼科、麻醉、腹腔镜、妇产科、小儿重症护理、新生儿重症护理、精神病学及产科护理等专业。全年派出各类短期学习班、研讨会、质控会议共169人次。共接收来院学习人员共132人，其中进修人员3人，乡村医师临床实践培训39人，乡镇卫生院骨干村培训6人，基层卫生健康人才培训84人

【药械耗材管理】2019年新增基药盐酸表柔比星、抗体融合蛋白、孟鲁司特钠咀嚼片等药品17种，停用非基药注射用五水头孢唑林钠，头孢羟氨苄胶囊2种。医院在用药品699种，其中基本药物410种，非基本药品289种，基本药物品种占58.65%，使用率70%以上。中药饮片在用品种340多种，中药颗粒240多种。药械采购工作规范管理。开展抗菌药物专项整治，抗菌药物34个品种，43个规格。全年采购了价值3267多万的紧缺医疗设备，其中省财政拨付资金1250万元。

【东西部扶贫协作】晋安区派驻两批次4人，常驻内一科、护理部开展帮扶工作。8月，晋安区卫健局、福州神康医院捐赠价值70万元的哈美顿呼吸机2台、纤支镜1台。福州东南眼科医院专家组在院长赵广愚的带领下一行4人，来院为建档立卡贫困群众成功完成白内障手术30人。

【薄弱学科、医学区域中心建设】

1.*胸痛中心规范化运行*。2019年2月，取得国家胸痛中心认证授牌。自2016年12月至2019年12月，共诊疗胸痛患者1151例，急性ST段抬高型心肌梗死（STEMI）93例，急性非急性ST段抬高型心肌梗死（NSTEMI）27例，不稳定型心绞痛（UA）63例，主动脉夹层13例，肺动脉栓塞2例，非心源性胸痛428例，其他87例。胸痛中心建成后，急性胸痛患者及时拨打120的知晓率由实施前的39.4%提高至85.7%；全面落实免挂号、先诊疗、后付费执行率从建设前的0提高到建设后的100%；网络心电传输时间从建设前的0%提高到建设后的75%以上；进门溶栓时间从建设前3小时，建设后达到30分钟之内；明显缩短了救治时间；院内急性胸痛会诊率达100%；死亡率降至5%以内。

2.*脑卒中中心通过专家验收*。2019年筛查病人1000例，其中高危及以上人群800例，随访、复筛500例，随访率达到90%。共开启脑卒中绿色通道50例，其中脑出血23例，脑梗塞35例，TIA10例，开展静脉溶栓19例。8月21日，通过了甘肃省脑防委现场认证。

3.*薄弱学科建设项目稳步推进*。选定心内科、急诊科、妇产科、儿科、放射科5个学科进行首批薄弱学科建设。第二批2个薄弱学科建设选定麻醉科、内分泌科。

4.*区域医学中心建设*。确定建设检验、心

电、病理、消毒供应、影像五个县级区域医学中心，县乡联动，实现县域内医疗资源共享，推动检查和检验结果互认。5个区域中心建设正常运行。

5.标准化听力中心建设。2018年8月，启动县级标准化听力中心建设项目。2019年，派2人学习听力检查及诊断技术。省卫健委配置了耳声发射检测仪、脑干听觉诱发电位、远程会诊系统、中耳分析仪、新生儿听力筛查仪各1台套。由甘肃优安达医学生物有限公司按要求规划、设计、建设，建成屏蔽室、声场、隔音室各1间，2019年4月建成并投入使用。年内完成新生儿听力筛查252人次，复筛56人次，其中筛查通过242人次，通过率96%。

【远程医疗和远程教育】推进“互联网+医疗”，发展远程医疗、远程教育。2015年8月，县医院与心医国际远程会诊中心合作，开展远程会诊和远程医学教育，架起了县人民医院与北京、上海等国家级三甲医院的桥梁，患者在本院享受国内知名专家的治疗指导，助推分级诊疗政策的落实。2018年12月，开通甘肃省远程医学信息平台，2019年1月完成调试，实现了全省医院的互联互通。甘肃省远程医疗信息平台会诊20例，其中省人民医院8例，兰大二院11例，甘肃省中医院1例；开展远程教育9次，培训人员66人次；乡卫生院会诊2例。2019年，开通甘肃省医联体分级诊疗平台，全年会诊41例，其中省人民医院会诊24例，定西市人民医院会诊21例。与省人民医院、省妇幼保健院单向建立远程会诊教育网络继续开通，作用发挥良好。

【健康扶贫】

1.“组团式”健康扶贫。2018年4月，与定西市人民医院建立了对口支援关系，加挂定西市人民医院渭源分院牌子。2019年4月，续签订对口帮扶协议。2019年，县医院派中层管理者及部分科室骨干59人次分批赴定西市人民医院进行为期一周的短期培训；选派重症医学科1人、检验科2人、病理科2人进修，进修时间为半年至一年。

2.“一人一策”健康扶贫。2019年签约医师由43名增加到69名，签约服务5乡镇81村建档立卡贫困户。

3.开展义诊活动。解决清源镇葛家湾村党支部结对共建经费6080元，组织骨干党员医生20余人赴葛家湾村开展义诊260多人次，免费发放药品2553元，各种疾病健康宣教册800余份。慰问困难党员2户和贫困群众1户，为每户送上了300元慰问金。筹资9100元，推进葛家湾村党支部建设标准化工作。为4户贫困户送去床、被褥、床单被套、火炉等生活用品共计4500元。

4.残疾预防综合试验区试点创建。2019年，共补助高危孕产妇85例，完成精神疾病、智力残疾、智障残疾的评定550人，肢体残疾鉴定407人，听力、言语残疾鉴定361人，视力残疾鉴定133人。

5.“两癌”检查。2019年，共筛查5586人，其中建档立卡户2566人，宫颈癌检查可疑高危人数109人，免费数码电子阴道镜32例，正常阴道镜5人，病理检查27人，确诊宫颈浸润癌1人。乳腺癌筛查可疑高危人数115人，乳腺X线检查13人，病理检查12人，确诊乳腺浸润癌1例。对可疑高危人群进行电话随访，做到不漏诊漏报。

6.强直性脊柱炎健康扶贫工程。共救治建档立卡户强直性脊柱炎患者8人，年龄最小的18岁，最大的31岁，平均年龄24岁，累计费用134550元，医保、大病救助报销后自负费用34526元，项目补助20707元。

7.光明扶贫工程白内障复明行动。完成白内障手术260例，其中建档立卡户97人，所有患者实行“先诊疗后付费”政策，建档立卡户患者光明复明工程兜底报销21466元。对建档立卡户执行兜底政策。福州东南眼科医院扶贫专家来我院完成白内障手术30人，总共完成白内障手术290人次。

【深化创新支付方式改革】继续实行“先诊疗后付费”，落实入院垫付、即时结报。简化服务流程，规范报销程序，执行所有病人入院不交钱，先看病，后付费，出院时交清自付部分即可出院（外伤、中毒者除外）。设立综合服务窗口，实行“一站式”结报服务，实现城乡居民基本医保、大病保险、民政医疗救助“一站式”即时结算。建档立卡户及低保对象，经城乡居民基本医疗报销后自付费用2500元以上者，大病保险进行报销，报销完之后，符合民政救助政策的人群，实施民政救助报销。推行总额包干的支付方式改革制度，实行“总额包干，限额预付，超支限补，结余留用”的支付方式改革，住院费用打包付费。严格执行分级诊疗病种单病种限额付费，患者按实际发生费用的25%交纳自付费用。探索推行DRGS付费制度。组织学习培训，改进病案质量，更新了HIS，安装DRG分组器，LIS、PACS完成安装调试，上传数据导入分组系统，进行数据测算。年底与县医保局、软件公司签订了三方协议。

【综合楼建设项目】按照国家“健康扶贫工程”项目投资要求，争取国家预算内投资5000万元，地方配套资金180万元，建设综合楼项目。综合楼项目地下一层、地上八层，框剪结构，概算投资6780万元，建筑面积18458.56平方米，其中地下建筑3071.48平方米，地上建筑15387.08平方米。工程由甘肃宏图建筑设计有限公司完成图纸设计，甘肃兴通项目管理有限公司负责监理，甘肃兴陇建筑安装工程有限公司中标承建。严格按照规定办理了环评、可研、地勘、初设、两证一书、施工图、消防预审、人防审批、开工许可证各项手续。2018年5月11日开工建设，2019年11月工程全面完工。

【获奖情况】2019年，县人民医院为甘肃省心脏重症工作做出突出贡献，荣获最佳挑战奖；荣获“五月血压测量月”项目优秀团体三等奖。

【领导名录】

院长：单永平

副院长：赵军民、张新元、章耀华、杜宏国

（供稿：赵琳）

渭源县中西医结合医院

【概况】县中西医结合医院（原县第二人民医院）始建于1944年，于2012年10月完成整体搬迁，位于会川镇新城村，占地面积为39244平方米，建筑总面积16168.2平方米。2013年3月，经甘肃省卫生厅批准，更名为“渭源县中西医结合医院”。编制床位400张，开放床位400张。医院设有外一科、外二科、内一科、内二科、妇产科、针灸科、急诊科等11个临床科室。2015年5月，针灸科被甘肃省卫健委评为“省级重点专科”。现已发展为一所科室基本配套、设备基本完善，集医疗、教学、康复、预防于一体的中西医结合医院，是甘肃中医药大学附属医院协作医院。现有职工236人，正式职工119人，专业技术人员226人，正高职称1人，副高职称23人，中级职称26人。

【“一站式”即时结报报销】按照“先诊疗后付费”“一站式”报销要求进行住院治疗，出院时结算报销后的自付部分。完成医院全年城乡居民基本医疗保险住院费用报销、特殊门诊慢病报销、城镇职工医保（退休职工）住院费用报销任务。统一为病人办理特殊门诊慢病618人次，办理城乡居民基本医保病人转诊上网备案989人次。2019年11月5日，收到《定西市医疗保障局关于暂停单病种定额付费结算的通知》后，及时暂停参保患者住院费用单病种定额结算，统一按项目付费结算。全年完成门诊诊疗98473人次，住院治疗11518人次。城乡居民基本医疗保险年度门诊和住院包干资金2437万。2019年1—12月，城乡居民门诊报销5358人，总费用189万元，报销补偿130万元；住院报销10228人，总费用3399万元，报销补偿2470万元。合计报销15586人，报销补偿2600万元。民政救助报销3075人，补偿214万元。大病保险报销1723人，补偿455万元。城镇职工医保报销192人，总费用77万元，报销补偿55万元。

【健康扶贫】扎实做好贫困人口疾病防控，开展“两癌”筛查2922人，其中贫困人口筛查760人。不断强化东西部协作，与福州市晋安区中医院、福州市第二医院建立结对帮扶关系，福州市晋安区中医院专家来院开展讲课、查房。派出陈怡、李香菊、陈丽娟、高晓东到福州市第二医院进修。健康扶贫“一人一策”组团式帮扶工作，派出42名医生，其中会川镇11人，上湾镇10人，田家河乡5人，峡城乡5人，会川镇杨庄片区6人，麻家集镇5人。管理慢性病贫困户患者人数1370多人，其中会川镇407人，上湾镇327人，田家河乡193人，峡城乡89人，会川镇杨庄村158人，麻家集镇154人。进行家庭医生签约服务，根据所患疾病，因人因病制定帮扶计划，方便看病、看得起病、看得好病、尽量少生病，防止因病致贫、因病返贫，实现建档立卡贫困人口及脱贫人口家庭医生签约服务100%覆盖。

【医改工作】落实分级诊疗制度提升服务水平，通过定西市卫生健康委员会组织的分级诊疗病种评审，在原来分级诊疗病种177种的基础上增加24种，分级诊疗病种达到201种。在HIS系统中安装了临床路径管理系统，通过加强管理，住院临床路径管理病例数有了大幅度提升，2019年11月达到出院病例数的60%以上。加强技术联盟和专科联盟建设，推行医联体内同质化管理、诊断、治疗、护理等，积极参与甘肃省人民医院优势学科医联体（脑血管病中心、口腔临床医学、耳鼻咽喉头颈外科、介入科、超声医学科）、甘肃省代谢性疾病标准化管理技术联盟、兰州大学第二医院骨科和眼科联盟、甘肃中医药大学中医药技术合作联盟、甘肃省中医药学会甘肃省针刀临床示范基地、定西市中医药技术合作联盟、兰州大学第一医院医联体及专科联盟。定期邀请兰大二院眼科、骨科专家来院会诊及开展手术；建立开通了甘肃省远程医学信息平台，联系开展远程会诊、专家来我院手术、查房带教。开展远程会诊疑难病例26例次。甘肃省人民医院免费接收相应科室人员进修培训4人；选派2人到甘肃省妇幼保健院进修学习；选派1人在甘肃省中医院进修临床中药学；选派1人在兰州大学第二医院骨科进修学习。与甘肃中医药大学附属医院心血管内科、心理卫生科等建立上转绿色通道。选派1人在兰大二院定西医院超声科进修学习。加入甘肃省全省双向转诊系统，实现了向上级医院网络转诊和渭源县南部6所卫生院建立双向转诊，向下转诊经治疗好转病人继续治疗。参加全省同质化检验结果互认。

【中医事业】医院针灸科积极开展针刺、灯烤、火罐、穴位贴敷、蜡疗、小针刀疗法、艾灸、推拿按摩等中医适宜技术30余种，制定科室人员年度工作培训计划，完成科室培训任务。完善科室师承教育工作，针灸科有1名副主任医师担任师承指导老师。针灸科现已建成为省属县级重点专科，开展颈肩腰腿疼、脑中风后遗症、面神经麻痹等治疗技术。建设治未病科，选派1名人员赴福州市中医医院进修学习治未病知识，新装修3间治疗室，购进1台经络体质变识仪，治未病科能够开展各项业务。针灸科设立中医食疗项目，提供食疗处方如当归羊肉汤、黄芪补虚汤、蜂蜜蒸百合等食疗制作流程。组织参加2019年全市中医药学会学术年会。

【医疗质量和服务】按照二级甲等中西医结合医院评审标准，通过了评审。根据公立医院千分制考核标准要求，在医疗质量绩效考核中不断完善、修改考核项目、考核要求，进行日常监管，常态化加强管理。积极争取创建胸痛中心和卒中中心。通过医联体和各种项目培训，派出14人赴福州、兰州、定西等医院进修学习，并派出

2名病案编码及管理人员参加病案管理培训。由于医联体专科联盟建设，骨科、普外科、五官科、眼科业务水平明显提升。

【护理服务】注重中医特色护理，巩固优势、稳步发展，深化“以病人为中心”的服务理念。改革护理排班模式，全院各科实行APN排班，落实护士分组分管患者和床边工作制，实行护士8小时工作24小时负责制，为患者提供连续、全程、无缝隙的精细化护理服务。在“5.12”护士节，举办了护理理论知识考试与心电监护比赛，选派14名护理骨干参加县卫生健康局组织的护理质量提升培训班。全院开展辨证施护病种20余种，开展中医护理项目14项，共护理病人约10104人次，完成中医整体护理病历书写约10000份。手术室全年配合完成手术885例，全年抢救危重病人120多人次，抢救成功率在97%以上，全年无差错事故发生，患者满意度持续在98%以上。

【医疗安全】为了有效防治和控制医院感染，提高医疗质量，保证医疗安全，落实《医院感染管理办法》《消毒隔离制度》《医院感染监测制度》《无菌操作制度》，认真执行医院感染管理各项技术规范。在加强常规消毒、终末消毒、物品分类分区、手消毒依存性等基础上，重点加强重点科室及重点环节、重点人群的管理和监督，如口腔科、妇产科、胃镜室、急诊科、针灸科、沐浴室、检验科等重点科室和新生儿暖箱、洗胃机、呼吸机、胃镜、喉镜、腹腔镜等重点器械的清洗消毒。每月月底根据绩效考核方案及细则，从组织与制度建设、医疗废物管理、感染病例管理、手卫生及标准防护、无菌技术操作、消毒隔离等采取查阅资料、实地查看、现场提问和操作等方面对各大小科室进行医院感染方面的考核，并及时在全院大会上反馈通报。

【公共卫生服务】规范开展基本公共卫生服务，完善应急预案，做好传染病防治防控工作。共为辖区居民建立健康档案纸质档案2841人次，并全部更新电子档案信息，做到健康档案内容详实、填写规范。建立65岁及以上老年人203人，登记管理并提供随访高血压患者197人，登记管理并提供随访的糖尿病患者为68人，均按要求录入居民电子健康档案系统。在医院醒目位置设置健康教育专栏12块，版面更新6次，开展公众健康咨询活动9次，举办健康知识讲座12次，发放各类宣传印刷品3500余份。严重精神障碍患者在管5人，体检2人。新生儿建档58人，新生儿访视58人。早孕建册56人，早孕建卡率85.5%，产后访视率100%。上报传染病882例，报告率100%，报告卡及时、准确、完整率100%。转诊结核病人1例，管理病人1例。共免费发放避孕套1025盒、壬苯醇醚栓238盒、壬苯醇醚凝胶262盒。开展健康问卷调查4次。强化孕产妇系统管理和儿童保健管理，落实母婴安全5项核心制度，推广母子健康手册，两年共开展“两癌”筛查7161人，其中贫困人口筛查1900人。

【互联网+医疗健康工程】医院实施全民健康信息平台及应用系统建设，实现居民电子健康档案、全结构化电子病历、检验检查结果共享，实名制挂号就医，全面启动居民电子健康卡的应用，实现双向转诊，健康甘肃APP预约挂号、开通实施微信移动支付，完成医学远程平台建设，已开展远程会诊，在线开展慢性病、远程诊疗和健康咨询，参加远程授课学习。

【卫生人才队伍】强化专业技术人员进修培训，先后选派16名医疗骨干赴省内外进修学习。积极开展岗位练兵和技能竞赛，开展了护理、卫生应急等技能竞赛活动，营造“比、学、赶、帮、超”的良好氛围。6月18日，福州市专家组医疗团队来院开展义诊、查房和技术指导等工作。11月，根据《定西市中医人才联盟工作实施方案》，根据专科发展需求，自主选择不同专业的名中医来院开展巡诊坐诊、学术讲座、业务指导、人才带教等工作。

【老年人健康管理服务】落实国家基本公共卫生服务项目，为65岁以上的建档立卡贫困人口免费开展1次健康体检。对已经核准的高血压、糖尿病、严重精神障碍、肺结核等患者，提供国家公共卫生各项服务、慢病管理、健康咨询和中医干预等综合服务。开设了为老年人便利服务的绿色通道。

【健康教育和卫生宣传】10月31日，县中西医结合医院内分泌科、公共卫生科在会川镇西关大十字进行开展了联合国糖尿病日“蓝光行动”大型义诊和宣教活动。活动以糖尿病防治知识为主要内容，紧围绕宣传主题，同步开展了形式多样的宣传活动。利用健康教育宣传专栏、悬挂横幅、宣传展板、义诊咨询、免费测血压和血糖等形式开展多种多样的宣传活动。制作宣传栏2块，悬挂横幅1条，发放宣传材料300余份，接受群众咨询200余人，为居民提供预防指导意见150余次，测血糖180余人。

【领导名录】

院长：张万弟

副院长：李世元、孙喜军、罗红涛、孙智军

（供稿：中西医结合医院）

渭源县中医医院

【概况】渭源县中医医院创建于1984年6月，是一所集医疗、康复、预防、保健、教学、科研、养老为一体的二级甲等中医医院。医院占地面积80亩，建筑面积30829.39平方米。医院编制床位350张，实际开放床位400张，设11个职能科室、23个临床医技科室、9个住院病区、1个健康管理中心和1个医养中心，省级重点专科2个（脾胃病科、糖尿病科），市级重点专科2个（针灸科、老年病科）。核定人员编制93人，现有职工359人，其中：高级职称20人（正高级3人，副高级17人），中级职称40人；硕士研究生1人，本科112人，大专108人。定西市名中医2名，市县级拔尖人才、领军人才3名，五级师承教育县级指导老师3名。医院拥有0.35T核磁、西门子螺旋CT、TTM热断层扫描系统、美国GE-8四维彩超、奥林巴斯腹腔镜、鼻胃镜、碎石机、500mA双床双球管X光机、DR、全自动血液细胞分析仪、全自动生化分析仪等先进医疗设备50多台（件）。

【业务情况】2019年，门诊人次133454人次，同比2018年增长16.8%；住院人次14313人次，同比增长16.2%；业务收入6833万元，同比增长15.3%；手术人次1640人，同比增长26.7%。综合药占比（不含中药饮片）28.36%。

【健康扶贫】医院以健康扶贫先锋行动为引领，以县乡村“一保四有”为目标，抽调执业医师组建专家团队，与清源镇、祁家庙镇、庆坪镇、秦祁乡、大安乡建档立卡贫困户中的高血压、糖尿病、结核病、严重精神障碍开展家庭医生签约。对清源镇辖区内16个行政村的建档立卡贫困人口“一人一策”“一病一方”开展健康帮扶，通过“健康甘肃”手机APP动态监测工作进展、监管措施落实、评估签约帮扶质量。坚持“送医上门”“送人就医”，为因病致贫返贫户有针对性地制定签约服务包，提供个性化的、全方位的、免费的家庭医生签约服务，通过分片包干，落实“一人一策”帮扶措施，着力解决有病看不了、看病就医难、健康管不好等问题。按照制定的帮扶措施落实医疗服务，管理高血压2409人，糖尿病297人，重性精神病134人，肺结核12人。

【公立医院改革】

1.严格落实分级诊疗制度。不断提升服务水平，逐步增加分级诊疗病种数量，全面推行分级诊疗病种临床路径管理，提高出院患者分级诊疗病种临床路径管理率。

2.探索组建中医医联体。按照“组成联盟、上下互动、资源共享、抱团发展”的思路，积极与兰州大学第一医院、兰州大学第二医院、省人民医院、省中医院、市人民医院对口衔接，签订医联体及专科联盟协作协议，邀请上级医院专家教授长期来院坐诊、查房、手术、讲学等，助推医院特色、重点专科建设。

3.建立完善现代医院管理制度。积极推进现代医院管理改革，建立了由党总支书记、院长牵头，分管领导分工负责的领导小组，制定医院章程，并上报备案，积极推动医院发展方式由规模扩张型向质量效益型转变，管理模式由粗放管理向精细管理转变；逐步建立健全医院预算管理、成本管理、财务报告、信息公开制度，定期开展内部和第三方审计工作，确保医院各项工作公开、公正、透明。

4.完善药品供应保障制度。规范药品医用耗材及检验试剂网上集中采购行为，不断加强基本药物使用，除中药饮片、精麻药品外全部药品实行网上集中及阳光采购，统一配送，全部实行两票制。响应全省“4+7”带量采购政策，完成正在使用的9个品种的国家组织药品集中带量采购和使用中选甘肃药品采购协议签订工作，进一步降低药品费用，让更多老百姓受益。

【医疗质量】

1.严格落实医疗质量安全核心制度。加强重点科室、重点区域、重点环节、重点技术的质量安全管理，推进合理检查、用药和治疗，以查促改并形成长效工作机制；实施临床路径管理、单病种质量控制等措施，规范高值耗材应用，推动优质护理服务向门急诊、手术室等非住院岗位延伸，为患者提供安全有效的医疗服务。

2.着力打造重点学科。根据《定西市市级医疗重点学科评审实施方案（2019—2022年）》要求，立足针灸科、脾胃病科、老年病科、糖尿病科等优势重点学科，在相关科室分设临床学科专业组，确定中医优势病种20个，分别制定相应的中医诊疗（护理）方案，医院能开展中医诊疗服务项目68项。在重点学科的带动引领作用，医院医疗服务能力进一步提升。

3.进一步加强诊疗服务监管。制定《渭源县中医医院临床路径管理办法》，加大医务人员奖罚力度，逐步实现医疗质量由经验性诊疗向规范化、标准化迈进。

4.强化医疗质量培训。定期开展业务学习，加强“三基、三严”培训和考核。进一步完善疑难病历讨论、死亡病历讨论、会诊、术前讨论、院长行政查房及值周制度，狠抓医疗质量，规范医院管理，确保医疗安全。

5.加强处方点评，促进合理用药。从2018年7月份开始，邀请兰大二院专家对处方及医嘱进行点评，进行学术专题交流。通过点评及学术专题交流，提升医疗质量，提高临床药物治疗学水平，有效控制医疗费用不合理增长、促进合理用药，降低药占比。

【卫生人才队伍建设】

1.积极衔接增加医院编制。5月，县委编办增加人事编制39名，由原来的54名编制增加至93名，同时中高级岗位数都相应增加，进一步提高了医务人员工作积极性。

2.继续加强人员进修学习培训。继续选派14名卫生技术人员到兰州大学第一医院、兰州大学第二医院、省人民医院、省中医院、省妇幼保健院、定西市人民医院等省级三甲医院进修学习，选派2人赴福州市进修学习。长期选配医护人员到省级医院进修学习相关专业，选派多名人员参加省内短期学术会议及各类培训班，有效提升医院业务技术水平。

3.多方引进急缺人才。强化后备人才引进，近两年来，先后引进应届本科生9人。

4.发挥优秀人才的示范引领作用。充分发挥领军人员和拔尖人才的带动引领作用，加强师承教育，强化读经典、做临床、跟名师的人才成长规律，加强名中医工作室建设，大力建设名中医工作室，努力传承弘扬名老中医药专家学术思想，培养高层次中医临床人才。积极挖掘整理名老中医的典型医案，开展名老中医特色诊疗及疑难病系统研究。鼓励年轻医师积极跟师，充分发挥名老中医药专家作用，培养后备人才。

5.采取内引外联柔性引才。定期邀请兰大二院专家协助开展白内障复明手术，邀请省人民医院外科专家协助开展腹腔镜手术，邀请省人民医院妇产专家开展妇科微创手术，并进行学术讲座，提高了眼科、普外科、骨科、妇产科业务水平。

【大健康中医药康养】2017年成立了康养中心、养护院、老年病科。2018年3月开始建设的中医药膳馆，现已投入使用。2019年，收治医养结合病人215人次，单纯养老3人。积极与奇正藏药集团联系，免费引进建设藏医药浴治疗中心，以传统藏医药浴理论为指导，引进现代先进医疗保健技术和设备（利德治疗仪、多功能熏蒸治疗床等），以藏药浴（药水浴、汽浴、缚浴）为主要治疗手段，努力发掘和提高藏医传统特色外治（放血、火灸、罨敷、药物外涂、藏式按摩等）疗法，结合藏药口服，内外结合，综合治疗，以充分发挥和体现传统藏医药浴疗法的独特优势与魅力。建设现代康复医学科，有效提升医疗服务能力。

【领导名录】

院长：移鹤林

副院长：张文军、漆生权、康富文

（供稿：牟纪平）

民生保障

民 政

【概况】2019年3月，全县机构改革后，将县民政局负责承担的贯彻执行城乡医疗救助政策划转至县医疗保障局；将县老龄委及老龄办工作职责划转至县卫生健康局；将组织协调防灾减灾救灾等工作划转至县应急管理局，将县减灾委员会及县减灾委员会办公室各项职能整体划转县应急管理局；将组织指导开展拥军优属、拥政爱民等工作划转至县退役军人事务局；将救灾物资储备职责划转至县发改局（县粮食和物资储备局）承担。县民政局设置3个股室，核定行政编制7名，下属县社会组织服务中心、社会救助服务中心、福利服务中心、救助站4个直属事业单位。现有干部25人，其中局机关15人，县救助站4人，县社会救助服务中心1人，县社会组织服务中心3人，县社会福利服务中心2人。

【社会救助服务中心】

1.城乡低保。全面实行渐退机制，2019年6月，对全县91户376人稳定脱贫户（三、四类低保）实施了渐退。全县共有农村低保对象8702户23799人，占全县农业人口的7.5%，其中：一类保障对象1294户1983人、二类保障对象4268户11159人、三类保障对象2340户7678人、四类保障对象800户2979人。做到应兜尽兜、应保尽保。全年共发放农村低保保障资金6542.2324万元。2019年城市低保544户1031人，全年共发放城市居民最低生活保障资金573.915万元，城市居民最低生活保障价格补贴16.264万元。

2.特困供养。全县有农村特困供养对象2190户2190人，其中分散供养对象2076户2076人，集中供养对象114户114人，实现了应养尽养。开展了“环境卫生大整治、个人卫生大清洗、脏旧衣被大撤换”行动并建立长效机制。为特困供养人员和生活极度困难的一、二类低保户采购了四季衣物、被褥床单、厨具洁具，为全县分散特困供养人员统一配送煤炭和棉门帘。有效解决了2271户2271名特困供养对象、5202户12341名低保户、2657名困难残疾人和65名孤儿的实际生活困难。全年共发放城乡特困供养对象补助资金1417.6434万元。

3.残疾人两项补贴。全县共有符合享受补助条件的残疾人6946人，其中享受困难残疾人生活补贴的1775人，享受重度残疾人护理补贴的3416人，叠加享受的1755人，做到应补尽补。全年1-12月共发放残疾人两项补贴612.06万元。其中：困难残疾人生活补贴1775人137.91万元（其中：城市及一、二类低保983人975.40万元，三、四类低保中的持证残疾人补贴493人22.434

万元、未脱贫建档立卡户中的持证困难残疾人299人17.96万元）；重度残疾人护理补贴3416人269.934万元（100元1077人134.3470元、50元2339人135.587万元）；困难残疾人生活补贴和重度残疾人护理补贴1755人204.22万元。

4.物价补贴。农村低保对象和农村特困人员临时物价补贴按照相应人均标准及时发放到位（5月13.4元、6月12.06元、7月12.73元、8月11.39元、9月10.39元、10月14.07元）。5—12月共发放农村低保临时物价补贴204.06万元。5—12月共发放特困供养临时物价补贴16.623万元。

5.兜底保障。制定《渭源县脱贫攻坚领导小组关于印发全县贫困人口兜底保障疑似“漏保漏兜错退错保”问题核查整改方案的通知》《渭源县民政局关于脱贫攻坚兜底保障冲刺清零包抓乡镇责任制的通知》《渭源县民政局关于脱贫攻坚兜底保障发现问题的整改方案》《渭源县民政局党组关于上报农村困难群众生活环境问题整改方案的报告》，对全县社会救助兜底保障工作中存在的堵点难点问题进行分析解决。制定《渭源县民政局、渭源县财政局、渭源县扶贫办印发关于在脱贫攻坚三年行动中切实做好社会救助兜底保障工作的实施方案的通知》，有效解决了两项制度衔接不紧密的问题，全面发挥了社会救助兜底保障工作在全县脱贫攻坚战略中的作用。

6.政府购买服务。根据国家和省市民政、编办、财政、人社等部门《关于推行政府购买社会救助服务加强基层经办服务能力的实施意见》精神，购买定西市养老服务中心、定西市润泽残疾人服务中心两个单位分别派出社会救助经办服务人员16名，敬老院服务人员20名为我县服务；购买定西市养老服务中心、渭源县居家养老服务中心两个单位，分别就低保核查、低保档案整理和特困供养人员服务照料、重度残疾人服务照料、每月为特困供养人员开展洗衣服、洗衣被、理发、刮胡子、整理卫生等服务等工作进行核查和服务。

【社会福利服务中心】

1.孤儿基本生活保障。散居孤儿基本生活供养标准提高到每人每月1000元，福利机构孤儿每人每月1360元。

2.慈善捐助。组织召开县慈善协会第二届会员代表大会。县慈善协会募集款物（包括日常捐款和扶贫捐款）折合人民币共计96.5万元。

3.留守儿童、困境儿童关爱保障机制。全县共有农村户籍16周岁以下儿童22580人，其中留守儿童973人，困境儿童144人。2019年累计为16岁以下儿童发放补助资金24.4万元，孤儿65人，累计补助支出80.8万元。

4.养老服务机构。正在建设上湾镇、大安乡、祁家庙镇中心敬老院。筹备建设峡城乡中心敬老院。清源镇敬老院集中供养五保对象15人，莲峰镇中心敬老院集中供养五保对象14人，会川镇敬老院集中供养五保对象15人，秦祁乡中心敬老院集中供养五保对象9人，康怡敬老院63个。

5.项目建设。县儿童福利院建设项目全面完成；会川社区老年人日间照料中心建设项目进展顺利；渭源县未成年人保护中心建设项目主体全部完成。县救灾物资储备库建成投入使用。康怡敬老院启动运行。渭源县殡葬服务所开工建设。

【社会组织服务中心】

1.社会组织党建。成立了县社会组织党委，全县241个社会组织（社会团体159个、民办非企业82），共组建党组织20个，其中单独建立党组织2个，联合建立党组织18个，选派党建指导员236名，党组织覆盖社会组织93个，党组织组建率为51.3%、覆盖率为87.7%。全县下派党建指导员236名。

2.社会信用体系建设。推进行政许可、行政处罚“双公示”工作。排摸出7家未正常运转的“休眠组织”和“僵尸组织”。

3.社会组织登记管理。截至2019年12月31日，新登记成立社会组织18家（其中社会团体5家，民办非企业13家），变更登记12家。按照全县村级互助资金退出管理的统一安排，对已完成财政扶贫资金归集任务的118个村级互助协会进行了注销登记。全县共有在册登记的社会组织241家，其中社团组织159家（农村专业经济协会100家）、民办非企业82家。共有批准开放宗教活动场所26处。2019年，2处宗教活动场所办理了法人登记证书。

4.社会组织参与脱贫攻坚。县慈善协会给五竹镇黑鹰沟村二社村民李喜平一家捐赠3万元危房改建资金；五竹农村专业技术协会联合会于3月、4月份给农户发放价值200余万元的洋芋良种，受益贫困村8个，受益贫困人口3000余人。

5.东西部扶贫协作。积极选派2名社会组织负责人赴福州开展考察调研，与福州市晋安区衔接申报了“晋渭牵手·陪伴成长”关爱留守儿童项目、“晋渭牵手·爱在四季”唤醒留守儿童全面成长项目、“养老服务·你我同行”晋渭养老服务（集中供养）项目和“养老服务·你我同行”晋渭养老服务（分散居家养老）项目四个项目，助力2019年整体脱贫摘帽。2019年福州市晋安区慈善总会向县妇联捐赠10万元，用于实施“巾帼家美积分超市”项目；向县残联捐赠10万元，用于五竹路麻滩村青山科技养殖；向秦祁乡捐赠5万元，用于縻川村集美超市项目建设；向大安乡捐赠5万元，用于贫困儿童书包、文具等学习用品的发放，项目已全部实施完成。

【领导名录】

党组书记、局长：李文忠

党组成员、副局长：汪文军、蒲汉锋（9月止）

谢朝晖（9月任）

（供稿：李宁）

人力资源和社会保障

【概况】2012年7月，县人事局更名为“渭源县人力资源和社会保障局”，将县劳动局、社会事业保险事务局、劳务办行政职能划转到县人力资源和社会保障局，组建渭源县人力资源和社会保障局党组。2019年3月，全县机构改革后，将县人社局公务员管理工作划转到县委组织部，将退役军人管理工作划转到县退役军人事务局，将引智工作划转到县科技局。下属社保服务中心、劳动就业服务中心、劳务服务中心3个事业单位。内设办公室、职业能力建设股、专业技术人员管理办公室、事业单位人事管理办公室、劳动关系股、工资福利计划股、保险股、档案室。现有职工19人。

【就业扶贫】2019年，农村贫困劳动力培训完成4150人，其中就业技能2389人，实用技术1761人。第一批创业培训493人，培训合格493人；第二批创业培训培训547人，培训合格547人，共计1040人。全县新认定扶贫车间14个，累计认定扶贫车间21个，吸纳劳动力就业人数1073人，其中建档立卡贫困劳动力385人。

【创业就业和人才交流开发】2019年共报到毕业生有858人，其中研究生27人、医学定向生8人，审核通过人员621人、审核不通过人员235人、待审核人员2人，精准扶贫家庭学生有243人。普通高校毕业生就业758人，就业率达到89.4%。协助办理失业证件、开具证明48份；接收高校毕业生档案814份，开具调档函调回档案52份，转出档案184份。2019年定西市事业单位招考工作，经过面试26人现进入体检环节。9月，确定渭源县人民医院、中医医院、职业中等专科学校等7家企业为青年就业见习基地，分解了2019—2021年就业见习计划任务。严格按照“三支一扶”人员招募有关要求和条件，选拔13名普通高校毕业生到农村基层从事支教、支农（水利）、支医、扶贫、就业和社会保障工作。严格审核筛选，确定企业14家，需求学生71人，经市局批准确定企业14家，就业学生指标60名（省级42名，市级18名），于2019年8月6日召开高校毕业生进企业就业招聘会。许可渭源富燧职业技能培训有限公司、渭源源丰培训有限责任公司2家民营培训机构的办学资格。录用特岗教师68人，其中幼儿园教师42人、中小学教师26人。动员建档立卡家庭子女7名到福州技师学院就读。其他就业渠道：通过公务员招考、大学生村官、特岗教师等多渠道促进就业，渭源县到福州等地就业的学生有214人。

【构建和谐劳动关系】

1.加强部门协作。县上成立农民工支付保障工作领导小组，及时组织召开农民工工资支付保障联席会议、住建领域农民工工资支付保障会议，严格要求工程项目承建方严格落实“四项制度”，努力根治农民工欠薪“顽疾”。

2.加大案件办理力度。2019年，共接收上级交办案件17件，全部办结；接到群众投诉举报55件，结案54件；民生平台转办工单75件，全部办结，办结率100%；共追回435人工资330.8566万元。对涉嫌拒不支付劳动报酬犯罪案件进行立案查处。

3.加大检查巡查力度。对全县重点用工企业开展日常巡查，共检查用工单位114家次，涉及各类用工3625人，按程序发出调查询问通知书65份，责令补签劳动合同11家。检查中发出调查询问通知书15份，责令限期整改通知书4份。制定《渭源县2019年组织开展农民工欠薪专项整治行动方案》，于9月26日至10月7日在全县范围内各建筑领域开展了一次农民工欠薪专项整治。

【劳动人事争议仲裁】进一步加强劳动人事争议处理效能建设，完善劳动人事争议多元处理机制，突出工作指导和协调，不断提高调解仲裁规范化、标准化、专业化、信息化水平。积极探索劳动争议案件调解工作新机制，进一步体现劳动争议仲裁工作在化解劳动者和用人单位矛盾方面的重要作用，减少当事人的诉讼成本，坚持把调解作为劳动争议处理工作的主线，2019年，受理案件20件，其中仲裁类15件，调解类4件，不予受理1件。按照《工伤保险条例》工伤认定条件，进行现场调查核实，上报市局认定工伤12件。

【干部人事制度改革】

1.县直单位公开招考。推进全县干部人事制度改革，不断改善县直单位干部队伍结构，进一步拓宽选人渠道，调动干部工作积极性和主动性，体现对基层一线干部的关心关爱，于6月和11月通过公开招考的方式，从乡镇向县直有关单位事业岗位选调108名工作人员。

2.事业单位人事管理。优化事业单位岗位等级变动人员等级认定和聘用备案工作，共认定聘用管理人员54人，专业技术人员119人。解除36名事业干部聘用合同，给予1人开除，2人降低岗位等级处分，2人记过处分，5人警告处分。按照岗位设置方案，明确岗位职责，确定岗位等级，聘用工作人员，签订聘用合同，聘用合同签订率达到100%。

3.人才队伍建设。推荐629人评审高级职称，其中基层有效479人，全省有效150人，推荐14人评审中级职称。组织943人完成中级职称申报工作。根据《定西市“双招双引、对标福州”东西部扶贫协作千人培训实施方案》，组织完成四期培训共计34人。组织全县5283名专业技术人员进行继续教育网络培训。配合县教育局、县卫健局制定《渭源县教育系统2019年度引进急需紧缺人才工作方案》和《渭源县2019年度引进急需紧缺人才工作方案》。

4.机关事业单位工资福利管理。每月严格审核工资和津补贴，按时兑现因职务变动、取得较高学历、转正定级、职级并行等工资晋升336人，月增资为12万元。严格坚持到龄即退制度，加强对退休、退职和享受遗属困难生活补助人员的管理，完成全县退休人员移交和离退休人员管理工作。对全县符合政策规定人员积极兑现公务用车补贴。

【领导名录】

党组书记、局长：赵建雄

副局长：谢朝晖（9月止）、刘一平（1月任）、周栓红（10月任）

劳动人事争议仲裁院院长：雍文静（女）

（供稿：甘云飞）

社会保险事业服务

【概况】县社会保险事业服务中心现有编制29个，在职职工29人。2019年3月，全县机构改革后，县社会保险事业管理局更名为“渭源县社会保险事业服务中心”，隶属县人力资源和社会保障局管理，承担社会保险待遇结算支付等公益服务职能；将原县社会保险事业管理局承担的社会保险费行政征收职责划转县人力资源和社会保障局；将基本医疗保险定点零售药店资格审查等6项其他行政职权划转给县医疗保障局；将县社会保险稽核大队承担的对骗取社会保险待遇的处罚等12项行政处罚职权纳入综合行政执法体制改革统筹推进。2019年6月，县社会保险事业管理局党组撤销。

【养老失业保险】

1.城乡居民基本养老保险。全县参保人数214327人，待遇领取人数50562人。收缴养老保险费3226.94万元，其中个人缴费2395.96万元，政府代缴830.98万元，续保率99.9%。全年共计发放养老金6061.76万元，其中发放高龄补贴137.17万元。为2048名死亡人员发放丧葬补助金241.32万元，为748名缴费期间死亡人员发放个人账户61.93万元。

2.被征地农民养老保险。2013至2019年被征地农民养老保险共参保1247人（完全失地397人，部分失地850人），使用各级配套资金2426.98万元，个人缴费1197.69万元。2013—2019年为790名（其中完全失地228人，部分失地562人）待遇享受人员累计发放待遇1469.46万元。

3.村干部养老保险。全县村干部养老保险于每年9月开始收缴保险费，当前参保人数为664人，全年应缴费人数664人。基金收入为：省级补助39.06万元、县级补助4.97万元、个人缴费18.87万元。待遇享受人数为119人，累计发放待遇5.9376万元。

4.机关事业单位养老保险。共清算单位198个，清算在职人员9507人，退休人员2023人。准备期清算在职人员应缴养老金合计52229.23万元，清算在职人员应缴职业年金共计22383.96万元。清算养老待遇支付合计34856.09万元。

5.企业职工养老保险。全县参加企业职工养老保险的城镇职工2450人，征收基金2312万元，有退休人员1564人，其中：“五七工、家属工”1人，正常办理退休手续人员1563人。7月，对2018年12月31日前办理了退休手续的1377名退休人员进行了养老金调整。调整后人均增资额达到162.8元，人均养老金达到3543.27元。

【工伤保险】全县参加工伤保险的职工11366人，征缴工伤保险费192万元，领取工伤待遇101人次，发放工伤待遇47万元。建筑企业参加工伤保险26家。2019新开工企业10家，新建企业参保率100%。未完工建筑企业农民工参保1003人，农民工参保率90%以上。

【失业保险】全县参加失业保险职工9797人，征收失业保险费474万元。全年支付失业金41.9万元，为15家企业发放2018年稳岗补贴28.1万元，为领取失业金的人员代缴6—12月职工医疗保险费支出12.54万元，为11名企业职工发放技能提升支出1.1万元。

【助力脱贫攻坚】

1.严格落实贫困人口政府代缴和应发尽发。3月，县政府下达计生两户、重残、五保代缴资金227.26万元；5月，县政府下拨建档立卡贫困户、一、二类低保、特困人员代缴资金539.29万元，全部通过系统代缴。9月，县政府再次下达53万元，用于三、四类低保代缴，所有下达资金全部完成代缴。从7月1日起，为符合领取城乡居民养老保险的待遇人员增加2元县级基础养老金，全县基础养老金达到105元。全县60周岁以上待遇领取人员50282人，其中建档立卡户中待遇领取15189人，待遇领取人员中领取企业职工养老保险5人，2019年已到龄的303人全部按时享受待遇。

2.建档立卡贫困人口社保卡制发。8月，开展社保卡清零专项行动，全县城乡居民社保卡采集人数达到33.5万，信息采集率99.9%，建档立卡贫困人员社保卡数据采集任务全面完成。3.2019年拟脱贫99个村和2019年预脱贫人口数据对比及县级验收。9月，对全县拟脱贫的99个行政村拟退出贫困人口城乡居民养老保险参保情况进行了数据比对及核查认定，全县99个预脱贫村贫困人口52679人，城乡居民养老保险应参保人数40040人，其中应缴费人员32201人，60周岁以上待遇领取人员7838人。2019年拟退出的99个贫困村，经核实验收99个村贫困人口城乡居民养老保险参保率及待遇发放率均达到100%标准，城乡居民养老保险实现全覆盖。

【领导名录】

主任：单凯军

副主任：张国林、高锦花（女）

（供稿：马国杰）

就业服务

【概况】2010年10月，将原县劳动和社会保障局行政职能划转，组建县人力资源和社会保障局，成立县劳动就业服务中心。2019年3月，更名为“渭源县就业服务中心”，为县人力资源和社会保障局下属事业单位。现有职工10人，其中干部6人，工人4人。党员9人，其中女党员3人。

【助力贫困户就业】制定《渭源县2019年开发乡村公益性岗位实施方案》，在全县16个乡镇217个行政村开发乡村公益性岗位1567人的基础上，2019年6月，在全县71个深度贫困村继续开发乡村公益性岗位142人。全县乡村公益性岗位人员达到1709人，覆盖了全县所有217个行政村，其中71个深度贫困村平均每村10人，64个一般贫困村平均每村8人，82个非贫困村每村6人。各乡镇结合实际确定了工作岗位，其中乡村保洁员开发人数有1275人，占全部乡村公益性岗位的75%，每人每月岗位补贴500元。2019年，共发放岗位补贴982.8万元。8月中下旬，召开乡村公益性岗位人身意外伤害保险评标议标会，从5家保险公司中评出4家，承保全县1709名乡村公益性岗位的意外伤害保险，保险费每人每年252元，保险额度最高达72万元，保障了乡村公益性岗位人员的人身安全。

【统筹推进城镇新增就业】落实积极的就业政策，统筹推进城镇登记失业人员、残疾人、退伍转业军人、未就业高校毕业生、城镇新增劳动力等各类群体就业创业，保证就业趋势稳定。2019年，实现城镇新增就业1915人，超过全年目标任务1500人。累计城镇登记失业115人，城镇登记失业率为3.63%，在控制指标4%以内。

【规范和加强就业援助】2019年，新增公益性岗位62人。2019年12月底，全县共有公益性岗位用人单位52个，公益性岗位人员722人，其中有下岗失业人员444人，长期失业人员192人，未就业高校毕业生86人，退伍军人40人，残疾人31人。按照为公益性岗位就业人员缴纳工伤保险的规定，要求各用人单位限期缴纳工伤保险，从根本上消除了工伤工亡事故给用人单位和就业人员带来的赔偿风险。

【强化创业担保贷款】严格执行国家创业担保贷款政策，增加贷款资金的可获得性和便捷性。2019年，共发放创业担保贷款429人4290万元。其中，返乡创业农民工144人，城镇失业人员106人，自主创业农民94人，高校毕业生61人，退伍军人18人，建档立卡户4人，残疾人1人，刑满释放人员1人。

【积极落实就业见习政策】制定青年就业见习计划，确定渭源县人民医院、渭源县中医医院、渭源县职业中等专科学校等7家企事业单位为青年就业见习基地，分解了2019—2021年的就业见习计划任务。其中，2019年计划完成就业见习人数30人，已完成预期目标，将为参加就业见习的未就业高校毕业生、16～24岁的失业青年、中职毕业生等人员提高工作能力，适应新的就业要求提供帮助。

【落实就业创业和求职创业补助政策】经排查摸底，符合条件的建档立卡贫困劳动力到企业实现稳定就业且签订并履行6个月以上劳动合同的共计236人，根据有关规定，给予建档立卡贫困劳动力每人300元的求职创业补贴，按照每人100元的标准给予经营性人力资源服务机构、劳务中介一次性奖补。2019年，为申报的符合条件的236人发放求职创业补助7.08万元，为申报的4家劳务中介发放就业创业补助2.36万元。

【落实社会保险补贴政策】根据《甘肃省就业补助资金管理办法》的规定，对就业困难人员灵活就业后缴纳的社会保险费，给予一定数额的社会保险补贴。2019年，共为71人发放社会保险补贴42.236万元。

【农民工工资支付保障】

1.健全完善制度机制。继续推进农民工实名管理制度、农民工工资（劳务费）专用账户管理制度、银行代发农民工工资制度、工资保证金制度、企业欠薪报告制度5项制度和部门联动处置机制、应急处置机制、行政司法衔接机制、诉求响应机制、劳动争议协调仲裁机制、预警监管机制、企业守法诚信管理和失信惩戒机制7项机制，为全面治理拖欠农民工工资问题提供了基本遵循和制度保障。累计收缴农民工工资保证金1528万元；县财政筹资拨付50万元建立政府性建设项目应急周转资金。

2.加强日常巡查检查。劳动保障监察中队共检查用工单位114家次，涉及各类用工3625人，按程序发出调查询问通知书65份，责令补签劳动合同11家。会同教育、卫生健康、文化三个部门专项检查组，对企业落实工资支付主体责任、“五项制度”落实、标准化工地建设等情况进行集中检查，共检查用人单位102家3732人。检查中发出调查询问通知书15份，责令限期整改通知书4份。

3.加大案件办理力度。共接收上级交办案件17件，按时办结17件，办结率100%。接到群众投诉举报55件，结案54件，办结率98%。民生平台转办工单75件，已全部办结，办结率100%。共追回435人工资330.8566万元。联席会议办公室向行业主管部门交办案件6件。

【领导名录】

主任：李荣

副主任：王春林、杨东香（女）

劳动监察中队队长：王成

（供稿：冯艳萍）

劳务服务

【概况】2019年3月全县机构改革后，县人民政府劳务工作办公室更名为“渭源县劳务服务中心”，隶属县人力资源和社会保障局管理。现有在职科级干部6人，事业人员（高级工）3人。

【劳务输转】2019年，累计劳务输转5.99万人，实现劳务收入12.84亿元，其中建档立卡贫困劳动力输转4023人，实现劳务收入4626万元。

【东西部劳务扶贫协作】县劳务服务中心与福州市晋安区盛辉物流集团、海中舟实业、福万玩具等12家企业和省内外20家用工企业精准对接，印制6万份招聘企业用工宣传单，通过县扶贫工作队队长第一时间将用工信息传达到全县16个乡镇217个行政村。按照“乡不漏村、村不漏户”的原则，确定专人对有意愿外出务工人员进行摸底登记。开展用工信息进万家活动，利用县有线电视台、微信公众平台、政务网等各类渠道，先后发布各类招工信息50期260多条。在汽车站、县城文化广场等人流量大的地点和利用各乡镇赶集时间进行流动宣传，先后动员6家人力资源公司发放招工简章、农村实用技术、《农民工外出手册》《农民工务工培训读本》《劳动合同法》《就业促进法》《农民工维权口袋书》等4.5万余册，让农民工了解更多的务工生活知识，增强法制观念，加强自我约束和保护的能力。在县劳务服务中心临街护栏及大厅制作各类用工企业展板38套，发布企业用工信息，确定专人进行招聘。举办16次面向农村务工人员招聘会，免费为约3.2万名农村劳动者提供职业介绍，通过各渠道帮助农村劳动者实现就业人数达2.3万人，614人输转到福州市各企业开展岗位技能培训，对800多人开展劳务品牌培训。

【劳务基地建设】坚持把基地建设作为培育和壮大劳务产业的关键来抓，在继续巩固老基地的同时，积极开辟新的劳务基地，特别注重把福建、天津等地劳务输出基地做大做强，并加强与北京、江苏、浙江等农民工需求量较大省市企业的联系，开展“订单”式输出。积极与县工业集中区渭源工业园、渭源物流园、会川工业园加工企业、扶贫车间联系，根据用工企业要求，在家门口就能找到适合的工作。加强驻晋工作站职能，抢抓东西部扶贫协作机遇，积极与福州市晋安区开展晋渭扶贫劳务协作对接。定西建档贫困户劳动力到福州市稳定就业最高可获得13500元补贴，组织晋渭输转781人，其中建档立卡463人。转移就业安置430户1122人，其中建档立卡户79户267人。

【劳动力市场】加大劳动力市场建设管理力度。按照县城区零工短期供需量特征，县劳动力市场主要为零工服务。劳务服务中心制定劳动力市场管理制度，确定3名公益性岗位人员协助管理市场，每天转移量大约在200人左右，时间在上午6点到9点之间。劳务中心派人轮流带班管理，引导务工人员在交易时间内不在操场路和首阳路十字路口无序流动，保证务工人员人身安全和市场前面马路畅通不拥堵、摩托车停车有序。

【领导名录】

主任：张卫军

副主任：张伯彦

（供稿：王文辉）

医疗保障

【概况】县医疗保障局于2019年1月30日挂牌成立，属政府职能部门。下设办公室、规划财务和政策法规股（行政审批服务股）、待遇保障股、医药价格和招标采购股4个内设机构。划拨办公室7间，会议室1间。下属事业单位县医疗保险服务中心。现有职工22人。

【城镇职工医疗保险】

1.城镇职工医保。2019年，全县职工参保人数为13418人，其中在职10742人，退休2676人；财政补助到位资金3438.5万元，个人缴费2033.34万元，利息及其他收入为151.91万元。2019年实际筹措资金为5623.74万元，往年累计结余基金为8062.37万元。2019年，累计筹资基金为13868.11万元。医保基金支出情况：2019年12月底，实际拨付住院费用费为1006.48万元，异地就医结算为591.28万元，划转个人账户1924.1万元，审核特殊门诊报销369人，报销费用125.7681万元。2019年，医保基金共计支出2930.58万元，当年结余为2583.16万元，累计结余为10645.53万元。

2.城镇职工生育保险。2019年，参加生育保险10742人，生育保险费报销435人，报销费用103.9440万元；生育津贴26人，报销费用52.5879万元。

【城乡居民医疗保险】

1.医保基金收入。2019年，全县城乡居民参保人数为300890人，其中中央财政补助到位资金12358.46万元，省级财政补助到位资金3034.18

万元，县级财政补助到位资金300.17万元，个人缴费6615.66万元，利息及其他收入为154万元。2019年实际筹措资金为22462.47万元，往年累计结余基金为5025万元。2019年，累计筹资基金为27487.47万元。

2. 医保基金支出。2019年度总额控费预算为18424万元，12月底实际拨付实施总额控费的医疗机构总额控费金额为13469万元，异地就医结算为5862万元，总额控费预算共计支出19331万元，比年初总额控费预算金超出907万元，上解大病保险2656万元，2019年医保基金共计支出21987万元，2019年当年结余为475.47万元，累计结余为5500.47万元（其中包括风险金3291.21万元）。

【助力脱贫攻坚】

1. 清零筛查工作。按照“不落一村、不落一户、不落一人”的原则，如实排摸筛查信息，开展清零工作，确保建档立卡贫困人口基本医保、大病保险、医疗救助全覆盖。通过基本医疗保险、大病保险、医疗救助三重保障，普通群众报销比例达67.78%，建档立卡人口报销比例达90.82%。

2. 贫困人口退出验收情况。根据《甘肃省精准脱贫验收标准及认定程序》和《渭源县2019年度贫困户贫困村脱贫验收工作实施方案》要求，9月16日至22日，组织人员对各乡镇2019年拟退出贫困人口基本医疗有保障情况进行了单项认定。各乡镇共上报我局2019年拟退出贫困人口7915户28217人。经认定，全县有7915户28217人符合基本医疗有保障退出标准。

【领导名录】

党组书记、局长：陈绪昌（1月任）

党组成员、副局长：赵金虎（1月任）、曹军红（1月任）\田应虎（1月任）

（供稿：蔡继军）

乡镇概况

清源镇

【概况】清源镇地处渭源县中心地带城，是全县政治、经济、文化、交通中心。东依路园镇，西与祁家庙镇、庆坪镇接壤，南与五竹镇和锹峪镇为邻，北接新寨镇、北寨镇。总面积182.78平方公里。316国道、定渭公路、临渭公路穿境而过。全镇辖25个行政村，176个村民小组，2个社区17个居民小组，总人口16332户54921人，其中城镇人口6968户17573人，农业人口9364户37408人，耕地面积12.81万亩。2017年被列为市级贫困乡镇。农民收入主要以中药材、马铃薯、劳务输出为主，粮食作物有马铃薯、蚕豆、玉米，经济作物有党参、黄芪等中药材。2019年全镇居民人均可支配收入9958.83元，贫困人口人均可支配收入6439.85元。基层党组织38个，党员1524名。

【脱贫攻坚】全镇共有建档立卡人口2651户10547人，紧盯贫困人口退出6项、贫困村退出4项（11小项）指标，全力攻坚，现已累计脱贫2624户10449人，19个贫困村全面实现脱贫，全镇未脱贫户27户98人，贫困发生率由32.16%下降到了0.26%。2014年初，全镇有建档立卡户2887户12032人。经动态管理，现有建档立卡人口2651户10547人，2014—2019年累计脱贫2624户10449人（其中2014年脱贫153户628人、2015年脱贫181户792人、2016年脱贫323户1345人、2017年脱贫565户2399人、2018年脱贫721户2936人、2019年脱贫681户2349人），现有未脱贫户27户98人，贫困发生率由32.16%下降到了0.26%。19个贫困村贫困发生率均在2%以下。以劳务、种养产业为主导产业，贫困村均有专业合作社，且都有村集体经济收入。建制村通硬化路、自然社动力电全覆盖、人居环境干净整洁；义务教育阶段适龄学生有学上；村卫生室实现全覆盖；基本养老保险参保率达100%，最低生活保障应保尽保，贫困村退出指标均已实现，已全部脱贫退出（其中2018年脱贫退出6个村，2019年脱贫退出13个村），出列村占比达到100%。

【产业发展】

1.种植业。建成中药材示范基地3个，涉及181户建档立卡贫困户种植面积702亩，补助资金98.28万元。马铃薯原种示范基地1个，涉及建档立卡户40户，种植面积186.79亩，补助资金16.81万元。以阳殊公路为辐射带，在柯寨、崔家河、年家河、七圣、马家窑、里仁、红岘7个村建成中药材种植产业示范基地1000亩，每亩奖补资金200元。

2.养殖业。引进良种基础母牛115头，“8+1”良种羊261只，并与各村签订《清源镇2019年养殖业监管承诺书》；通过牛羊托养项目，引进良种牛231头，“8+1”良种羊405只。

3.农业保险。完成种植业保险3315户28835亩（建档立卡户2412户18279亩），其中马铃薯参保12384亩，玉米6953亩，中药材8255亩，其他种植物1627亩；收缴牛保险244头，中蜂207箱。全镇实现有种植、养殖产业的建档立卡户农业保险100%全覆盖。

4.金融资金支撑。共发放精准扶贫专项贷款1923户9615万元。

5.电子商务稳步发展。建成镇级电子商务服务站1处，村级服务点24处，开展电子商务普及性培训1500人次。新孵化微店、网店17个，引导清源镇电子商务服务站与51户贫困户签订农产品收购和帮扶协议，帮助农户每户平均增收1000多元。

6.劳务输转。“正源”劳务协会积极搭建对接平台，集中召开“企业到村、岗位到人”专场招聘会18次，实现劳务输转稳定就业8212人，其中建档立卡户2399人。完成晋渭劳务输转71人，其中建档立卡户42人，转移安置9户。

7.劳动力培训。完成各类农村贫困劳动力培训450人，其中就业技能培训161人，实用技术培训289人。有培训需求农户培训全覆盖。

8.光伏产业。实现19个建档立卡村光伏产业全覆盖，制定光伏产业收益分配管理办法，通过设置公益性岗位，购买贫困户劳务的方式进行分配，经考核后兑付岗位薪酬，发放资金80.58万元。

9.扶贫车间。依托田地公司在河口村建立扶贫车间带动并吸纳周边富余劳动力130人就业，其中建档立卡户贫困劳动力22人，为6个村带动村级收益分配资金20万元。清源镇顺盈家纺加工车间项目已建成，吸纳境内贫困富余劳动力150人以上。

10.村集体经济稳固提升。25个行政村已全面消除了集体经济空壳村（2019年村级集体经济总收206.23万元，村均8.3万元）。2019年19个建档立卡贫困村村集体经济收入183.73万，村均达到5万元以上。

11.合作社规范运营。按照“五个一批”的要求，排摸出290家合作社。通过示范点建设、项目资金扶持等措施，对原有合作社规范提升，对未运营的合作社146家督促其规范运营或劝其注销，已注销淘汰“空壳社”“挂牌社”“家庭社”65家，规范提升139家，运营规范和较规范的合作社225家，其中贫困村规范提升32家，注销39家，19个贫困村规范化运营合作社比例均达到了75%以上。

【民生保障】2019年，实现里仁、秦王、崔家河、年家河、蛟龙、红岘、小石岔、马家窑、苏家窑、漫庄、鼠山、星光、刘家河13个村脱贫退出，出列村占比达到100%。

1.健全推进机制。制定出台《清源镇“两不愁三保障”大排查工作问责办法》和《清源镇脱贫攻坚重点工作及责任清单》，确保了脱贫攻坚政策、责任、工作“三落实”。

2.全力补齐短板。全面推进“3+3”冲刺清零行动。（1）安全饮水。全镇农户自来水接通率达到96.98%，安全饮水率达到100%。建成蓄水池5座，重新埋设自来管线8300多米。完成116户（建档立卡户70户）自来水入户工程，对分散供水的255户，在144个取水点完成水样采集及检测，签订自来水共用协议28户。（2）危房改造。完成危房改造331户，其中2018年危房存量281户，过筛子改造50户。（3）易地搬迁。实施2018年易地搬迁项目160户，其中插花安置89户，进城安置71户。加大拆旧复垦力度，拆除旧房123户，拆除面积54.4亩，旧房拆除率77%。2016、2017两年易地搬迁农户58户，现已全部拆旧复垦，拆除率100%。（4）义务教育保障。全镇无义务教育阶段辍学学生，义务教育巩固率为100%。（5）养老医疗。实现建档立卡人口养老保险医疗保险全覆盖，无漏保人口。医疗保险，完成2020年城乡居民医保征收入库率的95%，确保建档立卡户、边缘户、“四类”人员三个百分百全覆盖。协同卫生部门为1555户1880人办理慢性病卡（其中建档立卡户1120户1326人）；为120人办理了大病救助；为532户2285人办理临时救助。25个村均建有标准化卫生室，均配备村医1名，贫困人口家庭医生“一人一策”签约率达到100%。（6）兜底保障。全镇现有一、二类低保户501户1079人，其中建档立卡户一、二类低保348户786人，占全镇一、二类的73%。2019年兜底脱贫195户379人，实现了应保尽保、应纳尽纳。

【社会治理创新】

1.社会治安综合治理。召开扫黑除恶专项斗争工作部署会议13次，充分发挥25个村2个社区划分193个治安小网格“一长四员”的作用。通过设立咨询台、发放宣传单和开展讲座等形式，提高群众对反恐防恐、反邪教的思想认识和应对能力。多种形式开展禁毒宣传教育。

2.生态环境。完成镇级面山绿化1000亩，完成村级面山绿化2500亩。组织开展全域无垃圾综合治理工作2050余次，共计清运河道沟渠、垃圾池、垃圾4.8万余立方米，取缔并完成非正规垃圾堆放点34个。学习借鉴浙江“千万”工程经验，开展垃圾分类管理试点，对张家湾、河口、柯寨环境整洁村进行了初步规划。对巡查发现的违法行为立案查处21起，其中非法占地建设案8起，联合县综合执法局、县自然资源局对城关村3起违法建筑进行强制拆除，拆除面积达1594.96平方米。完成镇级河长巡河75次，村级河长巡河212次。新建张家湾、上磨、苏家窑、河口4个村级公共卫生厕所；完成苏家窑、河口2个村381户农村厕所改造任务。

3.安全生产。落实安全生产“党政同责、一岗双责、齐抓共管、失职追责”要求，成立安全生产领导小组。坚持每月至少研究一次、带队检查一次安全生产工作，及时分析安全生产形势，协调解决重点问题。

4.防汛抗旱减灾。组织镇村两级人员对辖区内的河道、渠道、滑坡点等地质灾害隐患点进行全面排摸，建立工作台账，并确保专人值守。

5.食品药品保障。对所有餐饮经营户、学校食堂、食品批发户及大中型超市负责人开展集中培训4次，并通过不定期约谈，签订责任书强化责任落实。突出重点环节、重点食品检测，共检测各类食品70余项430批次，办理健康证1200个，查处清源镇辖区内违法案件10起，处置12315举报投诉50起。

6.拆除违法造像。2019年12月14—15日，配合县公安局、县综合执法局、县自然资源局、县应急管理局、县消防大队、县民族宗教事务局、县融媒体中心、县卫健局、县信访局、县司法局、县交警大队对鸾林寺违法占用耕地未批先建露天造像依法进行了拆除。

【“放管服”改革】坚持严格规范公正文明执法，强化对行政权力的制约和监督，不断加强对执法人员培训工作，全面提高政府工作人员法治思维和依法行政能力。完善强农惠农信息公开平台建设，及时公开扶贫领域项目、易地扶贫搬迁、危房改建、民政领域等惠农政策的落实，并建立工作台账，对各类扶贫、惠农政策公示50余次，涉及五类45项。电子民生平台督办工作进一步加强，共办结400件，办结率99.26%，按时办结率99.26%，满意率83.1%。

【项目建设】

1.招商引资。签约项目5项，总签约资金1.56亿元，到位资金7900万元。完成全年任务1.5亿元的104%。

2.项目建设。基础设施方面，清源镇七圣村刘家咀至刘家河村道路硬化工程、2017年易地扶贫搬迁项目清源镇秦王村老湾社至新寨镇蒲家山社道路砂化工程、池坪村道路硬化建设项目、城关村至新林村农村公路“畅返不畅”建设项目、清源镇农村公路“畅返不畅”道路整治项目水毁维修工程、张家湾村高家堡至苏家窑村通畅工程建设项目、清源镇2017年第二批自然村通硬化路建设项目全面完成建设任务。产业发展方面，清源镇小石岔村肉兔养殖项目、清源镇红岘村核桃树种植项目、清源镇秦王村紫斑牡丹种植项目、2017年清源镇易地扶贫搬迁项目养殖暖棚及蔬菜大棚工程完成建设任务。城镇化建设方面，完成清源一小建设用地8.2亩征收工作、北大路东段土地储备专项债券用地135.45亩、310国道过境段征用耕地125.2亩和林地57.6亩；310国道征用土地71亩；35千伏渭莲线、渭北线电杆建设征用地8座。

【村（社区）情概况】

新城社区：成立于2002年5月，现有行政工作人员8人、公益性岗位人员4人。辖区内有居民小组7个4880户13226人，其中城镇居民2862户8656人。驻社区行政事业单位63家，楼群小区41处。党员178人。

清源社区：位于县城中心，辖区总面积5平方公里，办公用房2间，100平方米。辖区内11个居民小组8239户19886人，有行政事业单位65家，楼院51栋，现有工作人员14人，其中6人为公益性岗位聘请人员。社区党委下设4个党支部，党员181名，党小组8个。城镇低保户192户304人。社区成功打造“文明示范岗”，建立“一站式便民服务大厅”。

张家湾村：全村辖10个村民小组，常住人口624户2620人，户籍人口647户2695人。总耕地面积确权后6521.84亩，人均2.49亩，林地643.35亩，草地1256亩。2019年底全村农民人均可支配收入为8349.2元，贫困人口人均可支配收入6432.85元。党员51人，镇人大代表3人。

星光村：全村辖10个村民小组，常住人口585户2146人，户籍人口598户2198人。总耕地面积确权后6319.89亩，人均3.02亩，林地1566亩，草地1714亩。2019年底全村农民人均可支配收入为7992元，贫困人口人均可支配收入6150元。党员59人，县人大代表1人，镇人大代表3人，县党代表1人，镇党代表2人。

新林村：全村辖8个村民小组常住人口556户2074人。总耕地面积确权后7963亩，人均3.64亩，林地2190亩，草地2523亩。2019年底全村农民人均可支配收入为8000元，贫困人口人均可支配收入6000元。党员31人，县人大代表2人，镇人大代表3人，镇党代表3人。

小石岔村：全村辖4个村民小组149户585人。总耕地面积确权后3270.56亩，人均5.6亩，林地1249.75亩，草地1892亩。2019年底全村农民人均可支配收入为7880元，贫困人口人均可支配收入5920元。党员31人。镇人大代表1人。

王家店村：全村辖4个村民小组264户1045人。总耕地面积确权后4849.57亩，人均4.64亩，林地1211.8亩，草地1419亩。2019年底全村农民人均可支配收入为8246.79元，贫困人口人均可支配收入7063.06元。党员36人。镇人大代表2人。

苏家窑村：全村辖9个村民小组392户1480人。总耕地面积确权后6539亩，人均4.34亩，林地3038.76亩，草地1991亩。2019年底全村农民人均可支配收入为7240元，贫困人口人均可支配收入5340元。党员44人，镇人大代表2人，县党代表1人，镇党代表3人。

鼠山村：全村辖7个村民小组464户1082人。总耕地面积确权后7943.21亩，人均4.45亩，林地5776.2亩，草地2886亩。2019年底全村农民人均可支配收入为7526.8元，贫困人口人均可支配收入5632元。党员35人，有镇人大代表2人。

上磨村：全村辖10个村民小组756户2454人。总耕地面积确权后2605亩，人均1.04亩，林地2424亩，草地2335亩。2019年底全村农民人均可支配收入为986元，贫困人口人均可支配收入702元。党员61人，县人大代表1人，镇人大代表4人。

秦王村：全村辖7个村民小组394户1599人。

总耕地面积确权后8930.84亩，人均5.12亩，林地3932亩，草地2980亩。2019年底全村农民人均可支配收入为7814元，贫困人口人均可支配收入5000元。党员55人，县人大代表1人，镇人大代表2人，县党代表1人，镇党代表2人。

七圣村：全村辖7个村民小组214户787人。总耕地面积确权后3609亩，人均4.4亩，林地1324.9亩，草地1058亩。2019年底全村农民人均可支配收入为7508.56元，贫困人口人均可支配收入6062.46元。党员48人，县人大代表1人，镇人大代表1人。

聂家山村：全村辖5个村民小组234户985人。总耕地面积确权后4233.7亩，人均4.3亩，林地241亩，草地1526亩。2019年底全村农民人均可支配收入为8411元，贫困人口人均可支配收入7651元。党员30人，县人大代表1人，镇人大代表2人。

年家河村：全村辖6个村民小组168户648人。总耕地面积确权后3793.6亩，人均4.81亩，林地1403.1亩，草地1065亩。2019年底全村农民人均可支配收入为7538.4元，贫困人口人均可支配收入6688.8元。党员35人，镇党代表1人。

漫庄村：全村辖9个村民小组367户1468人。总耕地面积确权后4978.98亩，人均2.99亩，林地1680.2亩，草地2141亩。2019年底全村农民人均可支配收入为7635.46元，贫困人口人均可支配收入5785.35元。党员29人，镇人大代表2人。

马家窑村：全村辖7个村民小组313户1129人。总耕地面积确权后5424.8亩，人均4.77亩，林地3332.8亩，草地1566亩。2019年底全村农民人均可支配收入为7845元，贫困人口人均可支配收入5771元。现有党员37人，镇党代表1人。

刘家河村：全村辖9个村民小组397户1547人。总耕地面积确权后5862亩，人均3.5亩，林地2328.6亩，草地2021亩。2019年底全村农民人均可支配收入为7814元，贫困人口人均可支配收入5002元。党员31人，镇党代表1人，县政协委员1人。

里仁村：全村辖6个村民小组211户797人。总耕地面积确权后4249.01亩，人均4.99亩，林地2215.05亩，草地1389亩。2019年底全村农民人均可支配收入为8120元，贫困人口人均可支配收入6251元。党员35人，县人大代表1人，镇人大代表1人。

柯寨村：全村辖5个村民小组395户1473人。总耕地面积确权后3378亩，人均2.246亩，林地1202亩。2019年底全村农民人均可支配收入为8260.76元，贫困人口人均可支配收入6353.10元。党员52人，县人大代表1人。

蛟龙村：全村辖8个村民小组331户1317人。总耕地面积确权后4189.5亩，人均3.11亩，林地1406.4亩，草地1282亩。2019年底全村农民人均可支配收入为7183元，贫困人口人均可支配收入6175元。党员52人，镇人大代表1人。

红岘村：全村辖6个村民小组204户853人。总耕地面积确权后4628.5亩，人均4.68亩，林地3695.75亩，草地1200亩。2019年底全村农民人均可支配收入为8269.5元，贫困人口人均可支配收入7623.5元。党员37人，镇人大代表1人。

河口村：全村辖7个村民小组531户2240人。总耕地面积确权后2518亩（征地后），人均1.2亩，林地0亩，草地1452亩。2019年底全村农民人均可支配收入为7520元，贫困人口人均可支配收入4800元。党员70人，县人大代表1人，镇人大代表3人，镇党代表1人。

葛家湾村：全村辖8个村民小组340户1224人。总耕地面积确权后3717亩，人均3.04亩，林地160亩，草地300亩。2019年底全村农民人均可支配收入为8290元，贫困人口人均可支配收入6420元。党员41人，镇人大代表3人。

崔家河村：全村辖8个村民小组261户1013人。总耕地面积确权后4966.55亩，人均4.73亩，林地934.4亩，草地1072亩。2019年底全村农民人均可支配收入为9166.74元，贫困人口人均可支配收入7879.2元。党员32人，镇党代表1人。

池坪村：全村辖5个村民小组，常住人口225户868人，户籍人口225户941人。总耕地面积确权后4812.63亩，人均5.1亩，林地2041.6亩，草地1366亩。2019年底全村农民人均可支配收入为8681.65元，贫困人口人均可支配收入7495.5元。党员37人，镇人大代表1人，镇党代表3人。

城关村：全村辖4个村民小组361户1076人。总耕地面积确权后800亩，人均0.75亩，林地40亩。2019年底全村农民人均可支配收入为7520元，贫困人口人均可支配收入6785元。党员48人，县人大代表1人，镇人大代表3人，县党代表1人，镇党代表3人。

北关村：全村辖7个村民小组547户2304人。总耕地面积确权后4544.11亩，人均1.73亩，林地1197.36亩，草地1929亩。2019年底全村农民人均可支配收入为7203.56元，贫困人口人均可支配收入5409.73元。党员57人，县人大代表1人，镇人大代表4人，镇党代表2人，县政协委员1人。

【领导名录】

党委书记：毛卫东

人大主席：王福祥

党委副书记、镇长：段小军

党委副书记：马玉华（3月止）、张作科（6月止）、乔明德（6月任）

纪委书记：张春梅（女）

副镇长：麻建国、张嘹亮、项文丽（女）

武装部长：聂云鹏

党建办主任：逯彦斌

人大副主席：吴国兰（女）

司法所所长：刘南晖

计生办副主任：连晓丽（女）

综合执法所副所长：邓胜霞（女，9月止）、孙铜言（女，9月任）

扶贫工作站站长：毛睿杰

农路所副所长：曾苑（女）

综治办副主任：王振华

民政站站长：闫勤劳

市场监管所所长：胡志斌

市场监管所副所长：贾红勤

工商所副所长：杨军（10月任）

（供稿：朱春生）

五竹镇

【概况】五竹镇位于渭源县城南部，距县城15公里，227省道、西五公路穿境而过，全镇平均海拔2200米，年平均气温5.6℃，无霜期128天，年降雨量562毫米，属南部高寒二阴区。全镇辖7个行政村58个村民小组，总面积63平方公里，耕地面积4.63万亩，常住人口3390户12721人。2019年，农民人均可支配收入达到8300元，贫困户人均可支配收入达到6300元。

【脱贫攻坚】现有建档立卡户1076户4205人，2019年底脱贫246户762人，剩余未脱贫户7户28人，贫困发生率下降至0.21%。

1.安全饮水。全镇有安全饮水3510户（常住户3390户），安全饮水率达到100%。完成364处水质检测任务，对有安全饮水但有需求接通自来水的112户群众实施自来水提升工程（其中贫困户56户），自来水入户率达到92%。

2.安全住房。完成危房改造134户。扎实推进易地扶贫搬迁入住和拆旧复垦工作，广泛宣传“一户一宅、占新拆旧”政策，2016年易地扶贫搬迁57户（其中2户插花安置，18户同步搬迁户）全部通过竣工验收并搬迁入住；2018年实施易地扶贫搬迁17户（其中2户进城安置到昕陇家苑、渭水天华各1户）全部通过竣工验收并搬迁入住。

3.义务教育。组织对1238名6～15周岁人口进行了全覆盖入户摸底核实，重点对有厌学逃学现象学生和14名残疾儿童进行走访核查。全镇适龄学生均能接受义务教育，并全部享受“两免一补”和“营养餐”教育资助政策，无义务教育阶段辍学学生（因病休学和因残疾、智障而不能上学、休学或辍学的除外）。

4.基本医疗。严格落实医疗保险和报销政策，将贫困人口全部纳入城乡居民基本医疗保险、大病保险和医疗救助保障范围，推行“先诊疗后付费”“一站式”即时结算服务政策，落实“五帮两核”和贫困家庭医生（乡村医生）签约服务制度，“一人一策”签约率达到100%。完成国务院扶贫办系统对比出现428条不符信息复核修改工作。完成4169人贫困人口患病情况筛查摸底APP筛查录入工作。开展患慢性病贫困人口办理慢性病卡工作，办理慢性病卡877人，其中建档立卡户610人；开展老年人、妇幼等重点人群健康服务，完成农村妇女“两癌”检查582人，全力打造健康乡村。2019年，全镇应参保12974人，实际参保12737人，参保率98.17%。

5.产业到户扶持。结合农村“三变”改革，对照到户产业扶持资金使用要求，采用人均0.5万元、每户最多不超过3万元，户均配股资金最高不超过2万元的标准对2017年底的245户未脱贫户（除去兜底脱贫户和产业达标户）进行配股，共计配股311.25万元，帮扶贫困户增加收入。引进良种牛157头、羊306只（其中托养牛66头、托养羊144只）。产业到户牛犊47头、羊羔85只。采用“龙头企业+合作社+基地+农户”的经营模式，建成马铃薯种植基地8个，建设面积986.46亩，带动农户376户（其中贫困户164户483.83亩）。构建风险防范体系，实现保险对全镇脱贫产业全覆盖，不断提高农业保险对特色优势产业的保障力度。

6.村级集体经济。紧盯财政扶持拉动，按照“村委企业股份合作、集体资产保全入股、集体入股保底分红、项目永续滚动发展”原则，监督督促五竹村“两委”与甘肃渭河园生态旅游开发有限公司及时核算200万元县财政扶持五竹村村级集体经济发展试点项目2018年度分红，10万元保底分红拨付到村级账户。按照“资产购置入股、致富能人带动”原则，督促渭河源村“两委”核算丽竹农家乐2018年经营情况，100万元县财政扶持渭河源村村级集体经济项目利润（村级集体经济占比50%）4020元和10000元租金拨付到村。争取实施50万元的五竹镇渭河源村饲草加工贮备产业扶贫项目，带动45名群众实现就业，年均增加渭河源村集体经济5万元。路麻滩村通过整合扶贫专项资金240.8万元，建成了占地12亩总装机容量301千瓦的分布式光伏电站，可实现集体收益每年至少5万元；通过投入东西部扶贫协作帮扶资金350万元，按10%固定分红的方式，扶持维佳集团、五竹马铃薯良种繁育专业合作社分别建成五竹村蝴蝶兰繁育扶贫车间和路麻滩村马铃薯种薯繁育扶贫车间，每年可向村集体分红35万元。结合全县推进农村集体产权制度改革，通过财政资金注入扶持建设会川、路园光伏产业园区、德青源金鸡扶贫等产业项目，向7个行政村分别分配固定分红收益作为村集体资金，壮大村集体经济收入。渭河源村、路麻滩村、郭家沟村、苏家口村4个贫困村集体经济年收入达到30万元，五竹村、鹿鸣村、黑鹰沟村3个非贫困村集体经济年收入达到15万元。

【产业发展】

1.马铃薯产业。渭源县是中国马铃薯良种之乡，五竹是渭源种薯核心区，持续抓好五竹马铃薯良种繁育专业合作社马铃薯高薪示范园项目，实现年产脱毒组培苗500万株、原原种600万粒和带动原种田1500多亩、一级种田10000多亩的能力。重点以五竹洋芋协会种薯产业园为依托，形成完善的脱毒种薯繁育产业链条，提升种薯繁育水平和能力，做强做优马铃薯良种产业，全镇年种植马铃薯2.1万亩，产量达到5万吨。

2.中药材产业。继续稳定中药材种植规模，在渭河源村、郭家沟村和苏家口村完成中药材标准化种植基地1200亩，膜侧当归种植基地500亩，全镇完成中药材种植1.07万亩，干药产量达2200吨。

3.旱作农业（设施农业）。完成旱作农业地膜发放建档立卡贫困户252户，完成全膜双垄沟播玉米432亩，马铃薯黑膜全覆盖3600亩。

4.畜草产业。全镇牛饲养量达到2000头，羊饲养量达到15980只，猪饲养量达到13350头，鸡饲养量达到9080只，肉类总产量达到800吨，禽蛋产量达到580吨，鲜奶产量达到101吨。新建渭河源村为养羊专业村，扶持发展草牧业贫困户80户，以草牧业脱贫30户。完成黄牛冻精改良325头、肉羊改良2636只，良种母牛引进157头，良种母羊引进306只，巩固提升肉羊良种示范场1家，粪污资源化利用养殖场1家。开展饲草料技术讲座6期，培训农户480人，种植多年生优质牧草1600亩，建设优质红豆草试验繁育基地100亩，一年生优质牧草1100亩（其中高粱400亩，其他牧草200亩，燕麦500亩）。南山放养虫草鸡累计饲养量达9.1万只，累计出栏量达7.5万只，全镇现有规模放养点4个，育雏点3个。

5.旅游产业。紧紧围绕将五竹镇打造成渭河源旅游大服务区的战略部署，推进五竹村、渭河源村市级乡村旅游示范村建设，完成渭河源村美丽乡村建设省级评估，重点扶持渭河园生态农庄、怡园农家乐、竹寨园农家乐、山水间客栈等农家乐和渭河源村“旅游服务中心+农家乐（农家客栈）+农户”带动经营模式的提档升级，延伸服务链条，吸纳当地就业80多人。2019年，接待游客11万余人次。引导当地群众在景区和渭河源村开设小商品、食品经营店2家，小吃摊点8个，吸纳旅游从业人员50人以上；主动适应网络网购时代，积极培育群众网购习惯，强化镇电商服务站和各村服务点服务功能，先后组织4个主体建设村服务点负责人到上湾镇参加全县电商培训，组织有意愿的群众参加各类培训300多人次，积极排摸筛选完成天猫优品合伙人申报工作，指导全镇各网店规范化运行，交易额达60余万元。

【城镇建设和生态环境】

1.小城镇建设。按照打造“渭河源生态小镇”总体定位，开展农村人居环境综合整治和316国道沿线村庄风貌改造整体提升工程，本着“建管治并重、统一规划、一个风格”原则，充分发挥市场监督管理所和综合执法所的职能，依法取缔各类流动菜摊、水果摊20多个，制止乱建和抢占事件13起，统一更换门头牌匾11户，签订门前“五包”责任书150余份，清运垃圾602车。引进民间投资2000万元建成渭河园生态酒店并投入运营，配合完成国际自行车越野赛筹备、渭河源景区旅游公路建设和渭河源景区旅游接待中心及渭河源停车场项目征地等工作，为特色小镇建设奠定了坚实的基础。

2.全域无垃圾专项治理。整合镇区资金30万元，实施五竹村贫困县农村环境整治项目，扫路车、清扫工具和保洁员服装以及纯电动三轮保洁车等设备均配备到位。先后投入资金13万余元，对渭河河道五竹段、渭河源村草滩安置区、五竹村八社九社集中安置点等重点区域卫生进行集中清理，出动车辆95台次，设立宣传警示牌11个，刷写宣传标语12条，发送宣传信息76条；对以政府购买服务方式由秀源保洁有限公司统一组织开展镇村垃圾清运收集工作机制组织进行考核评价，考评结果良好，并根据年初考评和平时督查发现的问题，优化了镇村两级环境卫生保洁合同，“户收集（农户）—社清扫（公益性岗位）—村转运（公益性岗位）—镇拉运（环卫公司）—县处理（垃圾厂）”全域无垃圾专项治理常效工作机制进一步完善。

3.美丽乡村建设。按照因地制宜、就地取材、低成本建设的原则，春季对镇区所有树池及空闲区域、路麻滩花坛、渭河源村木质花坛、各村文化广场周围以及农户庄前屋后空闲绿地进行全面美化。大力推进“厕所革命”，确定五竹村为厕所改革整村推进村，完成567户卫生厕所改造任务，建成公厕3座。推进清洁村庄建设，重点开展路麻滩村、五竹村、黑鹰沟村、鹿鸣村、渭河源村“三清一改”，长效清洁机制逐步建立，村容村貌明显提升。以316国道、西五公路、旅游公路、河道沿线为重点集中开展“拆除四旧、治理四乱、实现四化”行动。开展农村生活污水治理专项行动。开展废旧农膜回收利用，由秀源环卫公司组织收废旧农膜480余立方米，并落实废旧农膜以旧换新制度。

4.生态绿化。完成面山绿化1700亩，栽植云杉、柳树24500株，行道树栽植10公里苗木2000株。镇上组建30人的应急扑救队伍，各村分别组建20人的应急扑救队伍，配备林业管护人员47名（其中公益林管护人员21名，建档立卡护林员26名）；先后发放封山禁牧、森林防火等宣传资料5000余份，书写并粘贴临时性防火标语26条，悬挂固定性防火标语7条，致学生家长通知书1200余份，与坟地较多区域坟主签订护林防火协议书，并完成智障人员排摸及监护人宣传教育工作。

【民生事业】

1.文化。各村村级活动场所均达到200平方米以上，实现所有行政村文化广场及文化舞台全覆盖，并配备篮球架、乒乓球台等健身器材70余套，镇文化站配备专职人员2名，设立了棋牌室、阅览室、农家书屋、培训教室等功能室。在五竹村组建由80多名群众组成的自乐文艺队，11个社分别组建文艺小分队，黑鹰沟村秦腔自乐班队伍成员发展达到36人。先后组织开展“扶贫扶志、助力脱贫、共建美丽新五竹”庆元旦文艺演出、“不等不靠勤劳致富、结对帮扶共奔小康”新春惠民活动、亲近大自然团队体验野炊露营、庆三八“引领服务学政策·巾帼行动助脱贫”知识竞赛、“壮丽70年·奋斗新时代”庆祝中华人民共和国成立70周年文化惠民活动暨第二届先进典型颁奖活动等10场次，丰富群众文化生活。

2.教育。学前三年毛入园率、九年制义务教育巩固率分别达到96%、100%；聚焦“两不愁三保障”，着力解决义务教育短板、弱项，保障义务教育阶段适龄学生有学上，全面落实教育资助政策，全镇义务教育阶段适龄学生符合资助政策条件的学生均享受“两免一补”和“营养餐”资助政策，全镇教育质量稳步提升。

3.社会保障。推行城乡居民社会养老保养惠民生工程，全镇应参保9565人，系统显示已参保9330人，应缴费人数7127，当前缴费6819人，续参保率达到96.70%；有60岁以上待遇领取人员2203人，符合领取条件的城镇居民基础养老金发放率达到100%。

4.应急管理。先后召开全镇安委会会议4场次，年初签订五类单位安全生产目标责任书，与村民签订《村民安全生产告知书》2000余份。建立救灾物资储备库，储备救生衣、雨衣、铁锨2102件，建立管理制度并确定专人管理；各村成立应急管控站，镇村均建立应急救援队伍、应急志愿者队伍、村级信息员队伍。

5.民政。按照“应保则保、应退即退”的原则，全面完成城乡低保及特困供养提标工作。全镇现有低保户438户1083人（其中一类低保81户112人、二类低保20户79人、三类低保55户161人、四类低保22户81人），保障面8.4%，有特困供养人员140户144人（其中分散供养131人、集中供养13人），兜底保障面7.4%，全年共计发放低保金342.14万元，特困供养金85.27元。严格按照申请、受理、核查、评议、公示的审批程序对符合条件的救助对象及时予以救助，共申请大病医疗救助31户，合计救助资金22.44万元；申请临时救助247户，合计救助资金96.79万元。积极开展孤儿、困难老年人和残疾人生活救助工作，为3名孤儿发放保障金3.2万元，为41名经济困难老年人发放生活补助金6.19万元，为257

名重度残疾人发放护理补贴12.91万元，为177名困难残疾人发放生活补贴6.81万元，合计发放残疾人两项补贴19.72万元。全镇现有重点优抚对象70人，全年共计发放优待金25.72万元。时刻关注特困人员温暖过冬，为全镇所有分散供养对象配送冬季取暖煤炭400公斤，发放棉门帘1条，确保特困人员温暖过冬。为全镇所有特困供养对象、孤儿、一二类低保发放米面油、厨具、床上用品，卫生洁具、衣服类等实物，有效改善视觉贫困面貌。

【社会综合治理】一是建强基层基础，以“一委一办三中心”规范运行为依托，强化综治信息平台管理，建立基层网格58个，开通移动终端账号11个，采集导入居民基本信息14084人；组建专职联防队1个10人，编制村级兼职联防员7人，7个行政村综治工作站建设和平安村创建达全覆盖。二是加强综合治理，强化矛盾纠纷排查力度，推行周排查、半月分析、月汇报机制，对镇区227省道、西五路、渭河源景区沿线集村交通秩序进行集中整治，查处无证驾驶3起，全镇全年未发生重大刑事案件。组建应急治安巡逻队1个13人，对辖区内的4个重点单位、2所学校和9家人员密集场所进行定期不定期巡逻。三是防范处理邪教，制定五竹镇无邪教示范镇创建活动实施方案和反邪教突发应急预案，与各村村民签订家庭拒绝邪教承诺书1100余份。四是禁种铲毒。先后组织镇村干部、基干民兵以及派出所、林场人员35人对国有林场、农户的房前屋后、田间地头、集体林地开展地毯式踏查2次，累计132人次。在五竹文化广场建立1个占地120平方的禁毒教育基地。五是扫黑除恶专项斗争。悬挂横幅124条，刷写标语58条，制作版面62块，发放宣传资料6000多份，沿街和镇政府LED显示屏滚动播放扫黑除恶宣传标语及举报方式，设立举报箱，公开举报电话，畅通信息渠道，坚决做到“有黑扫黑、有恶除恶、有乱治乱”。

【村情概况】

苏家口村：位于五竹镇北部，距镇政府所在地5公里，全村辖7个村民小组386户1507人。党总支1个，2个党支部，有党员52人。耕地面积5054亩（土地确权面积6838.2亩），人均耕地面积3.01亩，村小学1所，村卫生所1所。主导产业以马铃薯、当归种植和牛羊养殖为主。2019年农民人均可支配收入达到8322元，其中贫困户人均可支配收入达到6387元。

郭家沟村：属建档立卡深度贫困村之一，距五竹镇区7.5公里，总面积6.3平方公里。全村有土地确权面积6326亩，人均4.81亩。党支部1个，党员45人，全村共辖7个村民小组362户1317人。2019年底农民人均可支配收入预计达到8261元，贫困户人均可支配收入预计达到6209元。全村主导产业为马铃薯种薯、中药材种植。

黑鹰沟村：属非建档立卡村，距渭源县城10公里，土地总面积15平方公里，属南部二阴地区，交通便利，境内有秀峰山旅游景点，辖4个村民小组170户563人。耕地确权面积3064.39亩，农民增收主要以劳务、种植业为主，其中马铃薯、中药材为支柱产业。水泥硬化道路9.1公里，农网改造通电率100%。农家书屋1处，“文化共享”设备1套，村卫生室1个。

渭河源村：渭河发源地，也是渭河源大景区所在地。全村辖12个村民小组670户2589人，土地确权面积10062亩，人均耕地3.7亩。党总支部1个，党支部2个，党小组5个，党员79人。

鹿鸣村：位于五竹镇南部，316国道穿境而过，交通便利，距五竹镇区5公里，总面积6.3平方公里，主要农作物有小麦、蚕豆、马铃薯、当归、油菜。土地确权后耕地面积6944.87亩，人均3.17亩。属非建档立卡村。辖10个村民小组552户2177人。2019年底农民人均可支配收入达到8232元，贫困户人均可支配收入达到6296元。

五竹村：位于镇政府所驻地，全村辖11个村民小组879户3266人，村党总支下设3个党支部，党小组5个，党员90名。耕地面积7502亩，人均2.3亩，林地1004.3亩（其中退耕还林505.3亩），人均0.3亩，农作物主要以马铃薯、当归、蚕豆为主，马铃薯产业为主导产业。辖区内有中学、小学、幼儿园、卫生院、卫生室、农家书屋各1所（处）。

路麻滩村：位于五竹镇以北2.5公里，北与清源镇接壤，西与苏家口村相连，东与锹峪镇接壤，南与五竹村相接。耕地3450亩，人均2亩；林地1413亩，人均0.81亩。种植农作物以马铃薯、中药材为主，马铃薯、中药材、养殖业为主导产业。辖7个村民小组458户1612人；党支部1个，党小组3个，党员45人。2019年农民人均可支配收入8381元，贫困户人均可支配收入6196元。

【领导名录】

党委书记：杨叶梅（女）

人大主席：黄国胜

党委副书记、镇长：王玉平

党委副书记：郭继文（9月止）、马和平（9月任）

镇纪委书记：万青海

武装部长：寇喜东

副镇长：崔虎、张学兰（女）

党建办主任：李彤（女）

农路所副所长：田建平

综合执法所副所长：梁潇

扶贫站站长：侯立强

综治办专职副主任：王全民

计生站站长：李爱红

民政站站长：王立

市场监督管理所副所长：王博

（供稿：罗晓军）

锹峪镇

【概况】锹峪镇位于渭源县城南部，南北长20公里，东西宽5公里，总面积67平方公里，距县城13公里，距国家AAAA级渭河源大景区12公里，东、东南接莲峰镇，南与漳县接壤，西南、西与五竹镇为邻，西北、北连清源镇，东北接路园镇。辖11个行政村，73个村民小组，农业人口3979户14979人，城镇人口559人，总耕地面积34079亩。共有党支部14个，现有党员706名（其中女党员144名）。

【脱贫攻坚】认真学习贯彻习近平总书记关于扶贫开发的重要论述，紧盯“两不愁三保障”脱贫目标，围绕落实“六个精准”和“五个一批”，打好政策组合拳。全镇共有建档立卡贫困村7个，建档立卡贫困人口1355户5371人，贫困发生率为35.89%。累计退出贫困村7个（2018年乔阳村、贯子口村，2019年曹家庄村、锹峪村、永丰村、古树村、新丰村），累计减贫1345户5332人（2014年脱贫169户711人、2015年脱贫134户583人、2016年脱贫110户464人、2017年脱贫238户1024人、2018年脱贫264户1043人，2019年脱贫430户1507人，其中兜底脱贫193户521人），2019年底有未脱贫人口10户39人，贫困发生率从35.89%下降到0.26%，农村居民、贫困人口人均可支配收入分别年均增长8%和12%，按期实现脱贫目标。

【产业发展】

1.大力发展特色种养业。积极引导中药材标准化种植，以永丰村为中心辐射带动周边村建成万亩中药材标准化种植示范片带1个，全镇中药材种植1.7万亩（种子种苗繁育基地4500亩）。在曹家庄村为中心辐射周边村建成千亩马铃薯种薯示范基地；完成马铃薯种植1.8万亩（原种扩繁基地0.4万亩）。为227户贫困户引进良种牛227头，补贴资金250.84万元；为11户贫困户引进良种羊85只，补贴资金11.4万元；为3户贫困户引进良种猪20头，补贴资金2万元；为19户贫困户引进中蜂120箱，补贴资金12万元；东西部扶贫协作发放中蜂31户155箱，补贴资金15.5万元；

圈舍改建75户，补助资金7.5万元，新建圈舍156户，补助资金31.2万元。大力发展高原夏菜产业，以曹家庄村为中心辐射带动周边村建成3000亩蔬菜标准化种植示范片带1个。

2.建好村级光伏电站。2017年、2018年两年，共建成4个300千伏村级光伏电站，每村年均增加村集体收入近5万元。

3.大力发展村集体经济。全镇11个村村集体经济收入总计为133.35万元。

4.大力实施就业扶贫。加强有劳动力人员的技能培训，做到就业一人、脱贫一户，积极拓展就业渠道，设立贫困户护林员、保洁员等公益性岗位，470户贫困户从中受益，年增收5000元以上。

【民生保障】

1.安全饮水。自来水入户3850户（其中建档立卡贫困户1355户5371人），自来水入户率为97%，129户为分散式供水户，供水方式分别为3户集中供水点、108户小电井、10户泉水、2户井水、共用自来水6户，并进行了水质监测，且全部达标，安全饮水率达到100%。

2.义务教育。全镇义务教育阶段适龄学生均有学上，无一人辍学，义务教育阶段符合资助政策条件的学生均享受了“两免一补”和“营养餐”资助政策。

3.基本医疗。门诊慢特病申报1310人，其中建档立卡贫困人口申报745人，一般人群565人。患病人口住院报销19490人次，其中建档立卡户享受了提高5%的优惠政策，享受大病保险补偿263人次，城乡居民医疗保险参保率达到98.7%（建档立卡贫困户达到100%），组建家庭医生签约服务团队11个，建档立卡贫困户签约率达100%。累计办理慢特病门诊卡1310人，其中建档立卡贫困户745人，实现了应办尽办。设立慢性病鉴定点，将1310名慢性病患者纳入救助范围；落实“先诊疗后付费”和“一站式”结算，累计医疗保障惠及贫困群众4188人次，报销金额56.3万元。

4.住房安全。全镇共有农户3979户，委托第三方机构完成住房安全等级鉴定3979户，通过实施危房改建、易地搬迁项目，实现住无危房。累计投资1141.11万元，在2014至2019年实施危房改造农户741户，累计投资7283.7元，在2014至2018年实施易地扶贫搬迁安置贫困群众345户1451人，其中建档立卡贫困户264户1071人。

【社会治理创新】扫黑除恶专项斗争共收到举报线索5条，排摸问题线索2条，经核查不属于黑恶势力。对村两委干部进行联审。进一步加大电子信访案件和民生平台办理力度，共接待群众来访109人次，调处民事纠纷56起。电子民生平台规范运转，共办理各类民生事项182件次，按时办结率为100%，回复率为100%，满意率为95.51%。坚持全民共治、源头防治，全面整治燃煤散烧、污水排放等，建成垃圾低温焚烧热解站1处，完成燃煤锅炉改造提升2个。充分发挥镇村两级安全生产网格员作用，全年无重大安全生产事故发生。全面落实河长制，坚持乡村两级河长周巡河、巡河员日巡河制度，对发现问题立即整改；对河道内非法采砂现象进行严厉打击，查扣车辆2台；平复河道3公里，清理河道内垃圾、杂物10余处。开展食品、药品、医疗器械及化妆品等重点领域专项整治活动12次，出动执法人员120人次，农村自办宴席登记36次，酒店承办集体聚餐备案登记17次，流动厨师培训2场次，流动厨师登记备案3人。立案查处违法经营案件2起，罚没款910元。对辖区内重点市场主体进行了责任约谈，督促辖区内经营者依法依规经营，切实保障了广大人民群众的合法权益。

【“放管服”改革】科学设置便民服务窗口。对各站所职责进行彻底清理，进一步理顺了隶属关系、工作职责、工作范围。大厅设劳务、社保、计生三个窗口，设A、B岗，全面推行“前台综合受理、后台分类审批、统一窗口出件”服务模式。乡镇便民服务中心制度公开，政务网延伸到镇便民服务大厅，完成镇政务服务事项与定西市一体化平台对接，实现了“一网通办”。11个村结合驻村帮扶工作队驻村办公，设立了村级便民服务中心，开展相关业务办理和民事代办工作。

【村情概况】

峡口村：位于锹峪镇西南部，距镇政府10公里，辖区内有“十五里画廊”的天井峡景区，旅游资源丰富。全村辖3个村民小组152户631人。总面积4.2平方公里，其中耕地1796亩，人均耕地2.84亩。中药材和蔬菜种植、苗木繁育、旅游服务、劳务输出为主导产业。市人大代表1人，县人大代表1人，镇人大代表6人。

永丰村：位于锹峪镇西南部，距镇政府4公里，西五公路穿村而过，交通便利。全村辖5个村民小组330户1348人。耕地3862亩，人均耕地2.88亩。产业以中药材种植、养殖、畜草、劳务输出为主。县人大代表1人，镇人大代表2人。

新丰村：位于锹峪镇南部，距镇政府2公里，西五公路穿村而过，交通便利。全村辖5个村民小组491户1906人。全村耕地4235亩，人均2.2亩。中药材种植、劳务输出、蔬菜种植为主导产业。县人大代表1人，镇人大代表5人。

锹峪村：位于镇政府所在地，辖区内商贸物流发达，区位优势明显。全村辖8个村民小组456户1740人，耕地3666亩，人均2.1亩。中药材种植、劳务输出、高原夏菜为主导产业。有县人大代表1人，镇人大代表6人。

曹家庄村：位于锹峪镇东北部，距镇政府1公里，辖区内商贸物流发达，区位优势明显。全村辖7个村民小组365户1449人。耕地2337亩，人均耕地1.6亩。中药材种植、劳务输出、高原夏菜为主导产业。县人大代表1人，镇人大代表5人。

贯子口村：位于锹峪镇东南部，距镇政府1.5公里，西五公路穿村而过，交通便利。全村辖2个村民小组271户1078人。耕地2703.94亩，人均2.5亩。粮食作物以小麦、马铃薯、油菜为主；经济作物以黄芪、蚕豆为主。产业以中药材种植、养殖、劳务输出为主。镇人大代表2人。

石咀村：位于锹峪镇东南部，距镇政府4公里，西五公路穿村而过，交通便利。全村辖8个村民小组264户987人。全村耕地2895亩，人均耕地2.84亩。产业以中药材种植、养殖、劳务输出为主。县人大代表1人，镇人大代表8人。

乔阳村：位于锹峪镇东南部，距镇政府7公里，西五公路穿村而过，交通便利。全村辖9个村民小组525户2043人。耕地4800亩，人均耕地2.35亩。养殖、中药材种植、劳务输出为主导产业。县人大代表1人，镇人大代表7人。

古树村：位于锹峪镇东南部，距镇政府3公里，兰渝铁路穿村而过，交通便利。全村辖7个村民小组382户1624人。总面积5.8平方公里，其中耕地4591亩，人均耕地2.83亩。主要以种养殖、中药材种植和劳务输出为主。县人大代表1人，镇人大代表5人。

毛家窑村：位于锹峪镇东北部，距镇政府5公里，辖区内有兰渝铁路渭源火车站。全村辖9村民小组324户1259人，耕地2103亩，人均耕地1.67亩，中药材种植、劳务输出、物流服务为主导产业。县人大代表1人，镇人大代表4人。

裕丰村：位于锹峪镇东北部，距镇政府7公里，距县城5公里，兰渝铁路、河锹公路穿村而过。全村辖10个村民小组375户1475人。总耕地面积2122亩，人均1.44亩，中药材种植、蔬菜种植、劳务输出、物流服务为主导产业。县人大代表1人，镇人大代表4人。

【领导名录】

党委书记：张百灵

人大主席：年小兵

党委副书记、镇长：尹文忠

党委副书记：王小东

纪委书记：蔡春芳（女）

副镇长：赵海龙、张继明（4月止）、邱小

平、汪刚

武装部长：李海军

党建办主任：魏永辉

司法所所长：杨文华（4月止）、任建涛（4月任）

计生办主任：石燕（女）

执法所副所长：余亮亮

扶贫工作站站长：赵响霞（女）

农路所副所长：李建龙

综治办副主任：赵春辉（8月止）

民政站站长：苏健（7月任）

市场监管所副所长：赵鹏飞

（供稿：牛维军）

路园镇

【概况】路园镇位于渭源县城东部，渭河和310国道穿境而过，东西长16公里，南北宽11公里，总面积约79平方公里。耕地面积46442亩，人均2.2亩。全镇辖12个行政村91个村民小组，共有农业人口4769户19919人，2019年全镇居民人均可支配收入9742.12元，贫困人口人均可支配收入6231.06元。境内川区为渭河灌溉区，北部为干旱山区。南部为二级坪台地和山区，较大的坪台地有盛家坪、罗儿坪、赵马家坪、毛李家坪、寺坪。地势西高东低，南北高，中间低。有灌溉渠道及截引、井坎、提灌等水利工程，较大的有北干渠和南丰渠。有效灌溉面积11054亩，保灌面积10063亩。

【脱贫攻坚】2014年以来，经过多次动态调整后全镇共有建档立卡贫困人口1357户5835人，2014年至2019年间累计脱贫1345户5791人（其中2014年脱贫214户922人、2015年脱贫138户663人、2016年脱贫62户266人、2017年脱贫192户813人、2018年脱贫303户1236人、2019年脱贫436户1891人）；全镇共有贫困村6个，其中深度贫困村4个：王家山村、东湾村、峪岭村、小园子村。2018年底，陆家湾村、潘家岔村达到贫困村退出指标，率先退出贫困村序列。2019年底，王家山村、东湾村、峪岭村、小园子村4个贫困村达到贫困村退出指标，相继退出贫困村序列。到2019年底，剩余贫困人口12户44人，贫困人口脱贫完成率99.24%，贫困发生率从2013年底的29.29%降至0.22%，下降了29.07个百分点。农村居民人均可支配收入从2014年底的4836.22元提高到2019年的9742.12元，贫困人口人均可支配收入从2014年底的3125.44元提高到2019年底的6231.06元。

【产业发展】

1.种养殖业。种植蔬菜10000余亩、草莓100多亩、中药材面积12000多亩、全膜双垄沟播玉米示范推广8000亩、马铃薯4000亩。种植党参、黄芪694.78亩，收益农户201户（其中建档立卡户143户）；种植辣椒、娃娃菜、洋葱、设施农业1764.5亩，收益农户536户（其中建档立卡户201户）；种植金丝皇菊227.58亩，受益建档立卡户130户。通过牛羊到户奖补项目，共引进良种牛164只，受益户164户，奖补资金130.6万元；引进良种羊81只，受益户9户，奖补资金6.6万元。完成良种牛托养150户150头，完成良种羊托养26户234只。

2.就业。输转劳动力19550人次，开展劳动力培训2350人次，累计开展雨露计划培训566人次，晋渭输转36人次，扶贫车间就近促进就业435人次，人均增收达到3000元以上。

3.饮水安全。自2014年以来，共实施自来水入户4474户（其中建档立卡户1325户，占比29.62%），占全镇总户数的93.81%，其中2019年入户145户，安装净水设备2套，水质检测244户，饮水安全比例达到100%。

4.电网改造。全镇12个行政村91个村民小组4769户均接通动力电，实现全覆盖。2个行政村均接通宽带网络，实现宽带网络全覆盖。

5.道路建设。完成通村道路硬化62公里，通村道路硬化实现全覆盖。通社道路116公里，巷道硬化27公里。

【民生保障】

1.义务教育。九年义务教育入学率99.5%，巩固率达到100%。自2013年以来，全镇累计落实薄弱学校改造、行政村幼儿园建设项目31个，项目学校覆盖率100%。累计校舍建筑面积6434.87平方米，校园硬化42597平方米，维修加固4228平方米，围墙997米，项目资金落地2446.19万元。全面落实资助政策，全镇2019年从学前到高等教育各类学生资助享受1800多人次，到人到户资助累计资金94.77万元。2014年以来，全镇各类学生资助累计2.11万人次，累计资金1143.98万元。2019年对劝返的3名学生做到动态监管，常态督查。

2.医疗保障。2019年度应参保人数18501人，参保人数18109人，参保率97.88%，建档立卡参保率100%。完成医疗保险资助工作，其中特困供养61人13420元；孤儿3人660元；一类低保94人20680元；二类、三类、四类低保2135人152820元；城镇低保29人1740元；建档立卡户5025人301500元；计划生育两户741人163020元。全面开展健康扶贫及慢性“四病”签约工作，12个村卫生室均配备了1名合格村医和1名健康专干，共办理慢性病卡1445人次，其中建档立卡户662人次；2013年以来共计补偿1136人次补偿1484698.24元。按照一站式结算进行补偿，共计补偿103人10873.82元；签约慢性“四病”1839人；积极开展家庭医生“4+1”联包签约服务，建档立卡贫困人口签约5835人，签约率100%；对因病致贫人口落实送医上门、健康教育及政策宣讲等帮扶措施556人次。

3.养老保险。城乡居民基本养老保险应参保人数为9420人，实参保人数为8954人，综合参保率95.05%。其中建档立卡贫困人口参保3460人，建档立卡贫困人口参保率100%。

4.低保兜底。全面落实农村居民最低生活保障政策，现有农村低保480户1558人（其中一类保障对象50户94人，二类保障对象219户664人，三类保障对象165户621人，四类保障对象46户179人），其中兜底保障对象334户823人，农村特困供养65户65人。纳入建档立卡的农村低保对象191户639人（其中一类32户66人，二类80户259人，三类61户238人，四类18户76人），纳入建档立卡的农村特困供养对象4户4人，实现了应保尽保。

【社会治理创新】严密开展摸排，全面掌握黑恶势力违法犯罪线索，对黑恶势力及时、精准、有效打击。贯彻落实党的宗教工作基本方针，充分发挥宗教界人士在经济社会发展中的积极作用。渭源县第二十三次“民族团结宣传进步月”活动在三河口村顺利开展。依法治理信访突出问题。加强应急管理体系建设，应急救援和防灾减灾能力显著提高。严格执行中央八项规定及省市县委相关规定。自觉接受镇人大的依法监督。

【“放管服”改革】推动简政放权，在路园镇政务服务大厅配备触摸查询机1台，方便办事群众，12个行政村全覆盖建立便民服务站规范运行。2019年共为群众办理事务2500余件，全面推行“前台综合受理、后台分类审批、同一窗口出件”服务模式。改进和加强领导干部信访接待工作，电子民生平台规范运转，办理各类民生事项213件次。

【村情概况】

双轮磨村：位于路园镇镇区，全村土地确权前有耕地6319亩，人均耕地面积2.0亩，其中需灌溉的耕地有4500多亩。辖10个村民小组788户3215人。全村农民人均可支配收入8541.98元，贫困户人均可支配收入5783.59元。

峪岭村：位于路园镇北部，距镇政府1公里，耕地4304亩，人均2.56亩。全村辖6个村民小组442户1781人，2018年全村农民人均可支配收入7133.52元，贫困户人均可支配收入3943元。

锹甲铺村：位于路园镇西部，全村辖6个村民小组305户1306人。耕地2430亩，人均1.9亩。全村居民人均可支配收入8560.71元，贫困人口人均可支配收入5733.64元。

大路村：位于路园镇西部，310国道穿境而过，距镇政府1公里，距县城7公里，耕地面积3345.46亩，人均1.59亩。全村511户2126人。2019年全村农民人均可支配收入9931.65元，贫困户人均可支配收入6391.02元。

胜利村：位于镇东部3公里处，距县城13公里，全村辖4个村民小组350户1450人，全村有耕地2809亩，人均耕地面积1.9亩。有效灌溉面积938亩。

三河口村：位于镇东部，距镇政府7公里，全村耕地面积3183亩，人均1.35亩。全村辖6个村民小组535户2469人。全村农民人均可支配收入8453元，贫困户人均可支配收入3978元。

小园子村：位于镇东南部，距镇政府4公里，距县城7公里，全村辖7个村民小组382户1375人，耕地面积6131.51亩。

王家山村：位于镇北部，距镇政府8公里，距县城10公里，全村辖11个村民小组245户1069人。耕地4800亩，人均4.5亩。全村农民人均可支配收入8666.01元，贫困户人均可支配收入5008.9元。

东湾村：位于镇西北部，距镇政府6公里，距县城7公里，辖9个村民小组311户1262人，耕地面积3022亩，人均2.4亩。

陆家湾村：位于镇西南部，距镇政府8公里。全村辖7个村民小组248户1008人，耕地3296亩，人均3.3亩。农民收入以种植业和养殖业为主，主要种植作物有中药材、马铃薯、蚕豆、小麦；养殖业以肉羊为主。全村农民人均纯收入9013.30元。

潘家岔村：全村辖6个村民小组210户910人，全村有耕地2429亩，人均耕地面积2.7亩。全村农民人均可支配收入7255.68元，贫困户人均可支配收入4300.88元。

盛家坪村：位于镇西南部，距镇政府5公里，全村辖11个村民小组438户1830人；耕地面积4826亩，人均2.61亩。农民收入主要以玉米、中药材、马铃薯种植和劳务输出为主。全村农民人均可支配收入8934.58元，贫困户人均可支配收入5933.97元。

【领导名录】

党委书记：杜映辉

人大主席：赵国应（11月止）、蒲永亮（11月任）

党委副书记、镇长：王东奎

党委副书记：刘文轩

纪委书记：崔婧（女）

副镇长：马莉娜（女）、梁建文、王永新

武装部长：康继龙

党建办主任：张建国

人大副主席：谢秀红（女）

司法所所长：邓渭君

计生办主任：张芳芳（女）

执法所所长：黎得平

执法所副所长：蒋保平

扶贫工作站站长：乔红桃（女）

农路所副所长：张永瑞

综治办副主任：余雄雄

民政站站长：卜登辉

市场监管所副所长：朱含章

（供稿：王艺喆）

莲峰镇

【概况】莲峰镇位于渭源县东南部，东接陇西县，南部与莲峰林场和漳县相连，西与锹峪镇毗邻，北与路园镇接壤。镇域南北长23公里，东西宽17公里，总面积约145平方公里。镇政府驻莲峰镇下街村，距县城25公里。全镇共辖23个村177个社11240户43378人。全镇总劳动力

26640人。粮食作物播种面积132516.99亩，其中马铃薯32177.36亩、经济作物52254.88亩（中药材面积达52184.88亩）。

【脱贫攻坚】2013年底全镇共有建档立卡贫困村10个，建档立卡贫困人口3230户13665人，贫困发生率为31.5%。2019年底，10个建档立卡贫困村中有9个实现了脱贫退出，贫困村退出率达到90%以上。全镇剩余未脱贫人口55户227人，贫困发生率0.52%。

1.基础设施。解决自来水入户累计达到9827户，入户率88.47%，泉水改造3处，打井1处，饮水安全100%；完成23个社的动力电改造，实现动力电改造全覆盖；新修农村公路71.64公里，全镇通村道路硬化率、通达率均达100%；完成危房改造340户，拨付补助资金811.75万元。全镇通讯信号覆盖率100%，村部通网率100%；开通微博微信平台各1个，成立电子商务服务中心2处，建成村级电子商务服务点21处，物流快递11家，注册运营网店42家，线上线下年销售额达1050万元。

2.富民产业。按照“公司+基地+农户”的模式，累计注册种植合作社23家，养殖合作社24家，注册成立种植、养殖、农机专业合作联合合作社3家，镇级农技公司1家；发展收购贩运户375户，个体中药材加工大户35户，种植中药材4.8万亩；完成劳务输转1.1万人次。

3.金融扶贫。累计发放精准扶贫专项贷款2625户13125万元。精准扶贫专项贷款到期回收12303.549万元，回收率为93.74%。互助增信贷款到期回收3976.46万元，回收率为98.68%。

【产业发展】

1.推动主导产业转型升级。2019年，引进良种牛434头，补贴金额342.1万元，引进良种羊278只，补贴金额14.9万元；对有养殖意愿但无能力养殖的农户进行托养（牛263户、羊38户），每户每年收益1000元。何家湾村种植黄芪765.46亩，受益农户214户（其中建档立卡户15户）；元明村种植高原夏菜579.7亩，受益贫困户89户；菜子坡村、下寨村、古迹坪村种植紫花苜蓿729.7亩，受益贫困户231户；老庄村种植玫瑰32亩，受益农户12户（其中建档立卡户10户）。

2.规范合作社带贫增效。全镇3230户贫困户均加入了种植、养殖、农机专业合作社，所得效益按比例进行保底分配，确保稳定脱贫。

3.发展壮大村集体经济。2019年，通过土地经营模式，共出租社留地528.5亩，实现村集体收入3.32万元。通过产业带动模式，建设村级光伏电站10处，实现村集体收入65.98万元；到2019年底全镇实现所有村集体经济收入3万元以上。

【城乡建设与环境保护】编制完成《渭源县莲峰镇总体规划（2017—2030年）》。美丽乡村建设以首阳村、石门村、古迹坪村、蒲河村、元明村、张家滩村、坡儿村、团结村、老庄村、绽坡村、何家湾村11个村为示范点，率先建设成首阳乡村旅游新型农村社区。扎实开展“厕所革命”，在团结村、绽坡村修建卫生厕所802座，在团结村、绽坡村、上街村、下街村修建了公厕。清理莲峰河、蒲川河流域河道15公里；发放各类宣传资料200余份，开展大型宣传活动3场次，设置大小环境保护警示牌24个；拆除无保护价值的残垣断壁及废旧圈舍380余处，督查群众拆除粪堆、草垛1000多处。确定总河长2名，镇级河长9名，村级河长42名，选定河道巡查员21名，河道保洁员42名，对全镇21个村8条河实行包片包段包清理和定期清扫责任制。突出整治重点，先后组织干部群众8200多人次开展整治活动36余次，出动铲车240台次，清运垃圾10000多立方米，清扫村社道路200多公里，依法强制拆除乱搭乱建1处，拆除乱搭乱建30余处，整治垃圾、柴草堆、粪堆零散堆放点1000余处。加强环境卫生督查、评比、暗访、曝光和问责力度，制作环境卫生公示榜，每月评比、公示、通报，形成了全域无垃圾整治督查评比常态化。加大拆旧复垦力度，拆除废旧宅基地、危旧房200余处。发动公益性岗位对村道及社道两旁的杂草进行割除清理，宣传发动群众整齐堆放秸秆、柴草、农机具等生产生活资料。

【社会事业】全镇共有学校25所，其中高中1所，独立初中2所，独立幼儿园2所，六年制小学20所；学前儿童入学率100%。建成村级文化广场23个，相应配备各类体育健身器材300余件，成立村级图书室23个。卫生院2个，村卫生室23个，医护人员60余人，年内门诊就诊人数58216人（次），住院人数2369人（次）。参加2020年城乡居民医疗保险38533人，收缴医疗保险金9633250元，城乡居民医疗保险参保率95.3%；参加城乡居民基本养老保险28281人，年内收缴养老保险费317.58万元，城乡居民基本养老保险续保率93%以上，为6862人累计发放养老金8990326.18元，发放率100%。

【民生保障】2019年底，各类民政救助共计8092余人次，占总人口的18.2%，共计发放资金1545.5202万元。其中农村低保1262户3722人，发放资金978.6594万元；城乡特困供养243户243人，发放资金163.9158万元；城镇低保17户33人，发放资金22.312万元；残疾人“两项补贴”815人，发放资金57.586万元；享受经济困难老年人补贴118人，发放资金17.4万元；孤儿8户9人，发放资金8.8万元；申请临时救助共计747户3152人，发放资金296.847万元，其中享受大学生临时救助479户2147人，申请“救急难”10户28人，发放资金7.2499万元。

【村情概况】

簸箕湾村：位于莲峰镇东南部，距镇政府8公里，南与漳县三岔镇接壤，东与陇西县碧岩镇比邻，西与莲峰镇菜子坡村相连，北与莲峰镇下寨村相接。全村辖4个村民小组230户1028人，有耕地4467.92亩（土地确权面积），人均4.26亩；有林地5891.2亩，人均5.62亩。农民收入主要以中药材、蚕豆、马铃薯种植、畜牧养殖和劳务输转为主。

菜子坡村：全村辖7个村民小组342户1527人，其中外出务工人员450余人，常住人口1100余人。

岔口村：位于莲峰镇西南部，距镇区5公里。全村辖13个村民小组570户2448人，耕地面积5999亩，人均2.56亩。

古迹坪村：位于莲峰镇西南部，全村辖6个村民小组472户1825人，农民收入主要以中药材、蚕豆、马铃薯种植、畜牧养殖和劳务输转为主。

何家湾村：位于莲峰镇西南部，距镇政府3公里。耕地面积2805亩，林地293亩。全村辖7个村民小组417户1761人。

孔家坪村：位于莲峰村西南部，距镇区4公里。耕地面积3207.91亩，林地45亩。全村辖4个村民小组289户1270人。

老庄村：位于莲峰镇北部，蒲川河中游，西五公路穿村而过，交通便利。距县城25公里，距镇政府7公里。耕地面积5082亩，林地347.85亩。全村辖12个村民小组549户2302人。

刘营村：位于莲峰镇西北部蒲川河中游，距镇政府10公里，西五公路通过，交通较为便利。耕地3790亩，海拔2060米，年降水量约800毫米，无霜期150天。粮食作物以中药材、小麦、马铃薯为主，盛产党参、黄芪等经济作物。

坡儿村：位于莲峰镇政府南部，距镇政府3公里，面积12平方公里，海拔2100米。全村辖有9个村民小组437户1841人。耕地面积3866亩，人均耕地2.09亩，主要种植黄芪、玉米、马铃薯、蚕豆等农作物。境内有全县爱国主义教育基地——坡儿红军烈士陵园。

蒲河村：位于莲峰镇西南部，总面积8平方公里，距县城26公里。全村辖8个村民小组625户2476人，耕地面积4321.5亩，人均1.74亩。

上街村：位于莲峰镇区，全村辖8个村民小组572户2402人。

石门村：位于莲峰镇西北部，黑天旅游公路穿村而过，交通较为便利。距镇政府20公里，耕地面积2979.38亩，林地7069.6亩（其中退耕还林701亩）。全村辖11个村民小组498户2098人。

天池村：位于莲峰镇西北部，距县城22公里。全村总占地面积14平方公里，有耕地面积8001.3亩。全村辖12个村民小组482户2036人。

下街村：位于莲峰镇政府所在地，自古商贾云集，交通便利。主要以中药材种植及经商为主。全村辖10个村民小组690户2801人，耕地面积3910亩。

下寨村：位于莲峰镇南部，距镇政府所在地5公里，总面积3.2平方公里；耕地面积3052亩，人均1.95亩。全村辖6个村民小组368户1562人。

幸福村：位于莲峰镇北部，距镇政府约3公里，适宜小麦、黄芪、洋芋、大豆、油菜等农作物生长。全村辖4个村民小组412户1786人。耕地3123.09亩，人均1.75亩；林地357亩，人均0.2亩。

选道村：位于莲峰镇西北部，距县城15公里，交通便利，耕地面积3765亩，人均2.05亩；林地面积1208亩，人均0.66亩。经济来源主要以中药材、小麦、油菜、马铃薯、蚕豆、玉米等为主。

杨家咀村：位于莲峰镇东北部，全村辖8个村民小组772户3172人，耕地4680亩，人均1.45亩。经济收入以黄芪等中药材以及外出务工为主。

团结村：位于莲峰镇东北部，罗莲路和西五路在此交汇，交通便利。全村辖6个村民小组667户2906人。

元明村：位于莲峰镇政府西北部，距县城26公里。耕地面积2582亩，人均1.6亩。全村辖6个村民小组409户1627人。

张家滩村：位于莲峰镇西南部，距镇政府7.5公里。耕地面积3616亩，林地2114.6亩。

首阳村：位于莲峰镇南部，全村辖6个村民小组239户942人，耕地面积2482亩，林地1114.6亩。

绽坡村：全村辖6个村民小组464户2020人。耕地面积3682亩，人均1.8亩，有林地155.7亩，草地158.1亩。全村6个社实现自来水全覆盖。动力电到自然村覆盖率100%。通村、社道路全部硬化。

【领导名录】

党委书记：张平义

人大主席：曹彦华（女）

党委副书记、镇长：孙智军

党委副书记：章军

纪委书记：黎明东

副镇长：石睿、汪旺林、石瑞东（4月止）

王成亮（4月任）

武装部长：赵建平

党建办主任：陈刚（4月任）

人大副主席：蒋陆军

市场监督管理所所长：任兴华（4月任）

司法所所长：党小强

民政站站长：徐永天

执法所所长：王宗

计生办主任：李维锋（4月止）、包生明（4月任）

执法所副所长：赵克信

扶贫工作站站长：何喜军

农路所所长：孙永红

综治办专职副主任：杨绑军

市场监管所副所长：王辉

（供稿：王海峰）

北寨镇

【概况】北寨镇地处渭源县东北部，定渭公路和首漫公路穿境而过，全镇以黄土丘陵地貌为主，地势东高西低，常年干旱缺雨，属市级深度贫困乡镇。全镇总面积144.28平方公里，平均海拔2200米，年降水量420.6毫米。辖13个行政村92个村民小组4210户17017人，全镇13个村均为建档立卡贫困村，陈家渠村为深度贫困村。

【脱贫攻坚】 2014年以来，经过多次动态调整后全镇共有建档立卡贫困人口1217户4942人。历年来累计减贫1198户4875人（其中，2014年脱贫258户1083人、2015年脱贫431户1863人、2017年减贫18户71人、2018年减贫207户835人、2019年减贫284户1023人）。2018年退出3个建档立卡贫困村（前进、小寨、盐滩），2019年退出10个建档立卡贫困村（暖阳、马莲、祁坪、阳坡、阳山、郑家川、张家堡、麻地湾、陈家渠、丁家湾）。未脱贫人口19户67人，贫困面由最初的29.04%下降到0.39%，实现全镇整体脱贫摘帽。农村居民人均可支配收入从2013年的3998元达到2019年的8775元；贫困人口人均可支配收入从2013年的2393元达到2019年的5253元。

【民生保障】

1.*改善基础设施条件*。一是农村安全饮水方面，共接通自来水4128户，井水、泉水经鉴定为安全饮水的82户，安全饮水率达到100%，自来水入户率达98%。道路建设方面，全镇共新修村社道路180.24公里（其中硬化57.852公里，砂化122.388公里），2019年实施“畅返不畅”道路10.11公里，全镇13个村通村道路全部实现水泥硬化，全镇92个村民小组全部有通社道路。二是安全住房方面，2013年以来，先后投资1484.08万元实施农村C、D级危房改造966户3181人；完成4039户群众住房鉴定、171户群众住房的特例备案工作；完成2036户群众安全住房的挂牌工作；完成2009年至2019年1419户危房改造户的一户一档档案资料整理。三是易地扶贫搬迁方面，2014年前进、阳山村易地搬迁82套住宅工程及基础设施建设已全面完成建设任务并入住；2015年郑家川、盐滩、张家堡3村易地搬迁集中安置83套住宅工程及配套的道路工程已完成建设任务并入住；2015年易地搬迁进城安置110户专项补助资金366.4万元；2018年投资1006.6万元实施易地扶贫搬迁49户，搬迁入住率为100%，拆旧复垦完成30户，拆旧复垦率为61%。四是网络建设方面，全镇13个村均接通宽带网络，实现宽带网络全覆盖；农户接通互联网1652户。五是动力电改造方面，全镇13个行政村92个村民小组4210户均接通动力电，实现全覆盖，并且能够满足群众正常生产生活需求。六是人居环境改善提升方面，制定出台《北寨镇农村人居环境整治网格化管理制度》和《公益性岗位人员绩效考核办法》，将桥子沟垃圾堆积和秦祁河两岸乱搭乱建、垃圾倾倒、生活污水排放等问题作为全域无垃圾综合整治现阶段工作的重中之重，先后下达限期整改通知书50余份，投入资金5万余元，组织干部群众3000余人次，出动挖掘机、装载机129台次、翻斗车120辆次，集中整治污染水域8公里，清理河道垃圾230余吨，拆除违法建筑30多处，彻底清除陈年、死角垃圾，全镇农村人居环境明显得到了改善。

2.*提升公共服务水平*。一是义务教育保障方面，2013年来教育扶贫涉及1854人，其中学前295人、义务教育895人、高中88人、省内中职高职及以上584人。学前三年毛入园率、九年义务教育巩固率、高中阶段毛入学率分别达到100%、100%、96.7%；全面落实教育扶贫各项政策，为全镇295名入园幼儿发放保教费，为895名建档立卡义务教育阶段学生免除学杂费和书本费，为88名建档立卡普通高中在校生免除学杂费，为品学兼优、家庭经济困难的每年发放2000元助学金，为584名建档立卡中职在校生享受雨露计划培训补助资金每生3000元。二是医疗保障方面，积极推行家庭医生“4+1”联包签约服务、城乡居民医疗保险整合等改革措施，13个村卫生室达到标准要求，群众就医报销比率提高到96%；2019年参合人口17014人，参合率达到98.7%，为特殊困难群体落实新农合减免政策7798人64.89万元，建档立卡贫困户参合率达到了100%。三是基本养老保险方面，全镇养老保险参保7046人，异地参保106人，参保率达98.6%，其中建档立卡贫困人口参保2964人，建档立卡贫困人口参保率达100%。四是低保兜底方面，全面落实农村居民最低生活保障政策，现有农村低保469户1353人，特困供养101户104人，低保面7.95%；其中兜底保障对象300户730人（其中，一类51户82人，二类249户648人）；纳入建档立卡的农村低保对象221户674人（其中，一类29户52人，二类128户353人，三类42户151人，四类20户104人），纳入建档立卡的特困供养对象12户13人，实现了应保尽保。五是就业扶贫方面，劳动力输转19903人次，开展劳动力培训1758人次，扶贫车间就近就业510人次，人均增收达到3000元以上。

【产业发展】

1.做大做强传统优势产业。严格按照人均5000元，户均2万元，最多不超过3万元的原则，落实扶贫产业带动和到户产业以奖代补政策，实现建档立卡未脱贫人口产业发展全覆盖。2019年第一批财政专项扶贫资金种植业扶贫项目落实财政扶贫资金269.79万元，受益建档立卡贫困户978户3423人；养殖业贷款暨财政奖补资金产业到户项目受益建档立卡贫困户163户，其中106户贫困户引进良种牛106头，57户贫困户引进良种羊513只，落实奖补资金117.7万元。全镇良种牛托养300户300头，良种羊托养10户90只，落实财政奖补资金共计403万元。规范农民专业合作社运行，对全镇134家农民专业合作社跟踪指导，加强监督，现有规范运营的合作社111家。2019年全镇13个农民专业合作社落实养殖奖补项目，为全镇106户贫困户发放牛106头，为57户贫困户发放羊513只，户均年增收8000元以上。建立蔬菜种植基地582亩、党参种植基地675亩、马铃薯种植基地610亩、中药材种植基地720亩，4个种植基地带动全镇978户建档立卡户，户均年增收5000元以上。

2.稳固提升集体经济。发展村级经济实体13个，通过欧美同学会、各帮扶单位帮扶、广泛吸收社会资本投资，不断发展壮大村级集体经济。完成小寨、丁家湾、前进3个村级光伏电站并入光伏园区建设项目，村级集体经济收益5万元以上；建成郑家川村、盐滩村、张家堡村村级光伏电站项目，村级集体经济收益5万元以上。2018年以来，补助资金140万元，新建村级光伏电站7个，装机规模2107千瓦，实现村级集体经济收益达5万元以上，高标准完成陈家渠村省管党费30万补助发展村级集体经济项目，按照每年6000元标准收益。

【村情概况】

前进村：耕地面积3612亩，人均1.71亩，退耕还林面积2500亩，全村辖7个村民小组510户2109人。

张家堡村：全村辖7个村民小组284户1174人，耕地面积4717亩（其中退耕面积2391亩），人均耕地面积4.018亩。农作物主要以中药材、玉米、马铃薯为主，马铃薯和劳务输出为两大主导产业。村内通社道路及巷道实现水泥硬化，首漫公路通过。

阳山村：全村辖7个村民小组242户1025人。耕地面积3304亩。主导产业为中药材种植，种植面积610亩。全村党员45名，其中女党员5名，下设党小组2个，入党积极分子3名。

阳坡村：全村辖7个村民小组234户926人。党支部1个，党小组2个，党员30名，其中女党员3名。新建标准化村级卫生室1所，有专职村医1名。耕地1854亩，退耕1861亩，人均耕地2.0亩。

暖阳村：全村辖6个村民小组260户1006人。耕地3162亩，退耕1244亩，人均耕地3.15亩。农作物主要以中药材、玉米、马铃薯为主，经济收入主要以种养业及务工收入为主。

麻地湾村：全村辖9个村民小组411户1655人。

丁家湾村：全村辖5个村民小组262户1102人，耕地面积5495.33亩，全部为山地，人均占有耕地5.38亩，退耕还林面积2773亩。党员42名，其中女党员7名。

小寨村：全村耕地面积7396亩，退耕还林面积2462亩。辖10个村民小组411户1753人，小寨村以传统的种养业和劳务输转为主，种植业以马铃薯、玉米为主，养殖业以养羊、养牛为主。

盐滩村：位于北寨镇东南部，距离镇政府4公里，辖区面积12.6平方公里，耕地5375亩（其中退耕还林1574亩）。全村辖7个社431户1743人。村级卫生室1所，专职村医1名。村内首漫公路通过。

祁坪村：位于北寨镇南部，耕地面积4585亩（退耕还林1238亩），全村辖8个村民小组359户1458人，属建档立卡贫困村。党支部1个，党小组3个，党员39名（其中女党员4名）。新建村级卫生室1所，专职村医1名。农作物主要以中药材、玉米、马铃薯为主，经济收入主要以种养业及务工收入为主。

郑家川村：位于北寨镇东南部，东接陇西福星乡、南临陇西双泉乡，西、北部分别与阳山村、盐滩村相连，首漫路穿境而过，交通便利，距镇区10公里。全村辖7个村民小组315户1187人，常住人口1087人。耕地面积4140亩（其中退耕还林1473亩）。农作物种植主要以中药材、玉米、马铃薯、蔬菜为主。党支部下设2个党小组，党员44人，其中女党员5人。

马莲村：属建档立卡贫困村，位于北寨镇南部，定渭公路、朱韩公路穿境而过，地势东高西低。总面积8平方公里，是典型的北部干旱山区。全村辖7个村民小组194户732人。主要农作物有中药材、玉米、马铃薯、蚕豆等。2013年纳入建档立卡贫困村。2019年低保户23户54人。全村劳动力400余人。2019年新建村级卫生室一所。全村共有建档立卡贫困户有62户225人。2014—2019年共脱贫61户222人，贫困发生率0.4%。2019年底实现整村脱贫摘帽。

陈家渠村：全村耕地2590亩，退耕还林1406亩。全村辖5个村民小组271户1147人。

【领导名录】

党委书记：张海波

人大主席：柴原

党委副书记、镇长：张吉林

党委副书记：乔学君

纪委书记：吴小强

副镇长：庞永强、王煜、何建林

武装部长：袁黎伟

党建办主任：王小龙

司法所所长：张旭鹤

计生办主任：李伟锋

执法所所长：张继明

执法所副所长：张晓帆

扶贫工作站站长：王军

农路所副所长：纪燕玲（女）

综治办副主任：王建强

民政站站长：司淑珍（女）

市场监管所副所长：王建军

市场监管所副所长：席建国

（供稿：李亮）

大安乡

【概况】大安乡位于渭源县东北部，东接陇西县，北连安定区，西依秦祁乡，南邻北寨镇，南北长16公里，东西宽15公里，总面积131平方公里，属典型的北部干旱山区。最高海拔2531米，最低海拔2231米，有耕地面积51747亩，人均占有耕地4亩，退耕还林面积32500亩。全乡辖10个行政村68个村民小组，共有农业人口3020户12697人，为全省深度贫困乡镇，全乡10个村均为建档立卡贫困村，其中杜家铺村、井儿山村为深度贫困村。

【脱贫攻坚】全乡有建档立卡贫困村10个。

2019年，井儿山、大石岔、方家庄等9个村通过脱贫验收退出，贫困村退出率达到90%，实现了整乡脱贫。全乡建档立卡贫困人口1088户4390人，累计减贫1070户4305人，其中2014年脱贫283户1214人、2017年脱贫56户241人、2018年脱贫286户1211人、2019年脱贫445户1639人，其中兜底脱贫199户555人，现有未脱贫人口18户85人，贫困发生率从2013年的34.58%下降到0.67%。农村居民人均纯收入为9698.4元，贫困人口人均纯收入为7866元。

【产业发展】

1. 畜牧业。引进榆中稼鸿养殖公司投资1500万元，建成大安乡陇玥饲草加工厂和肉羊回购点，羊存栏2500只；按照“龙头企业+合作社+贫困户”的模式，以10个村养殖合作社为依托，带动贫困户扩大养殖规模，全乡羊存栏量达到2万只以上，牛存栏量达到2400头以上。以强顺养殖专业合作社为示范，在杜家铺村、井儿山村、邱家川村建成肉牛养殖小区3个，带动3个村建档立卡贫困户增加收入。

2. 传统种植业。在大涝子村、大石岔村、井儿山村、方家庄村建立308亩集中连片党参产业示范基地；在杜家铺村建立100亩集中连片黄芪产业示范基地；在潘家湾村、方家庄村、杜家铺村建立246亩集中连片马铃薯产业示范基地。

3. 光伏产业。光伏电站建设在10个村实现全覆盖，2019年累计实现收益108.3万元。在加强对84名公益性岗位人员和80名生态护林人员实行划片包干、绩效考评、网格化管理基础上，按照村集体经济收入分配办法，开发村级公益性岗位219个，实现家门口就业，户均增收3000～8000元。

4. 村集体经济。正常运营的农民专业合作组织47家，通过东西部协作资金、帮扶单位帮建资金，坚持“龙头企业+合作社+农户”模式，不断发展壮大村级集体经济，全乡10个村全部实现村级集体经济收益5万元以上。

【民生保障】2019年，农村居民人均纯收入为9698.4元，贫困人口人均纯收入为7866元。自来水入户率达到97.25%，其中建档立卡户安全饮水率达到100%，水量水质全部达标。共有6～15周岁适龄学生1192人，全部接受九年义务教育，无辍学学生。医疗保险参保率为98.79%，其中建档立卡贫困人口为100%。全乡参加城乡居民养老保险贫困人口3319人，实参加3319人，实现基本养老保险全覆盖。累计完成危房改造943户，完成灾后重建63户，完成易地搬迁561户。全乡10个村都有通村硬化道路，68个社12697户均接通动力电，实现全覆盖。将符合最低生活保障条件的316户984人全部纳入最低生活保障范围，其中一类低保54户105人，二类低保150户481人，三四类低保112户398人，做到应保尽保。

【项目建设】共争取项目资金2086.5万元，占全年任务1500万元的139.1%；完成项目前期编制7个，其中500万元以上项目2个；完成前期审批6个，其中500万元以上1个。壮大村集体经济项目9个，总投资648万元；实施2018年易地扶贫搬迁续建项目，总投资3800多万元，全面竣工并全部搬迁入住；新建大安乡中心敬老院1所，建筑面积2000平方米，总投资537万元；文化广场建设项目2个，总投资80万元；道路工程建设项目4个，硬化道路10.2公里，修建护坡2公里，总投资621万元；绿化、亮化、环境整治和基础条件改善项目6个，总投资200.5万元。完成固定资产投资7837万元，完成招商引资1618万元，均超额完成了县政府年初下达的指标任务。

【社会治理】全面推行驻村办公，民事代办制度，为群众解决急事难事319件、化解各类矛盾纠纷41起。严格落实农村红白喜事聚餐备案制度，各村共申报集体聚餐19起。全面排查整治各类安全隐患，发送安全信息常识62条，张贴横幅17条，设置危险路段警示标志23块，发放安全生产知识读本3000多本。排摸上报扫黑除恶线索7条，上级交办核查2条，共排查各类矛盾纠纷

27起，调处27起。排查入赘家庭70户。立治安案件16件，结案16件。利用“6.3”国际禁烟日和“6.26”国际禁毒日，开展禁毒警示教育3场次，发放宣传资料1000余份、悬挂横幅12条。

【生态保护】完成面山绿化1800亩，栽植云杉5.8万株；完成10个村道路绿化57公里，栽植速生柳1000株，栽植樟子松1000株，栽植杏树12万株。开展“4·22”世界地球日宣传教育活动。大涝子村不稳定边坡治理项目有序推进。实施拆旧复垦土地增减挂钩补助项目，完成复垦83亩。投资217万元在大涝子村建设垃圾低温热解处理站1处。

【驻村帮扶工作队】全乡共有10支驻村帮扶工作队，成员41人，其中省直单位选派23人，县直单位选派7人，乡镇选派11人。全乡共有帮扶单位6个，其中省直单位4个，县直单位2个。兰州财经大学帮扶5个村，省财政厅帮扶2个村，省政府研究室帮扶2个村，中石化甘肃石油分公司帮扶1个村，县委办公室、县发展和改革局各帮扶1个村。共有各级帮扶干部399名，对接帮扶建档立卡贫困户1088户，其中县级以上单位帮扶干部314人对接帮扶贫困户701户，乡政府及乡属单位干部85人对接帮扶贫困户387户，实现对建档立卡贫困户全覆盖。各级帮扶单位共协调各类帮扶资金1580万元，用于全乡脱贫攻坚工作。

【村情概况】

中庄村：位于大安乡政府东北部，总面积13.6平方公里。全村辖9个村民小组443户1704人。耕地7744亩，退耕还林面积4400亩，人均占有耕地4.5亩。党支部1个，党员51名，乡人大代表4名。

杜家铺村：位于大安乡政府东部，总面积16.7平方公里，平均海拔在2300米左右。全村辖12个村民小组461户1921人。耕地面积8836亩，退耕还林5851亩，人均占有耕地4.6亩。党支部1个，党员72名，市人大代表1名，乡人大代表2名。

方家庄村：位于大安乡政府东南部，总面积9平方公里。全村辖5个村民小组216户990人。耕地面积5749亩，退耕还林面积2340亩，人均占有耕地5.8亩。党支部1个，党员32名，县人大代表1名，乡人大代表2名。

张家川村：位于大安乡政府北部，总面积15.5平方公里。全村辖6个村民小组248户1069人。耕地面积5195亩，退耕还林面积2600亩，人均占有耕地4.9亩。党支部1个，党员36名，乡级人大代表2名。

潘家湾村：位于大安乡政府北部，总面积13.2平方公里。耕地面积6165亩，退耕还林面积3980亩，人均占有耕地4.4亩。党支部1个，党员49名，乡级人大代表1名。

红堡子村：位于大安乡政府南部，总面积13.6平方公里。全村辖6个村民小组225户994人。耕地面积4848亩，退耕还林面积3042.7亩，人均占有耕地4.9亩。党支部1个，党员43名，县人大代表1名，乡人大代表2名。

邱家川村：位于大安乡政府西南部，总面积6.5平方公里。全村辖6个村民小组204户968人。耕地面积2989亩，退耕还林面积2056亩，人均占有耕地3.1亩。党支部1个，党员25名，乡人大代表3名。

井儿山村：位于大安乡政府西南部，总面积10.3平方公里。全村辖6个村民小组217户918人。耕地面积4399亩，退耕还林面积2175亩，人均占有耕地5.1亩。党支部1个，党员37名，乡人大代表2名。

大石岔村：位于乡政府西部，总面积12.2平方公里。全村辖7个村民小组366户1554人。耕地面积7156亩，退耕还林面积3203亩，人均占有耕地4.9亩。党支部1个，党员52名，乡人大代表3名。

大涝子村：位于乡政府所在地，总面积14.7平方公里。全村辖7个村民小组314户1194人。耕地面积4534亩，其中退耕还林2898亩，人均占有耕地3.7亩。党支部1个，党员45名，县人大代表1名，乡人大代表3名。

【领导名录】

党委书记：李陆军

人大主席：韩金平

党委副书记、乡长：孙宏军

党委副书记：王彦军（4月止）、石瑞东（4月任）

纪委书记：谢顺平

人武部部长：王涛（8月止）、张学俭（8月任）

政府副乡长：苏建兵（4月止）、王海军

善勇（4月任）

司法所所长：赵强

综治办副主任：彭龙

执法所副所长：李虎

民政站站长：杨海燕（女，7月止）、任海霞（女，7月任）

农路所所长：魏军平

扶贫工作站站长：段瑞峰（8月任）

乡计生站主任：王科荣（8月任）

（供稿：曾彦军）

秦祁乡

【概况】秦祁乡地处渭源县北部，西面与临洮县连儿湾乡接壤，北面与临洮县漫洼乡、安定区内官营镇相邻，距渭源县城47公里。境内地势西北高，东南低，山多沟深，东西长18公里，南北宽17公里。土壤瘠薄，植被稀少，境内有秦祁河穿过，秦祁乡以此河而得名。耕地面积4.06万亩，人均占有耕地4.09亩，退耕还林面积2.85万亩，人均退耕还林面积2.87亩。辖11个行政村64个村民小组，农业人口2348户9907人。秦祁乡是渭源县贫困面最大的乡，也是全省40个特困乡之一。

【脱贫攻坚】全乡共有建档立卡贫困村5个，建档立卡贫困人口1000户4033人，贫困发生率40.7%。2018年退出贫困村1个（铜钱村），剩余贫困人口527户2051人，贫困发生率下降至20.7%。2019年，经市县验收退出贫困村3个（杨川村、糜川村、中坪村）483户1880人。全乡累计减贫955户3851人，贫困发生率下降至1.74%。剩余未退出贫困村1个（白土坡村），未脱贫人口45户182人（2019年新识别1户3人）。

【产业发展】

1.种植业。建成杨川、白土坡、武家山850亩富硒蔬菜产业基地1个，中坪村、秦祁村千亩地膜党参种植基地1个，芨芨沟村马铃薯繁育基地1个，西坪村、豹子沟村千亩黑膜马铃薯种植基地和双膜沟播蚕豆种植基地。在杨川村建成200亩的速生核桃经济林，在武家山建成400亩的啤特果基地，糜川村新建100亩的啤特果种植基地。在铜钱村、杨川村引进钙果树苗3.3万株，试验种植33亩。通过项目辐射带动，全乡完成旱作农业种植3万亩（其中黑膜蚕豆6000亩，全膜玉米18000亩，地膜党参1000亩，黑膜马铃薯5000亩）。

2.养殖业。投资546.99万元，为358户贫困群众引进基础母牛302头、良种羊504只。完成253户农户进行养殖业产业到户项目良种牛、羊托养。全乡现存栏牛2700多头，存栏羊1.4万余只，养殖业户均净收入达到4500元。

3.就业。积极拓展就业渠道，实行产业扶贫和就业扶贫措施，安排村级公益性岗位81名，户均年增收6000元，安排生态护林员113名，户均年增收7000元。

4.村级集体经济。杨川村通过灌溉机井水费收益和东西部协作光伏收益，2019年村级集体经济收入8.9587万元。中坪村依托省委组织部支持大学生村官发展产业项目和冷链车租金以及朝阳养殖合作社收益、村级光伏分红等，2019年村级集体经济收入达到4.0151万元。白土坡村利用党费支持收益、光伏发电分红、蔬菜产业分红及冷链车出租等，2019年村级集体经济收入达到4.6837万元。糜川村通过旧村部出租和光伏收益，2019年村级集体经济收入达到3.597万元；铜钱村通过光伏分红等，2019年集体经济收入达到11.64万元；其他6个非贫困村也积极利用本村优势，增加村级集体经济。全乡11个村的村级集体经济都稳定超过3.5万元。

5.特色产业发展。依托引洮灌区工程，引进渭源县鑫大地春农业科技发展有限公司，在杨川村建设500亩蔬菜产业园，辐射带动周边村种植蔬菜850亩，带领全乡群众走出一条干旱贫困山区脱贫致富的路子，2019年带动贫困户178户，户均年增收1.1万元。兰州大学为杨川村、糜川村协调打机井2眼，解决两个村发展高原夏菜、设施农业缺水的困难。在豹子沟村建设提灌工程发展节水滴灌中药材产业基地500亩，带动贫困户350户。

【民生保障】

1.饮水安全。投资544.76万元，为1849户农户接通了自来水，其中建档立卡户972户，并配备水管员11名，完成水质检测，安全饮水率100%。

2.义务教育。全乡有需求贫困村幼儿园覆盖面达到100%，学前三年毛入园率达到100%，九年义务教育阶段巩固率达到100%。全乡义务教育阶段适龄学生均有学上，无一人辍学，义务教育阶段符合资助政策条件的学生均享受“两免一补”和“营养餐”资助政策。

3.农网改造。投资2129.98万元，为全乡64个自然村升级改造动力电，实现动力电全覆盖。

4.道路建设。累计投资6634.71万元，完成硬化道路38条135.855公里，砂化道路8条24.81公里，行政村通畅率达到100%。

5.危房改造。累计投入资金980.74万元，完成农村危房改造577户，其中建档立卡户318户（投入资金594.01万元）；实施易地扶贫搬迁387户（其中“十二五”期间224户，“十三五”期间163户），并全面落实补贴资金3828.06万元，群众住房条件全面改善，全乡农户安全住房率达到100%。

6.人居环境。完成总投资28.8万元的秦祁乡中坪村清洁村庄项目。秦祁乡垃圾低温磁化热解站项目建成正常运行。

7.民政社保。全乡城乡居民养老保险参保率95%，其中建档立卡贫困人口参保率100%；城乡居民医疗保险参保率98%，其中建档立卡贫困人口参保率100%；无社保卡人员信息采集率100%。完成五保户集中供养，入住敬老院老人6人。

【社会治理创新】

1.平安建设。扫黑除恶专项斗争共收到举报线索6条，排摸问题线索2条。对村“两委”干部进行联审，净化村社班子。

2.信访工作。进一步加大电子信访案件和民生平台办理力度，充分运用便民服务中心和电子民生平台，完善信访接待制度，共接待群众来访79人次，调处民事纠纷15起。电子民生平台共办理各类民生事项142件次，按时办结率为100%，回复率为100%，满意率为95.51%。

3.污染防治。坚持全民共治、源头防治，全面整治燃煤散烧、污水排放等，建成垃圾低温焚烧热解站1处，完成燃煤锅炉改造提升3个。

4.安全生产。充分发挥乡村两级安全生产网格员作用，认真做好安全标准化建设、安全技能培训、隐患排查治理、重点行业领域专项治理等重点工作，全年无重大安全生产事故发生。

5.河道管理。全面落实河长制，坚持乡村两级河长周巡河、巡河员日巡河制度，对发现问题立即整改；对河道内非法采砂现象进行严厉打击，查扣车辆1台；平复河道13公里，清理河道内垃圾、杂物20余吨。

6.市场监管。完善制定《秦祁乡食品药品安全应急预案》《秦祁乡食品药品安全监管工作实施方案》《秦祁乡食品药品安全责任追究制度》

等监管制度。联合派出所、执法所、安监站等部门联合专项执法检查8次，依法查处食品药品安全违法经营行为10家，立案10起，结案归档8起。加大对农村自办宴席的监管力度，对超出20人的聚餐和农村自办宴席及时报告并登记备案，现场检查率达100%，并对本辖区从业的流动厨师进行登记、培训并实时监管。

【“放管服”改革】科学设置便民服务劳务、社保、计生窗口，在设岗过程中设A、B岗，全面推行“前台综合受理、后台分类审批、统一窗口出件”服务模式。乡便民服务中心制度公开，政务网延伸到乡便民服务大厅，完成乡政务服务事项与定西市一体化平台对接，实现了“一网通办”。11个村结合驻村帮扶工作队驻村办公，设立村级便民服务中心，开展民事代办工作。

【村情概况】

铜钱村：位于秦祁乡西北部，距乡政府5公里。村内沟壑纵横，梁峁起伏，耕地以山旱地为主。总面积7.2平方公里。主导产业为马铃薯、玉米、大豆等农作物，兼种小杂粮、胡麻及中药材黄芪等经济作物，大多数家庭的收入来源为劳务输出。耕地3300亩，人均耕地4亩，退耕还林1500亩。全村辖5个村民小组182户831人。党支部1个，党员39名。

杨川村：位于秦祁乡东南部，距乡政府7公里，兰渝铁路穿境而过。全村气候冬春多霜雪、夏秋干旱少雨。全村辖4个村民小组269户929人。耕地4421亩，人均耕地4.76亩。粮食作物以马铃薯、玉米为主；经济作物以蔬菜为主。产业以养殖劳务为主。乡人大代表4人，党支部1个，党员52名。

中坪村：位于秦祁乡南部，距乡政府6公里。全村辖5个村民小组235户868人。总面积10.25平方公里，其中耕地3901亩，人均耕地4.4亩。粮食作物以小麦为主；经济作物以党参为主。产业以种植和劳务输转为主。乡人大代表3人，党支部1个，党员31名。

麋川村：位于秦祁乡政府所在地，首漫公路穿境而过，交通便利。全村辖8个村民小组225户826人。总面积6.23平方公里，其中土地确权面积4323.21亩，人均耕地5.23亩。粮食作物以种养殖业为主；经济作物以马铃薯、大豆为主。产业以马铃薯，牛羊为主。县人大代表1人，乡人大代表5人。

白土坡村：位于秦祁乡东南部，距乡政府15公里。全村辖7个村民小组248户1036人。党支部1个，党员50名。耕地4618亩，退耕还林面积3080亩，牧草地面积5317亩。

岗家岔村：位于秦祁乡东南部，距乡政府6公里。全村辖3个村民小组118户387人。耕地2242亩，人均耕地5.3亩。粮食作物以玉米为主；经济作物以马铃薯、中药材为主。产业以种植、养殖为主。乡人大代表2人。党支部1个，党员31名。

秦祁村：位于秦祁乡西北部，距乡政府10公里。全村辖4个村民小组154户646人。耕地2745.8亩，人均耕地4.25亩。粮食作物以玉米为主；经济作物以党参为主。产业以种植业、养殖业和务工为主。党支部1个，党员39名，乡人大代表3人。

西坪村：位于秦祁乡西北部，距乡政府20公里，在建定临高速公路穿村而过，交通便利。全村共4个村民小组156户628人。总面积11.4平方公里，其中耕地2789亩，人均耕地4.44亩。粮食作物以小麦、玉米为主；经济作物以马铃薯为主。乡人大代表3人。党支部1个，党员54名。

茇茇沟村：位于秦祁乡南部，东接北寨镇，南与新寨乡寺坪村相连，西临新寨镇，距乡政府20公里，全村共9个村民小组276户1276人。总面积14.48平方公里，其中耕地4805亩，人均耕地3.76亩。粮食作物以玉米为主；经济作物以党参为主。产业以种植业、养殖业为主。乡人大代表2人，党支部1个，党员35名。

武家山村：位于秦祁乡东南部，距离乡政府

所在地25公里，全村9个村民小组306户1063人，总面积16.6平方公里，耕地面积4976亩，人均耕地4.2亩。粮食主要以小麦，玉米为主；经济作物以大豆、马铃薯为主，产业以种植业、养殖业为主。乡人大代表4人，党支部1个，党员40名。

豹子沟村：位于秦祁乡西北部，距乡政府9公里。全村共6个村民小组245户1045人。总面积10平方公里，其中耕地3541亩，人均耕地3.38亩。粮食作物以马铃薯、玉米、大豆为主。产业以养殖和劳务为主。县人大代表1人。党支部1个，党员46名。

【领导名录】

党委书记：万维

人大主席：黄田平

党委副书记、乡长：吕斌

党委副书记：闫亚军

纪委书记：姚海林

副乡长：刘万鹏、赵毕

武装部长：秦继宗

党建办主任：董文君

计生办主任：罗成虎

综合执法所副所长：徐国正

扶贫工作站站长：漆仲黎

农路所副所长：陆宏兵

综治办副主任：郑玉龙

民政站站长：郸钊

市场监管所副所长：郭莉（女）

（供稿：杨筱）

新寨镇

【概况】新寨镇位于渭源县北部，距县城35公里，朱韩公路穿境而过，南临清源镇，西临庆坪镇、临洮县窑店镇，北接秦祁乡，全镇总面积160平方公里。地势西北高，东南底，全镇辖19个行政村116个村民小组，4885户21189人，耕地总面积66466亩。主要农作物以白条党参、马铃薯、小麦、胡麻、蚕豆等为主。

【脱贫攻坚】2019年，脱贫611户2369人，剩余贫困人口14户62人，贫困发生率0.32%。大坪村、三合村、泉湾村实现整村脱贫，并通过市级验收。全面解决全镇49户贫困户饮水安全问题，确保贫困村及建档立卡贫困户饮水安全率100%，全镇贫困村自来水入户率96%以上；高标准完成全镇25条73.972公里村组道路硬化建设任务；完成207户2018年易地扶贫搬迁插花安置住房及配套设施建设任务和170户C级危房提升改造工作任务。建成中药材种植业基地6个，其中优质白条党参种植基地5个，金银花种植基地1个，6个种植基地共种植优质白条党参8696亩、金银花200亩，带动15个村1097户，其中贫困户308户，通过合作社落实奖补资金253.84万元。引进基础母牛284头，良种羊632只，带动贫困户363户，落实奖补资金462.724万元。培育新型经营主体，全镇共有合作社120家，通过全省空壳合作社清理工作，注销合作社8家，规范提升20家；全镇978户贫困户加入到合作社，由合作社统一提供良种、培训和技术指导，提升贫困户发家致富的能力。2017年，投资570万元在三合村建成2000千瓦光伏电站1处，于2018年1月并网发电，2018年带动16个村244户贫困户户均分红3000元，带动四个贫困村村级集体经济收益每村5万元；2019年收益66.8万元用于三合村、泉湾村、大坪村、廖家寨村4个贫困村公益性岗位开发、积美超市建设、“五星级”文明户评选、村级公益设施建设等方面；投资230万建设食用菌日光温室大棚16座，150吨恒温库1座，大力发展“农光互补”食用菌产业。排摸出符合条件的“五小”产业24户，其中小家禽21户，小买卖2户，小作坊1户，落实奖补资金4.25万元。培育壮大贫困村集体经济，全镇19个村均有村集体经济，其中4个建档立卡贫困村依托光伏扶贫实现收益30万元以上，15个非建档立卡贫困村依托德青源金鸡项目实现分红10万元以上。对全镇有培训意愿的458人实行“菜单式”培训，其中技能培训223人，农业实用技术培训235人；加强东西部扶贫协作，积极与福州等地企业对接联系，实现劳务输转4041人，其中建档立卡贫困户264人；实施公益性设施共享共管工程，全镇19个村通过“四议两公开”程序选聘村级公益性岗位205名。结合国家电子商务进农村综合示范项目，建成1个镇级电子商务服务站和17个村级电子商务服务点，全镇年平均电商交易额达到200万元以上，基本实现“三有一能”目标；通过购买培训、委托培训等多种方式，开展基础普及性培训和业务能力提升培训，实现村村有电商人才。加大扶贫项目到户到人力度，公益性岗位326户326人（户均增收6000元），生态护林员60户60人（户均增收8000元），易地搬迁207户（进城安置161户，插花安置46户），金鸡产业项目配股收益分配497户42.616万元、中药材到户奖补308户253.84万元。

【项目建设】储备投资500万元以上的项目6个。争取项目2个，分别是新寨镇街道滑坡和不稳定斜坡治理工程和新寨镇黎家湾中学不稳定斜坡治理工程。2018年易地扶贫搬迁项目插花安置区住宅工程全部完成主体建设，通过县级初验，完成投资701.6万元。2017年基础设施通社道路建设项目完成投资1242.43万元。易地扶贫搬迁安置点补齐短板项目（2008年新寨安置点和2009年黎家湾安置点）完成投资44.17万元。新寨镇中心敬老院维修改造工程完成投资71万元。新寨镇三合村食用菌采购项目完成投资230万元。

【城乡建设与环境保护】硬化农村硬化道路23.8公里，整治“畅返不畅”道路3.1公里；围绕“有路必养，养必到位”目标，对列入养护的17条77.3公里农村公路进行了全面养护，拉砂备料1700立方米，农村公路养护率达到100%。组织开展村庄清洁行动，对“四点二线”（村部周围、姚集街道、黎家湾街道、镇区街道、朱韩路沿线、硬化路沿线）重点区域全方位、无死角地进行清理，组织集中清理16次，清除垃圾40余吨。投资160余万元，建成新寨镇垃圾热解站，于5月投入使用，实现全镇生活垃圾无公害化处理。开展节能宣传培训2次，积极推广沼气、太阳能、节能灯等节能产品、技术，提高新型能源利用率。落实最严格的耕地保护制度和占补平衡，耕地保有量达到109175.76亩，其中水浇地19.03亩，旱地面积109156.73亩，基本农田保护面积8.39万亩。组织机关干部群众义务栽植云杉6万棵、行道树1.7万棵，共计完成面山绿化2400亩。

【社会事业】成功举办新寨镇首届文化艺术节，对脱贫攻坚先进个人、致富能手、好儿媳好公婆、“五好家庭”等45个先进个人进行表彰奖励，丰富全镇群众文化体育生活。抓教师师德建设，提高教师业务水平；抓好安全工作，使全体师生人人树立安全意识；开展德育活动10场（次），不断丰富校园生活；积极开展教研活动，努力提高每堂课的教学效果；抓好校园周边环境整治，确保校园安全。

【民生保障】

1.惠农资金落实。采取“财政—银行—个人”的社会化发放模式，共发放耕地地力保护补贴216.05万元、残疾人专项补贴0.06万元、残疾人动态更新补助0.24万元、退耕还林抚育金1.13万元、公益林补助2.24万元、临时救助2.16万元、农机具购置补贴0.7万元、计划生育特别扶助金0.3万元、民政全额代缴参合费6.69万元、建档立卡户种植业资金253.84万元、建档立卡户养殖业资金492.76万元、牛羊托管项目资金262.6万元、托养项目收益分配20.1万元、金鸡配股收益分红42.62万元、短期误工拾花工补贴0.3万元、养殖技术培训补助0.66万元。

2.劳务和社会保障。对全镇有培训意愿的458人实行“菜单式”培训，完成技能培训206人、农业实用技术培训235人。实现劳动力输转

4041人，实现劳务收入8000万元。全年为470户1425人发放农村低保金349.3621万元，为1户5人发放城镇低保金6.4830万元，为160户170人发放农村特困供养金101.9304万元，为148人发放优抚金66.0703万元，为4人发放孤儿救助金4.8万元，为85人发放医疗救助金30.3122万元，为153户发放临时救助金35.0178万元，为1937户发放冬春救助资金81万元，为399人发放残疾人两项补贴资金32.38万元，为59人发放经济困难老年人生活补贴7.02万元，为164户特困供养人员发放煤炭每户1000斤。完成兜底保障冲刺清零任务，新增兜底保障对象149户440人。

【社会治理】落实矛盾纠纷排查制度，规范信访案件办理程序，积极办理上级转交办重点信访案件。严格履行“党政同责、一岗双责、齐抓共管”的安全生产责任体系，狠抓安全生产责任制。认真抓了消防、道路交通安全、危险化学品、烟花爆竹、食品卫生、事故应急、学校安全等工作。强化产品质量法律法规宣传，开展农产品、食品、餐饮消费、猪肉质量、工程质量专项治理，组织召开食品药品安全推进会5次，进一步提升全镇食品药品安全。

【村情概况】

大坪村：位于新寨镇东部，距镇政府所在地5公里，全村辖6个村民小组454户1688人。耕地4767亩，人均2.7亩；林地2840亩；硬化路11.058公里；砂化路20.09公里。党参、马铃薯种植为主要收入来源。

剪子岔村：位于新寨镇北部，距镇政府所在地8公里。耕地2163亩，人均4.39亩。以党参、马铃薯等种植为农民主要收入来源。全村辖2个村民小组120户492人。硬化路7.2公里，通社动力电入户率100%，自来水入户率100%。

冯家庄村：位于新寨镇东部，北与马鹿沟村、三合村相邻，西与新寨镇相望，东与剪子岔村、秦祁乡相连，南与闫家沟村、大坪村相邻。全村辖3个村民小组251户899人。耕地4267.25亩，人均4.67亩。林地1317.27亩（其中退耕还林915亩）。综合文化活动场所1处。以种植党参、马铃薯等农作物为主要收入来源。

田家岔村：位于新寨镇北部，距新寨镇10公里，距黎家湾街道3公里，交通颠簸崎岖且不便。全村总面积11平方公里，全村辖10个村民小组361户1465人。村卫生室1所，保健员1名。学校1所。“五保家园”1处，体育活动场所1处，文化舞台1所。

廖家寨村：位于新寨镇西北部，与临洮县接壤，距新寨镇16公里，全村辖8个村民小组249户954人。耕地总面积4610亩，人均占有耕地4.58亩，常年干旱少雨。农作物主要以党参、马铃薯为主。党员44名。村级卫生室1所。教学点1所。

康家山村：位于新寨镇南部，朱韩公路沿线，总面积8平方公里，总耕地面积3485亩，主要是种植党参、小麦、蚕豆等多种粮食经济作物。全村辖7个村民小组252户1033人。硬化路5.44公里，砂化路6.75公里。村卫生室1处。

中寨村：位于新寨镇东南部，总占地12.12平方公里，距镇政府所在地15公里，北与寺坪村接壤，西与联盟村相望，东与北寨镇麻地湾村相连，南与清源镇马家窑村相望。全村辖6个村民小组281户1029人；耕地4193.27亩，林地4116.2亩。

姚集村：位于新寨镇西南部，距镇政府所在地9.6公里，北与康家山村接壤，西与新寨村相连，东与东坡村相邻，南与柳林村相接。有耕地2551.37亩，人均2.88亩。常年干旱少雨。全村辖3个村民小组209户798人。党员28名。硬化路15.2公里实现了广播、电视、4G和无线宽带全覆盖。

柳林村：位于新寨镇西南部，东接新寨镇东坡村，南街清源镇秦王村，西接庆坪镇清泉村，北接新寨镇姚集村，占地6.3平方公里，全村辖6

个村民小组217户788人。耕地面积2638亩。硬化路12.181公里。

黎家湾村：位于新寨镇西北部，总面积14平方公里，全村辖9个村民小组318户1197人。耕地面积5026.85亩，人均耕地面积4.02亩。党员43名，其中女党员1名。建档立卡户45户181人。村卫生室1处，配备卫生防疫员1名。综合性文化活动场所1处，幼儿园1所。

宽川村：位于新寨镇北部，距镇政府所在地8公里，为非贫困村，全村辖5个村民小组183户709人，村域面积5.2平方公里，耕地面积3659亩。硬化路7.2公里。

泉湾村：泉湾村地处新寨镇西南，距镇区10.1公里。全村辖8个村民小组250户1001人。耕地面积3492亩，人均耕地面积3.24亩；林地面积3208.2亩（其中退耕还林555亩）。

三合村：位于新寨镇西北部，全村辖11个村民小组345户1322人，人均占有耕地3.39亩；有林地2720亩。全村以党参、黄芪等中药材种植为主要收入来源。党员45名。通硬化路23.09公里，硬化巷道3.88公里；村级卫生室1个。村集体经济收入以光伏分红为主要来源。

闫家沟村：位于新寨镇东部，距镇政府所在地8公里。建成硬化道路10.2公里，全村辖4个村民小组211户771人。耕地2054.29亩，人均2.66亩。

马鹿沟村：位于新寨镇北部，距镇政府所在地7.8公里，距渭源县城43公里。全村辖6个村民小组170户689人。耕地2205亩，人均3.1亩；有林地450亩；硬化道路6.71公里，砂化路2.338公里；4G网络全覆盖；村卫生室1处；综合文化活动场所1处。全村收入来源以种植党参、马铃薯为主。

联盟村：位于新寨镇东南部，距离新寨镇9公里，全村辖6个村民小组280户1018人，耕地总面积4743.49亩。主要种植党参、马铃薯等农作物。农民收入来源主要以种植业与外出务工为主。

东坡村：位于新寨镇东南部，总面积13.64平方公里，距镇政府所在地3公里，北与新寨镇接壤，西与柳林村背山而立，东与大坪村相连，南与联盟村相接。全村辖6个村民小组465户1590人。耕地面积7286.72亩。主要种植党参、马铃薯、小麦、玉米等农作物。农民收入来源主要以种养业与外出务工为主。党员40名。

新寨村：是新寨镇机关驻地所在村，总面积11.12平方公里。全村辖10个村民小组464户1643人，耕地面积4649亩，人均2.83亩，其中退耕还林面积798.74亩，农作物面积3850.26亩。

寺坪村：位于新寨镇东北部，总占地4.25平方公里，北与北寨镇暖阳口村接壤，西与大坪村相望，东与北寨镇麻地湾村相连，南与中寨村相望。全村辖3个村民小组152户598人。耕地1740.18亩。村级卫生室1个。全村以种植业、养殖业、劳务输转为主要产业。

【领导名录】

党委书记：周发国

人大主席：石汉举

党委副书记、镇长：王彦军

党委副书记：黄波

纪委书记：汪爱军

副镇长：姜润东、闫静芳（女）、陈必强

武装部长：张顺平

党建办主任：张东起

人大副主席：乔海霞（女）

市场监督管理所所长：赵新军（3月止）

计生办主任：祁彦伟

执法所副所长：郭八一

扶贫工作站站长：王菊

农路所副所长：陈淑霞（女）

综治办专职副主任：王建平

民政站办公室主任：杨国荣

市场监管所副所长：杨小龙

（供稿：何永红）

庆坪镇

【概况】庆坪镇位于渭源县北部，镇政府驻庆坪村，距县城19公里，东接新寨镇，南邻清源镇，西与祁家庙镇毗邻，北与临洮县窑店镇、康家集乡接壤，属北部干旱山区，地势东北高，西南低，平均海拔2100～2492米，土地面积97平方公里，属二阴山区，北部干旱，南部湿润。主要粮食作物有小麦、蚕豆、马铃薯、玉米、油菜，主要经济作物有当归、党参、黄芪等中药材。土地确权前耕地面积40123.84亩，人均2.71亩；土地确权后耕地面积59832.48亩，人均4.047亩。有林地10134亩（其中退耕还林4800亩），森林覆盖率为7.04%。历史古迹众多，自古享誉为丝绸之路古道的重镇之一。境内有秦长城遗址、夜月崖、王韶堡等名胜。二郎庙被列为县级文物保护单位。交通便利，在建310国道试验段穿境而过。

【项目建设】

1.新建项目。2019年，实施贫困村“畅返不畅”道路整治项目3条24.974公里（线家沟口至线家沟5.194公里，牛圈沟至清泉6.18公里，瓦厂至漫坪洼山13.6公里）全面完工并投入使用。梁家沟村、松树村、樊家湾村2019年第二批“畅返不畅”道路整治项目14.16公里全面完工并投入使用。积极配合310国道拓宽改造项目、县城区集中供水工程在庆坪境内顺利实施。完成县上下达退耕还林、生态公益林、危旧房改造、易地扶贫搬迁等重点项目建设任务。

2.项目储备。共储备项目7项，总投资8021.22万元。分别是投资1020万元的庆坪镇龚家沟沟口至庆坪小河口防洪河堤工程、投资648万元庆坪镇铧尖沟至沈家沟防洪河堤工程、投资4980.1万元的庆坪镇镇区生活污水处理工程、投资103.12万元的庆坪镇畜禽交易市场建设项目、投资150万元的庆坪镇锅炉房改造项目、投资300万元的庆坪镇老王沟村加油点建设项目、投资820万元的庆坪镇加油站建设项目。

3.招商引资。县上下达任务为引进5000万元，达成投资意向的企业4个。完成引进资金4000万元。

【城乡建设与环境保护】牢固树立“绿水青山就是金山银山”理念，全镇完成面山绿化1960亩，道旁植树31.9公里，栽植云杉、杏树等10万余株，超额完成县上下达的林业绿化任务。镇、村两级河长、巡河员、保洁员切实强化河道日常管理和专项治理。落实贫困村村内公共设施岗位补贴政策，农村环境卫生实行定人员、定区域、定时段集中清扫保洁制度，建成生活垃圾低温分解站1处，对周边村生活垃圾进行集中处理，全镇卫生环境面貌进一步改善。大力实施“厕所革命”和环境清洁村项目建设，关山根村完成125座卫生厕所改造任务，在关山根村和庆坪村310国道沿线建设花园2200余米，栽植云杉420余株，硬化农户门前道路180多平方米，拆除残垣断壁25处。结合310国道建设项目，投资508万元完成镇区主街道供排水管网、太阳能路灯安装及绿化工程，村容村貌得到明显改变，群众生产生活质量和幸福指数进一步提升。

【社会事业】

1.教育方面。全面落实“两免一补”、营养餐补助等教育扶贫政策，积极推进控辍保学，全镇九年义务教育阶段巩固率为100%。免除辖区内在园幼儿学前教育保教费，义务教育阶段学生全部实施“两免”政策，对家庭经济困难的寄宿生发放困难寄宿生生活补助。

2.医疗方面。全面落实基本医保个人缴费减免等健康扶贫政策，城乡居民医疗保险参保率达98.17%（建档立卡贫困户达到100%）。组建家庭医生签约服务团队14个，建档立卡贫困户签约率达100%。累计办理慢特病门诊卡642人（其中建档立卡贫困户368人），实现了应办尽办。

3.文化方面。14个村乡村舞台全部建成。举办庆坪镇第四届“六月六”民俗文化艺术节。邀请县委党校讲师团成员开展精神扶贫基层宣讲活动15场次。利用逢集日、传统节会等人口比较集聚的时间，开展精神文明宣传活动40次，在全镇张贴宣传标语200多张，刷写固定宣传标语100条，利用村务公开栏办板报12期，举办集中宣讲活动4场次，在学校进行青少年思想道德和爱国主义教育2场次。以“十大创建行动”为载体，着力培育和践行社会主义核心价值观，广泛开展文明创建活动，评选出五好家庭户、孝亲敬老户、脱贫光荣户42户；以新时代文明实践所（站）建设为抓手，全面推进文明创建、志愿服务，开展各类政策宣讲200余场次。在庆祝新中国成立70周年之际，举办各类文体、宣讲活动20余场次。

【社会民生】研究制定《庆坪镇扫黑除恶专项斗争工作实施方案》，在全镇张贴各类扫黑除恶公告等80余份，发放宣传材料及应知应会知识读本1000余份，悬挂条幅60幅，制作固定宣传版12块。受理电子民生平台126起，已办结126起，办结率为100%，按时办结率为100%。完成城乡低保、农村五保提标工作，做到对象准确、程序规范、补差合理、群众认可，各类民政救助资金全部及时发放到位；养老保险参保率达到97.11%，顺利完成社保卡办理和信息采集工作。全面落实基本医保个人缴费减免等健康扶贫政策，城乡居民医疗保险参保率达98.17%（建档立卡贫困户达到100%）。组建家庭医生签约服务团队14个，建档立卡贫困户签约率达100%。累计办理慢特病门诊卡642人（其中建档立卡贫困户368人），实现了应办尽办。2019年，列入危房改造户45户，已全部竣工验收并入住；过筛子镇村自查巩固提升改造户18户已全部竣工验收并入住。“十三五”期间，易地搬迁户共计71户（进城安置1户），9月底全部实现搬迁入住，拆旧复垦工作全面完成。排摸列入自来水入户改造73户全部完工通水，全镇自来水入户率达到96.1%；完成泉水改造18处35户，完成水质检测90处（井水、泉水），水质全部合格，饮水安全率达到100%。

【脱贫攻坚】2013年底，全镇共有建档立卡贫困村8个。2018年出列2个（关山根村、王家川村），2019年出列5个（窑坡村、清泉村、李家堡村、樊家湾村、线家沟村），剩余贫困村1个（老王沟村）。建档立卡贫困人口1213户4972人，贫困发生率33.63%。2014年至2019年累计减贫1189户4884人，2019年减贫315户1191人，未脱贫人口24户87人，贫困发生率下降至0.59%。全镇农民人均可支配收入达到7937元，建档立卡贫困户人均可支配收入达到6820元。

*1.聚焦户情抓精准，及时有效落实动态管理各项举措。*2019年，自然增加1人，自然减少5人；健全扶贫对象动态监管机制，排摸评议六类边缘户125户322人，建立帮扶工作台账，逐户制定有针对性的帮扶措施，保障低收入群体生产生活。

*2.聚焦增收抓产业，多措并举助推群众增收。*一是主抓种养产业扩量提质。全镇培育形成了以中药材、草牧业、马铃薯为主的主导优势产业，实现了贫困户产业发展全覆盖。其中种植中药材贫困户854户，人均收益826元，占贫困人口可支配收入的17.02%；从事养殖业贫困户364户1462人，人均收益762元，占贫困人口可支配收入的15.7%；种植马铃薯贫困户264户，人均收益421元，占贫困人口人均可支配收入的8.68%。二是细抓“光伏产业”激励带贫。采取“集中建设、分户受益”模式，累计投资1811.51万元建成总装机容量2.805兆瓦的村级光伏电站7个，投资165万元实施金鸡扶贫工程，投资21.5万元实施村集体产业化资产收益项目，带动每个贫困村年实现集体经济收益5万元以上，村集体以购买贫困户劳动的方式开发公益性岗位，带动243户贫困户每年增收3000元以上，实现村集体经济和贫困户家庭双增收。三是实抓就业扶贫拓路蓄力。开发村级公益性岗位110名，安排生态

护林员56名，输转劳动力2848人次，实现劳务收入4500多万元。

3.聚焦干部抓责任，积极强化脱贫攻坚责任落实。镇党委主动扛起脱贫攻坚主体责任，构建纵向到底、横向到边的责任落实体系。成立由县级包镇领导牵头的庆坪镇脱贫攻坚前线指挥部，建立脱贫攻坚总队长包村抓户制度，选派58名干部组建驻村帮扶工作队14个，组织300名干部对全镇1213户贫困户实行全覆盖结对帮扶。严格落实总指挥长周调度和县乡村“三级书记”遍访贫困对象制度，镇党委书记、村党支部书记（第一书记）遍访1213户贫困户。推行脱贫攻坚调度令制度，严格执行脱贫攻坚重点任务落实“日督查周通报月评比季小结”，形成一线指挥督战、各级协调联动、督查考核倒逼推进工作机制。累计召开研究脱贫攻坚工作的镇党委扩大会会议18次、镇政府办公会8次、脱贫攻坚前线指挥部会议5次，发布脱贫攻坚调度令3次，开展督查通报16次，有力地压实了各级干部责任，保证了脱贫攻坚重点任务落实。2019年，各帮扶单位共协调帮扶资金110万元。

【村情概况】

庆坪村：位于镇政府所在地，在建310国道、庆周公路穿境而过，交通便利。全村辖9个村民小组508户2158人，农民收入主要种植中药材、马铃薯、玉米、冬小麦等农作物，其中中药材、玉米等传统农作物种植占据主导地位，养殖业以发展养牛、养羊、养猪为主。

樊家湾村：位于庆坪镇西北部，距镇政府7公里。北与临洮县窑店镇接壤，西与庆坪镇李家窑村相连，东与庆坪镇老王沟村相邻，南与庆坪镇清泉村相接。全村辖2个村民小组156户631人。

龚家沟村：位于庆坪镇西南部，东与李家堡村相连，西接线家沟村，南邻清源镇鼠山村，北与王家川村毗邻，属二阴地区，地势西南高，东北低。全村辖4个村民小组222户961人。

关山根村：位于庆坪镇东部，总面积9.6平方公里，耕地面积1756亩，林地面积1621亩，退耕还林93.95亩，人均占有耕地2.79亩。全村辖2个村民小组176户713人。

老王沟村：位于庆坪镇北部，距镇政府所在地17公里，朱韩公路穿境而过，有耕地面积1998亩，人均2.9亩。全村辖3个村民小组156户699人。

李家堡村：位于庆坪镇东南部，距县城19公里，距镇政府所在地4公里，属高寒二阴地区。全村辖6个村民小组261户1110人，劳动力520人。全村耕地面积3123.5亩，人均耕地面积2.8亩。

潘家沟村：位于庆坪镇北部，距镇政府所在地20公里，北与新寨镇康家山村接壤，西临窑店镇长城村，东临新寨镇姚集村，南临庆坪镇老王沟村。全村辖2个村民小组132户632人。

清泉村：位于庆坪镇西北部，距镇政府6.5公里，东临新寨镇柳林村，西临庆坪村，南临关山根村，北与樊家湾村接壤。全村辖3个村民小组259户1020人，安全饮水比例达到100%，动力电到自然村覆盖率达到100%。

松树村：位于庆坪镇西南部，距镇政府所在地9.8公里，北与临洮县窑店接壤，西接祁家庙镇，东与梁家沟村相连，南与庆坪村相接。全村辖3个村民小组262户1108人。

王家川村：位于庆坪镇南部，距镇政府4公里，庆周路穿村而过，交通便利。耕地2821.41亩，人均4.15亩；林地1580.4亩，人均2.32亩。全村3个社实现自来水全覆盖，安全饮水比例达100%。动力电到自然村覆盖率100%。通村道路为沥青路，村卫生室1处，综合文化活动场所1处。全村辖3个村民小组177户679人。

线家沟村：位于庆坪镇南部，东与龚家沟村毗邻，南与清源镇相连，西接祁家庙镇，北连王家川村。地处二阴区，距乡政府所在地7公里。全村辖3个村民小组189户799人，劳动力512

人。全村总耕地面积2480亩，人均耕地3.10亩。

窑坡村：窑坡村位于庆坪镇东南部，距镇政府所在地12公里，属高寒二阴地区。全村辖4个村民小组280户1135人，全村耕地面积3267亩，人均耕地面积2.9亩；林地2025亩，人均1.78亩。全村4个社实现自来水全覆盖，安全饮水比例达100%。动力电到自然村覆盖率100%。

李家窑村：位于庆坪镇西北部，北与临洮县窑店镇接壤，全村辖10个村民小组454户1723人。党员49人。小学1所，学校教职工6人，在校学生138人。耕地面积4333亩，人均2.7亩；公益林450亩；实现自来水全覆盖；动力电全覆盖；完成通社硬化路2条。新建文化舞台1处。

梁家沟村：全村辖5个村民小组314户1314人，耕地面积3726.08亩，人均2.84亩。安全饮水比例达100%。动力电到自然村覆盖率100%。主要种植中药材、豆类、马铃薯、油料、玉米、冬小麦等农作物，其中中药材种植占据主导地位，当归、党参等中药材种植面积年均1200亩左右，养殖业以养羊为主。

【领导名录】

党委书记：李尚智

人大主席：张明（4月任）

党委副书记、镇长：李学军

党委副书记：陆华

纪委书记：祁旺生

副镇长：张春梅（女）、魏培华、陈永平

武装部长：姜学嘉

党建办主任：牛明强

人大副主席：何春霞（女）

市场监督管理所所长：闫恺宁（4月任）

司法所所长：苏建兵

计生办主任：董文麒（4月任）

执法所副所长：杨维

扶贫工作站站长：王军

农路所副所长：严亮（女）

综治办专职副主任：周海峰

民政站办公室主任：康金秀（女）

市场监管所副所长：田文刚

（供稿：王红玲）

祁家庙镇

【概况】祁家庙镇位于渭源县南部，镇政府驻金家坪村周华寨社，距渭源县城24公里，南北长18公里，东西宽9公里，土地面积95平方公里，海拔2220～2623米，气候温和，土地肥沃，属南部高寒阴湿区主要粮食作物有小麦、蚕豆、马铃薯、油菜，主要经济作物有当归、党参等中药材，耕地面积71331亩，人均4.09亩，有林地43390亩，森林覆盖率为30.4%。全镇辖13个行政村60个村民小组，农业人口4088户16764人。

【脱贫攻坚】2019年，脱贫352户1184人，比年初减贫计划（1151人）超额完成33人，退出9个贫困村（官路、红土庄、祁家沟、石家营、川套、乔家沟、金家坪、瓦楼、郭家山），贫困村脱贫退出达到全覆盖，通过市县验收并公告退出，在国家扶贫子系统全部标注，剩余未脱贫户34户89人，贫困发生率0.53%。

【产业发展】从“种植、养殖、劳务+种植、劳务+养殖”对贫困户脱贫主业进行调查摸底核实，完成643户贫困户的产业对接。落实种植业奖补户649户2623人，涉及补贴资金163万元，养殖业奖补户344户369万元，其中奖补养牛户272户，东西部协作27户，奖补养羊户33户，奖补养猪户2户，奖补养中蜂户23户。发展农业产业组织，镇农投公司1个，合作联社3个，13个村有村级农民专业合作社67家。制定完善全镇752户未脱贫户（2017年底）“一户一策”精准脱贫计划并每月进行动态调整，全部上传到甘肃省大数据信息管理平台，并发放到户。

【民生保障】经“两不愁三保障”摸底核查，全镇农业人口4090户16923人（建档立卡贫困户1416户5728人）。

1.饮水安全。全镇自来水入户率98%，安全饮水率100%。建档立卡贫困户2019年自来水入户项目共有57户，涉及9个村，全部接通自来水，完成率100%。

2.住房安全。2019年全镇共有危房存量169户（2018年已建成125户），6月底全部完成，竣工率100%。

3.基本医疗。全镇对1416户5728人贫困人口完成健康筛查摸底工作，筛查发现患病人口773人，已治疗758人。住院治疗享受住院报销715人，占比94.3%，办理慢性病卡358人，达到全覆盖。

4.基本医保。全镇2019年城乡居民医疗保险应参保15689人，已参保15547人，参保率99.1%，其中建档立卡贫困人口5728人（本地参保5689人，异地参保并提供证据资料39人），参保率100%。

5.义务教育。全镇现有学校12所，其中初级中学1所，完全小学2所（包括中心小学），教学点8个，幼儿园1所。义务教育阶段适龄学生1755名，其中建档立卡义务教育阶段适龄学生619名，义务教育巩固率100%，学前入园率98.3%。全镇无义务教育阶段辍学学生。

【社会治理创新】发扬“枫桥经验”，全面开展矛盾纠纷排查化解和命案防控工作，排摸矛盾纠纷69件，成功调处69件，调解率100%。严格按照平安示范村、无邪教创建示范村标准，将祁家沟村列为平安示范村，将瓦楼村列为无邪教创建示范村，制作平安创建宣传展板2套32块，制作大型喷绘宣传版面3块，每村刷写宣传标语3条以上。坚持按照“纵向到底，横向到边，上下联动”的综治维稳网络要求，巩固和壮大群防群治队伍，镇上成立13人组成的专职联防队、13个村均成立20人左右组成的村义务联防队及社联防小组。重视校园周边环境治理，集中开展3次校园外住宿生安全大检查活动。学校、派出所、监护人、房屋出租人四方签订《祁家庙镇校外住宿生安全管理承诺书》。

【基础设施、新型产业发展】

1.拉动投资促增长，项目建设作用突显。2019年完成项目总投资2875万元，其中续建项目1083万元，争取新建项目1791.69万元，完成投资260万元的基础政权以奖代补项目，在镇政府建成1297平方米的三层双面办公楼一栋，并于10月份搬迁入住；投入资金518万元淘汰了燃煤锅炉，安装了电供热设备并投入使用；完成投资48万元的100亩当归熟地育苗及1000亩标准化种植基地建设项目、投资9.92万元的郭家山村200亩红笋种植扶贫项目、投资565万元的菌棒生产加工车间和食用菌大棚建设项目、投资242.8万元的养殖业牛羊引进项目，投资1056.5万元“畅返不畅”道路整治项目、投资443.58万元“十三五”第二批及扩容光伏扶贫等项目建设任务。

2.狠抓产业促增收，新型产业培育取得突破。一是传统特色优势产业加快发展。实施了总投资242.8万元的养殖业良种牛、羊引进项目，共计引进牛493头，羊270只；实施总投资163万元的种植业奖补项目，涉及656户2637人，种植当归1000亩；实施总投资88万元的市级专项扶贫资金产业扶贫“奖补”项目，涉及烟雾沟、边家堡、金家坪、瓦楼等村290户农户；续（扩）建养殖合作社3个；新建养殖企业（小区、养殖场）2个；新建南山放养虫草鸡点1个；建设养殖专业村1个，发展“规模养殖户”60户；牧草种植0.56万亩，青贮2.3万吨；猪牛羊耳标佩戴率达到100%，免疫率98.6%。二是新型产业拓宽增收渠道。建成投资565万元的祁家庙镇食用菌菌棒培育加工种植生产基地1个，建成菌棒加工、培育车间1处，种植大棚24个；建成投资3220万元的光伏电站14个，惠及除露巴、大寨子村之外的11个村，年收益63.9万元；大力实施电子商务进农村工程，建成镇级电子商务服务站1个，村级电子商务服务点11个，组织电商培训15人，实现线上交易额50多万元，带动线下农产品销售

70多万元，参与电商贫困农户人均增收150元以上；建成总投资572万元渭源县牡丹湾归芪生标准化生态养殖基地1处，占地30亩；建成红笋等高原夏菜实验性种植基地1个，流转土地200亩；建成蕨麻猪散养基地1处，存栏100头，年出栏量500头。三是积极创新方式方法，促进合作社作用发挥。严格按照“五统一分一标三提高”标准加快种植业奖补政策落实，积极与县供销联社、亳春堂药业公司联系，通过免费测土配方及农资统购配送服务，实现精准化施肥，最大限度减少了群众的生产成本，保障了农资品质，充分发挥了合作社统一服务、统一培训的作用，激发了群众内生动力，有效提升了全镇新型经营主体的带动能力和贫困户的组织化程度。

3.加大整治促环保，城乡人居环境持续改善。完成了投资510万元的易地搬迁基础设施镇区雨水管网提升改造项目，新建雨水管道1798米，铺装人行道7349平方米，栽植人行道绿化刺槐154棵，街面商铺招牌改造42处，安装太阳能路灯55盏，硬化街道路面667平方米，铺油罩面3552平方米，现浇混凝土台阶83.7平方米、道路标线1025平方米；完成投资30万元的官路村环境综合整治项目；投入资金6.1万元为官路、金家坪修建公共厕所各1个；大力开展全域无垃圾综合整治行动，建成总投资165万元祁家庙镇垃圾低温磁化热解站1个，与渭源县丽丽保洁公司达成镇区垃圾外包协议。

【村情概况】

官路村：全村辖5个村民小组355户1430人。2019年底全村农民人均可支配收入为7651元，贫困人口人均可支配收入5759.16元。

边家堡村：位于镇政府以北5公里处，全村辖4个村民小组318户1374人，总耕地面积确权后6337.46亩，人均4.61亩，林地2410.7亩，牧草地1632亩。2019年底全村农民人均可支配收入7492元，贫困人口人均可支配收入为5274.15元。

露巴村：位于祁家庙镇西北部，距镇政府13.5公里，东接边家堡村，南邻祁家沟村，西与红土庄村毗邻，北与庆坪镇接壤。土地确权前耕地面积3306.48亩，人均3.06亩，土地确权后耕地面积4631亩，人均4.29亩；林地1115亩（其中退耕还林84.7亩），人均1.03亩。常住人口248户998人。小学1所。村卫生室1所。

红土庄村：位于祁家庙镇北部，产业结构单一，耕地面积3885亩，人均耕地3.22亩。主要经济作物以当归、党参、黄芪、蚕豆、马铃薯为主，间作小麦、玉米、油菜等。属建档立卡深度贫困村。全村辖4个村民小组307户1208人。

祁家沟村：位于祁家庙镇北部，距镇政府11公里、北与红土庄接壤，南与川套村相接，东与露巴村相接，西与石家营村接壤。属建档立卡深度贫困村。全村辖3个村民小组167户640人。耕地面积2865亩，人均4.03亩。经济来源以种植中药材、马铃薯、蚕豆及畜牧养殖和劳务输出收入为主。

石家营村：位于祁家庙镇西北部，距镇政府13公里处，耕地面积3008亩，人均3.71亩。全村辖4个村民小组210户810人。经济发展以传统种养业为主。

川套村：川套村属建档立卡贫困村，全村辖5个村民小组305户1199人，常住人口299户1180人。主要以中药材种植为主导产业，全村中药材种植户数占比77.38%。

乔家沟村：位于祁家庙镇以北5.1公里处，东临官路村、南接金家坪村、西与川套村接壤、北与露巴村毗邻，距离会川镇8公里。全村辖区9.5平方公里，总耕地面积6199.57亩，人均耕地面积3.5亩。辖8个村民小组。经济发展以种养业为主。

金家坪村：位于祁家庙镇西部，为镇政府所在地。陆河公路穿村而过。东靠郭家山村，西和会川镇接壤，北邻乔家沟村，南与烟雾沟村相连。属建档立卡深度贫困村，全村辖4个村民小组312户1300人。耕地总面积5122亩，中药材、马铃薯是全村的主导产业。

烟雾沟村：位于祁家庙镇南部，距离镇政府2公里，气候高寒阴湿。全村辖5个村民小组339户1375人。耕地面积5749.68亩，人均4.18亩，有林地3602亩，人均2.62亩。主要经济作物为当归、党参、马铃薯、蚕豆、油菜，经济来源以中药材、马铃薯种植和分散养殖、劳务输转为主。

瓦楼村：距镇政府2.5公里，耕地8100亩，人均3.79亩，林地面积1623亩。全村辖7个村民小组505户2136人。2019年底全村农民人均可支配收入为8287元，贫困人口人均可支配收入为6438.3元。主导产业有中药材、马铃薯种植及牛、羊养殖业。

大寨子村：全村辖5个村民小组408户1517人。全村年种植当归在800亩左右、党参1100亩。全村养殖牛246头，羊213只，养殖猪301头。2019年引进养殖企业一家，成立大寨子牡丹湾归芪参生猪养殖合作社。

郭家山村：郭家山村属建档立卡深度贫困村，有3个村民小组213户864人。中药材种植是全村主导产业，全村中药材种植164户1098.65亩（当归种植793.69亩、党参282.96亩、黄芪等22亩），其中贫困户种植中药材60户359.34亩。马铃薯种植204户1200亩，其中贫困户种植马铃薯58户321亩。全村养牛80头、羊50只，其中贫困户养牛24头、羊29只。

【领导名录】

党委书记：王学军

人大主席：赵怀伟

党委副书记、镇长：吴义军

党委副书记：焦红霞（女）

纪委书记：尹志军

副镇长：王彦龙

武装部长：王永平

党建办主任：邵伟

副镇长：苏玉林

人大副主席：张瑜（女）

副镇长：何亚军

市场监督管理所所长：王治军（4月任）

司法所所长：王小红（女）

计生办主任：曹慧琴（女）

执法所副所长：朱应举

扶贫工作站站长：麻建彪

农路所副所长：蒋艳红（女）

综治办专职副主任：祁旭东

民政站办公室主任：吕海梅（女）

市场监管所副所长：曹鹏元

（供稿：马新星）

上湾镇

【概况】上湾镇位于渭源县西部，南北长16公里，东西宽13公里，总面积108平方公里。全镇耕地38445亩，辖11个行政村，119个村民小组，5028户20611人。临渭高速和国道212线穿境而过，镇区距县城40公里，距临渭高速会川出口2公里。上湾镇地处漫坝河河谷地区，地势南高北低，漫坝河由南向北流经12公里，与临洮接壤。最高海拔（马脊山梁）2632米，最低海拔（文家坪）2060米。耕地面积47692.1亩，中药材、劳务、旱作农业、养殖为主导产业。

【脱贫攻坚】按照“脱贫有计划、产业有支撑、致富有技能、基础有保障、环境有变化”的工作思路，紧盯“三落实、三保障、三精准”，全镇所有农户“两不愁三保障”全面实现。自2013年以来，累计脱贫1904户7536人，剩余未脱贫人口14户62人，贫困发生率下降为0.3%。全镇农民人均可支配收入为8440元，建档立卡人均可支配收入为6361元。2019年5月21日和8月30日，分别召开的甘肃省深度贫困地区脱贫攻坚现场推进会和国务院扶贫办定点扶贫现场推进会，实地观摩上湾镇易地扶贫搬迁建设及后续产业发展情况。11月17日，定西日报第二版整版报道上湾镇南谷新村打造乡村振兴的“定西样板”。甘肃日报、新华日报、人民日报海外版等多家媒体进行了宣传。

【产业发展】

1.特色种养业。形成了以中药材、马铃薯、劳务输出为主的主导产业。全镇现有规范运营的农民专业合作社28家，有效带动贫困户1918户。按照产业配套政策，所有符合条件的建档立卡贫困户均实现了产业达标，2019年第一批引进良种牛166头，补贴金额132.8万元；良种羊171只，补贴金额136.8万元。对有养殖意愿但无能力养殖的311户建档立卡贫困户委托渭源县鑫顶渭丰牧业有限公司和甘肃陇玥农牧有限公司进行托养（305户牛、6户羊），每户每年收益1000元；2019年通过“五统一分一标三提高”产业发展模式，投入奖补资金154.62万元，依托园树村中药材种植专业合作社建设中药材种植基地800亩，受益农户180户（其中建档立卡户84户）；依托杨家寺中药材种植专业合作社种植党参600亩，受益农户195户（其中建档立卡户117户）；依托侯家寺村种植农民专业合作社建设花卉种植基地110亩，受益农户110户。

2.村集体经济。采取村集体资源“三变”、光伏电站等收益模式和争取帮扶单位资金支持等措施，壮大村级集体经济收入，全镇村级集体经济达193.4万元，各村村集体经济均稳定超过5万元。

3.就业扶贫。通过农村贫困劳动力技能培训项目，开展建档立卡贫困户技能培训195人，贫困劳力农业实用技术培训228人，“雨露计划”两后生培训129人，劳务输转4971人，输转未就业大学生赴晋和欧美同学会相关企业务工43人；利用光伏收益、金鸡项目、中药材等资产收益资金，开发公益性岗位，在11个村开发环境卫生保洁、道路管护就业扶贫专岗727个，整合多渠道资金为在岗人员每人发放补助资金2000元以上；建档立卡贫困人口选聘生态护林员项目，在全镇11个村选聘符合条件的78名建档立卡贫困户为护林员，每人每年补助7000元，并建立长效机制。

【民生保障】

1.饮水安全。全镇自来水入户4678户，井水检测62户，泉水改造的56户，签订共用水协议的73户，特例备案的159户，饮水安全率达到100%。

2.义务教育。全面落实学生资助政策，健全学生资助制度，实现各级各类学校、具有全日制学历教育正式学籍的建档立卡贫困户家庭困难学生资助全覆盖，无一名学生因贫失学。全镇义务教育阶段适龄学生均有学上，无一人辍学，义务教育阶段符合资助政策条件的学生均享受了“两免一补”和“营养餐”资助政策。

3.基本医疗。严格落实各项政策，全面推行一站式即时结算全覆盖、贫困人口家庭医生签约服务，实现健康脱贫政策全覆盖。全镇共保障住院人口19020人次，总费用7415.52万元，报销4555.77万元，其中保障建档立卡贫困户1480人次，总费用584.1万元，报销422.11万元；保障门诊患病人口58422人次，总费用296.34万元，报销215.51万元，有效缓解了贫困人口看病难问题。

4.住房安全。完成危旧房改造1515户（其中“十二五”期间改造完成895户，“十三五”期间改造620户）。2019年完成危房改造任务172户。上湾镇易地扶贫搬迁安置区侯家寺、农贸市场、物流园区、南谷新村4个集中安置点，完成易地搬迁812户。

【社会治理创新】

1.平安建设。深入开展扫黑除恶专项斗争，排摸梳理上报线索20条，核查线索3条（其中省交办1条、县交办2条），并对辖区12名敲诈勒索、诈骗、寻衅滋事、非法采矿、强迫猥亵、行贿恶势力犯罪由人民法院公开审判，在社会上形成了强大的震慑效应。

2. 矛盾纠纷排查调处。积极推行网格化管理，建立乡、村、社三级干部全员参与社会管理开展矛盾纠纷排查调处工作机制，全镇共排查调处矛盾纠纷52件，加强对刑释解教人员和社区矫正人员的排查、衔接、安置和回访工作。集中开展禁毒宣传活动3次，发放宣传资料500份，与全镇农户签订了《家庭拒绝毒品承诺书》，全镇无新滋生吸毒人员。

3. 生态环保。大力宣传倡导秸秆还田行动，秸秆综合利用率达到85%以上。全面完成面山绿化2200亩，栽植行道树18公里，全力落实“河长制”工作任务，镇、村两级河长每月巡河至少4次以上。开展人居环境集中整治清扫行动262场次；建立“户分类、社收集、村转运、镇处理”垃圾处理机制，实施网格化管理，健全考核制度，量化考核指标，进行“周督查月评比”，推动环境治理工作打开新局面。

4. 安全生产。镇党政主要领导与班子成员、镇属单位、各村签订安全生产目标管理责任状，形成安全生产工作合力。对人员密集场所、娱乐场所、学校、生产型企业、危化企业等进行重点排查检查。建成标准化劝导站4个，充分发挥作用，杜绝了重大事故发生。

5. 市场监管。开展校园食品卫生安全及药品安全专项检查，针对校园周边副食店、饮食摊点，重点从有无证照、从业人员健康状况、是否销售过期产品，麻辣食品及山寨食品等方面开展监督检查。2019年全镇未发生食品药品不安全事件。

【“放管服”改革】推动简政放权，在上湾镇政务服务大厅配备触摸查询机1台，方便了办事群众，11个行政村全覆盖建立了便民服务站规范运行，为群众办理事务2500余件，全面推行“前台综合受理、后台分类审批、同一窗口出件”服务模式，进一步提升办事效率，提高群众满意度。

【政府自身建设】积极转变政府职能，建设法治政府提升行政效能，提高人民群众对政府的信任度、满意度。以“不忘初心、牢记使命”主题教育为契机，改进作风，凝心聚力抓改革、促发展、保稳定，政务服务营商环境不断优化。加强信访接待工作，电子民生平台规范运转，共办理各类民生事项213件次，满意率为97.9%。依法治理信访突出问题。加强应急管理体系建设，应急救援和防灾减灾能力显著提高。

【村情概况】

水家窑村：位于上湾镇西北部，距离镇政府所在地7公里，耕地面积5504亩，人均1.88亩，粮食作物以小麦、豆类、马铃薯为主，经济作物有党参、当归、黄芪等。辖12个村民小组694户2922人。

上湾村：位于上湾镇北部，距离镇政府5公里，全村土地确权前有耕地面积2563.01亩，人均1.63亩。全村辖10个村民小组387户1578人。

园树村：位于上湾镇东北部，距乡政府7.5公里。全村辖10个村民小组331户1406人。耕地面积5711.25亩，人均4.067亩。农民收入主要以中药材、马铃薯、大豆、畜牧养殖和劳务输出为主。

尖山村：位于上湾镇中部，镇政府所在地，总面积约12平方公里，全村辖15个村民小组687户2819人，全村耕地面积6669.61亩，人均2.37亩，中药材、养殖业和劳务产业为主导产业。

杨家寺村：位于上湾镇东北部，距离镇政府所在地5公里，总面积约14平方公里，中药材、养殖业和劳务产业为主导产业。耕地面积9366.2亩，人均4.1亩，全村辖14个村民小组556户2206人。

侯家寺村：位于上湾镇区，距临渭高速会川出口1.5公里，212国道穿境而过，交通便利。全村所辖15个村民小组596户2491人。耕地面积6426.8亩，人均占有耕地2.57亩，农民收入来源于种植、养殖业和劳务输出，以传统党参、黄芪、当归等中药材种植为特色优势产业。

朱堤村：位于上湾镇西南部，距离镇政府所在地5公里，全村辖10个村民小组451户1757人，耕地面积5896亩，人均耕地面积3.2亩。全村以中药材、牛羊养殖、劳务为主导产业。

常家坪村：位于上湾镇西北部，距离镇政府6公里，辖15个村民小组689户2957人，总耕地面积9563.55亩，人均3.23亩。全村的主导产业为中药材、养殖业和劳务输出。

樊家□村：位于上湾镇西北部，距镇政府15公里，全村耕地面积3226.24亩，人均4.39亩，粮食作物以小麦、豆类、马铃薯为主，经济作物有党参、当归、黄芪等。全村辖5个村民小组183户696人。

周家窑村：位于上湾镇西南部，距镇政府13公里，全村耕地面积4306亩，人均3.8亩，粮食作物以小麦、豆类、马铃薯为主，经济作物有党参、当归、黄芪、乌药等。全村辖9个村民小组295户1136人。

大庄村：位于上湾镇东北部，距离镇政府11.9公里，耕地面积2565.24亩，人均3.77亩，农作物种植主要以玉米、中药材为主。全村辖4个村民小组159户643人。

【领导名录】

党委书记：张会平

人大主席：何海军

党委副书记、镇长：麻建华

党委副书记：牛启隆

纪委书记：张润林

副镇长：王虎、陈明哲、陈赟菊（女，5月止）

王生民（5月任）

武装部长：王立伟

党建办主任：汪啟涛

司法所所长：

计生办主任：金彦林

执法所副所长：常建伟

扶贫工作站站长：周彩琴（女）

农路所副所长：刘爱军

综治办副主任：赵鹏（10月止）、王小东（11月任）

民政站站长：王生民（5月止）、关亮（10月任）

市场监管所所长：张继党

（供稿：周福）

麻家集镇

【概况】麻家集镇位于渭源县西南部，距县城66公里，东北与上湾镇相连，南与峡城乡毗邻，东连田家河乡，西北与临洮县南屏镇接壤。耕地30560亩，林地17784.8亩，退耕还林面积1900亩。主要粮食作物有马铃薯、小麦、玉米等，经济作物以当归、蚕豆为主。全镇辖10个行政村88个村民小组3832户16140人。

【脱贫攻坚】全镇有建档立卡贫困村5个，其中深度贫困村3个：塄坎、毗达、袁家河；非贫困村5个。2014年建档立卡识别贫困户1544户6663人，贫困发生率为40.74%（2014年农业人口16356人），6年来共减少贫困人口1654户6768人（发展生产脱贫1274户5575人、易地搬迁脱贫79户357人、生态补偿脱贫30户30人、发展教育脱贫106户468人、社会保障脱贫165户338人），塄坎村、毗达村、袁家河村、四沟村4个贫困村脱贫退出，未脱贫户27户89人，贫困面0.55%。土牌湾村计划于2020年脱贫退出。农民人均纯收入从2013年的4236元增长到2019年9643元，贫困人口人均纯收入由2013年的2366元增长到7297元。2014年以来，共投入资金4.74亿元，为全镇决战决胜脱贫攻坚奠定坚实基础。

【富民产业培育】以“三引四领一融合”党建引领促脱贫攻坚行动为抓手，推行“三链”建设，成立产业党支部2个、产业党小组8个，指导各村党支部带领党员群众大力发展青豆、蔬菜、劳务和养殖等产业，筹资50万成立袁家河村劳务协会，筹资137万元建成塄坎村养猪场，筹资260万元建成集加工和冷藏的百合加工扶贫车间，6个村村集体经济达到5万元以上。种植业方面，2019年全镇青豆种植达1万亩以上，建档立卡户1300多户参与种植，种植面积达3800多亩，每亩青豆增收1000多元；发展西兰花种植200亩，100多户建档立卡户参与种植，试验种植甘蓝、红笋、有机花菜、娃娃菜等73亩，每亩蔬菜增收3000元以上，青豆和蔬菜共落实产业扶持资金158.776万元。养殖业方面，共引进良种母牛706头、良种羊52只、良种生猪10头、中蜂95箱；2019年实施牛、羊托养155户（牛118头、羊333只），共落实各类奖补资金937.2万元。劳务产业方面，2019年实现劳务输转4107人次，赴晋劳务输转71人。选聘30名建档立卡贫困劳动力为生态护林员，参加森林资源管护服务；积极开发镇村新型服务性岗位76人；推选集体资产收益公益性岗位381人，激发贫困户内生动力的同时，实现稳定脱贫。

【民生保障】

1.义务教育。全镇共建成幼儿园7所，建成六年制小学6所，教学点3所，建成初中1所，实施义务教育阶段小学薄改项目8所，实施麻家集中学周转房项目，保证义务教育阶段学生有学上，实现适龄学生均能接受义务教育，并全部享受“两免一补”和“营养餐”教育资助政策，无因贫失学辍学学生。及时组织各级干部入户走访和实时监测，全力做好控辍保学工作。

2.住房安全。完成危房改造171户（存量危房159户、“过筛子”核查12户），其中建档立卡户123户、分散供养特困人员8户、低保户35户、贫困残疾人1户、一般户4户，全部竣工并搬迁入住。危房特例备案84户，确保全镇所有群众住无危房。

3.饮水安全。安全饮水3832户，自来水入户率达到97.4%，安全饮水率达到100%。2019年自来水入户52户（建档立卡户10户），泉水改造26座（建档立卡户7户），水井工程2处，人饮巩固提升工程167户（建档立卡户），全部竣工且供水正常。

【美丽乡村建设】自2016年以来，以麻家集镇路西村郭家山社为试点开展了以清除“四旧”（废旧房屋、废旧墙壁、废旧杂物、废旧设施）和建设“四化”（道路硬化、环境美化、乡村绿化、人居环境亮化）为主题的美丽乡村建设，按照“四好（选举好领导小组、制定好实施方案、使用好项目资金、组织好施工建设）、三提高（人居环境和人民生活水平明显提高、政府公信力和干部工作能力明显提高、群众致富信心和自身综合素质明显提高）、二严格（严格质量监督、严格资金监管）、一实现（实现精准脱贫、全面建成小康社会）”的工作思路，争取统筹各类资金520多万元，全镇8个村40个社1800多户参与美丽乡村建设，召开各类宣传动员会议200余次，组织群众拆除危旧房屋200余座，残垣断壁400余处，清理集中清理整治垃圾堆放点92处，硬化道路、巷道50余公里，新建房屋1000余座，建设文化广场22座7000余平方米，安置路灯1000余盏。2019年，投资210万元完成袁家河村美丽乡村建设项目，并通过县级竣工验收。在美丽乡村建设中，以农历六月六花儿会为载体，开展“最美家庭”和“先进个人”评选表彰活动，2019年表彰“最美家庭”89户，“先进个人”88人，新时代“乡贤”5名。2019年，麻家集镇被评为市级“文明乡镇”，袁家河村被评为市级“文明村”。

【人居环境改善】

1.河长制全面落实。建立完善河长制工作制度，组织各级河长开展巡河280次，结合全域无垃圾整治，组织群众开展河道集中整治12场次，清理河道垃圾120余吨，清除防洪隐患1处，对全镇的河流确定河长，流经的社每社确定1名巡河员、1名保洁员。

2.全域无垃圾专项治理持续推进。按照人居环境整治“1+8”方案，进一步完善《麻家集镇村环境综合整治行动实施方案》，进一步明确镇村环境卫生综合整治工作责任，切实解决全镇环境卫生脏、乱、差等突出问题。对省住建厅无人机航拍第四批非正规垃圾堆放点2处整改到位。

3.环境污染明显好转。开展农业废弃物回收利用工作，鼓励农户对种植业产生秸秆等废弃通过埋肥的方式进行还田，镇上成立农业技术团队专门进村进户指导埋肥和堆肥技术，全年共计还秸秆55吨；对玉米、大豆等农作物秸秆进行加工饲料化，通过青贮、烘干、粉碎等形式用来饲养牲畜；镇村两级建立废旧农膜回收和以旧兑新的网点，对种植业产生的废旧农膜进行回收再利用。

4.生态环境不断改善。实施面山绿化2000亩，栽植苗高40厘米云杉96110株、20～35厘米花椒17390株，完成10个村村部及广场周围美化面积2000平方米，栽植四季玫瑰、水蜡、榆叶梅、丁香等树种2万多株；对通村通社道路及田麻公路两旁进行了补植补造，栽植苗高1米以上云杉10250株、2米以上速生柳7500棵，完成了路西村、宗丹村、漆家沟村、四沟村、土牌湾村2015年退耕还林补植补造工作，共栽植1米以上云杉10810株，对10多条通社道路进行美化和行道树进行施肥，打造干净整洁的美丽麻家集新形象。

5.全力根除脏乱差病根。落实“户分类、社收集、村转运、镇处理”的垃圾清运处理机制。在乔家滩、宗丹、漆家沟、麻家集、袁家河5个村投资20万元，实施清洁村庄项目，实现村容村貌干净整洁。全力推进宗丹村“厕所革命”整村推进试点建设，完成改建卫生厕所301座，新建公共厕所2座，配备吸粪车1辆。

【社会事业】全镇养老保险应参保11665人，实际参保11432人，参保率98%，建档立卡人口参保率100%。全面落实建档立卡贫困人口养老保险代缴政策，代缴资助5503人55.03万元；全镇新型农村合作医疗应参保15813人，实际本地参保15521人，异地参保80人，参保率98.66%（其中建档立卡户人口参保率100%）。全镇现有低保户537户1274人，其中兜底保障人口165户338人，实现最低生活保障应保尽保。接县民生办批转上访事项110件次，共办结107件次，办结率达到97.27%，满意率达到90%以上。

【村情概况】

塄坎村：位于麻家集镇政府驻地西南4公里处，全村辖7个村民小组361户1587人，耕地面积3015亩。经济以农业为主。地处二阴山区，土地较肥沃。

毗达村：位于麻家集镇政府驻地西北4公里处，全村辖7个村民小组308户1427人，耕地面积2820亩。经济以农业为主。地处二阴土石山区，土地较肥沃。

袁家河村：位于麻家集镇政府驻地西2公里处，全村辖10个村民小组435户2099人，耕地面积3855亩。经济以农业为主。地处二阴山区，土地较肥沃。

路西村：位于麻家集镇政府驻地南2公里处，全村辖8个村民小组398户1773人，耕地面积3705亩。经济以农业为主。地处高寒二阴山区，驻地海拔高程2252米。

麻家集村：位于麻家集镇政府所在地，全村辖10个村民小组515户1980人，耕地面积3660亩。经济以农业为主。地处二阴山区，土地较肥沃，驻地海拔高程2115米。

漆家沟村：位于麻家集镇政府驻地东南1公里处，全村辖10个村民小组553户2372人，耕地面积4055亩。经济以农业为主。地处高寒阴湿和二阴山坡区，土地较肥沃。

宗丹村：位于麻家集镇政府驻地东南2.5公里处，全村辖7个村民小组353户1488人，耕地面积2580亩。经济以农业为主。地处二阴山区，土地较肥沃。

乔家滩村：位于麻家集镇政府驻地东2.5公

里处，全村辖8个村民小组308户1376人，耕地面积2385亩。经济以农业为主。地处二阴山区，土地较肥沃。

四沟村：位于麻家集镇政府驻地东北4公里处，全村辖11个村民小组292户1192人，耕地面积2310亩。经济以农业为主。地处二阴沟坡地带，土地肥沃。

土牌湾村：位于麻家集镇政府驻地东北5公里处，全村辖9个村民小组人口245户1075人。耕地面积2175亩。经济以农业为主。地处二阴土石山区沟坡地带，土地肥沃。

【领导名录】

党委书记：张俊生（9月止）、陈进（9月任）

人大主席：张明（4月止）、苏帅新（4月任）

党委副书记、镇长：陈进（9月止）、郭继文（9月任）

党委副书记：苏帅新（4月止）、李海龙（4月任）

纪委书记：张保华（4月止）、邓胜晖（4月任）

副镇长：白旭东、李海龙（4月止）、邓胜晖（4月止）、曲世雄（4月任）、张学兰（女，4月止）、瓦志春（4月任）

武装部长：郭宝东

党建办主任：包生明（4月止）、王成（4月任）

司法所所长：陆海龙

计生办主任：王成（4月止）、赵磊（4月任）

执法所副所长：朱惠军

扶贫工作站站长：曲世雄（4月止）、王涛（4月任）

农路所副所长：侯鹏

综治办副主任：杨喜宏

民政站站长：杨和平

市场监管所所长：陈世宏

市场监管所副所长：马鸿亮

（供稿：杨燕）

峡城乡

【概况】峡城乡位于渭源西南部，距县城69公里，地处定西市临洮县、渭源县，临夏州康乐县、甘南州卓尼县、临潭县的交汇地带，东南连卓尼县，西北接临洮县，西南与临潭、康乐隔洮河遥望。地形呈南北狭长东西较窄走向。多以高山丘陵、草原草甸为主，河谷平地为辅。北连海甸峡、南近九甸峡、西临冶木峡、东贯磨沟峡，东西长27公里，南北宽7公里，总面积约72平方公里。辖8个行政村，46个村民小组，农业人口2090户8412人，城镇人口418人，总耕地面积26595亩。党的基层组织13个，其中党委1个，党总支1个，党支部11个。党员422人，其中女党员58人。建档立卡贫困村7个，建档立卡贫困人口666户2685人。

【脱贫攻坚】全乡共有建档立卡贫困村7个，建档立卡贫困户666户2685人，贫困发生率30.93%。已累计退出贫困村7个，累计减贫655户2638人（2014年脱贫101户474人，2015年脱贫69户327人，2016年脱贫26户120人，2017年脱贫106户509人，2018年脱贫143户561人，2019年脱贫209户638人，2020年预脱贫11户47人）。2019年底有未脱贫人口11户47人，贫困发生率从30.93%下降到0.54%，农村居民、贫困人口人均可支配收入分别年均增长8.9%和13%，按期实现脱贫目标。

【产业发展】

1.特色种养业。种植业：4个产业基地，即金丝皇菊种植产业基地由秋池湾村种植专业合作社牵头实施，基地辐射杨庄村、峡城村、祁家寨村、门楼寺村、秋池湾村5村，种植面积129.57亩，发放补贴资金518280元。柴胡种植产业基地由大林村种植专业合作社牵头实施，基地辐射杨庄村、康家村、大林村、祁家寨村、门楼寺村5村，种植面积758.47亩，发放补贴资金530929

元。藜麦种植产业基地由脱甲山村种植专业合作社实施，种植面积138.8亩，发放补贴资金55520元。紫花苜蓿产业基地由康家村种植农民专业合作社牵头实施，辐射杨庄村、康家村，种植面积146.35亩，发放补贴资金43905元。养殖业：2019年，牛羊养殖贷到户项目涉及贫困户130户，享受补助资金95.9万元，其中128户贫困户引进良种牛128头，2户贫困户引进肉羊18只。对没有养殖良种牛能力的79户，进行托养，托养分红1000元/户已全部发放到位。五小产业：按照“项目到户、扶持到人，一村多样、一户一项目”的要求，支持有意愿的贫困户发展“五小”产业，对全乡8个村26户贫困户发展的小家禽、小庭院、小买卖进行奖补，共计补助资金3.442万元。

2. 村级光伏电站。2017—2019年，建成7个500千伏村级光伏电站，每村年均增加村集体收入近5万元。

3. 村级集体经济。依托上级下达的各类资金发展壮大村集体经济，全乡8个村村集体经济收入总计为133.42万元。

4. 就业扶贫。加强有劳动力人员技能培训，积极拓展就业渠道，设立贫困户护林员、保洁员等公益性岗位，166户贫困户从中受益，年增收5000元以上。

【民生保障】

1. 安全饮水实现全覆盖。自来水入户1939户（其中建档立卡贫困户18户88人），自来水入户率为100%，井供水43户，家供水54户，对全乡99处水源检测点进行水质监测，全部达标，安全饮水率达到100%。

2. 义务教育有保障。现有学校10所，其中：独立初中1所，完全小学6所，教学点1所，公办幼儿园1所，民办幼儿园1所。现有教职工94人，其中专任教师80人。义务教育阶段学校就读992人，在校有学籍小学就读510人，在校有学籍初中就读226人，6～15岁残疾儿童7人、义务教育阶段在校5人，九年义务教育巩固率100%，残疾儿童入学率100%。全乡义务教育阶段适龄学生均有学上，无一人辍学，义务教育阶段符合资助政策条件的学生均享受了“两免一补”和“营养餐”资助政策。

3. 基本医疗有保障。门诊慢特病申报213人，其中建档立卡贫困人口申报186人，一般人群27人。患病人口住院报销562人次，建档立卡户享受了提高5%的优惠政策，享受大病保险补偿46人次，城乡居民医疗保险参保率达到98%（建档立卡贫困户达到100%），组建家庭医生签约服务团队8个，建档立卡贫困户签约率达100%。累计办理慢性病门诊卡396人，其中建档立卡贫困户243人，实现应办尽办。设立慢性病鉴定点，将334名慢性病患者办理了慢性病卡（其中建档立卡人口266人），享受到慢特病报销优惠政策。

4. 住房安全有保障。通过实施危房改建、易地扶贫搬迁项目，实现住无危房。全乡共有农户1955户，委托第三方机构完成住房安全等级鉴定1955户。累计投资1173.46万元，2014—2019年实施危房改造农户738户。累计投资7283.7元，2014—2018年实施易地扶贫搬迁安置贫困群众345户1451人，其中建档立卡贫困户264户1071人。

【社会治理创新】

1. 平安建设。扫黑除恶专项斗争推进有力，共收到举报线索7条，排摸问题线索1条，经核查不属于黑恶势力。对村“两委”干部进行了联审。

2. 信访工作。进一步加大电子信访案件和民生平台办理力度，充分运用便民服务中心和电子民生平台，完善信访接待制度，接待群众来访，调处民事纠纷62起。电子民生平台办理各类民生事项55件次。

3. 污染防治。坚持全民共治、源头防治，全面整治燃煤散烧、污水排放等，建成垃圾低温焚烧热解站1处，完成燃煤锅炉改造提升1个。

4.安全生产。充分发挥乡村两级安全生产网格员作用，认真做好安全标准化建设、安全技能培训、隐患排查治理、重点行业领域专项治理等重点工作，全年无重大安全生产事故发生。

5.河道管理。全面落实河长制，坚持乡村两级河长周巡河、巡河员日巡河制度，对发现问题立即整改；对河道内非法采砂现象进行严厉打击，清理河道内垃圾、杂物16余处。

6.市场监管。乡市场监管所开展食品、药品、医疗器械及化妆品等重点领域专项整治活动15次，出动执法人员120人次，农村自办宴席登记30次，流动厨师培训2场次，流动厨师登记备案3人。立案查处违法经营案件1起，罚没款0.3687万元。全年快检完成150批次，主要以实用农产品为主，完成率100%，快检未发现不符合食品安全标准的食品。督促辖区内餐饮单位全部完成高效油烟净化设施安装工作，全乡油烟净化设施安装率达100%。对辖区内重点市场主体进行责任约谈，督促依法依规经营，切实保障广大人民群众合法权益。

【“放管服”改革】科学设置便民服务窗口，进一步理顺隶属关系、工作职责、工作范围。大厅设劳务，社保、计生三个窗口，将各类业务靠实到人。设A、B岗，全面推行“前台综合受理、后台分类审批、统一窗口出件”服务模式。完成乡政务服务事项与定西市一体化平台对接，实现“一网通办”。8个村结合驻村帮扶工作队驻村办公，设立村级便民服务中心，开展相关业务办理和民事代办工作。

【村情概况】

杨家大庄村：交通便利，沈峡公路穿境而过，辖区内商贸物流发达，区位优势明显。辖4个村民小组272户1214人。耕地面积1994.9亩，人均1.6亩。中药材种植562.6亩，劳务输出169人，柴胡为主导产业。县人大代表1人。

脱甲山村：距乡政府12公里，辖9个村民小组349户1455人。耕地面积5589.71亩，人均3.84亩。党参种植、杂粮杂豆为主导产业。县人大代表1人，乡人大代表6人。

大林村：距乡政府驻地5.2公里。辖村民小组5个社167户676人。耕地面积2668.7亩，人均4亩，林地2417.18亩。柴胡种植为主导产业。乡人大代表3人。

峡城村：为峡城乡政府所在地，辖区内商贸物流发达，区位优势明显。辖8个村民小组385户1444人。耕地面积2117.98亩，人均1.45亩。柴胡为主导产业。县人大代表2人，乡人大代表5人。

康家村：辖4个村民小组218户935人。耕地面积3040亩，人均3.25亩。中药材种植、劳务输出为主导产业。乡人大代表4人。

祁家寨村：距乡政府驻地5公里，全村辖4个村民小组147户579人。耕地面积1085亩，其中可灌溉耕地122亩，人均耕地面积1.8亩。中药材种植为主导产业。乡人大代表3人。

门楼寺村：全村辖6个村民小组302户1326人。耕地面积1761亩，人均1.1亩。中药材种植、劳务输转等为主导产业。乡人大代表3人。

秋池湾村：辖区内旅游业兴盛，全村辖6个村民小组210户970人。耕地面积2979.34亩，人均3.07亩。柴胡种植为主导产业。县人大代表1人，乡人大代表6人。

【领导名录】

党委书记：王宏林

人大主席：安玉祥

党委副书记、乡长：王惠明（9月止）、许永强（9月任）

党委副书记：仲宝林

纪委书记：邵强

副乡长：赵鹏、葛小平

武装部长：张海龙

党建办主任：邓俊

司法所所长：邵强（4月止）、程彦杰（4月任）

计生办主任：段永宏

执法所副所长：杜滨

扶贫工作站站长：黄满强

农路所副所长：赵瑞平

综治办副主任：王海涛

民政站站长：杨新彦

市场监管所副所长：王志龙

（供稿：仲宝林）

田家河乡

【概况】田家河乡位于渭源县西南部，距县城47公里，沈峡公路、田麻公路穿境而过，总面积67平方公里，耕地面积2.92万亩，人均2.7亩，林地1.8万亩，草场3.4万亩，平均海拔2300米，属高寒阴湿气候。全乡辖8个行政村72个村民小组2623户11046人，其中非农业人口226人。中药材、百合、马铃薯、劳务、养殖、乡村旅游是全乡的支柱产业，光伏发电、电子商务等新型产业初具雏形。全乡有建档立卡贫困村5个，现有建档立卡人口905户3571人。2019年底全乡未脱贫户共有20户71人，贫困发生率从2013年的31.07%下降到2019年底的0.64%，全乡实现整乡脱贫。

【脱贫攻坚】截至2019年底，全乡累计脱贫885户3500人，剩余未脱贫户有20户71人，农民人均可支配收入达到8679元，建档立卡户人均纯收入7880元。贫困发生率从2013年的31.07%下降到2019年底的0.64%，全乡达到整乡脱贫退出条件。

【产业发展】养殖业方面，2019年养殖业扶贫贷款暨财政奖补资金产业到户项目涉及17户80人，涉及奖补资金13.6万元，申请贷款12户6万元，引进牛17头，全部投保。托养牛项目共涉及155户，155头，涉及资金201.5万元，完成合同签订和牛的挑选工作，全部投保。种植业方面，种植产业扶贫项目由新集村花满山、香卜路村、田家河村中林种植农民专业合作社、元古堆村百合农民专业合作社组织实施，实施百合种植和中药材（当归、党参、黄芪、赤芍）5个品种的种植，种植面积1943.4亩，共涉及资金74.626万元，带动农户665户，其中贫困户213户。食用菌产业方面，投资96万元建设田家河乡元古堆村农光互补食用菌设施大棚示范基地，带动贫困户80户，种植羊肚菌，带动贫困户户均年增收3000元。

【民生保障】安全饮水方面，全乡34处分散式供水泉水改造、65户自来水入户、42户巩固提升工程全部完成。分散供水168处372户，经检测，水质全部合格。义务教育方面，义务教育适龄人口县外就读42户46人，其中精准扶贫户中县外就读4户4人；全乡建档立卡户中无义务教育阶段辍学学生。基本医疗方面，全乡应参保10514人，实际参保10431人，参保率为99.21%，其中建档立卡户中应参保3577人，实际参保3577人，参保率为100%。安全住房方面，排摸出居住不安全住房中符合改造条件的有4户14人，其中建档立卡户3户，五保户1户，完成建设任务并组织入住；2018年易地扶贫搬迁18户全部入住。电力保障方面，全乡69个社通动力电，汤尕沟村大庄社、阳坡社、陈家咀社动力电改造列入2020年项目实施。通村道路通畅方面，8个建制村全部完成通村道路硬化任务。

【社会治理创新】一是在综治网格化管理、“雪亮工程”建设、普法宣传、禁毒等工作的基础上，率先在香卜路村试点推行二级网格化建设，随后在全乡进行经验推广并全面建设，全乡共建成二级网格188个，选聘二级网格员188名，形成社会综合治理“一张网”。二是坚持领导干部下访制度，深入实施群众信访诉求“一册通”工作法，积极开展矛盾纠纷排查调处，坚持开展“四无”乡镇创建活动。共接待群众来访6起，成功处理6起，排查矛盾纠纷17起，调处17起。三是结合“整乡推进、整县提升”工作，严格按照平安示范村创建标准，加强阵地建设，每村布置功能室1个，配备以支部书记为组长的社会综合治理队伍，为社会平安稳定提供有力保障。

【项目建设】

1.道路建设方面。完成2017年第二批道路硬化工程8.11公里；农村公路“畅返不畅”道路整治项目水毁维修工程完成建设任务。

2.易地扶贫搬迁方面。投资109.93万元的元古堆村集中安置区棉柳滩安置点维修工程完成竣工验收并投入使用；投资30万元的田家河乡2006年易地扶贫搬迁撒马滩安置点维修工程已竣工验收并投入使用；投资95.12万元的元古堆村柏木滩安置点、元一安置点易地扶贫搬迁补齐短板项目工程完成建设任务；投资30万元易地扶贫搬迁安置点撒马滩安置区补齐短板项目道路工程完成建设任务。

3.产业发展方面。投资96万元的田家河元古堆村农光互补食用菌大棚羊肚菌种植扶贫项目完成建设任务并投入生产；投资50万元的田家河乡香卜路村鹌鹑养殖及深加工产业扶贫项目完成并投入生产；投资80万元的香卜路村新兴产业发展鲜切花基地建设项目完成竣工验收并投入使用。

4.惠民建设方面。投资301.34万元田家河乡元古堆村敬老院新建项目完成框架建设；2018年进城安置18户79人，全部搬迁入住。对城区下桥头因2018年洪水冲刷造成的危桥进行拆除重建，并完工投入使用。

【村情概况】

香卜路村：位于田家河乡南部的索爷林畔，地形地貌以土石山为主，海拔2563米，高寒阴湿气候。全村辖7个村民小组266户1085人，劳动力672人。土地确权前有耕地3570亩，人均3.29亩；土地确权后有耕地4587.4亩，人均4.23亩；林地2155.9亩。

元古堆村：位于田家河乡南部林缘地带，全村辖13个村民小组447户1917人，耕地面积5500亩，人均2.87亩。2012年底，全村农民人均纯收入1465.8元，扶贫对象221户1098人，贫困面为57.3%。2013年底全村有建档立卡贫困户129户600人，贫困面为31.29%。2019年全村剩余12户35人外，全部脱贫，人均可支配收入达到10789元，贫困户人均可支配收入达到7325.7元。2018年底实现整村脱贫。

田家河村：位于田家河乡政府所在地，距212国道3.7公里。耕地面积4226亩，人均2.1亩，耕地多为山坡地，地势南高北低，气候阴湿，植被保护较好。全村辖12个村民小组478户2001人。2019年底，人均可支配收入8960元，贫困人口人均可支配收入5579.81元。

汤尕沟村：位于田家河乡西北部，四面环山。耕地3119.51亩，人均4.89亩。林地4015亩，其中退耕还林1300亩。全村辖148户611人，主要种植作物有小麦、马铃薯、蚕豆、油菜等，经济作物以当归、党参、百合种植为主。

新集村：位于田家河乡西北部，属典型高寒二阴地区，全村辖12个村民小组420户1846人，劳动力912人，耕地面积6119.11亩，人均耕地3.3亩，林地1500亩，草地3756亩。2019年底，全村居民人均可支配收入达到8128元，贫困人口人均可支配收入5300元。

高石崖村：位于田家河乡北部，距乡政府所在地7公里，总面积5.8平方公里。全村辖6个村民小组165户668人。耕地面积2662亩，人均3.98亩，主要种植小麦、马铃薯、蚕豆、油菜等，经济作物主要以当归、黄芪、百合为主。2019年底，全村居民人均可支配收入达到8679元，贫困人口人均可支配收入5740元。

西沟村：位于田家河乡南部，属高寒阴湿气候。全村辖10个村民小组452户1922人，劳动力1347人。全村耕地面积8107亩，人均4.21亩。主要种植作物有小麦、马铃薯、蚕豆、油菜等，经济作物以当归种植为主。2019年全村居民人均可支配收入达到8540.06元，贫困人口人均可支配收入5560.93元。

韦家河村：位于田家河乡北部，总面积5.8平方公里。全村辖7个村民小组225户887人，耕地2369亩，人均2.7亩。耕地多为山地，陡坡地占总耕地面积的60%。2019年底，全村居民人均可支配收入达到9058元。

【领导名录】

党委书记：王宝林

人大主席：乔晓莉（女，4月止）、赵新军（4月任）

党委副书记、乡长：王小明

党委副书记：杨云庆、朱惠军（9月任，挂职）

纪委书记：张祥平

武装部长：陈国锋

副乡长：张永红、贾元平

党建办主任：辛军

市场监督管理所所长：马成军

执法所所长：谢国锋

司法所所长：王有祎

计生办主任：安晓东

执法所副所长：李树茂

扶贫工作站站长：王一平

农路所副所长：张小林（女）

综治办专职副主任：高远

民政站站长：雒彦军

市场监管理所副所长：郭海平

（供稿：吴海娟）

会川镇

【概况】会川镇位于渭源县西南部，距县城渭源34公里，国道212和316线交汇贯穿，兰海高速临渭段途径并设有出口。全镇总面积127平方公里，辖22个村1个社区209个村民小组，9725户4.45万人，耕地总面积10.29万亩，人均耕地面积2.6亩。全镇现有党员1310名（其中女党员244名），建档立卡贫困村12个，建档立卡贫困户3331户13504人，贫困发生率为0.27%。

【脱贫攻坚】2013年，全镇共有建档立卡贫困村12个（其中深度贫困村6个），建档立卡贫困户2893户12970人，贫困发生率为34.13%。经历年动态调整及自然增减，现有建档立卡贫困户3331户13504人。2014年至2019年累计脱贫3299户13397人，全镇剩余未脱贫32户107人，贫困发生率下降到0.27%。

1.*贫困人口退出方面*。对照贫困人口退出验收标准，紧紧围绕“一超过两不愁三保障”。建档立卡贫困户人均纯收入从建档立卡初的2228元提高到6625元。建档立卡贫困户均达到不愁吃不愁穿，有安全饮水，明白卡已发放到户。建档立卡户共计实施危房改造742户，易地扶贫搬迁201户，全部搬迁入住，并出具鉴定报告（危房改造户为验收报告）和达标认定书。严格落实控辍保学排查造册、辍学学生返校通知等制度，对建档立卡贫困户、档外一二类低保户中的义务教育适龄儿童进行密切监管。义务教育阶段适龄人口4598户6038人，其中建档立卡户1430人，无辍学学生。县外就读学生214户214人（其中建档立卡户34户37人）。2019年城乡居民医疗保险参保率为99.09%，建档立卡贫困人口参保率达100%；全镇13504名建档立卡贫困人口中，有患病人口2262人，其中患大病102人，患慢性病902人，常见病及其他疾病1258人，已为符合条件的患病人口办理慢性病门诊卡。

2.*贫困村退出方面*。严格执行贫困村退出验收标准，紧扣贫困发生率、产业发展、基础设施、基本公共服务4个方面11项具体指标，2018年底，王家咀村、常家湾村、和平村、醋那村4村达到脱贫退出验收标准。2019年底，半阴坡村、棉柳坪村、元寺滩村、干乍村、哈地窝村、罗家磨村、南沟村、大庄村8村实现脱贫退出。全镇12个贫困村均实现贫困发生率低于3%。12个贫困村均有主导产业且农民参与比例达到91.79%；有农民专业合作组织26个，带动1849

户贫困户，2019年分红全部发放到户；12个贫困村集体经济达到2万元。2个贫困村村内均通硬化路；动力电全覆盖；公益性设施共管共享和网格化管理工作正常开展，村庄环境干净整洁。12个贫困村均无辍学学生，全部落实了“两免一补”和“营养餐”资助政策；村卫生室面积全部达标，能承担并完成常见病诊疗和公共服务，全部符合标准化卫生室的要求；参加居民养老保险的贫困人口为5389人，达到基本养老保险全覆盖；纳入最低生活保障的人数为422户1170人，达到最低生活保障应保尽保。兴办道德讲习积美超市，群众用表现换积分，用积分换物品，提升群众道德素质，群众满意度达到99.7%以上。

【产业发展】

1.传统特色优势产业。马铃薯种薯产业稳步推进，生产脱毒瓶苗3亿株、原原种3.5亿粒、各级种薯8万吨，总产值达到4000万元；中医药产业提质增效，建立标准化种植基地1.8万亩，种植面积稳定在4万亩，干药产量达到0.74万吨，总产值达到9500万元，草牧业发展迅速，牛、羊、猪、鸡、蜂饲养量分别达到2049头、9857只、2684头、2.1万只、162箱，肉蛋奶总产量达到489.5吨，总产值1356.3万元。

2.新兴产业。罗家磨、常家湾等村级光伏电站全面完成建设任务，全部并入电网，装机总容量达2.1兆瓦，年均发电量为31.53万度，年收益近30万元。实施电子商务进农村工程，建成13个村级电商公共服务点、网销企业6家、网店72家，实现线上交易额400多万元，带动线下农产品销售1200多万元，参与电商贫困农户人均增收500元以上。新建金丝黄菊基地200亩，蔬菜种植示范基地300亩，繁育苗木4.2万株。

3.劳务产业。建成扶贫车间7个，吸纳贫困劳动力就业600多人。输转劳动力8500多人次，实现劳务收入1.5亿多元。

4.工业发展。落实“一企一策”计划，盘活停产半停产企业6家，新增规模以上企业3家。新引进入园企业3家，发展小微企业16家，实施工业项目7项11.3亿元，工业增加值达到0.8亿元，规上工业增加值达到0.56亿元。

【民生保障】义务教育均衡发展通过国家、省级评估验收，投资552.9万元，新建维修校（园）舍0.63万平方米，村级幼儿园覆盖率达80%以上，学前三年幼儿毛入园率达到99.23%，建档立卡贫困户义务教育阶段适龄学生九年巩固率达到100%。会川镇第二幼儿园项目完成前期各项准备工作，正在建设主体工程。西关小学分校项目完成设计等前期手续，正在开展项目用地征地工作。全面实行医疗费用“先诊疗后付费”和“一站式”即时结报制度，两所卫生院均实现标准化建设。为707名扶助对象、17户计划生育特殊困难家庭和180户16周岁以下独生子女户发放各类补助资金79.3万元。积极动员待孕夫妇参加国家孕前优生免费健康检查。全镇所有建档立卡贫困人员均制定了“一人一策”，并完成“4+1”家庭医生签约。全面落实城乡低保、医疗救助等保障和优抚政策，完成城乡低保、特困供养提标，累计为各类民政重点工作对象7482人发放各类民政资金1685万元。推进“平安会川”建设，认真履行安全监管职责，道路交通、食品药品、烟花爆竹、供电供热取暖、防火等安全工作持续深入开展，全镇范围内未发生重特大安全生产事故，总体形势稳定向好。受理各类信访事项101件。扎实开展扫黑除恶专项斗争，严厉打击各类违法犯罪活动，禁毒工作稳步推进，社会大局和谐稳定。动员适龄农村妇女参加免费“两癌”筛查2552人，占应参检人数的102%。

【社会治理创新】

1.扫黑除恶专项斗争行动。全面落实扫黑除恶专项斗争“十进”宣传，刷写悬挂宣传标语240余条。建立线索举报箱管理办法，举报线索登记制度，共设立举报信箱28个。累计收到涉黑涉恶线索11条。完成村“两委”成员任职资格联审“回头看”问题人员清理工作。对联审“回头看”中反馈的1名受过刑事处罚、7名受过治安处罚的村“两委”人员进行了清退，对1名违法违纪村委会主任取消其预备党员资格并责令辞职。全面整顿提升软弱涣散党组织，把扫黑除恶线索排摸与整顿软弱涣散基层党组织同步推进，不断夯实基层政权基础，提升基层党组织战斗力。坚决消除影响社会安全稳定的风险隐患，不断增强人民群众的安全感。

2.*信访工作*。完善信访接待制度。电子民生平台反映事项办理工作明显提升，办理电子民生平台反映事项923件。

3.*污染防治*。实行最严格的环境保护制度，实施漫坝河流域综合整治项目，建成垃圾低温焚烧热解站1处，完成燃煤锅炉改造提升18个。

4.*安全生产*。充分发挥镇村两级安全生产网格员作用，认真做好安全标准化建设、安全技能培训、隐患排查治理、重点行业领域专项治理等重点工作，全年无重大安全生产事故发生。

【“放管服”改革】科学设置便民服务窗口。对各站所的职责进行清理，理顺隶属关系、工作职责、工作范围。大厅设劳务、社保、计生窗口。设A、B岗，全面推行“前台综合受理、后台分类审批、统一窗口出件”服务模式。乡镇便民服务中心制度公开，政务网已延伸到镇便民服务大厅，完成镇政务服务事项与定西市一体化平台对接，实现了“一网通办”。22个村和1个社区结合驻村帮扶工作队驻村办公，设立了村级便民服务中心，开展相关业务办理和民事代办工作。

【政府自身建设】积极转变政府职能，建设法治政府提升行政效能，提高人民群众对政府的信任度、满意度。全面深化改革，以“放管服”改革为契机，投资5万元对便民服务大厅进行了规范改造，建立会川镇党务政务服务平台，公布《渭源县乡级政务服务事项指导目录》。狠抓督查问效，成立了会川镇督查检查工作领导小组，以强有力的督促检查倒逼各项任务落实。自觉接受人大和社会各界监督，人大代表建议和政协委员提案涉及29件，已完成23件，办结率为79.3%。强化廉政建设，落实党风廉政建设责任制，严格执行中央八项规定和省市县有关规定，以政府采购、项目建设、工程招投标等领域为重点，健全监督管理制度，严肃财经纪律，严格执行财政预算制度，“三公”经费支出同比下降。

【村情概况】

半阴坡村：位于会川东南部，距会川镇15公里处，316国道穿村而过，交通便利，有著名的太白山景区。属于典型的半阴湿地区。总面积5405亩。农作物以中药材为主，适宜于马铃薯、蚕豆、油菜生长和种植。

本庙村：位于会川镇南部，距会川镇5公里处，气候湿润，全村辖6个村民小组603户2623人。212国道线穿境而过、交通便利。耕地面积5351亩。全村的主导产业为马铃薯种植，无村级集体经济，有36平方米村卫生室。村级活动场所1处，农村党员干部现代远程教育站点1个，正常投入使用。

常家湾村：位于会川东部，距会川镇5公里。地形为一沟两坡、群众居住比较分散，属半阴湿气候。全村有耕地2263亩，均为旱地。农作物主要以马铃薯为主，间作小麦、油菜、药材等。全村辖5个村民小组208户910人。耕地面积2263亩。党员34名，预备党员3名。

醋那村：位于会川东南部，距会川镇3公里处。总面积5平方公里，属于高寒阴湿地带。主导产业为中药材，间作马铃薯、小麦蚕豆、油菜等。全村辖9个村民小组291户1228人。耕地面积3115.19亩，人均耕地2.53亩；林地面积233.53亩。

大庄村：大庄村地处会川西北部，距会川镇4公里处。全村辖9个村民小组499户2099人。耕地面积3419.19亩，人均耕地1.76亩，林地233.53亩。全村的主导产业为中药材，间作马铃薯、小麦蚕豆、油菜等种植。村卫生室1处。村级活动场所1处，农村党员干部现代远程教育站点1个，正常投入使用。

东关村：位于会川镇东部，212国道从村中穿过，总面积5平方公里。川地很少，大部分土地属于山地。农作物以中药材、小麦、大豆、马铃薯等为主。全村辖10个村民小组618户2461人，耕地面积为2701亩，人均0.6亩。农民收入以传统种植业、中药材加工和劳务输出所得收入为主。

干乍村：位于会川镇东南部，316国道越境而过，交通便利。属典型的半阴山区。农作物主要以中药材为主，间作小麦、大豆、马铃薯等。全村共有9个村民小组476户2046人。农民收入主要为劳务和种植业所得收入。耕地6299亩，人均3亩；林地980亩，人均0.47亩。

哈地窝村：位于会川东南部，距会川镇5公里处，属于高寒阴湿地带。全村辖8个村民小组402户1700人。耕地面积3254.30亩，人均耕地2.53亩，林地面积233.53亩。主导产业为中药材，间作马铃薯、小麦、蚕豆、油菜等。村卫生室1处。

和平村：位于会川东部，距会川镇政府所在地7.5公里，东接干乍村，西连本庙村，南与罗家磨村接壤，北邻醋那村。耕地面积3475亩，山旱地；荒山荒坡1200亩。农作物以马铃薯为主，间作小麦、当归、大豆等。全村辖7个村民小组293户1153人。文化活动室3间。

河里庄村：位于会川镇西南部，距会川镇政府所在地2公里处，地形较平坦，群众居住较集中。全村辖8个村民小组230户954人。主导产业为马铃薯、中药材种植。

李家崖村：位于会川镇东北部，距会川镇镇区3.5公里处。境内漫坝河川流而过。耕地1364亩，人均耕地2亩。辖4个村民小组。212国道毗邻该村，交通便利。

梁家坡村：位于会川镇西北部，距会川镇1.5公里处，全村辖18个村民组758户2975人，耕地面积3885亩，林地、荒山荒坡990.05亩，人均耕地1.3亩。主导产业为中药材。幼儿园1所，小学1所，医务室1所。

罗家磨村：位于会川镇南部，212国道从村中穿过，交通便利，属典型的高寒二阴地区。农作物主要以中药材、马铃薯为主，间作小麦、大豆、油菜等。旅游资源丰富，境内有双石门景区，自然环境优美，是休闲避暑的好地方。全村辖15个村民小组623户2390人。农民收入主要为劳务、种植业为主。耕地6727.73亩，人均2.81亩。

棉柳坪村：位于会川镇东南部，距会川镇10公里处，耕地面积3997亩，90%的耕地属于山地。全村辖7个村民小组。农民收入以粮食作物、中药材种植和外出务工为主。

南沟村：位于会川镇西南部，距会川镇3公里处，耕地面积3481亩。全村辖10个村民小组。农民收入以粮食作物、中药材种植和外出务工为主。

上集村：位于会川镇东南部，距会川镇镇区2.5公里。全村辖8个村民小组296户1220人。耕地2301亩，人均1.94亩。

沈家滩村：沈家滩村位于会川镇南部，距会川镇镇区5公里。全村辖11个村民小组600户2508人。耕地4085亩，人均耕地1.62亩。

王家咀村：位于会川东北部，距会川镇3公里处。耕地面积2124亩，人均耕地面积1.98亩，林地面积1255.04亩。农作物以中药材为主，间作小麦、蚕豆、油菜、马铃薯等。全村辖7个村民小组268户1062人。

西关村：位于镇政府所在地，国道316线和212线交汇处，交通便利。全村辖12个村民小组905户3467人，党员62名。村级固定资产累计1000多万元。村内农民专业合作经济组织14个，辖区内企事业单位48家。

新城村：位于会川镇区以南2公里处，212国道穿境而过，交通便利。耕地面积3376亩。农作物以中药材、马铃薯为主，间作小麦、马铃薯、大豆等。全村辖15个村民小组561户2221人。纳定小学院内有会川“八景之一”的塔寺松风。

元寺滩村：位于会川镇东南部，316国道越境而过，属典型的半阴山区。农作物以中药材为主，间作小麦、大豆、马铃薯等。全村辖8个村民小组335户1334人。农民收入主要为劳务和种植业。耕地4625亩，人均3.47亩；林地980亩。

杨庄村：位于会川镇东南部，316国道穿村而过，交通便利。全村辖10个村民小组591户2489人。耕地面积6130亩，人均耕地2.9亩。党支部下设党小组6个，党员58名，其中女党员10人。

【领导名录】

党委书记：郑军平（9月止）、张俊生（9月任）

人大主席：高芳（女）

党委副书记、镇长：肖会林

党委副书记：王湖、麻自胜（挂职）

纪委书记：赵作杰

武装部长：薛海强

党委委员、副镇长：王成龙（4月止）、翟军平（4月任）

党建办主任：李阳

党委委员、社区党支部书记：祁忠孝

副镇长：杨喜平、雒海通

人大副主席：翟军平（4月止）、罗宏伟（4月任）

综合执法所所长：麻自胜

司法所所长：徐强

民政站站长：汪强强

农路所副所长：张鹤

扶贫站站长：刘江平

综治办副主任：刘海军

计生办主任：罗宏伟（4月止）、薛鑫（6月任）

执法所副所长：贾江龙（6月任）

（供稿：朱志强）

2019年渭源县国民经济和社会发展统计公报

渭源县统计局

（2020年4月8日）

2019年，面对复杂严峻的发展形势，渭源县各级各部门坚持以习近平新时代中国特色社会主义思想为指导，深入贯彻落实党的十九大和十九届二中、三中、四中全会精神，认真落实习近平总书记视察甘肃重要讲话和指示精神，坚持稳中求进工作总基调，以脱贫攻坚为统揽，攻坚克难，狠抓落实，推动高质量发展，全县经济运行稳中向好，各项社会事业繁荣发展，人民群众得到更多实惠，实现了整县脱贫摘帽，为全面建成小康社会奠定了坚实基础。

一、综合

初步核算，2019年全县实现地区生产总值36.87亿元，比上年增长6.7%。第一、二、三产业增加值分别为12.23亿元、3.14亿元、21.50亿元，比上年分别增长5.9%、7.6%、7.2%。三次产业结构比为33.2：8.5：58.3，对经济增长的贡献率分别为32.2%、9.8%、58.0%。按常住人口计算，人均地区生产总值11076元，比上年增长6.4%。

全年十大生态产业增加值10.63亿元，比上年增长6.8%，占全县地区生产总值的28.84%，占比较上年提高0.5个百分点。

年末全县常住人口33.31万人。其中，城镇人口9.12万人，占常住人口的比重为27.36%；乡村人口24.19万人，占常住人口的比重为72.64%。城镇化率27.36%，比上年末提高0.64个百分点。出生率11.19‰，死亡率7.91‰，人口自然增长率3.28‰。

全年城镇新增就业1915人，失业人员实现再就业373人。年末城镇登记失业率3.3%。安置退役士官12人，年末共有公益性岗位就业人员716人。

全县年内共减少农村贫困人口7701户27349人，按照人均纯收入3800元的脱贫标准，年末全县农村剩余未脱贫人口369户1384人。

二、农业

全年农作物种植面积109.92万亩，比上年减少1.65万亩。粮食作物播种面积71.78万亩，减少7.63万亩，其中夏粮播种面积28.14万亩，减少3.04万亩。折粮薯类播种面积30.11万亩，减少1.65万亩。油料播种面积4.51万亩，增加2.02万亩。蔬菜播种面积1.42万亩，增加0.09万亩。

中草药材播种面积31.39万亩，增加3.4万亩。

全年粮食产量17.69万吨，比上年下降7.62%。其中夏粮产量4.71万吨，比上年下降6.67%。折粮薯类产量8.1万吨，比上年下降0.87%。

全年蔬菜产量1.28万吨，比上年增长9.37%。油料产量0.71万吨，比上年增长83.06%。中草药材产量8.52万吨，比上年增长14.57%。

全年肉类产量4594.2吨，比上年下降1.1%。禽蛋产量1218.3吨，比上年增长33.3%。牛奶产量976吨，增长10.8%。年末大牲畜存栏3.26万头（只），比上年末增长9.7%，其中牛存栏3.11万头，增长10.67%；当年大牲畜出栏0.55万头（只），增长1.44%，其中牛出栏0.52万头，增长3.95%。年末羊存栏10.83万只，增长4.19%；当年羊出栏5.29万只，增长8.83%。年末猪存栏4.24万头，增长5.17%；当年猪出栏4.16万头，下降4.14%，年末家禽存栏40.46万只，增长33.28%；当年家禽出栏31.04万只，增长0.58%。

三、工业和建筑业

年末共有规模以上工业企业10户，全年全县规模以上工业企业实现增加值9576万元，比上年增长23.2%。全年规模以上工业企业实现营业收入4.23亿元，利润总额0.29亿元，营业收入利润率6.83%。

截至2019年底，全县运营的光伏发电总装机规模60.25兆瓦，其中2019年建成并投入运营的装机规模27.35兆瓦。全年发电量5192.66万度，实现售电收入1598.3万元，获得国家可再生能源补贴2425.09万元。

全年建筑业实现增加值1.80亿元，比上年增长4.5%。年末具有资质等级的总承包和专业承包建筑业企业4户。

四、服务业

全年批发和零售业增加值比上年增长6.5%，交通运输、仓储和邮政业增加值增长7.8%，住宿和餐饮业增加值增长8.5%，金融业增加值增长9.2%，房地产业增加值增长5.2%，营利性服务业增加值增长20.2%，非营利性服务业增加值增长5.1%。

全年铁路客运量39.71万人（兰渝铁路渭源站）。公路客运量284万人，公路货运量430万吨，公路运输总周转量90263万吨公里。年末全县已通车的高速公路里程49.3公里、国道里程84.7公里，省道里程245.4公里。年末共有客运车辆144辆，公交车辆83辆，出租车227辆。

全年完成邮政行业业务总量1140.1万元，比上年增长12.02%。完成邮政寄递服务业务量16.27万件、邮政函件业务1.75万件、包裹业务2.11万件。共有邮政营业网点17个，其中农村网点16个。完成电信业务总量20.14亿元，电信企业营业网点173个，从业人员369人，电信业务收入1.51亿元，年末固定电话用户1.12万户，移动电话用户31.8万户，固定互联网宽带接入用户8.2万户。

五、国内贸易和对外经济

全年社会消费品零售总额8.57亿元，比上年增长6.8%。按经营地统计，城镇消费品零售额增长6.5%，乡村消费品零售额增长7.7%。按消费类型统计，商品零售额增长6.6%，餐饮收入额增长8.3%。

全年共实现限额以上社会消费品零售总额0.56亿元，比上年下降3.8%。

全年进出口总额1045.6万元，比上年增长220.74%。其中出口1045.6万元，增长220.74%。

全年实施招商引资项目33个，到位资金（省外）17.98亿元，比上年增长128.8%。全县电子商务销售金额0.84亿元，电子商务采购金额1.24亿元，自建电子商务交易平台4个，交易额0.16亿元。

六、固定资产投资

全年共实施500万元以上及房地产开发项目94个，固定资产投资比上年增长15.0%。按三次产业分，第一产业投资下降15.2%；第二产业投资增长62.2%；第三产业投资增长15.4%。民间固定资产投资下降22.1%。

全年项目投资比上年增长12.1%。其中，5000万元以上项目投资增长16.4%，500～5000万元项目投资增长4.3%。

全年房地产开发投资比上年增长25.3%。

七、财政金融

全年全县大口径财政收入2.64亿元，比上年增长4.13%，一般公共预算收入1.53亿元，增长3.78%。其中，税收收入0.84亿元，增长4.06%；非税收入0.69亿元，增长3.43%。公共财政预算支出31.21亿元，比上年增长5.35%。其中，一般公共服务支出2.61亿元，增长19.35%；教育支出5.86亿元，增长0.03%；社会保障与就业支出4.80亿元，增长19.18%。

年末全县金融机构人民币各项存款余额73.38亿元，比上年末增长9.12%，其中住户存款余额56.74亿元，增长14.63%。金融机构人民币各项贷款余额54.46亿元，比上年末增长10.15%，其中住户贷款余额36.94亿元，增长9.01%。

年末保险机构数9个，其中财产保险7个，人身保险2个。年末从业人员365人，全年保费收入1.88亿元，赔付支出1.26亿元。

八、居民收入消费和社会保障

全县城镇居民人均可支配收入25225元，增长7.6%；农村居民人均可支配收入8208元，增长10.1%。

全县城镇居民人均消费支出18729元，比上年增长6.5%；农村居民人均消费支出8466元，增长7.8%。

年末全县享受城市居民最低生活保障人数544户1031人，享受农村居民最低生活保障人数8702户23799人，享受城镇特困供养人数8人，享受农村特困供养人数2190人。

年末机关事业单位养老保险参保人数0.92万人，城镇职工养老保险参保人数0.32万人，城乡居民养老保险参保人数21.43万人。工伤保险参保人数1.14万人，失业保险参保人数0.99万人。

年末城乡居民医疗保险参保人数30.09万人，城镇职工医疗保险参保人数1.34万人。

九、科学技术和教育

全县共有工程技术研究中心14个，其中市级14个。登记科技项目3项，专利申请授权量111件，其中发明专利授权量2件，实用新型专利申请授权量105件，外观设计专利申请授权量4件，共有注册商标517件，其中本年注册成功111件。

全县当年本科上线人数1950人。中等职业教育学校1所，年末在校学生1289人，当年招生670人，当年毕业258人。普通高中4所，年末在校学生7176人，当年招生1775人，毕业3095人。初级中学16所，年末在校学生7279人，当年招生2329人，毕业2603人。小学154所，年末在校学生17214人，当年招生2970人，毕业2944人。九年制学校8所，年末在校学生3255人，当年招生1062人，毕业902人。特殊教育学校年末在校生93人，当年招生13人，毕业2人。各类幼儿园158所，在园幼儿10148人。学龄儿童入学率为100%，九年义务教育巩固率为99.39%，初中毕业生升学率100%。

十、文化旅游、卫生健康和体育

年末国有转企改制演艺企业1个，从业人员36人，演出286场次。县级公共图书馆1个，藏书量11.2万册。博物馆1个，文物藏品1431件。农家书屋217个，文化信息资源共享工程村级终端接收站点217个，乡村舞台217个，城市数字影院2家。

年末广播综合人口覆盖率96.8%，全年制作广播节目665小时。电视节目综合人口覆盖率96.2%，全年制作电视节目430小时。

全县有AAAA级景区2个、AA级景区2个，旅游业从业人员342人，全年接待国内外游客148.5万人次，比上年增长25.2%。实现旅游综合收入7.1亿元，同比增长40.5%。

年末全县共有医疗卫生机构339个，其中，医院5个，乡镇卫生院18个，村卫生室217个，妇幼保健院（所、站）1个，社区卫生服务中心（站）1个，诊所、卫生所、医务室95个，疾病预防控制中心（防疫站）1个。卫生技术人员788人，其中执业医师（含助理）426人，注册护士236人。乡村医生、卫生员217人。医疗卫生机构床位数1586张。孕产妇住院分娩率99.9%，婴儿死亡率3.58‰。

全县共有体育场馆2个，公共体育场地面积54.18万平方米，群众健身点52个，社会体育指导员1033人，专职教练员6人，等级裁判员32人，各类体育协会、俱乐部14个。给省、市体育专业机构输送优秀体育后备人才5人次。承办国家级赛事1项、省级赛事1项、市级赛事2项，举办了2019丝绸之路国际露营大会（渭源站）。

十一、资源、环境和应急管理

全年水资源总量1.99亿立方米，人均水资源量599.2立方米。全年总用水量0.28亿立方米，其中：生活用水量0.11亿立方米，工业用水量0.01亿立方米，农业用水量0.10亿立方米。人均用水量85.21立方米。

当年全县造林封育面积1.03万亩，森林面积3.24万公顷，森林蓄积量176.44万立方米，森林覆盖率15.76%。有水源地保护区3个，保护面积21.82公顷。当年完成“三同时”环保验收项目9个，总投资8756.3万元，其中环保投资1099.9万元。全县工业废水排放处理率100%，工业固体废物综合利用率100%。

全年平均气温6.7℃，年日照时数1979.5小时，年总降水量471毫米，全年无霜期183天。

全年共发生各类生产经营性安全事故4起，死亡4人，受伤3人，直接经济损失56.25万元。亿元地区生产总值生产安全事故死亡人数0.11人。

《2019年渭源县国民经济和社会发展统计公报》注解

1.本公报各项统计数据为初步统计数。

2.生产总值、各产业增加值绝对数按现价计算（2019年以四经普普查数为基数计算），增长速度按不变价计算（2015年不变价）。

3.固定资产投资包括计划投资500万元及以上项目投资和房地产开发投资两部分。

4.本公报中相关行业统计数据来自县内各行业行政主管部门。

先进单位与先进个人

先进单位

一、省委省政府表彰

第九届敦煌文艺奖获奖作品

（甘委【2019】7号）

秦剧《渭水医魂》渭河源演艺有限责任公司

二、市委表彰

1.2018年度统战工作先进县区

（定委【2019】14号）

渭源县　三等奖颁发奖牌一面，奖金2万元

2.2018年度反恐怖工作先进县区

（定委【2019】25号）

渭源县　颁发奖牌一面，奖金2万元

3.2018年度市委人大工作目标管理责任书考核先进县区

（定委【2019】37号）

渭源县委　三等奖颁发奖牌一面，奖励1万元

三、市委市政府表彰

1.第六届定西新闻奖获奖作品

（定委【2019】10号）

电视短消息：《一张纪念封的兰渝之旅》（主创人员：王纲、乔彩凤、甘俊仁；报送单位：渭源县广播影视中心），二等奖。

广播长消息：《元古堆村：四年生活大变样，西北山村换新颜》（主创人员：王亚雄、甘俊仁、章文斌、李兰兰；报送单位：渭源县广播影视中心），三等奖。

电视专题：《村美杏花香》（主创人员：乔彩凤、章晓峰、章文斌、王纲；报送单位：渭源县广播影视中心），三等奖。

2.定西市第七届社会科学优秀成果奖

（定委【2019】11号）

（1）作者单位：渭源县第一中学

作者姓名：何伟军

成果标题：《高考数学复习回归教材探源的教学实践研究》

成果形式：论文

期刊或出版社：《中国数学教育》

等次：一等

（2）作者单位：渭源县马铃薯产业办公室

作者姓名：李永成

成果标题：《马铃薯主食化背景下种薯产业转型升级策略研究》

成果形式：论文

期刊或出版社：《中国作物学会马铃薯年会论文集》

等次：二等

（3）作者单位：渭源县路园中学

作者姓名：杨惠兰

成果标题：《探究如何创建高效课堂》

成果形式：论文

期刊或出版社：《都市家教》

等次：三等

3.2018年度招商引资优秀项目

（定委【2019】12号）

渭源县佛慈红日中药材配方颗粒项目　颁发奖牌一面，奖金20万元

4.全市“千企帮千村”精准扶贫行动先进民营企业

（定委【2019】55号）

渭源县鑫磊药业有限责任公司

甘肃圣源中药材有限公司

5.全市科普工作先进集体

（定委【2019】56号）

渭源县清源镇第一小学

渭源县五竹农村专业技术协会联合会

6.2019中国·定西马铃薯大会通报表扬单位

（定委【2019】67号）

甘肃田地农业科技有限责任公司

7.定西市第十四批精神文明建设先进集体

（定委【2019】70号）

文明单位：渭源高速公路收费所、渭源公路段

文明乡镇：麻家集镇

文明村：上湾镇侯家寺村、峡城乡秋池湾村、清源镇鼠山村、麻家集镇袁家河村

文明社区：会川镇会川社区

文明家庭：莲峰镇选道村包喜来家庭、祁家庙镇官路村马进荣家庭、清源镇万家福小区魏春燕家庭

文明校园：渭源县第三高级中学、清源镇第二小学、会川镇西关中心小学

8.表彰2018年“紧握奋进之笔·书写得意之作”项目

（定政办发【2019】70号）

得意之作：举办全市首届冰雪文化旅游节（渭源县人民政府）

9.获得2018年度甘肃名牌产品的企业及产品名单

（定政办发【2019】59号）

甘肃渭水源药业科技有限公司渭水源牌中药饮片

四、甘肃省脱贫攻坚领导小组表彰

1.2019年度全省脱贫攻坚先进集体

（甘脱贫领发【2020】22号）

渭源县上湾镇人民政府

2.2019年度全省脱贫攻坚帮扶先进集体

（甘脱贫领发【2020】22号）

中央定点单位：国务院扶贫办

东西部扶贫协作单位：福州市晋安区委

市直单位：渭源县峡城乡秋池湾村驻村帮扶工作队（定西市财政局帮扶村）

先进个人

一、省委省政府省军区表彰

全省拥军优属先进个人

（甘委【2019】63号）

卜有珊　渭源县退役军人事务局副局长

二、省委省政府表彰

甘肃省民族团结进步模范个人

（甘委【2019】78号）

王湖　中共定西市渭源县会川镇委员会副书记

三、市委市政府表彰

1.2018年度招商引资先进个人

（定委【2019】12号）

蔺红军　渭源县委副书记、县政府县长

2.全市科普工作先进个人

（定委【2019】56号）

陈娟（女）　渭源县农业技术推广中心

康小林　渭源县田地农村专业技术协会联合会

李勇　渭源县会川镇西关中心小学

赵晓明　渭源县科学技术协会

3.第二届中国（甘肃）中医药产业博览会先进个人

（定委【2019】67号）

吕疆　渭源县商务局干部

4.定西市第十四批精神文明建设先进工作者

（定委【2019】70号）

郑菊红（女）　中共渭源县委宣传部三级主任科员

康雅莉（女）　渭源县会川镇西关中心小学校长

四、甘肃省脱贫攻坚领导小组表彰

1.2019年度全省脱贫攻坚先进个人

（甘脱贫领发【2020】22号）

潘继平　渭源县财政局局长

万维　渭源县秦祁乡党委书记

王军　渭源县北寨镇扶贫工作站站长

2.2019年度全省脱贫攻坚帮扶先进个人

（甘脱贫领发【2020】22号）

刘胜安　国务院扶贫办规划财务司专项处处长（挂职渭源县委副书记）

陈林　福州市晋安区文旅局党组成员、文化综合执法大队队长（挂职渭源县政府办公室党组成员、副主任）

王耀辉　渭源县大安乡杜家铺村第一书记、驻村帮扶工作队队长（甘肃省财政厅机关服务中心副主任）

卢兆军　渭源县会川镇干乍村第一书记、驻村帮扶工作队队长（定西市自然资源局干部）

刘兴武　渭源县大安乡张家川村驻村帮扶工作队队员（省政府研究室四级调研员）

张强　渭源县大安乡邱家川村第一书记、驻村帮扶工作队队长（兰州财经大学后勤处副处长）

年度人物

渭源县2019年度县级领导干部名录

一、县四大班子领导

吉　秀　市人大常委会副主任（3月任）、县委书记

李新定　县人大常委会主任

蔺红军　县委副书记、县政府县长、二级巡视员

陈　栋　县政协主席、一级调研员

张振亚　县委副书记

刘爱君　县委副书记（挂职）

刘胜安　县委副书记（挂职）

宋富荣　县委常委（3月止）、县纪委书记（3月止）、县监委会主任（4月止）

张灵勇　县委常委（3月任）、县纪委书记（3月任）、县监委会主任（4月任）、三级调研员

张拴宝　县委常委、县政府常委副县长、三级调研员

王　嵘　县委常委、统战部部长、三级调研员

何晓云　县委常委、宣传部部长

杨永吉　县委常委、政法委书记、三级调研员

王世宴　县委常委、组织部部长、三级调研员

包翠霞（女）　县委常委（5月止）

张显峰　县委常委、县政府副县长（挂职）

陈峰俊　县委常委、县人武部部长

林柳强　县委常委、县政府副县长（挂职）

左冬梅（女）　县委常委（5月任）

李婉玉（女）　县人大常委会副主任、三级调研员

李惠琴（女）　县人大常委会副主任、三级调研员

李云林　县人大常委会副主任

黄晓清　县人大常委会副主任、三级调研员

郭　凯（女）　县政府副县长

潘学明　县政府副县长

李宝林　县政府副县长（1月任）、县公安局党委书记、督察长、局长

庞元平　县政协副主席、三级调研员

金雁东　县政协副主席

董学军　县政协副主席

康学斌　县政协副主席

二、“法检”两长

范　勰　市中级人民法院党组成员、市纪委派驻市中级人民法院纪检组长、县人民法院院长（10月止）

赵金铸　县人民检察院检察长

三、其他县级干部

魏长缨　渭河源大景区管委会主任

包进忠　渭河源大景区管委会副主任

何　俊　渭河源大景区管委会副主任

张会平　县苏维埃政府纪念馆馆长（6月任）、上湾镇党委书记

王建生　定西市教育局驻渭源县督学（7月任），县教育局党组（党委）书记、局长、三级调研员

张兆明　渭源县第一中学校长

张学恩　渭源县第二中学校长（7月止）、渭源县第一中学党支部书记（7月任）

赵明珍　渭源县第二中学校长（7月任）

石贵平　渭源县第二中学党支部书记（7月任）

艾国荣　县政协四级调研员（7月保留副县级待遇）

何永康　渭源县第一中学副县级待遇干部（2月退休）

赵黎明　渭源县第二中学副县级待遇干部（1月保留待遇）

渭源县2019年度新任副县级以上干部简历

吉秀，男，汉族，甘肃定西人，1962年9月出生，1983年7月参加工作，1990年11月加入中国共产党，党校在职研究生学历，甘肃省委党校政治经济学专业，现任定西市人大常委会党组成员、副主任、中共渭源县委书记。1981年9月至1983年7月庆阳师专学生；1983年7月至1985年9月任定西县宁远中学教师；1985年9月至1986年9月任定西县中华路中学教师；1986年9月至1988年11月任定西县委政治体制改革办公室干部；1988年11月至1992年4月任定西县委政策研究室干部；1992年4月至1993年4月任定西县饮食服务公司副经理；1993年4月至1994年8月任定西县经济研究室副主任；1994年8月至1995年12月任定西县经济研究室主任；1995年12月至1998年12月任定西县政府办公室主任；1998年12月至2004年1月任定西行署办公室副主任（其间：1998年9月—2000年12月在中央党校函授学院经济管理专业本科班学习）；2004年1月至2004年3月任定西市政府办公室副主任；2004年3月至2008年11月任定西市政府副秘书长兼市政府办公室主任（其间：2002年9月至2005年6月在省委党校政治经济学专业研究生班学习）；2008年11月至2008年12月任定西市政府副秘书长兼市政府办公室主任、市政府应急管理办公室主任；2008年12月至2010年12月任定西市发展和改革委员会主任、党组书记；2010年12月至2019年1月任中共渭源县委书记；2019年1月至2019年2月任定西市人大常委会副主任候选人、中共渭源县委书记；2019年2月至2019年3月任定西市人大常委会党组成员、副主任候选人、中共渭源县委书记；2019年3月至今任定西市人大常委会党组成员、副主任、中共渭源县委书记。

张灵勇，男，汉族，甘肃临洮人，1977年2月出生，1997年8月参加工作，2000年3月加入中国共产党，党校在职大学学历，中央党校函授行政管理专业，现任中共渭源县委常委、纪委书记、监察委员会主任、三级调研员。1993年9月至1997年7月临洮师范学生；1997年7月至1998年8月定西地区教育处招生办工作；1998年8月至2004年3月任定西地区纪委科员（其间：1999年9月至2001年7月在甘肃广播电视大学汉语言文学专业大专班学习；2002年8月至2004年12月在中央党校函授学院行政管理专业本科班学习；2001年4月至2003年4月在临洮县洮阳镇南街村挂职任村党支部副书记）；2004年4月至2007年7月任定西市纪委党风党纪教育中心副主任；2007年7月至2013年8月任定西市纪委宣教调研室副主任（正科级）；2013年8月至2017年6月任定西市纪委案件监督管理室主任；2017年6月至2019年3月任定西市教育局党组成员、市纪委派驻市教育局纪检组组长；2019年3月至2019年4月任渭源县委常委、纪委书记、监察委员会

主任候选人；2019年4月至2019年9月任渭源县委常委、纪委书记、监察委员会主任；2019年9月任渭源县委常委、纪委书记、监察委员会主任、三级调研员。

左冬梅，女，汉族，甘肃陇西人，1967年12月出生，1992年3月参加工作，1994年6月加入中国共产党，甘肃省委党校法律专业本科学历，现任中共渭源县委常委。1988年9月至1991年7月甘肃广播电视大学法律专业学习；1992年3月至1995年7月陇西县通安驿镇干部；1995年7月至2001年10月任陇西县马河乡人民政府副乡长；2001年10月至2004年7月任陇西县三台镇党委副书记、纪委书记；2004年7月至2005年12月任陇西县文峰镇党委副书记；2005年12月至2006年8月任陇西县柯寨乡党委副书记、乡长；2006年8月至2010年2月任陇西县柯寨乡党委书记（2006年9月至2008年12月在甘肃省委党校法律专业本科班学习）；2010年2月至2011年1月任陇西县劳动和社会保障局局长；2011年1月至2011年10月任陇西县人力资源和社会保障局副局长兼县再就业服务中心主任；2011年10月至2016年8月任陇西县委组织部副部长、县目标办主任、县重点工作督查办主任；2016年8月至2016年10月任岷县人民政府副县长候选人；2016年10月至2019年5月任岷县人民政府副县长；2019年5月至今任中共渭源县委常委。

李宝林，男，汉族，甘肃定西人，1972年10月出生，1996年7月参加工作，1996年5月加入中国共产党，在职大学学历，甘肃政法学院法学专业，现任渭源县人民政府党组成员、副县长、县公安局党委书记、督察长、局长。1993年9月至1996年7月甘肃广播电视大学机械制造专业学生；1996年7月至2000年8月临洮县公安局干部；2000年8月至2003年1月，临洮县公安局北关派出所副所长；2003年1月至2003年5月任临洮县公安局巡警大队大队长兼110报警服务台台长；2003年5月至2005年5月任临洮县交警大队办公室主任（其间：2004年3月至2006年1月在甘肃政法学院法学专业学习）；2005年5月至2008年1月任岷县公安局交警大队副大队长；2008年1月至2008年9月任漳县公安局交警大队教导员；2008年9月至2010年5月任临洮县公安局交警大队教导员；2010年5月至2011年4月任陇西县公安局副局长、交警大队大队长；2011年4月至2014年6月任临洮县交警大队大队长；2014年6月至2014年11月任临洮县公安局副局长、交警大队大队长；2014年11月至2016年10月任陇西县公安局政委、副县级侦察员；2016年10月至2019年1月任渭源县人民政府党组成员、县公安局党委书记、督察长、局长；2019年1月任渭源县人民政府党组成员、副县长、县公安局党委书记、督察长、局长。

王建生，男，汉族，甘肃临洮人，1968年8月出生，1989年8月参加工作，1992年12月加入中国共产党，党校在职大学学历，中共中央党校法律专业，现任定西市教育局驻渭源县督学、渭源县教育局党组（党委）书记、局长兼县委教育工作领导小组秘书长、三级调研员。1985年9月至1989年6月临洮师范学校普师专业学习；1989年8月至1995年8月渭源县西关小学教师；1995年8月至1997年1月渭源县麻家集乡党委秘书；1997年1月至1998年7月任渭源县上湾乡计划生育工作站站长；1998年7月至2000年8月任渭源县上湾乡党委副书记（其间：1998年8月至2001年6月在中央党校函授学院政法专业大专班学习）；2000年8月至2000年9月任渭源县上湾乡党委副书记、乡长候选人；2000年9月至2001年8月任渭源县上湾乡党委副书记、乡长；2001年8月至2003年1月任渭源县上湾乡党委书记；2003年1月至2003年2月任渭源县清源镇党委副书记、镇长候选人；2003年2月至2006年1月任渭源县清源镇党委副书记、镇长（其间：2002年8月至2004年12月在中央党校函授学院法律专业本科班学习）；2006年1月至2009年3月任渭源县水务局副局长兼水土保持局局长；2009年3月至2009年4月任渭源县城乡建设局党组书记；2009年4月至2010年8月任渭源县城乡建设局党组书记、局长；2010年8月至2010年10月任渭源县城乡建设局党组书记、局长兼供热服务中心主任；2010年10月至2015年5月任渭源县住房和城乡建设局党组书记、局长兼供热服务中心主任；2015年5月至2015年6月任渭源县交通运输局党组书记；2015年6月至2018年1月任渭源县交通运输局党组书记、局长；2018年1月至2019年1月任渭源县教育体育局党组（党委）书记、局长；2019年1月至2019年7月任渭源县教育局党组（党委）书记、局长兼县委教育工作领导小组秘书长；2019年7月至2019年9月任定西市教育局驻渭源县督学、渭源县教育局党组（党委）书记、局长、兼任县委教育工作领导小组秘书长；2019年9月任定西市教育局驻渭源督学、渭源县教育局党组（党委）书记、局长兼任县委教育工作领导小组秘书长、三级调研员。

石贵平，男，汉族，甘肃渭源人，1973年10月出生，1996年7月参加工作，1998年10月加入中国共产党，党校在职大学学历，中共中央党校法律专业，现任渭源县第二中学党支部书记（副县级）。1994年9月至1996年6月甘肃联合大学机电专业学习；1996年7月至1999年12月渭源县清源镇政府干部；1999年12月至2002年7月渭源县人大常委会办公室干部；2002年7月至2003年2月任渭源县人大常委会教科文卫工作委员会副主任；2003年2月至2005年1月任渭源县人大常委会办公室副主任；2005年1月至2009年3月任渭源县信访局副局长；2009年3月至2010年5月任渭源县信访局党支部书记；2010年5月至2013年10月任渭源县政府办公室副主任、信访局局长；2013年10月至2013年12月任渭源县审计局党组书记；2013年12月至2017年12月任渭源县审计局党组书记、局长；2017年12月至2018年1月任渭源县审计局局长；2018年1月至2019年7月任渭源县委组织部常务副部长；2019年7月任渭源县第二中学党支部书记（副县级）。

赵明珍，男，汉族，甘肃渭源人，1969年12月出生，1990年7月参加工作，2005年3月加入中国共产党，在职大学学历，西南大学生物教育专业，现任渭源县第二中学校长（副县级）。1988年9月至1990年7月庆阳师专生物专业学习；1990年7月至2003年1月渭源县第二中学教师；2003年1月至2006年8月任渭源县第二中学政教处副主任；2006年8月至2013年9月任渭源县第二中学政教处主任；2013年9月至2019年7月任渭源县第一中学副校长；2019年7月任渭源县第二中学校长（副县级）。

张会平，男，汉族，甘肃渭源人，1972年11月出生，1993年8月参加工作，2002年9月加入中国共产党，党校在职大学学历，甘肃省委党校法律专业，现任渭源县苏维埃政府纪念馆馆长（副县级）、上湾镇党委书记。1989年9月至1993年8月临洮师范学校普师专业学习；1993年8月至2000年7月渭源县文化局工作；2000年7月至2000年11月渭源县教育系统工作；2000年11月至2007年8月渭源县农机局干部（其间：2000年9月至2003年6月在中共甘肃省委党校经济管理大专班学习；2006年9月至2008年12月在中共甘肃省委党校法律本科班学习；2005年1月至2007年7月在渭源县鑫达精淀粉公司担任科技特派员）；2007年8月至2010年7月任渭源县会川镇副镇长；2010年7月至2011年4月任渭源县会川镇党委副书记；2011年4月至2011年8月任渭源县上湾乡党委副书记、乡长候选人；2011年8月至2017年9月任渭源县上湾乡党委副书记、乡长；2017年9月至2017年10月任渭源县上湾乡党委书记；2017年10月至2019年6月任渭源县上湾镇党委书记；2019年6月任渭源县苏维埃政府纪念馆馆长（副县级）、上湾镇党委书记。

渭源县2019年度晋升副高级以上职称人员名单

正高级教师四级（四）：

张兆明、袁爱忠、曹化清

高级教师三级（七）：

郭怀忠、马新华、姜学治、王永安、周宏武、王亚平、寇龙锋、王子贤、冯水兰（女）、张秀梅（女）、苟淑莲（女）、吴会军（女）、孟雪云（女）、刘玉霞（女）、赵粉芸（女）、李建勋、张吉君、李东风、薛桂琴（女）、郭文静（女）、史振华、宋富强、王清莲（女）、王建雄、赵志春、邓会春（女）、鄂小平、史晓燕（女）、张芳明（女）、吴芳琴（女）、苟喜桃（女）、章海峰、杨慧君（女）、兰建军、李芳萍（女）、孙拥军、张小宁、文林宝、李永红、马志刚、任晓霞（女）、蔡海生、张治平、赵国华、王学梅（女）、魏淑萍（女）、郭萍（女）、汪琼（女）、杨淑荣（女）、张海萍（女）、张兴元、马登明、师宗义、高树军、秦占江、牟发义、卯生俊、黄怀东、王海军、刘和平、张生英、郭春林、邓建伟、张俊、李永平、赵芳应、汪鸿原、焦国文、赵伟宏、寇晓锋、汪建军、于伟国、东琦、马琳、王明亮、易小林、马永平、朱学忠、李桂林、邹步仁、张立军、徐晓霞（女）、张宏（女）、马小琴（女）、王永西、康屹东、马登耀、陆军、兰忠、林小红（女）、张发林、雷颖秀（女）、史亚莉（女）、李自祥、张兴胜、张红涛（女）、董亚玲（女）、卢秀琴（女）、张作璠、吴建平、王海平、郭祥军、苏刚、朱书平、陆建平、文建东、张思兰（女）、李勇、郝春贵、张惠平、秦凤梩、王霞（女）、浪富清、杨建斌、王爱红（女）、王彦林、侯海红、张琼（女）、张国林、王应平、李玉萍（女）、卜兆宽、李霞玲（女）、苏应琳、薛慧君（女）、陈建玺、刘国华、侯建军、姬仲祥、曾红玲（女）、程宗绩、贾玉忠、梁新君、虎强国、牟凤英（女）、刘轮、孙陆军、段爱萍（女）、杨淑萍（女）、侯占军、段彦军、聂尚斌、李德明、侯兆文、冯颐龙、杨兆兵、李耀兵、崔进才、钱进兵、李存喜、张禄荣（女）、李素华（女）、靳雪萍（女）、乔凤珍（女）、牛万喜、龙一云、何拥军、何国军、田政明、王响生、杨勇、贾红（女）、裴军林、乔宏伟、王永明、谢治平、周宇峰、李健芳、何耀平、艾会荣、常靖、贾清、李瑞奎、卜登平、钱凯、常雪萍（女）、王争元、王海兰（女）、张海燕（女）、杨志贤、马学峰、漆辉、王秀兰（女）、漆平、薛晓静（女）、周冬丽（女）、李文斌、李建斌、祁海娟（女）、尉子惠、张庆（女）、刘红玉（女）、尚晓东、杨桂英（女）、龚士周、梁林森、谭俊林、王菊红（女）、易万虎、赵渭东、王维斌、尉颖（女）、刘彩琴（女）、陈至宏（女）、刘小红（女）、祁春静（女）、孙杏芳（女）、王鹏红（女）、赵瑞忠、刘海军、马立辰、王好福、魏世山、魏治俭、杨天瑞、祁玉瑞、杨晓琴（女）、夏继元、王宗义、王学富、毛建军、李雄兵、史文帅、韩效英（女）、周金龙、王国祥、孙晓伟、丁建勋、汪彦会、张艳霞（女）、杨彦花（女）、何啸、金晓兰（女）、侯正清、郭瑞琴（女）、李洁琼（女）、王福琴（女）、陆娟（女）、司启丽（女）、李佩芝（女）、司琼（女）、范菊英（女）、何元庆、李久顺（女）、岳红霞（女）、汪娟香（女）、葛慧琴（女）、宋灵桂（女）、李莉（女）、何娟红（女）、王晓玲（女）、刘晓琴（女）、赵丽君（女）、杨和平、剡文海、赵怀广、侯国华、汪淑珍（女）、赵小龙、杜建琴（女）、何武、贾秀琴（女）、贾文学、汪娟彬（女）、张少军、田彩凤（女）、陆海峰、葛亮、仰明忠、许有平、陈正江、党治田、郭卫东、颉珉昕、李慧春（女）、李忠民、芦瑞祥、汪世荣、王成生、王莲云、王耀林、尉正明、张友琴（女）、赵明武、王鑫、李学林、祁海珊、李治、杜勇林、何天祥、周亚林、田彦、祁红卫、田永川、周建国、冯应忠、杨新龙、周克让、王会霞（女）、贺新会、张小军、麻建林、杨生举、朱文天、陈松玲（女）、党治和、骆维俊、贾正龙、霍应学、罗玉龙、朱卫舟、庞海军、羊正耀、羊正伟、宋学正、蔡廷枝、徐永吉、赵志清、周孝权、裴小菊（女）、魏建吉、郑锦程、纪永峰、赵志军、吕良珍、陈旭军、王锦亮、张晓斌、张闻捷、师尚武、曹学岷、赵志刚、陈继文、祁应鸿、刘海玉、柴世宏、牟顺成、姚亚华、马晓明、胡晓爱（女）、高跟泰、王殿民、宋伟、白全梅（女）、卜永强、邓远清、牟延禄、乔世荣、宋世福、孙孝生、王大志、王忠义、温小雄、赵永辉、党小峰（女）、连仲毅、张菊萍（女）、祁居荣、冯亚林、李娟（女）、张伯林、兰珍、尚花（女）、王海、李晓（女）、黄宝军、陈松潇、李毅、张银宝、康仁、杨步文、蒋会荣、张新会、牛亚霞（女）、吕东霞（女）、陆月平、赵淑霞（女）、李军林、杨芳琴（女）、周树清、马吉祥、虎迎春、张有华、胡进平、樊培田、高举全、曹丽丽（女）、贺玉林、陈东虎、王耀清、连军学、李洁（女）、杨学坤、赵克勤、朱治荣、南华、张春林、刘玉平、张永军、卢蓓雯（女）、贾继荣、方柱石、杨喜俊、李军军、李俊生、汪龙喜、庆华珉（女）、赵全义、李军信、印君文、王耀文、杨建华、李显锋、石旭升、史代琴（女）、雍卓宏、陈树林、段永红、杨新明、程想平、田文君（女）、漆兴俊、孟繁锦、王云峰、杨青山、王喜红（女）、徐向雄、李宏德、郭瑞民、贾寒柏、李效贞、何卫国、杨荣、丁想军、汪真军、史秀红（女）、白彩霞（女）、薛彩霞（女）、汪建军、王静（女）、冯永华、赵向丽（女）、张新民、惠燮琴（女）、万春、何江、杨兆明、余耀洲、周永霞（女）、周维国、王毅、王永忠、何勇、李雄祖、张爱璧、张占军、张海林、杨淑芳（女）、陆树森、张耀嘉、张耀军、吕才宝、赵建军、杨作文、张会斌、马贤、杨景珍、康国强、温增平、赵立元、赵文军、赵立柱、贺贵喜、杨德清、王汉虎、贺庆新、何爱平、王国仁、杜仲林、李永林、崔毅忠、王新明、蔺卫军、范旭、刘玉祥、张天明、冯建功、贾生银、王建文、善学忠、孙亚鹏、卢继荣、马进武、张君芳（女）、李建国、闫福平、田丽萍（女）、胡学智、王占海、王海东、郭维锋、常宗政、杨生军、李鹏飞、孙政林、张为民、刘文、王发雄、王军英（女）、王和平、张亚安、何作邦、王耀明、陈怀郁、马堂义、常成林、祁建奎、马进武、叶新文、王志宏、苏应伟、马兆祥、何文忠、张志俊、蒋小平、王丽（女）、徐永杰、何平、李会平、李志华、石锐、韩文明、魏勤、张雪雄、许向东、梁树军、梁树杰、王生林、崔小平、范得魁、安进忠、陈建军、安俊青、张国俊、张明生、秦永红、朱全文、郸永春、刘春娟（女）、李俊、姜威虎、张景荣、孙明寿、罗永天、周维新、边永学、张忠义、金龙、殷玉玲（女）、常元平、杨玉忠、雷玉平、严芳（女）、尤梦才、赵惠文（女）、郭新成、刘国权、严维麟、曹诚、蒲占龙、李德荣、景巧琴（女）、连涛、赵国谦、郑宝忠、王淑萍（女）、魏红梅（女）、水月琴（女）、胡海泽、陈怀明、易效梅（女）、杨景花、申生兰、王文荣、杨虎、刘来新、赵学范、杨爱军、陶建华、车建忠、宋尚海、陈志良、曹学军、陈学林、牛颜德、张云雁、祁建忠、白建威、吴文豪、马小红、周玉成、张晓玲（女）、李随霞（女）

主任医师：

王月华（女）、赵晓明、张万弟

三级主任医师（四）：

任彩红（女）

三级主任护师（四）：

尤玉琴（女）

三级副主任医师（七）：

李红霞（女）、周福祥、夏玉（女）、李红霞（女，莲峰中心卫生院）、王天文、赵海军、王宏

（女）、连仲山、蒋黎琼（女）、李永新、年梅丽（女）、王荣、张继红、赵斌、杜文弟（女）、韩建平、张卫英（女）

三级副主任护师（七）：

王丽芹（女）、吕小霞（女）、张春霞（女）、黄渭红（女）、王爱萍（女）、李忠秀（女）、肖亚红（女）、姚桂桃（女）、高芳霞（女）

三级副主任药师（七）：

赵永福、李凯、牟纪平、王旭、刘钊、剡文江

三级副主任检验技师（七）：

夏维军、张治平、史录元

农业技术推广研究员四级（四）：

徐福祥

高级农艺师三级（七）：

毛晓军、孙新荣、仲彩萍（女）、刘彩琴（女）、张颖、王树军、杜建新、何鹏飞、连彩虹（女）、任宝祥、王亚瀑（女）

高级畜牧师三级（七）：

李萍英（女）、赵祥

高级兽医师三级（七）：

张娟（女）

高级工程师三级（七）：

孙耀忠、朱卫东、谢子渊、管东辉、杨海平、王永庆

附 录

关于渭源县2019年国民经济和社会发展计划执行情况及2020年国民经济和社会发展计划（草案）的报告

——2019年12月26日在渭源县第十六届人民代表大会第五次会议上

渭源县发展和改革局局长 王彦斌

各位代表：

受县人民政府委托，我向大会报告渭源县2019年国民经济和社会发展计划执行情况及2020年国民经济和社会发展计划（草案），请予审议，并请各位政协委员和列席人员提出意见建议。

一、2019年经济社会发展计划执行情况

2019年，全县国民经济和社会发展坚持以习近平新时代中国特色社会主义思想为指导，全面贯彻党的十九大和十九届二中、三中、四中全会精神，全面落实习近平总书记视察甘肃重要讲话和重要指示精神，按照县第十四次党代会的工作部署，围绕县第十六届人民代表大会第三次会议审议批准的各项发展目标，在县委的正确领导和县人大常委会、县政协的监督支持下，坚持稳中求进工作总基调，坚持以供给侧结构性改革为主线，推动高质量发展，保持经济社会持续健康发展，脱贫攻坚成效显著，生态环境质量改善，项目建设稳步推进，稳增长、调结构、惠民生、防风险等各项工作有序落实，人民群众获得感、幸福感、安全感得到提升。

初步预计，2019年经济社会发展主要指标完成情况为：

——完成生产总值36.86亿元，增长6.8%，高于计划增长（6%）0.8个百分点，占计划37.5亿元的98.29%。其中：第一产业增加值11.98亿元，增长6%，高于计划增长（5.5%）0.5个百分点，占计划13.76亿元的87.06%；第二产业增加值4.44亿元，增长7.6%，高于计划增长（2.4%）5.2个百分点，占计划3.81亿元的116.54%；其中工业增加值1.93亿元，增长10.6%，高于计划增长（5%）5.6个百分点，占计划1.37亿元的140.88%，规模以上工业增加值1.12亿元，增长

25%，高于计划增长（5.5%）19.5个百分点，占计划0.52亿元的215.38%；建筑业增加值2.51亿元，增长5.3%，高于计划增长（1%）4.3个百分点，占计划2.44亿元的102.9%；第三产业20.44亿元，增长7.1%，高于计划增长（7%）0.1个百分点，占计划19.93亿元的102.56%。

——固定资产投资增长15%，高于计划增长（12%）3个百分点。

——社会消费品零售总额8.68亿元，增长8.2%，高于计划增长（8%）0.2个百分点，占计划8.75亿元的99.2%。

——大口径财政收入2.56亿元，增长0.95%，低于计划增长（6%）5.05个百分点，占计划2.69亿元的95.2%；一般公共预算收入1.48亿元，增长0.16%，低于计划增长（4%）3.84个百分点，占计划1.54亿元的96.1%；一般公共预算支出30.95亿元，增长4.46%。

——城镇居民人均可支配收入25318元，增长8%，与计划增长（8%）基本持平，占计划25413元的99.6%；农村居民人均可支配收入8202元，增长10%，与计划增长（10%）基本持平，占计划8096元的101.3%。

——金融机构存款余额71亿元，增长7%，与计划（7%）基本持平，占计划71亿元的100%；金融机构贷款余额54亿元，增长5.7%，与计划（5.7%）基本持平，占计划54亿元的100%。

主要成效是：

（一）脱贫攻坚成效显著

紧盯“两不愁三保障”目标，筹措资金17.76亿元扎实开展脱贫攻坚，举全县之力攻克深度贫困堡垒。2019年退出贫困村99个、脱贫7701户27349人，贫困发生率降至0.43%，贫困村退出比例达到96.3%，能够按期实现脱贫摘帽目标。全县农村饮水安全问题得到有效解决，自来水普及率达到97.6%；自然村动力电覆盖率达到100%；217个行政村有线光纤和无线网络实现全覆盖；完成贫困村道路改造提升111公里，行政村通畅率达到100%；改造农村危房2722户。投入资金2888.86万元，确定70家农民专业合作社建设农业产业化基地4.3万亩，带动全县农户1.3万户（其中贫困户7323户）。投资8492.4万元为建档立卡贫困户引进投放良种牛2721头、良种羊4230只，为无养殖能力的残疾人户、一二类低保贫困户及其他贫困户托养牛2692头（涉及2692户）、羊4797只（涉及533户）。引进龙头企业1家，培育9家，新认定省级农业产业化龙头企业5家。落实特色产业发展工程贷款1.49亿元。农业保险参保建档立卡贫困户2.514万户2410万元。

（二）项目建设稳步推进

坚持把项目建设和扩大投资作为稳增长的首要任务，牢牢扭住项目建设不放松，千方百计扩大有效投资。全县列入市上投资项目清单94项，总投资78.3亿元，年内开（复）工91项，固定资产投资增速15%。全县共争取项目类资金11.75亿元。完成项目前期编制80项。新签约落地招商项目13个，签约资金46亿元，落实到位资金27.78亿元。深化投资审批制度改革，严格落实并联审批规定，规范投资审批行为，提高投资审批“一网通办”水平，全面执行申请材料清单管理，优化营商环境，加快前期手续办理进度，全县通过在线审批监管平台共申报各类项目74项，总投资120.35亿元，其中审批类项目55项，总投资10.63亿元，备案类项目19项，总投资109.72亿元。

（三）特色产业健康发展

马铃薯产业方面，总投资1.2亿元的五竹马铃薯种薯产业园项目投入使用，总投资6000万元的马铃薯良种制种大县奖励项目完成田间工程和设备购置等建设内容。新引进20个高代品系组培扩繁，开展原原种水雾培技术的熟化应用。引进32个原原种新品种，生产繁育脱毒瓶苗4.8亿株、原原种5亿粒。中医药产业方面，中药材种植面积35万亩，种子种苗繁育基地3万亩，当归熟地育苗技术成功突破，道地中药材追溯体系建设试点稳步推进，“南薯北药”的种植格局不断稳固。新建中药材烘干房19座。新增通过GMP认证企业2家，总数达到30家。中药材年加工能力达到7万吨，仓储静态能力达到4万吨，年交易量10万吨以上，交易额16亿元。县食品药品检验检测中心通过中国计量认证。畜草产业方面，全县牛、羊、猪、鸡饲养量分别达到7.14万头、43.4万只、22.18万头、235.59万只，出栏分别为1.61万头、22.4万只、12.1万头、121.03万只，肉蛋奶总产量达到3.84万吨，水产品产量达到200吨。全县建设规模养殖场10个，培育规范养殖专业合作社10家，新发展规模养殖户1655户。建成青贮玉米种植基地10.02万亩，牧草基地7.06万亩；建立饲草料配送中心8个，草加工企业加工量2.05万吨。非洲猪瘟等重大动物疫病防控、人畜共患病防治等工作有序开展。文化旅游产业方面，持续建设“渭河特色文化大县”，打造“西部生态文化旅游名县”，渭河源景区二期环线道路及亭台建设工程已投入使用，总投资1297.08万元的渭河源景区旅游基础设施建设项目完成游客中心主体工程及停车场铺砖工程；总投资4.08亿元的秀峰山景区开发项目完成前期工作；总投资22.7亿元渭河源水镇建设项目有序推进；总投资522万元的渭河源头——渭源历史文物陈列展项目建成。承办了第二届渭水文化旅游节等系列活动。累计接待旅游人数148.5万人次，同比增长25.2%，综合收入7.1亿元，同比增长40.5%。

（四）城乡发展统筹推进

县城建设方面，实施城建项目20项，完成投资12.5亿元。一中南侧、北环路东段、清源路北侧、县城南门西侧棚户区改造项目和昕陇家园住宅小区、渭水源旅游接待中心、火车站站前广场商业工程等续建项目进展良好，全域无垃圾城乡一体化设施、县城供热基础设施改造工程建成使用。苗圃路与灞陵路中段道路建设全面竣工，G310线县城过境段、北环路东段二期、亭西路、渭河北路中段、西二路道路开工并完成年度建设任务，城市危旧楼房维修改造952套。小城镇建设方面，会川金地阳光庭院住宅小区完成基础、秀水丽景园二期工程完成主体，莲峰镇区一号路东段全面竣工，路园镇慈济大爱新村移民搬迁、会川镇干乍村“千村美丽”示范村建设、上湾镇中心敬老院、大安乡中心敬老院、新寨镇基层政权业务用房、锹峪镇锹峪村水利设施建设等项目完成年度建设任务。交通运输方面，渭武高速进展顺利；S227渭河源景区旅游公路、S229渭源段改造、总投资3891.6012万元的朱家山至韩家湾道路改造顺利推进；总投资5094.27万元的田家河至峡城、总投资1456.62万元的田家河至麻家集道路改造、2019年贫困村农村公路“畅返不畅”整治、2018年撤并建制村道路硬化和现代农业产业园路园养殖区道路项目全面完成年度建设任务。水利建设方面，总投资1.56亿元的城区供水工程、总投资0.11亿元的峡城乡秋池湾休闲观光农业示范基地建设进展顺利，总投资680万元的农村饮水安全巩固提升工程、总投资354.67万元的脱贫攻坚农村饮水安全“补短板”项目、总投资676万元的现代农业产业园路园养殖区供水工程、总投资240.18万元的莲峰镇下寨村堤防工程、总投资121.3万元的金鸡产业扶贫项目青年鸡场排洪渠工程完成建设。各级河长全面履行职责，河湖监管持续向好。2019年完成农村自来水新入户1857户。自然资源方面，启动全县62个“清洁村庄”创建村的规划编制，全县耕地保有量8.5929万公顷，基本农田保有量6.746万公顷。审批建设用地7批次51.4426公顷，储备土地18宗8.95公顷，出让土地12宗28.8989公顷。总投资900万元的县城区寺沟门泥石流治理工程进展顺利，总投资1000万元的新寨镇联盟村东坡村高标准农田建设项目完成建设，总投资1000万元的大安乡大涝子村不稳定斜坡治理完成前期工作开工建设。定临高速渭源段征地拆迁全面完成。

（五）生态环境持续改善

坚持"绿水青山就是金山银山"的发展理念，大力改善生态环境，可持续发展能力不断提升。全县各类造林7.11万亩，道路绿化620.8公里，群众义务植树353.7万株，森林覆盖率达到15.71%。开展蓝天、碧水、净土保卫战，强化燃煤锅炉污染治理，完成县供热中心80蒸吨锅炉脱硫脱硝设施建设，全县拆除10蒸吨及以下燃煤小锅炉6台，全面落实建筑施工场地绿化、覆盖、喷淋等防尘抑尘降尘措施。完成县城区集中式饮用水水源地环境保护项目建设，开展农村环境质量监测试点和饮用水水源地水质监测。实施畜禽养殖污染治理，完成土壤污染研究状况详查和重点行业企业土壤污染状况调查。中央环保督察反馈整改的16个问题完成整改14个，2个完成年度整改任务；省、市环保督查反馈整改的47个问题完成整改27个，20个按照整改方案持续推进。

（六）工业规模不断壮大

全县工业企业累计达到176家，其中中药材加工企业73家，规模以上工业企业10家，实现外贸进出口贸易总值359万元。培育小微企业15家，规下转规上企业2家。总投资6600万元的甘肃盛源益养药业年产3500吨精致中药饮片生产线升级改造项目、总投资1600万元的德园堂药业地产中药材+扶贫车间项目和总投资1200万元的五竹农产品电子商务平台项目全部通过市县验收；总投资1200万元的弘润药业中药材精制饮片两化融合及技术改造项目进展顺利。

（七）新兴产业蓬勃发展

蔬菜产业方面，种植面积7.8万亩，其中标准化生产6万亩。推进4个光伏食用菌园区建设，培育壮大田园综合体等新产业新业态。新建产地初加工果蔬保鲜库6座。花卉产业方面，建成花卉生产大棚109座、智能联栋温室4608平方米。发展花卉生产企业和合作社8家，种植玫瑰、满天星、金丝皇菊等10多个品种，面积1000亩。劳务产业方面，累计输转劳动力6.2万人，实现劳务收入12.84亿元。东西部扶贫协作向福州市输转劳动力718人（其中建档立卡贫困户463人），转移就业安置388户1039人（其中建档立卡户74户257人）。电子商务产业方面，累计建成网店700家，建成本地网购平台5个，网销企业51家，建成乡镇电商服务站15个、村级电商服务点199个，形成"县有中心、乡有站、村有点"的电商服务网络；引进、组建实力较强电商公司6家；建成县级电商协会1个；建成乡镇物流服务站15个、村级物流服务点183个；大型物流配送中心1个，物流快递企业与个体站点80家。电商人才培训2145人次，电子商务交易额达2.1亿元。光伏产业方面，实施十三五第二批光伏扶贫项目27.349兆瓦，其中14.349兆瓦项目于4月份并网发电，13兆瓦项目于12月份完成并网发电。

（八）改革事项有序推进

持续深化"放管服"改革，深入开展政务服务标准化建设年活动，"审管分离""监审分离""管监分离""群众一趟跑"事项达到80%以上，"网上可办"事项达到90%以上，进大厅办理事项达到100%，企业注册登记压缩至1.8个工作日，不动产登记压缩至5个工作日以内，投资项目审批时限压缩至100个工作日内。农村改革压茬推进，全县217个行政村全面完成农村集体资产清产核资工作，持续扶持农村经济合作社发展，农村承包地确权登记颁证基本完成。财税制度改革、教育体制改革和公车改革等重点领域改革工作有序推进。全面加强事中事后监管，"双随机、一公开"市场监管机制有效落实，全面落实降低一般工商业电价、东西协作扶贫车间电价、企业参与直购电等优惠政策，一般工商业电价降低10%。

（九）民生保障有力有序

教育体育方面，总投资1.0585亿元七大类项目有序推进，其中龙亭中学小学部教学楼、全县小规模学校项目、农村边远地区中小学温暖工程投入使用；会川中学教学综合楼、农村中小学教师周转房完成主体；第四幼儿园、会川镇新建小学教学楼、会川镇第二幼儿园、中等专业学校实训中心进展顺利；第四高中教学综合楼建成使用。全县职业教育通过市政府督导评估。高考文化课二本以上上线1946人，上线率居全市第三。九年义务教育巩固率、学前教育三年毛入园率分别达99.39%、96.56%。卫生健康方面，总投资6780万元的县人民医院综合楼、总投资663万元的县疾病预防控制中心业务用房项目进入扫尾阶段，总投资120.55万元的村卫生室项目投入使用。完善分级诊疗制度，推进医联体建设。每千人拥有病床、拥有执业医师和注册护士分别达到4.79张、0.97人和0.75人。全县三所县级医院经复审达到二级甲等医院标准，两所民营医院达到二级乙等综合医院标准。社会保障方面，总投资360万元的未成年人救助保护中心项目完成建设。发放优抚资金615.85万元，孤儿生活保障金80.81万元，城乡困难群众临时救助金3838.66万元，城镇低保金587.22万元，农村低保金6746.3万元，农村特困供养救助金1434.27万元。城乡居民医疗保险参保率98.7%；城乡居民养老保险21.4544万人，参保率98.7%。新增城镇就业人数1915人，登记失业人数115人，城镇登记失业率为3.63%。全县人口出生率为5.18‰，人口自然增长率为2.34‰。

各位代表，2019年，我县经济和社会发展虽然取得了一定成绩，但与全市总体发展水平相比，仍存在较大差距，经济社会发展仍面临不少困难。一是脱贫攻坚巩固提升任务繁重，全县尚有5个村369户1384人未实现脱贫，已脱贫人口实现长期稳定可持续脱贫的不确定因素还较多，“三保障”还存在薄弱环节。二是经济基础薄弱，经济总量小，结构不合理，农业产业化经营的层次较低，工业企业技术创新与投入不足，第三产业增加值占GDP的比重低，发展水平不高，就业渠道狭窄，城镇吸纳能力不强。三是特色优势产业转型升级缓慢，工业经济对县域经济支撑带动作用有限，贷款难、贷款贵和银行信贷投放难的矛盾问题并存。民间资本运作机制不健全，发展资金短缺，经济持续增长后劲不足。四是“放管服”改革还不到位，营商环境还需优化，服务质量有待提升，与人民群众的期盼还有一定差距。对于这些问题，我们将在今后的工作中深入分析原因，采取切实措施，认真加以解决。

二、2020年经济社会发展主要预期目标及主要任务

2020年是全面建成小康社会和“十三五”规划收官之年，全县经济社会发展要以习近平新时代中国特色社会主义思想为指导，全面贯彻党的十九大和十九届二中、三中、四中全会精神，深入学习贯彻习近平总书记视察甘肃重要讲话和指示精神，在县委的正确领导下，在县人大常委会、县政协的监督支持下，认真贯彻县委第十四届委员会第十七次会议决议，坚持稳中求进工作总基调，坚持新发展理念，推动高质量发展，全面做好“六稳”工作，统筹推进稳增长、促改革、调结构、惠民生、防风险、保稳定，坚持以改革开放为动力，增强经济发展新动能，加快社会事业发展，巩固脱贫攻坚成果，推进乡村振兴战略，加强生态保护治理，突出项目建设，保障改善民生，加快建设幸福美丽新渭源，确保同全市、全省、全国一道进入小康社会。

主要预期目标：

——完成生产总值39.07亿元，增长6%。其中：第一产业增加值12.64亿元，增长5.5%；第二产业增加值4.7亿元，增长5.9%；其中工业增加值2.05亿元，增长6.6%，规模以上工业增加值1.19亿元，增长6%；建筑业增加值2.64亿元，增长5.3%；第三产业21.77亿元，增长6.5%。

——固定资产投资增长12%。

——社会消费品零售总额9.34亿元，增长7.6%。

——大口径财政收入2.63亿元，增长3%；

一般公共预算收入1.52亿元，增长3%。

——城镇居民人均可支配收入27343元，增长8%；农村居民人均可支配收入9022元，增长10%。

——金融机构存款余额79.9亿元，增长6.7%；金融机构贷款余额56.5亿元，增长6.5%。

主要任务：

（一）巩固脱贫成果，夯实乡村振兴基础

继续把脱贫攻坚作为首要政治任务、头等大事和第一民生工程，坚持摘帽不摘责任、摘帽不摘政策、摘帽不摘帮扶、摘帽不摘监管“四不摘”原则，继续完成剩余贫困人口的脱贫任务，开展脱贫人口“回头看”，建立稳定脱贫长效机制，实现已脱贫人口稳定脱贫。深入分析未脱贫人口和未脱贫村脱贫短板，全面解决突出问题，如期完成脱贫任务。积极筹措资金，继续实施安全饮水巩固提升工程。全力保障特殊困难群众平等接受义务教育的权利，确保贫困家庭义务教育巩固率稳定在100%。加强医疗卫生机构设施设备配备，高质量实现乡村两级合格医务人员配备全覆盖。常态化开展新增危房排查改造，全面消除住房安全隐患。全面提升脱贫攻坚质量，突出抓好产业扶贫、就业扶贫和东西部协作消费扶贫，坚定不移走产业化发展之路，建成高原夏菜标准化基地0.5万亩，实施会川年加工能力3000吨的食用菌产品加工项目，实施莲峰镇农光互补食用菌种植、祁家庙镇食用菌培育加工种植项目，在全县16个乡镇开展农机深松整地作业面积4万亩，在会川、清源、莲峰、路园、大安等乡镇建成中药材全程机械化生产基地0.5万亩。补贴新购置各类农机具500台套，提升合作社农机装备，对全县30个重点农业专业合作社所购拖拉机、配套机具按照标准进行补贴。做好脱贫攻坚与乡村振兴的有机衔接，培育引进壮大农业产业化龙头企业，建设高标准农田1万亩，新改建农村厕所0.6万座。

（二）坚持项目引领，实现投资稳步增长

坚持把项目工作作为推动经济高质量发展的主抓手，严格落实领导包抓项目等工作机制，着力抓好20项续建项目和79项新建项目，总投资79.4亿元，计划完成投资34.9亿元。全面贯彻实施《政府投资条例》和《优化营商环境条例》，发挥政府投资作用，提高政府投资效益，激发社会投资活力。坚持放管结合，推动政务信息系统整合，优化政务流程，优化项目审批流程，推行并联审批、多图联审、联合竣工验收。用足用活用好项目前期经费，强力推进项目谋划，围绕社会公益服务、公共基础设施、农业农村、生态环境保护、重大科技进步、社会管理、国家安全等公共领域，完成500万元以上项目前期编制60个。扩大对外开放力度，参与兰（州）定（西）一体化、南向通道建设，积极引进资金，加大企业发展外贸进出口力度。优化营商环境，简化审批手续，提高审批效能，引进签约资金35亿元以上。

（三）壮大优势产业，加快经济发展步伐

马铃薯产业方面，完成马铃薯种植40万亩，引进、筛选马铃薯品种1-2个，脱毒瓶苗、原原种稳定增长，原种田生产面积5万亩，建成一级种薯生产田35万亩，实施区域性马铃薯良种繁育基地项目。中医药产业方面，中药材种植面积稳定在35万亩。积极开展道地中药材追溯和产销对接体系试点建设，完善中药材仓储、流通、销售体系，形成产业化循环经济发展格局。全面实施渭源县大健康产业，开展主食产品开发和康养服务市场开拓，延伸产业链条，提高产业效益。畜草产业方面，全县牛、羊、猪、鸡饲养量分别达到8万头、45万只、30万头、415万只。加快建设生猪定点屠宰场，全面建成清源畜禽综合交易市场，加快建设莲峰、会川、北寨、新寨、大安畜禽交易集贸市场。建设渭源县鑫顶渭丰牧业有限公司二期场地建设项目、渭源县万头生猪标准化规模养殖场建设项目，饲草种植6.5万亩。文化旅游产业方面，加快渭河源景区旅游基础设施建设，实施秀峰山景区开发，渭河东源景区旅游基础设施，罗家磨百美村宿、元古堆党性教育锻炼基地等项目，完成年度建设任务。办好旅游节会，提升服务水平，力争年内接待游客180万人（次）以上，旅游综合收入达到9.05亿元。

（四）改善基础条件，推进城乡全面发展

城乡建设方面，开展国土空间规划编制，全力推进天然气项目建设，继续推进县城一中南侧、北环路、清源路和会川青年路、永安嘉园三期及莲峰镇区棚户区改造；加快G310线渭源县城过境段、一中南侧棚户区改造配套道路基础设施工程、七圣路、北环路东段道路、禹河河道治理建设；开工建设渭水景园小区二期、金房公馆住宅小区二期、禹河金湾小区；完成1121套城市危旧楼房维修改造；建设县城东区生态停车场，全面开展城区道路维修及基础设施改造，提升城市形象。加快会川镇金地阳光庭院住宅小区、秀水丽景园二期工程进度，完善会川镇区供热设施，实施莲峰镇农贸市场提升工程，实施祁家庙镇、峡城乡敬老院建设项目。交通方面，开工建设县城渭河大道、罗家堡至首阳山旅游公路改造和自然村组道路建设项目。水利方面，加快县城区供水工程，启动实施农村供水工程智能化项目、麻家集水厂调蓄水池工程、东峪沟庆坪段堤防工程。

（五）加强环境保护，持续改善生态环境

实施新时代推进西部大开发形成新格局战略、黄河流域生态环境保护和高质量发展战略，完成县城区面山绿化0.25万亩、乡村绿化及生态保护修复重点工程2.1万亩；开工桥子沟小流域综合治理项目、渭河源生态综合治理项目、中国扶贫基金会“蚂蚁森林”公益造林项目，继续实施县城寺沟门泥石流治理项目、大安乡大涝子村不稳定斜坡治理工程，新开工新寨镇街道和黎家湾中学不稳定斜坡治理工程。新建莲峰镇镇区污水处理厂和会川垃圾处理站。实施洮河流域水污染防治项目、新农村污水处理工程，大力整治农村人居环境，强力推进全县全域无垃圾工作，全面提升村容村貌。加大生态环境执法力度，万元GDP能耗下降和二氧化硫、化学需氧量等污染物排放量控制在市上下达指标之内。

（六）完善园区功能，加快工业发展步伐。

加快产业结构调整，加大对现有规上企业的扶持力度，准确掌握规上企业生产经营动态变化情况，重点培育规下企业转规上。实施小微企业普惠性税收减免政策，扶持企业取得更大的经济效益和社会效益，促进工业经济持续健康发展。持续抓好甘肃佛慈红日中药饮片与配方颗粒生产线建设项目、渭源衡顺堂药业有限公司中药饮片生产线技术改造项目和甘肃华庆堂药业饮片有限公司GMP中药饮片车间技术改造项目，实施德园堂药业有限公司大健康产品研发中心建设项目、亳春堂药业有限公司企业技术中心及饮片加工车间技术改造建设项目。新建中医药产业园集中供热，力争配齐工业发展基础功能。

（七）发展新兴产业，拓宽居民增收渠道

围绕建设高原夏菜基地为目标，全县蔬菜种植面积达到8万亩，其中高原夏菜6.45万亩。以香菇为主的食用菌生产达到500万棒；百合种植面积达到4000亩；金丝皇菊种植面积达到500亩。壮大电商产业，实现电子商务交易额2.2亿元以上。继续扩大鲜切花种植面积，实现花卉与旅游观光、生态保护、乡村振兴融合发展。加大劳务输转力度，对有培训需求的农村贫困劳动力实现培训全覆盖。推动以节能环保、清洁生产、清洁能源、循环农业、中医中药等领域为重点的生态产业发展，培育一批新的支柱产业。

（八）聚焦改革开放，持续释放发展活力

全面深化“放管服”改革，全面推行“一网通办”，加快推进电子印章、运维管理、安全保障3个新建系统建设。全面深化投资项目和工程建设项目审批制度改革，将投资项目审批时限压缩到100个工作日以内。持续推进农村承包地、集体土地改革和“三变改革”等综合改革，不断完善农村承包地“三权”分置制度和县、乡、村三级土地流转服务体系，切实保障农民土地权益。持续推进电价改革，全面落实一般工商业电价、东西协作扶贫车间电价优惠和农业扶贫产业化龙头企业新增生产用电电价、直购电交易电价等优惠政策，不断降低企业成本。积极推进财税改革，完善债务风险管理机制，采取安排年度预算资金、超收收入、盘活存量资金等有效措施，确保全面完成年度任务。全面落实减税降费政策，努力减轻企业负担。

（九）改善民生条件，完善公共服务体系

坚持教育优先发展，坚持不懈改善办学条件，加快职业中专实训中心、会川镇第二幼儿园、会川镇西关小学分校教学楼建设进度；新建县城第五幼儿园、会川镇西关小学分校附属工程、农村边远地区温暖工程、农村中小学视频监控系统联网、渭源县薄改与能力提升项目；加快渭源县疾病预防控制中心业务用房建设项目；新建渭源县中西医结合医院中医综合楼建设项目、渭源县殡葬服务所建设项目、渭源县残疾人康复中心建设项目等。建设庆坪、莲峰、五竹、会川等7个加油站。

同时，积极开展应急管理、市场监管、退役军人、信访维稳、粮食、审计、保险、档案、地方志、气象、民族宗教、科技、妇女儿童、残疾人等各项工作，全力服务全县经济和社会各项事业的稳步发展。

各位代表，做好2020年全县经济社会发展工作，任务艰巨，责任重大，使命光荣。我们要在县委、县政府的坚强领导下，不忘初心、牢记使命，以更加饱满的热情、更加昂扬的斗志、更加务实的作风、更加有力的举措，全面深化改革，优化营商环境，狠抓工作落实，自觉接受县人大及其常委会的监督评议，认真听取县政协和社会各界的意见建议，锐意进取，埋头苦干，为全面完成全县经济社会发展目标、全面建成小康社会而努力奋斗！

关于渭源县2019年财政预算执行情况和2020年财政预算（草案）的报告

——2019年12月26日在县第十六届人民代表大会第五次会议上

渭源县财政局局长　潘继平

各位代表：

受县人民政府委托，现将渭源县2019年财政预算执行情况和2020年财政预算（草案）的报告提请大会审议，请各位政协委员和其他列席人员提出意见。

一、2019年财政预算执行情况

2019年，全县财政工作在县委的坚强领导下，在县人大、县政协的有效监督和社会各界的大力支持下，以习近平新时代中国特色社会主义思想为指导，把对习近平总书记的深厚感情转化为维护核心的政治自觉和干事创业的行动自觉，全面贯彻党的十九大和十九届二中、三中、四中全会精神，深入落实党中央、国务院和省委省政府，市委市政府，以及县委的各项工作部署，坚持稳中求进工作总基调，坚持积极的财政政策，贯彻新发展理念，落实高质量发展要求，积极稳步推进财政改革发展各项工作，较好地完成了县第十六届人民代表大会第三次会议所确定的目标任务。财政实力日益壮大，公共财政体系不断健全，财政政策在调节经济运行等方面的职能作用持续增强。

（一）财政收支预算执行情况

1.一般公共预算执行情况

收入预算执行情况：预计全年完成大口径财政收入25600万元，同比增收240万元，增长0.95%。1—11月，全县大口径财政收入完成23523万元，同比增收666万元，增长2.91%，占年初预算26881万元的87.51%。预计全年完成一般公共预算收入14800万元，同比增收23万元，增长0.16%。1—11月，一般公共预算收入完成13279万元，同比增收460万元，增长3.59%，占年初预算15368万元的86.41%。

支出预算执行情况：预计全年完成一般公共预算支出309500万元，同比增支13206万元，增长4.46%。1—11月，全县一般公共预算支出完成287308万元，同比增支21019万元，增长7.89%。

分科目支出为：

——一般公共服务支出22985万元。

——公共安全支出4885万元。

——教育支出53015万元。

——科学技术支出299万元。

——文化旅游体育与传媒支出5648万元。

——社会保障和就业支出41124万元。

——卫生健康支出33920万元。

——节能环保支出10597万元。

——城乡社区支出3839万元。

——农林水支出82800万元。

——交通运输支出11485万元。

——资源勘探信息等支出341万元。

——商业服务业等支出207万元。

——自然资源海洋气象等支出1317万元。

——住房保障支出11124万元。

——粮油物资储备支出212万元。

——灾害防治及应急管理支出1450万元。

——债务付息支出1894万元。

——其他支出166万元。

全县实际可用财力情况：1-11月，一般公共预算收入13279万元，返还性收入1824万元，一般性转移支付收入225867万元，专项转移支付收入51544万元，上年结转428万元，新增地方政府一般债券收入19102万元。减去上解上级支出4065万元，全县实际可用财力为307979万元。

2.政府性基金预算执行情况

收入预算执行情况：预计全年政府性基金收入完成9782万元，同比减收7717万元，下降44.4%，占年初预算9065万元的107.91%。1-11月，全县政府性基金收入完成7782万元，占年初预算9065万元的85.85%，同比减收8851万元，下降53.21%。其中：国有土地使用权出让收入7393万元，城市基础设施配套费收入389万元。

支出预算执行情况：预计全年政府性基金支出25946万元，同比减支31433万元（本级政府性基金收入减少7717万元，政府性基金专项减少416万元，新增专项债券减少22000万元，上年结余减少2890万元，减去结转下年减少1590万元），下降54.78%。1-11月，政府性基金支出21553万元，同比减支4616万元，下降17.64%。

分科目支出为：

——文化旅游体育与传媒支出24万元。

——社会保障和就业支出216万元。

——城乡社区支出14807万元。

——其他支出4661万元。

——债务付息支出1845万元。

3.社会保险基金预算执行情况

收入预算执行情况：预计全年社会保险基金收入完成39899万元，同比减收58002万元（一是清算2014年10月—2018年底养老保险，收入列入2018年决算，2019年比2018年减收36938万元；二是2019年开始城乡居民医疗保险实行市级统筹纳入市级收入，2019年无城乡居民医疗保险收入，同比减收21064万元），下降59.25%。1-11月，社会保险基金收入完成38496万元，占年初预算37878万元的101.63%，同比增收15879万元，增长70.21%，其中：企业职工基本养老保险基金收入3277万元，城乡居民基本养老保险基金收入10064万元，机关事业单位基本养老保险基金收入19772万元，职工基本医疗保险基金收入4686万元，工伤保险基金收入195万元，生育保险基金收入502万元。

支出预算执行情况：预计全年社会保险基金支出完成31292万元，同比减支51722万元（一是清算2014年10月—2018年底养老保险，支出列入2018年决算，同比减支29393万元；二是2019年开始城乡居民医疗保险实行市级统筹纳入市级预算，2019年无城乡居民医疗保险基金支出，同比减支22329万元），下降62.31%。1-11月，社会保险基金支出27860万元，同比增支4337万元，增长18.44%，占年初预算27632万元的100.83%。其中：企业职工基本养老保险基金支出4460万元，城乡居民基本养老保险基金支出9332万元，机关事业单位基本养老保险基金支出10816万元，职工基本医疗保险基金支出3077万元，工伤保险基金支出28万元，生育保险基金支出147万元。

（二）财政收支预算平衡情况

1.一般公共预算收支平衡情况

预计全年一般公共预算总收入达到313565万元。其中：一般公共预算收入14800万元，返还性收入1824万元，一般性转移支付收入225867万元，专项转移支付收入51544万元，上年结转428万元，地方政府一般债券收入19102万元。预计全年一般公共预算总支出达到313565万元，其中：一般公共预算支出309500万元，专项上解支出4065万元。

2.政府性基金收支平衡情况

预计全年政府性基金总收入25946万元。其中：县本级收入9782万元，上级专项补助1574万元，新增地方政府专项债券收入13000万元，上年结余1590万元。预计全年政府性基金总支出25946万元。其中：本年政府性基金支出25946万元。

3.社会保险基金收支平衡情况

预计全年社会保险基金总收入74075万元。其中：当年收入39899万元，上年结余34176万元。预计全年社会保险基金支出31292万元，上解支出5024万元，年末滚存结余37759万元。

（三）转移支付资金安排使用情况

2019年上级共下达我县返还性收入1824万元，一般性转移支付收入225867万元，专项转移支付收入51544万元。

一般性转移支付中财力性转移支付主要用于人员经费、党政机关事业单位正常运转及基本民生支出，有特定用途的转移支付收入用于社会保障、医疗卫生、扶贫、教育、公共安全、农村道路建设等方面支出。专项转移支付收入用于上级下达的教育、医疗卫生、社会保障、农林水等公共服务领域支出。

（四）地方政府性债务情况

按照财政部对地方政府债务管理的规定，地方政府债务实行限额管理。2019年上级下达我县地方政府负有偿还责任的新增债务限额32774万元，其中：一般债务19774万元，专项债务13000万元；截至2019年11月底，全县地方政府性债务余额134724万元，其中：政府负有偿还责任的债务余额133524万元，政府负有担保责任的债务余额1200万元。债务规模在上级核定的限额之内。

（五）主要工作措施

1.收入稳中有进，减税降费效应显现

一是加强研判分析。主动研究减税降费、环境保护税及水资源税开征、金融保险业增值税分享体制调整等因素对收入的影响，细化措施，强化税源监控，依法征管。二是强化征管质量。坚持“依法征收，强化监管，依法减免，强化服务”原则，依法依规组织税费收入，有效防止税费收入虚增空转，杜绝乱收费行为。三是持续深入推进收费清理改革，全面落实国家行政事业性收费政策，建立行政事业性收费目录清单制度，完善了“年度公布、动态管理、即时调整”管理机制，通过落实调整政策和归并收费项目，2019年执收行政事业性收费项目11项（其中涉企行政事业性收费项目5项），较2018年减少4项，执收基金项目2项。四是全面落实减税降费政策。1—11月，共减免各项税费1353万元，涉及企业5619户（次），其中落实2019年新出台的减税政策减免1119万元，落实2018年减税政策在2019年翘尾减税215万元，落实2018年减税政策到期后2019年延续的政策性减税19万元，切实减轻企业负担。1—11月，一般公共预算收入完成13279万元，同比增长3.59%，财政收入稳中有升，财政收入质量明显提高。

2.强化资金整合，全力助推脱贫攻坚

一是紧盯“六个精准”聚焦发力，进一步完善扶贫资金投入稳定增长机制，严格按照“当年地方财政收入增量的20%以上增列本级专项扶贫资金预算”要求，年初预算安排县级财政专项扶贫资金3984万元。1—11月，共投入财政专项扶贫资金40359万元，同比增长39.66%，为全县基础设施建设和扶贫产业发展提供了资金需求，着力解决脱贫攻坚中的短板弱项。二是2019年共整合资金56959万元，同比增长48.02%，重点用于产业扶贫、农村安全饮水、发展壮大村集体经济等方面，稳定和提高农民收入，为脱贫攻坚提供坚强的财力保障。三是落实扶贫资金绩效管理，发挥扶贫资金效益。组织相关单位对2019年扶贫资金进行绩效自评，依托扶贫资金监管平台，对重点扶贫项目聘请第三方开展绩效评价，确保扶贫资金使用效益，录入财政扶贫资金监管平台上级下达和县级资金173528万元，分解率100%。

填报绩效目标54项，填报率100%。

3.聚焦优化支出，着力保障民生发展

一是支持教育优先发展，拨付义务教育阶段公用经费资金2791万元、义务教育阶段家庭经济困难寄宿生活补助622万元、农村义务教育学生营养改善计划补助资金2084万元、乡村教师生活补助资金638万元、学前教育免保教费880万元，对建档立卡贫困家庭进入省属高职院校学生免学费和书本费877万元、助学金599万元；拨付义务教育薄弱环节改善与能力提升资金2212万元，改善普通高中办学条件补助资金592万元，现代职业教育质量提升资金487万元，学前教育发展资金1471万元，农村中小学教师周转宿舍建设资金350万元，农村边远地区中小学温暖工程资金1900万元。基本补齐乡镇寄宿制学校和乡村小规模学校短板，办学条件达到基本办学标准，稳步推进农村学校信息化。二是拨付资金40596万元，全力保障群众住房安全。三是拨付资金866万元，持续加大力度支持农村饮水安全巩固提升工程，加强农村饮水工程修护养护，重点解决农户饮水安全问题。四是拨付资金27924万元，充分发挥医疗保障和医疗救助作用。拨付资金300万元，支持6个贫困村医疗卫生机构服务能力提升。拨付资金115万元，集中解决14个村医卫生室基础设施维修和重建。五是拨付就业扶持资金60万元，激励企业自主创新，培育引进一批科研人才和创新团队，持续深化大众创业、万众创新，进一步提升企业和产品核心竞争力。发放创业担保贷款377笔共3770万元，落实贴息资金516万元，着力破解自主创业者融资难问题，实现以创业带动就业。六是拨付资金2349万元，推动中医药事业传承创新发展。拨付资金78万元，均衡配置优质医疗资源，加大特岗医生培养和卫生健康信息化建设力度，全面提升基层公共卫生服务、医疗服务、医疗保障、药品供应保障水平。拨付资金35971万元，实现基本养老、基本医疗、失业、工伤和生育等制度全覆盖，切实保障基本民生。

4.严肃财经纪律，提升财政监管水平

一是强化全面监督检查。全面落实省、市财政监督工作会议精神和县上的工作要求，聚焦规范经济秩序，维护财经纪律，认真履行财政监督检查职责，着力强化财政监督，加强制度建设，结合工作实际，制定了《2019年财政监督检查工作计划》，做到重点突出、措施明确、责任到人。二是强化日常监督检查。加强对扶贫领域资金使用管理、重大政策执行、重点项目和民生事项资金落实情况的监督检查。三是强化专项监督检查。对专项扶贫资金、村级经费、村干部报酬、驻村帮扶工作队经费和项目资金使用情况、各级各类巡视巡察检查问题整改落实情况、“小金库”治理工作、差旅费、接待费、会议费的支出情况进行了专项检查，针对经费账面余额大、支出缓慢等问题及时督促完成整改。四是强化重点监督检查，对“一卡通”专项治理、债务化解、存量资金安排使用、非税收入上缴等进行重点监督检查，列出重点检查问题清单14项，对2017年以来的惠民惠农存量问题和专项治理期间群众反映事项逐项清理，存在的问题得到全面整改。

5.规范财政管理，深入推进财政改革

一是深化落实《中华人民共和国预算法》，认真执行县人大决议，严格预算编制的有关要求和具体编列口径，实施全口径预算管理，将所有政府性收入和支出全部纳入预算，进一步提高预算编制的准确性、完整性。二是完善预算公开长效机制，在公开范围全覆盖的基础上，进一步细化公开内容，将基本支出按功能和经济分类同步公开，对专项资金实行全过程公开，将上级转移支付资金、政府债务、重大资产购置处置、政府采购、绩效评价等向社会全面公开，预算约束进一步加强。三是强化预算绩效管理，继续完善评价体系，科学设定绩效目标，切实提高财政资金使用效益，为使资金绩效管理更科学更有效，组织开展全县财务人员参加的预算绩效管理培训班，邀请省、市专家进行专题讲解培训，参训人员350

余人（次），全面深入推进预算绩效管理工作。四是着力实施减税降费政策。按照相关政策要求，全面落实各项减税降费政策，为企业和个人减负、为实体经济降低成本。将制造业等行业增值税税率从17%降至16%，将交通运输、建筑、基础电信服务等行业及农产品等货物的增值税税率从11%降至10%。落实个人所得税基本减除费用标准由每月3500元提高至每月5000元，同时积极落实子女教育、大病医疗等6项个人所得税专项附加扣除等改革政策，切实减轻税收负担。继续落实清理规范行政事业性收费和政府性基金各项政策，1—11月，落实减税降费1353万元。

6.坚守债务底线，有效防范运行风险

一是建立了地方政府性债务风险预警机制。根据全县债务情况，测算债务率、新增债务率、偿债率、逾期债务率等指标，及时评估全县债务风险状况，切实防范政府债务风险。二是建立债务风险应急处置机制。制定了《渭源县政府性债务风险应急处置预案》，成立了渭源县政府债务管理领导小组，建立完善了责任追究机制。制定了《渭源县防范化解政府债务风险的实施意见》《渭源县防范化解政府债务风险实施方案》。三是加大地方政府债务统计监测。根据《甘肃省财政厅关于做好债务统计监测工作的通知》要求，每月对全县地方政府性债务及隐性债务进行统计汇总，全面掌握地方政府性债务风险预警情况。四是积极主动处置存量债务。统筹安排预算资金，妥善偿还到期政府债务。1-11月，共化解存量债务1211万元，最大限度地降低和化解政府债务风险，促进全县经济和社会事业健康发展。

各位代表，全县财政预算执行在困境中砥砺前行，迈出了坚定步伐，取得了新的成效，主要得益于县委的正确领导，得益于县人大及其常委会、县政协的有力监督和大力支持，得益于全县人民的共同努力。但我们也认识到财政运行中存在的一些矛盾和困难，主要表现在：经济增速放缓和实施更大规模减税降费政策双重因素叠加，明显拉低财政收入增幅，保持收入平衡增长的难度极大；地方政府债务负担较重，防范化解债务风险任务艰巨，财政运行风险加大；财政保障能力较弱，财政可持续发展面临较多困难。对于这些问题，我们将认真听取意见建议，高度重视，深入分析原因，采取有效措施逐步加以解决。

二、2020年财政预算（草案）

2020年预算编制指导思想是：以习近平新时代中国特色社会主义思想为指导，深入贯彻党的十九大、十九届二中、三中、四中全会、省委十四届十次全会、市委四届十一次全会、县委十四届十七次全会精神，坚持稳中求进总基调，积极的财政政策要大力提质增效，坚持新发展理念，坚持高质量发展，聚焦“六稳”要求，统筹推进稳增长、调结构、惠民生、促改革、强管理、防风险工作；调整优化支出结构，优先保障民生支出；全面实施绩效管理，提高资金配置效率；加强政府债务管理，积极防范化解债务风险；持续深化财政改革，加快建立现代财政制度，促进经济社会高质量发展。

2020年预算编制基本原则是：坚持严格执行《中华人民共和国预算法》，按照集中财力“保基本、守底线、惠民生”的总要求，一是实行综合预算，将所有财政资金全部纳入预算管理范围，统筹安排，统一编制，统一管理。二是坚持量入为出、以收定支、尽力而为、量力而行、综合平衡的原则。三是更加注重预算执行的效率和效益，不断探索加强事前、事中的绩效管理，逐步构建起完善有效的预算绩效管理体系，切实提高财政资金使用效益。四是增强预算透明度，扩大预算公开范围，细化预算公开内容，做到预算全面公开。

（一）全县一般公共预算草案

1.收入预算

2020年，全县大口径财政收入预算为26368万元，比2019年预计完成数增长3%，其中一般公共预算收入预算为15244万元，比2019年预计完成数增长3%。

2. 支出预算

2020年，全县预算财力预计为204960万元（含上级提前下达的转移支付资金），相应安排2020年全县一般公共预算支出199900万元，债务还本支出2521万元，专项上解支出2539万元。

分项目支出为：

——一般公共服务支出24158万元。

——公共安全支出4120万元。

——教育支出44744万元。

——科学技术支出179万元。

——文化旅游体育与传媒支出1737万元。

——社会保障和就业支出36176万元。

——卫生健康支出9549万元。

——节能环保支出749万元。

——城乡社区支出1483万元。

——农林水支出61015万元。

——交通运输支出3187万元。

——商业服务业等支出65万元。

——自然资源海洋气象等支出555万元。

——住房保障支出8926万元。

——粮油物资储备支出272万元。

——灾害防治及应急管理支出432万元。

——债务付息支出2553万元。

——债务还本支出2521万元。

3. 收支平衡预算

2020年，一般公共预算总收入预算204960万元，其中：一般公共预算收入15244万元，返还性收入1824万元，一般性转移支付收入162921万元，专项转移支付收入24623万元，动用预算稳定调节基金348万元。2020年全县一般公共预算总支出预算204960万元，其中：一般公共预算支出199900万元，上解上级支出2539万元，债务还本支出2521万元。

（二）全县政府性基金预算草案

2020年，县本级政府性基金收入预算12850万元，政府性基金支出预算按照专款专用、自求平衡的原则，安排支出12850万元，其中：本年支出4850万元，地方政府专项债务还本支出8000万元。

分科目支出为：

——城乡社区支出2553万元。

——债务付息支出2297万元。

——地方政府专项债务还本支出8000万元。

（三）全县社会保险基金预算草案

2020年全县社会保险基金收入预算37756万元，其中企业职工基本养老保险基金收入4903万元，城乡居民基本养老保险基金收入11567万元，机关事业单位基本养老保险基金收入14862万元，职工基本医疗保险（含生育保险）基金收入6181万元，工伤保险基金收入243万元。社会保险基金支出预算35110万元，其中：企业职工基本养老保险基金支出5141万元，城乡居民基本养老保险基金支出10472万元，机关事业单位基本养老保险基金支出14632万元，职工基本医疗保险（含生育保险）基金支出4821万元，工伤保险基金支出44万元。本年收支结余2646万元，年末滚存结余40405万元。

（四）国有资本经营预算草案

2020年国有资本经营预算收入预算149万元，其中：其他国有资本经营预算收入149万元。全年支出预算149万元，用于其他国有资本经营预算支出，弥补企业经营发展费用。

（五）转移支付资金预计

2020年返还性收入预计1824万元；上级提前下达一般性转移支付收入预计162921万元，其中：均衡性转移支付收入75117万元、县级基本财力保障机制奖补资金收入15619万元、结算补助收入3928万元、企业事业单位划转补助收入634万元、成品油税费改革转移支付收入45万元、产粮（油）大县奖励资金收入2000万元、国家重点生态功能区转移支付收入8080万元，固定数额补助收入12059万元、贫困地区转移支付收入28309万元、文化旅游体育与传媒共同财政事权转移支付收入117万元、社会保障和就业共同财政事权转移支付收入7963万元、农林水共同财政事权转移支付收入1100万元、交通运输共同财政事权转移支付收入2581万元、住房保障共同财政事权转移支付收入5369万元；专项转移支付收入24623万元。

一般性转移支付中财力性转移支付主要用于人员经费、党政机关事业单位正常运转及民生支出，有特定用途的转移支付收入用于扶贫、教育、公共安全、农村道路建设等方面支出。专项转移支付收入用于上级下达的教育、医疗卫生、社会保障、农林水等公共服务领域支出。

（六）地方政府性债务预计

2020年预计省上新增我县地方政府性债务额度20000万元，地方政府债务限额达到153524万元，新增一般债券资金主要用于脱贫攻坚及没有收益的公益性项目，专项债券资金主要用于有收益的公益性项目。年末地方政府债务余额控制在154654万元以内，其中：政府负有偿还责任的债务余额控制在153524万元以内，政府负有担保责任的债务余额控制在1130万元以内。待省上核定我县地方政府性债券额度后，再按程序将地方政府性债务限额、新增债券额度和拟安排等情况一并报县人大常委会审查批准。

（七）主要工作措施

1.强化税费管理，确保完成收入目标

一是切实深化分析研判。紧紧抓住组织收入这一中心，认真全面研判税费政策变化情况，积极应对结构性减税、减免行政事业性收费等因素影响，紧盯年度收入预期目标，以旬保月、以月保季，落实措施，凝聚合力，攻坚克难、狠抓增收，确保收入目标全面完成。二是切实加强重点税源管理。加强重点税源、重点行业、重点区域的税收监控，认真梳理房地产、中药材等重点税源企业税收征管工作的薄弱环节，加大税收监控征管力度，力争做到应收尽收、及时入库。三是切实强化税费征管。深入企业了解企业生产经营状况，密切跟踪企业税源变化，实时监控收入进度，掌握征收情况，进行税收预测，开展税收分析，进一步完善“大税精管、小税管全”的征管工作机制。四是完善综合治税机制。推动财政、税务和非税各执收单位综合治税信息共享，促进综合治税工作科学化、精细化、规范化，切实强化管理，确保应收尽收。五是强化非税收入收缴管理，多渠道盘活国有资源资产，加快推进非税收入收缴电子化改革相关工作，实现财政电子票据管理系统上线运行，以监督促增收，以制度促征管，确保非税收入应缴尽缴。六是全面清理落实稳增长各项减税降费等政策措施，支持实体经济发展，推动企业转型升级，不断做大经济总量，努力培育后续财源。

2.坚持多措并举，增强财政保障能力

一是紧盯国家对贫困地区支持的政策导向，加强分析研判，积极与上级部门沟通衔接，主动汇报我县经济社会发展中存在的困难问题，力求在转移支付、脱贫攻坚成果巩固、产业发展、基础设施建设、以奖代补、生态环境保护等方面最大限度争取上级支持，切实缓解我县财政收支矛盾，提高财政保障能力。二是抢抓国家支持在建项目、棚户区改造和大幅增加地方政府专项债券、中央财政将在一般性转移支付下设立共同财政事权转移支付，加大对困难地区的倾斜力度等政策机遇，认真研究预算管理和税制改革政策，密切关注中央、省市财政项目资金安排，提早做好项目储备和工作谋划，向上争取资金，缓解财政支出压力。三是加快存量资金盘活，严格执行中央省市有关盘活财政存量资金规定，对应收回的结余结转资金必须收回，坚决杜绝资金闲置现象。四是创新资金投入方式。充分利用产业基金、PPP项目等方式，撬动金融资本和社会资金参与城乡建设，发挥财政资金投资引导作用。

3.推进民生建设，保障社会事业发展

一是围绕脱贫攻坚成果巩固提升，改善基础设施条件，提升产业发展水平，增加农民收入，重点推进新型城镇化及公共设施建设、城镇基础设施维护、城镇污水处理、“厕所革命”等项目，持续加大财政资金支持，确保投入力度不减。二是支持实施乡村振兴战略。坚持把农业农村作为财政支出的优先保障领域，围绕农业农村现代化的总目标，加大对农村人居环境综合整治、村级集体经济、乡村人才振兴等薄弱环节的支持力度。落实涉农税费减免、县域金融机构涉农贷款增量奖励和扶贫小额贷款贴息等政策，不断健全财政支持实施乡村振兴战略的政策体系和体制机制，巩固“三农”持续向好发展态势。三是做好民生保障工作。持续加大民生投入，完善机关事业单位养老保险制度改革和城乡居民基本医疗、大病医疗保险制度，健全社会保障体系。落实创业担保贷款政策，支持高校毕业生、退役军人、城镇就业困难人员等重点群体就业，深入推进大众创业、万众创新。四是支持教育事业发展。继续落实好农村义务教育经费保障政策，持续改善薄弱学校基本办学条件，推进义务教育城乡一体化发展。继续落实好城乡低保家庭和建档立卡贫困家庭入学新生资助政策。五是加快医疗卫生事业发展。落实好重特大疾病和医疗救助资金保障，加强医疗保险基金运行管理，提升医疗服务水平。通过加大财政资金支持力度，使广大人民群众感受到更多的获得感、幸福感、安全感。

4.深化财税改革，切实提升理财水平

一是推进财政预算管理改革。全面落实加强财政预算管理要求，严格预算追加管控，预算执行中除确需安排的重大专项支出和救灾等应急支出外不再受理一般性工作经费追加事项。深化专项资金管理改革，改进资金分配方式，提高管理的科学性和规范性。全面实施预算绩效管理，加快建立全方位、全过程、全覆盖的预算绩效管理体系。二是积极贯彻落实《中共中央国务院关于全面实施预算绩效管理的意见》，建立绩效目标管理、绩效运行监控和支出绩效评价管理体系。深化绩效评价结果应用，将评价结果作为预算安排和改进管理的重要依据，对评价结果优秀的项目加大支持力度，对评价结果较差的项目，逐步压减或取消预算安排。三是坚持结余结转资金清理常态化、制度化，坚决消除资金闲置现象，推动部门加快预算执行进度，让有限的资金尽早发挥效益。四是继续推进财政预决算信息公开，完善预决算公开长效机制，加大对预决算信息公开监督和检查力度；健全完善行政事业单位国有资产管理体制，规范和加强国有资产管理。五是综合运用地方政府债券、政府购买服务、政府与社会资本合作模式（PPP）等方式，创新拓展政府投资项目筹资渠道。六是贯彻落实《关于加快农业保险高质量发展的指导意见》，进一步完善农业保险绩效评价制度，加强绩效评价结果运用，深化以绩效为导向的农业保险保费补贴制度改革。

5.注重资金监管，充分发挥资金效益

一是坚持围绕中心、服务大局的监管理念，增强财政监督的针对性和实效性，切实提高财政资金使用的规范性和安全性。二是完善预算绩效管理，细化绩效目标、绩效监控、绩效评价、结果应用等管理流程，强化绩效评价结果反馈和绩效问题跟踪问效，加强绩效评价结果应用，进一步提高预算绩效管理水平和政策实施效果，全面促进提升财政资源配置效率和使用效益。三是加强公务支出管理，严格执行厉行节约各项规定，确保“三公”经费支出零增长。四是加大项目投资评审力度，拓宽评审范围，注重现场监管，着力提高评审质量和效率。五是扎实开展各类专项资金，特别是扶贫领域、民生领域专项资金检查，确保财政资金安全合规使用。六是继续强化政府性债务监督管理，规范监管机制，化解债务风险。

各位代表，2020年深化财政改革、巩固脱贫成果、保障改善民生、防范化解风险等各项工作任务艰巨，使命光荣。我们将在县委的坚强领导下，在县人大及其常委会、县政协的监督支持下，以对党忠诚、为民服务的政治情怀，以在岗有责、履职尽责的责任担当，坚定信心，振奋精神，攻坚克难，砥砺奋进，开拓创新，主动作为，为建设幸福美丽新渭源、谱写富民兴陇渭源发展时代篇章而不懈奋斗！

渭源县人民法院工作报告

——2019年12月27日在渭源县第十六届人民代表大会第五次会议上

渭源县人民法院院长 范勰

各位代表：

现在，我代表县人民法院向大会报告工作，请予审议，并请各位政协委员和列席同志提出意见建议。

2019年主要工作

2019年，县法院坚持以习近平新时代中国特色社会主义思想为指导，认真学习贯彻落实党的十九大和十九届二中、三中、四中全会精神，在县委坚强领导、县人大及其常委会有力监督和县政府、县政协及社会各界的大力支持下，在上级法院的指导下，紧紧围绕“努力让人民群众在每一个司法案件中感受到公平正义”的目标，增强“四个意识”，坚定“四个自信”，做到“两个维护”，忠实履行审判职责，积极践行司法为民，全面推进司法改革，为全县经济社会发展和打赢打好脱贫攻坚战做出了积极贡献。全年共受理各类案件5597件，审（执）结4925件，结案标的额6.5亿元，员额法官人均结案214件。

一、依法惩罚犯罪，切实维护社会稳定

——宽严相济惩治刑事犯罪。全年依法审结故意伤害、诈骗、敲诈勒索、盗窃等暴力犯罪和侵财犯罪案件71件144人；依法审结职务犯罪2件2人；依法审结涉毒品犯罪、寻衅滋事等妨害社会管理秩序的犯罪和危险驾驶等危害公共安全的犯罪案件90件130人；积极参与整顿和规范市场经济秩序，依法惩治破坏金融管理秩序和金融诈骗犯罪案件，依法审结非法吸收公众存款、集资诈骗等犯罪案件11件12人，标的1556万元。依法审结利用POS机套取银行资金300余万元扰乱金融秩序的非法经营案件1件。

——深入开展扫黑除恶专项斗争。认真贯彻“两高”两部“四个重要文件”[1]精神，坚持“有黑必扫、有恶必除、有乱必治”。全年共受理涉恶涉霸犯罪案件13件44人，全部判处一年六个月至二十年不等的有期徒刑；建立院长、副院长主审案件制度，院长担任审判长审理2件，副院长审理6件，进一步确保了办案质量；着力“打财断血”，“打伞破网”，摧毁黑恶势力的经济基础，涉恶案件判处罚金86万元，生效86万元，均已执行到位。涉恶案件全年共判处追缴、赔偿受害人经济损失共计5.3万元。依法审结充当“保护伞”犯罪案件1件1人，判处有期徒刑一年，罚金人民币10万元。同时，坚持“一案双查”，在审判中发现相关部门和工作人员失职渎职的，发挥司法建议的作用，向有关部门共发出司法建议10条，督促消除黑恶势力滋生蔓延的温床，为明年扫黑除恶专项斗争的开展打下了坚实的基础；建立涉黑涉恶监控和线索移送机制。针对涉黑涉恶案件均涉及高利放贷，暴力讨债等现象的实际，我们对1人胜诉5案以上的民间借贷案件进行重点监控，每月汇总上报县扫黑办相关线索。排查出涉民间借贷1人胜诉5案以上的327案31人，摸排出的线索已全部移交县扫黑办。

——切实加强人权司法保障力度。强化人权司法保障，坚持无罪推定、疑罪从无、证据裁判原则。依法对未成年人犯罪、轻微刑事犯罪以及具有自首、立功情节的被告人依法从宽处理，3人单处罚金，刑事自诉案件7人宣告无罪。进一步推进和深化刑事案件律师辩护全覆盖工作，全年共为18名符条件的被告人指定辩护律师，对可能判处三年以上有期徒刑案件中被告人家属未委托辩护人的全部指定了律师进行辩护。

二、贯彻新发展理念，全力服务全县经济高质量发展

——探索形成“1114”家事审判新模式[2]。稳妥推进家事审判方式改革，组建了专门的家事审判团队，设立专门的家事法庭，创设了离婚冷静期制度[3]、人身安全保护令制度[4]和离婚证明书制度[5]，力促婚姻家庭关系和谐稳定。全年共审结离婚案件674件，调解和好208件，判决不准离婚165件，调解和好和判决不准离婚案件占家事案件的55.34%，发出人身安全保护令3件，设置离婚冷静期6件，开出离婚证明书3件。

——依法治理民间借贷乱象。认真贯彻第九次《全国法院民商事审判工作会议纪要》及“两高”两部《关于办理非法放贷刑事案件若干问题的意见》精神，贯彻穿透式审判思维，加大对民间借款案件中资金来源、资金交付及涉及黑恶势力、虚假诉讼等事实的审查力度，查明当事人的真实意思，探究真实的法律关系，对民间借贷涉及非法集资、高利转贷或涉黑涉恶的，将犯罪线索及时移送公安机关查处，年内移送犯罪线索6条。

——切实保障民生权益。审结农村土地承包经营权流转、相邻权纠纷、农民工工资等涉农案件283件，维护了农民权益，依法促进了农村产业发展和农民增收。妥善调处涉及农村生命权、健康权及机动车交通事故责任纠纷等案件132件。及时采取先予执行、诉前诉中财产保全等措施120件，依法维护当事人的合法权益。

——积极防范化解金融风险。在经济下行、违约现象加剧的形势下，大力加强涉金融审判工作，充分发挥司法职能作用，尽力防范和化解金融风险，推动诚信体系建设。审结金融借款、小额信贷等案件199件，标的1.1亿元。

——努力创造良好的营商环境。注重保护民营企业和其他市场主体的生产经营自主权和财产权益，及时明确产权归属，强化产权司法保护，促进创业创新。审结权属和侵犯财产权益纠纷案件53件，标的263万元。加强合同类案件审判工作，坚持平等保护，支持守约，制裁违约，依法保护市场主体的财产权利，着力营造干事创业的法治环境。审结买卖、建筑施工、合伙等商事案件333件，标的4393万元。

三、依法履行行政审判职责，促进法治政府建设

按照省高院关于全省法院行政案件集中交叉管辖的决定，我院集中受理安定、陇西、岷县、漳县四县区乡科级行政机关为被告的第一审行政案件，全年共受理各类行政案件125件，审结120件。

——积极稳妥化解行政争议。积极推进行政机关负责人出庭应诉机制，全年共有32名行政机关负责人出庭应诉，助推实质性化解行政争议。积极推进“裁执分离”改革，裁定准予实施强制执行案件14件，交由行政机关具体实施；判决行政机关败诉7件，切实维护了行政相对人的合法权益，监督行政机关依法行政；坚持实质性化解行政争议，将协调工作贯穿始终，协调化解行政争议后当事人主动撤诉11件；应邀为行政机关培训授课3次，培训人数500余人，助推了法治政府建设。

——积极运用听证方式审查行政非诉执行案件。凡是土地和房屋征收等涉及被申请人切身利益的案件，及时告知被申请人享有申请听证的权利。全年公开听证审查非诉执行的案件16件，占全年非诉执行案件的64%。通过公开听证既强化了行政机关依法行政的意识和证据意识，又有效化解了行政相对人的对立情绪，促使行政相对人自动履行义务，促进官民和谐，实现案结事了。

四、坚决维护胜诉权益，切实解决执行难题

——强化执行管理工作。充分运用已建成的执行指挥中心，实现了案件的随机分配、人员的统一调度、工作的统一协调，提高了工作质量和效率；坚持每月召开一次审判态势分析会暨执行工作进展汇报会；针对问题短板开展集中清理整治活动，开展了超过1年的长期未结案件、查封扣押的车辆长期未处理和结案超期未归档三项集中清理活动；实行院财务统一管理案款，实现执行款物“一案一账号”[6]管理；紧盯办案期限，对超期未执结案件，启动“一案双查”问责程序，防止案件久拖不结；为了解决人难找，文书难送的问题，积极开展电子送达工作，全年共电子送达1347案。

——加大执行威慑力度。积极推进联合惩戒体系建设，让失信被执行人“一处失信、处处受限”。发布纳入失信被执行人黑名单593人，与电信、移动、联通三大运营商共同携手，为148名“老赖”定制督促履行义务彩铃，133人主动履行法律义务。加大拒执打击力度，以拒不执行法院判决、裁定罪移送公安机关侦查2案2人，检察机关公诉1案1人，判处拒不执行法院判决、裁定罪1案1人。加大司法惩戒，采取拘留、拘传措施104案104人，对逃避执行的被执行人作出司法拘留决定移送公安机关协助查控159案147人，协查到28案17人。

——重视执行工作制度建设。实行《财产保全告知制度》，从源头上破解执行难题，全面推进诉前、诉讼财产保全，有效防止被执行人转移隐匿财产，采取保全措施158件。与县检察院联合出台了《关于加强对财产刑执行及监督工作的意见》，充分发挥执行联动优势，推动化解财产刑执行难，化解财产刑执行难案件76件。

——加大司法救助力度。对无财产可供执行案件，加大司法救助力度，司法救助结案18案，救助金额43.65万元，全部发放到位；与中国人民财产保险股份有限公司渭源支公司签署战略合作协议，携手破解执行难，共同营造和谐稳定的法治环境，通过商业保险理赔执结3案。

五、深化司法责任制改革，让审理者裁判由裁判者负责

——完成内设机构改革任务，实现扁平化管理。完成了内设机构改革，内设机构从14个减少到8个，优化了审判资源配置，使80%的人员充实到审判和执行工作一线，促进了审判体系和审判能力的现代化。完成了员额法官、法官助理、书记员职务序列改革，7个审判团队全部按照“1+1”模式合理进行了配置，确保了审判执行工作的顺利开展。

——完善法官员额制度，强化员额动态管理。建立了竞争择优入额及员额退出机制，年内法官助理入额5人，退出员额1人，实现了员额的动态管理。完成了员额法官等级晋升工作并按单独职务序列落实了待遇，分类制定了员额法官、审判辅助人员、行政人员绩效考核办法，建立了工作业绩激励机制。

——加强院庭长的监督管理职责，确保审判权的正确行使。贯彻落实最高人民法院加强审判监督管理工作的意见精神，坚持放权与监督相结合，明确院庭长对案件审限、评查、结案、归档等工作的监督管理职责，确保了全院审判执行规范化运行。建立“日过问、周督办、月通报、季分析、年考评”的审判管理制度，有效解决了压案拖案现象，杜绝了超审限办案问题。经过持续抓审判管理，审判质量明显提高，全年上诉案件发改率14.51%，在全市法院处于较低水平。

——完善审委会和专业法官会议制度，统一司法标准。修订完善了审判委员会议事规则，明确审委会讨论案件的范围，充分发挥了审委会对审判执行工作的指导作用。建立专业法官会议例会制度，定期通报分析发回改判案件中的问题，统一类案裁判尺度，年内召开法官会议11次，有效防止了“同案不同判”现象。

六、贯彻以人民为中心的发展思想，努力满足人民群众司法需求

——推进司法公开公正，让正义以看得见的方式实现。深化司法公开，加强智慧法院建设，利用最高人民法院建成的审判流程、执行信息、裁判文书、庭审公开四大司法公开平台对相关审判执行信息予以公开，年内公开上网裁判文书3147份，互联网直播案件庭审1399件，公开审判流程信息3749件，公开执行信息2034件。积极推进司法民主，贯彻落实《人民陪审员法》，人民陪审员参与普通程序审理案件538件，占一审普通程序案件的95.5%。

——引入第三方调解，推动建立多元纠纷化解机制[7]。继承和发扬新时代“枫桥经验”，大力推进矛盾多元化解，与县司法局衔接，共同制定了关于开展律师调解试点工作的实施方案，与7个人民调解组织签订诉调对接协议，县司法局指派律师驻庭调解，特邀13名人民调解员接受委托调解，并统一使用“人民调解”平台进行调解，初步建立非诉程序对接渠道。全年诉前调解案件190件，司法确认23件。

——落实两个“一站式”[8]和跨域立案工作，增强人民群众的司法获得感。扎实推进两个“一站式”建设工作，按上级法院要求扩建诉讼服务中心，实现了诉服大厅、诉讼服务网、12368热线“三位一体”的诉讼服务新格局。增设了调解室、小额速裁庭、律师驻法院工作室、人民调解员工作室等功能区。在诉讼服务大厅配备自助立案终端机、自助打印复印机、案件查询机等设备；并配了专门的导诉人员；同时开通了诉讼服务网，当事人可以通过诉讼服务网、手机移动微法院APP实现“网上立案、就近立案”。

——全力推进脱贫攻坚，确保如期打赢打好脱贫攻坚战。发挥职能优势，依法快速审理、执行精准扶贫政策性金融借款及农村互助担保基金借款纠纷案件。年内审理涉精准扶贫贷款案件182件，标的1736万元，诉前化解62件，立执行案件57件，标的584万元，执结27件，部分执行16件，执行到位标的315万元，确保了国家扶贫资金安全。县法院在选派5名工作人员担任驻村帮扶队队长和队员的基础上，院机关40多名干警每人帮扶4～6户建档立卡贫困户，积极组织干警深入帮扶村开展精准帮扶；出资12万元为帮扶村配备电脑、打印机等办公用品，为村上修补道路和解决群众实际生活困难。

——推进法治宣传工作，积极传播司法正能量。积极顺应融媒体建设发展需求，建成了官方网站、官方公众号、官方抖音、官方微博和今日头条号为一体的宣传平台，共发布各类信息362条，经各级各类媒体刊登、转载稿件98篇。利用电视台、临街LED显示屏和一楼大厅显示屏持续滚动播放普法宣传标语和涉恶势力犯罪庭审视频。拍摄《渭源法院扫黑除恶专项斗争纪实》专题片1部，制作渭源法院版《我和我的祖国》宣传作品1部。开展“法院开放日”活动，邀请人大代表、政协委员、媒体记者、群众、学生800余人（次）走进法院、旁听案件、见证执行。积极参与社会治安综合治理，在学校、社区、农村开展法治讲座和禁毒等法律知识讲座36场次，受教育学生、群众2000多人。

七、坚守初心使命，加强法院队伍教育管理

——全面加强思想政治建设。坚持党对法院工作的绝对领导，定期向县委报告工作，将党的领导贯穿于法院工作的全过程。扎实开展“不忘初心、牢记使命”主题教育，通过“三会一课”、“主题党日”、趣味运动会、读书班、演讲比赛、学习强国、甘肃党建等形式和平台，引导广大干警增强“四个意识”，坚定“四个自信”，做到“两个维护”，持之以恒深入学习贯彻习近平新时代中国特色社会主义思想和党的十九大和十九届二中、三中、四中全会精神。在“不忘初心、牢记使命”主题教育中，通过学习教育、调查研究、检视问题、整改落实，解决了一批在审判执行工作、队伍建设方面存在的短板问题。

——*深入推进党风廉政建设*。认真履行党风廉政建设主体责任，加强纪律作风和反腐倡廉建设。重新修订和完善了《党风廉政建设目标责任书》《渭源县人民法院中心组学习制度》《渭源县人民法院考勤及请销假制度》等各项制度，严格了责任追究。认真落实全面从严治党要求，加大纪律作风检查和整治力度。开展集中约谈150人次。

——*着力加强能力建设*。根据员额法官、司法辅助人员、司法行政人员不同需求，结合工作实际开展分类分级培训，组织开展了政治理论和业务知识集中学习、司法警察技能训练、网络培训等活动。先后在北京大学、西南政法大学、国家法官学院、甘肃政法大学等大学和培训机构对25名员额法官、32名司法辅助人员进行了能力提升培训，通过学习和培训，进一步提高了做好新形势下群众工作和维护社会公平正义的能力。

过去一年，县人大及其常委会的权力监督已成为我们不断改进工作、公正司法的重要保障，一年来，县法院向县人大常委会专题报告了开展扫黑除恶专项斗争工作情况和关于解决“执行难”工作报告，重视代表、委员关注案件、事项的办理，县人大常委会转办信访案件2件，全部办结，邀请人大代表、政协委员80余人次走进法院，旁听庭审、视察工作、交流座谈，保证了司法权的正确行使，促进了人大代表、政协委员对人民法院工作的理解和支持。

各位代表，县人民法院工作取得的发展和进步，是县委的正确领导、县人大及其常委会有力监督的结果，也是县政府、县政协、社会各界及各位代表、委员长期支持的结果。在此，我代表渭源县人民法院表示衷心的感谢！

回顾一年来的工作，我们清醒地认识到困难和问题依然存在：一是案件持续高位攀升，办案压力大，审判质效还需进一步提升。二是司法能力与新时代要求还有不适应，少部分干警做群众工作的能力还有待进一步提高。三是司法管理还存在薄弱环节，同类案件不同判现象还在一定程度上存在。四是职能发挥仍有空间，主动作为担当的干事激情尚未完全释放。对于这些困难和问题，我们将认真对待，采取有效措施，努力加以解决。

2020年工作要点

2020年，县人民法院总体工作思路是：坚持以习近平新时代中国特色社会主义思想为指导，深入学习贯彻落实党的十九大和十九届二中、三中、四中全会精神，认真落实中央决策部署和省、市、县委工作安排，坚持党对法院工作的绝对领导，坚持以人民为中心的发展思想，坚持司法为民、公正司法的主线，巩固深化“不忘初心、牢记使命”主题教育成果、聚焦“三大攻坚战”和“六稳”9举措，深入开展扫黑除恶专项斗争和切实解决执行难专项活动，忠实履行宪法和法律赋予的职责，不断推进审判体系和审判能力现代化，为平安渭源、法治渭源建设提供有力的司法保障。

一要提高政治站位，在主动服务大局上有新作为。把坚持党的绝对领导作为新时代法院工作的最高原则，坚持重大问题、重要事项主动向县委汇报，自觉接受县人大及其常委会的监督，及时报告工作，保证法院工作始终沿着正确的方向前进。牢牢抓住司法领域在防范化解重大风险攻坚战、精准脱贫攻坚战、污染防治攻坚战方面关键环节，在服务建设现代化经济体系、促进乡村振兴战略实施、保障改善民生、推进生态文明建设上持续发力。

二要抓好执法办案主业，在严格公正司法上

有新成效。狠抓执法办案第一要务，深入开展扫黑除恶专项斗争，坚决保持对黑恶势力犯罪的严打高压态势，切实增进人民群众安全感。发挥民商事审判规范引导和价值引领作用，营造诚实守信社会环境。健全行政审判协调和行政争议化解机制，促进行政机关依法行政。健全破解执行难长效机制，广泛凝聚社会合力，严惩失信违法行为。

三要践行为民宗旨，在优化司法服务上有新举措。坚持以人民为中心的发展思想，不断健全公正司法的制度机制，不断完善司法为民的具体举措，扎实推进两个“一站式”建设，为当事人提供线上线下、简便快捷的一站式综合性司法服务。突出法治宣传，让法治成为社会公众的行动自觉。

四要深化改革创新，在提高司法公信上有新成果。落实司法责任制，“让审理者裁判，由裁判者负责”。深化综合配套改革，释放改革红利，激发创新活力。深挖内部潜力，优化繁简分流，在多元化纠纷解决上实现新突破。深化司法公开，拓宽公开范围，健全公开形式，实现审判体系和审判能力现代化。以信息化为支撑，坚持需求导向，全面推进全业务网上办理、全流程依法公开、全方位智能服务，加快打造具有新时代特征的智慧法院。

五要加强队伍建设，在夯实基层基础上有新提升。加强纪律作风建设，完善权力运行机制，确保公正高效廉洁。加强教育培训和优秀审判人才培养，不断提升公正司法能力。加强文化建设，关爱干警身心，优化履职环境。加强法庭建设，加强与代表委员沟通，主动接受各方监督，规范司法权力运行。

各位代表，新时代赋予我们新使命，新征程呼唤我们新作为。在新的一年里，我们将高举习近平新时代中国特色社会主义伟大旗帜，在县委的坚强领导下，在县人大及其常委会的有力监督下，在县政府及社会各界的大力支持下，认真贯彻落实本次会议精神，不忘初心，牢记使命，奋发进取，扎实工作，为建设幸福美丽新渭源，谱写富民兴陇渭源发展时代篇章做出新的贡献！

《渭源县人民法院工作报告》注解

为了方便人大代表、政协委员更好地审议法院工作报告，现将报告中有关内容予以释明。

1.“四个重要文件”：全国扫黑办21日在京召开新闻发布会，发布国家监委与最高人民法院、最高人民检察院、公安部、司法部联合印发的《关于在扫黑除恶专项斗争中分工负责、互相配合、互相制约严惩公职人员涉黑涉恶违法犯罪问题的通知》，“两高两部”联合印发的《关于办理非法放贷刑事案件若干问题的意见》《关于办理利用信息网络实施黑恶势力犯罪刑事案件若干问题的意见》《关于跨省异地执行刑罚的黑恶势力罪犯坦白检举构成自首立功若干问题的意见》等4个法律政策文件。这是继今年4月发布关于办理恶势力、套路贷、软暴力刑事案件以及黑恶势力刑事案件财产处置等指导意见后，全国扫黑办发布的又一批指导性文件。

2.“1114”家事审判新模式：“1114”（1个理念、1个团队、1个模式、4项制度）家事审判新模式，有效维护和保障家庭和谐稳定，不断提高社会治理水平和社会文明水平。1个理念就是树立可调可判家事审判新理念。1个团队就是组建专业化家事审判团队。1个新模式就是构建温馨和谐家事审判新模式。四项制度是：一是实行人身安全保护令制度；二是推行离婚冷静期制度；三是制定家事审理规程；四是设立离婚证明书制度。

3.离婚冷静期制度：对于婚姻危机案件，经双方同意，确定不超过两个月的冷静期，向双方当事人发放离婚冷静期告知书。这样做，一方面避免当事人因一时冲动草率离婚，另一方面可以扣除审理期限，为法官灵活采取各种手段，开展调解处理提供了更为充足的时间。

4.人身安全保护令制度：为保护当事人免受家庭暴力侵害，法院、公安和妇联等部门共同成立反家庭暴力工作领导小组，全面负责家庭暴力审查认定和人身保护令的发布、执行工作。当事人申请人身安全保护令后，立即进行审查，快速作出裁定，切实保障家暴受害者的人身安全。

5.离婚证明书制度：努力落实司法为民理念，在案件判决或调解书生效后不再印刷纸质生效证明，而是向当事人发放仅记载文书生效时间和内容等基本信息的离婚证明书，有效保护离婚当事人个人隐私。

6.“一案一账号”：是指人民法院利用金融服务平台，为人民法院执行案款专款账户建立若干虚拟子账户，系统生成“主账号+分账号”为账户名的虚拟子账户，案款到账后，从此专户上将执行款转给申请执行人。实行“一案一账号”，使每一个案件都建立专属执行案款账户，使转款账目更加清晰明了，直接对应承办法官和案号，使财务信息和执行部门信息收支及时对接，案款管理更加科学规范，更好地保障了申请执行人合法权益及时兑现，杜绝了执行案款不作为、乱作为现象的发生。同时实现执行案款收支规范化，以适应信息化对执行工作的要求，提升法院执行信息化水平。

7.多元纠纷化解机制：我国的多元化纠纷解决机制可以分为：诉讼和非诉讼。诉讼方式即法院判决；非诉讼方式包括调解（人民调解、司法调解、行政调解）、当事人和解、行政裁决、行政复议、仲裁、信访等。多元化纠纷解决机制是与传统的“一元化”化解矛盾的方式方法相比较而言的。简单地说，就是由于当前矛盾纠纷主体的多元化、类型的多元化、诉求的多元化，化解矛盾纠纷的思路、方法、措施、途径等也应多元化。多元化纠纷解决机制是指在一个社会中，诉讼和非诉讼纠纷解决方式各以其特定的功能和特点，结成一种互补的、满足社会主体多样需求的程序体系和动态的运作调整系统。

8.两个“一站式”：是指一站式多元解纷机制和一站式诉讼服务中心建设。随着人民法院立案登记制的贯彻落实，各级法院案件数量呈现出井喷式上涨，法官不堪重负。今年召开的政法工作会议上，习近平总书记强调：“要坚持把非诉讼纠纷解决机制挺在前面，从源头减少诉讼增量”。党的十九届四中全会对国家治理体系、治理能力现代化提出了更高要求。最高人民法院也下发了建设“一站式多元解纷机制、一站式诉讼服务中心”的意见，要求建立党委领导、政府主办、社会参与、法治保障的诉源治理多元解纷机制。

9.“六稳”：12月6日，习近平总书记主持中共中央政治局会议。会议分析研究2020年经济工作，强调全面做好“六稳”工作。“六稳”，即“稳就业、稳金融、稳外贸、稳外资、稳投资、稳预期”。做好“六稳”工作对于保持经济运行在合理区间，确保全面建成小康社会和“十三五”规划圆满收官具有重要意义。

渭源县人民检察院工作报告

——2019年12月27日在渭源县第十六届人民代表大会第五次会议上

渭源县人民检察院检察长　赵金铸

各位代表：

现在，我代表渭源县人民检察院，向大会报告工作，请予审议，并请列席人员提出意见建议。

2019年工作回顾

2019年，县检察院在县委和市检察院的正确领导下，在县人大及其常委会的依法监督、县政府的大力支持和县政协的民主监督下，坚持以习近平新时代中国特色社会主义思想为指导，深入学习贯彻党的十九大和十九届二中、三中、四中全会精神，主动对标最高人民检察院“讲政治、顾大局、谋发展、重自强”的总要求，认真落实县第十六届人民代表大会第三次会议决议，不忘初心、牢记使命，紧紧围绕全县中心工作，推进刑事检察、民事检察、行政检察、公益诉讼检察[1]工作全面平衡充分发展。一年来，县检察院共受理各类案件325件，同比下降15.72%；审结302件，审结率92.92%。

一、实践“四大检察”[2]，在四轮驱动中实现平衡发展

适应“四大检察”工作新格局，为人民群众提供更实更优的法治产品、检察产品。

1.做优刑事检察工作。一是扎实推进“捕诉一体”办案机制。建立捕诉合一办案规程和分案机制，根据类案办理、专业优先和谁办案、谁负责的原则，整合审查逮捕、审查起诉两项审查职能，实行繁简分流，实现简案快办、繁案精办，确保了案件质量。对涉嫌犯罪但无逮捕必要的8人决定不批准逮捕，对犯罪情节轻微、依法不需要判处刑罚的35人决定不起诉。全年无判无罪案件和被上级院改变处理决定的案件。二是全面落实认罪认罚从宽制度[3]。准确把握适用范围，积极推进认罪认罚从宽制度落实，实现罪名适用全覆盖、程序适用全覆盖。受理的审查起诉案件中，适用认罪认罚从宽制度适用率达到65.97%，有效提升了诉讼效率。三是强化刑事诉讼监督。加强对刑事立案、侦查、审判、执行活动的监督。紧盯有案不立、有罪未究和不当立案、越权管辖等问题，监督公安机关立案2件2人，监督撤案3件3人，对侦查机关违法取证、侦查程序不当等提出书面纠正意见5件次。落实检察长列席审委会制度，加大对审判活动的监督，检察长、副检察长列席县法院审委会6次。办理羁押必要性审查案件14件14人，审查建议被办案单位采纳7件。加大对社区服刑人员监管措施落实监督力度，纠正脱管漏管社区服刑人员2人；依法保障监管场所在押人员合法权益，与在押人员开展座谈57人次。

2019年刑事发案呈现以下四个特点，一是危险驾驶犯罪案件占比较高。受理的194件审查起诉案件中，危险驾驶案98件，占比达50.51%。二是集资诈骗、非法吸收公众存款等金融犯罪案件数量增速较快。2019年，办理集资诈骗案件1件，非法吸收公众存款案件3件，涉案金额达4000多万元。三是扰乱社会主义市场经济秩序、损害营商环境的犯罪时有发生。四是诈骗犯罪金额明显增大。

2.做强民事检察工作。加大对民事审判活动的监督。围绕关系人民群众切身利益的热点问题，充分运用提请抗诉和再审检察建议等方式，监督纠正确有错误的生效判决、裁定。共办理当事人不服人民法院生效的民事判决、裁定案件4件；办理监督申请民事审判活动中违法行为案件1件，审查后认为法院审判程序合法、审判人员无违法行为，对监督申请不予支持，维护了司法的权威。加大对民事执行活动的监督，在积极配合法院解决“执行难”问题的同时，加大检察监督力度，办理当事人不服法院民事执行监督案件7件，审查后提出检察建议7件，法院全部采纳。

3.做实行政检察工作。认真学习贯彻新修订的《人民检察院组织法》，依法履行对行政诉讼活动的监督职责。办理国土资源领域行政非诉执行监督案件4件。

4.做好公益诉讼检察工作。认真践行习近平总书记“检察官作为公共利益代表，肩负着重要责任”的指示，围绕建设平安、公正、和谐的法治社会，牢固树立双赢多赢共赢的理念，充分发挥公益诉讼检察职能，按照全国人大常委会授权的生态环境和资源保护、食品药品安全、国有财产保护、国有土地使用权出让等四个领域开展公益诉讼。按照高检院部署开展了“携手清四乱、保护母亲河”“保障千家万户舌尖上的安全”专项公益诉讼检察监督工作，结合渭源实际制定方案开展“护河”“护耕”“护绿”“护康”四大专项行动。办理生态环境领域、食品药品安全领域损害国家利益和社会公共利益的案件。借助社会力量，促进公益诉讼检察工作，聘请公益观察员9名，搭建检察机关与人民群众沟通的桥梁。共立案刑事附带民事公益诉讼案件4件，审查后提起诉讼2件；办理行政公益诉讼案件22件，发出检察建议22份。有关乡镇和行政主管监管部门对检察建议高度重视，精心组织，投入足够的财力和人力强力整改，占用河道违法建房、围垦土地、违章拦水建坝围堰，乱占水域建设水上娱乐设施、网箱养鱼，乱占河堤建设观景木棚房，乱占滩地、非法占用农用地，河道乱倒垃圾污水，食品药品安全和环境污染等一大批影响公益的问题得到有效整改，国家利益和社会公共利益得到有力维护。

二、提高政治站位，在服务大局中展现检察担当

始终坚持党对检察工作的绝对领导，主动在服务中心、保障大局中发挥检察职能作用。

1.坚决维护社会和谐稳定。贯彻总体国家安全观，把保障人民生命财产安全放在更加突出的位置，严厉打击侵害人民群众生命财产安全的犯罪。办理故意杀人、故意伤害案件12件16人；办理寻衅滋事、敲诈勒索案件9件24人；办理盗窃案件13件16人；办理交通肇事、危险驾驶等危害公共安全的案件116件116人。

2.积极服务打赢脱贫攻坚战。充分发挥检察职能，严厉打击侵害农民利益影响脱贫攻坚的犯罪，办理盗窃、诈骗、拒不支付劳动报酬犯罪案件25件28人。对认罪认罚、犯罪情节轻微、符合不批准逮捕、不起诉条件的，依法不批准逮捕、不起诉，落实脱贫攻坚司法保障措施。把开展司法救助作为助力脱贫攻坚的有效举措，全年办理司法救助案件3件，发放救助资金8万元，有效缓解了刑事被害人的生活困难，彰显了司法温情。选派3名年轻优秀干部担任3个村的第一书记和帮扶队长，机关18名干警联系帮扶贫困户97户，紧盯“两不愁三保障”走访调研入户摸底，制订“一户一策”脱贫计划，坚持扶志和扶智相结合，助推脱贫措施落实落地，实现如期

脱贫摘帽的目标。加强与帮扶村的结对共建工作，为3个帮扶村解决党建阵地建设费9万元，捐赠党建电子读物各1套，并经常性开展党支部共建“主题党日”活动，助力三个村的基层组织建设。

3.积极服务生态环境保护。深入学习贯彻习近平生态文明思想，牢固树立“绿水青山就是金山银山”的理念，贯彻落实习近平总书记两次视察甘肃时关于生态环境保护和黄河治理的指示精神，切实担负起服务生态环境保护的政治责任。坚决打击生态环境领域违法犯罪。履行公益诉讼检察职能，办理非法占用农用地堆积砂石、破坏生态环境资源、失火毁林等案件4件；办理非法围堰、河道乱建等案件17件，分别向6个乡镇及有关行政机关发出诉前检察建议17份，完成整治清理污染和非法占用河道0.46公里，整改拆除违法建筑568平方米。对2件破坏林地的案件提起刑事附带民事公益诉讼，诉讼请求得到法院支持。围绕建设“甘肃生态文化旅游名县”目标部署检察工作，设立渭河源检察联络室，承办了由甘陕两省6市28县（区）检察机关参加的“渭河流域生态环境保护跨区域检察协作座谈会”，签订了《渭河流域生态环境保护跨区域检察协作机制》，为渭河流域特别是渭河源生态环境司法保护和综合治理进行了有益的探索。

4.积极服务优化营商环境。牢固树立“法治是最好的营商环境”的意识，通过履行检察职能营造良好法治环境。与县工商联联合开展“维护民企权益、优化营商环境”专项行动，对全县54家民企通过走访、举办“检察护航民企发展”开放日活动、发放调查问卷、座谈等方式了解企业涉法涉诉困难，面对面帮助企业解答涉法困惑。办理省检察院和其他县检察院转交的我县6家单位拖欠民营企业工程款和接待费的线索6件，县检察院指派专人与相关单位进行对接沟通，并发出书面函督促6家单位尽快核实妥善处理。办理拒不支付劳动报酬、合同诈骗、销售假冒注册商标的商品、保险诈骗、非法经营等破坏营商环境的刑事案件14件。

5.深入开展扫黑除恶专项斗争。完善工作机制，制定涉黑涉恶案件办理制度、涉黑涉恶线索研判管理制度。完善协作配合机制，牵头召开公检法联席会议3次，联合县法院、县公安局制定了《扫黑除恶专项斗争中侦捕诉审工作衔接办法》，促进检警、检法协作常态化、规范化。坚决落实省检察院“十个必须”的办案要求，处理好依法与从严、数量与质量的关系，坚持实体审查和程序审查同步推进。一批恶势力犯罪分子受到严惩，推动了扫黑除恶专项斗争的深入开展。强化立案监督和侦查监督，建议公安机关提请批准逮捕涉恶犯罪嫌疑人4人；对认为有犯罪事实、侦查机关没有移送审查起诉的3件5人要求侦查机关补充移送；向有关部门移送线索4条。积极主动提前介入引导侦查取证涉恶案件4件，提出侦查取证意见8件次。

6.持续开展反腐败斗争和社会治理。贯彻党中央反腐败决策部署，加强与县纪委监委的工作配合，主动反腐败斗争，受理监委移送的审查起诉案件3件4人，其中受贿案件1件1人、行贿案件1件2人、帮助犯罪分子逃避处罚案件1件1人，已全部提起公诉。积极参与社会治理，通过司法办案，针对案件反映的倾向性、趋势性问题以及案发乡镇、部门管理上的漏洞提出检察建议8份，把检察建议的督促落实作为检察机关推动国家治理体系和治理能力现代化过程中的有效实践。

三、做好“民生检察”，在为民司法中体现检察情怀

贯彻以人民为中心的发展思想，及时回应人民群众关切的民生问题，以为民司法的实际成效增强人民群众幸福感、获得感。

1.依法守护食品药品安全。充分发挥检察机关在服务“健康中国”战略中的职能作用，切实保障人民群众“舌尖上的安全”，积极回应人民群众对美好生活的新需求、新期盼。联合县市场监督管理局对我县部分超市、餐饮门店、食品专卖店等经营场所进行检查，对生肉批发、采购、货运及从业人员的健康证明等进行核查，对“渭源帮帮帮”“贪吃舌外卖”等网络餐饮服务平台负责人进行约谈，并就我县没有设置生猪定点屠宰场、生猪活体检疫等方面的问题，向县主管部门发出诉前检察建议，整改工作正在有序进行。联合县市场监督管理局、县教育局对我县186所中小学校食堂、校园周边食品经营门店、摊点进行检查，针对中小学校食堂运营中存在食品购进合同不齐全、票据填写不规范等问题，向主管部门发出诉前检察建议，现已全部整改到位。

2.用心做好未成年人检察工作。未成年人是国家的未来和希望，未成年人的健康成长关乎每个家庭的幸福。一年来，县检察院坚持以全面综合司法保护为导向，落实未成年人特殊检察制度。一是严厉打击侵害未成年人犯罪。对侵害未成年人的8名犯罪嫌疑人批准逮捕并依法提起公诉。二是贯彻教育感化挽救方针，坚持以教育为主，惩罚为辅的原则办理未成年人犯罪案件，对办理的6件6人未成年人犯罪案件，均根据其犯罪情节、悔罪表现和社会调查结果提出从轻处罚意见。三是促进“法治进校园”活动制度化常态化。推进检察官担任法治副校长，开展法治讲座26场次。开展“携手关爱、共护明天”检察开放日活动，邀请中小学生、教师代表走进检察机关，零距离感受未成年人检察工作。深入全县40所中小学校，开展预防和整治“中小学校园霸凌、欺凌、暴力犯罪”专项活动，排摸校园欺凌线索，针对发现的校园欺凌方面的问题向主管部门发出检察建议1份，督促整改。落实最高人民检察院“一号检察建议”[4]，深入分析近年来我县未成年人犯罪趋势、特点，提出预防建议并向县政府提交专题分析报告。四是关爱未成年被害人，对1名未成年被害人发放司法救助资金2.2万元，聘请专业心理咨询师对1名未成年被害人进行了心理疏导。

3.用情做好控告申诉工作。以12309检察服务中心[5]为便民服务窗口，畅通人民群众诉求渠道。加强对司法活动的监督，办理不服法院判决刑事申诉案件2件；加强对自身执法活动的监督，办理不服本院决定的刑事申诉案件2件。充分发扬新时代“枫桥经验”，坚决落实高检院“七日内程序性回复、三个月内办理过程或结果答复”要求，信访案件和申诉案件全部向当事人进行回复和答复，积极开展释法说理工作，有效化解社会矛盾。加大检务公开力度，按要求公开案件信息343件，公开法律文书164份。“检察开放日”活动常态化，主动邀请人大代表、政协委员及社会各界人士走进检察院，了解、监督检察工作。

四、提升履职能力，在“四化建设”中锻造检察队伍

围绕建设革命化、正规化、专业化、职业化政法队伍要求，坚持严管就是厚爱，锻造过硬检察队伍。

1.全面加强党的政治建设。始终坚持党对检察工作的绝对领导，认真落实全面从严治党主体责任，定期向县委报告检察工作，重要事项、重大案件及时向县委请示报告，将党的领导贯穿于检察工作全过程。始终坚持民主集中制原则，认真落实《中国共产党党组工作条例》和院党组议事规则，对班子成员进行合理分工，坚决落实“三重一大”制度，全年召开党组会39次、检委会24次、检察长办公会17次。坚决落实意识形态责任制，党组专题研究意识形态工作2次。始终坚持正确的用人导向，落实“好干部”标准，全年推荐任命党组副书记1名、副检察长1名、检委会委员2名、科级干部3名，决定按期晋升一级检察官2名。始终把机关党支部标准化建设作为推动业务建设和队伍建设的根本常抓不懈，设立党员示范岗、标兵岗，通过学榜样学先进，营造争先创优的浓厚氛围，增强工作的凝聚力和队伍的向心力。扎实开展“不忘初心、牢记使命”主题教育，聚焦学习习近平新时代中国特色社会主义思想根本任务，检视、整改了在业务开展、队伍建设等方面存在的80个问题，为推进新时代检察工作注入了更强的信心、更足的动力。坚决整改中央扫黑除恶第19督导组、省委第三巡视组反馈问题。始终坚持不懈地抓机关党风廉政建设，党组专题研究部署党风廉政建设工作6次，开展警示教育6次，预防提醒教育4次，谈心谈话92人次，开展检务督察14次，层层签订《党风廉政建设责任书》《廉洁从检承诺书》，增强了廉政意识。

2.自觉接受人大监督。牢固树立宪法意识，自觉接受人大的监督，定期向县人大及其常委会报告工作。今年向县人大常委会专题报告了扫黑除恶专项斗争工作开展情况、民事诉讼和执行活动的法律监督工作开展情况，对照审议意见，逐条逐项制定落实措施进行整改，提高依靠监督提升工作质效的主动性。加强与人大代表联系沟通，对县第十六届人民代表大会第三次会议期间，人大代表对检察工作提出的15条意见建议，逐条落实，增强依靠代表建议补齐工作短板的自觉性。主动接受政协民主监督、舆论监督和社会监督，利用各类媒体发布检察工作动态4921篇。

3.继续深化司法体制改革。全面完成内设机构改革，设立“一室四部”[6]，为“四大检察”工作全面平衡充分发展奠定了组织基础。完成“三类人员”分类管理，检察官、检察辅助人员、司法行政人员分工负责、相互配合的管理体制已经形成。继续深化司法责任制改革，组建11个独任检察官办案单元承担各类案件的办理，对重大疑难复杂案件，组建检察官办案组办理，真正落实谁办案谁负责，谁决定谁负责的办案责任制。建立检察官、检察辅助人员司法档案，对司法办案全过程监督管理。

4.着力提升司法素能。一是在学习交流中开阔视野丰富知识。根据业务建设需要，派遣人员外出参观、学习、交流。参加高检院网络业务培训112人次，41人次外出参加高检院、省、市院组织的各类培训。二是在岗位练兵中提升技能。大力开展“传帮带”和岗位练兵活动，领导干部上讲台8次，传授工作经验，分享工作心得。通过评选优秀起诉书、公诉意见书、检察建议书等，提升干警法律文书写作能力和释法说理能力。三是在文化育检中润德修为。建设检察文化长廊，在润物无声中达到“劝学”“促学”目的。大力开展党性教育、爱国主义教育，举办“庆祝新中国成立70周年”文艺晚会、“不忘初心、牢记使命”主题教育知识竞赛等活动，增强干警的凝聚力和队伍活力。四是加强法律政策研究，针对检察工作中的热点问题和典型案件，撰写调研文章4篇，案例分析8篇。

各位代表，一年来，各项检察工作成绩的取得，是县委正确领导，县人大及其常委会有力监督，县政府大力支持，县政协民主监督，各位人大代表和社会各界关心帮助的结果。我谨代表县检察院表示衷心的感谢！

我们清醒地认识到，检察工作仍然存在一些问题和不足。一是检察工作服务中心大局的针对性、时效性有待增强，简单办案、机械司法问题依然存在。二是各项检察工作发展不平衡不充分的问题比较突出，民事检察、行政检察基础薄弱。三是办案质量、效率有待进一步提升，一些检察建议质量不高，部分监督意见发出后没有跟进落实，司法不规范问题时有发生。四是检察队伍政治素质、业务素质有待进一步加强，特别是办理经济金融类案件的专业人才缺乏。对这些问题，我们将采取有力措施，认真加以解决。

2020年主要工作

2020年是全面建成小康社会和“十三五”规划收官之年，做好2020年检察工作意义重大，县检察院将坚持以习近平新时代中国特色社会主义思想为指导，深入学习贯彻党的十九届四中全会精神，进一步增强“四个意识”，坚定“四个自信”，坚决做到“两个维护”。始终坚持以人民为中心的发展思想，不断满足人民日益增长的美好生活需要，自觉肩负起维护国家政治安全、确保社会大局稳定、促进社会公平正义、保障人民安居乐业的职责任务。紧紧围绕全县工作大局，履行刑事检察、民事检察、行政检察、公益诉讼检察职能，以崇尚实干、狠抓落实的精神，以政治业务素质明显提升的自觉，忠实履行宪法法律赋予的法律监督职责，着力防范化解重大风险，努力为全面建成小康社会提供更高水平的法治服务和检察产品。

1.聚焦中心大局，依法保障经济社会高质量发展。立足检察职能精准服务稳增长、促改革、调结构、惠民生、防风险各项工作。聚力打赢脱贫攻坚战，巩固脱贫成效，落实脱贫攻坚司法保障措施。坚决打赢扫黑除恶专项斗争，把握扫黑除恶专项斗争逐步转向长效长治的阶段性特征，持续在打防并举、标本兼治上下功夫。坚决维护社会稳定，惩治严重暴力犯罪、“两抢一盗”[7]、电信网络诈骗等犯罪，保障人民群众生命财产安全。更精准服务打好三大攻坚战，加大对金融、扶贫、环保等领域犯罪的打击力度。从严惩治非法经营、非法集资、合同诈骗、侵犯知识产权等破坏市场经济秩序犯罪，让法治成为最好的营商环境。从严惩治教育、医疗、社会保障和食品药品安全等领域犯罪，守护民生法治底线。深入推进未成年人检察工作，加强对未成年人的司法保护。加强监检衔接配合机制，依法惩治职务犯罪，在反腐败斗争中充分发挥职能作用。积极参与社会治理，深入分析案件反映出的倾向性问题和管理漏洞，及时提出检察建议，努力做到办理一案、治理一片。

2.聚焦主责主业，深入推进“四大检察”全面平衡充分发展。认真落实《人民检察院组织法》，坚持在办案中监督、在监督中办案，履行好各项检察职责。以求极致的工作作风继续做优刑事检察、做强民事检察、做实行政检察、做好公益诉讼检察。继续规范行使职权，着力提高检察建议质量，提高检察监督的时效性、针对性。通过“增智”“借智”等方式，全面加强民事、行政、公益诉讼检察办案力量，加强对民事审判、执行活动和行政诉讼活动的法律监督，维护司法公正、促进公平正义，努力把“四大检察”全面平衡充分发展落到实处。做好检察改革“精装修”工作，促进检察职能充分发挥、检察官履职尽责办好案，让人民群众在每一起司法案件中都感受到公平正义。加强检察信息化建设，助力提高检察工作质量、效率和司法公信力。

3.聚焦“四个铁一般”，着力加强队伍建设。坚持党对检察工作的绝对领导，加强检察队伍革命化、正规化、专业化、职业化建设。深化巩固“不忘初心、牢记使命”主题教育成果，推动习近平新时代中国特色社会主义思想学习研讨融入日常工作，把党的政治建设抓得更实。大力推进业务培训，培养检察干警专业能力、弘扬“司法工匠”精神。下大气力补齐民事检察、行政检察能力短板，巩固提升公益诉讼检察工作能力，贯彻双赢多赢共赢理念，在有效维护国家利益和社会公共利益的同时，促进有关行政机关依法规范积极履职，把监督就是支持的效果充分发挥出来。坚持严管厚爱，全面加强纪律作风建设，持续正风肃纪，推动检察干警思想理念不断更新、队伍精气神不断提升、工作业绩稳中求进。

各位代表，初心明如炬，使命重于山。县检察院将更加紧密地团结在以习近平同志为核心的党中央周围，高举中国特色社会主义伟大旗帜，以习近平新时代中国特色社会主义思想为指导，深入贯彻党的十九大和十九届二中、三中、四中全会精神，认真贯彻落实本次会议决议，不忘检察初心，牢记监督使命，坚持公正司法、为民司法，为全面建成小康社会，建设幸福美丽新渭源，谱写富民兴陇渭源发展时代篇章做出新的贡献！

《渭源县人民检察院工作报告》注解

1.公益诉讼检察：指是指人民检察院履行职责中发现污染环境、食品药品安全领域侵害众多消费者合法权益等损害社会公共利益的行为，在没有适格主体或者适格主体不提起诉讼的情况下，可以向人民法院提起民事公益诉讼。人民检察院履行职责中发现生态环境和资源保护、国有资产保护、国有土地使用权出让等领域负有监督管理职责的行政机关违法行使职权或者不作为，造成国家和社会公共利益受到侵害，公民、法人和其他社会组织由于没有直接利害关系，没有也无法提起诉讼的，可以向人民法院提起行政公益诉讼。

2.“四大检察”：指刑事检察、民事检察、行政检察、公益诉讼检察。

3.认罪认罚从宽制度：指犯罪嫌疑人、被告人自愿如实供述自己的罪行，对于指控的犯罪事实没有异议，同意检察机关的量刑意见并签署具结书的案件，可以依法从宽处理。

4.“一号检察建议”：指2018年10月19日，最高人民检察院向教育部发送的《中华人民共和国最高人民检察院检察建议书》简称“一号检察建议”），这是最高检认真分析办理的性侵幼儿园儿童、中小学生犯罪案件，针对校园安全管理规定执行不严格、教职员工队伍管理不到位，以及儿童和学生法治教育、预防性侵害教育缺位等问题，历史上首次以最高检名义发出的。其核心内容是建议进一步健全完善预防性侵害的制度机制；加强对校园预防性侵害相关制度落实情况的监督检查；依法严肃处理有关违法违纪人员等。

5.12309检察服务中心：指全国检察机关统一对外的智能化检察为民综合服务平台，通过12309网站、12309检察服务热线（电话）、12309移动客户端（手机APP）、12309微信公众号四种渠道，向社会提供更加便捷高效的“一站式”服务。12309检察服务中心包括3大模块13项具体功能，即检察服务（包括：控告、刑事申诉、民行申诉、国家赔偿司法救助、其他信访、法律咨询）、案件信息公开（包括：案件程序性信息查询、辩护与代理网上预约、重要案件信息、法律文书公开）、接受监督（包括：人大代表政协委员联络平台、人民监督员监督服务、群众意见建议箱）。

6.“一室四部”：指第一检察部：负责刑事检察工作；第二检察部：负责民事检察、行政检察、公益诉讼检察工作；第三检察部：负责检察业务管理、监督和刑事执行检察工作，受理人民群众控告申诉；政治部：负责干部管理、机关党建、检务督查等工作；办公室：负责检察政务、检务保障、检察技术等工作。

7.“两抢一盗”：指抢劫犯罪、抢夺犯罪、盗窃犯罪。